瀬川＆伊藤の Super Geography

COLLECTION 01

地理総合
地理探究

大学入試
カラー図解

地理用語集

著者
瀬川 聡
SEGAWA SUNAO
伊藤 彰芳
ITO AKIYOSHI

はじめに

本書は，われわれが半世紀近く培ってきた高等学校地理教育の集大成として，全力で書きあげた地理用語集です。2022年から地理総合が必履修化され，地理探究が新設されました。地理総合で地理の基礎的知識や地理的な見方・考え方を身につけ，地理探究でより深く地理を学ぶのです。その際に本書はみなさんの地理学習を完璧にバックアップします！

われわれ（瀬川&伊藤）は地理が大好きです！　そして地理を学ぶのも，教えるのも大好きです。そして地理を学んだ高校生が，地理学習で身につけた人間力をいかして，社会で大きく羽ばたく姿を見るのが最高の喜びです。現在地理を学び，さらに受験を控えているみなさんを最大限にバックアップし，応援できるのが本書だと確信しています。

グローバル化が進む世界に生きるみなさんだからこそ，言語を使いこなすだけでなく，異なる自然環境や異なる文化などを受容できる大きなハートを持てるような人になって欲しいです。心から！

瀬川 聡 SEGAWA SUNAO

こんにちは，河合塾地理科講師の瀬川聡です。地理（Geography）は，Geo（地表）の事象や現象を探究する最高に楽しい科目です。高校や予備校の教壇に立ってから45年近くになりますが，毎日が新しい出会いと感動の連続です。生徒たちに話しながら自分でも驚き！　Geoには，物理的空間・時間，地形，気候，土壌，水などの自然環境，そして農林水産業，鉱工業，商業，サービス業，金融業，運輸業，医療・福祉，情報通信，教育，公務などの人間の活動が存在します。また，言語，宗教，生活習慣，衣食住などさまざまな生活文化も存在します。つまり地理は，地球上のすべてのモノを研究対象にするのです。これってすごいことだと思いませんか？　つまり人生でみなさんが関わるすべてのことが地理に関係しているのです。

学校で，自然地理（理系の地理）と人文地理（文系の地理），つまり文理融合の学問である地理に触れられるなんて，こんなチャンスをいかさないなんてもったいない！しかも，地理的な見方・考え方を学べば，これから先の人生で，初めて経験することや困難に対しても，しなやかな思考や粘り強い心で乗り越えることができます。

苦しんで勉強するんじゃなくて，できる限り楽しんで，好奇心を最大限に膨らませて地理学習にチャレンジしてください。そしてみなさん自身の夢をつかみとりましょう！

伊藤 彰芳 ITO AKIYOSHI

こんにちは，河合塾地理科講師の伊藤彰芳です。地理のおもしろさに取り憑かれて，この仕事を20年以上続けています（気づいたらそんなに経っていて，ほんとにびっくりします…）。

地理は，地表から大気圏で起こっていることすべてをまるごと理解する科目です。そんなことを言われたら，覚えることが多すぎて絶望的な気分になるかもしれませんね。でも，ふだん，当たり前のように目の前にあるものや起こっていることの後ろには，たくさんのことが隠れていて，目の前にあるものや起こっていることは，全体の一部だったりします。たくさんの後ろに隠れていることに気付けたら，何も知らないままよりも楽しいですよね。そんな後ろに隠れていることを教えてくれるのが，地理という科目です。

地理は，たくさんのことを覚えたら高得点を取れる科目ではありません（残念ながら…）。さまざまな事象の「つながり」に気づくと，おもしろいように見えてきて，高得点も取ることができるようになります。最初は，うまくつながらなくても大丈夫！　少しずつ知識が増えていくにつれて，要素がつながっていき，いつの間にか雪だるまのように大きなかたちになって，（なぜだか！）問題も解けるようになっていきます。

この本は，ひとつひとつの単語を調べたり，確認したりするうえで，もちろんとっても役に立つはずですが，あるテーマや単元を知りたいと思った時にも，通して読むことで全体像がつかめるようにできています。「全体から部分へ」「部分から全体へ」その行ったり来たりの往復運動を繰り返すなかで，地理的な見方や考え方を身につけていってください！　きっとこれから生きていくうえでも，地理という科目は，みなさんの指針やヒントになってくれるはずです。

がんばってください！

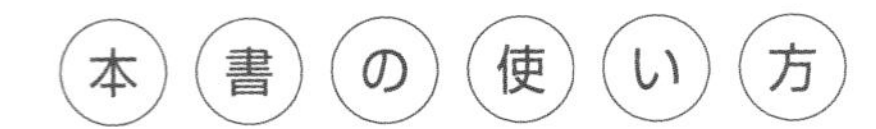

本書の使い方

まずは，高等学校や予備校での地理の授業を大切にしましょう♪

地理の先生方は，みなさんの地理力 UP のために日々努力しておられます。地理の授業における予復習で「これってどういう意味かな？」「○○ってどこにあるんだっけ？」「先生が授業中に説明しておられたけど，わすれちゃったー」みたいな時は，間髪を入れず本書で確認してください。その際には，付箋やマーカーを利用して，該当箇所を必ずチェックしましょう！

また，学校の定期考査，校内模試，河合塾の全統模試などを受験した際には，たとえ直接問われていなくても，設問文や資料，地図の中で，知らなかったり，曖昧な理解（実はこれがいちばんこわい‼）をしていたりしたところは必ず本書で確認をしてください！　それから，位置関係を視覚的に認識するために，必ず地図帳でもチェックしましょうね。

さらに，興味がある箇所（興味ない箇所でもいいですよ）をただ読むだけでもいいです。「そうかぁ，○○ってそういう意味だったんだ！」「小学校の時からいつも聞いていた用語なので，わかってる気がしたけど，ぜんぜん違ってたー」というのも意外に大切かも。人は知的好奇心を持てば持つほど，自らを磨きたくなるし，「昨日の自分より，今日の自分を成長させたい」と思うようになります。だから地理を楽しんでください。

このように多様な使い方・読み方ができるので，本書はきっとみなさんの力強い味方になってくれるはずです。今の自分にできることを精一杯がんばってくださいね♥

POINT 1

〔青チェック〕は**共通テストレベル**
〔オレンジチェック〕は**国公立大学二次試験レベル**
〔赤チェック〕は**私立大学レベル**　を意味します。

POINT 2

特に重要な部分は太字で示してあります。

第1編 地図・地理的技能

第1章 〉地理情報と地図

第1節 球体としての地球　緯度・経度と時差

地球 ▸ 私たちが住んでいる星。半径は**約6,400km**，全周（赤道などの大円）は**約4万km**の球体。表面積は**約5.1億km²**で，表面は陸地と海洋からなり，**陸地と海洋の割合は3：7**である。陸地の3分の2は北半球に分布している（図1-1-1-1参照）。

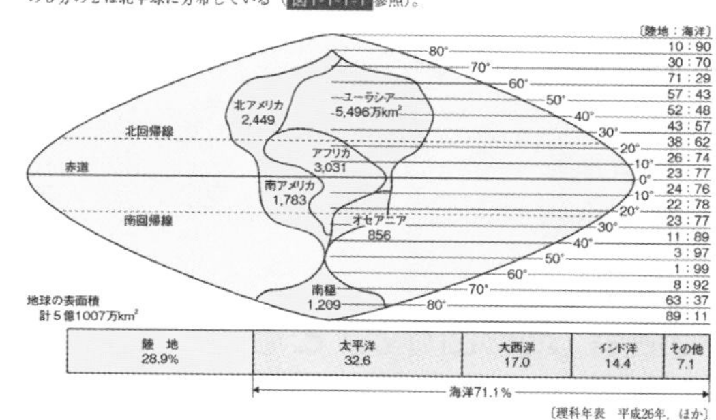

図1-1-1-1 世界の水陸分布

陸半球 ▸ 地球上の**陸地が最も多く含まれるように，地球を二分したときの半球**。**パリ南西**付近の北緯48度・東経0.5度を中心とする。ただし，陸半球でも海洋の割合の方が高い（図1-1-1-2参照）。

水半球 ▸ 地球上の**海洋が最も多く含まれるように，地球を二分したときの半球**。陸半球の反対側に当たり，ニュージーランド南東にある**アンティポディース諸島**付近の南緯48度・西経179.5度を中心とする（図1-1-1-2参照）。

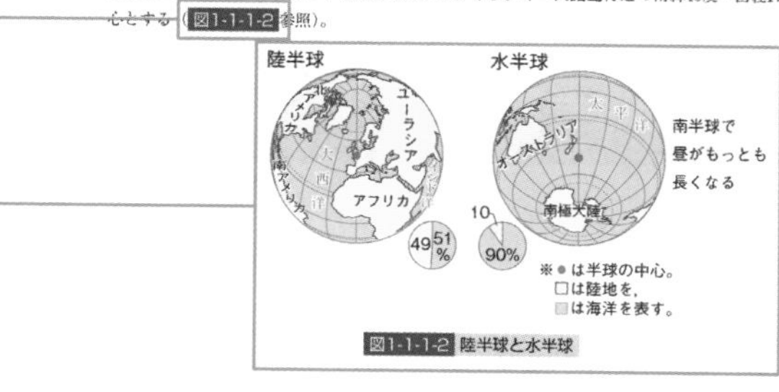

図1-1-1-2 陸半球と水半球

12　第1編 地図・地理的技能

POINT 3

本書には**たくさんの図版が収録**されています。
用語の解説といっしょに見ることで理解を深めましょう。

もくじ

第2章 資源と産業

第1章 〉地理情報と地図

第1節 球体としての地球　緯度·経度と時差

☑☑☑ **地球** ▶ 私たちが住んでいる星。半径は**約6,400km**，全周（赤道などの大円）は**約4万km**の球体。表面積は**約5.1億km²**で，表面は陸地と海洋からなり，**陸地と海洋の割合は3：7**である。陸地の3分の2は北半球に分布している（図1-1-1-1参照）。

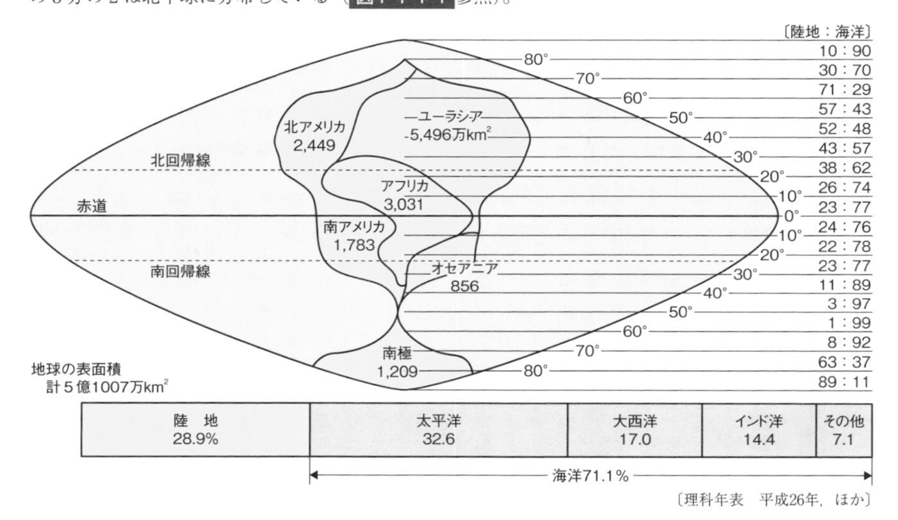

図1-1-1-1 世界の水陸分布

☑☑☑ **陸半球** ▶ 地球上の**陸地が最も多く含まれるように，地球を二分したときの半球**。**パリ南西**付近の北緯48度・東経0.5度を中心とする。ただし，陸半球でも海洋の割合の方が高い（図1-1-1-2参照）。

☑☑☑ **水半球** ▶ 地球上の**海洋が最も多く含まれるように，地球を二分したときの半球**。陸半球の反対側に当たり，ニュージーランド南東にある**アンティポディース諸島**付近の南緯48度・西経179.5度を中心とする（図1-1-1-2参照）。

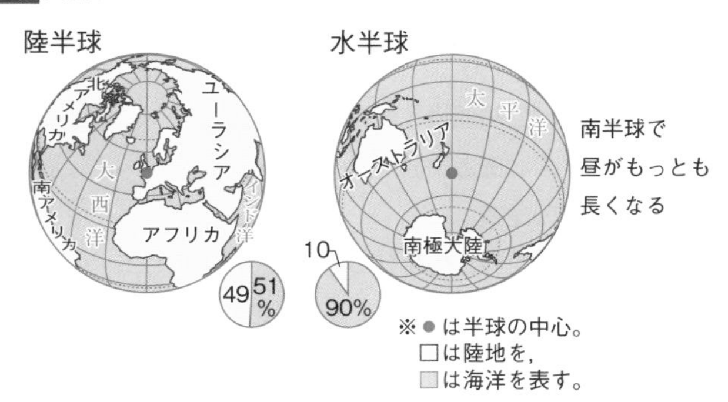

図1-1-1-2 陸半球と水半球

☑☑☐ **地球の公転** ▶ **地球が太陽の周りを楕円軌道に沿って回ること**で，1周(まわ)りが1年に相当する。地球の自転軸は，太陽に対して約23.4度傾いているため，**時期によって太陽高度や昼の時間が変化し，季節変化が生じる**（図1-1-1-3参照）。

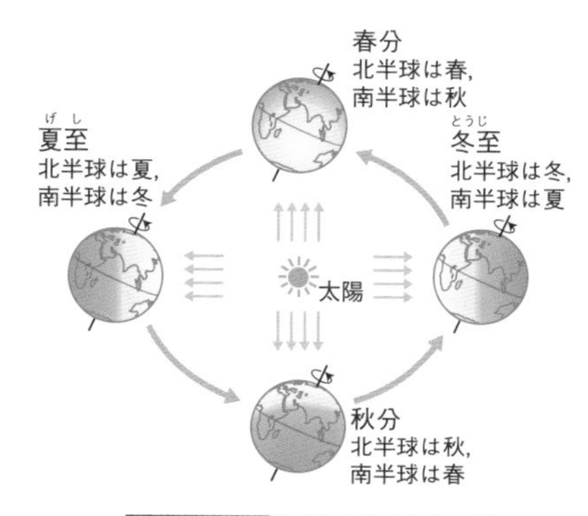

図1-1-1-3 地球の公転と季節

☑☑☑ **緯度** ▶ **地球の球面上の位置を示すための座標**で，**南北**の位置関係を示す。**赤道を緯度0度**とし，赤道より北側を**北緯**，南側を**南緯**といい，南北の極点までをそれぞれ**90度に分ける**。同じ緯度の地点を結んだ線が**緯線**で，赤道に平行な線となり，**高緯度に行くほど緯線の長さは短くなる**（図1-1-1-4参照）。

☑☑☑ **経度** ▶ **地球の球面上の位置を示すための座標**で，**東西**の位置関係を示す。イギリスのロンドン郊外にある旧グリニッジ天文台を通る**本初子午線**を**経度0度**とし，本初子午線より東側を**東経**，西側を**西経**といい，東西をそれぞれ**180度に分ける**。同じ経度の地点を結んだ線が**経線**で，どの経線も北極点と南極点を通る大円で，経線の**長さはいずれも約4万km**となる（図1-1-1-4参照）。

☑☑☑ **赤道** ▶ **緯度0度の緯線**で，緯度の基準の一つ。緯線の中では唯一の大円で，赤道全周は**約4万km**。昼の長さと夜の長さが等しくなる**「春分」と「秋分」の時に太陽が真上に来る**（図1-1-1-4参照）。

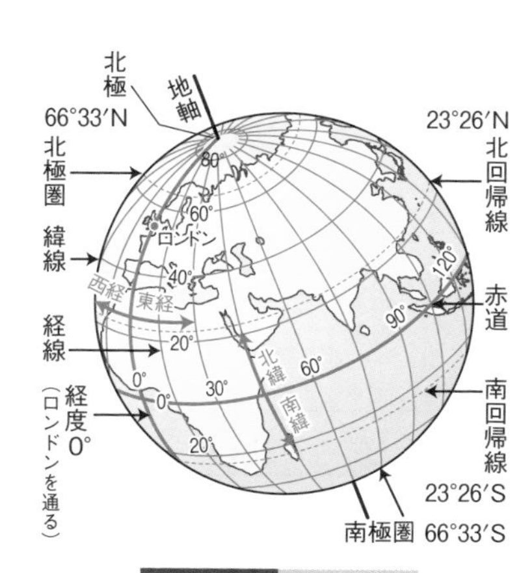

図1-1-1-4 緯度と経度

☑☑☑ **回帰線(かいきせん)** ▶ **緯度23度26分の緯線**で，**北回帰線**は，北半球で昼がもっとも長くなる**「夏至(げし)」の時に太陽が真上**に，**南回帰線**は南半球で昼がもっとも長くなる**「冬至(とうじ)」の時に太陽が真上に来る**。回帰線よりも低緯度では，太陽が真上に来る日が1年に2回ある（図1-1-1-4参照）。

☑☑☑ **極圏** ▶ **緯度66度33分**＊**の緯線よりも高緯度の地域**。**夏には太陽が沈まずに夜がこない日**に加えて，日没後も太陽が地平線の近いところにあり，夜も薄明るい状態が続く**白夜**や，**冬には太陽が昇らない極夜**がみられる（図1-1-1-4参照）。　＊切り捨てると66°33′，四捨五入すると66°34′。

☑☑☑ **対蹠点(たいせき)** ▶ **地球上のある地点に対して，真裏にある地点**のこと。対蹠点を求める際には，**北緯と南緯，東経と西経をそれぞれ入れ替え，緯度の度数は変わらず，経度の度数は180度との差**になる。例としては，陸半球の中心（北緯48度・東経0.5度）の対蹠点は，南緯48度・西経179.5度（180－0.5）で，水半球の中心となる。

☑☑☐ **時差** **地域による時刻（標準時）の差**で，地球は1日（24時間）で1回転（360度）するため，**経度15度**（360度÷24時間）**につき，1時間の差が生じる**。経度180度にほぼ沿って引かれた**日付変更線の西側から1日が始まり，西へ向かうほど時刻は遅れていく**（図1-1-1-5参照）。

☑☑☑ 日付変更線▶**経度180度**にほぼ沿って海上に定められた境界線で，**1日の始まりとなる線**のこと。西から東に越える際には日付を１日遅らせ，東から西に越える際には１日進ませる（図1-1-1-5参照）。

☑☐☐ 標準時▶**経度にもとづいて国や地方が共通して採用する時刻**のこと。**本初子午線**が通る**グリニッジ標準時**（GMT：Greenwich Mean Time）を基準とする。**日本では東経135度**（兵庫県明石市）**を標準時子午線**と定めているため，グリニッジ標準時に対して９時間早い（GMT＋9，図1-1-1-5参照）。国土が東西に広い国では，**アメリカ合衆国**（**6**）や**ロシア**（**11**）のように複数の標準時が用いられている国もある。ただし，中国は東西に広いがペキン（北京）を基準とする標準時のみを採用している。

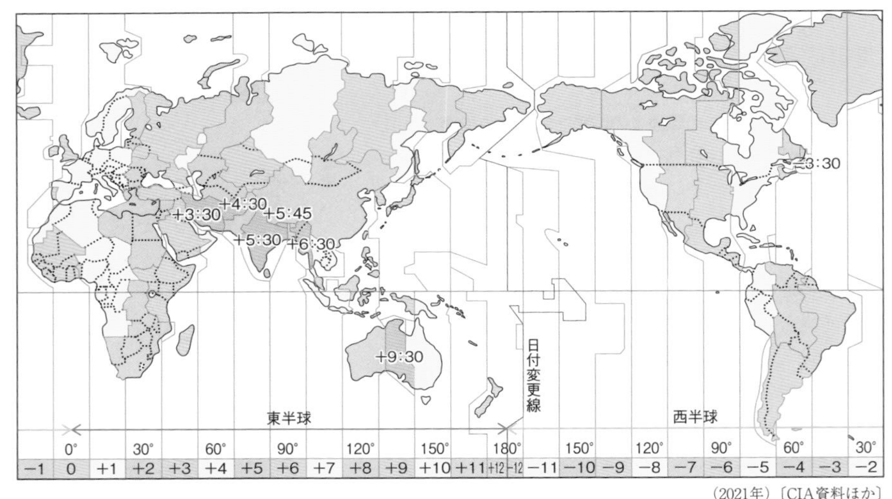

（2021年）〔CIA資料ほか〕

図1-1-1-5 世界の標準時

☑☑☑ グリニッジ標準時（GMT：Greenwich Mean Time）▶**本初子午線**の通るイギリスの時刻で，**世界の時刻の基準となる標準時**。２地点の時差を計算する際に利用され，東京（東経135度を基準とし，GMTよりも９時間早いGMT＋９）とロサンゼルス（西経120度を基準とし，GMTよりも８時間遅いGMT－８）の時差は，17時間となる。現在では，原子時計を用いたより精度の高い**協定世界時**（**UTC**）が用いられているが日常生活においてはほぼ同じと考えてよい。

☑☑☑ サマータイム▶中緯度から高緯度に位置する国で，**夏の時期だけ時刻を1時間進ませる制度**。**夏の長い昼間の時間を有効利用**したり，夜間の省エネルギーを目的として，ヨーロッパや北アメリカの国で主に採用されている。

第2節 世界地図（地図投影法）

☑☑☑ 地球儀 ▶ **地球を縮小した球形の模型**で，経緯線，陸地と海洋，地名などが表記されている。**球面上での距離・方位・面積・角度の関係（地図の4要素）が正しく表されている。**ただし，一度に世界全体を見渡せない，持ち運びにくい，作業がしにくい，詳細な大縮尺の地球儀は現実には作れないなどの短所もある。

☑□□ 世界地図 ▶ **地球表面全体を，さまざまな地図投影法（図法）によって平面に写し取ったもの。**球面を平面で表すことで，さまざまなひずみが生じ，地球儀のように**距離・方位・面積・角度などすべての関係を同時に正しく表現することはできない。**

☑□□ 地図投影法（図法）▶ **立体の地球表面を平面の地図に表すために用いられる作成法**のことで，球面を**円筒・円錐・平面に投影**する。表面を写し取る際に，光源の位置によって**正射・平射・心射**に分かれる（図1-1-2-1～図1-1-2-3）参照。

また，地図投影法（図法）のうち，角度を正しくあらわしたものを**正角図**，距離の比を正しく表したものを**正距図**，方位を正しく表したものを**正方位図**，面積の比を正しく表したものを**正積図**といい，使用目的に合わせて，投影法を選ぶ必要がある。

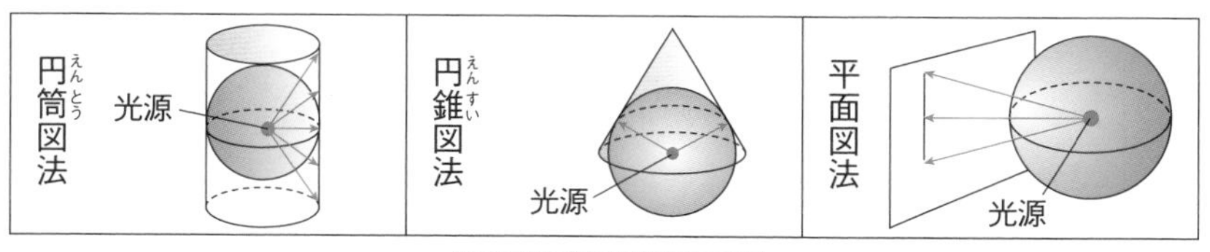

図1-1-2-1 地図投影法

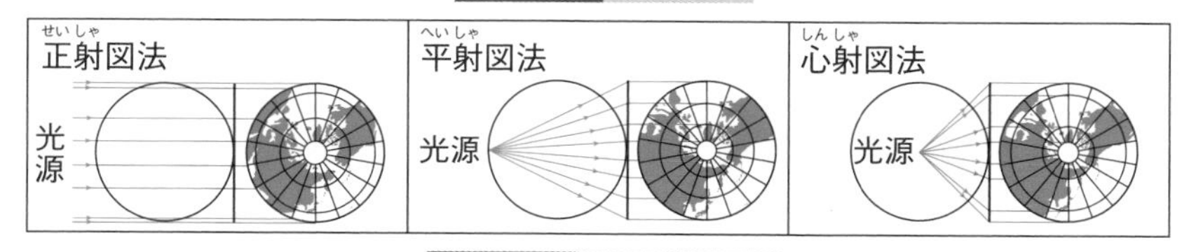

図1-1-2-2 平面図法の投影

	正積図法	正角図法	正距図法	その他
円筒図法	ランベルト正積円筒図法 サンソン図法 モルワイデ図法 ホモロサイン（グート）図法 エケルト図法	メルカトル図法 横メルカトル図法 （ユニバーサル横メルカトル図法）	正距円筒（正方形）図法	心射円筒図法 ミラー図法
円錐図法	ランベルト正積円錐図法 ボンヌ図法 多面体図法	正角円錐図法	正距円錐図法	心射円錐図法
平面図法	ランベルト正積方位図法	平射（ステレオ）図法	正距方位図法	心射図法 正射図法

図1-1-2-3 地図投影法の分類

☑□□ 正積図法▶**地図上で面積（面積比）が正しく表現されている図法**で，**モルワイデ図法**や**サンソン図法**，**ホモロサイン図法（グード図法）**，**ボンヌ図法**などがある。面積が正しくない地図で分布図を作ると，面積が拡大されて描かれている地域が強調されてしまうため，正積図は**分布図**などの**統計地図**を作成する際に適する。ただし，面積を正しくすることで，経緯線が直交しなくなるため，形のひずみが大きくなる図1-1-2-4参照。

●サンソン図法（円筒図法）

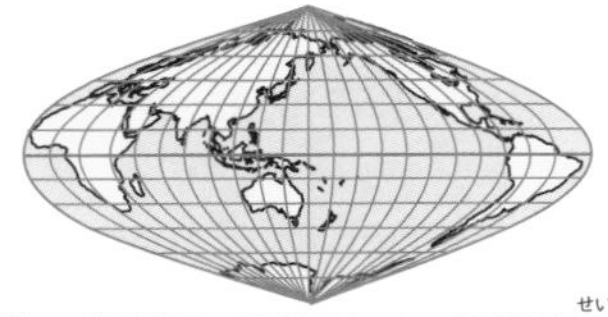

緯線は等間隔の平行線で，経線は正弦曲線（サインカーブ）。中低緯度は比較的正確だが，高緯度地方のひずみが大きい。

●モルワイデ図法（円筒図法）

経線が楕円曲線（ホモロ），緯線は平行線で，サンソン図法よりも高緯度地方でのひずみが小さい。

●ホモロサイン（グード）図法

低緯度でサンソン図法，高緯度でモルワイデ図法を用い，緯度 40 度付近で接合したもの。さらに大陸の形のひずみを小さくするために，海洋の部分に断裂を入れた。船舶航路や等値線図，流線図を描くには不適当である。

●エケルト図法（円筒図法）

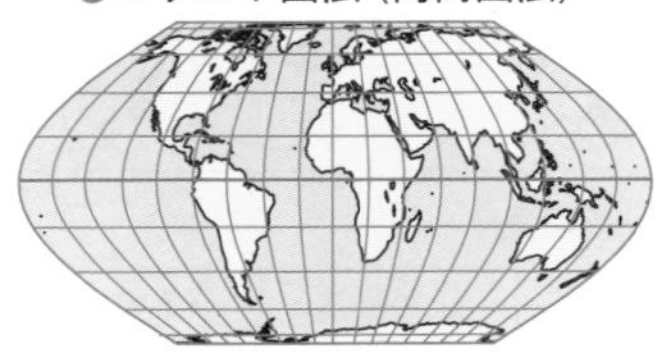

高緯度地方のひずみを小さくするために，極を赤道の２分の１の長さの直線とした。緯線間隔は面積が正しくなるように，緯度が高まるほど狭くしてある。

●ボンヌ図法（円錐図法）

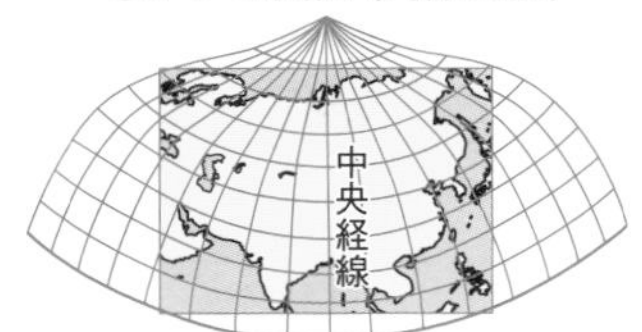

緯線は等間隔の同心円で，中央経線を離れるにつれ形のひずみが増すため，世界図や半球図には不適当であるが，大陸図や地方図にはよく用いられている。

図1-1-2-4 正積図法

☑☑☑ メルカトル図法▶**地球上の角度の関係が地図上でも正しく表現されている正角図法**。**経緯線が直交**し，**任意の線と経線との交わる角度が正しい**。任意の２点間を結ぶ直線は**等角航路（等角コース）**となるため，**航海図**として利用されてきた。角度を正しくするために，すべての緯線が赤道と同じ長さとなっているため，**高緯度ほど距離や面積が拡大**されたり（地図上の**北緯60度の緯線の長さは，実際の長さの2倍**になっている），**北極点や南極点が表現できない**（図1-1-2-5参照）。また，赤道上と同一経線上の直線を除いて，**最短経路（大圏航路）を直線で示すことはできない**。

☑☑☑ **等角航路**（等角コース）▶**2点間を結ぶ直線と経線との間にできる角度が一定になる航路。**GNSSなどで船舶の正確な位置が確認できなかった大航海時代には，羅針盤（コンパス）で方位を確認して航路を定め，**舵の角度を常に一定に保つ**ことで，安心して目的地まで航海できた。

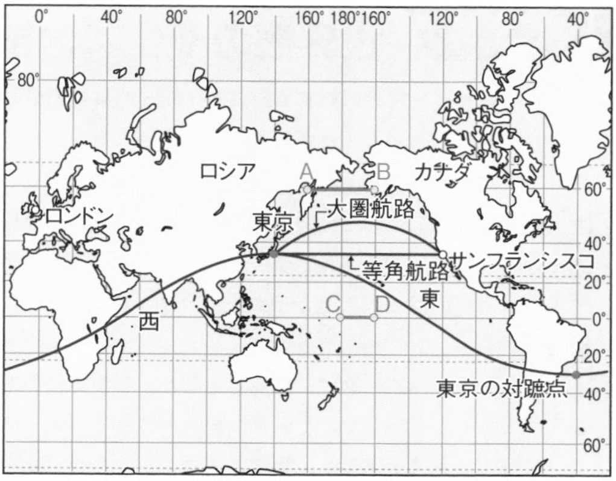

A〜B間とC〜D間の実際の距離は等しい

図1-1-2-5 メルカトル図法

☑☑☑ **正距方位図法**▶地球上の距離の関係が地図上で正しく表現されている正距図法のひとつで，**図の中心からの距離と方位が正しく表されている。**図の中心と任意の点を結んだ直線は，**大圏航路（大圏コース）**になる。世界全体を示した正距方位図法の外周上の円は，図の中心から最も遠い地点で，中心の**対蹠点**にあたる。また，円の半径は，実距離で地球半周分の**約2万km**になる。**中心点から離れるにつれて，形や面積のひずみが大きくなる**（図1-1-2-6参照）。

☑☑☑ **大圏航路**（たいけん）（大圏コース）▶**地球面上の最短距離となる航路。**地球が大円（地球の中心を通る面で切ったときにできる円）上の弧で示される。

☑☐☐ **ミラー図法**▶**メルカトル図法**と同じ**円筒図法**の代表例で，**経緯線が直交**し，**世界全図**などで用いられる。メルカトル図法に比べて高緯度地域ほど緯線間隔を短くしてあるため，高緯度の面積のひずみが小さく，**極を示すことができる。**ただし，**正角でも正積でも正距でも正方位でもない。**

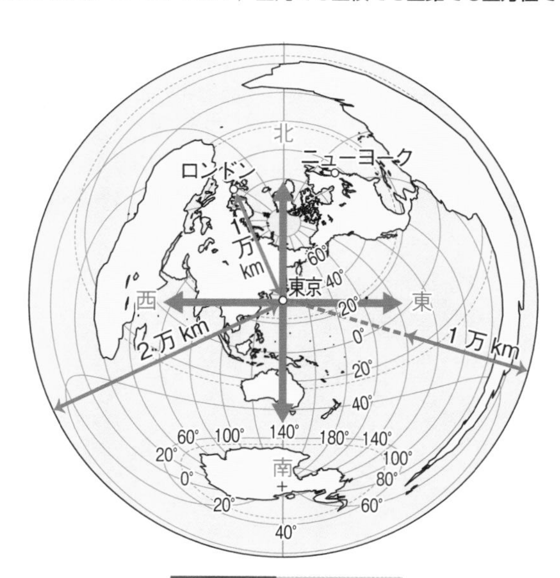

図1-1-2-6 正距方位図法

第3節 世界観の変化（さまざまな時代の地図）

□□☑ **世界観**▶**世界に対する総体的・統一的な見方や考え方**。地図の歴史をたどることで，その広がりや移り変わりを知ることができる。先史から古代にかけての地図は，重要な場所が中心や上部に配置されていた。

□□☑ **バビロニアの粘土板地図**▶現在の**イラクの一部にあたるメソポタミア**で発見された粘土板でできた地図。紀元前700～600年頃のもので，**世界最古の地図**とされる。バビロニアの都，バビロンを世界の中心とし，円盤状の大地がそれを取り巻く海に浮いていると考えられていた（**地球円盤説**／図1-1-3-1参照）。

□□☑ **地球球体説**▶**地球は球体であるとする世界の見方・考え方**。古代ギリシャの哲学者**アリストテレス**が唱えて，実証した。その後，紀元前3～2世紀（ヘレニズム時代）に，エジプトのアレクサンドリアでは**エラトステネス**が，地球の円周を計算した（図1-1-3-2参照）。

□□☑ **プトレマイオスの世界地図**▶古代ローマ（2世紀頃）の地理学者**プトレマイオス**が著した『地理学（ゲオグラフィア）』の記述をもとに作られた世界地図。球体である地球を**円錐面に投影**し，**緯線**と**経線**が入っている。インド洋が内海であったり，アジアの東西方向が誇大表現されるなど，実際とは異なる。プトレマイオスが作成した地図は失われ，現存する最古のものは，12～13世紀頃の地図である（図1-1-3-3参照）。

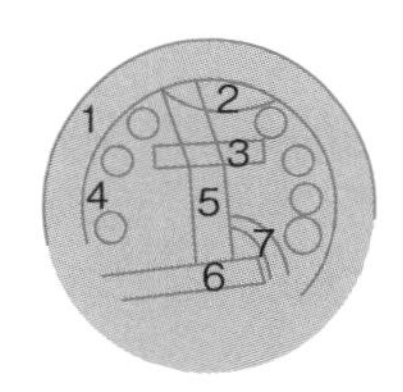

1.海	5.ユーフラテス川
2.山	6.湿地帯
3.バビロン	7.ペルシア湾
4.小都市	

図1-1-3-1 バビロニアの粘土板地図

北極
影（かげ）の長さ
7°12′
太陽光線（平行な線）
棒
5000スタディア※1（当時の両都市間の距離）
アレクサンドリア
北回帰線
シエネ（現在のアスワン）
井戸
7°12′ ※2
赤道

※1　1スタディアは，一説によると178m。この値で地球の円周を計算すると44,500kmになり，現在の値と比べて約10%の誤差がある。
※2　イラストの角度は誇張されている。

図1-1-3-2 エラトステネスの測定

図1-1-3-3 プトレマイオスの世界地図

☑□☑ **TOマップ**▶**中世ヨーロッパで作成された地図。キリスト教の世界観が支配的**となり，地図の中央には聖地**エルサレム**が位置し，それをアジア・ヨーロッパ・アフリカの3つの陸地が取り囲んでいる。**地球円盤説が復活**し，古代ギリシャ・ローマの科学的な世界観は影をひそめた（図1-1-3-4参照）。

□□☑ **マルティン・ベハイムの地球儀**▶15世紀末にドイツのマルティン・ベハイムによって作成され

〔General Cartography〕
1 東　2 アジア　3 ヨーロッパ
4 アフリカ　5 エルサレム

図1-1-3-4 TOマップ

©Vitold Muratov

図1-1-3-5 マルティン・ベハイムの地球儀

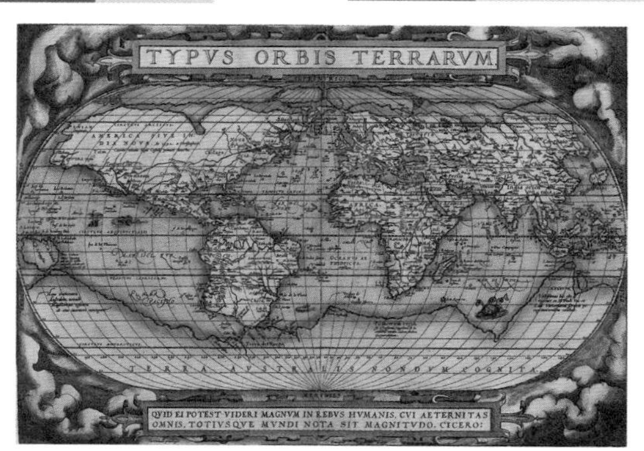

図1-1-3-6 オルテリウスの世界地図

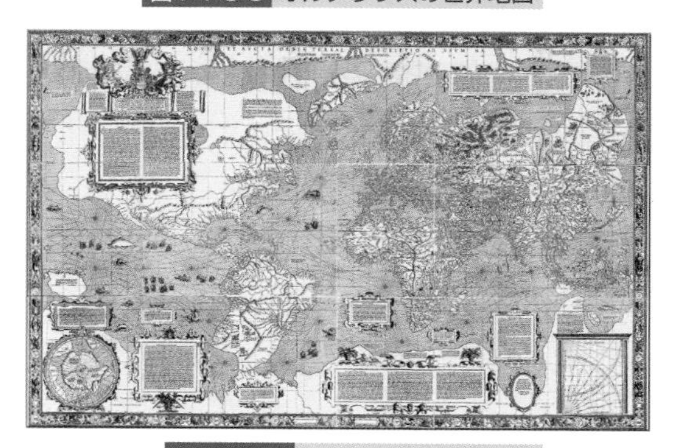

図1-1-3-7 メルカトルの世界地図

た，**現存する最古の地球儀**（1492年）。**羅針盤**（船舶の進む方位を測る器具）の発明や**大航海時代**を迎え，イスラーム文化との接触や東方貿易が盛んになり，**地球球体説が復活**したことで作成された。ジパング（日本）はあるが，**南北アメリカ大陸の存在は知られていなかった**ため，両大陸は描かれていない（図1-1-3-5参照）。

□□☑ **オルテリウスの世界地図**▶16世紀後半にフランドル（現ベルギー）のオルテリウスによって作成された世界地図（初版は1570年）。コロンブスの北アメリカ到達（1492年）以降に作成されたため，**南北アメリカ大陸は描かれている**が，オーストラリア大陸と南極大陸が１つの大陸として描かれている。世界で初めて出版された，世界各国の地図を集めた地図帳『世界の舞台』に収録されている。

緯度は，天体測量によって計測が可能であったため比較的正確だが，**経度は正確な時計が発明されるまで測定することが難しかった**ため正確さに欠ける（図1-1-3-6参照）。

□□☑ **メルカトルの世界地図**▶**16世紀後半**にフランドル（現ベルギー）のメルカトルによって作成された世界地図（1569年）。外洋航海に使える正確な地図として考案（正角円筒図法で作成＝**メルカトル図法**）され，**等角航路が直線で表される**。北アメリカ大陸が誇大表現され，オーストラリア大陸と南極大陸が１つの大陸として，北極も大陸として描かれている（図1-1-3-7参照）。

☑□☑ **大日本沿海輿地（よち）全図**▶江戸時代中期，**伊能忠敬（いのうただたか）**とその弟子たちによって作成された日本地図。日本の海岸線を17年にわたって歩き，近代的な測量法を用いて実測した。伊能忠敬の死後（1821年），全図としてまとめられた（図1-1-3-8参照）。

図1-1-3-8 大日本沿海輿地全図

第4節 地図・地理情報の地図化

1 地図

☑☑☑ 地図 ▶ **地形や建物，道路など，地表のさまざまな事象（地理情報）を縮小・記号化して平面上に表現したもの**。地図化することで事象の分布と位置関係を一目で理解することができる。**一般図**と**主題図**に大別される。

☑☑☑ 地理情報 ▶ **地球上の位置および位置と関連する情報**のこと。**統計のように数値によるもの**と，**地図によって空間的に表現するもの**に大きく分けられる。**ICT（情報通信技術）**の発達によって多くが**デジタル化**され，コンピュータやスマートフォンなどの情報端末上で幅広く利用されている。

☑☑☑ 一般図 ▶ **地形や道路などの要素，土地利用など地表の事象を縮尺に応じて網羅的に表現した地図**のこと。**国土交通省**の**国土地理院**が作成している**地形図**や**地勢図**が代表例で，地図帳にも多く掲載されている。

☑☑☑ 主題図 ▶ 表現したい事象を取捨選択し，**特定の目的のために作成された地図**のこと。鉄道路線図，道路地図，土地利用図，気候区分図，**統計地図**などが該当する。鉄道路線図や観光地図などでは，駅間の結びつきを重視したり，観光施設への道順を強調したりするなど，距離や方位などの情報が簡略化されることもある。

☑☑☑ 統計地図 ▶ **主題図**の一種で，**数量や分布などの地理情報（統計資料）を示した地図**のこと。統計資料の数値には，人口や商店数などのような**絶対値**と，人口密度や100人当たりの自動車保有台数などのような割合・指数・平均値などの**相対値**があり，絶対値を地図化した統計地図を**絶対分布図**，相対値を地図化した統計地図を**相対分布図**という。作成の際には，**用途に応じて地図を見る人にわかりやすい地図を作成する必要がある**。

☑☑☑ 絶対分布図 ▶ **絶対値を示した統計地図**。人口や商店数，羊の飼育頭数，降水量などが該当し，絶対値に適した統計地図には，**ドットマップ，図形表現図，等値線図，流線図，カルトグラム**などがある。

☑☑☑ 相対分布図 ▶ **相対値を示した統計地図**。人口密度や老年人口率，人口１万人当たりの自動車保有台数などが該当し，相対値に適した統計地図には，**階級区分図（コロプレスマップ）**がある。

2 さまざまな統計地図

☑☑☑ 階級区分図（コロプレスマップ）▶ **地域（国や都道府県など）ごとの統計値を色彩や濃淡，模様のパターンで塗り分けて表現した統計地図**。わかりやすい図を作るためには，区分の数や区分する値を試行錯誤しながら作成する必要がある。

また，単位地域の面積が大きく異なり面積が広がると数値が大きく変わってしまう場合は，値の大きさが視覚的に過大（または過小）に見えることがあるため，**絶対値を表現するには適さない**ことが多いことから**相対値を示す場合**に用いられる（図1-1-4-1 参照）。

☑☐☐ 図形表現図 ▶ **統計値の分布を図形（円や球など）の大きさ・数で表現した統計地図**。世界の粗鋼生産に占める国別割合（シェア）などの相対値を示す際に利用されることもある（図1-1-4-2 参照）。

☑☐☐ ドットマップ ▶ 人口や家畜などの**分布をドット（点）で表現した統計地図**。その地点での数量を点の多さで表現し，点の粗密で分布を読み取ることができる（図1-1-4-3 参照）。

☑□□ **流線図** ▶ 人やものの**移動方向や量を表現した統計地図**。始点と終点を矢印などで結び，その移動の規模を線の太さで示すことが多い。

☑□□ **等値線図** ▶ 気温や降水量，標高など，**同じ値の地点を結んで線で示した統計地図**。等温線図，等降水量線図，等圧線図，桜前線の図など連続した数値を示す際に用いられる（図1-1-4-4参照）。

☑□□ **カルトグラム（変形地図）** ▶ **地図上の面積を数値に比例させて変形して表現した統計地図**。特徴を視覚的に表している（図1-1-4-5参照）。

☑□□ **メッシュマップ** ▶ **メッシュ（網目）で区切り，メッシュごとに統計数値を示した地図**。市区町村界などの行政区画とは関係なく地理情報を表現でき，行政区画単位では地図に表しにくいデータが表現できる（図1-1-4-6参照）。

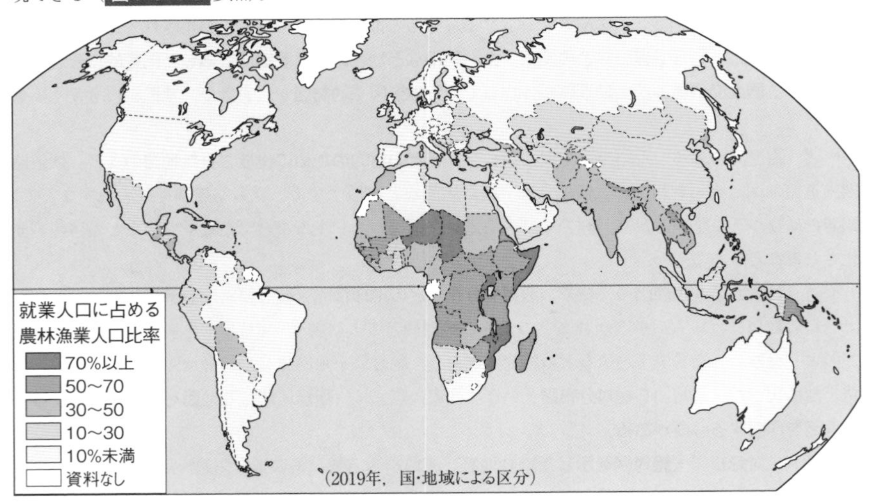

〔世界国勢図会2021/22〕

図1-1-4-1 階級区分図

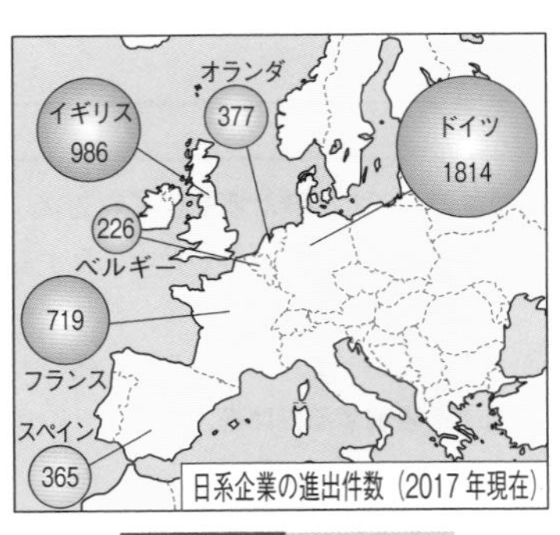

図1-1-4-2 図形表現図

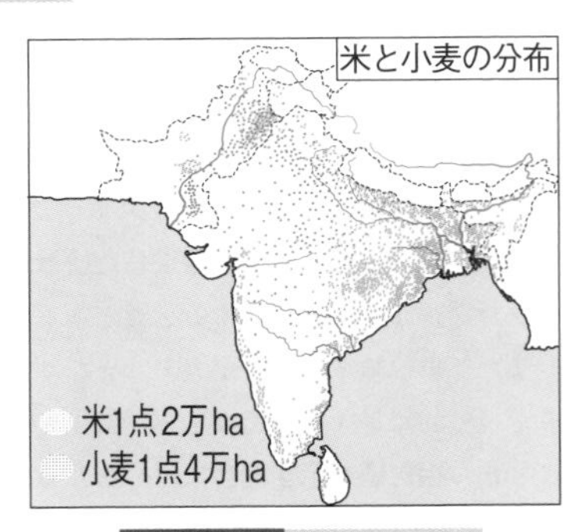

図1-1-4-3 ドットマップ

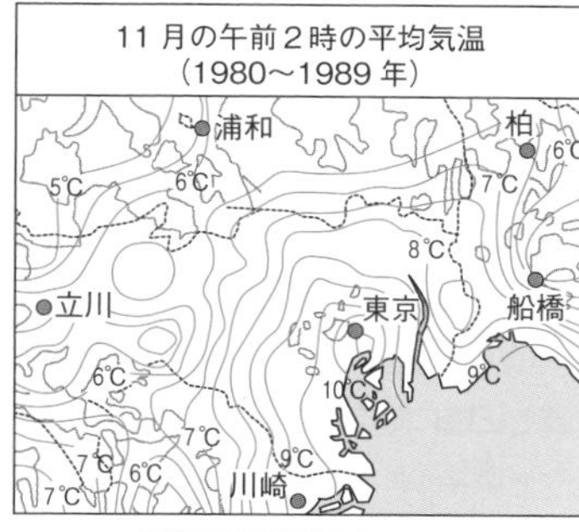

図1-1-4-4 等値線図

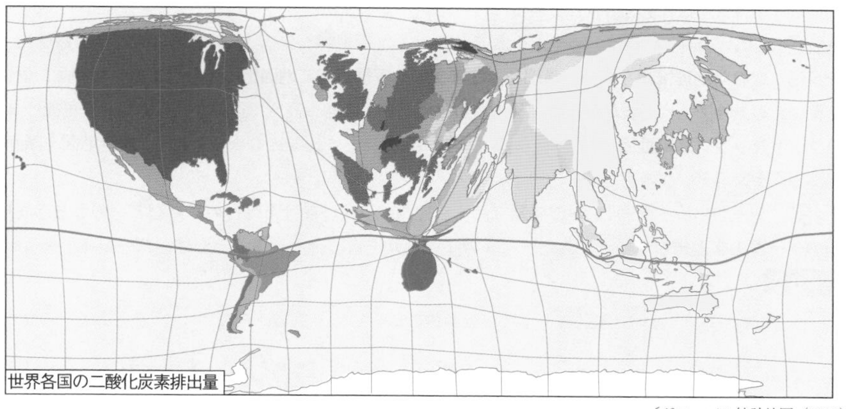

〔グローバル統計地図（2009）〕

図1-1-4-5 カルトグラム

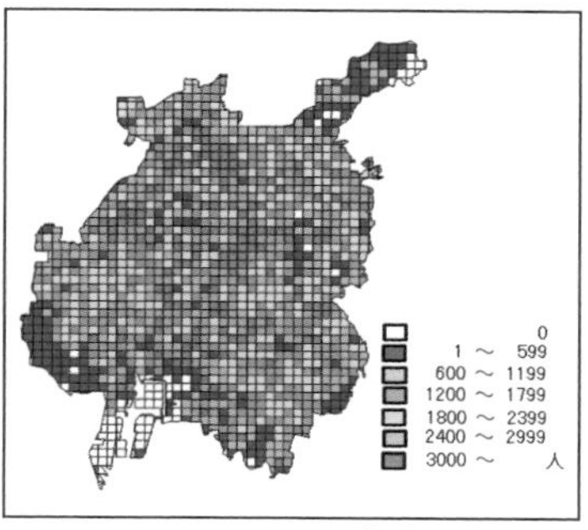

〔統計なごやweb版〕

図1-1-4-6 メッシュマップ

第5節 現代世界の地図

☑☑☑ リモートセンシング ▶ **人工衛星**や飛行機などに搭載したセンサーから地表面を電磁波などで観測して，**陸上・海洋・大気などの様子を収集し，分析・表示する遠隔探査技術**。雲の様子をとらえて天気予報に利用するほか，地表や海面の温度の測定，植生や農地の分布を把握することで地球環境問題を考察することなどが可能となった。近年は，小型無人機（ドローン）も利用されている。

☑☑☑ GNSS（Global Navigation Satellite System: 全球測位衛星システム）▶ **複数の人工衛星から電波を受信して，地上の位置を正確に知るしくみ**。スマートフォンなどの携帯端末や**カーナビゲーションシステム**など，さまざまな機器に受信機が搭載されている。

GPS（Global Positioning System）はアメリカ合衆国が整備したもので，日本では「**みちびき**（準天頂衛星システム，英語ではQZSS：Quasi-Zenith Satellite System）」，EUでは「ガリレオ」，ロシアでは「GLONASS」が運用されている。

☑☑☑ GIS（Geographic Information System：地理情報システム）▶ **位置情報を持つ数値化（データ化）された地理情報**を**取得・管理し，さまざまな表現方法で地図化し，分析するしくみ**。位置情報を持つため，地図上に**必要なデータを重ね合わせる**ことができ，高度で迅速な分析や判断が可能となる。**ハザードマップ（防災地図）**のほか，地理情報をGISソフトに読み込ませることで，**統計地図**や**断面図**，**鳥瞰図**などが容易に作成できる。

☑□☑ レイヤ（レイヤー）▶ **地理情報**（河川や道路，公共施設，市町村の区界など）**のうち，同じ種類のデータのまとまり**で，こうしたデータのまとまりを重ね合わせることを**オーバーレイ**という（図1-1-5-1参照）。

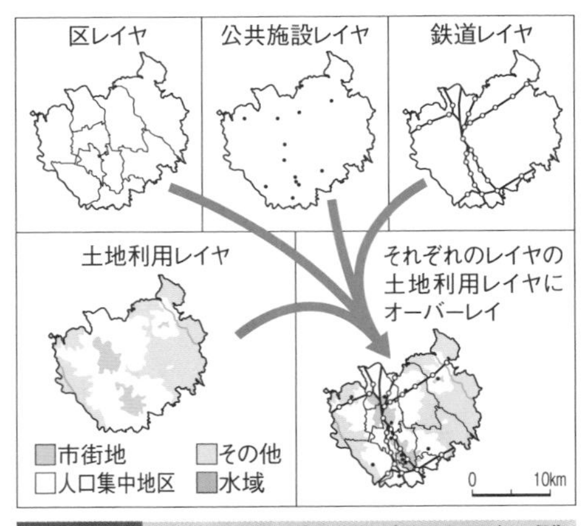

図1-1-5-1 レイヤとオーバーレイ（さいたま市の例）

☑□□ Web GIS ▶ **インターネットを通じて提供されるGIS**。地図の閲覧（えつらん）を中心とした操作を簡単に行えるため，地理的な情報を多くの人に伝えるのに適している。国や地方自治体，企業，個人が提供している。

国が公開する**地理院地図**や**統計地図表示サイト**（「地図で見る統計」：統計GIS・jSTAT MAP），**ハザードマップ**，地方公共団体が公開する公共施設や都市計画などがこれにあたる。

☑□□ デジタル地図 ▶ **パソコン上で扱えるようにデータ化された地図**（**数値地図**）。地図をそのまま画像にしたラスターデータと，線と点と面で構成されたベクトルデータがある。**ラスターデータ**は，主に背景画像として他の情報を上乗せして表示する場合に使用され，**ベクトルデータ**は，正確な位置情報を持ち，GISソフトを利用することで，選択したデータのみを表示させることができる。

☑☑☑ 地理院地図 ▶ **国土地理院が提供しているインターネットから閲覧（えつらん）できる電子国土基本図**。電子国土基本図を切れ目なく表示し，新旧の空中写真や**断面図**，標高の段彩図，治水地形分類図などの**主題図**も表示できる。紙の地形図と異なり頻繁に更新できるため，災害時には被災地の空中写真が速やかに公開されるなど，災害対応に貢献できる。

☑□☑ 電子国土基本図 ▶ **国土地理院が整備している地図情報やオルソ画像（空中写真），地名情報を含むデジタルデータ**。地理院地図で閲覧でき，地図情報を印刷したものが２万5000分の１地形図で，データとして数値地図（国土基本情報），電子地形図25000が提供されている。

☑□☑ 基盤地図情報 ▶ **日本の電子地図における位置の基準となる情報**。全国の測量基準点や標高，海岸線などの位置情報にずれが生じないように，国や地方公共団体，民間事業者などのさまざまな関係者が整備することで，地理空間情報を正しくつなぎ合わせたり，重ね合わせたりすることができる。2007年に成立した**地理空間情報活用推進基本法**によって規定され，整備が進められた。

☑☑☑ ハザードマップ（防災地図）▶ **津波や火山災害，洪水，土砂災害などの災害が発生したときに想定される被害範囲や程度，避難場所などを示す地図**。日本では，1995年の**阪神淡路大震災**で効果的な救援活動ができなかった反省から整備が本格化し，災害の被害を最小限におさえるため，国土交通省のウェブサイトには全国の自治体が各種の災害に応じたハザードマップが公開されている。

☑□☑ メンタルマップ ▶ **個人の主観にもとづいて描かれる地図**で，「意識のなかの地図」のこと。一般に，**知っているところは詳細に描かれ，知らないところは描かれない**など，客観的な地図との違いを知ることで，作成した人の空間認識を理解することができる。また，地理的知識が豊富な人ほど精緻なものになり，ニュースや，さまざまな地理的情報に接した際に，効率よく記憶・理解できる手助けとなる。

第2章 〉地図の活用(地形図など)と地域調査

第1節 地図の活用（地形図など）

☑☑☑ 地形図 ▶ **国土地理院が発行する一般図**のことで，地表を**測量**した結果などを編集し，さまざまな事象を決められた図法で記号化して示されている。**縮尺**は，**1万分の1，2万5千分の1，5万分の1**などがあり，現在は**2万5千分の1の地形図**が更新・発行されている。2万5千分の1の地形図は実際に測量された**実測図**，5万分の1の地形図は実測図をもとにつくられた**編集図**で，1万分の1の地形図は都市部だけで作成される。

地形は等高線と陰影で表現され，**建物などの人工物，植生・土地利用，市区町村界などの境界などは地図記号**で示されている。**新旧の地形図を比較**することで，**地域の変遷**を知ることができ，地形図の読み取りによって多くの情報が得られるため，**地域調査**の際に活用される。

☑□☑ 地勢図 ▶ **国土地理院が発行する，20万分の1の一般図**のことで，**5万分の1の地形図16枚**（縦4枚×横4枚）を貼り合わせて1面にまとめ，全国で130面カバーしている。**地形図に比べて広域を示している**ため，県レベルの調査・計画などに用いられる。

☑□☑ 国土地理院 ▶ **国土交通省に設置された地形図や地勢図などを作成する機関**。**測量**に関する政策の企画立案，測量制度の改善などを行い，**地理院地図**などの**デジタル地図**の提供も行っている。所在地は**茨城県つくば市**。

☑☑☑ 測量 ▶ **地球表面上の位置や距離，面積，高低差，方位などを測定すること**。日本では，もともと独自の**日本測地系**（そくちけい）によって「測量の基準」が定められてきたが，**GNSS**の普及などにより世界標準である**世界測地系**に改正された（2002年）。地形図には，日本測地系と世界測地系の値が併記されている。

☑□☑ 三角点 ▶ **位置を求める三角測量を行った際の測量地点**。山頂付近や見晴らしのよいところ，公共施設の敷地内などに設置され，**経度・緯度・標高**が正確に求められている。一等から四等まで4種類あり，全国に約10万点設置されている。

☑□☑ 水準点 ▶ **2点間の高低差を求める水準測量を行った際の測量地点**。日本では，**東京湾の平均海面を基準面**とし，**日本水準原点**（東京都千代田区永田町）の現在の標高は24.3900mと定められている。全国の国道や主要道路に沿って約2kmごとに設置され，基準・一等・二等の種類があり，全国に約1万7千点設置されている。

☑□☑ 電子基準点 ▶ **GNSSを連続して観測している地点**で，**三角点**と同じく，**経度・緯度・標高**が正確に求められており，GNSS衛星からの電波を受信するアンテナ，受信機や通信用機器などからなる。測量の基準となるだけでなく，受信した観測データは，**国土地理院**に即時に送信され，**日本列島の地殻変動を常時監視**している（GEONET：GNSS連続観測システム）。全国に約1300か所に設置されている。

☑□□ 縮尺 ▶ **実際の距離を地図上に縮めてあらわした割合**（**比**）。2万5千分の1の地形図ならば，地図上の距離を2万5千倍すると実際の距離となる。**大縮尺，中縮尺，小縮尺に大別**され，**大縮尺図は狭い範囲を大きく示し，小縮尺図は広い範囲を小さく示す**（図1-2-1-1参照）。

縮尺	一般図の例	主題図の例
大縮尺図	2500分の1都市計画図 5000分の1国土基本図	住宅地図
中縮尺図	1万分の1地形図 2万5千分の1地形図 5万分の1地形図	道路地図 土地利用図 活断層図
小縮尺図	20万分の1地勢図 50万分の1地方図 地図帳の地方図	気候区分図 天気図

図1-2-1-1 縮尺別の一般図と主題図の例

☑☑☑ **等高線** ▶ 地形図中で，**同じ高さの地点を結んだ線**。**計曲線**（太い実線）や**主曲線**（細い実線）があり，主曲線だけでは十分に地形を表現できない際には**補助曲線**も用いられる。

計曲線と主曲線は必ず閉曲線となり，**閉曲線の内側は必ず周りよりも高い**（補助曲線は必要に応じて記入されるため閉曲線とならないこともある）。**周りよりも低い凹地を表す場合は，閉曲線に小凹地や凹地の地図記号を用いて表す**。形状や間隔から土地の起伏がわかり，**間隔が狭ければ急傾斜，間隔が広ければ緩傾斜**を意味する。等高線で表現しにくい**崖などの急傾斜部は，地図記号で表す。**

高い方から低い方に向かって凸の部分は尾根，低い方から高い方に向かって凸の部分は谷を表す（図1-2-1-2～図1-2-1-5参照）。

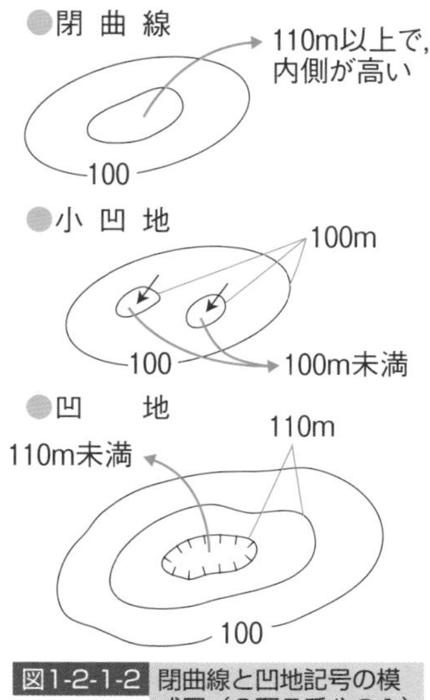

図1-2-1-2 閉曲線と凹地記号の模式図（2万5千分の1）

	2万5千分の1地形図	5万分の1地形図
実際の距離 1 km	4 cm	2 cm
実際の面積 1 km²	16cm²	4 cm²
〈等高線の種類〉		
計曲線 ────	50m間隔	100m間隔
主曲線 ────	10m間隔	20m間隔
補助曲線 ― ― ― ‐‐‐‐‐‐	5 m，*2.5m間隔	10m間隔 5 mまたは，*2.5m間隔

（＊数値は必ず表示）

図1-2-1-3 等高線の種類と数値

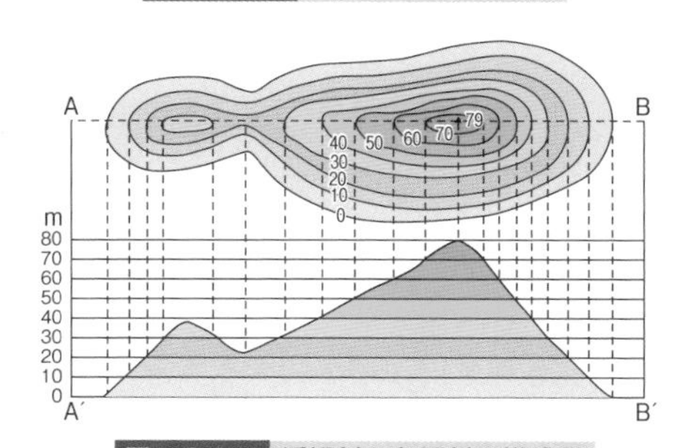

図1-2-1-4 緩傾斜と急傾斜の模式図

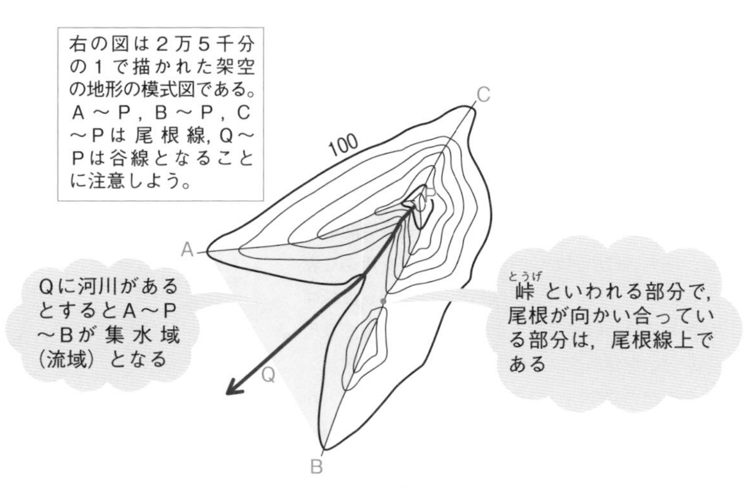

図1-2-1-5 尾根，谷，集水域の模式図

☑☑☑ 地図記号 ▶ **地図における地形・行政界・道路・施設・土地利用の状況などを表現するための記号**。記号ごとに由来がある。時代に合わせて使われなくなったもの（工場や桑畑など）もあれば，新しく作られたもの（自然災害伝承碑や老人ホーム，風車など）もある（図1-2-1-6参照）。

☑□☑ ユニバーサル横メルカトル図法（UTM図法）▶ **日本の地形図を作成する際の図法**で，世界的にも広く用いられている。地球表面を経度間隔6度ごとに分け，横メルカトル図法で投影して作成され，図郭は不等辺四角形となる。日本の地形図は，かつては多面体図法で作成されていた。

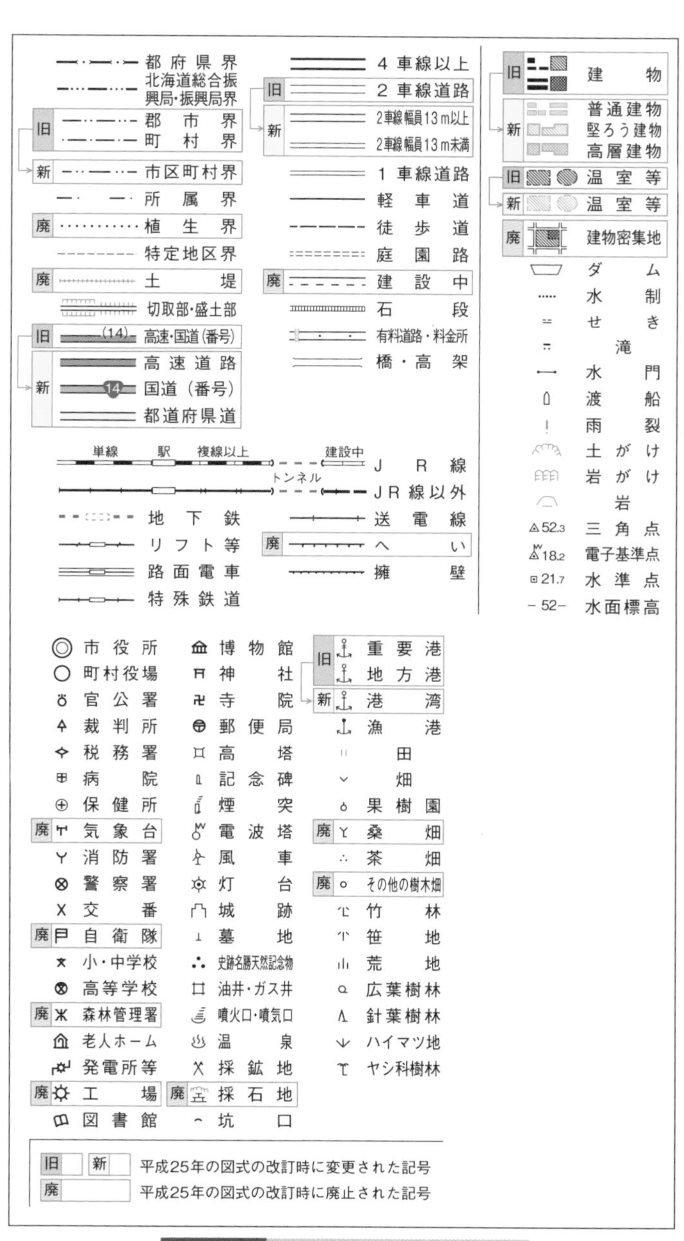

図1-2-1-6 地形図の記号（1：25,000）

第2節 地域調査

☑☑☑ **地域調査**▶対象とする地域（主に**身近な地域**）の規模を決め，それに応じた**課題を設定**し，その課題について**予備調査**や**現地調査**（**フィールドワーク**）をして，**分析**や**考察**をすること。課題は，**地域の特徴，地域の歴史的な変化，防災，人口・都市・居住などに関する現在直面している問題や今後起こりうる問題**など，多岐にわたる。調査結果について，発表することを前提にまとめる。**グラフや地図を作成する**ことで，課題が捉えやすくなり，課題解決の手がかりを得ることができる（図1-2-2-1参照）。

☑□□ **予備調査**（**資料調査**）▶設定した課題について，**現地調査をする前に，対象地域についての概要を把握するための調査**。図書館や役所，インターネットなどで資料を集め，**収集した資料の分析を通して課題を把握し，考察**することで，**仮説を設定**する。主として文献による調査であるため，**文献調査**ともいう。

☑□□ **野外調査**（**現地調査・フィールドワーク**）▶**予備調査で設定した仮説をもとに，対象地域を実際に調査する**こと。**聞き取り調査**や**観察調査**を中心に行い，関係者の生の声を聞いたり，そこでしか手に入らない関連資料を収集したり，景観の観察から地域の特徴を見いだしていく。その後，調査の結果をもとに**仮説の検証**を行い，調査の結論や今後の課題について考察し，発表するための地図やグラフなどの資料を作成する。

☑□□ **補充調査**▶調査を進める過程で，**新たな疑問や調査の不足などが生じた際に行う再調査**。文献・地図・統計などを利用する場合や，もう一度野外調査を行う場合などがある。

おもな調査項目	身近な地域の調査で重要な視点の例	
自然環境	地形	平野，台地，盆地，山地／大きな山や山地の位置／土地の高さ・低さ／海岸線／自然災害・防災など
	気候	気温／降水量・積雪量／特徴的な風／季節による違い／自然災害・防災など
歴史的背景	歴史的背景	地域の産業や文化の歴史／人々の移住・開拓／おもな遺跡・史跡／歴史上の人物／他国とのかかわりの歴史など
他地域との結びつき	交通	おもな道路・鉄道・高速道路の位置や変化／人や物の動きなど
	通信	インターネットなどの通信を使った取り組みなど
環境問題・環境保全	環境問題	水質汚濁／大気汚染／ごみ問題／産業廃棄物の問題など
	環境保全	市町村や住民ボランティアの取り組みなど
産業	農業	おもな農産物／田や畑の分布／おもな出荷先／農業産出額の変化／農家の工夫など
	工業	おもな工業製品／工場や工業団地の分布／出荷先や原料の仕入れ先／工業出荷額の変化など
	その他	観光産業／林業／漁業／商業など
人口や村落・都市	人口	人口分布／人口の変化／年齢別人口の割合など
	村落・都市	市街地の広がりや変化／ニュータウン／通勤・通学先など
生活文化	生活文化	生活のようす／祭り・伝統行事の継承／伝統料理／伝統的な家屋／伝統的工芸品／都市化や近代化による変化と街なみ保存の取り組みなど

図1-2-2-1 おもな調査項目と調査で重要な視点

MEMO

第1章 自然環境

第1節 地形

1 大地形とプレートテクトニクス

☑☑☑ 内的営力（内作用）▶**地球内部の熱エネルギーによって，地形をつくる働き**。土地の隆起・沈降，水平運動などの**地殻変動**や**火山活動**などが生じ，**大規模な地形（大地形）**を形成する働きで，地表面の起伏を大きくする。

☑☑☑ 外的営力（外作用）▶**地球外部からの太陽エネルギーなどによって地形をつくる働き**。**風化**，**侵食**，**運搬**，**堆積**などの作用を行い，**小規模な地形（小地形）**を形成する働きで，地表面の起伏を小さくする。

☑□☑ 風化▶**気温変化，塩類の析出（せきしゅつ），水の凍結，植物根の侵入，大気による酸化などにより岩石が崩れて細粒化する作用**。気温の年較差，日較差が大きいBW（砂漠気候）では**物理的風化**が，高温多雨のAf（熱帯雨林気候），Aw（サバナ気候）では**化学的風化**が活発に働く。

☑☑☑ 大地形▶**大陸規模でみられる大規模な地形**で，プレートの動きにともなう**造山運動**や**造陸運動**によって形成された山脈，高原，平野などからなる。造山運動の時期によって，**安定陸塊，古期造山帯，新期造山帯**に分類される。**安定地域**（安定陸塊，古期造山帯）と**変動帯**（新期造山帯）に分類することもある。

☑☑☑ 小地形▶大地形に対し，**侵食や風化などによって形成された谷や尾根などの小規模な地形**のこと。

☑□☑ 大洋底▶**海洋面積の大半を占める深さ4,000～6,000mの平坦な海底**で，おもに水深4,000m前後の盆地状の深海平原からなる。一部には海嶺や海底火山がそびえる。

□□☑ 深海平原▶**大洋底の大部分を占めるほぼ平坦な深海底**で，海洋地殻の表面を粘土やシルトなどの細粒堆積物が覆っている。

☑□☑ 大陸斜面▶**大陸棚の外縁から大洋底にいたるまでの斜面**（200m～3,000m）で，海底谷，海段，海底扇状地などがみられる。

☑☑☑ 海嶺▶**大洋底からそびえる海底の大山脈**で，大西洋には**大西洋中央海嶺**，インド洋には**インド洋中央海嶺，南西インド洋海嶺，南東インド洋海嶺**，太平洋には**東太平洋海嶺**などがみられ，**プレートの「広がる境界」**にあたる。

☑□☑ 大西洋中央海嶺▶**大西洋のほぼ中央部を南北に走る世界最長の海底山脈**で，大きなS字型をなす。スヴァールヴァル諸島（ノルウェー）西方沖からアイスランドを貫き，南緯60度付近で南西インド洋海嶺と南アメリカ南極海嶺に繋がり，**ユーラシアプレートと北アメリカプレート，アフリカプレートと南アメリカプレートなどの「広がる境界」**に当たる。大西洋中央海嶺の山頂は，水深2,500m前後にあるが，**アイスランド**では海面上に姿を現す。

☑□☑ インド洋中央海嶺▶**インド洋のほぼ中央部を南北に走る海底山脈**で，**アフリカプレートとインド・オーストラリアプレート，アラビアプレートの「広がる境界」**に当たる。北部はカールスベルク海嶺と呼ばれ，モーリシャス付近で**南西インド洋海嶺**と**南東インド洋海嶺**に分岐する。

☑□☑ 東太平洋海嶺▶**南東太平洋を北東から南西に走る海底山脈**。北アメリカ大陸のカリフォルニア湾から太平洋を通過し，ニュージーランド南方の南極海にいたる。

☑☑☑ 海溝▶**プレートの沈み込み部分にみられる深さ6,000m以上の凹地**で，海溝に並行して**弧状列島，火山**，大山脈がみられる。**プレートの「せばまる境界」**に当たり，**海溝型地震**が頻発する。

☑□☑ マリアナ海溝▶**太平洋プレートのフィリピン海プレートへの沈み込みによって形成された海溝**。

世界で最も深い海溝といわれ，その最深部にある**チャレンジャー海淵**は10,920mに達する。

海盆▶**海底の大規模な凹地**で，周囲を大陸，海嶺などで囲まれている。大規模なものに，東太平洋海盆，中央太平洋海盆，南西太平洋海盆，北アメリカ海盆などがある。

大陸棚▶**氷期における海面低下時の平野**（海岸平野，波食棚など）で，現在は海面上昇により**200m以内の浅海底**になっている。大陸沿岸部に，極めて緩やかに傾く斜面で，**全海洋面積の約8%**を占め，沿岸漁業などの好漁場となる。

大陸移動説▶20世紀の初頭に，ドイツの気象学者（現在の地球物理学者）である**アルフレッド・ロータル・ウェゲナー**（**Alfred Lothar Wegener，1880-1930**）が提唱した考え方。大西洋をはさみ，アフリカ大陸西岸と南アメリカ大陸東岸の海岸線の形状が似ていることに注目し，大陸移動説を唱えた。古生代には**パンゲア**という超大陸が存在し，中生代に分裂を始め，その後は離合集散を繰り返し，現在の大陸の分布に至ったという仮説である。大陸移動の原動力を説明できなかったため，当時は受け入れられなかったが，1970年頃から**プレートテクトニクス**とよばれる理論に発展した（**図2-1-1-1**参照）。

パンゲア▶ウェゲナーが大陸移動説の中で唱えた**超大陸**で，ギリシャ語で「すべての陸地」の意。パンゲアは**中生代にローラシア大陸とゴンドワナ大陸に分裂**し，その後も離合集散を繰り返し，現在の大陸の配置になったと考えられている。

ローラシア大陸▶パンゲアが分裂し，テティス海をはさんで，**北半球に位置していた古大陸**。ローラシア大陸は，さらに**ユーラシア大陸**と**北アメリカ大陸**に分裂した。

ゴンドワナ大陸▶パンゲアが分裂し，テティス海をはさんで，おもに**南半球に位置していた古大陸**。ゴンドワナ大陸は，約6億年前に誕生した後，古生代に北の古大陸（ユーラメリカ）と衝突し，パンゲアの一部となったが，中生代にローラシア大陸とゴンドワナ大陸に分裂した。ゴンドワナ大陸はその後，さらに分裂・衝突により，現在の**アフリカ大陸，南アメリカ大陸，インド半島，オーストラリ**

（←プレートの動きの方向）

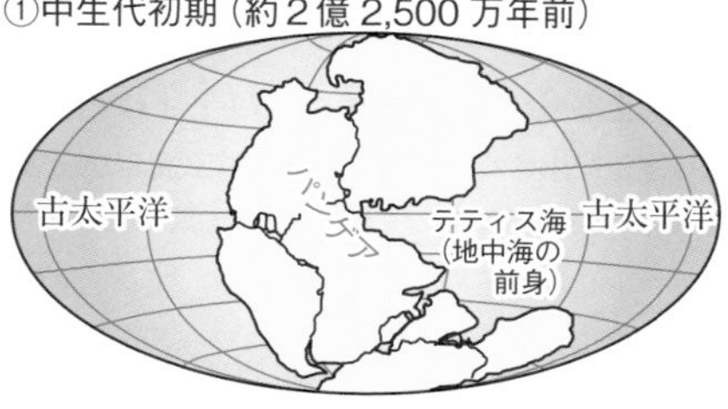

②中生代中期（約1億8,000万年前）

③新生代初期（約6,500万年前）

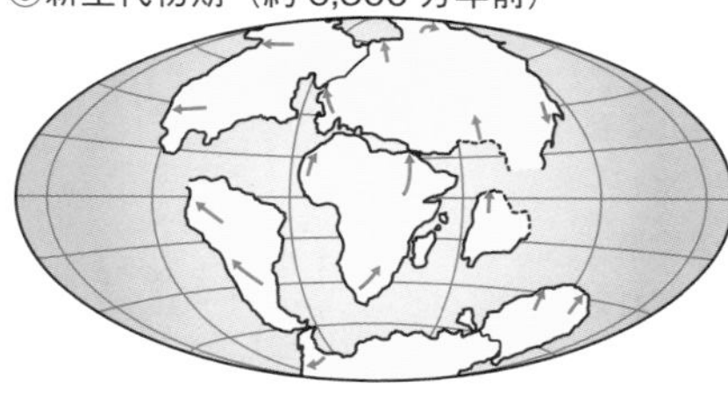

④現　在

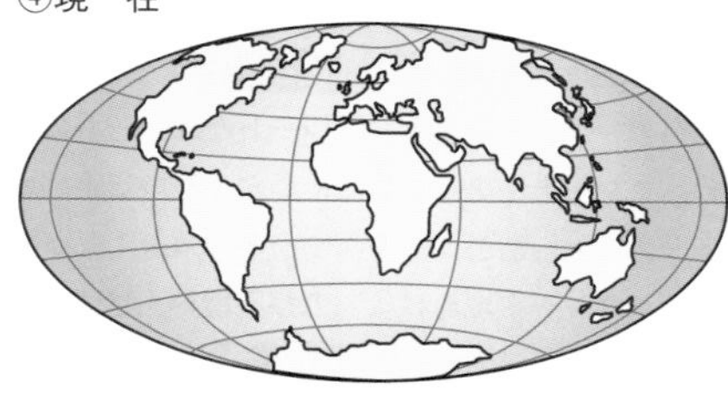

図2-1-1-1 大陸の移動

ア大陸，南極大陸になったといわれている。

☑☑☑ プレートテクトニクス▶プレートの下にあるマントルの動きにより，**プレートがさまざまな方向に移動しているという考え方**で，大陸や海洋の分布・成因などを科学的に説明した。地球の表面は，平均的な厚さが約100kmの十数枚からなるプレート（岩盤）で覆われており，**プレートの動きにともなって大陸も移動**している。第二次世界大戦後，プレートテクトニクスの考え方が広く普及した（図2-1-1-2参照）。

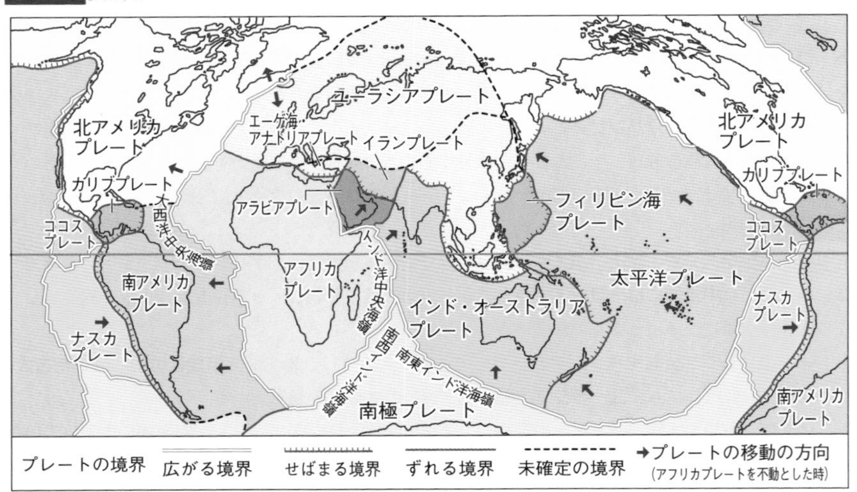

図2-1-1-2 プレートの分布

□□☑ マントル▶**地球内部の金属でできた核（コア）の外側にある層**で，主にかんらん岩などの岩石からできている。流動性があるため，マントル対流の動きにともないプレートも移動する（図2-1-1-3参照）。

☑☑☑ プレート▶**地球表面を薄く覆う地殻とマントル最上層部からなる岩盤**で，プレートはそれぞれ固有の方向に移動する。**大陸プレートは花崗岩からなり比重が小さく，海洋プレートは玄武岩からなり比重が大きい**。そのため，海洋プレートは他のプレートに沈み込む（図2-1-1-3参照）。

□□☑ 地殻（ちかく）▶**地球の表面を覆う薄い岩石圏**。地殻とマントルは岩石の種類による分類，プレートは岩石の硬さによる分類である。地殻は花崗岩などの酸性岩，安山岩などの中性岩，玄武岩などの塩基性岩からなる。地殻には，**大陸地殻**と**海洋地殻**という異なる地質構造が存在し，**大陸地殻は厚く，海洋地殻は薄い**（図2-1-1-3参照）。

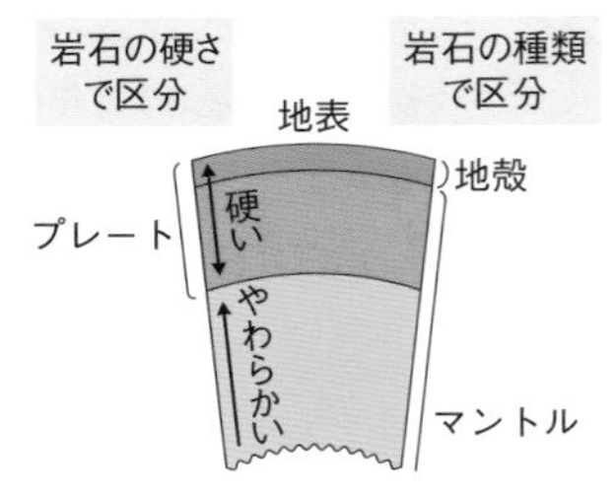

〔二宮書店『新編 読解地理B 改訂版』p.34〕

図2-1-1-3 地殻，マントル，プレート

☑☑☑ プレート境界▶**プレートとプレートの境目に当たる部分**。プレート中央部は地殻変動が少ない**安定地域**だが，プレート境界は火山活動，地震活動などの地殻変動が活発な**変動帯**である。プレート境界には，**広がる境界，せばまる境界，ずれる境界**の三種類がある（図2-1-1-4参照）。

☑□☑ 安定地域▶**プレート境界から隔れた地域**で，地殻変動が少なく，安定陸塊，古期造山帯，太洋底を含む。

☑☑☑ 変動帯 ▶ **プレート境界に沿った帯状の地域**で，激しい**地殻変動**や**火山活動**などがみられ，大山脈，海溝，海嶺などの大地形が形成される。**新期造山帯**も変動帯の一部に該当する。

☑☑☑ 広がる境界（発散型境界）▶ **プレートが互いに遠ざかる境界**で，海底の広がる境界部分では，海底の裂け目からマグマが吹き出し，海底大山脈の**海嶺**を形成する。大陸の広がる境界部分では，アフリカ東部の**大地溝帯**（**リフトヴァレー**）のように，陸地の裂け目に沿って**火山**が分布する。**アイスランドは，大西洋中央海嶺が海面上に現れたもの**で，**ギャオ**と呼ばれる裂け目がみられる。

☑☑☑ せばまる境界（収束型境界）▶ **プレートが互いに近づく境界**で，大陸プレートどうしが衝突すると，逆断層や褶曲が生じ，**ヒマラヤ山脈**や**アルプス山脈**のような大山脈が形成される（**衝突型**）。また，海洋プレートが大陸プレートに沈み込むと，**海溝**やこれに並行して**弧状列島**や大陸縁弧には**大山脈**が形成される（**沈み込み型**）。

☑☑☑ ずれる境界 ▶ **プレートが水平にずれている境界**で，**横ずれ断層**（**トランスフォーム断層**）が形成される。アメリカ合衆国の**カリフォルニア州**にある**サンアンドレアス断層**がその代表的な例で，**地震の多発地帯**である。

☐☐☑ トランスフォーム断層 ▶ 横ずれ断層のうち，**プレートとプレートのずれる境界にみられる断層**。

☑☑☑ アフリカ大地溝帯（リフトヴァレー）▶ **プレートの「広がる境界」**に当たる**東アフリカを南北に走る巨大な地溝帯**。**紅海**から**エチオピア高原**を通過し，ヴィクトリア湖付近で東西に分岐する大地溝帯で，**キリマンジャロ**やキリニャガなどの**火山**，**マラウイ湖**，**タンガニーカ湖**などの**断層湖**（**地溝湖**）が多数形成されている。リフトヴァレー付近の隆起量は大きいことから，**アフリカ大陸の東西断面は，東高西低**となる。

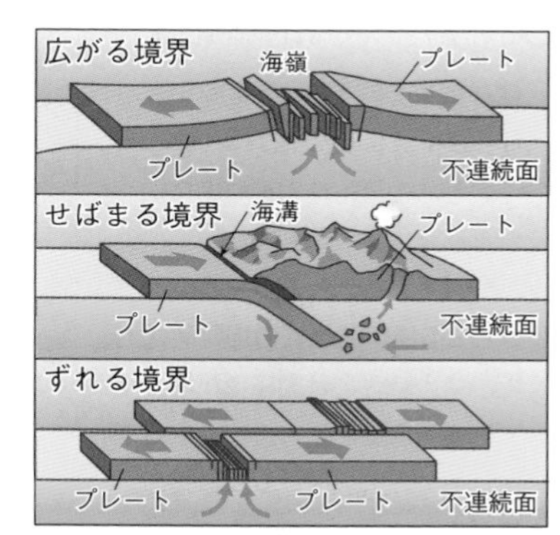

図2-1-1-4 プレートの境界

☑☑☑ サンアンドレアス断層（San Andreas Fault）▶ アメリカ合衆国太平洋岸，**カリフォルニア州**南西部を南北1,000km以上走る**横ずれ断層**で，周辺は**地震の多発地帯**となっており，ロサンゼルス大地震などを引き起こした。**太平洋プレート**と**北アメリカプレート**の境界をなす。

☑☑☑ 造山運動 ▶ **山地・山脈を形成する激しい隆起運動**で，**褶曲運動**や**断層運動**をともなう。**プレートの「せばまる境界」**で生じる。世界の大地形を，過去に造山運動が生じた**安定地域**（安定陸塊，古期造山帯，大洋底を含む）と現在造山運動が生じている**変動帯**に大別することもある。

☑☑☑ 褶曲運動 ▶ **地層が水平方向からの圧力を受けて，押し曲げられる現象**で，プレートの移動などで圧力を受け続けることによって生じる場合が多い。プレートのせばまる境界付近に形成された**アンデス山脈**，**アルプス山脈**などの大山脈を形成する（図2-1-1-5参照）。

☐☐☑ 背斜構造 ▶ **褶曲を受けた地層の山に当たる部分を背斜，谷に当たる部分を向斜**といい，水より軽い石油や天然ガスが背斜構造部に集まることがある。

☐☐☑ 地層 ▶ **層状の堆積物や堆積岩**で，陸成地層は地表の起伏の状態に沿い，**海成地層は水平に堆積**している。

☑☑☑ 断層運動 ▶ **地層や岩盤に力が加わって割れ，岩石の割れ目に沿って垂直方向や水平方向にずれた状態を断層**と呼び，**断層を動かす運動を断層運動**という。比較的近い時代（新生代第四紀）に活動した断層を**活断層**と呼び，今後も活動し地震を発生させる可能性がある（図2-1-1-5参照）。

□□☑ 正断層▶**張力によって，断層面より上側の地盤がずれ落ちる**タイプの断層。

□□☑ 逆断層▶**圧力によって，断層面より上側の地盤がのし上がる**タイプの断層。

□□☑ 横ずれ断層▶**地盤が水平方向にずれる**タイプの断層。

褶曲　逆断層　正断層　横ずれ断層

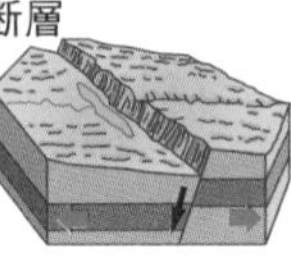
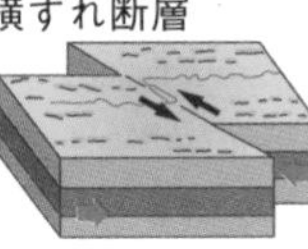

力の働く方向
断層の動き

〔A.N.Strahlerほか原図を改変〕

図2-1-1-5 褶曲と断層

☑☑☑ 先カンブリア時代▶**地球が誕生した約46億年前から5.4億年前までの地質時代**で，この時代の後半に大量の酸化鉄が形成されるようになった。

☑☑☑ 古生代▶**約5.4億年前から2.5億年前までの地質時代**で，この時代には**動植物が地上で成長・活動**し始めた。古生代の後期には広範囲に**シダ植物の森林**が広がっていた。

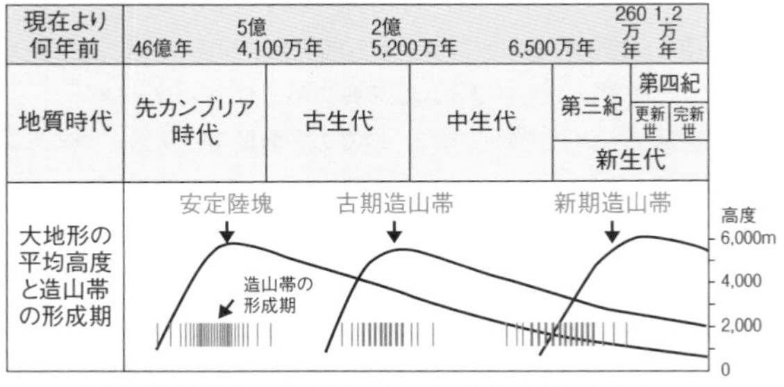

図2-1-1-6 地質時代の区分と造山帯の形成期

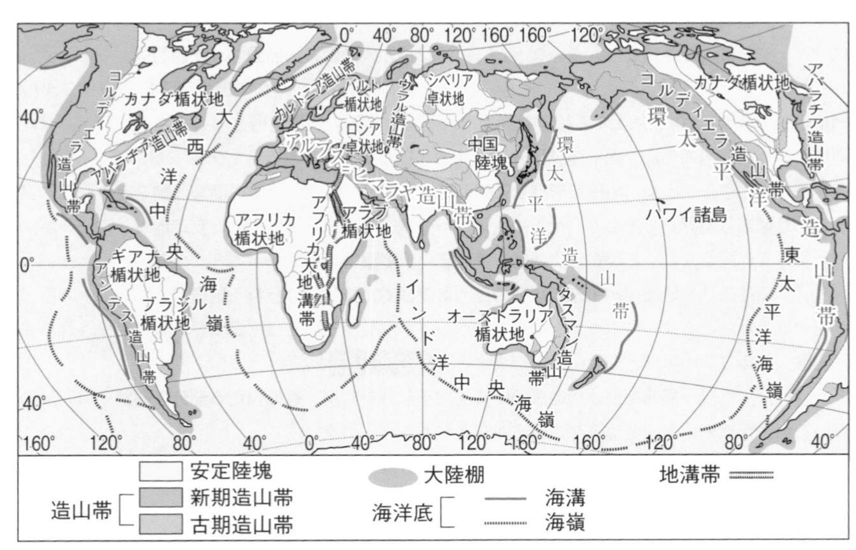

図2-1-1-7 大地形の分布

☑☑☑ **中生代**▶**約2.5億年前から0.65億年前までの地質時代**で，温暖な気候に恵まれており，**恐竜**の生息時代にほぼ対応する。超大陸のパンゲアが分裂し始めた時期。

☑☑☑ **新生代**▶**約0.65億年前から現在までの地質時代**で，約250万年前以降を**第四紀**とよび，人類が出現し進化した時代である。第四紀は約1万年前までの**更新世**とその後の**完新世**からなるが，更新世には数度の**氷期**が訪れ，約2万年前には氷期の最盛期を迎えたことから，ヨーロッパや北アメリカの北部が氷床に覆われていた。かつては，更新世を洪積世，完新世を沖積世と呼んでいた。

☐☐☑ **更新世**▶**新生代第四紀の前半部分で，約258万年前から約1万年前までの期間**。**氷期**と**間氷期**を繰り返し，15回もの氷期があったため，海水準の変動が繰り返され，多様な地形を形成した。

☐☐☑ **完新世**▶**新生代第四紀の後半部分で，最終氷期が終わる約1万年前から現在までの期間**。

☑☑☑ **安定陸塊**▶**先カンブリア時代に造山運動**を受けた後，長期間にわたる侵食を受け**平坦化した平原や高原**で，**楯状地**と**卓状地**からなる。鉄鉱石や金鉱を埋蔵していることが多い（図2-1-1-6参照）。

☑☑☑ **楯状地**▶**先カンブリア時代の岩石が地表に広く露出している地形**で，中央部がやや高く周辺が低いため，楯をふせたような形状をしている。**カナダ楯状地**，**バルト楯状地**，**ブラジル楯状地**，**オーストラリア楯状地**などが代表例（図2-1-1-9参照）。

☑☑☑ **卓状地**▶**先カンブリア時代の岩石の上に，古生代や中生代の地層が堆積している地形**で，テーブル（卓）のような形状をしている。古生代以降，一時的に海面下となった際に，地層がほぼ水平に堆積し，その後は陸化して侵食を受けた。**ロシア卓状地**，**シベリア卓状地**が代表例（図2-1-1-9参照）。

☑☑☑ **侵食平野**▶**山地などが長期間の侵食作用で平坦化されて形成された平野**で，**安定陸塊**とその周辺に多くみられる。堆積作用で形成された堆積平野より大規模なものが多い。

☑☑☑ **準平原**▶**楯状地が侵食基準面（海面）付近まで侵食されたほぼ平坦な平野**で，**侵食輪廻**の最終段階に当たる（図2-1-1-9参照）。

☑☑☑ **侵食輪廻**（りんね）▶**アメリカの地形学者のデービスが唱えた地形変化の過程。**デービスは，河川による侵食地形の変化を人の一生にたとえ，内的営力によって隆起した**原地形**→平坦面は残るが，侵食によりV字谷が形成され始める**幼年期**→侵食により起伏が最大になり，**険しい山地**になった**壮年期**→**低く緩やかな山地**になった**老年期**→**侵食基準面となる海面とほぼ同じ高さ**にまで侵食された**準平原**に変化し，**再び隆起すると侵食が復活**するという輪廻（サイクル）を考えた（図2-1-1-8参照）。

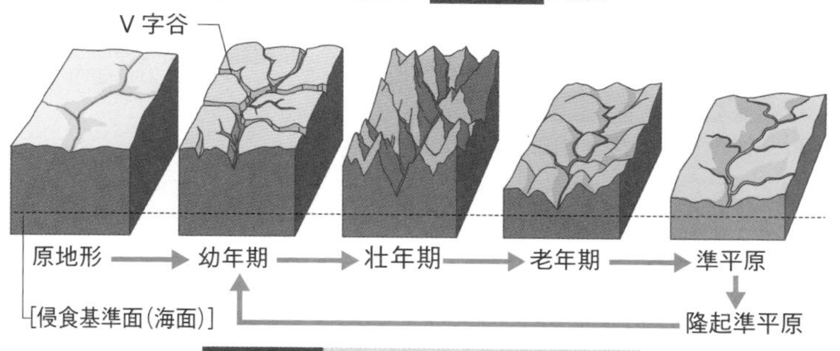

図2-1-1-8 デービスによる地形の侵食輪廻

☑☑☑ **構造平野**▶**卓状地が侵食された低平な平野**で，地質構造が地形に反映され，**地層がほぼ水平**であることからこのようによばれる。**東ヨーロッパ平原**，**北アメリカ中央平原**が代表例。**メサ**，**ビュート**，**ケスタ**などの特徴的な地形もみられる（図2-1-1-9参照）。

☐☐☑ メサ ▶ **硬岩層が侵食から取り残され，平坦な頂上面と周囲の急崖からなるテーブル状の地形。**

アメリカ合衆国西部のユタ州にあるモニュメントヴァレーが景勝地として有名。

☐☐☑ ビュート ▶ **メサが侵食され塔状の丘になった地形。**

☑☑☑ ケスタ ▶ 硬層と軟層が交互にやや傾いて堆積している場合に，**硬層が侵食から取り残され，急崖と緩やかな斜面からなる非対称の丘陵が列状に並んだ地形。パリ盆地**と**ロンドン盆地**が代表例。

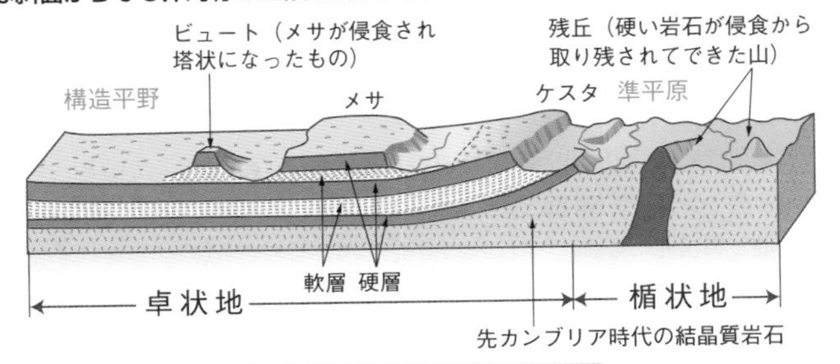

図2-1-1-9 準平原と構造平野

☑☑☑ 古期造山帯 ▶ **古生代から中生代の初めにかけて造山運動**を受けた後，長期間の侵食により**低くなだらかな山地**となった地形で，丘陵や平地となっている地域もある。**アパラチア山脈**（アメリカ合衆国），**ウラル山脈**（ロシア），**ドラケンスバーグ山脈**（南アフリカ共和国），**グレートディヴァイディング山脈**（オーストラリア）などがこれに当たる。古期造山帯地域では，古生代の後期に繁栄したシダ植物の森林が大量に堆積し，時間の経過とともに炭化が進んだことから**良質の石炭が埋蔵**されている。**古期造山帯は，かつてのプレートのせばまる境界**（図2-1-1-6，図2-1-1-10参照）で，安定陸塊とともに**安定地域**に含まれる。

©衛兵隊衛士

図2-1-1-10 古期造山帯の低くなだらかな山地（ウラル山脈）

☑☑☑ 新期造山帯 ▶ **中生代後期から新生代にかけての造山運動を受けて形成された地域。高く険しい山地**で，**火山活動**や**地震活動**が活発な地域である。マグマの作用により**銅鉱，銀鉱**，すず鉱，亜鉛鉱などが埋蔵されていることが多く，石油は褶曲の背斜構造部に埋蔵されていることがある。**環太平洋造山帯**と**アルプス・ヒマラヤ造山帯**の二大山系からなる（図2-1-1-6，図2-1-1-11参照）。

☑☑☑ 環太平洋造山帯 ▶ **太平洋の周辺の山脈と弧状列島からなる造山帯。**太平洋プレートを中心とする海洋プレートの沈み込みによって，弧状列島や山脈が形成されているところが多く，**海溝に沿って火山も多数分布**している。**アリューシャン列島，カムチャツカ半島，東シベリア，千島列島，日本列島，南西諸島，台湾，フィリピン諸島，ニューギニア島，ニュージーランド諸島**が太平洋の西縁に，**アラスカ山脈，ロッキー山脈，カスケード山脈，シエラネヴァダ山脈，海岸山脈**から**メキシコ高原**を経て**アンデス山脈，南極半島**が太平洋の東縁に続く（図2-1-1-7参照）。

図2-1-1-11 新期造山帯の高く険しい山地（モンブラン）

☑☑☑ アルプス＝ヒマラヤ造山帯 ▶ **アフリカ北端からユーラシア大陸の南縁に連なる造山帯**。主にアフリカプレート，アラビアプレート，インド・オーストラリアプレートがユーラシアプレートに衝突したことによって形成された山脈や高原。**アトラス山脈，ピレネー山脈，アルプス山脈，カフカス山脈，アナトリア高原，エルブールズ山脈，イラン高原，ザグロス山脈，ヒンズークシ山脈，ヒマラヤ山脈，チベット高原**から**スンダ列島**へと続く（図2-1-1-7参照）。

☑☑☑ 鉄鉱石 ▶ **酸化鉄を多く含む鉱石**で，製鉄原料。地球誕生当時，地表の鉄分は鉄イオンとして海水に溶解していたことに加え，海底火山の噴火によって地球内部の鉄が噴出し，鉄イオンとして海水に供給された。先カンブリア時代の後半になると，海洋中で光合成を行い，酸素を作るシアノバクテリアなどの藻類が誕生した。光合成によって，海洋中の酸素濃度が高くなると，海水中に融けていた大量の鉄（鉄イオン）と結びついて酸化鉄となり，海底に沈殿した。鉄を大量に含んだ堆積物はやがて岩石となり，それが造山運動により陸地となったところに大規模な鉄鉱床が分布している。したがって**楯状地などの安定陸塊に鉄鉱石が多く埋蔵**されている。

☑☑☑ 石炭 ▶ **シダ類などの陸生植物が堆積して地層中に残り，化石化したもの**で，古生代中頃には陸生植物が大型化し，後半には森林が形成されるようになった。古生代の造山運動を受けた**古期造山帯地域には，大規模な石炭層（炭田）**が形成されていることが多い。

☑☑☑ 石油 ▶ **炭化水素を主成分とする液状の油**。中生代には海面が大幅に上昇したため，平原が水没し，海洋性プランクトンなどの生物活動が活発な浅い海域が広がった。この時期に堆積した生物遺骸が分解されず，地下の熱や圧力によって変質するなど様々な条件の下で石油が生成された。このような諸条件を満たした西アジアの**ペルシャ湾**，中央アジアの**カスピ海**，北アメリカの**メキシコ湾**などに大規模な油田が分布している。

☑☑☑ 銅鉱 ▶ **銅を多く含む鉱石**。地中深くでマグマに取り込まれた銅や銀は，マグマの上昇とともに地表付近に達した後，地表付近に取り残され銅山や銀山を形成することがある。このため，**火山が分布する新期造山帯地域などでは，大規模な銅山や銀山が分布**している。

2 変動帯と火山・地震

☑☐☑ マグマ ▶ **マントル物質**（地球内部の岩石）**が溶融した液体状の物質**で，**海嶺，弧状列島，ホットスポット**などでわき上がる。

☑☑☑ 火山 ▶ **マグマが地表に噴出することによってできる地形**で，日本列島のような**プレートのせばまる境界の沈み込み**付近，アフリカのアフリカ大地溝帯（リフトヴァレー）やアイスランドのような**広がる境界**付近，ハワイ島のような**ホットスポット**に分布している。火山噴火による**災害**をもたらすが，雄大な景観や**温泉**は重要な**観光資源**となり，**地熱，豊富な地下水，有用金属鉱床**などにも恵まれ，**肥沃な火山灰起源の土壌**も生成される（図2-1-1-12参照）。

☑☑☑ ホットスポット ▶ **地球内部のマントル深部から，マグマが上昇してくるところ**で，ほぼ不動点である。**ハワイ島**，タヒチ島が代表例だが，イエローストーン（アメリカ合衆国），ガラパゴス諸島（エクアドル），イースター島（チリ），カメルーン火山列など世界各地にみられる。

☑☑☑ 火山前線（火山フロント）▶ **火山地域と非火山地域の境界線**。日本列島では，東日本火山前線，西日本火山前線から日本海側に火山が多く分布している。

☐☐☑ 楯状火山 ▶ **楯を伏せたような緩やかな山体の火山**で，ハワイ島の**キラウェア**やアイスランドの火山のように粘性の低い玄武岩質のマグマを噴出する場合に，楯状火山となることが多い。

☑☑☑ 溶岩台地 ▶ 粘性の低いマグマが，**明瞭な火口ではなく地表の亀裂から流出して形成された火山性台地**。インドの**デカン高原**は，古い時代の火山活動によって形成された溶岩台地で，主に**玄武岩**から構成されており，地表付近の玄武岩は風化が進み，肥沃な**レグール土**になっているところもみられる。

☐☐☑ 成層火山 ▶ 複数の噴火によって，**溶岩と火砕物が交互に堆積してできた円錐状の火山**。**プレートの「せばまる境界」**では，溶岩の流出と火山灰の噴出が激しく起こり，交互に堆積すると**富士山**（静岡県・山梨県），羊蹄(ようてい)山（北海道），岩手山（岩手県），浅間山（長野県・群馬県），雲仙(うんぜん)岳（長崎県），タラナキ山（エグモント山，ニュージーランド）などのような成層火山を形成する。

☐☐☑ 溶岩円頂丘 ▶ マグマの粘性が高い溶岩により形成された**ドーム型の火山**で，**昭和新山（北海道）**などにみられる。

☑☑☑ カルデラ ▶ **火山の激しい爆発や噴火後の陥没などによってつくられる大規模な凹地**。**阿蘇山**のカルデラは世界有数の規模。カルデラに湛水すると，**田沢湖**，**十和田(とわだ)湖**，**洞爺(とうや)湖**，**支笏(しこつ)湖**などの**カルデラ湖**が形成される。

☐☐☑ 線状噴火 ▶ **地表に生じた線状の割れ目から，マグマが噴出する噴火**で，**割れ目噴火**ともいわれる。**アイスランド**のものが代表的で，流動性に富む玄武岩質の溶岩が大量に噴出される。

☑☑☑ 火山災害 ▶ **火山噴火に伴う災害**で，**降灰**，溶岩の流出による**溶岩流**，高温のガスを含む火山砕屑物が高速で流下する**火砕流**，火山灰や火山岩などが雨水や融雪水とともに流下する**火山泥流**などが，山麓の居住地や耕地に大きな火山災害をもたらす。

☑☐☑ 火山灰 ▶ **細粒**（直径2mm以下）**の火山噴出物**で，噴火により高く吹き上げられ，偏西風などの風下に運搬され降下する。**降灰(こうはい)**は，**人体の健康被害**，**農地への被害**だけでなく，**建物の倒壊**，**交通機関の麻痺**を引き起こすこともある。また，巨大な噴火によって，大量の火山灰が上空に達すると，太陽光を遮って広域で冷夏が生じたり，**地球規模で気候の寒冷化**をもたらすことがある。

☑☐☑ 溶岩流 ▶ **火山噴火によって，地中のマグマが噴出し，地表を流下する現象**。溶岩は高温だが，流下速度が遅いため，比較的避難は容易で，散水などによって進行を抑制する。ただし，キラウェアなどにみられるように，粘性が低い（流動性が高い）溶岩の場合には，海まで達する場合もある。

☑☑☑ 火砕(かさい)流 ▶ **高温の火山ガスと火山砕屑物(さいせつぶつ)が混じり合い地表を流下する現象**。火山噴火の際，火山砕屑物は空に吹き上がると火山灰，火山弾となり，火山ガスとともに地表をはうように流れると火砕流になる。極めて速度が速いため，危険な火山災害の一つ。

☐☐☑ 火山泥流（ラハール） ▶ **火山噴火後の火山砕屑物(さいせつぶつ)が，降水などによって重力方向に流動する現象**で，水とともに流れ落ちる。火山泥流には，火山噴火により**積雪や氷河が融解した際に引き起こされるもの**と，噴火後にいったん**堆積した火山砕屑物が，豪雨などによって流下するもの**がある。

☐☐☑ 山体崩壊(ほうかい) ▶ **火山噴火や地震などによって，山体の一部が崩壊する現象**。山体崩壊後には，崩壊した山体が一気になだれ落ちる**岩屑雪崩(がんせつなだれ)**が発生する。1980年の**セントヘレンズ**（アメリカ合衆国・ワシントン州），2018年の**アナク・クラカタウ島**（インドネシア・スンダ海峡）などが代表的な事例。

☐☐☑ 巨大噴火 ▶ **地下のマグマが一気に噴出する極めて大規模な噴火**で，**地球規模の気候変動**や**生物の大量絶滅**などの原因ともなる。巨大なカルデラを形成するものが多い。阿蘇，ピナトゥボ（フィリピン），タンボラ（インドネシア）などで記録されている。

☑☑☑ 地震 ▶ **地殻内部の岩石の破壊によって生じる地震動**で，**プレート境界**で多発するが，プレート内部の**活断層**の運動や**火山噴火**によっても生じる（図2-1-1-12参照）。

☐☐☑ 震源▶**地震が発生した地下の地点**。**震央**は震源直上の地表部分のこと。

☐☐☑ 震度▶**地震の揺れの大きさを階級制**（0，1，2，3，4，5弱，5強，6弱，6強，7の10階級）**で示す指標**のことで，日本では気象庁震度階級ともいう。かつては体感および周囲の状況から推定していたが，現在は**計測震度計**により自動的に観測している。同じ地震であっても，震源からの距離や地盤の性質によっても変化する。

☑☑☑ マグニチュード▶**地震そのものの規模，つまりエネルギーを示す指標**。震源から出てくるエネルギーの大きさによって数値が決まる。マグニチュードの値が小さくても，震源から近いと震度は大きくなる。

☑☑☑ 活断層▶**数十万年前以降に，繰り返し活動し，将来も活動する可能性が高い断層**。プレートの「せばまる境界」に位置する日本には，プレートの圧縮が蓄積するため，多くの活断層が分布している。

☑☑☑ 海溝型地震▶**プレートのせばまる境界の沈み込み部分で発生する地震**で，プレート境界地震ともいう。プレート同士の接触面がずれて，海溝型の**深発地震**が発生する。1923年の**関東地震**（**関東大震災**），1960年の**チリ地震**，2004年の**スマトラ沖地震**，2011年の**東北地方太平洋沖地震**（**東日本大震災**）などがこれに当たり，大規模な**津波**を発生させた。

☑☑☑ 直下型地震▶**プレート内部での岩盤の圧力や張力で，地盤の割れ目である地震断層ができることによって生じる地震**で，プレート内地震ともいう。地震断層が地表付近まで達している場合には，浅発の**直下型地震**が起こり，都市部などに甚大な被害をもたらす場合がある。1995年の**兵庫県南部地震**（**阪神・淡路大震災**），2003年のイラン南西部地震，2004年の**新潟県中越地震**，2008年の**四川大地震**，2016年の**熊本地震**などがこれに当たる。

☑☑☑ 津波▶**地震などによる海底地形の変化で生じる局地的な海面上昇**で，海岸付近の人命や家屋に甚大な被害を与えることがある。特に**リアス海岸**の湾奥では津波の威力を集積させるため，著しく波高が高くなることから，津波の被害が大きくなる。

☑☑☑ 液状化▶**水分を多く含んだ軟弱な砂質の地盤が，地震の震動によって，液体状になり，比重の大きい建物や道路などが沈下したり，比重の小さい水道管などが浮き上がったりする現象**。ライフラインが切断されるなどの被害を伴う。地下水位が浅く軟弱な**三角州**，**埋め立て地**，**旧河道**などで発生しやすい。

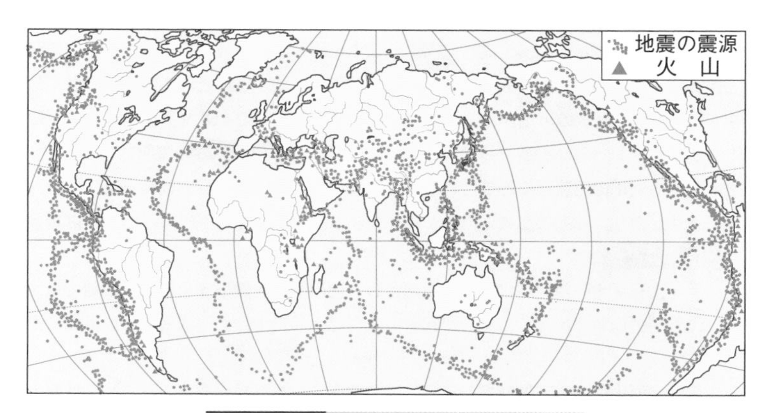

図2-1-1-12 世界の主な火山と地震の分布

☑☑☑ 兵庫県南部地震▶**1995年，淡路島の北部を震源とするマグニチュード7.3の直下型地震**で，神戸市を中心に大きな被害が生じた。この震災を**阪神・淡路大震災**と呼んでいる。

☑☑☑ スマトラ沖地震▶**2004年，スマトラ島北西沖を震源とするマグニチュード9.1の海溝型地震**で，**インド・オーストラリアプレート**が**ユーラシアプレート**に沈み込む**スンダ海溝**付近を震源とした。巨大な**津波**を発生させたため，インドネシア，タイ，マレーシアなどの東南アジアだけでなく，インド，スリランカ，東アフリカなどインド洋沿岸でも被害が生じた。

☑☑☑ 東北地方太平洋沖地震▶**2011年，三陸沖を震源とするマグニチュード9.0の日本における観測史上最大規模の地震**で，**太平洋プレート**と**北アメリカプレート**の境界付近で発生した**海溝型地震**。この地震と**津波**による震災を**東日本大震災**と呼び，東北から関東にかけて甚大な被害をもたらし，**福島第一原子力発電所の事故**も引き起こした。

☐☐☑ 四川大地震▶**2008年，中国・スーチョワン省（四川省）で発生したマグニチュード7.9の直下型地震**で，家屋の倒壊などにより大きな被害をもたらした。

3 河川がつくる地形

☑☐☑ 河川の三作用▶**河川が山地から平野を流れ，海洋に注ぐまでに行う侵食，運搬，堆積の三作用。**地表に降った雨は，河川として地表を流れ，山地などの上流部で岩石を**侵食**し，下流部まで土砂を**運搬**し，**堆積**する。

☑☑☑ 侵食▶**地表が，流水，氷河，風によって削り取られること**で，主に摩擦による**物理的侵食**である。河川などの流水による侵食は，**流速が速く**（**河川勾配**が急），**流量が多いほど活発**になるため，**新期造山帯地域**や**モンスーンアジアの多雨地域**などでは侵食作用が活発に働く。石灰岩が雨水に含まれた二酸化炭素によって溶食される**カルスト地形**は，**化学的侵食**によって形成される。

☑☑☑ 運搬▶**河川勾配が大きく，流速が速いところでは，岩石や礫（れき）など粒径の大きな物質を運搬**するが，流速が遅いところでは，砂，シルト，粘土など粒径の小さな物質しか運搬できない。

☑☑☑ 堆積▶**流速が衰えると堆積作用が活発**になることから，河川勾配が小さい下流部や河口部では多くの細粒な土砂を堆積する。

☑☑☑ 河川勾配（こうばい）▶**河川流路の傾き**のことで，川底（河床）の傾きを示す場合には河床勾配という。河川勾配が1/100の場合，100m下流（上流）に向かうと１m高さが低く（高く）なる。**日本の河川は，大陸の河川と比較すると，河川勾配が大きい**が，一般には**下流に向かうほど河川勾配は小さくなる。**

☑☑☑ V字谷（ぶいじこく）▶**河川や雨水の下刻（かこく）作用（下方侵食）によって形成されたV字状の谷。**山地に降った雨は，河川となって流下し，急な谷壁を持つV字谷を形成する（図2-1-1-13参照）。

☐☐☑ 谷底平野（こくてい）▶**河川の上流部に形成される沖積平野**の一つ。河川が下方侵食を行った後，側方侵食により谷が平坦化したり，谷底に土砂が堆積して平坦化して形成された平野で，**山地では重要な生活の場**となる（図2-1-1-13参照）。

☑☑☑ 土石流（どせき）▶**土石・土砂が河川水・雨水と混合し，河川や谷を流下する現象。**山地では，大雨や集中豪雨の際に，谷壁斜面や源流部で山崩れが起き，そこで生じた土砂が流水とともに下流に運ばれ**土砂災害**を引き起こす。

☑☑☑ 河岸段丘（かがんだんきゅう）▶**河川に沿って形成される階段状の地形。**谷底平野が形成された後，**地盤の隆起**や気候変動により**海面が低下**（**海水準の低下**）すると，再び河川の下刻作用が復活し，谷底平野の河床を彫り込むと新しい谷が生まれ，以前の河床は台地化することがある。さらに隆起や海面低下が間欠的に行われると，平坦な**段丘面**と急傾斜の**段丘崖**からなる数段の河岸段丘が形成される（図2-1-1-13参照）。

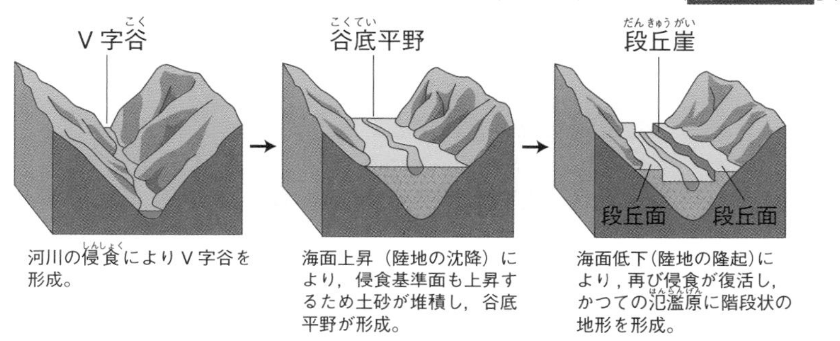

図2-1-1-13 河岸段丘の形成

☑☑☑ 河床（かしょう）▶ **川底**のことで，構成物質は上流部が礫，中流部が砂礫，下流部は細砂や粘土からなる。

☑☑☑ 河道（かどう）▶ **河川の水が流れ下る部分**で，天井川を除き**河道は周囲より低い**。常に流水がみられるところを低水路，増水時のみ流水がみられるところを高水路という。

☑☑☑ 堆積平野 ▶ **河川や海洋（波）の作用によって，土砂を堆積して形成された平野**で，**沖積平野**，**海岸平野**，**台地**からなる。日本の平野は大半が堆積平野である。

☑☑☑ 沖積平野（ちゅうせき）▶ **河川の堆積作用で形成された平野**で，主に完新世の堆積物からなる。水利には恵まれ，**肥沃な沖積土**が分布している場合には，農耕適地となる。上流の山間部には**谷底平野**，山麓の谷口には**扇状地**，中下流には**氾濫源**，河口には**三角州**が形成される（図2-1-1-16参照）。

☑☑☑ 扇状地 ▶ **山麓の谷口付近に形成される扇状の緩やかな傾斜地**。河川は山地から流れ出ると，山麓で傾斜が急に緩やかになるため流速が衰え，粗い砂礫を堆積させる。山地との境目は**扇頂**，中央部は**扇央**，末端部は**扇端**とよばれる。**砂礫**（されき）が厚く堆積する扇央では，流水が地下に浸透しやすいため，**伏流**し**水無川**を形成することがあり，乏水地（ぼうすいち）となる。一方，扇端では**湧水**（ゆうすい）することが多く，**集落**や**水田**の立地に適している。扇状地は，土砂の流下量も多く，緩傾斜地であるため，**土石流**や**洪水流**の危険性も高い（図2-1-1-14，図2-1-1-15参照）。

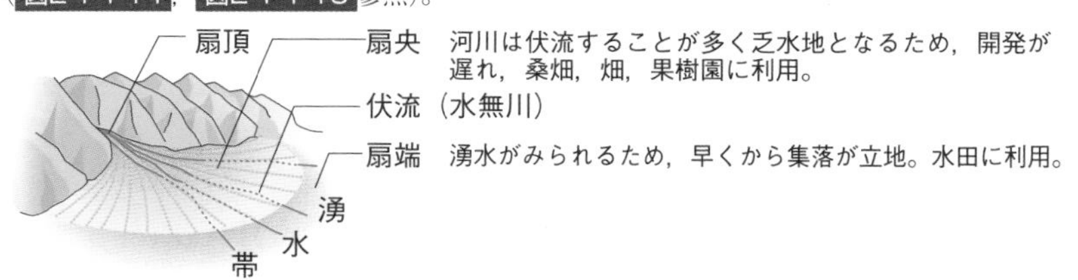

図2-1-1-14 扇状地の模式図

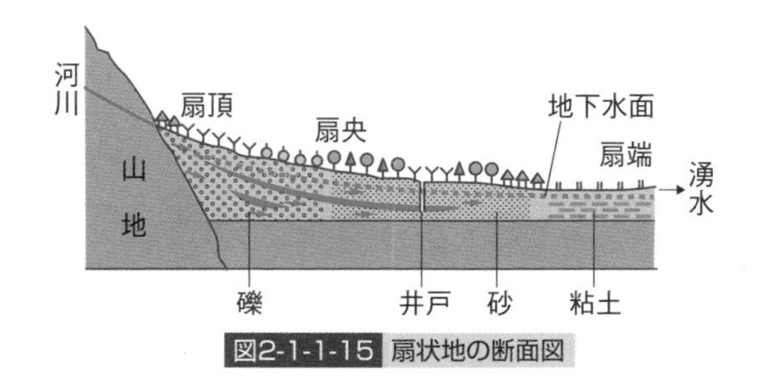

図2-1-1-15 扇状地の断面図

☑☑☑ 扇頂(せんちょう)▶**扇状地の最上流部で，頂点に当たるところ**。勾配が大きく，面積も狭いため，耕地としては利用しにくいが，**山地と平地の物資の交換点や峠越えの交易路**となることがあり，宿場町的な性格を持つ**谷口集落**が立地する。

☑☑☑ 扇央(せんおう)▶**扇状地の中央付近にあたるところ**。**河川が伏流し，乏水地(ぼうすいち)**になるため，水田などの耕地に利用しにくく，開発は遅れた。日本では，第二次世界大戦前は**桑畑**，戦後は**果樹園，畑**，さらに近年は上水道や交通網の整備により**住宅地化**している例も見られ，**灌漑設備の整備によって水田化**しているところもある。

☑☑☑ 扇端(せんたん)▶**扇状地の末端で，平坦地との境界をなすところ**。**湧水**により**水利の便が良い**ため，**古くから集落や水田などの耕地が立地**してきた。

☑☑☑ 伏流(ふくりゅう)▶**河川の流水が，透水性の高い砂礫層に浸透し，地下を流れること**。扇状地や火山麓などでは，伏流することが多い。扇端では，伏流水が自噴する湧水地がみられ，浅井戸による取水も行われている。

☑☑☑ 水無川(みずなしがわ)（涸(か)れ川）▶**増水時以外，地表で流水がみられない河川**で，**涸れ川**とも呼ばれる。日本では固有の河川名としても各地でみられる。

☑☑☑ 天井川(てんじょうがわ)▶**河床が河川周辺の土地より高くなった河川**のことで，扇状地などを流れる**土砂の運搬量が多い河川**に**人工堤防を建設**すると，河道内に土砂が堆積し，河床が徐々に高くなることがある。中国の**黄河**は大規模な天井川である。

☑☑☑ 氾濫原▶**河川の中下流域に形成される沖積平野**。河川の中下流域では，**河川勾配が小さくなり流速が衰える**ため，河川は**蛇行**するようになり，**洪水**を起こしやすくなる。洪水時には，運搬してきた細かい土砂が河道からあふれ出し氾濫原を形成し，流路に沿った両岸には**自然堤防**や**三日月湖**，その背後には**後背湿地**がみられる（図2-1-1-16参照）。

☑☑☑ 蛇行(だこう)▶**河川が蛇の這うように曲がりくねって流れること**。河川は流速が衰えると，高い場所を避け，より低い場所を求めて曲がりくねりながら進み，S字状に流れるようになる。**カーブの外側は流れが速くなり，内側は遅くなる**ため，洪水が生じやすくなる。このため古くから**河川を堤防で固定**し，**直線化**する**河川改修**が行われてきた。

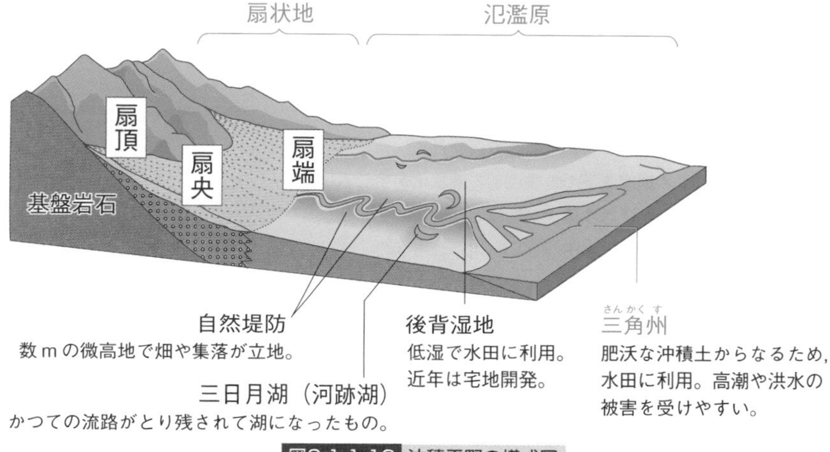

図2-1-1-16 沖積平野の模式図

☑☑☑ 自然堤防 ▶ **河川の両岸にあふれ出た土砂などの洪水堆積物が，沈殿してできた数mの微高地**で，氾濫原の中では**高燥**（土地が高くて，水はけが良い）なため，**集落，畑，果樹園，道路**などに利用されている。

☑☑☑ 後背湿地 ▶ **自然堤防の背後にできる細かい泥からなる低地**で，水はけが悪いが，日本では排水することによって**水田化**されているところが多い。近年は**宅地化**も進んでいる。

☑☑☑ 三日月湖（河跡湖）▶ **蛇行した河川の屈曲が強まり，流路がショートカット（短絡）されてしまうことによって形成される河跡湖**で，**湿地**となっていたり，**ため池**や**遊水池，干拓されて水田**に利用されているところもある。

☑☐☑ ため池 ▶ **灌漑など農業用水を確保するための貯水池**で，降水量がやや少ない**瀬戸内地方**などで多くみられる。

☑☑☑ 遊水池 ▶ **洪水時に河川から溢れ出た水をいったん湛水する池や湖**のことで，水域の拡大によって**洪水調節**の役割を果たす。

☑☑☑ 連続堤 ▶ **流水に沿って連続して建設された堤防**。想定内の洪水防止には極めて有効だが，**破堤・越流**（堤防を越えて流れ出すこと）した場合には，**外水氾濫**が深刻化し，あふれ出た水が河道に戻りにくく，冠水状態が長く続くことがある。また，連続堤は**建設費が高い**という問題点もある。

☑☑☑ 不連続堤 ▶ **流水に沿って不連続に建設された堤防**。代表的なものに**霞堤**があり，霞堤では上流で破堤や越流などによって生じた氾濫流を，折り重なった不連続部で受け止め，**開口部から再び河道へ押し戻す機能**を持つ。さらに上流側に遊水させることで，**下流側の市街地などへの洪水を軽減**することができる。江戸時代，明治時代では不連続堤が多くみられたが，これは連続堤の建設費が極めて高かったためである（図2-1-1-17参照）。

☐☑☑ 堤内地 ▶ **堤防によって，洪水氾濫から守られている地域**で，住宅や農地などがあるところ。

☐☑☑ 堤外地 ▶ **堤防に挟まれて，河川が流れている地域**。

☑☑☑ 三角州（デルタ）▶ **河川の河口付近に堆積してできる沖積低地**。河川は海洋や湖に到達すると，ほとんど流速を失うため，上流から運搬してきた細砂，シルト，**粘土**などを河口部にゆっくり堆積し，

海面や湖面とほぼ同じ高さの低平な平野が形成される。河川は，三角州上で**分流**し，**分流間が三角形の州**（砂の堆積地形）を作ることから，三角州または**デルタ**（ギリシャ文字のデルタに類似）と呼ばれる。**低湿**（土地が低くて，水が多い）で**洪水**や**高潮**の被害を受けやすく，**地盤も軟弱**なため，地下水の過剰揚水などによる**地盤沈下**や地震による**液状化**が生じることもある。一方で，**肥沃な沖積土**が堆積していることも多く，日本などアジア諸国では**水田**などに利用されてきた。また，三角州は水量，土砂の運搬量，海食の度合いなどによって様々な形態がみられる（図2-1-1-18参照）。世界の大河川はほとんど三角州を形成する。

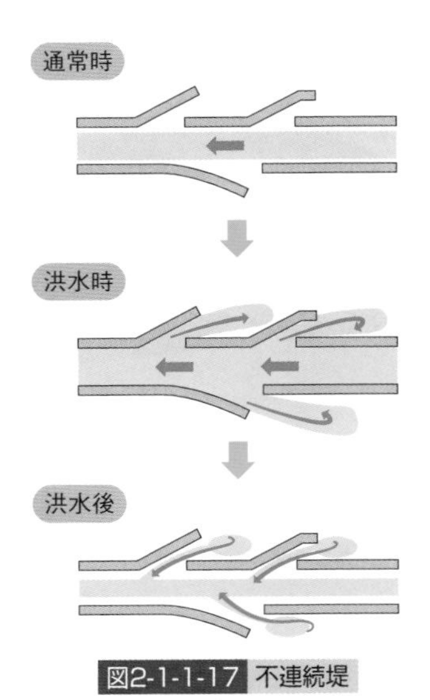

図2-1-1-17 不連続堤

□□☑ 円弧状三角州(えんこ) ▸ 土砂の運搬量は多いが，水量はさほど多くない場合に形成される三角州で，代表例は**ナイル川**。

□□☑ 鳥趾状三角州(ちょうし) ▸ 土砂の運搬量も水量もともに多い場合に形成される三角州で，代表例は**ミシシッピ川**。

□□☑ カスプ状三角州 ▸ 土砂の運搬量は多いが，沿岸流などによる海食が活発な場合に形成される三角州で，代表例は**テヴェレ川**（イタリア）。尖状三角州ともいう。

円弧状三角州

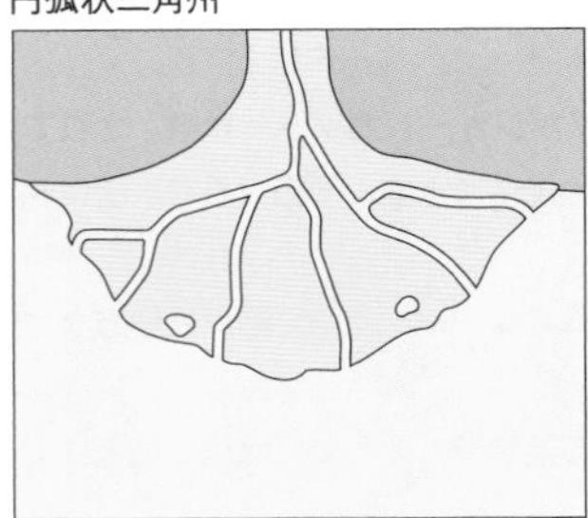

鳥趾状三角州

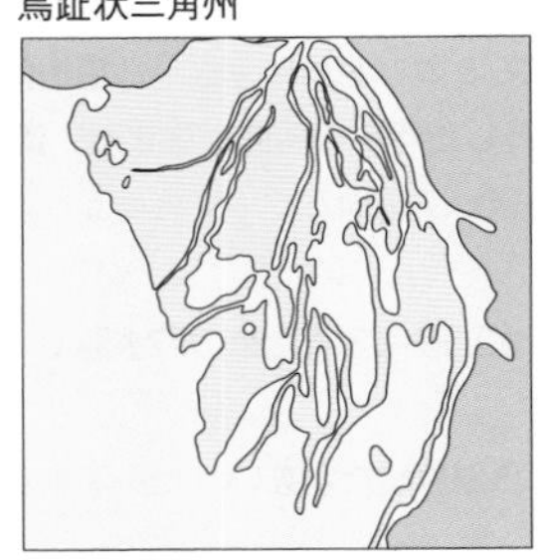

カスプ状三角州

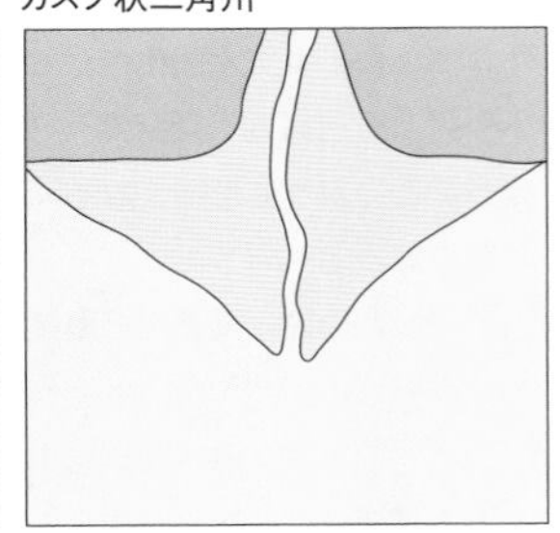

図2-1-1-18 三角州の形態

☑☑☑ 高潮 ▸ **熱帯低気圧や温帯低気圧の発生による海面の吸い上げや強風による吹き寄せによって，局地的に海面が上昇する現象**で，三角州や埋め立て地など沿岸低地は大きな被害を受ける。

☑☑☑ 洪水 ▸ **大雨によって，河川が増水し，河道からあふれた水によって陸地が水没したりする自然災害**で，人命や家屋に被害を与えるだけでなく，河床や河岸の地形を変化させる。日本では，**春の融雪，初夏の梅雨，夏や秋の台風**によって発生することが多い。

☑☑☑ 干潟(ひがた) ▸ **海岸付近でみられる砂や泥からなる低湿地**で，大河川の河口部，三角州の沖合や内湾でよく発達する。**潮汐(ちょうせき)の変化により，海面上昇時には水没**する。河川や沿岸流の土砂供給量，波浪や潮流による土砂の侵食，海岸地形などに影響を受ける。日本では，**有明海**周辺に大規模な干潟が発達している。干潟は，**干拓されて水田に利用**されたり，さらに**埋め立てられて工業用地や空港に使用**されているところもある。

☑☑☑ 台地 ▸ **頂上に平坦面を持つテーブル状の高地**で，インドのデカン高原，アメリカ合衆国のピードモント台地など規模はさまざまである。日本の台地は，古くには**洪積台地**と呼ばれてきたように，**更新世の堆積平野が隆起して形成された台地状の平野**で，規模も小さく標高も低いことから，平野の一種と考えられている。**関東平野**は台地と河川沿いの沖積低地や海岸平野からできており，**下総台地**，**常陸台地**は浅海底が，**武蔵野台地**は古い扇状地が隆起した台地である。関東平野の台地の表面は，富士山（静岡県・山梨県），箱根山（神奈川県・静岡県），浅間山（長野県・群馬県）などが噴火した際に堆積した火山灰起源の**関東ローム層**に覆われている（図2-1-1-19参照）。

□□☑ **武蔵野台地**▶**関東平野に位置する台地**で，東京都区部（東部を除く），多摩地区，所沢市などを含み，川越市が台地のほぼ北端。**乏水地であったため，開発が遅れた**が，江戸時代に玉川上水，野火止用水などの開削によって，水利が改善した。現在は，大消費地を控え，葉物野菜，果実，花卉などを栽培する**園芸農業**が発達している。

□□☑ **関東ローム層**▶**関東平野を広範囲に覆う火山灰起源の地層**。第四紀更新世の火山活動によるもので，**関東ローム**とは，**富士山，箱根山，浅間山，榛名山，男体山の噴火**によって，降下した火山灰などの火山砕屑物や風成二次堆積物（いったん堆積した後に，風によって再度運搬堆積したもの）のこと。粘土化（粘性土）が進んでおり，建築物の支持基盤としては適している。

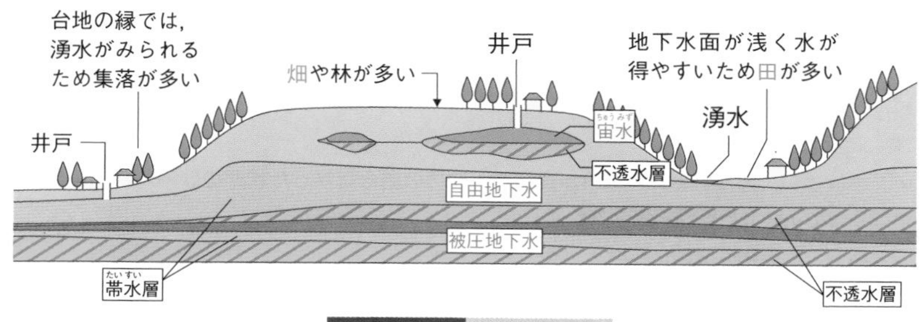

図2-1-1-19 台地の模式図

4 海岸の地形

□□☑ **岩石海岸**▶**山地や台地が海に面する地域で発達する岩石が露出した海岸**で，波の侵食作用により**海食崖**や**海食台**が形成される。

□□☑ **砂浜海岸**▶**堆積平野の海岸部や河川の河口部などで発達する砂質の海岸**で，波の作用によって，砂は海側や陸側に移動する。

☑☑☑ **沿岸流**▶**海岸線に沿う浅い海域での海水の移動**で，海岸線に斜めに入ってくる波が砕けることによって生じる。海岸線や海底を侵食し，土砂を運搬，堆積することによって，**砂嘴，砂州，陸繋砂州，沿岸州**などの堆積地形をつくる（図2-1-1-20参照）。

☑☑☑ **海食崖**▶**波の侵食作用によって，岩石が削られてできた急傾斜の崖**。波の侵食が強いと海食洞を形成することもある。

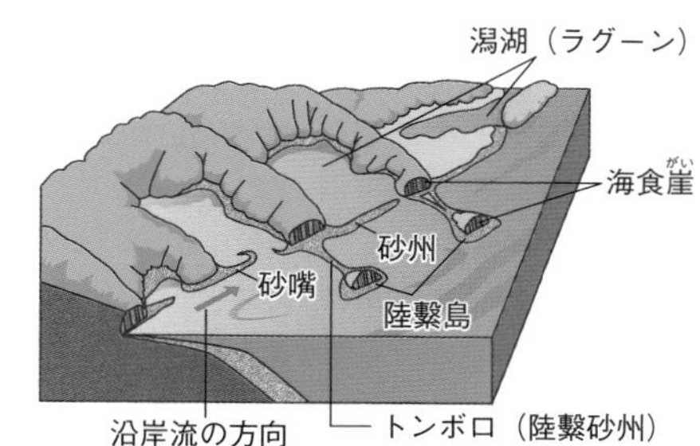

図2-1-1-20 海岸部の砂の堆積地形

☑☑☑ 海食台 ▶ **海食崖の基部から海底に向けて続く緩やかな傾斜を持つ平坦面**。岩石がもろい場合には，海面下の岩石も崩れて，海側に緩やかに傾斜した海食台が発達するが，岩石が硬い場合には，海食崖の基部に海面とほぼ水平な**波食棚**（はしょくだな）が発達する。屏風ヶ浦（びょうぶがうら）（千葉県）は海食台，青島（宮崎県）は波食棚である。

☑☑☑ 砂州（さす） ▶ **河口や海食崖から供給された砂礫が，沿岸流により運搬され，海岸付近に堆積した地形**で，先端が尖り湾口をふさぐように発達する。天橋立（あまのはしだて）（京都），弓ヶ浜（鳥取）などが代表例（図2-1-1-20参照）。

□□☑ 天橋立（あまのはしだて） ▶ **京都府宮津市の宮津湾と阿蘇海を隔てる砂州**。古くから日本三景（松島，天橋立，宮島）の一つとして，観光客を集める。

□□☑ 弓ヶ浜 ▶ **鳥取県，美保湾と中海（なかうみ）を隔てる砂州**。砂州ではない部分も含めて弓ヶ浜半島ともいわれる。

☑☑☑ 砂嘴（さし） ▶ **砂州と同様に沿岸流により形成される砂礫の堆積地形**で，内湾側に屈曲する。野付崎（北海道），三保松原（静岡），戸田（へだ）（静岡），コッド岬（アメリカ合衆国）などが代表例（図2-1-1-20参照）。

□□☑ 野付崎（のつけざき） ▶ **北海道東端に位置する日本最大規模の砂嘴**。野付半島ともよばれ，**ラムサール条約**に登録されている。

□□☑ 三保松原（みほのまつばら） ▶ **静岡県・三保半島東部の砂嘴**で，日本有数の景勝地。富士山とともに，**世界文化遺産**の構成資産に登録されている。

☑☑☑ トンボロ（陸繋砂州） ▶ **砂州が成長し，沖合の島と繋がった状態の砂州**。Tombolo とはラテン語で「土手」の意味（図2-1-1-20参照）。

☑☑☑ 陸繋島（りくけいとう） ▶ **砂州と連結した島**で，島と海岸の間は，土砂が堆積するため砂州が発達しやすい。函館半島（北海道），男鹿半島（秋田），潮岬（しおのみさき）（和歌山），志賀島（しかのしま）（福岡）などが代表例（図2-1-1-20参照）。

□□☑ 潮岬（しおのみさき） ▶ **和歌山県串本町に属する陸繋島**で，海岸段丘が発達する。日本有数の台風の通過地点。

□□☑ 男鹿（おが）半島 ▶ **半島部の大半が秋田県男鹿市に属する陸繋島**。かつては火山島であったが，二本の砂州が成長し，陸繋砂州となり，中心部に取り残された**八郎潟**（はちろうがた）が形成された。先端部にある一ノ目潟，二ノ目潟，三ノ目潟は**マール**。

□□☑ マール ▶ **水蒸気爆発やマグマ水蒸気爆発によって生じた円形の凹地**。火口の周囲に火砕流の堆積物が環状をなす。火口は湖となることが多い。一ノ目潟（いちのめがた）（秋田県），鰻池（うなぎいけ）（鹿児島県）などにみられる。

□□☑ 函館 ▶ **函館山が砂州によって連結した陸繋島**。函館の市街地は，トンボロ（陸繋砂州）上に広がる。

☑☑☑ ラグーン（潟湖） ▶ **砂州が湾口をふさぐように発達した場合にできる水域**。北海道の**サロマ湖，能取湖**（のとろこ），**風蓮湖**（ふうれんこ）が代表例。

☑☑☑ 海岸侵食 ▶ 主に砂浜海岸において，**土砂の堆積量を流出量が上回ってしまう現象**で，海岸から土砂が減少し**海岸線が後退**（**海進**）する。土砂の供給源である河川の上流にダムが建設されると，河口から海へ排出される土砂量が減少し，海岸侵食が進行する。

☑☑☑ 沈水海岸（ちんすい） ▶ **地殻変動による陸地の沈降や気候温暖化による海面（海水準）の上昇により，相対的に陸地が沈水して形成された海岸**で，水深が深く，出入りの多い複雑な海岸線となることが多い。

☑☑☑ 離水海岸（りすい） ▶ **地殻変動による陸地の隆起や気候寒冷化による海面（海水準）の低下により，相対**

的に陸地が隆起して形成された海岸で，水深が浅く直線的で単調な海岸線となることが多い。

☑☐☑ 溺れ谷▶**沈水によって，谷に海水が浸入してできた湾**。アメリカ合衆国の**チェサピーク湾**，志摩半島の**英虞湾**など。

☑☑☑ リアス海岸▶**起伏に富む壮年期の山地などが沈水してできた海岸**で，尾根が岬，谷が入り江（湾）となり，それぞれが交互に隣り合う入り組んだ**鋸歯状の海岸線**となる。周囲を山地が取り囲むため強風を避けることが可能で，**避難港**として発達し，波が穏やかなため**水産養殖**も発達する。一方，**津波**の際には，波高が著しく上昇するため被害が大きい。スペイン語で入り江を「リア」と呼ぶことに由来する。**スペイン北西部**のリアスバハス海岸，日本では**三陸海岸，志摩半島，若狭湾**などでみられる（図2-1-1-21参照）。

☑☑☑ フィヨルド▶**氷食によるU字谷に海水が浸入した湾**。谷壁が断崖絶壁で，湾奥も広く，**更新世の氷期に大陸氷河が海まで拡大していた地域で発達**している。特に**ノルウェー西岸，アラスカ・カナダ太平洋岸，チリ南西岸，ニュージーランド南島南西岸**など**高緯度の西岸**で顕著（図2-1-1-21参照）。

☑☑☑ U字谷▶**氷河の侵食（氷食）を受けた谷**で，流水による侵食で形成されたV字谷に比べ，側方侵食が進んでいるため谷底が広く，谷壁の傾きも大きい。

☑☑☑ エスチュアリー（三角江）▶**河川の河口部が沈水し，ラッパ状に開いた海岸**で，更新世の氷期に海面が低下した際，河口部に深い谷を刻んだ後，氷期の終わりとともに海面が上昇し，再び海水が河口部に浸入して形成された。**新期造山帯などの険しい山地から流出する河川**や**流域面積が広い河川**は，土砂の運搬量が多いため，河口部が埋積することから**エスチュアリーになりにくく**，逆に安定陸塊などの大平原を流れる河川は，エスチュアリーが発達しやすい。他の沈水海岸と同様に水深が大きい割には，**平野に恵まれる**ため，エスチュアリーには**港湾都市**や**工業地域**が立地しやすく，**テムズ川**（ロンドン），**エルベ川**（ハンブルク），**セーヌ川**（ルアーヴル），**ラプラタ川**（ブエノスアイレス），セントローレンス川などが代表例。※（　）内はエスチュアリーに位置する港湾都市（図2-1-1-21参照）。

●リアス海岸（スペイン）

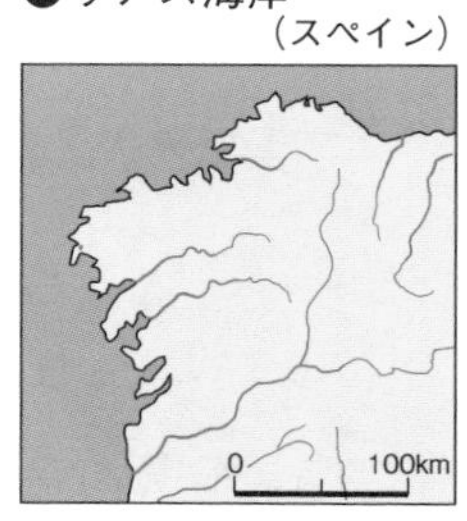

●フィヨルド（ノルウェー）

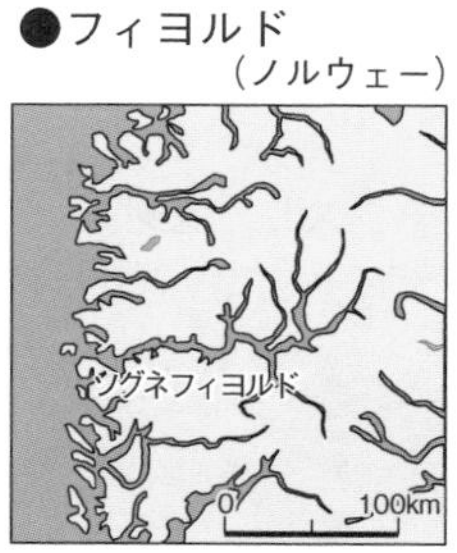

●エスチュアリー（ドイツ）

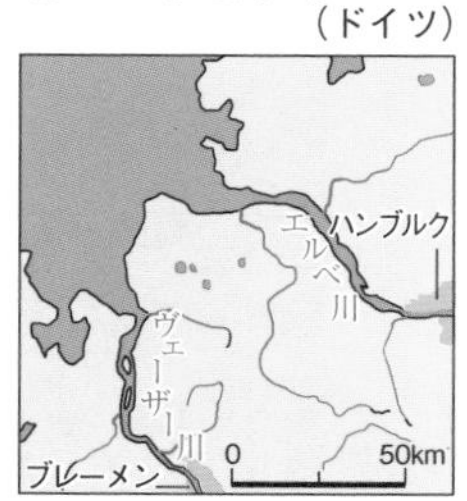

図2-1-1-21 沈水海岸

☑☑☑ 海岸平野▶**浅い海底が離水**（隆起）**して形成された砂質の海岸**。ほぼ**海面と標高が同じ**で，海岸線に並行した**浜堤**が発達することがある。**九十九里平野**（千葉県），**大西洋岸平野**（アメリカ合衆国）などが代表例。

☑☑☑ 九十九里平野▶**房総半島北東部**（千葉県）**に位置する日本最大規模の海岸平野**。標高は10m以下で，海岸線に並行して，数列の浜堤がみられる。**浜堤上には集落，堤間湿地には耕地**が交互に列をなし，海岸近くには**納屋集落**が形成された。

☑☑☑ 大西洋岸平野▶**アメリカ合衆国東海岸に沿った世界最大規模の海岸平野**。北はマサチューセッツ州からフロリダ州の一部に連なり，西はピードモント台地，南はフロリダ半島で境される。

☑☑☑ 浜堤 ▶ **風や波によって打ち上げられた砂礫が，堤防状に堆積してできた地形**で，浜堤上に砂が堆積し，数列の**海岸砂丘**となっているものもある。古い浜堤上や浜堤の内側には集落や畑が立地している。

☑☑☑ 海岸段丘 ▶ **海岸線に発達した階段状の地形**で，**海成段丘**ともいう。岩石海岸や海岸平野が，波の侵食を強く受けると**海食崖**が作られ，その基部には海側に緩やかに傾いた**海食台**が形成される。これらの海岸が**離水**して，隆起海食崖と隆起海食台が階段状をなす地形で，離水と侵食の繰り返しによって生ずる。**室戸岬**（高知県），三陸海岸北部，房総半島南部などにみられる（図2-1-1-22参照）。

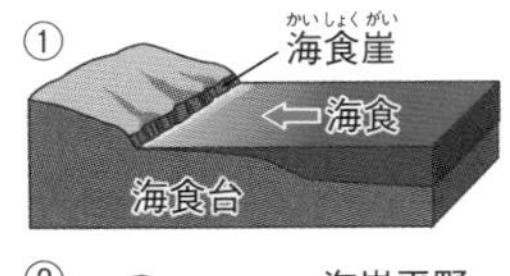

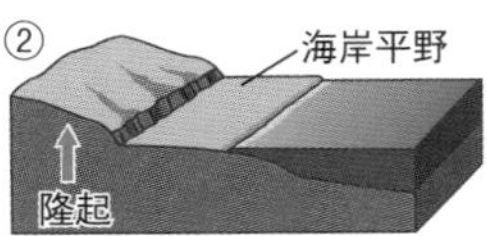

図2-1-1-22 海岸段丘の形成

5 特殊な地形

① 乾燥地形 （図2-1-1-23～図2-1-1-25参照）

☑☑☑ 砂漠 ▶ **蒸発量が降水量を上回るため，土壌中の水分が不足し，植生がほとんどみられないことに加え，土壌の発達も悪い地域**。砂漠は，地表の構成物質から**岩石砂漠**，**礫砂漠**，**砂砂漠**に分類されるが，**大半が岩石砂漠や礫砂漠**で，砂砂漠は少ない。降水量が少なく植生も乏しいため，**岩石の風化作用と風食が活発**で，岩石が侵食されてできた砂は，風に運搬され**砂丘**を形成する。乾燥地域では，たまに降る豪雨などにより**面的侵食**が行われるため，地形が平坦化しやすい。**メサ**，**ビュート**なども乾燥地域でみられる。

図2-1-1-23 乾燥地形の模式図

☐☐☑ 岩石砂漠 ▶ 主に**岩石で覆われている砂漠**で，地球上の砂漠の大部分を占める。

☐☐☑ 礫砂漠 ▶ 主に**礫で覆われている砂漠**で，岩石砂漠の一種。

☐☐☑ 砂砂漠 ▶ 主に**砂**（直径 2 mm未満）**で覆われている砂漠**で，地球上の砂漠の約20%。岩石砂漠，礫砂漠の周囲に分布し，**砂丘**が発達している。

☑☑☑ 砂丘 ▶ **砂砂漠で発達する砂が堆積してできた丘状の地形**で，**風**によって運搬され形成される。風上側が緩傾斜，風下側が急傾斜の**バルハン型砂丘**が多いが，いったん砂丘が固定した後，再び風により，風上側が侵食され急傾斜となった**マンハ型砂丘**もある。砂漠気候（BW）でなくとも，**偏西風**が優勢なイギリス，デンマーク，オランダなどの海岸付近や**北西季節風**が卓越する日本海側（**新潟砂丘，鳥取砂丘**など）では海岸砂丘が発達している。

☑☑☑ ワジ ▶ **降水時のみに流水がみられる河川**で，**涸**(か)**れ川**ともいわれる。雨季の一時的な豪雨を除き，河川は干上がっており，**河床**(かしょう)**は平坦**なため，通常は**交通路に利用**されているところもある。また，ワジ周辺では地下水面がやや高く，オアシスが形成されている地域もみられる。

☑☑☑ 外来河川 ▶ **湿潤気候地域や山地などの融雪水を水源として，乾燥地域を流れる河川**で，周辺地域の**重要な水資源**となる。**ナイル川，ニジェール川，ティグリス・ユーフラテス川，インダス川**などが代表例。

©Lydia0730

図2-1-1-24 サハラ砂漠

©katsrcool

図2-1-1-25 メサとビュート（モニュメント・バレー，アメリカ合衆国）

☐☐☑ 内陸河川 ▶ **流出河川がみられない内陸湖に流入したり，乾燥による蒸発によって失われる河川**。中央アジアの**シルダリア川，アムダリア川**，タリム盆地（中国）のタリム川，グレートアーテジアン盆地（オーストラリア）などでみられる。

② 氷河地形 （図2-1-1-26，図2-1-1-27参照）

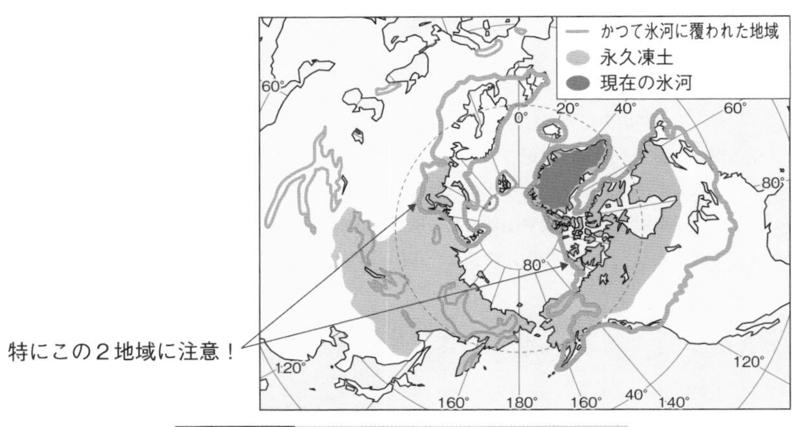

図2-1-1-26 氷期における北半球の大陸氷河の分布

☑☑☑ 氷河 ▶ **積雪量が融雪量を上回る場合，長年の積雪によって雪が圧縮され形成された氷**で，**山岳氷河**と**大陸氷河**からなる。氷河による侵食，運搬，堆積作用によりさまざまな**氷河地形**が形成される。

☑☑☑ 氷期 ▶ **氷河時代における寒冷期**。現在は第四紀氷河時代に当たるが，特に**更新世には数度にわたる氷期**が訪れ，約１万年から７万年前の**最終氷期には，大陸氷河（氷床）が北半球の高緯度地方で拡大**し，**北西ヨーロッパ，北アメリカ北部**などが大陸氷河で覆われていた。現在は完新世の間氷期に当たる。

☑☑☑ 間氷期（かんぴょうき） ▶ 氷河時代のうち，**氷期と氷期の間の比較的温暖な時期**。現在は，更新世の最終氷期後の**完新世間氷期**にあたる。

☑☑☑ 雪線（せっせん） ▶ **積雪が年間を通じて残る下方限界**で，雪線以上の高さの陸地では氷河が形成される。低緯度地方では雪線は高く，高緯度地方では低い。

☑☑☑ 万年雪 ▶ **積雪が夏季になっても融けずに越年する雪**。年間を通じて寒冷な地域や雪線以上の高山でみられる。万年雪が長期間多量に堆積すると氷河が形成される。

☑☑☑ 山岳氷河（谷氷河） ▶ **標高が高く雪線を持つ山地に形成される氷河**。雪線以上の標高部分に形成された山岳氷河は，重力によって**下方に流下**する。赤道付近であってもアフリカのキリマンジャロのように標高が高ければ，山岳氷河は形成される。**日本では，更新世の氷期に日本アルプス，日高山脈（北海道）などで発達**していたが，現在ではほとんど消

図2-1-1-27 氷河地形

失し，立山連峰に小規模なものが残っている程度。

☑☑☑ 氷床（大陸氷河）▶**陸地を広大な面積で覆う氷河**で，現在は**南極大陸**と**グリーンランド**に大規模な大陸氷河が発達している。**更新世の氷期には，ヨーロッパの北部，北アメリカの北部も大陸氷河に覆われていた。**

☑☑☑ ホルン（尖峰）▶**山岳氷河によって形成された山頂部が鋭く尖った地形**で，氷食尖鋒ともいわれる。山頂付近に複数のカールが形成されると，氷食から取り残された部分にホルンが形成される。アルプス山脈の**マッターホルン**，飛驒山脈の**槍ヶ岳**などが代表例（図2-1-1-28参照）。

☑☑☑ カール（圏谷）▶**山岳氷河の源流部に形成された半円状（馬蹄状）の谷**。山岳氷河は，谷底と谷壁を侵食しながら流下するため，谷頭付近に半椀状の**凹地**を形成する。カールの谷底にはモレーンや氷河湖もみられる。更新世の氷期には，日本でも山岳氷河が発達していたため，**飛驒山脈，木曽山脈，赤石山脈などの日本アルプス**や北海道の**日高山脈**にカールがみられる（図2-1-1-29参照）。

☑☑☑ モレーン▶氷河が融ける末端部に，**氷河が運搬してきた岩くずが堆積して形成された丘陵**。更新世の大陸氷河の末端部分である**北ドイツ平原**や**五大湖周辺**にみられる。

☑☑☑ 氷河湖▶**氷河の作用によって形成された湖**。**氷河の侵食による凹地に湛水した湖**や**氷河堆積物による堰止め湖**があり，前者の例に**五大湖**，後者の例にアルプス山脈の**レマン湖**や**ボーデン湖**がある。

©Photo: chil, on Camptocamp.orgDerivative work:Zacharie Grossen

図2-1-1-28 ホルン（マッターホルン）

©Inti-sol

図2-1-1-29 カール（仙丈岳）

③ カルスト地形　（図2-1-1-30参照）

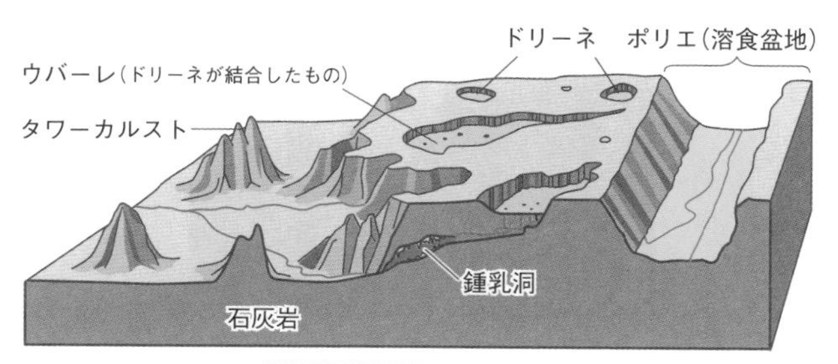

図2-1-1-30 カルスト地形

☑☑☑ 石灰岩 ▶ **炭酸カルシウムを多く含む堆積岩**で，**サンゴ**など生物起源の石灰岩が大半を占める。**セメント**などの原料となり，**日本が自給できる極めて希な鉱産資源**。

☑☑☑ カルスト地形 ▶ **石灰岩が雨水などに溶食されて形成された特異な地形**。二酸化炭素を含んだ**雨水**や**地下水**によって石灰岩が溶かされてカルスト地形が形成される。雨水は地下に吸い込まれるため，**地表水がほとんどみられない**。また，凹地の底部には石灰岩の風化残留性土壌の**テラロッサ**が堆積していることもある。「カルスト」は**スロベニア**のクラス（Kras）地方に由来したもので，**秋吉台**（山口県），**平尾台**（福岡県），**コイリン**（桂林，中国・コワンシーチョワン族自治区）のように景勝地となっているものが多い。

☑☑☑ 溶食 ▶ **石灰岩が雨水などに含まれる二酸化炭素によって溶かされること**で，化学的侵食の一種。特に雨水は大気中で多くの二酸化炭素を含んでいるため，雨水に触れた石灰岩台地の地表面は溶食を受けやすい。

☑☑☑ ドリーネ ▶ **小規模なカルスト凹地**。石灰岩が地表に露出した石灰岩台地では，雨水が岩石の割れ目に吸い込まれ，周囲の石灰岩を溶食するため，地表にはドリーネというすり鉢状のカルスト凹地を形成する。

☑☑☑ ウバーレ ▶ **ドリーネより規模が大きいカルスト凹地**。ドリーネの拡大とともに隣接したドリーネどうしが連結し，大きな凹地に成長する。

☑☐☑ ポリエ ▶ **ウバーレがさらに成長し，底部に地下水面が表れた大規模な凹地**で，**溶食盆地**ともいう。カルスト凹地の底部が陥没して形成されることもある。

☑☑☑ 鍾乳洞（しょうにゅうどう） ▶ **地下に浸透した地下水が，地中の石灰岩を溶食してできた洞窟**。洞窟の天井や壁面には溶食や方解石の沈殿物などによって，多様な微地形が形成され，観光洞窟として重要な観光資源となっている。スロベニアのシュコツィアン洞窟群，スペインのアルタミラ洞窟，アメリカ合衆国のマンモス・ケーブなどは世界遺産に登録され，日本にも多数の鍾乳洞があり，秋芳洞（しゅうほうどう）（山口県），安家洞（あっかどう），龍泉洞（以上岩手県）などが知られる。

☑☐☑ タワーカルスト ▶ **熱帯から亜熱帯の地域でみられる塔状のカルスト地形**。高温多雨な地域では，雨水による溶食が活発である。さらに植生も豊富で有機物の分解が進むため，地下水も多くの二酸化炭素を含んでおり，**雨水だけでなく地下水による溶食も活発に行われる**ことから，台地の一部が溶食から取り残され，塔状の山々が多数そびえる特異なカルスト地形が発達することがある。中国南部の**コイリン**（桂林），東南アジアのベトナム（**ハロン湾**は沈水カルスト），マレーシアなどに大規模なものがみられる（図2-1-1-31 参照）。

図2-1-1-31 タワーカルスト（桂林）

④ サンゴ礁海岸 （図2-1-1-32参照）

☑☑☑ サンゴ礁▶**サンゴなどの石灰質の骨格やその破片が海面付近まで積み重なって作られた岩礁**で，海面（海水準）の上昇とともに**裾礁→堡礁→環礁**の順で発達する。サンゴ礁の分布地域は，**熱帯などの低緯度地域**に限られ，日本の**奄美大島以南の南西諸島や小笠原諸島（東京都）付近が北半球におけるサンゴ礁分布の北限**といわれる。オーストラリア北東岸の**グレートバリアリーフ（大堡礁，世界遺産）**，インド洋の**モルディブ**，太平洋の**ツバル，タヒチ，沖縄**など観光地や保養地になっているところが多い。

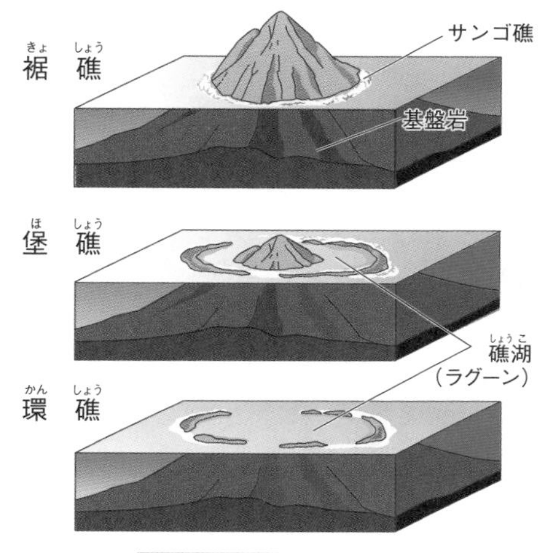

図2-1-1-32 サンゴ礁海岸

☑□☑ サンゴ▶**温暖で浅く清澄な海域に生息する動物**で，サンゴ礁を形成する。サンゴ礁を形成する**造礁サンゴ**は，熱帯から亜熱帯にかけての温暖な海域を好み，共生する褐虫藻という**植物が光合成**するために，太陽光が届くような透明度が高く，浅い海域に生息する。開発による土砂の流入が生じると死滅の恐れがある。

☑□☑ 礁▶**海面に見えかくれする，またはわずかに水面に現れている岩石**のことで，浅い海底からわずかに突起している部分。

☑□☑ 州▶**水面に現れ出た土砂の堆積地形**のことで，泥，砂，礫などからなる。沿岸州，砂州，中州（河川の中に土砂が堆積し島状になった堆積地形）などがある。

☑☑☑ 裾礁▶**典型的なサンゴ礁で，陸地を縁取るように発達したサンゴ礁**。サンゴ礁形成時の初期段階はすべて裾礁で，**日本のサンゴ礁は，ほとんどが裾礁**（図2-1-1-33参照）。

☑☑☑ 堡礁▶**陸地との間に礁湖を持つサンゴ礁**。オーストラリアの**グレートバリアリーフ（大堡礁）**が代表例（図2-1-1-34参照）。

☑☑☑ 環礁（アトール）▶**陸地がなく環状に発達したサンゴ礁**で，**モルディブ**など赤道付近の低緯度海域にみられる（図2-1-1-35参照）。

図2-1-1-33 裾礁（モルディブ）

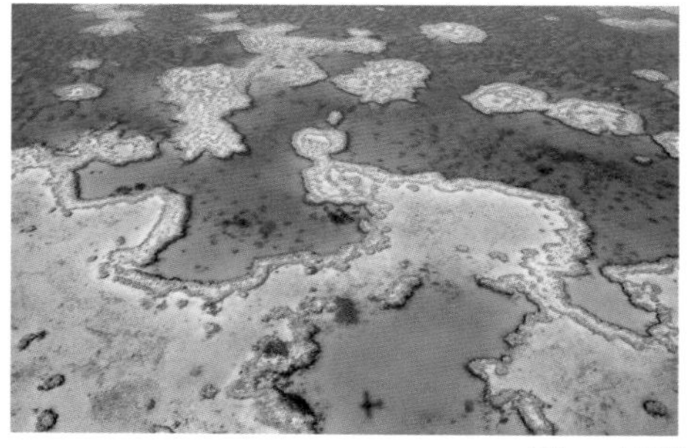
©Ayanadak123
図2-1-1-34 堡礁（グレートバリアリーフ，オーストラリア）

図2-1-1-35 環礁（ウェーク島，アメリカ合衆国）

第2節 気候

1 気候と大気の大循環

☑☑☑ 気候 ▶ **ある地域における大気の長年にわたる平均状態。気象**は，その時々の瞬間的な大気の状態だが，**気候はある程度長い期間における気温や降水量などの大気の状態**を示し，地域の産業や人々の生活にさまざまな影響を与える。

☑☑☑ 気候要素 ▶ **ある気候を構成する要素**で，**気温，降水量，風（風向，風速），気圧，湿度，日照時間，日射量，積雪量，蒸発量**などがあり，数値化して表現できる。気温，降水量，風を気候の三要素ということもある。

☑☑☑ 気温 ▶ **大気の温度のことで，低緯度ほど気温は高く，高緯度ほど気温は低くなる**。低緯度地方は，太陽高度が高く，単位面積当たりの受熱量が大きいため，気温が高くなるが，高緯度地方では太陽高度が低く，単位面積当たりの受熱量が小さいため，気温は低くなる（図2-1-2-1参照）。

☑☑☑ 等温線図 ▶ **等しい気温の地点を結んだ等値線図**で，等温線はほぼ**緯度と平行**するが，**海陸の比熱差，地形，風，海流などの影響などを受け，湾曲**することもある。**現地観測気温**から作成する場合と**海面更正気温**から作成する場合がある（図2-1-2-1参照）。

☑☐☑ 海面更正（こうせい） ▶ **現地気温を海抜高度0mの気温に修正した値を用いること**。例えば，海抜高度2,000m地点での現地観測気温が20℃である場合，**気温の逓減率**にしたがって海面更正すると，20℃＋(0.6℃×20)＝32℃となる。

☑☑☑ 気温の年較差（ねんかくさ／ねんこうさ） ▶ **1年のうちの最暖月平均気温と最寒月平均気温の差**のことで，**夏季と冬季の気温差**に対応。季節による太陽高度と日照時間の変化が大きい**高緯度ほど大きくなる**。また，同緯度ならば**大陸内部＞沿岸部，乾燥地域＞湿潤地域**になる。

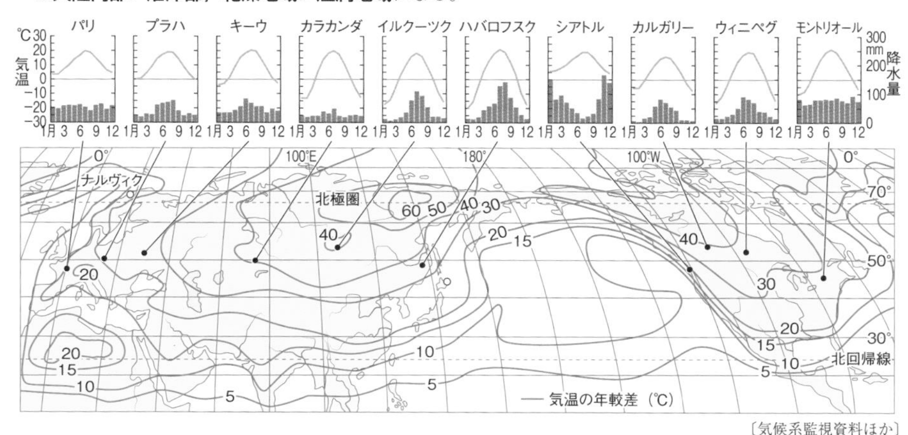

〔気候系監視資料ほか〕

図2-1-2-1 北半球における気温の年較差と北緯50度付近に位置する地点の雨温図

☑☑☑ 気温の日較差（にちかくさ／にちこうさ） ▶ **1日のうちの最高気温と最低気温の差**で，**昼夜間の気温差**に対応。降水量が極めて少ない**砂漠気候（BW）**では，比熱が小さい岩石の影響を強く受けるため，気温の日較差が大きくなる。また，気温の日較差は，**低緯度＞高緯度，大陸内部＞沿岸部**という傾向もみられる。

☑☑☑ 比熱▶**ある物質の温度を変化させる熱量**で，比熱容量ともいう。海洋を構成する**水は比熱が大きいため，温まりにくく冷めにくい**が，大陸を構成する**岩石は比熱が小さいため，温まりやすく冷めやすい**。

☑☑☑ 大陸性気候▶**大陸を構成する岩石の影響を強く受ける気候**で，大陸内部にいくほど大陸性気候になる。気温の年較差，日較差が大きい。

☑☑☑ 海洋性気候▶**海洋を構成する水の影響を強く受ける気候**で，海洋に近づくほど海洋性気候になる。気温の年較差，日較差が小さい。

☑☑☑ 西岸気候▶**大陸西岸にみられる海洋性の温和な気候**。ヨーロッパのような大陸西岸に位置する地域では，**偏西風**や**暖流**の影響を受けるため，**海洋性気候**になりやすい。海洋の影響を受けると，夏季に冷涼，冬季に温暖となり，気温の年較差が小さくなる。

☑☑☑ 東岸気候▶**大陸東岸にみられる気候**で，西岸気候より大陸の影響を受ける。日本や東アジアのような大陸東岸に位置する地域では，**夏季に海洋からの高温多湿なモンスーン（季節風）**の影響を受けるが，**冬季には大陸からの低温乾燥なモンスーン**の影響を受けるため，同緯度の西岸地域に比べると，気温の年較差が大きくなる。

☑☑☑ 降水量▶**降った雨の量**で，観測地点に降った雨が雨量計にたまった量をmmで表す。雨以外の**雪**，みぞれなども降水量に含まれる。**水蒸気を含む空気が上昇**し，雲が生じると降水がみられ，**気温が高いと大気中の水蒸気量が多く，上昇気流も発生しやすい**ため，降水量が多くなる。一方，**気温が低いと大気中の水蒸気量が少なく，下降気流も発生しやすい**ため，降水量が少なくなる。**大気大循環**における**赤道低圧帯（熱帯収束帯）**，**亜寒帯低圧帯（高緯度低圧帯）**などの低圧部では，降水量が多くなり，**亜熱帯高圧帯（中緯度高圧帯）**，**極高圧帯**などの高圧部では，降水量が少なくなる。また，海洋から吹き込む風が，**山脈・山地の風上側**で，上昇気流を発生させるようなところも，降水量が多くなる（図2-1-2-2，図2-1-2-3参照）。

図2-1-2-2 地形性降雨のしくみ

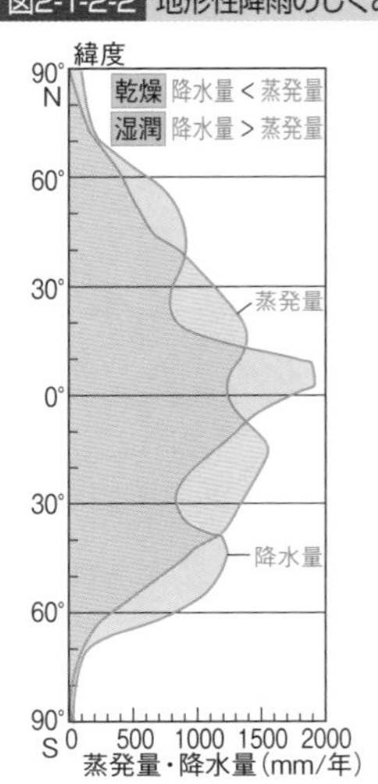

〔W.D.Sellers原図を改変〕
図2-1-2-3 平均降水量と平均蒸発量

☑☑☑ 風▶**大気の移動**のことで，**高圧部から低圧部に吹き込む**。高圧部では大気は下降し，低圧部では上昇するため，補完作用として，大気の移動が生ずる。**気圧差が大きいと，風は強くなり，気圧差が小さいと，風は弱くなる**。

☐☐☑ 日射量▶**単位面積当たりの太陽の放射エネルギー量**のことで，受熱量とほぼ同じ。

☑☑☑ 気圧▶**空気の圧力のことで，大気圧のこと**。空気も物質であることから，質量があり，大気が暖められ，**上昇気流**が生じると，気圧は低くなる。逆に**下降気流**が生じると，気圧は高くなる。気圧の差が生じると，高気圧の空気が低気圧の空気に流れ込み，**風の成因**となる。降水についても，**低圧（低気圧）だと降水が生じやすく，高圧（高気圧）だと晴天になりやすい**。

☑☑☑ 蒸発量▶**海洋や地表面から水が蒸発する量**。**蒸発量は気温**

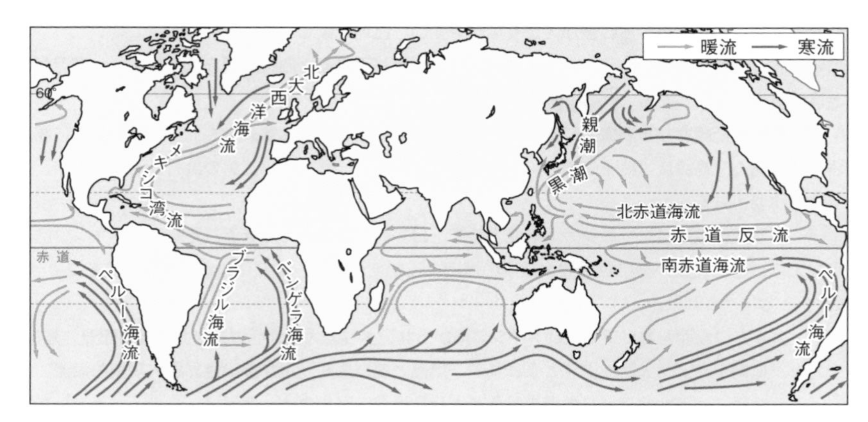

図2-1-2-4 世界の海流

に比例し，気温が高いと蒸発量は多くなり，気温が低いと蒸発量は少なくなる。

☑☑☑ **日照時間** ▶ **地表面を直射日光が照らした時間**。太陽が照っている時間と考えてよく，直射日光によって物体の影が認められる時間の合計。**赤道直下では季節による日照時間の変化が小さい**が，**高緯度になるほど季節による日照時間の変化が大きくなり**，夏季には日照時間が長く，冬季には短くなる。また，降水によっても左右され，**降水量が多い季節には日照時間が短くなる**。

☑☑☑ **気候因子** ▶ **気候要素の地理的分布に影響を与えるもの**で，**緯度**，**海抜高度**（**標高**），**隔海度**，**水陸分布**，**地形**，**海流**，**植生**など。

☑☑☑ **緯度** ▶ 主要な気候因子の一つで，**低緯度ほど単位面積当たりの受熱量が多くなるため高温**，**高緯度ほど受熱量が少なくなるため低温**になる。このため，等温線はほぼ緯度に平行になる。

☑☑☑ **海抜高度** ▶ 主要な気候因子の一つで，**海面標高を0mとしたときの高度**のこと。**100m高度が上昇すると，気温は約0.6℃低下**する（気温逓減率）。また，湿潤大気（飽和状態の大気）は，100m上昇すると0.5℃低下し（**湿潤断熱減率**），乾燥大気（水蒸気を含まない大気）は，100m上昇すると1℃低下する（**乾燥断熱減率**）。

☐☐☑ **気温逓減率**（ていげん） ▶ **高度が上昇するにつれて，気温が低くなる割合**。平均的な大気の気温逓減率は，約**0.6℃/100m**である。

☑☑☑ **隔海度**（かくかいど） ▶ 気候因子の一つで，**海洋から離れている度合い**のこと。隔海度が大きいと，気温の年較差，日較差は大きく，**降水量は少なくなる**が，隔海度が小さいと，気温の年較差，日較差は小さく，降水量は多くなる。

☑☑☑ **水陸分布（海陸分布）** ▶ 気候因子の一つで，**地球上での海洋と陸地の分布**（**配列状態**）のこと。**大陸内部**に位置すると，大陸を構成する岩石の影響を強く受け，**気温の年較差**，**日較差が大きく**なり，**沿岸部**に位置すると，海洋を構成する水の影響を受け，**気温の年較差**，**日較差が小さく**なる。また，大陸内部では海洋からの水蒸気の供給量が少なくなるため，降水量が少なくなり，沿岸部では降水量が多くなる傾向がある。また，**北半球は南半球より陸地面積が広いため，気温の年較差が大きい**。

☑☑☑ **地形** ▶ 気候因子の一つで，**山地の風上側では降水量が多くなり**，**風下側では降水量が少なくなる**など，地形も気候に影響を与える。また，**山間盆地**などでは，盆地の内側と外側の熱交換が行われにくいため，**気温の年較差や日較差が大きくなりやすい**（盆地気候）。

☑☑☑ 海流 ▶ 気候因子の一つで，**沿岸地域では，暖流が流れると温暖湿潤**な気候になり，**寒流が流れると冷涼乾燥**な気候になる（図2-1-2-4 参照）。

☑☑☑ 暖流 ▶ **低緯度から高緯度に向けて流れる海流**で，**温暖湿潤な気候**をもたらす。一般的に**周囲の海水温より高く**，高緯度に熱を運搬し，大気を暖める。また，暖流は水蒸気の供給量が多いため，降水をもたらす要因になる。

☑☑☑ 黒潮（日本海流）▶ **東シナ海を北上して，日本列島の太平洋沖を流れる暖流**。メキシコ湾流などと並んで，**最も流量が多い世界最大規模の海流**。透明度が高く，海流の色が青黒色であることから，「黒潮」と名付けられた。

☐☐☑ メキシコ湾流 ▶ **カリブ海及びメキシコ湾から北アメリカ大陸大西洋岸を北上する暖流**。離岸(りがん)後，ヨーロッパに向かうと北大西洋海流とよばれる。黒潮と並び**最も流量が多い世界最大規模の海流**。

☑☑☑ 北大西洋海流 ▶ **北アメリカ東岸からイギリス近海，ノルウェー海域**（ノルウェー海流）**を経て北極海に至る暖流**。メキシコ湾流の延長にあたり，**偏西風**とともに**北西ヨーロッパに比較的温暖な気候**をもたらす。

☑☑☑ 寒流 ▶ **高緯度から低緯度に向けて流れる海流**。一般的に**周囲の海水温より低く**，周囲の大気を冷やす。また，寒流は水蒸気の供給量が少ないため，**乾燥**した気候をもたらす。さらに，中低緯度の大陸西岸では，**海岸砂漠**を形成することもある。

☑☑☑ 親潮(おやしお)（千島海流）▶ **千島列島付近から日本列島の太平洋沖を南下する寒流**。太平洋沖で黒潮と（**潮目**(しおめ)）を形成する。栄養塩類に富み豊かな水産資源をもたらすため，「親潮」と名付けられた。

☑☑☑ ペルー海流（フンボルト海流）▶ **南極海から，チリ，ペルー沖を北上する寒流**で，**湧昇流**も活発なため，海水温が低い。**ペルー海岸からチリ北部にかけて海岸砂漠（アタカマ砂漠）を形成**するとともに，南アメリカ大陸西岸の気温を低下させる。地理学者のフンボルトが発見したことからフンボルト海流ともいう。

☑☑☑ ベンゲラ海流 ▶ **アフリカ南西岸を北上する寒流**で，**アンゴラ海岸からナミビアにかけて海岸砂漠（ナミブ砂漠）を形成**する。

☑☐☑ 風成循環(ふうせいじゅんかん) ▶ **海面付近での偏西風，貿易風などの卓越風による摩擦運動によって引き起こされる表層循環**のこと。海流発生のメカニズムとして，**熱塩循環**とともに重要な海洋循環。

☑☐☑ 吹送流(すいそう) ▶ **海面付近の卓越風によって生じる海流**。低緯度では東から西に，高緯度では西から東へ流れる。**表層流**の一種。

☐☐☑ 熱塩循環(ねつえんじゅんかん) ▶ **海水温や塩分濃度の違いによる密度の高低で起こる深層循環**のことで，深層流の成因となる。

☐☐☑ 深層流 ▶ **海洋の低層を移動する海流**のことで，熱塩循環の駆動力となる。大気で**冷却された海水は，低温で塩分濃度や密度が高く，沈み込んでいく**が，再び**湧昇流**となって表層に戻る。**表層流**に比べ，流速は極めて遅い。

☑☑☑ 水循環 ▶ **太陽エネルギーを主要因として引き起こされる，地球上の継続的な水の循環**。**水蒸気**は，主に海洋からの蒸発によって供給され，陸上や海洋に降水となって注ぐ。さらに陸上に降った雨の約70％は再び蒸発して大気に戻されるが，残りは**地表水**や**地下水**となって海洋に注ぐ（図2-1-2-5 参照）。

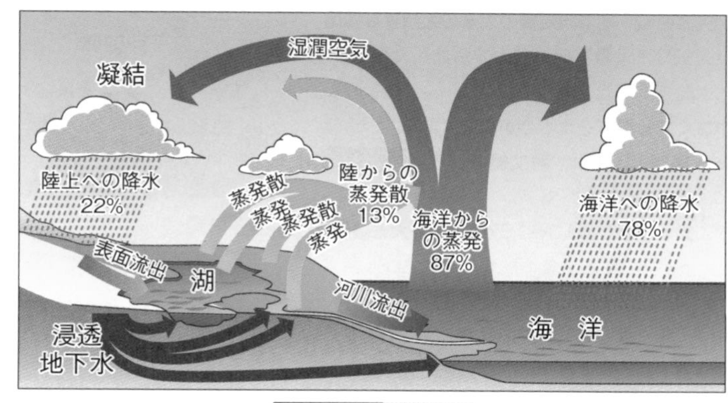

図2-1-2-5 水の循環

☑☑☑ エルニーニョ ▸ **低緯度の東部太平洋の海面水温が，通常に比べ高温になる状態が1年程度続く現象**。本来，東部太平洋は，優勢な**ペルー海流**と深海からの冷たい**湧昇流**（ゆうしょう）によって，海面水温が低くなり，**南アメリカ大陸西岸の降水量が少なくなる**。さらに太平洋の東西の海面水温差が大きいため（西高東低），**西部太平洋では活発な上昇気流が生じ，降水量が多い**。ところが，エルニーニョ発生時には，**南東貿易風が弱まる**ことによって，ペルー海流や湧昇流の上昇も弱まるため，**太平洋東部（ペルーなど）では多雨，太平洋西部（インドネシアなど）では少雨**となるなど，各地で**平年とは異なる気象現象**が生ずる。「エルニーニョ」とは，スペイン語で「男の子（幼子イエス・キリスト）」の意味（**図2-1-2-6**，**図2-1-2-7**参照）。

☑☑☑ 湧昇流（ゆうしょう） ▸ **海洋の中低層から湧き上がる冷たい海水の移動**。海流が大陸から離岸すると，少なくなった海水を補うように深層から海水が湧昇する場合には沿岸湧昇という。

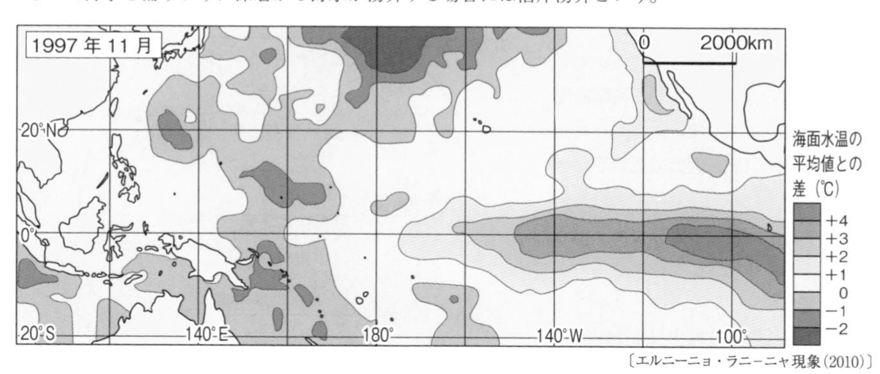

〔エルニーニョ・ラニーニャ現象(2010)〕

図2-1-2-6 エルニーニョ現象時の海面水温と平均海面水温との差

☑☑☑ ラニーニャ ▸ **低緯度の東部太平洋の海面水温が，通常に比べて低下する状態が2〜3年程度続く現象**。西部太平洋の東南アジア島嶼部などで，上昇気流が強くなることから降水量が増加し，洪水などの自然災害をもたらす。「ラニーニャ」とは，スペイン語で「女の子」の意味で，エルニーニョの反対現象であることから名付けられた（**図2-1-2-7**参照）。

☑☑☑ 大気大循環（だいじゅんかん）▶ **地球的規模の大気の大規模な循環運動**。赤道付近は，太陽高度が高く受熱量も大きいが，極付近は，太陽高度が低く受熱量が小さい。このような**温度差を小さくする働き**をするのが大気大循環で，海流による**海洋大循環**とともに，**熱交換**を行う（図2-1-2-8参照）。

☐☐☑ 対流圏（たいりゅうけん）▶ **地表から10〜16kmまでの大気の層**。大気の90%以上が存在する大気の層で，地球に降り注ぐ太陽エネルギーは，地表面で吸収される量が多いため，対流が活発で，**降水などの天気現象は対流圏で生じる**。

☐☐☑ 成層圏（せいそうけん）▶ **対流圏より上にある大気の層**で，大気は薄く，対流が起きにくい。対流圏と成層圏の境界を，圏界面という。

☑☑☑ 上昇気流 ▶ **大気の上向き方向の運動**で，**低気圧**を伴い**降水**をもたらすことが多い。大気が暖められて生じる**対流性上昇気流**，風が山地に衝突して生じる**地形性上昇気流**，熱帯低気圧などによって生じる**低気圧性上昇気流**，前線面で発生する**前線性上昇気流**などがある。

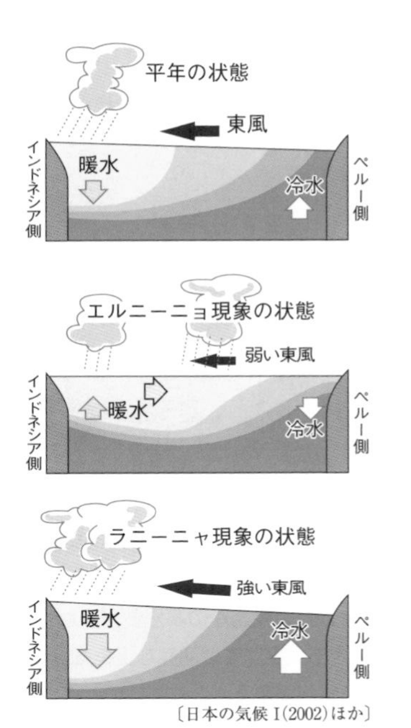

図2-1-2-7 赤道付近の東西断面でみたエルニーニョ現象とラニーニャ現象

☑☑☑ 前線 ▶ **異なる性質を持つ気団**（空気塊）**が接するところ**。暖気団と寒気団，湿った気団と乾燥した気団などが接触したときに生じる不連続面が，地上と交わる線を意味する。寒気団が暖気団に向かって移動する**寒冷前線**，暖気団が寒気団に向かって移動する**温暖前線**，暖気団と寒気団の勢力がほぼ等しい状態で接する**停滞前線**などがある。**梅雨前線**や**秋雨前線**は停滞前線。

☑☑☑ 下降気流 ▶ **大気の鉛直下向き方向の運動**で，**高気圧**を伴い，**晴天**をもたらす。上空付近の大気が地上付近より低温である場合に生じたり，山地の風下側などで生じる。

☑☑☑ 低圧帯 ▶ **周囲より気圧が低い帯状の領域**で，**赤道低圧帯**，**亜寒帯低圧帯**（**高緯度低圧帯**）などがある。

☑☑☑ 高圧帯 ▶ **周囲より気圧が高い帯状の領域**で，**亜熱帯高圧帯**（**中緯度高圧帯**），**極高圧帯**などがある。

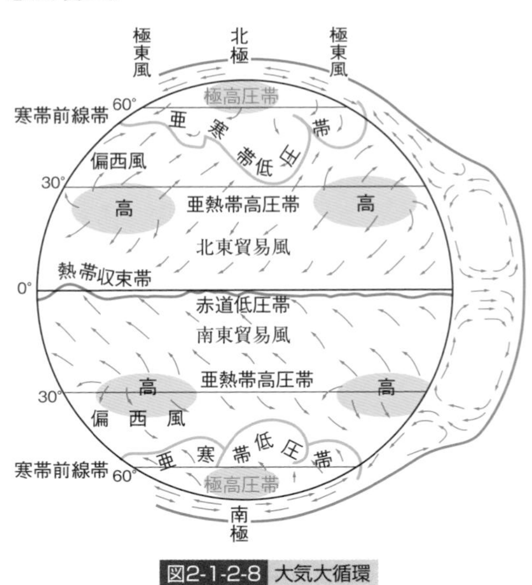

図2-1-2-8 大気大循環

☑☑☑ 赤道低圧帯（熱帯収束帯）▶ **大気大循環で，赤道付近に形成される低圧帯**。赤道付近では，受熱量（日射量）が多いため，上昇気流が形成されることによって生じる。**貿易風**が収束（出合う）ことから，**熱帯収束帯**ともよばれる。

☑☑☑ 貿易風▶**亜熱帯高圧帯から赤道低圧帯に吹き込む気流（風）**で，おもに北半球では**北東風**，南半球では**南東風**となる。

☑☑☑ 亜熱帯高圧帯（中緯度高圧帯）▶**緯度20〜30度付近で発達する高圧帯**。赤道付近で生じた上昇気流が，緯度20〜30度付近で**下降気流**となり形成される。亜熱帯高圧帯から，**低緯度側へは貿易風**，**高緯度側へは偏西風**が吹き出す。

☑☑☑ 偏西風▶**亜熱帯高圧帯から亜寒帯低圧帯に向かって吹く西風**。地球の自転の影響（転向力）を受け，西から東に向かって吹く。**低緯度の熱を高緯度に運搬する働き**をするため，偏西風の影響を受けると，冬季低温になりにくい。特に，**中高緯度の大陸西岸**では顕著で，海洋性気候になる。緯度45〜60度付近に卓越するが，**気圧帯の南北移動**によって，偏西風が吹く地域も南北に移動する。

□□☑ 転向力▶**気象学でいうコリオリ力**のこと。**地球の自転の影響**で，運動する大気や海水は進行方向に対して，直角に曲がろうとする力を受ける。したがって，**北半球では風は，進行方向に対して右**，**南半球では左**に曲がろうとする。転向力は極で最大，**赤道直下で最小**となる。

□□☑ ジェット気流▶**偏西風の高層を吹く強い西風**。対流圏の上層で発生し，冬季に強い。高気圧，低気圧の影響を受けて**蛇行**するため，蛇行が大きくなると寒波，熱波，集中豪雨などの**異常気象**が発生することがある。また，航空交通に影響を与え，**東向きは追い風**，**西向きは向かい風**となり，所要時間を変化させる。火山灰，硫黄酸化物（SO_x），窒素酸化物（NO_x）などの汚染物質，放射能，PM2.5なども広範囲に**東に運搬**される。

☑☑☑ 亜寒帯低圧帯（高緯度低圧帯）▶**緯度50〜60度付近に発達する低圧帯**。亜熱帯高圧帯から高緯度側に吹き出す**偏西風**と，極高圧帯から低緯度側に吹き出す**極偏東風**が地表付近で衝突し，**上昇気流を発生**させることから形成される。温暖な空気と寒冷な空気が接するため，**前線**や**低気圧**を発生させる。**寒帯前線帯**ともいわれる。

☑☑☑ 極高圧帯▶**極付近に形成される高圧帯**。受熱量が少ない極地域では，空気が冷やされ，地上に向けて**下降気流**が発達する。太陽高度の変化によって，北半球では夏至の頃（6月20日頃）に縮小し，冬至の頃（12月20日頃）には拡大する。

☑☑☑ 極偏東風▶**極高圧帯から亜寒帯低圧帯に向かって吹く東風**。寒冷な空気を低緯度に運搬するとともに，偏西風と接すると前線や低気圧を発生させる。

☑☑☑ 季節風（モンスーン）▶**季節によって風向が逆転する風**。**海陸の比熱差**によって生じ，**夏季**には比熱が小さい大陸が低圧，比熱が大きい海洋が高圧となるため，**海洋から大陸に吹き込み**，逆に**冬季**には**大陸から海洋に吹き出す**。大陸と海洋との気圧差が大きいと季節風は発達し，面積が広いユーラシア大陸，特に**大陸東岸に位置するモンスーンアジアでは顕著**。夏季の季節風は，海上で多量の水蒸気を供給されているため，**多くの降水**をもたらす（図2-1-2-9参照）。

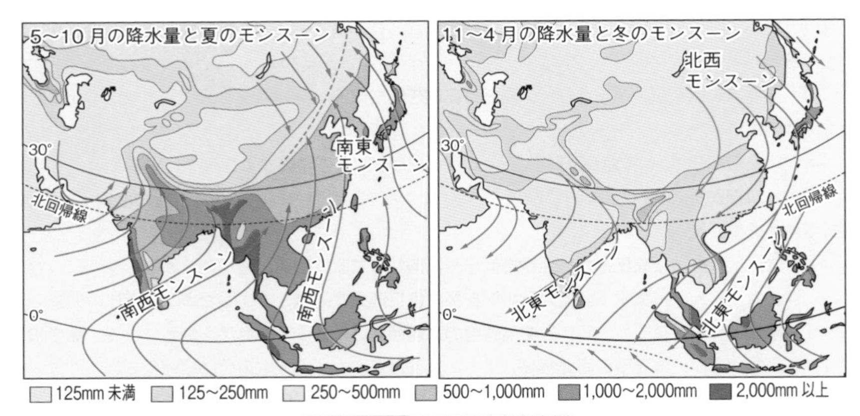

図2-1-2-9 モンスーンアジア

☑☑☑ モンスーンアジア ▶ **夏季は海洋，冬季は大陸からの季節風（モンスーン）の影響を強く受けるアジア地域**で，**東アジア，東南アジア，南アジア**を含む。東アジアは主に**夏季の南東モンスーン**，東南アジア，南アジアは主に**南西モンスーン**によって，高温で多湿な大気が運搬されるため，**多量の降水**がもたらされる。

☑☑☑ 梅雨（ばいう/つゆ）* ▶ **初夏**に，南の**小笠原気団（北太平洋高気圧）**が北の**オホーツク海気団（オホーツク海高気圧）**に接近し，衝突することによって形成される**停滞前線（梅雨前線）**がもたらす**雨季**。南西諸島では5月，九州から本州にかけては6月に梅雨入りする。**北海道と小笠原諸島ではみられない。**

＊日本における梅雨の説明。実際には，華中，華南，台湾，朝鮮半島にも影響を与える。

☑☑☑ 熱帯低気圧 ▶ **赤道周辺の低緯度海域で発生する低気圧**で，**暴風雨**を伴う。熱帯の暖かい海面上の水蒸気をエネルギー源として発達し，**北半球では反時計回り，南半球では時計回り**の強風が吹く。**赤道直下**では，転向力が極めて小さいため，風の渦が生じず，**熱帯低気圧は発生しない**。また，低緯度の熱帯海域であっても，ペルー海流，ベンゲラ海流などのような**優勢な寒流**が流れているところでは，**海水温が低いため発生しない**。熱帯低気圧が接近，通過，上陸すると**暴風雨**，**高潮**などによる風水害に見舞われる。

☑☑☑ 台風 ▶ **マリアナ諸島付近で発生し，主に東アジアを襲う熱帯低気圧**。低緯度海域では西に向かうが，北や北東に向きを変えるものも多い。

☑☑☑ サイクロン ▶ **ベンガル湾やアラビア海付近で発生し，南アジア，オーストラリア，東アフリカを襲う熱帯低気圧。**

☑☑☑ ハリケーン ▶ **カリブ海からメキシコ湾付近で発生し，メキシコ湾岸からアメリカ合衆国東岸を襲う熱帯低気圧。**

☑☑☑ 高潮 ▶ **熱帯低気圧や温帯低気圧による海面の吸い上げと強風による吹き寄せにより，局地的に海面が上昇する現象**。三角州などの沿岸低地に大規模な水害をもたらす。

☑☐☑ 局地風（地方風）▶ **特定の地域にあらわれる風**。世界中にさまざまな性質の風が吹いており，その地域の独特の気候を形成し，人間の生活に脅威や恩恵をもたらす（図2-1-2-10参照）。

☑☑☑ フェーン ▶ **春から夏にかけて，アルプスの北側に吹き下ろす高温・乾燥風**。地中海上を移動性の高気圧が通過する際，多量の水蒸気を含んだ空気がアルプス山脈で上昇気流を発生させ，**風上側で多**

量の降水をもたらす。水蒸気を失った**乾燥大気が山脈を越え，高温で乾燥した下降気流となる**ため，付近の気温を上昇させる。同様の現象は世界各地でみられ，**フェーン現象**と呼ばれる。ロッキー山脈東麓に吹き降りる**チヌーク**もフェーンと同種の風。

☑☑☑ やませ ▶ **初夏に，オホーツク海高気圧から東日本の太平洋岸に吹き出す冷涼湿潤な北東風（気流）。オホーツク海高気圧が優勢**な時に発達しやすく，**寒流の千島海流（親潮）**上を通過するため冷涼湿潤で，**太平洋側**に低温・日照不足をもたらすことから，長期間やませが続くと**冷害**が発生し，稲などの凶作の原因となる。

☐☐☑ ボラ ▶ **冬季に，ディナルアルプス山脈からアドリア海に吹き下ろす寒冷乾燥風**。かなりの強風で，周囲の気温を低下させる。フランスのサントラル高地からリヨン湾に吹き込む**ミストラル**も同種の風。

☐☐☑ 空っ風 ▶ **冬季に，山を越えて吹きつける下降気流で，寒冷乾燥風**。冬季の北西季節風が山地を越える際に吹くことが多い。関東平野など日本各地でもみられ，**〇〇おろし（颪）**などの名称で呼ばれる。群馬県の赤城おろし，滋賀県の比叡（ひえい）おろしなどが有名。

☐☐☑ シロッコ ▶ **春から夏にかけて，サハラ砂漠から南イタリアなどの地中海沿岸に吹く高温風**。北アフリカでは乾燥風だが，地中海で水蒸気を供給され，南イタリアでは**湿潤風**となる。**砂塵（さじん）**を含んでいることも多い。

☑☑☑ ブリザード ▶ **南極などの極地や北アメリカで吹く暴風雪**。

☑☑☑ 気候変動 ▶ **自然的要因や人為的要因*により，気候が変化すること**。自然的要因には，太陽の活動，地球の自転・公転の変化，海洋の変動，火山活動などがあり，最近の数百万年間では，**地球の寒冷期である氷期（ひょうき）と温暖期である間氷期（かんぴょうき）が繰り返されてきた**。＊p.90参照

☑☑☑ 氷期（ひょうき） ▶ **氷河が発達する氷河時代のうち，より地球が寒冷になる時期**。260万年前から現在に至る第四紀氷河時代に，幾度も氷期と間氷期を繰り返してきた。特に**更新世**には度々氷期が訪れた。

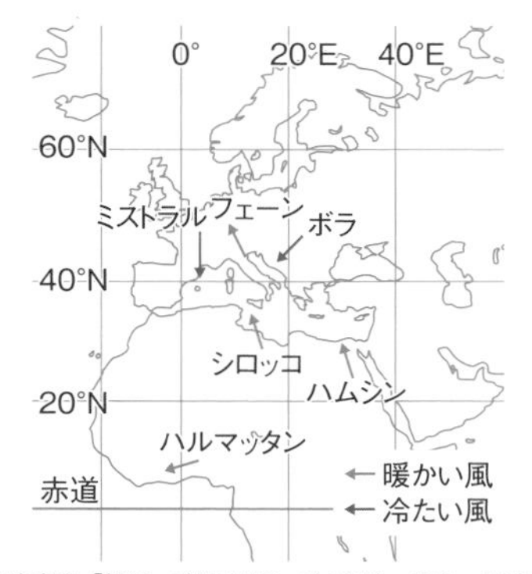

〔二宮書店『新編　詳解地理B　改訂版』p.60を一部改変〕

図2-1-2-10 ヨーロッパとアフリカの主な局地風

☐☐☑ 小氷期 ▶ **14世紀半ばから19世紀半ばまで続いた寒冷な期間**。低温による凶作で飢饉が頻発したり，アルプスの山岳氷河の前進によって，農村などが押しつぶされたりした。これにより「中世の温暖期」が終了した。

☑☑☑ 異常気象 ▶ **気温や降水量などの気候要素が過去30年間の平年値を大きくこえる気象状況**。想定外の集中豪雨，異常乾燥，熱波・寒波，暴風雨などが発生すると，多数の人的被害や生活基盤の喪失が生じる。

2 世界の植生と土壌

① 植生

☑☑☑ 植生 ▶ **森林や草原などの，ある地域に生息する植物群落**（植物の集まり）。植生は，降水量と気温に応じて，低緯度から高緯度にかけて変化する。植生を基盤とする，ある地域に生息するすべての生物の集まりを**バイオーム（生物群系）**と呼び，陸上のバイオームは，**森林，草原，荒原**（こうげん）に大別される。

□□☑ 自然植生 ▶ **人間活動の影響を受けていない，本来その地域に自然のままの状態で成育している植生**のこと。現存する森林の多くは，**原生林**ではなく人間の活動によって置き換えられた**二次林**などの代償植生（人為的影響によって成立している植生）である。

☑☑☑ 熱帯雨林 ▶ **年中高温多雨の熱帯雨林気候（Af）にみられる森林**で，樹高の異なる**多種類の常緑広葉樹**が，複数の階層をつくって生い茂る**密林**。林床と呼ばれる地面に達する日光は少ない。東南アジアやアフリカでは**ジャングル**（jungle），アマゾン川流域では**セルバ**（selva）とよばれる。

☑□☑ 熱帯季節風林 ▶ **短い乾季がある熱帯モンスーン気候（Am）にみられる森林**で，**常緑広葉樹**に**落葉広葉樹**が混じっており，熱帯雨林より樹高が低い。**雨緑林**ともよばれる。

☑☑☑ サバナ ▶ **雨季と乾季が明瞭なサバナ気候（Aw）にみられる植生**で，**長草草原と落葉広葉樹の疎林**からなる。アフリカでは**バオバブ**，南米では**アカシア**などの乾燥に強い樹木が点在する。アフリカでは**サバナ**，南米のオリノコ川流域では**リャノ**，ブラジル高原では**カンポ**（主に草原が広がるのがカンポ・リンポ，樹木が多いのが**カンポ・セラード**），パラグアイからアルゼンチンの北部では**グランチャコ**とよばれる。

☑☑☑ 長草草原 ▶ **草丈が50cm以上のイネ科植物からなる草原。サバナ気候（Aw）**やアルゼンチンの湿潤パンパ，ハンガリー盆地のプスタ，北アメリカのプレーリーも長草草原である。

□□☑ 灌木（かんぼく） ▶ 丈の低い根元から枝分かれした**低木**。

□□☑ 有刺灌木林（ゆうしかんぼくりん） ▶ **アカシア，サボテンなどのようにトゲを持った灌木からなる森林**で，やや降水量が少ないサバナでみられる。

☑☑☑ 常緑広葉樹 ▶ **熱帯から温帯にかけての降水量が多い地域でみられる樹木**で，**熱帯雨林気候（Af）や温暖湿潤気候（Cfa），温暖冬季少雨気候（Cw）の低緯度側**に分布している。地中海性気候でみられる**硬葉樹**も含まれる。

☑☑☑ 落葉広葉樹 ▶ **温帯の高緯度側や亜寒帯（冷帯）の低緯度側にみられる樹木**で，**ブナ，ナラ，ニレ，カエデ**などがこれにあたる。

☑☑☑ 硬葉樹 ▶ **地中海性気候（Cs）でみられる常緑広葉樹**で，夏季の乾燥に耐えるため，葉は小さく厚い。**オリーブ，コルクガシ，月桂樹**などがこれにあたる。

☑☑☑ 照葉樹（しょうようじゅ） ▶ **温暖湿潤気候（Cfa）の低緯度側や温暖冬季少雨気候（Cw）にみられる常緑広葉樹**で，葉は厚く光沢が強い。**カシ，シイ，クス**などがこれにあたる。

☑☑☑ ステップ ▶ **ステップ気候（BS）にみられる短草草原**（草丈が短い草原）。ステップの名称の由来は，ユーラシア大陸中央部（カザフスタン付近）に広がる短草草原。北アメリカの**グレートプレーンズ**，南アメリカの**乾燥パンパ**も同様の草原。

☑☑☑ タイガ ▶ **亜寒帯（冷帯）北部に分布する単一または少数の樹種からなる針葉樹林**。単一樹種からなる森林は**純林**という。**シベリア**や**北アメリカ北部**に広がる。亜寒帯の低緯度側には，針葉樹と落葉広葉樹からなる（**亜寒帯**）**混合林**が分布する。タイガの分布地域の北部には，地下に**永久凍土**が広がっている地域もある。

☑☑☑ 針葉樹 ▶ **葉が針のように細長く硬い葉をつける樹木**で，**温帯北部から亜寒帯**にかけて広く分布する。**エゾマツ，トドマツ，トウヒ**など大部分が常緑針葉樹だが，**カラマツ**のように落葉するものもある。

□□☑ 森林限界 ▶ **樹林地域と無樹林地域の境界**。**熱量と降水量が不足**すると樹木が生育できず，**最暖月平均気温10℃，年降水量500mm**が，ある程度の基準となる。したがって，寒冷な寒帯（E）や乾燥する砂漠気候（BW）では，樹林がみられない。

☑☑☑ ツンドラ ▶ **ツンドラ気候（ET）の植生**。森林限界を越える高緯度地方や高山地域では，一部の低木を除いて，樹木はほとんど生育せず，雪氷が融ける短い夏季に，**コケ類（蘚苔）**や**地衣類**などがみられる。

☑☑☑ 地衣類（ちいるい） ▶ **菌類（きんるい）と藻類（そうるい）**（シアノバクテリアなど）**が共存して，岩などに付着している植物群**。蘚苔類と似ているが，葉や茎はない。

☑☑☑ 蘚苔類（せんたいるい） ▶ **コケ類**のことで，土，岩，他の植物などあらゆる場所に成育する。

② 土壌

☑☑☑ 土壌 ▶ **岩石などの母材が太陽の熱，水，動植物，微生物などの働きによって，細かく砕けて化学的に変化し，有機物が混じり合ってできたもの**。**腐植**の有無が肥沃度を左右する。**成帯土壌**と**間帯土壌**からなる。

☑☑☑ 腐植（ふしょく） ▶ 植物の遺骸からなる**有機物が，土中の微生物によって適度に分解された微粒子**。**落ち葉**からできる腐植は**褐色**，**草**からできる腐植は**黒色**になる。ラトソルでは腐植層が数cmと薄いが，チェルノーゼムでは数十mに達する地域もある。

☑☑☑ 成帯土壌 ▶ **気候や植生の影響を強く受けてできた土壌**で，気候帯や植生帯に対応する（「帯状を成す土壌」）。成帯性土壌ともいう。

☑☑☑ ラトソル（ラテライト性赤色土） ▶ 主に**熱帯から亜熱帯地域にみられる赤色の土壌**。高温であるため，落ち葉や落枝（らくし）などの有機物の分解速度が速く，**腐植が形成されにくい**。さらに豊富な降水が**土壌中の養分を洗い流す溶脱（ようだつ）作用**により，**鉄やアルミニウムの酸化物が地表付近に残留**するため，**赤色のやせた土壌**となる。熱帯林が伐採されると，強い直射日光により，地表がレンガ状に固化する**ラテライト化**が生じやすい。古くからレンガの材料として用いられてきた。

☑☑☑ 溶脱（ようだつ） ▶ **土壌中の物質が降水や地下水によって，溶解されて下方に移動**すること。

□□☑ 赤黄色土 ▶ **やや降水量の少ないサバナ気候（Aw）と，やや降水量が多い温暖湿潤気候（Cfa）や温暖冬季少雨気候（Cw）の低緯度側に分布する土壌**。鉄やアルミニウムの酸化物に富むが，ラトソルほど養分は乏しくない。

☑☑☑ 褐色森林土 ▶ **温暖湿潤気候（Cfa）や西岸海洋性気候（Cfb）の落葉広葉樹林や温帯混合林が分布する地域でみられる土壌**。表層は黒色だが，その下層は褐色。ブナ林の下でよく発達するが，比較的肥沃な土壌から，酸性のやせた土壌まで多様である。

□□☑ 地中海性赤色土 ▶ **地中海性気候（Cs）にみられる土壌**で，高温で乾燥した夏と比較的温暖湿潤な冬の影響を受け，褐色や赤色を呈する。

☑☑☑ ポドゾル ▶ **亜寒帯に分布する土壌**で，低温なため，落ち葉の分解が遅く，**酸性度が高い**。**灰白色**で，生産力が低い。

☑☑☑ ツンドラ土 ▶ **ツンドラ気候に分布する土壌**で，低温なため有機物の分解が進まず，栄養分に乏しい。コケ類などが分解しないまま堆積した**泥炭**（ていたん）を多量に含んでいる。下層には，永久凍土も分布しており，夏季だけ表層の凍土が融けることから，湿地が広がることがある。

□□☑ 褐色土 ▶ **ステップ気候（BS）に分布する土壌**で，やや降水量が多い地域では**黒色土**，減少する地域では**栗色土**が広がる。

☑☑☑ 栗色土（くりいろ） ▶ **ステップ気候（BS）と砂漠気候（BW）の漸移地帯に分布する土壌**。褐色土とともに，灌漑をすれば農耕は可能。

☑☑☑ 砂漠土 ▶ **砂漠気候（BW）にみられる土壌**で，植物がほとんど生育していないため，**腐植や有機物は極めて少ない**。地下に浸透した水が土壌中で塩分とともに上昇し，蒸発する際に地表面に塩分だけを残すため，**表層に塩分が集積**しやすい。岩石砂漠では，土壌がほとんど存在せず，岩石が地表に露出している。

☑☑☑ 黒色土 ▶ 主に**ステップ気候（BS）にみられる土壌**で，厚い腐植層を持つため，**極めて生産力が高い肥沃な土壌**である。

☑☑☑ チェルノーゼム ▶ **ウクライナからロシアの西シベリア南部，カザフスタン北部にかけて分布する肥沃な黒色土**。**レスを母材**に生成され，厚い腐植層を持つため，**小麦栽培に最適な土壌**である。

□□☑ プレーリー土 ▶ **カナダ，アメリカ合衆国のグレートプレーンズから中央平原にかけて分布する肥沃な黒色土**。チェルノーゼムとほぼ同じ成因で形成される。アルゼンチンの**パンパ土**もプレーリー土の一種。

☑☑☑ 間帯土壌 ▶ **母材の影響を強く受けた土壌**で，気候帯や植生帯の間に**局地的に分布**する。成帯内性土壌ともいう。

☑☑☑ テラロッサ ▶ イタリア語，ラテン語で「バラ色の土」の意。**石灰岩の風化土壌**で，鉄分が残留しているため**赤色**になる。薄い腐植層をもち，水はけが良いため，**果樹や野菜の栽培に適する**。**地中海地方**に広く分布。

☑☑☑ レグール ▶ **インドのデカン高原西部に分布する黒色の土壌**。**玄武岩の風化土壌**で，肥沃なため**綿花栽培に適している**。黒色綿花土ともいわれる。

☑☑☑ テラローシャ ▶ ポルトガル語で「赤紫色の土」の意。**玄武岩の風化土壌**で，**腐植に富むため肥沃**である。**ブラジル高原南部**に分布し，**コーヒー栽培に適している**。

☑☑☑ レス ▶ **氷河によって侵食・削剥（さくはく）された細かい堆積物や砂漠の細粒物質が風で運搬された後に，腐植を含んだ黄褐色の土壌**。**肥沃な風積土**で，**中国の黄土高原から黄河流域の華北，ドイツ中南部から東ヨーロッパ南部**，ミシシッピ川流域などに分布している。排水の良い土壌で，**小麦**，テンサイ，綿花などの栽培に適している。砂漠地域から運搬された**砂漠レス**と，大陸氷河が被覆していた地域から運搬された**氷成レス**がある。

3 ケッペンの気候区分

☑☑☑ ケッペンの気候区分 ▶ **ウラジミール・ペーター・ケッペン**（1846-1940）が考案した気候区分。ケッペンは，ロシア生まれのドイツの気候学者・植物学者。ケッペンは**植生の分布**に注目し，植生が大きく変化する地域の**気温**と**降水量**の条件のもとに，**世界の気候を分類**した。農業，人口など系統地理のさまざまなテーマの理解を促す（図2-1-2-11，図2-1-2-12参照）。

☑☑☑ 樹林気候 ▶ **樹木が生育できる気候**。樹木の生育には，ある程度の**熱量**と**水分量**が必要になるため，**熱帯**（**A**），**温帯**（**C**），**亜寒帯**（**D**）が，樹林気候になる。

☑☑☑ 無樹林気候 ▶ **樹木が生育できない気候**。水分量や熱量が不足する**乾燥帯**（**B**），**寒帯**（**E**）は無樹林気候になる。

☑☑☑ 熱帯（A）▶ ケッペンの気候区分で**最寒月平均気温が18℃以上の気候帯**。

☑☑☑ 乾燥帯（B）▶ ケッペンの気候区分で**降水量が乾燥限界未満の気候帯**。

☑☑☑ 乾燥限界 ▶ ケッペンの気候区分で**樹林気候と無樹林気候の境界**で，樹木の生長に必要な年降水量の限界。

☑☑☑ 温帯（C）▶ ケッペンの気候区分で**最寒月平均気温が−3℃以上，18℃未満の気候帯**。

☑☑☑ 亜寒帯（冷帯，D）▶ ケッペンの気候区分で**最暖月平均気温が10℃以上，最寒月平均気温が−3℃未満の気候帯**。

☑☑☑ 寒帯（E）▶ ケッペンの気候区分で**最暖月平均気温が10℃未満の気候帯**。

●熱　帯（A）…… 最寒月でも月平均気温が18℃以上
- 熱帯雨林気候（Af）区 ➡ 年中多雨（最少月降水量が60mm 以上）
- 熱帯モンスーン気候（Am）区 ➡ 最少月降水量が 60mm 未満でも年降水量が多い
- サバナ気候（Aw）区 ➡ 明瞭な乾季がある 最少月降水量が60mm 未満

●乾燥帯（B）…… 降水量が蒸発量より少ない
- ステップ気候（BS）区 ➡ 年降水量が250〜500mm 程度
- 砂漠気候（BW）区 ➡ 年降水量が250mm 未満の場合が多い

●温（おん）　帯（たい）（C）…… 最寒月の平均気温が18℃未満で−3℃以上
- 地中海性気候（Cs）区 ➡ 夏に少雨（最少月降水量×3≦最多月降水量 かつ　最少月降水量が30mm 未満）
- 温暖冬季少雨気候（Cw）区 ➡ 冬に少雨（最少月降水量×10≦最多月降水量）
- 温暖湿潤気候（Cfa）区 ➡ 年中多雨。最暖月の平均気温が22℃以上
- 西岸海洋性気候区 ➡ 年中多雨。最暖月の平均気温が22℃未満
  - （Cfb）区 ➡ 月平均気温 10℃以上の月が 4 か月以上
  - （Cfc）区 ➡ 月平均気温 10℃以上の月が 4 か月未満

●亜寒帯（あかんたい）［冷　帯］（D）‥ 最寒月の平均気温が−3℃未満で最暖月の平均気温が10℃以上
- 亜寒帯湿潤気候（Df）区 ➡ 年中湿潤
- 亜寒帯冬季少雨気候（Dw）区 ➡ 冬に少雨（最少月降水量 ×10≦最多月降水量）

●寒　帯（E）…… 最暖月の平均気温が10℃未満
- ツンドラ気候（ET）区 ➡ 最暖月の平均気温が10℃未満 0℃以上
- 氷雪気候（EF）区 ➡ 最暖月でも平均気温が 0℃未満

図2-1-2-11 ケッペンの気候区分のまとめ①

	気候記号	気候名	定　義	気　候　区
樹林気候	A	熱　帯	最寒月平均気温18℃以上	Af（熱帯雨林） Am（熱帯モンスーン） Aw（サバナ）
	C	温　帯	最寒月平均気温 －3℃以上18℃未満	Cs（地中海性） Cw（温暖冬季少雨） Cfa（温暖湿潤） Cfb（西岸海洋性） Cfc（西岸海洋性）
	D	亜寒帯 （冷　帯）	最寒月平均気温－3℃未満， 最暖月平均気温10℃以上	Df（亜寒帯湿潤） Dw（亜寒帯冬季少雨）
無樹林気候	E	寒　帯	最暖月平均気温10℃未満	ET（ツンドラ） EF（氷雪）
	B	乾燥帯	年降水量が，乾燥限界値の2分の1以上ならBS，2分の1未満ならBW	BS（ステップ） BW（砂漠）

＊A.C.Dはすべて最暖月平均気温が10℃以上。

図2-1-2-12 ケッペンの気候区分のまとめ②

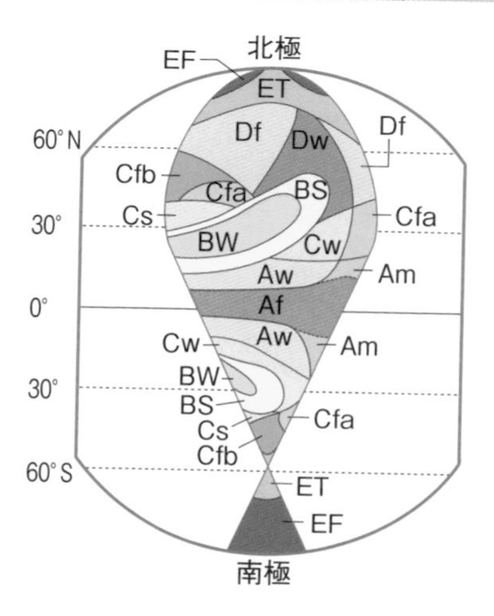

※仮想大陸とは，世界の陸地を1つにまとめ，緯度ごとに西岸・内陸・東岸に留意しつつ気候区の面積比を示したものである。仮想大陸では，緯度と大陸の西岸，内陸，東岸における気候区の分布に注目しよう！

図2-1-2-13 ケッペンの気候区分による仮想大陸

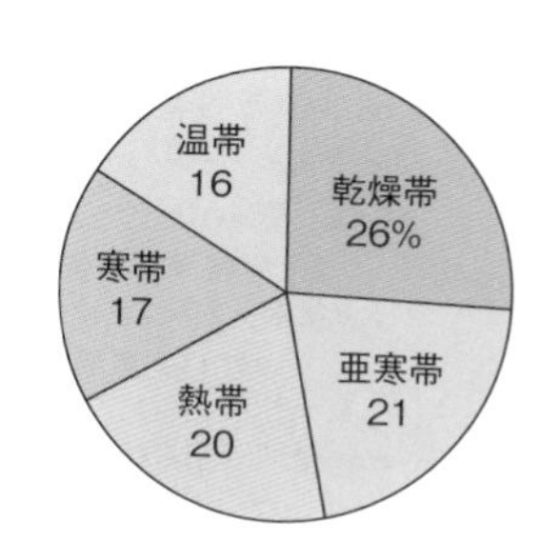

〔Arthur, L. Bloom『Geomorphology』〕

図2-1-2-14 気候帯ごとの面積割合

4 世界の気候帯と人々の生活

① 熱帯

☑☑☑ 熱帯 ▶ **赤道を挟んで，ほぼ南北回帰線の間に分布する気候帯。年間を通じて高温**で四季の区別がみられず，**赤道低圧帯（熱帯収束帯）**の影響で，年降水量も多い。暖流の影響が大きい大陸東岸では，緯度30度付近まで熱帯が分布するが，西岸は寒流の影響を受けるため，緯度15度付近までに限られる。土壌は，赤色で酸性が強い**ラトソル**が分布する。低緯度に位置するため**気温の年較差は小さい**が，日中の気温は高くなるため，気温の日較差は大きい。熱帯地域では，**狩猟採集**や**焼畑農業**が伝統的に行われてきたが，近年は商品作物を栽培する**プランテーション農業**が増加している（図2-1-2-15参照）。

☑☑☑ スコール ▶ **突風を伴った雨脚（あまあし）の強い雨**。太陽高度が高い熱帯では，日射が強いため，日中に地面が熱せられ，**上昇気流**が生じて**積乱雲**が発生し，激しい豪雨に見舞われる。熱帯林を伐採すると，スコールにより激しい**土壌侵食**や**土壌流出**が生じる。

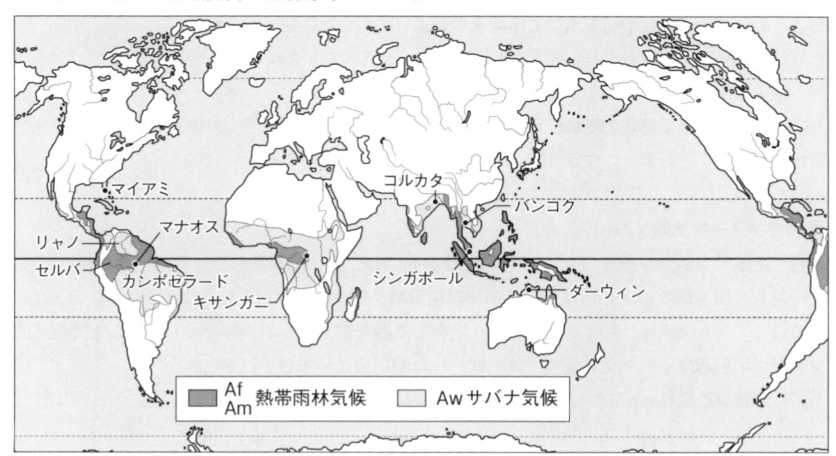

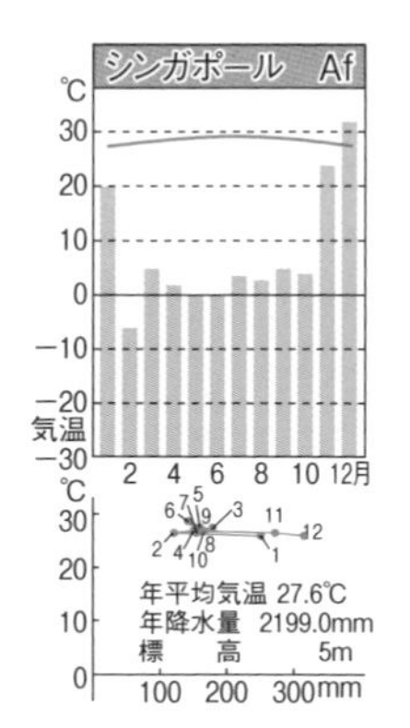

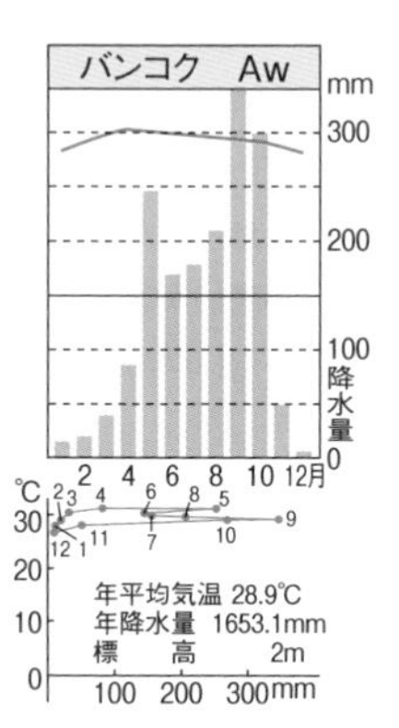

図2-1-2-15 熱帯の分布

(1) 熱帯雨林気候（Af）

☑☑☑ 熱帯雨林気候（Af）▶**赤道付近**を中心に，**アマゾン盆地**，**コンゴ盆地**，**東南アジア島嶼部**に広がる気候。**年中赤道低圧帯（熱帯収束帯）の影響**を受けるため，**高温多雨**。**常緑広葉樹**が高木，中木，低木などの階層をなし，**熱帯雨林**を形成。熱帯雨林の樹木は，根からの養分吸収が極めて早く，表土の栄養分は土壌中に長くは蓄積されないこともあって，土壌は養分に乏しい。**動植物は多種多様**で，「**遺伝資源の宝庫**」といわれる。高温多湿なため熱帯性の**風土病**が発生しやすい。

□□☑ 林床▶**森林内の地表面**のことで，熱帯の密林などでは，太陽光が地表面に到達しにくいため，薄暗く湿った環境となる。落ち葉などが堆積し，耐陰性の強い植物や菌類などが成育する。

☑☑☑ 熱帯雨林▶p.66参照

☑☑☑ セルバ▶**アマゾン川流域の密林**で，**ブラジル**，**ペルー**，エクアドル，ボリビア，コロンビアなどに広がる。「セルバ（selva）」とは，スペイン語，ポルトガル語の**密林**のことで，地球上で**最も生物多様性に富む地域**の一つである。

☑☑☑ ジャングル▶**東南アジア，アフリカの熱帯雨林気候地域でみられる密林**（jungle）。

☑☑☑ 高床式住居（たかゆかしき）▶**柱や杭を用いて床面を地面より高くした住居**で，東南アジア，中国南部，南アメリカなどの**熱帯多雨地域**でみられる。高床式住居は，大雨による洪水を避けたり，通気性をよくしたり，害獣の侵入を防ぐ機能を有する。

☑□☑ 風土病▶**ある特定の地域に定着し，流行を繰り返す病気の総称**で，世界中でみられるが，特に熱帯地域には多く，コレラ，マラリア，デング熱，黄熱病などがある。

(2) 熱帯モンスーン気候（Am）

☑□☑ 熱帯モンスーン気候（Am）▶**弱い乾季をもつか，強い乾季をもつが年降水量が極めて多い気候**で，乾季の間，樹木の一部は落葉し，**熱帯季節風林**を形成。第2記号のmは，ドイツ語のmittel（中間）のことで，AfとAwの中間を意味する。夏季の**南西モンスーン**の影響を受ける**インド半島南西岸**，**インドシナ半島西岸**やアマゾン盆地，コンゴ盆地のAf周辺に分布している。

☑□☑ 熱帯季節風林▶p.66参照

(3) サバナ気候（Aw）

☑☑☑ サバナ気候（Aw）▶**熱帯雨林気候の高緯度側に分布し，アフリカ，南アメリカ，インド半島に広がる気候**。**高日季（夏季）には赤道低圧帯の影響で雨季**，**低日季（冬季）には亜熱帯高圧帯の影響で乾季**となり，雨季は緑に覆われるが，乾季には樹木は落葉，草は枯死。**落葉広葉樹の疎林**と**草丈の長い草原（長草草原）**からなる**サバナ**が広がる。降水量の変動率が大きく，洪水と干ばつが生じる。

□☑☑ 高日季▶**太陽高度が高い季節**，つまり**夏季**のこと。

□☑☑ 低日季▶**太陽高度が低い季節**，つまり**冬季**のこと。

② 乾燥帯

☑☑☑ 乾燥帯 ▶ 中緯度地域は，**降水量が少なく，蒸発量が降水量を上回る**気候。世界の陸地における気候帯別の面積比は，乾燥帯が最も大きく，陸地面積の1/4を占める。**降水量の年変動率が極めて大きく**，時折豪雨に見舞われるが，年降水量は少ない。日中の気温は高いが，夜は放射冷却により気温が低下し，**気温の日較差が大きい**。土壌中の水分も少なく，植生に乏しい（図2-1-2-16参照）。

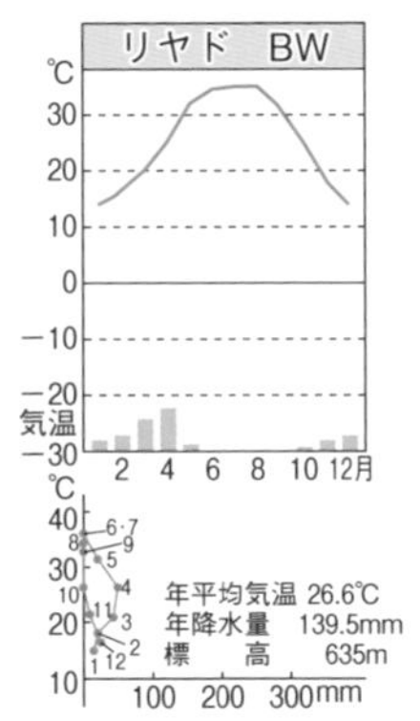

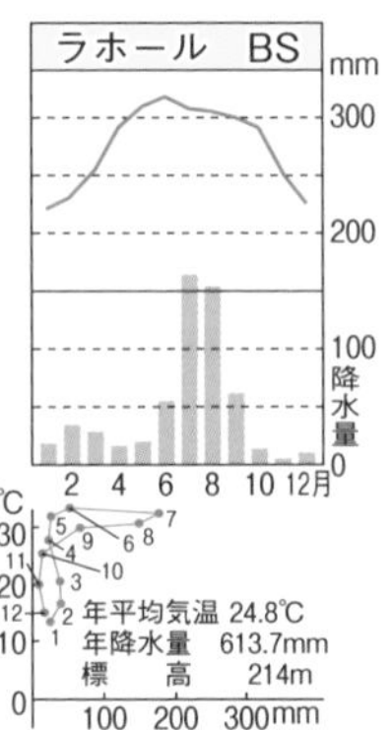

図2-1-2-16 乾燥帯の分布

（1）砂漠気候（BW）

☑☑☑ 砂漠気候（BW）▶ **年中亜熱帯高圧帯の影響を受ける中緯度地域と大陸内部に分布する気候。**土壌中の水分が不足するため，**植生はほとんどみられない。外来河川沿岸や山麓の湧水地のオアシス**では，**灌漑農業**が行われる。土壌は腐植に乏しい**砂漠土**が広がり，**地表に塩類が集積**している場合もある。

☑☑☑ 中緯度砂漠（回帰線砂漠）▶ **年中亜熱帯高圧帯の影響を受け，乾燥した下降気流によって生じる砂漠。緯度20～30度**付近に分布する**サハラ砂漠（北アフリカ），ルブアルハリ砂漠，ネフド砂漠**（以上サウジアラビアで，合わせてアラビア砂漠），ルート砂漠，カヴィール砂漠（以上イラン），**大インド**

砂漠（タール砂漠），グレートヴィクトリア砂漠（オーストラリア）など。

☑☑☑ 内陸砂漠 ▶ **大陸内部に位置し，隔海度が大きいため，水蒸気の供給が少ないことによって生じる砂漠。ゴビ砂漠**（モンゴル），**タクラマカン砂漠**（中国），キジルクーム砂漠（ウズベキスタン），カラクーム砂漠（トルクメニスタン）など。

☑☑☑ 地形性砂漠（雨陰砂漠(あまかげ)）▶ **偏西風**などの恒常風に対して，**大山脈の風下側に位置することから，年中乾燥した下降気流の影響を受けて生じる砂漠。**太平洋側から吹き付ける偏西風に対して，アンデス山脈の風下側に位置する**パタゴニア**では，下降気流によって砂漠を形成。

☑☑☑ 海岸砂漠 ▶ 中低緯度の**大陸西岸に優勢な寒流が流れると，下層の大気が冷やされ，上昇気流が生じにくいことから，著しく降水量が少なくなって形成される砂漠。ペルー海流**が流れる**ペルー海岸からチリ北部のアタカマ砂漠**，**ベンゲラ海流**が流れる**アンゴラ海岸からナミビアのナミブ砂漠**，カリフォルニア海流が流れるメキシコのカリフォルニア半島でみられる。

☑☑☑ オアシス ▶ **砂漠で局地的に取水が可能な地域。外来河川の沿岸，山麓（扇端）の湧水地**などに立地。集落が形成されたり，灌漑によって**ナツメヤシ**，小麦などを栽培する**オアシス農業**が営まれている。

(2) ステップ気候（BS）

☑☑☑ ステップ気候（BS）▶ **BWの周辺**に分布。弱い雨季には，わずかだが降水がみられ，**丈の短い草原**（**短草草原**）や低木が育つ。**年降水量は250～500mm**程度で，蒸発散量とほぼ同じになる。土壌は，乾季に草が枯れてできた多量の有機物が堆積するため，腐植に富み，**肥沃な黒色土や栗色土**が分布。ウクライナから西シベリア南部，カザフスタン北部にかけては**チェルノーゼム**が広がり，**小麦**が栽培されている。降水量が少ないため，アジア，アフリカの旧大陸では**遊牧**が，北アメリカ大陸などでは**企業的穀物農業**が行われている。

☑☑☑ ステップ ▶ **BSに分布する短草草原**。北アメリカの**グレートプレーンズ**，アルゼンチンの**パンパ**では，小麦，肉牛の放牧など大規模な**企業的農牧業**が行われる。

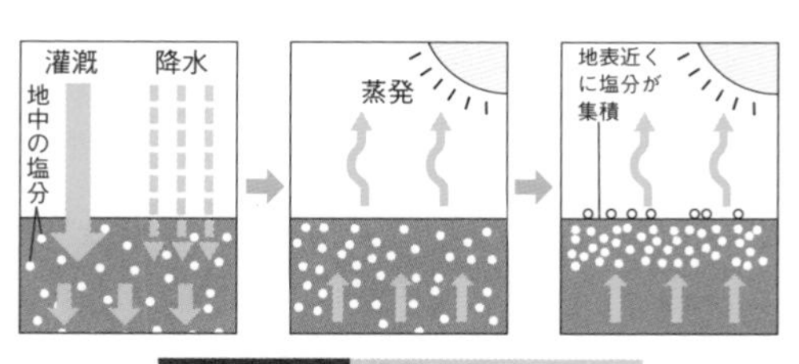

図2-1-2-17 土壌塩類化のしくみ

☑☑☑ 土壌の塩類化（塩害）▶ 土壌中で水に溶けやすい塩類が，土壌中の水分とともに毛管現象により上昇し，**地表に集積する現象**。BW，BSなどの乾燥気候下で，**過剰な灌漑**を行うと生じやすく，いったん生じると作物を栽培することが困難で，**耕作放棄地**となり，**土地の不毛化**（**砂漠化**）が進行する（**図2-1-2-17**参照）。

☑☑☑ 地下水路（地下用水路）▶ 古代から**乾燥地域に建設されてきた地下水路**で，蒸発を防ぎながら山麓扇状地などの水を利用する。山麓に元井戸を掘り，地下水を掘り当てた後は，横穴を伸ばす。**水路が地表に出る場**

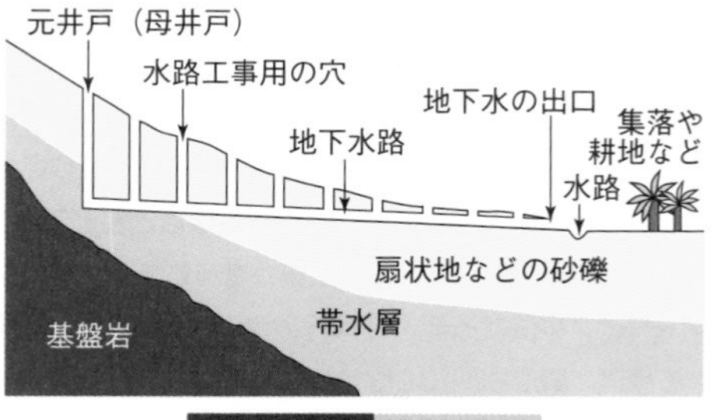

図2-1-2-18 地下用水路

所にはオアシスが形成され，灌漑用水，生活用水に利用されてきた。水路の途中には修理・通風用の縦穴が掘られている。イランでは**カナート**，北アフリカでは**フォガラ**，アフガニスタン，パキスタンなどではカレーズとよばれている（図2-1-2-18参照）。

☑☐☑ テント式住居▶**牧草を求めて移動する遊牧民の住居**。中国では**パオ**，モンゴルでは**ゲル**，中央アジアではユルトなどと呼ばれている。木組みのための少量の木材と**家畜などの皮や毛を利用**した組み立て式住居で，近年はスマホなどの普及によって，太陽光パネルを設置したものもみられる。

③温帯

☑☑☑ 温帯▶**四季が明瞭で，温暖湿潤なため，人間の活動に適した気候帯**。太陽高度が季節によって大きく変化するため，日射量も増減し，気温も変動する。**大陸西岸では，緯度30〜60度**付近に，**大陸東岸では緯度20〜45度**付近に分布する。この緯度帯の大陸西岸では，**暖流**や**偏西風**の影響を受け，気温の年較差が小さいが，大陸東岸では，**モンスーン**（季節風）によって，夏季は温暖な海洋の，冬季は寒冷な大陸の影響を受けるため，気温の年較差が大きくなる（図2-1-2-19参照）。

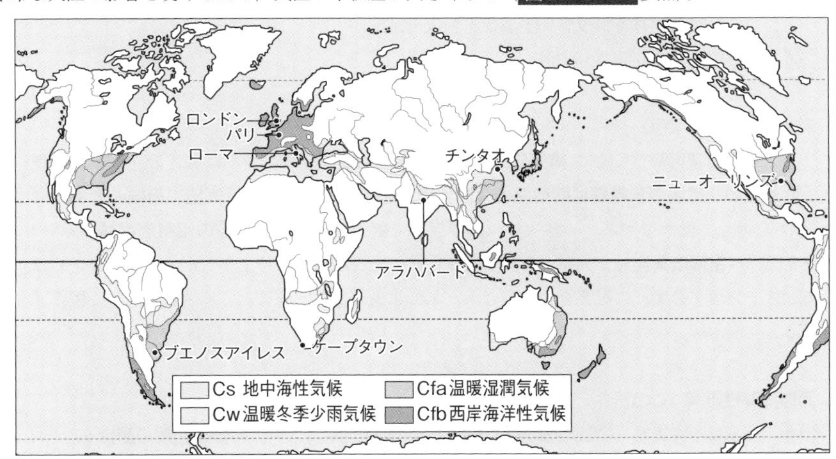

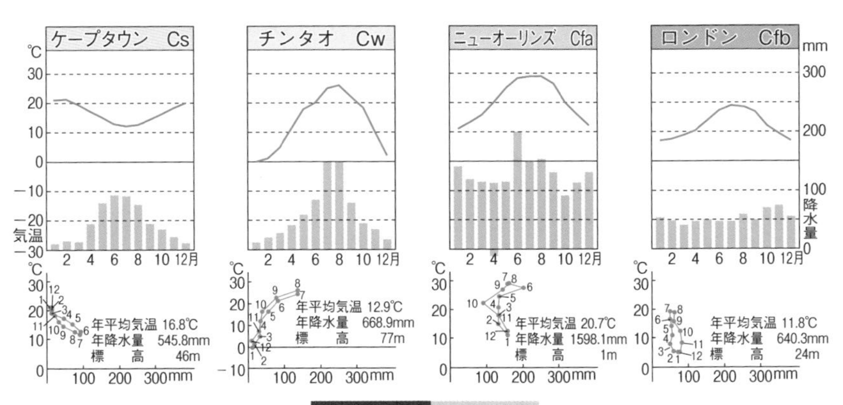

図2-1-2-19 温帯の分布

(1) 地中海性気候（Cs）

☑☑☑ 地中海性気候（Cs）▶**緯度30～45度付近の大陸西岸**で，BS（ステップ気候）の高緯度側，**Cfb（西岸海洋性気候）の低緯度側**に分布。**冬季は偏西風（亜寒帯低圧帯，寒帯前線帯）の影響で温暖湿潤，夏季は亜熱帯高圧帯（中緯度高圧帯）の影響で高温乾燥**となる。植生は，夏季の高温乾燥に耐える**オリーブ，コルクガシ**，月桂樹などの**硬葉樹**がみられ，乾燥に強い**ブドウ，オレンジ**などの果樹栽培も盛ん。土壌は，薄い腐植をもつ**地中海性赤色土**や地中海地方では**石灰岩の風化土壌**である**テラロッサ**が広がる。夏季は晴天に恵まれるため，北西ヨーロッパをはじめ，**世界各地からリゾート客が訪れる。**

☑☑☑ 硬葉樹▶p.66参照

(2) 温帯冬季少雨気候（温暖冬季少雨気候：Cw）

☑☑☑ 温帯冬季少雨気候（温暖冬季少雨気候：Cw）▶**ユーラシア大陸東岸の緯度20～30度**付近，南アメリカ大陸やアフリカ大陸のAwの高緯度側に分布。低緯度地域では，亜熱帯と呼ばれるほど，夏季は高温になる。**夏季は赤道低圧帯やモンスーンなどの影響で降水量が多い**。植生は，**常緑広葉樹**が多く，アジアでは**照葉樹林**を形成し，土壌は赤黄色土が広がる。

☑☑☑ 照葉樹▶p.66参照

(3) 温暖湿潤気候（Cfa）

☑☑☑ 温暖湿潤気候（Cfa）▶**緯度25～40度の大陸東岸**に分布。夏季は海洋の，冬季は大陸の影響を受けるため，**気温の年較差は同緯度の大陸西岸に比べると大きい**。**低気圧**や**前線**の影響を受けるため，1年を通じて降水量が多い。植生は，高緯度側で**針葉樹と落葉広葉樹の温帯混合林**がみられるが，低緯度側には**常緑広葉樹林**が分布する。土壌は比較的肥沃な**褐色森林土**が広がる。東アジアでは，夏季のモンスーン（季節風）の影響を受けるため，年降水量が1,000mm以上の地域も広がり，**稲作**が発達している。

(4) 西岸海洋性気候（Cfb）

☑☑☑ 西岸海洋性気候（Cfb）▶**緯度40～60度の大陸西岸**に分布。**年中偏西風の影響**を受けるため，**海洋性気候**となる。低緯度から偏西風や暖流が熱を運搬してくることから，**高緯度に位置する割に冬季の気温は低下せず**，夏季も海洋性気団の影響を受けるため，冷涼で**気温の年較差が小さい**。特に，ヨーロッパは，偏西風を遮るような高峻な山脈があまりないため，大陸内部まで広範囲に西岸海洋性気候が広がっている。植生は，**ブナ，ニレ，ナラ，カシワ**などの**落葉広葉樹**が多く，腐植が少ない**褐色森林土**が分布。北西ヨーロッパでは，**混合農業**や**酪農**が発達している。最暖月平均気温が10℃以上の月が4か月未満の場合は，西岸海洋性気候の低温型にあたるCfcになる。

④ 亜寒帯（冷帯）・寒帯

☑☑☑ 亜寒帯（冷帯）▶**北半球の北緯50～70度**付近に分布する。**気温の年較差が大きい大陸性気候**であるため，高緯度地域に大陸が存在しない**南半球には分布していない**。亜寒帯の南部には，針葉樹と落葉広葉樹からなる**亜寒帯混合林**（**冷帯混合林**）が，北部には**カラマツ，エゾマツ，トドマツ，モミ，トウヒ**などの**針葉樹林**（**タイガ**）がみられる。土壌は，酸性が強く生産力が低い**ポドゾル**が分布している（図2-1-2-20参照）。

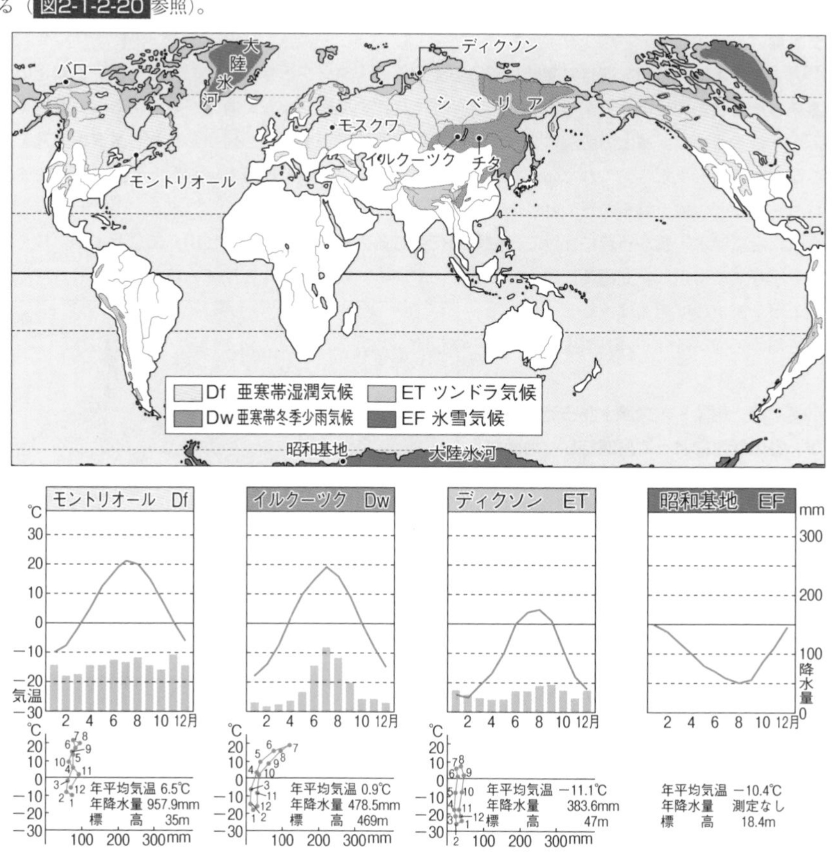

図2-1-2-20 亜寒帯（冷帯）・寒帯の分布

(1) 亜寒帯湿潤気候（冷帯湿潤気候：Df）

☑☑☑ 亜寒帯湿潤気候（冷帯湿潤気候：Df）▶**スカンディナヴィア半島の大部分，ヨーロッパロシア，西シベリア，北アメリカ北部**に分布する。気温が低いため，降水量はそれほど多くないが，平均的に降水がみられる。

(2) 亜寒帯冬季少雨気候（冷帯冬季少雨気候：Dw）

☑☑☑ 亜寒帯冬季少雨気候（冷帯冬季少雨気候：Dw）▶**東シベリアを中心とするユーラシア大陸東部**にだけ分布する。ユーラシア大陸は東西に広く，偏西風が東シベリアまでほとんど到達しないことから，**冬季は極めて低温**になり，優勢な**シベリア高気圧**に覆われる。冬季は降雪，積雪が少ないため，土壌の凍結が著しい。東シベリアの地中には，広範囲に**永久凍土**がみられる。

☑☑☑ 北の寒極▶**北半球で最低気温を記録した地点**で，**東シベリア**に位置するロシア連邦・サハ共和国の**オイミャコン**（－67.8℃）がこれに当たる。南半球で最低気温を記録した地点は，**南極のヴォストーク基地**（－89.2℃，ロシア）。

☑☑☑ 永久凍土▶**年間を通じて凍結している土壌**。カナダ，シベリアなどの一部には，**更新世の氷期に凍結した土壌**が，地中に広がっている。タイガの伐採や温暖化などで凍土が融解すると，**湿地**や**沼地**が形成される。また，**凍土の融解**によって，建築物が**不等沈下**を起こし倒壊したり，**メタンガス**を放出するなどの問題も生ずる。これを防ぐため，**高床式工法**により熱の伝導を抑制したり，地下深くまで杭を打ち込むなどの凍土対策が行われている。

☑☑☑ 融雪洪水▶**春から夏にかけて，融雪時に生じる大規模な洪水**。**オビ川，エニセイ川，レナ川**などのシベリアの河川は，**北極海**に向かって北流している。初夏になると流域の積雪が融解し，河川に流入するが，河川の下流側は凍結しているため，河川からあふれ出し**融雪洪水**がおこる。

☑☑☑ 凍上現象▶**永久凍土から流出した水が，冬の低温によって再凍結し，地面が持ち上がる現象**。タイガの伐採や建造物からの排熱などによって，永久凍土が融け地下に水が滞留する。地下の水は冬季に再凍結するため，**地面が隆起し，建造物などが倒壊**する。

☑☑☑ 寒帯▶高緯度に位置するため，**熱量不足で樹林はみられない**。降水量も少ないが，蒸発量も少ないので，地表は湿潤（図2-1-2-20，図2-1-2-21）。

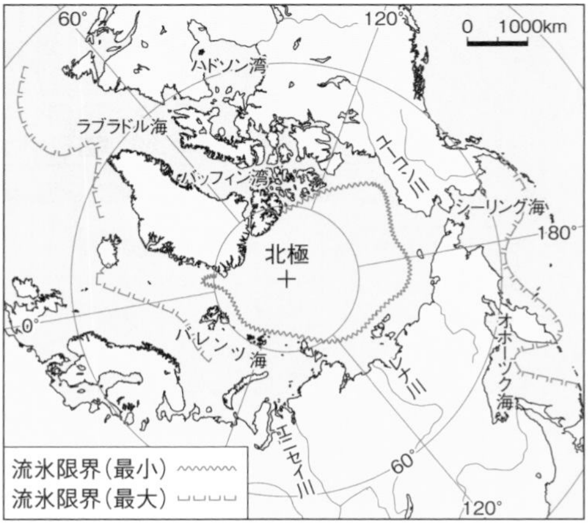

〔東京書籍『地理B』p.75〕

図2-1-2-21 北極周辺の海洋

(3) ツンドラ気候（ET）

☑☑☑ ツンドラ気候（ET）▶**北極海沿岸とチベット高原，アンデス山脈などの高山地域に分布**。**最暖月平均気温が0℃以上10℃未満**で，夏季には**コケ類（蘚苔類），地衣類**，小低木がわずかにみられる。土壌は，生産力が低い**ツンドラ土**が分布し，耕作は困難だが，**トナカイの遊牧**や**狩猟**を営む**サーミ**（スカンディナヴィア半島北部）や**イヌイット**（北米北極海沿岸）とよばれる人々が生活している。

(4) 氷雪気候（EF）

☑☑☑ 氷雪気候（EF）▶**南極大陸やグリーンランド内陸部に分布**。**最暖月平均気温が0℃未満**で，植生はみられず，一年中氷雪に覆われている。**南極大陸**の大部分と**グリーンランド内陸部**の地表面は，広く**大陸氷河**（**氷床**）に覆われており，調査研究を除くと人間活動はみられない。

☑☑☑ サーミ ▶ **スカンディナヴィア半島北部**（ラップランド）からロシアのコラ半島付近に居住する先住民族。**ウラル語族**のフィン・ウゴル系サーミ語を使用する。かつては**トナカイの遊牧**や**狩猟・漁労生活**を営む民族であったが，近年は都市への定住化が進んでいる。

☑☑☑ イヌイット ▶ **カナダ北部，アメリカ合衆国・アラスカ州，デンマーク領グリーンランド**などに居住するエスキモー系民族の1つで，特にカナダではイヌイットと呼ばれている。古くからアザラシ，セイウチなどの**海洋哺乳類やトナカイの狩猟**を営んできたが，近年は都市居住者が増加している。言語はエスキモー・アレウト語族に属する。

⑤高山気候（H）

☑☐☑ 高山気候（H） ▶ **標高の高い山岳地域や高原地域に分布。アンデス山脈，チベット高原，エチオピア高原，メキシコ高原**などでみられる。ケッペンの気候区分とは異なるが，標高の影響を強く受けており，標高の変化は気温と降水量の分布に関係する。赤道に近い**中央アンデス**などでは，**気温の年較差が小さい常春気候**で，低緯度地域では，**高山都市**が発達している（図2-1-2-22，図2-1-2-23参照）。

☑☑☑ 高山都市 ▶ **低緯度地域で，酷暑や風土病を避けるため，標高の高い土地に立地した都市**。低緯度地域では，**気温の年較差が小さく**，常春で快適な気候になるが，気温の日較差は大きく，日射や紫外線は強い。また，酸素濃度が低いことに加え，旅行者などは**高山病**にかかりやすい。**メキシコシティ**（2,309m），**アディスアベバ**（エチオピア，2,354m），**キト**（エクアドル，2,794m），**ラパス**（ボリビア，4,058m），**ボゴタ**（コロンビア，2,547m）などの大都市もみられる。

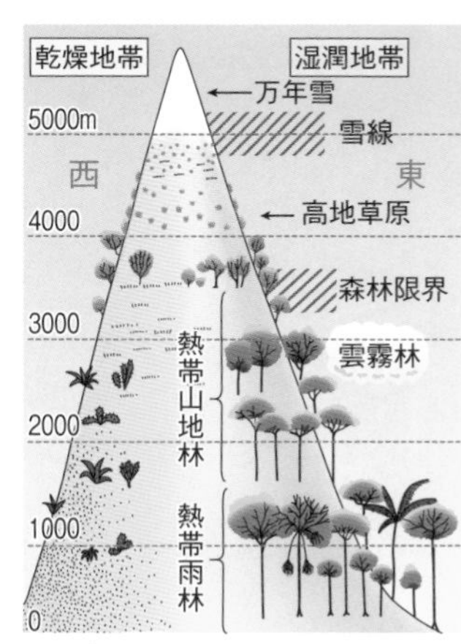

〔Géographie Universelle（1991）ほか〕

図2-1-2-22 アンデス山脈の低緯度地域の自然環境

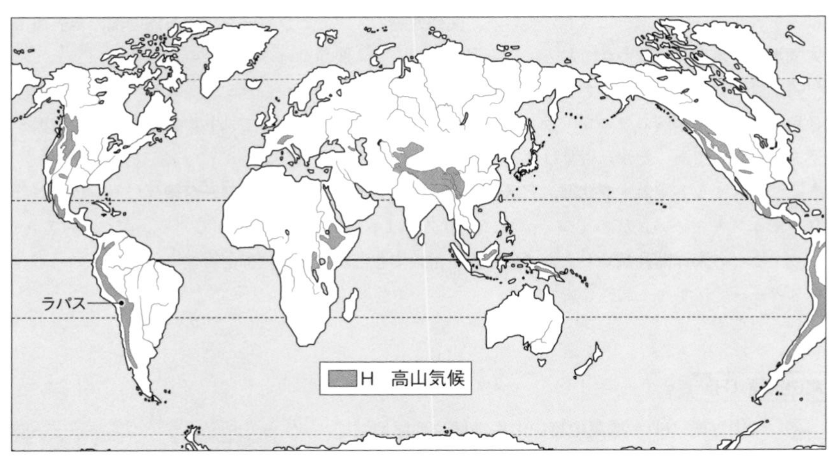

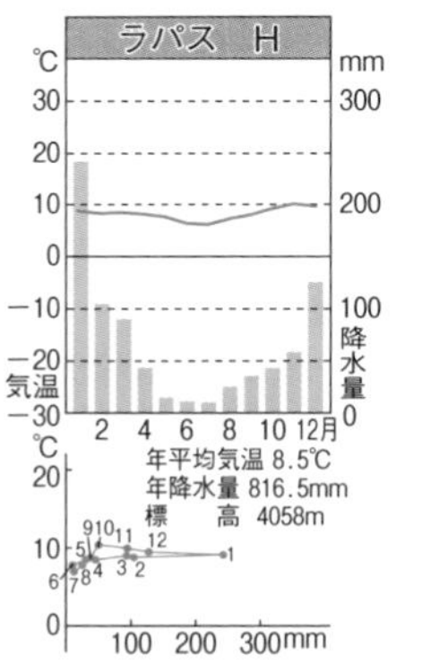

図2-1-2-23 高山気候の分布

第3節 日本の自然環境と自然災害

1 日本の地形と自然災害

☑☑☑ 日本の地体構造 ▶ **日本列島**は，大陸プレート（**北アメリカプレート**と**ユーラシアプレート**）の下に，海洋プレート（**太平洋プレート**と**フィリピン海プレート**）が**沈み込む**ことでできた５つの**島弧**の**集合体**で，高峻な**環太平洋造山帯**に属し，**地震・火山活動が活発**である（図2-1-3-1参照）。

太平洋プレートが**北アメリカプレート**に沈み込むことで**千島弧**と**東北日本弧**が，**フィリピン海プレート**が**ユーラシアプレート**に沈み込むことで**西南日本弧**と**琉球弧**が，**太平洋プレート**が**フィリピン海プレート**に沈み込むことで**伊豆・小笠原弧**が，それぞれ形成されている。

また，**東北日本**と**西南日本**に分ける**糸魚川・静岡構造線**（**フォッサマグナ**の西縁）と呼ばれる断層帯と，**西南日本**を**内帯**と**外帯**に分ける**中央構造線**（**メディアンライン**）の２つの大きな断層によって，日本列島は３つに分けられる。

フォッサマグナは，**北アメリカプレートとユーラシアプレートの境界**で日本列島を横切る大陥没帯。その西側には**日本アルプス**（飛騨山脈，木曽山脈，赤石山脈）が位置する。

海溝で沈み込んだ海洋プレートは，地中深くで**マグマ**を生み，地上に**火山帯を形成**し，**東日本火山帯**，**西日本火山帯**が海溝に並行して列状にみられる。**火山前線**（**火山フロント**）は，**海溝と一定の距離を置いて並行してできる**ため，東北地方太平洋側の北上高地，阿武隈（あぶくま）高地や，**四国地方には火山はない**。

☑☑☑ 日本の地形 ▶ **日本列島**は，現在も隆起が続き，**山地が約７割を**占める**山がちな地形**のため，**河川は短く，勾配も大きい。降水量も多い**ため，**河川の侵食・運搬・堆積作用が活発て，**第四紀という短期間（洪積世と沖積世）に**堆積平野**（**洪積台地**や**沖積平野**）が形成された。平野と山地の境界付近には**活断層**が分布することが多い。

☑☐☑ 千島弧 ▶ **千島列島とカムチャツカ半島を含む島弧**。太平洋側には**千島カムチャツカ海溝**が走り，中央部を千島火山帯が走る。

☑☐☑ 千島・カムチャツカ海溝 ▶ **太平洋プレート**が**北アメリカプレート**に沈み込む場所にあたり，カムチャツカ半島の南東縁から千島諸島の南側，北海道の襟裳岬南東沖まで連なる**海溝**。

☑☐☑ 東北日本弧 ▶ **フォッサマグナに二分される本州の北東部分。北アメリカプレート**に含まれる。太平洋側には**日本海溝**が並行し，中央部を**東日本火山帯**が走る。

☑☑☑ 日本海溝 ▶ **太平洋プレート**が**北アメリカプレート**に沈み込む場所にあたり，北海道の襟裳岬から**相模トラフ**の分岐まで連なる**海溝**。2011年に起こった**東北地方太平洋沖地震**の震源は，この海溝の陸側の広大な範囲だった。

☑☑☑ 相模トラフ ▶ **フィリピン海プレート**が**北アメリカプレート**に沈み込む場所にあたり，相模湾から房総半島南東沖に連なる**トラフ**（**舟状海盆**：海溝に類似する地形で水深6,000mよりも浅いもの）。**房総半島南東沖**で大陸プレートにフィリピン海プレートと太平洋プレートが沈み込むことで地震多発地帯となっており，1923年の**大正関東地震**は，このトラフ沿いで起こった。

☑☑☑ 西南日本弧 ▶ **フォッサマグナに二分される本州の南西部分。ユーラシアプレート**に含まれる。太平洋側には**南海トラフ**が並行する。山陰地方から九州地方中央部を**西日本火山帯**が走る。**西日本火山帯**と**南海トラフ**の間に位置する**四国地方には火山がない**。

☑☑☑ 南海トラフ ▶ **フィリピン海プレート**が**ユーラシアプレート**に沈み込む場所にあたり，紀伊半島

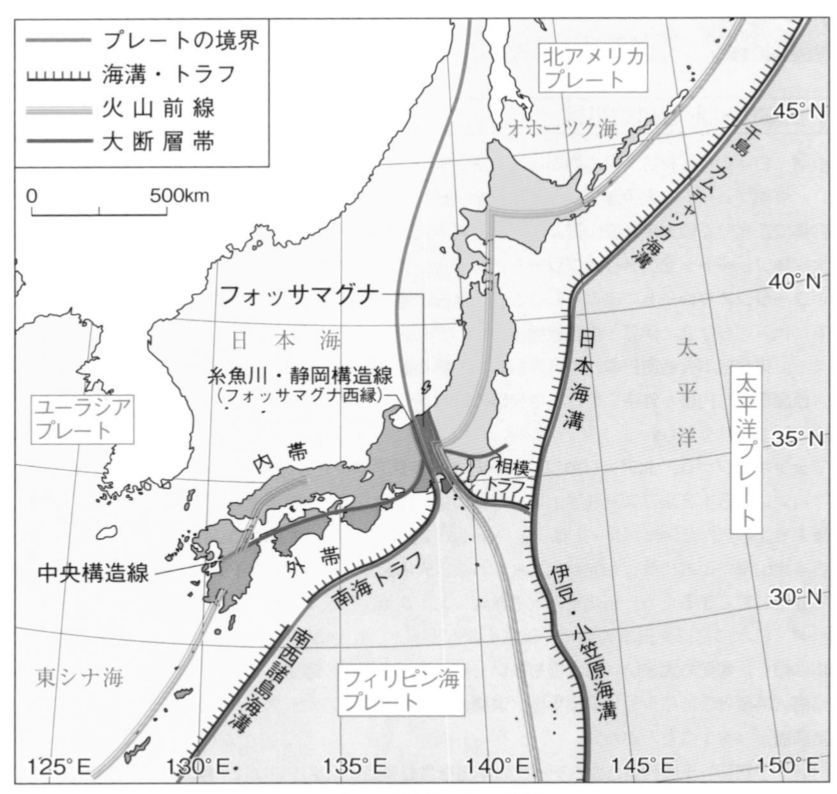

図2-1-3-1 日本の地体構造

南東沖から四国の南にかけて連なる**トラフ**（**舟状海盆**）。**東海地震**，**東南海地震**，**南海地震**とよばれる地震の震源となってきた。南海トラフでは，100～150年の間隔で大地震が発生しているため，近い将来の**南海地震の発生が危惧**されている

☑☐☑ 琉球弧 ▶ **九州地方南部東方沖から薩南諸島，沖縄諸島，先島諸島へと続く島弧**。太平洋側には**南西諸島海溝**が並行する。南西諸島弧ともいう。

☑☐☑ 南西諸島海溝（琉球海溝） ▶ **フィリピン海プレート**が**ユーラシアプレート**に沈み込む場所にあたり，南西諸島の南東側に沿う**海溝**。

☑☐☑ 伊豆・小笠原弧 ▶ **伊豆諸島から小笠原諸島に連なる島弧**。東側に**伊豆・小笠原海溝**が並行する。

☑☑☑ 伊豆・小笠原海溝 ▶ **太平洋プレート**が**フィリピン海プレート**に沈み込む場所にあたり，**相模トラフ**との分岐点で**日本海溝**と接し，南では**マリアナ海溝**と接する。

☑☑☑ フォッサマグナ ▶ **北アメリカプレートとユーラシアプレートの境界**で，日本列島を横切る**大陥没帯**。火山噴出物などによって覆われ，陥没地形は不明瞭だが，西側の境界は明瞭で，**糸魚川・静岡構造線**とよばれる**大断層**とその西側に連なる**日本アルプス**（飛彈山脈，木曽山脈，赤石山脈）によって区切られている。ラテン語で「大きな溝」の意。

☑☑☑ 糸魚川・静岡構造線 ▶ **フォッサマグナの西縁**に当たり，これに沿って西側には**日本アルプス**とよばれる3,000m級の山々が連なっている。

☑☑☑ 日本アルプス ▶ **北アルプス**（**飛驒山脈**），**中央アルプス**（**木曽山脈**），**南アルプス**（**赤石山脈**）からなり，更新世の氷期には山岳氷河が発達していたため，**カールやモレーンなどの氷河地形**がみられる。

☐☐☑ 飛驒山脈（北アルプス）▶ **富山県，新潟県，岐阜県，長野県に連なる高峻な山脈**で，最高峰は**奥穂高岳**（3,190m）。大きなY字型をしており，Y字の中央部には黒部峡谷がある。**最終氷期には，山岳氷河が発達**したため，穂高岳の涸沢や槍ヶ岳の槍沢などには**カール**（**圏谷**）がみられる。山岳氷河は縮小し，現在は**立山連峰に小規模なものが残っている**。

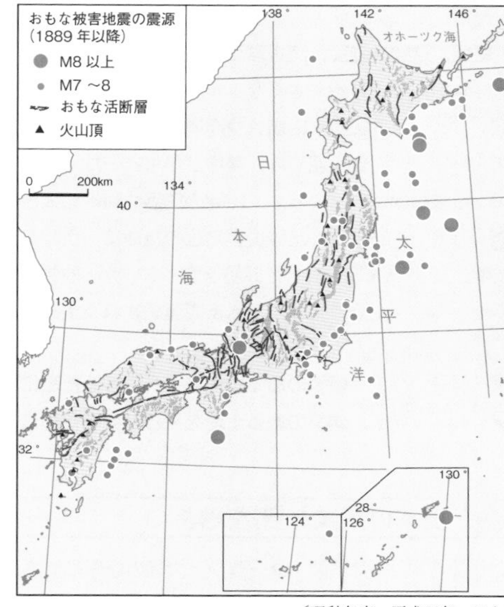

〔理科年表　平成26年，ほか〕
図2-1-3-2 日本のおもな地震の震源と活断層

☐☐☑ 木曽山脈（中央アルプス）▶ **長野県を中心に南北に走る山脈**で，飛驒山脈や赤石山脈のように3,000m以上の山は存在せず，最高峰は**木曽駒ヶ岳**の2,956m。**最終氷期の山岳氷河の発達**を受けて，宝剣岳の千畳敷など東斜面に**カール**（**圏谷**）がみられる。

☐☐☑ 赤石山脈（南アルプス）▶ **長野県，山梨県，静岡県に連なる山脈**で，最高峰は**北岳**の3,193m。飛驒山脈より新しく隆起したため，侵食があまり進まず，比較的山容がなだらかである。**最終氷期の山岳氷河の発達**で，仙丈ヶ岳などに**カール**（**圏谷**）がみられる。

☑☑☑ 中央構造線（メディアンライン）▶ **西南日本弧を内帯と外帯に分ける断層線**。諏訪湖付近から紀伊半島と四国を通り，九州に達する。断層の両側では地質はまったく異なり，**内帯**には風化した花崗岩が広く分布し，**中国山地**や**筑紫山地**など**なだらかな山地**が広がるが，**外帯**には**紀伊山地**や**四国山地**，**九州山地**など**険しい山地が連なる**。

☑☑☑ 西南日本内帯 ▶ **中央構造線の北側**の西南日本で，風化によってもろくなった花崗岩が多く，**低くなだらかな山地や高原**がみられる。西日本の大都市は，すべて西南日本内帯に位置。

☑☑☑ 西南日本外帯 ▶ **中央構造線の南側**の西南日本で，**壮年期の険しい山地**が多く，平野が乏しい。

☑☐☑ 構造線 ▶ **大断層のうち，断層の両側で地質が全く異なるもの**。

☑☑☑ 活断層 ▶ **過去数十万年間に繰り返して活動し，将来も活動する可能性が高い断層**。せばまる境界に位置する日本列島では，プレートの押し合う力が蓄積するため密集して分布し，**直下型地震**を発生させてきた（図2-1-3-2参照）。

☑☑☑ 自然災害 ▶ **物理的な自然現象で，人命や人間の活動に被害が生じる現象**。日本は，**環太平洋造山帯**に位置するため**地殻変動が活発**で，世界の中でも地震や火山など自然災害が極めて多い地域である。**地震**は**建物の倒壊**や**山崩れ**，**津波**，**液状化**などによる災害を引き起こし，**火山**の噴火は，**降灰**，**溶岩流**，**火砕流**，**火山泥流**などによる火山災害をもたらす。また，**梅雨前線に伴う集中豪雨や台風による強風**，

高潮は水害や土砂災害も頻発させる。自然災害の大きさは，物理的な自然現象の大小だけでなく，**人口密度，建物の強度，防災意識や対策にも深く関係**している。発展途上国では，先進国に比べ，災害数に対して人的被害が大きくなる傾向がある。

☑☐☑ 土砂災害▶**山崩れや崖崩れ，地滑り，土石流などの土砂の崩落や流下によって発生する災害。**

☑☑☑ 土石流▶**泥や砂，礫などが水と一体となって高速で斜面を流下する現象。集中豪雨**や急速に進んだ**雪解け**などによって，**山麓の集落や耕地に大きな被害**をもたらす。

☑☑☑ 砂防ダム▶**土砂災害防止のために，土砂をためることを目的に小さな渓流などに建設された設備**。高さ7m未満の場合，**砂防堰堤**(えんてい)ともいう。砂防ダムの建設によって，**土砂災害のリスクは軽減**したが，土砂をせき止めた結果，**下流まで運搬される土砂の量が減り**，下流の砂浜で**海岸侵食の進行**などが問題となっている。

☑☐☑ 盛土(もりど)▶**傾斜のある土地を平らにするために，土砂を盛って地盤面を高くすること。**

☑☐☑ 切土(きりど)▶**傾斜のある土地を平らにするために，地面を削り取って地盤面を低くすること。**

2 日本の気候と自然災害

☑☑☑ 日本の気候▶**ユーラシア大陸の東岸**に位置する日本の気候は，**季節風**（**モンスーン**）が卓越し，**季節変化**（**四季**）**が明瞭**である。また，列島を走る**脊梁山脈**(せきりょう)などの影響を受け，**地域性に富んだ気候**となっている（図2-1-3-3～図2-1-3-5参照）。

冬はユーラシア大陸上にシベリア気団（**シベリア高気圧**）が発達し，**西高東低の気圧配置**となる。乾燥した大陸からの**北西季節風**は，日本海上で**暖流の対馬海流から水蒸気**を受けて**日本海側に多量の雪**を降らせる。山を越えた北西季節風は再び乾燥し，**太平洋側は晴天**となる。

春には高気圧と低気圧が交互に通過して，天気は周期的に変化する。日本海を低気圧が発達して通過すると，日本海側には**フェーン現象**による高温の南風が吹き，山間部では**雪崩**(なだれ)が発生することもある。

初夏には，**オホーツク海気団**（オホーツク海高気圧）と**小笠原気団**（北太平洋高気圧）の間に**梅雨前線**ができ，小笠原気団の発達とともに梅雨前線は北上し，**北海道を除いた地域が梅雨**となる。夏には，高温・湿潤な**小笠原気団**が日本列島をおおい，**南東季節風**が吹いて熱帯並みの蒸し暑さとなる。小笠原気団の勢力が弱く，オホーツク海気団が北日本を長くおおうと**やませ**が吹き，曇りの日が続く。低温と日照不足によって**太平洋側に冷害**をもたらすこともある。

初秋には，小笠原気団の南下によって**前線帯**（**秋雨前線・秋霖前線**）**が停滞**し，太平洋上で発生した**台風**が北上して，日本列島に接近し，西日本を中心に**洪水**や**高潮**のほか，**崖崩れ**などの**土砂災害**が起こることもある。

☑☐☑ 気圧配置▶広い範囲にわたる**気圧の分布状態**のこと。日本付近では，**冬に西高東低型**，**夏に南高北低型**などの特徴的な型が出現する。高気圧，低気圧，気圧の谷，前線などの分布状態を等圧線などで示した図を**気圧配置図**という。

☑☑☑ シベリア高気圧▶**冬にシベリアや中国東北区に発現する高気圧**で，**大陸性寒帯気団**である**シベリア気団**を伴う。放射冷却（昼間暖められた地表が夜になって温度を失うこと）によって地表が冷やされることで，そこに接する空気が冷やされて密度が高まり，地表から1～2kmほどの寒冷な高気圧となる。この高気圧から吹き出してくる風が**北西季節風**で，日本は**西高東低**の気圧配置となる。

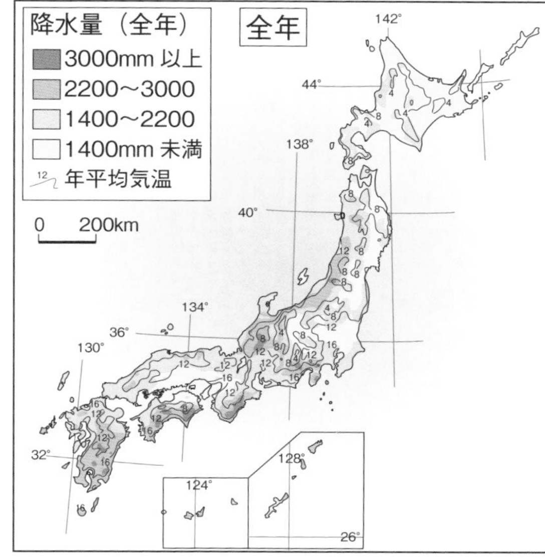

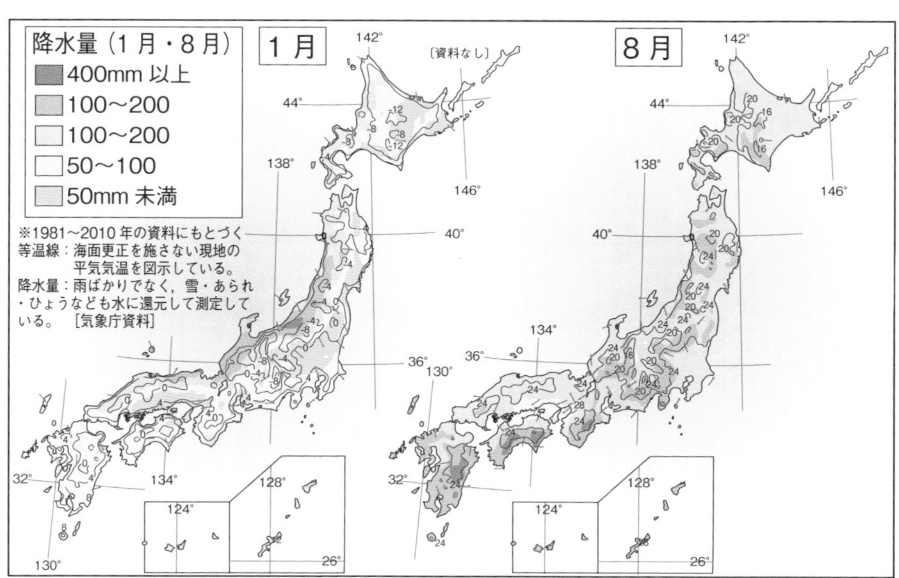

〔気象庁資料〕

図2-1-3-3 日本の気温と降水量

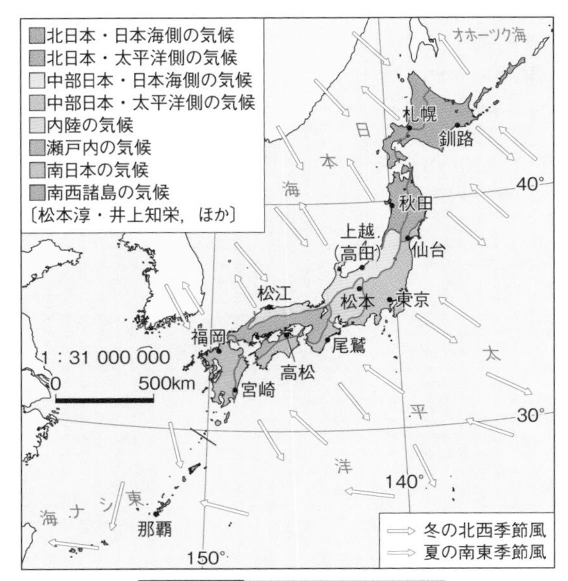

図2-1-3-4 日本の気候区と季節風

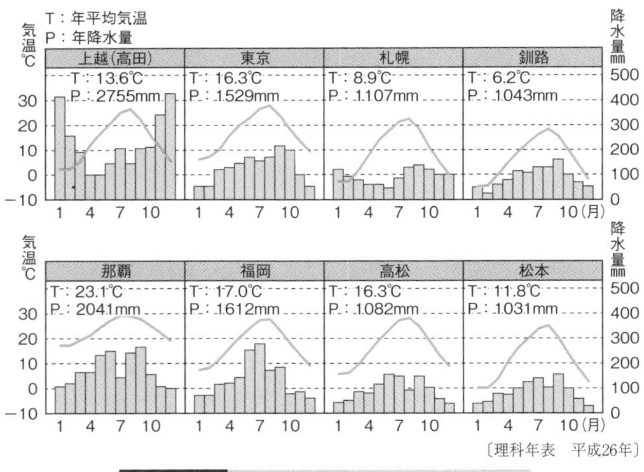

〔理科年表　平成26年〕

図2-1-3-5 日本のおもな都市の気温と降水量

☑☑☑ 梅雨前線 ▶ **初夏に日本から中国大陸付近に出現する停滞前線**。南北に一進一退を繰り返しながら**沖縄地方から東北地方へゆっくり北上**することで長雨（**梅雨**）をもたらす。**小笠原気団**が**温暖で湿った南風**を送り込み，オホーツク海で発達した**オホーツク海気団**からの**冷たく湿った北東風**とせめぎ合うことで生じる。

☑☑☑ やませ ▶ **初夏にオホーツク海気団から吹き出す冷涼湿潤な北東風**。北海道から東北，関東地方の**太平洋側に吹き込む地方風**で，小笠原気団の張り出しが弱いときには，低温と日照不足によって農作物の生育が遅れる**冷害**をもたらす。

☑☑☑ 秋雨前線（秋霖前線）▶**秋**（9月中旬から10月中旬頃）**にかけて日本の南岸沿いに出現する停滞前線**。梅雨期に日本列島を北上した前線が秋に南下して日本列島付近に停滞する。

☑☑☑ 気象災害 ▶**気象現象によって発生する災害**。**大雨**や**大雪**，**洪水**，**干ばつ**，**冷害**，**台風**，**竜巻**などによるものを指す。

☑□☑ 雪崩（なだれ）▶**大量の雪が山の斜面を急激に崩れ落ちる現象**。古い積雪の上を新しく積もった雪が滑り落ちる新雪雪崩と，雪の層全体が滑り落ちる全層雪崩に分けられ，新雪雪崩はスピードが速い。

☑□☑ 地吹雪（じふぶき）▶**降り積もった雪が強風によって吹き上げられる現象**。視界が白一色となる**ホワイトアウト現象**を引き起こす原因となる。

☑□☑ 利雪（りせつ）▶**豪雪地帯の降雪**を，農産物などの**食品の貯蔵**や**住宅の冷房**として利用したり，**観光などの地域おこし**の材料として利用すること。

☑☑☑ 集中豪雨 ▶**狭い範囲に数時間にわたって雨が強く降り続くこと**。極めて狭い範囲での大量の降雨は**局地的大雨**（**ゲリラ豪雨**）ともいう。**山間地では土石流**の原因ともなる。

□□☑ 線状降水帯 ▶**積乱雲が同じ場所に次々と発生することで生じる帯状の降水域**。積乱雲が同じ場所を通過したり，停滞したりすることで大雨をもたらす。

☑☑☑ 高潮 ▶**熱帯低気圧などの接近にともなって，海面が平常よりも高くなる現象**。海水が**強風に吹き寄せられる**ことで，さらに潮位が上昇する。北半球に位置する日本では，台風は反時計回りで風が吹き込んでいるため，**台風の進路の東側で特に潮位が高く**なりやすい。

☑☑☑ 都市型水害 ▶**都市特有の水害**のこと。住宅地開発などで**雑木林が伐採**されて**保水力が低下**し，**地表面がコンクリートやアスファルトで覆われる**ことで地面が降水を吸水できずに，**短時間に河川や下水道に大量の水が流れ込む**ことで**洪水**が生じたりする。

□□☑ 外水氾濫 ▶大雨などにより，河川に大量の水が流れ込み，**越流（えつりゅう）や破堤（はてい）により，河川の水が堤防で守られている住宅地などの側に流れ込む水害**。

□□☑ 内水氾濫 ▶**降った雨が排水できずに低地に滞留**すること。市街地では雨水をポンプで河川に排水しているが，降水量がポンプの排水能力を超えると，排水しきれずに地下街などが浸水することがある。

☑☑☑ ヒートアイランド現象 ▶**都心部**で，**気温が郊外に比べて島状に高くなる現象**。過去100年間に日本の年平均気温は約1℃上昇したが，東京都心では約3℃上昇した。最高気温が35℃以上になる**猛暑日**も増え，冬の夜明けには都市と郊外の気温差は10℃近くになることがある。

　経済活動による人工排熱の増加や，**コンクリートやアスファルトによる被覆**，**緑地の減少**などが原因とされ，対策として東京都心では**緑地の増設**や海風の流れを都心まで取り入れる都市計画が進められている。

第4節 世界の環境問題

1 環境問題とそれに対する世界的な取組み

☑☑☑ 環境問題（地球環境問題）▶ **環境の汚染や破壊，気候変動，資源の枯渇，生態系の破壊など，地球規模（グローバル）で生じている問題。産業革命**以降，世界各地での**工業化の進展**にともなって**エネルギーや資源の消費が増加したことが原因**となっている。規模が大きいため，加害者と被害者が明瞭に区別できないことが多い。

☑☑☑ 公害▶ **工業生産や人間活動**によって生じている**大気汚染，水質汚濁，土壌汚染，騒音，振動，地盤沈下，悪臭**など**地域（ローカル）の環境を悪化させる問題。特定の地域**で生じ，加害者と被害者が比較的はっきりしている場合が多い。

年	国連環境会議の動き	各環境問題の条約・会議
1970年代	1972 国連人間環境会議（ストックホルム） スローガン「かけがえのない地球」 「宇宙船地球号」 人間環境宣言，行動計画を採択 国連環境計画（UNEP）の設立	湿地保護 ラムサール条約（1971） 海洋汚染 ロンドン条約（1972） 野生生物保護 ワシントン条約（1973） 大気汚染 長距離越境大気汚染に関するジュネーブ条約（1979）
1980年代	「環境と開発に関する世界委員会」設置	オゾン層破壊 ウィーン条約（1985） オゾン層破壊 モントリオール条約（1987） 地球温暖化 気候変動に関する政府間パネル（IPCC）発足（1988） 有害廃棄物 バーゼル条約（1989）
1990年代	1992 環境と開発に関する国連会議(地球サミット) リオデジャネイロ宣言，アジェンダ21 気候変動枠組条約 1997 地球温暖化防止会議で京都議定書採択	野生生物保護 生物多様性条約（1992） 砂漠化 砂漠化対処条約（1994）
2000年代	2002 持続可能な開発に関する世界首脳会議（地球環境サミット） 持続可能な開発に関するヨハネスバーグ宣言 2005 京都議定書発効	有機汚染物質 ストックホルム条約（2001）
2010年代	2012 国連持続可能な開発会議(リオ) 2015 COP21パリ協定採択	地球温暖化 IPCC第5次評価報告書（2013～14）

図2-1-4-1 地球環境問題に対する国際的な取り組みの動き

☑☐☑ 国連人間環境会議▶ 1972年に**ストックホルム**（スウェーデン）で開催された**環境問題に関する世界初の国際会議。『Only One Earth（かけがえのない地球）』**がスローガンとされ，**人間環境宣言および行動計画**が採択され，環境を重視する国際的な取り組みがはじまった。この計画に基づき，同年，**国連環境計画（UNEP）**が設立された。

☑☑☑ 国連環境計画（UNEP：United Nations Environment Programme）▶ **地球規模の環境問題についてさまざまな活動の調整を行い，新たな問題に対しての国際的な取り組みを推進する国連機関。ストックホルム**で行われた**国連人間環境会議**での人間環境宣言および行動計画を実施に移す機関として設立された。本部は**ナイロビ**（ケニア）にあり，発展途上地域に本部を置いた最初の国連機関でもある。

☑☑☑ 環境と開発に関する国連会議（国連環境開発会議，地球サミット）▶1992年に**リオデジャネイロ**（ブラジル）で開催された**地球環境問題に関する国際会議で，地球サミット**ともいわれる。**国連人間環境会議**の20周年記念として開催され，持続可能な開発のための行動計画**『アジェンダ21』**が採択された。この会議を機に，**「持続可能な開発」**，**「生物多様性」**という言葉が世界に広く知られるようになり，政府機関だけでなく，**NGO**も参加した。また，**環境に関する条約を作成**する作業が進められ，**砂漠化対処条約**，**生物多様性条約**，**気候変動枠組み条約が採択**された。

☐☐☑ アジェンダ21▶**国連環境開発会議**（**地球サミット**）で採択された，**21世紀に向けて持続可能な社会の実現を目指した行動計画**。アジェンダは「課題」，「行動計画」の意味。

☑☑☑ 持続可能な開発（持続可能な発展）▶**地球の環境や資源を損なわず**に**将来の世代にわたって持続的に利用していけるような節度ある開発を行い，発展していこうとする考え方。**

自国の経済発展を優先する主張と，開発による環境破壊の悪影響を次世代に先送りしないという**持続性優先の主張**との調整は容易ではない。

☑☑☑ 生物多様性▶**さまざまな遺伝子資源をもつ動物や植物などのあらゆる生物と，それによって成り立つ生態系が多様に存在していること。生物多様性条約**では，生態系の多様性，種の多様性，遺伝子の多様性があるとしている。

☑☑☑ NGO（Non-Governmental Organizations：非政府組織）▶**国際的に活躍するボランティア団体**で，**国際赤十字**，**国境なき医師団**などがある。国連がさまざまな協議を行う際に，政府組織と民間組織との区別が必要となり，NGOという略称が使われるようになった。

☑☐☑ NPO（Non-Profit Organization：非営利組織）▶**利益目的なしに社会貢献活動をする市民団体**。非営利は，「利益を出してはいけない」ということではなく，「営利目的で活動していない」という意味で用いられる。

☑☐☑ 持続可能な開発に関する世界首脳会議（地球環境サミット）▶2002年に**ヨハネスバーグ**（南アフリカ共和国）で開催された**地球環境問題に関する国際会議**。

持続可能な開発（**発展**）について討議されたが，**先進国と発展途上国との対立**だけでなく，**発展途上国間での対立**も明らかとなった。

☑☐☑ 国連持続可能な開発会議（リオ＋20）▶2012年に**リオデジャネイロ**で開催された**地球環境問題に関する国際会議**。1992年にリオデジャネイロで開かれた**地球サミット**の20年目にあたるため「リオ＋20」といわれる。**環境保全**や**持続可能な循環型社会**を基盤としながら，**経済成長**，**雇用創出**，**技術革新を実現**していく**グリーン経済**に関する課題が議論されたが，ヨハネスバーグの**地球環境サミット**と同様，**先進国と発展途上国の意見のすれ違い**から，期待されたほどの成果は得られなかった。

☐☐☑ 国連持続可能な開発サミット▶2015年，国連本部のある**ニューヨーク**で開催された**地球環境問題に関する国際会議**。アジェンダ案「Transforming Our World：2030 Agenda for Sustainable Development（私たちの世界を転換する：持続可能な開発のための2030年アジェンダ）」が合意され，**SDGs**が定められた。

☑☑☑ SDGs（Sustainable Development Goals：持続可能な開発目標）▶2015年の国連**「持続可能な開発サミット」**で定められた，国際社会が**2030年までに取り組むべき課題とその解決に向けた目標**。**基本的人権**や**生活水準**，**経済活動**，**地球環境問題**，**国際分野**に関わる**17の大きな目標**（**ゴール**）がある（図2-1-4-2 参照）。

図2-1-4-2 持続可能な開発目標（SDGs）

☑☑☐ 環境をめぐる南北問題 ▶ **地球環境問題にともなう先進国と発展途上国の間に生じている問題。**

例えば，**発展途上国の熱帯林の大規模な伐採**は，主に先進国の企業によって行われてきた。**二酸化炭素などの温室効果ガス**も，先に経済発展をとげた先進国から多くが排出されている。このように，先進国で経済的利益を優先することで環境破壊が進められてきた結果，発展途上国にも影響がおよんでいることから，**地球環境問題の解決**と**経済格差の解消**は，**地球規模で取り組む重要な課題**となっている。

2 地球温暖化

☑☑☑ 気候変動 ▶ **地球の平均気温が温暖化や寒冷化**すること。千年から数十万年の長いサイクルで地球の軌道や太陽活動の周期的変化と，それによる大気・海洋循環の変化，火山噴火や隕石の衝突による一時的な寒冷化など，**自然的要因**が繰り返されてきた。近年の急激な気温上昇は，**産業革命以降の化石燃料の利用**など，**人為的要因が大きい**とされる。

☑☑☑ 地球温暖化 ▶ **地球の平均気温が上昇している現象**。主たる原因は，人間の**経済活動**にともなう**石炭や石油などの化石燃料の使用**によって排出される**二酸化炭素など温室効果ガスの濃度の上昇**によるものと考えられている（図2-1-4-5参照）。

☑☑☑ 地球温暖化の影響 ▶ **地球温暖化による気候変動にともない生態系や人間生活に及ぼす影響**。極地や高山でよりはっきりと現れ，**南極**や**グリーンランド**では**氷河の縮小や融解**が生じており，高緯度地域では**永久凍土の融解**も進んでいる。融解した氷河の水が海洋に流れ込んだり，海水が熱膨張することによって**海面上昇**が生じ，世界の低地が**水没の危機**にある。また，海水温の急激な上昇は**サンゴの白化現象**による死滅を引き起こしたり，**マングローブ林の水没**による**生物多様性の消失**などが懸念されている。**地球温暖化**による気温や海水温の上昇によって上昇気流が活発になると，低気圧の発達により**異常気象の頻度が増加**し，**豪雨**のほか，**熱帯低気圧の頻発や大型化**を招き**高潮による浸水被害も深刻化**する。

干ばつによる農業への影響や**水産資源の減少**なども顕著となっている。また，**マラリア**などの熱帯特有の**感染症**も影響範囲が拡大するなど，人間生活への影響も大きい（**図2-1-4-3**参照）。

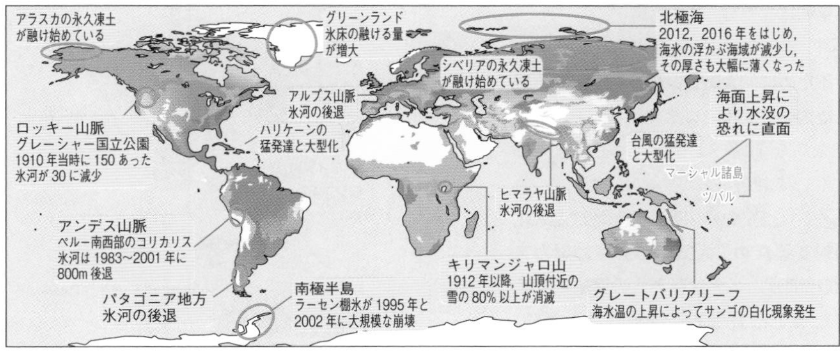

〔環境省資料ほか〕

図2-1-4-3 温暖化による各地域への影響

☑☑☑ 温室効果ガス ▸ **地球の温度を高く保つ働きをする気体**。**二酸化炭素**や**メタン**，**フロン**などがある。大気中で増加すると地球から放射される熱エネルギーが吸収され，**温室効果**が生じる（**図2-1-4-4**参照）。

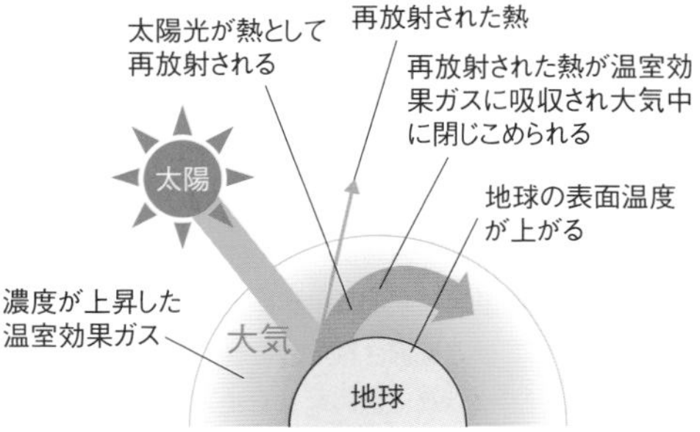

太陽光が熱として
再放射される
再放射された熱
再放射された熱が温室効果ガスに吸収され大気中に閉じこめられる
太陽
地球の表面温度
が上がる
濃度が上昇した
温室効果ガス
大気
地球

図2-1-4-4 温暖化のメカニズム

☑☑☑ 二酸化炭素 ▸ **石炭や石油などの化石燃料の燃焼の際に発生する温室効果ガス**のひとつ。**化石燃料**の使用によって排出される二酸化炭素の濃度は，**産業革命**がはじまった18世紀後半以降，**約40%増加**したといわれる（**図2-1-4-6**参照）。

☑☑☑ メタン ▸ **二酸化炭素に次いで温室効果に対する寄与度が大きい温室効果ガス**のひとつ。人間活動では，**水田**，**牛や羊などの家畜のげっぷ**，化石燃料の生産過程などによって排出される。また**湿地**や内水面，火災の起きた森林などからも放出される。

☑□☑ サンゴ礁の白化現象 ▸ **サンゴに共生している褐虫藻（かっちゅうそう）の減少によって，サンゴの骨格が現れて白く見えること**。白化が続くとサンゴは酸素やエネルギーを得られずに死滅する。

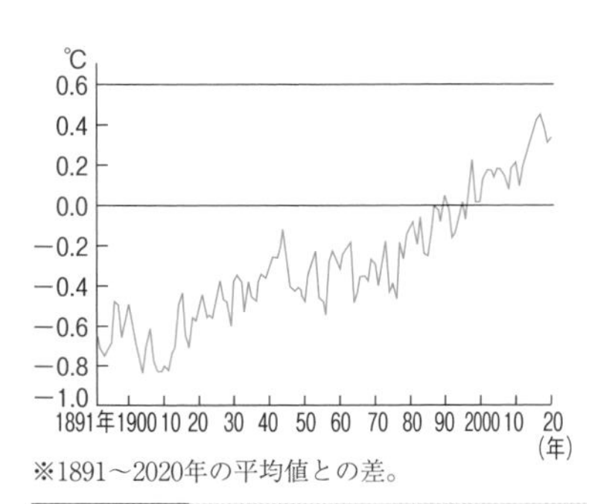

※1891～2020年の平均値との差。

図2-1-4-5 世界の5年平均気温と平年値との差

☑☑☑ IPCC（Intergovernmental Panel on Climate Change：気候変動に関する政府間パネル）▸ 国際的な専門家でつくる，科学的見地から**温暖化の情報を収集・解析する政府間機構**。1988年に**国連環境計画**（**UNEP**）と**世界気象機関**（**WMO**）によって設立された。数年おきに地球温暖化に関する評価報告書を発行し，2007年**ノーベル平和賞を受賞**した。

□□☑ 全球気候モデル ▶ **気候の変化を解析するために，大型コンピュータ上で再現された気候モデル**。自然起源と人為起源の影響をシミュレーションし，その結果はIPCCによる報告書の根拠になっている。

☑☑☑ 気候変動枠組み条約 ▶ **地球温暖化に対処するため，大気中の温室効果ガス（二酸化炭素，メタンなど）の濃度を安定化させることを目的に採択された条約**。1992年の**国連環境開発会議（地球サミット）で採択**され，198か国・機関が締約している（2022年時点）。1997年に**京都**で行われた**第3回締約国会議（COP3）**では**京都議定書**が，2015年に**パリ**で行われた**第21回締約国会議（COP21）**では**パリ協定**が採択された。

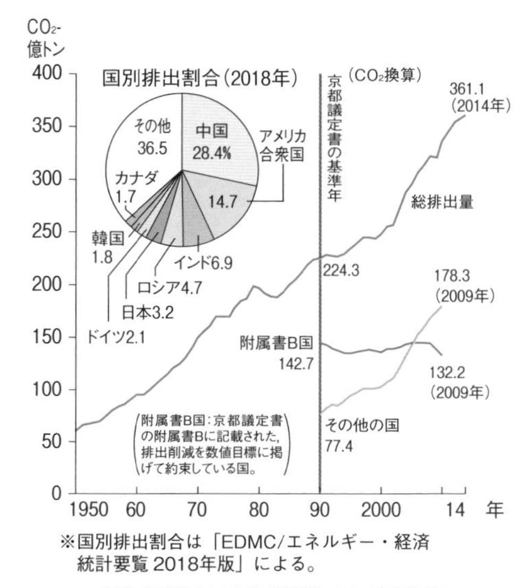

図2-1-4-6 二酸化炭素排出量の推移

□□☑ 締約国会議（COP：Conference of Parties）▶ **条約を締約している国・機関による会議**のこと。政府代表だけでなく，**国際NGO**など正式メンバーとして参加を認められている団体もある。第3回締約国会議をCOP3のように表記する。

☑☑☑ 京都議定書 ▶ **1997年に京都で行われた気候変動枠組み条約の第3回締約国会議で，温室効果ガス削減に向けて採択された議定書**。温室効果ガスの排出量を2012年までに1990年の水準に戻すことを目的とし，温室効果ガスの削減目標は，先進国全体で5%とされたが，中国，インドをふくむ**発展途上国には削減義務がなかった**。温室効果ガスの削減義務は，1990年比で日本が−6%，アメリカ合衆国が−7%，EUが−8%だったが，自国の産業発展に影響を及ぼすとして**アメリカ合衆国が離脱した**ため発効は遅れ，**ロシアの批准**によって**2005年に発効**した。

☑☑☑ パリ協定 ▶ **2015年にパリで行われた気候変動枠組み条約の第21回締約国会議で，2020年以降の温室効果ガス削減に向けて採択された協定**。産業革命の前と比べて世界の平均気温の上昇を2℃未満（努力目標は1.5℃未満）に抑える数値目標を設定した。**発展途上国を含むすべての国**が**温室効果ガスの削減目標を掲げて対策**を進め，先進国は発展途上国へ資金や技術の援助を行うことが定められている。しかし，目標実現のための温室効果ガスの削減目標は各国の自主性に委ねられているため，足並みは揃っていない。

□☑☑ 脱炭素社会 ▶ **二酸化炭素の排出を実質ゼロにすることを目指す社会**。**排出量と吸収量を均衡させて排出全体を実質ゼロにするカーボンニュートラル**を目指す。化石エネルギーから再生可能エネルギーに転換して人為的に排出される温室効果ガスを減らすとともに，植林を進めるなど森林管理などによって吸収量を増やすことで実現を目指す。

3 大気汚染・酸性雨・オゾン層の破壊

☑☑☑ 大気汚染 ▶ **化石燃料の燃焼時に生成される硫黄酸化物や窒素酸化物などの大気汚染物質が大気中に放出**されることで大気が汚染されること。環境対策が不十分なまま工業化が進むと深刻となり，先進国だけでなく，都市化や工業化が急速に進む発展途上国にも広がっている。

☑☑☑ スモッグ ▶ smoke（煙）とfog（霧）の合成語で，**硫黄酸化物や窒素酸化物，浮遊粒子状物質などの大気汚染物質を含んだ霧**のこと。**産業革命期のイギリス**など先進国でみられたが，最近では過密が進み環境対策が不十分な**途上国の大都市で深刻化**している。

☑☑☑ 光化学スモッグ ▶ **自動車や工場からの排ガスと，太陽の強い紫外線が光化学反応を起こして生じた有害物質（オキシダント）を含んだ霧**のこと。目や喉の痛みなどの健康被害をもたらす。かつては首都圏など大都市圏を中心に発生していたが，2000年頃より西日本や日本海側で，中国からの越境汚染による光化学スモッグも発生している。

☐☐☑ 光化学オキシダント ▶ **自動車や工場から排出される大気中の窒素酸化物，揮発性有機化合物などが太陽の紫外線を受けて，光化学反応を起こして生成される物質の総称**。

☑☑☑ 酸性雨 ▶ **化石燃料の燃焼で生じる硫黄酸化物（SO_x），窒素酸化物（NO_x）が大気中の水と反応して硫酸や硝酸になって雨に溶けて生じる強い酸性の雨**。一般に**pH5.6以下**の雨で，**ドイツのシュヴァルツヴァルトの森林被害**で広く知られるようになった。森林の枯死，湖沼の酸性化による生態系の破壊，土壌の酸性化，歴史的建造物の崩壊などを招く。ヨーロッパでは，**偏西風**によって**酸性物質が西から東へと運ばれ**，北ヨーロッパなどへの**越境汚染**が生じた（図2-1-4-7，図2-1-4-8参照）。

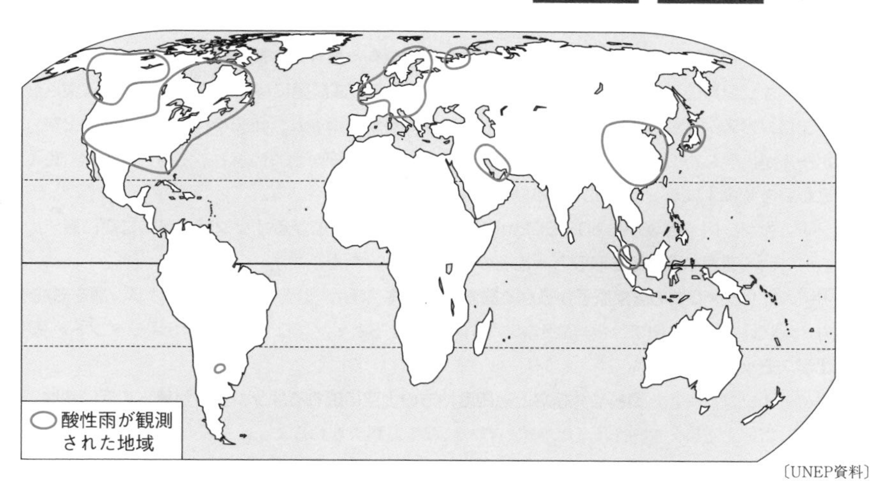

図2-1-4-7 酸性雨が観測された地域

☐☐☑ シュヴァルツヴァルト ▶ **ドイツ南西部に広がる広大な森または山地**のことで，「黒い森」の意味。1970年代から**酸性雨**によって森林の枯死が深刻化した。

☑☑☑ 硫黄酸化物 ▶ **硫黄分を含む化石燃料などの燃焼によって発生する酸化物（SO_x）**。硫黄分は**石炭**に多く含まれるため，石炭消費が多い国で硫黄酸化物が生じやすい。**四日市ぜんそく**などの公害の原因となったが，近年は脱硫装置の普及によって**大気中濃度は減少**している。

☑☑☑ 脱硫装置▶**化石燃料から硫黄分を取り除く装置・設備**。化石燃料を燃焼させる際に発生する排煙から硫黄分を取り除くほか，石油精製などの段階で科学的プロセス（水素化脱硫）によって取り除く。

☑☑☑ 窒素酸化物▶**主に化石燃料を高温・高圧で燃焼させることによって大気中の窒素と酸素が反応して発生する酸化物**（NO_x）。

燃焼方法の改良などによって抑制が進められているが，**硫黄酸化物と比べて抑制は難しい**。

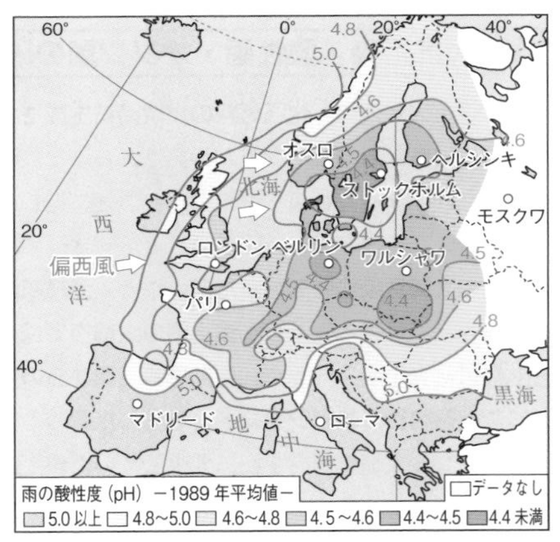

（数値が小さいほど酸性度が高い）

図2-1-4-8 ヨーロッパの酸性雨

☑☑☑ PM2.5▶**直径2.5μm（0.0025mm）以下の大気中を浮遊する微粒子（超小粒子状物質）**。**自動車の排ガスや工場からの排煙**など燃焼によって直接発生するものと，土壌粒子など自然的発生源もある。**偏西風**や**季節風**によって運ばれることで**越境汚染**をもたらしている。微細な粒子は肺の奥まで入り込むため，多量に吸い込むことによるぜんそくや気管支炎などの呼吸器疾患や循環器系への影響も懸念されている。日本で観測されるものは，大気汚染の深刻な**中国**から飛来すると考えられている。

□□☑ 長距離越境大気汚染条約（長距離大気汚染に関するジュネーブ条約）▶**酸性雨などによる越境大気汚染を防止するために締結された条約**（1979年採択）。ヨーロッパ諸国を中心にアメリカ合衆国やカナダなどが批准し，**硫黄酸化物**や**窒素酸化物**の排出規制や**酸性雨の観測網**を整備している。

☑☑☑ オゾン層の破壊▶**地表から10～50kmほど上空の成層圏に存在するオゾン層が破壊**されること。**フロンガス**が大気中で化学反応することでオゾン層が破壊され，1980年代前半には**南極**上空で**オゾンホール**が出現した。オゾン層が破壊されると，有害な**紫外線**が地表に達し，生物の染色体や免疫機能に悪影響を及ぼすほか，皮膚がんなどを発生させる危険を増大させる。

□□☑ オゾン層▶**地表から10～50kmほど上空の成層圏に広がるオゾン濃度が特に高い層**。太陽から放射される**有害な紫外線を吸収**し，地表の生物を守る役割を果たす。

□□☑ オゾン▶**3つの酸素原子からなる酸素の同素体**（O_3）。上空の**成層圏ではオゾン層を形成**する。一方，地表近くの対流圏では窒素酸化物に紫外線が当たるとオゾンなどの**光化学オキシダント**が発生し，**光化学スモッグ**の原因になる。

☑☑☑ オゾンホール▶**南極や北極など高緯度地方の上空に現れるオゾン濃度が著しく低い領域**。1980年代から南極上空に，9～11月（南半球の春）になると観測されるようになった。

1980年代に**オゾン層保護のための国際的な枠組み**（**ウィーン条約・モントリオール議定書**）が定められ，**フロンの生産や消費が規制**された結果，オゾンホールの拡大は止まり，近年は少しずつ縮小する傾向にある（図2-1-4-9参照）。

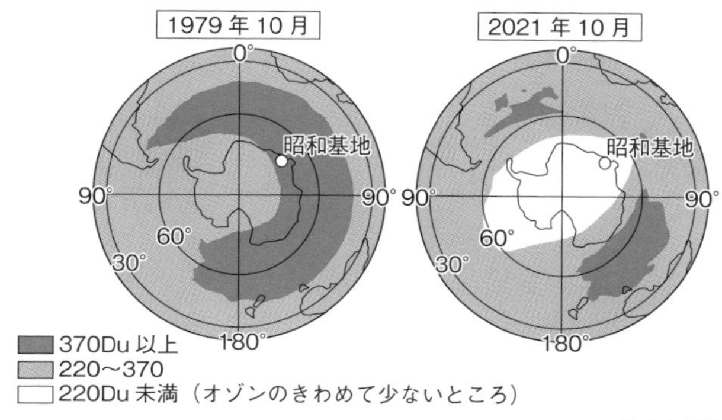

〔気象庁資料〕

図2-1-4-9 オゾンホールの変化

☑☑☑ フロンガス▶ **フッ素と炭素からなる化合物の総称**で，**冷蔵庫やエアコンの冷媒**，**スプレー**などに使われる気体のこと。クロロフルオロカーボン（CFC）など。**人工ガス**で，無毒性，不燃性，化学的安定性などの性質から利用が拡大したが，**オゾン層を破壊**することから規制が進んだ。**温室効果ガス**でもあり，地球温暖化の一因にもなっている。

□□☑ ウィーン条約（オゾン層保護のためのウィーン条約）▶ **オゾン層保護のための国際的な枠組みを定めた条約**（1985年採択）。国際的な協力体制など全体的な枠組みが定められ，具体的な規制を提示した**モントリオール議定書**が採択された。

☑☑☑ モントリオール議定書▶ **ウィーン条約にもとづいてオゾン層保護のための具体的な規制を定めた条約**（1987年採択）。**フロンガス**などの**原因物質の生産・消費・貿易を規制**したが，先進国と途上国では，削減のスケジュールが異なる。7回にわたり改正され，現在では**代替フロンの規制**も加えられている。

□□☑ 代替フロン▶ **オゾン層を破壊するフロンガスに代わるもの**として冷蔵庫やエアコンの冷媒として使われる気体でハイドロフルオロカーボン（HFC）など。オゾン層は破壊しないが，**地球温暖化**を招くとして，**モントリオール議定書**の改正で新たに規制された。

4 森林破壊・砂漠化

☑☑☑ 森林破壊▶ **プランテーション開発などの農地開発や，輸出向けの木材生産，ダム建設などのための過伐採によって，森林が減少すること**。発展途上地域のアフリカや南アメリカにおける**熱帯林の減少**が著しい。近年は乾燥などを原因とした**森林火災**がアメリカ合衆国，オーストラリア，シベリア西部などで発生している（図2-1-4-10，図2-1-4-11参照）。

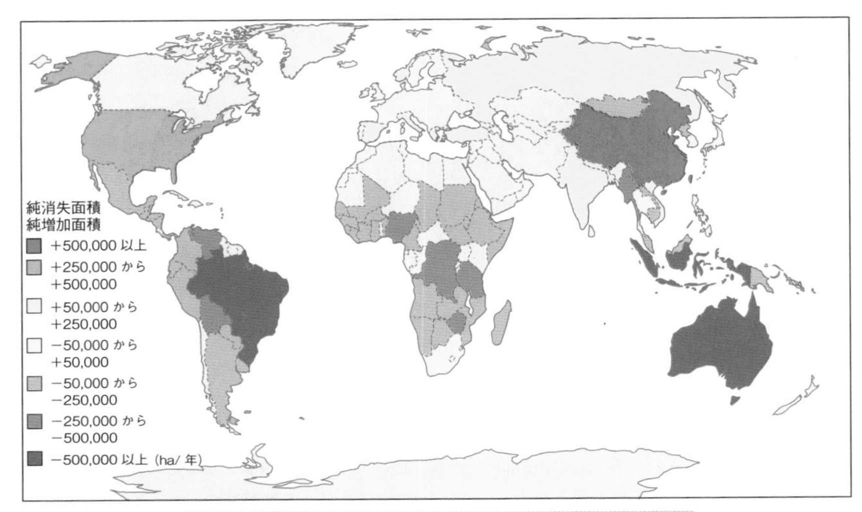

図2-1-4-10 各国の森林面積の純変化（2005-2010年）

☑☑☐ 過伐採▶**自然の回復力を上回るペースで森林が伐採**されることで，**薪炭材の過剰採取**や，**農地への転用**，**商業用木材の過剰な伐採**などによって生じる。

☑☑☑ 森林の多面的機能▶**森林がもつさまざまな機能**のことで，光合成により**二酸化炭素を吸収**して酸素を供給する**地球環境の保全機能**のほか，**生物多様性の保全機能**，雨水を蓄える**天然のダムとしての機能**，大雨の際の**土砂災害を防止する機能**などがある。

森林破壊が進むと，こうした機能が失われ，森林が減少した地域だけでなく，地球全体にも影響が及ぶ。

☑☑☑ アグロフォレストリー▶**樹木の植栽と農業を組み合わせて行う土地利用方法**で，**森林農業**ともいわれる。**熱帯地域**では，**農家の安定収入と環境保全を両立**させる**持続可能な農業**として期待されている。樹木を線状に植えて，その樹間に農作物を植えるなどの方法や，用材生産のための森を伐採した後に植林し，樹木が育つ間に環境に適した多様な作物を栽培する方法などがある。

☑☑☑ マングローブ林の破壊▶熱帯地域の河口付近に分布する**マングローブ林**が，**エビの養殖池造成**，薪炭の伐採，水田への転換などによる伐採の進行で破壊されること。**マングローブ林**は，波による侵食に対する天然の**防波堤**の役割を果たすほか，**汽水域**に生息す

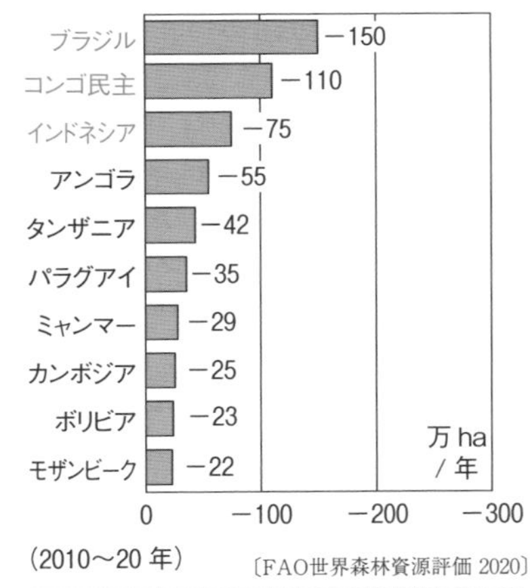

図2-1-4-11 国別にみた森林面積の減少

© Shagil Kannur

図2-1-4-12 マングローブ林

る多様な生物の**魚付き林**の役割を果たしており，伐採は**津波や高潮の被害を増大**させ，**生物多様性の低下**につながっている（図2-1-4-12参照）。

☑□☑ 魚付き林 ▶ **海に住む生物の生息環境を支える森林**。陸域の森林は，海洋生物に必須の栄養分を運ぶなど，森林と海洋は深く結びついている。陸域の森林伐採は**海洋への栄養分の供給を減少**させるほか，降雨より**表土が海に流出**することで，流出した土砂によって沿岸部の海底に住む**貝類などの生息環境が奪われている。**

☑☑☑ 生物多様性条約 ▶ **生物多様性の保全や生物多様性の構成要素の持続可能な利用，遺伝資源の利用から生じる利益の公正で衡平な配分を目的に採択された条約**。**生物の多様性を包括的に保全**し，**生物資源の持続可能な利用**を行うための国際的な枠組みの必要性から，**ラムサール条約**や**ワシントン条約**を補完する。1992年の**環境と開発に関する国連会議（地球サミット）で採択**された。

2010年に名古屋市で開催された**生物多様性条約第10回締約国会議（COP10）**では，「遺伝資源の利用から生ずる利益の公正かつ衡平な配分（ABS：Access and Benefit-Sharing)」に関する**名古屋議定書**が採択された。

☑☑☑ ラムサール条約 ▶ **国際的に重要な湿地，およびそこに生息・生育する動植物の保全を促し，湿地の適正な利用（賢明な利用）を進めることを目的とする条約**（1971年採択）。正式名称は，「特に水鳥の生息地として国際的に重要な湿地に関する条約」。**水鳥の生息地**として湿地は重要であり，水鳥の多くは国境を越えて渡りをするため，国際的な対策が必要であり，多国間の環境に関する条約として先駆的なものとされる。**ラムサール**は，イランのカスピ海沿岸にある都市。

☑□☑ ワシントン条約 ▶ **希少種の取引規制**や**特定の地域の生物種の保護を目的とする条約**（1973年採択）で，正式名称は「絶滅のおそれのある野生動植物の種の国際取引に関する条約」。

☑☑☑ 砂漠化 ▶ **砂漠気候やステップ気候の地域において，気候変動などの自然的要因や人間活動などの人為的要因によって土地の乾燥が進み植生が失われること**。1970年代に深刻化した**サヘルの干ばつ**以降，世界的に注目されるようになった（図2-1-4-13参照）。

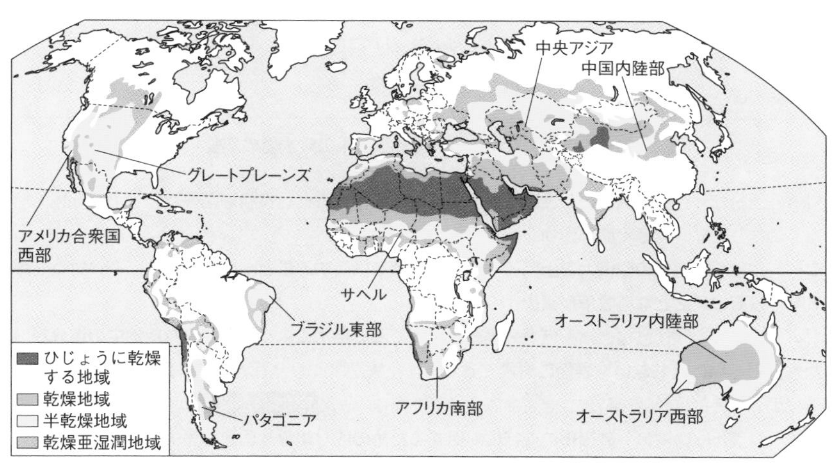

〔Millennium Ecosystem Assessment 2005〕

図2-1-4-13 砂漠化の影響を受けやすい乾燥地域の分布

サヘル以外にも，中国の**内モンゴル自治区**，**中央アジア**，**オーストラリア内陸部**，北アメリカの**グレートプレーンズ**などで進行している。穀物の収穫後に生じる**土壌流出**のほか，**過剰な灌漑**による**土壌の塩類化**（**塩害**）により，耕地が放棄されることもある。砂漠化の影響を受けやすい乾燥地域は地表面積の約4割を占め，その地域には20億人以上が暮らしており，そのうち9割が発展途上国に居住するとされ，**食料不足**や**水不足**，**貧困**の原因となっている。

☑☑☑ サヘル ▶ **サハラ砂漠南縁に沿って東西に広がる半乾燥地帯**。アラビア語の「岸辺」が語源で，もともと草原だった地域。**年降水量は100〜500mm**程度だが，降雨は不規則で**年による変動が大きい**。**干ばつ**の発生による**自然的要因**に加えて，**人口増加**にともなう燃料需要の増加による樹木の**過伐採**や食糧増産のための**過耕作**，**過放牧**の**人為的要因**によって不毛化が急激に進んだ（図2-1-4-14参照）。

☑☑☑ 干ばつ ▶ **長期間にわたり雨が降らないことで農作物に必要な水が不足する自然現象**のことで，**気温が高く蒸発散が激しい地域**で生じやすい。土壌が著しく乾燥することで，農産物生産に被害（**干害**）をもたらす。

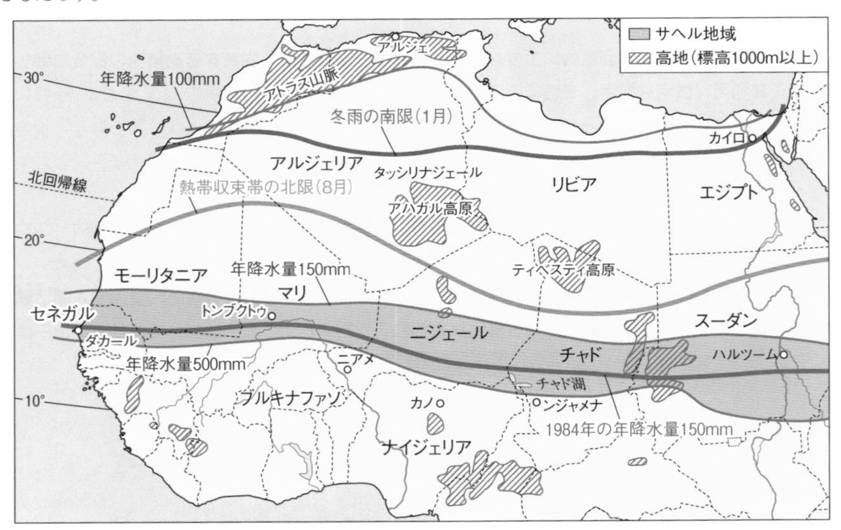

図2-1-4-14 サハラ砂漠とサヘルの降水量の変動

☑☑☑ 過耕作 ▶ **自然の回復力を上回るペースで耕作を行うこと**。**食料増産**のために土地を休ませることなく耕作したり，何度も同じ作物を栽培することで生じる。

☑☑☑ 過放牧 ▶ **自然の回復力を上回るペースで家畜を飼育すること**。肉用となる家畜の頭数を増やすことで，**家畜のえさとなる牧草が減少**することで生じる。

☑☑☑ 土壌の塩類化（塩害） ▶ **乾燥・半乾燥地域で灌漑用水によって溶かされた地中の塩分が，浸透した水分の蒸発にともない地表面に集積すること**。土壌がアルカリ性となり，**耕作の放棄**につながる。農地化するためには浸透を持続させる灌漑が必要となる（p.74 図2-1-2-17参照）。

☑☑☑ 砂漠化への対策 ▶ **砂漠化の進行に対処するための取り組み**。国連や先進国などが国際協力を通して行っている。国連で**砂漠化対処条約**が採択され，**国連環境計画**（**UNEP**）や**FAO**のほか，**NGO**（**非政府組織**）が各地で砂漠化防止プロジェクトを進めている。砂丘での砂の移動を低減する**植林**（**固**

定林の造成）などがある。

☐☐☑ 砂漠化対処条約 ▶ **深刻な干ばつや砂漠化に直面する国**（特にアフリカの国）・**地域が砂漠化に対処するための条約**（1994年採択）。砂漠化に対処するための行動計画の作成・実施や先進国の支援などを定めている。

5 水資源問題・海洋汚染

☑☑☑ 水資源問題 ▶ **水利用に関する諸問題**のこと。**水資源**は，雨季や乾季など**時間的な水資源量の変動**のほか，**気候の乾燥度合い**などによって**空間的な水資源量の変動**も大きく，使用する量による影響も大きい。世界では22億人が**安全に管理された飲み水**を使えず，42億人が**安全に管理された衛生施設（トイレ）**を使えないとされる（2017年）。特に，アジアの一部やサハラ以南アフリカなどの発展途上地域では上水道の整備が遅れている。また，**処理されていない下水**による河川や地下水の汚染は，**感染症**の原因にもなっている。**SDGs**では，すべての人が安全な水やトイレを利用できるように改善するという目標が掲げられている。**水資源の需要と供給のバランス**をめぐり，**世界水フォーラム**など，さまざまな国際的な取り組みが行われている（図2-1-4-15参照）。

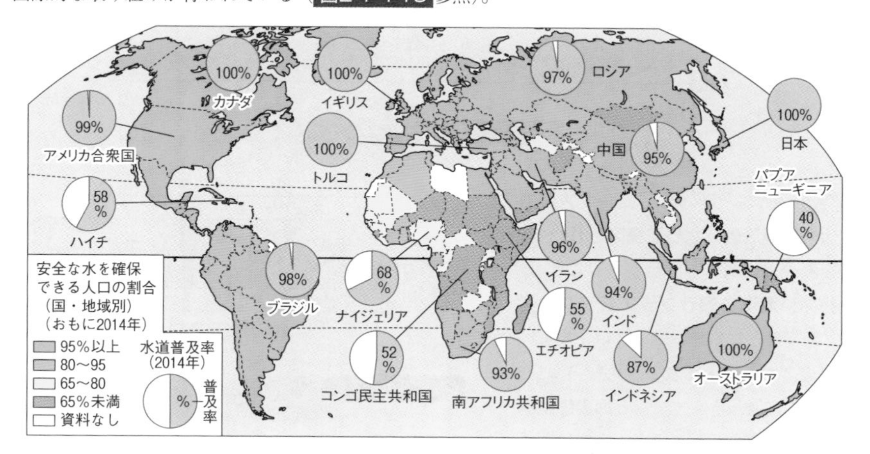

〔World Development Indicators Database〕

図2-1-4-15 安全な水が確保できる人口の割合とおもな国の水道普及率

☐☐☑ 世界水フォーラム ▶ **世界水会議が主催する世界最大級の水資源に関する国際会議**。1997年にはじまり，3年に一度，世界の水関係者が集まり，水問題の解決に向けた議論や展示などが行われている。

☑☑☑ アラル海の縮小 ▶ **中央アジアのアラル海**（カザフスタンとウズベキスタンに挟まれた**塩湖**）**の湖面面積が縮小している問題**。かつては世界第4位の大きさだったが，流入する**アム川（アムダリア）**と**シル川（シルダリア）**流域での**綿花栽培のための取水**によって湖への流入量が減少したことで生じた。

乾燥地域に位置するアラル海では，流入河川流域で**過剰灌漑による土壌の塩類化**のほか，**沿岸漁業の不振**，塩分濃度が上昇したことでの**魚類の死滅**，湖面だったところに浮き出た塩類が風で飛散したことによる**健康被害**などを招いた。

☑☑☑ 海洋汚染 ▶ **廃棄物や，流出した原油などによって海洋が汚染されること**。産業活動が活発な地域の沿海では著しい。また，海底油田掘削中の事故や，**タンカーの座礁・沈没による燃料の流出**が発生すると深刻なものとなる。海洋汚染が生じると，**富栄養化**による**赤潮**や酸素不足による青潮も招く。近年は，海洋に漂着する**プラスチックごみ**のほか，**マイクロプラスチック**といわれる微少なプラスチックも問題となっている（図2-1-4-16参照）。

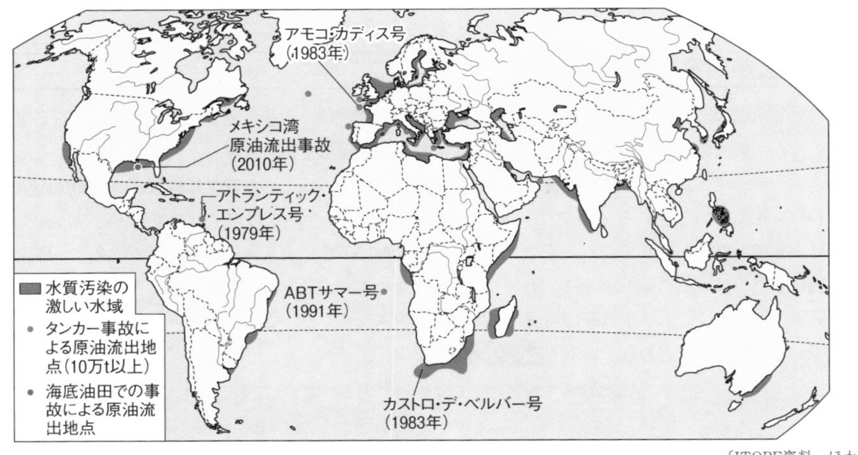

〔ITOPF資料，ほか〕

図2-1-4-16 海洋汚染の分布

☑☑☑ 海洋プラスチックごみ ▶ **人間の生活や経済活動によって廃棄**されたり，直接海や川に捨てられたりすることで，最終的に**海洋を漂うプラスチックのごみ**。漁網などに絡まったり，ポリ袋を餌と間違えて摂取するなど，魚類，海鳥，海洋哺乳動物，ウミガメなど**海の生態系に甚大な影響**を与えるほか，海岸に漂着することで**人間の生活や経済活動にも大きな影響**を及ぼしている。プラスチックが微小粒子となって海洋を漂流する**マイクロプラスチック**も問題となっている（図2-1-4-17参照）。

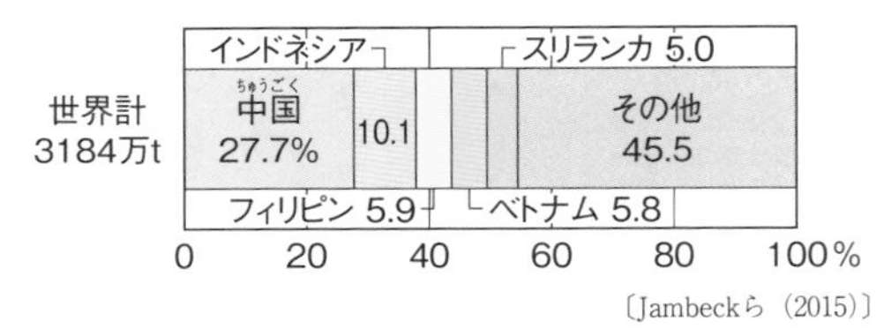

〔Jambeckら（2015）〕

図2-1-4-17 海洋に流出させたプラスチックごみの国別割合（2010）

☑☑☑ マイクロプラスチック ▶ **プラスチックごみのうち，5mm以下の微小粒子になったもの**。海鳥などが食べてしまうと，体内に蓄積されて死にいたることも多い。また，摂食を通して体内に蓄積し，食物連鎖で広がっていくことで**生態系への影響**が懸念されている。そのため，プラスチックの使用や廃棄に対して，各国で規制が設けられるようになった。研磨剤や化粧品のスクラブのような工業生産されるものを１次マイクロプラスチック，海洋ごみなどが波の作用や紫外線による劣化で，砕けてできるものを２次マイクロプラスチックという。

☑☑☑ ヴァーチャル・ウォーター（仮想水） ▶ **食料輸入国において，その輸入食料を国内で生産したと仮定した場合に必要となる仮想の水**。食料輸入の多い日本では，食料品を輸入することで**輸入品の生産に必要な水資源を間接的に輸入**していることになり，**自国の水資源を節約**していると言い換えることができる。

6 日本の環境問題

☑☑☑ 四大公害病 ▶ **高度経済成長期**（1950年代後半から1973年）**に問題となった公害のうち，特に被害の大きい全国4か所の公害病**のこと。化学工場から海に排出された**有機水銀**で汚染された魚を食べたことで生じた**熊本県の水俣病，新潟県阿賀野川流域の第二水俣病（新潟水俣病）**，石油コンビナートから排出された**亜硫酸ガス**による大気汚染によって発生した**三重県の四日市ぜんそく**，鉱山から排出された**カドミウム**を米などを通して摂取することで生じた**富山県神通川流域のイタイイタイ病**の4つがある（図2-1-4-18参照）。

公害病	原　因	主な汚染地域
水俣病（みなまた）	化学工場が排出した有機水銀	熊本県水俣湾沿岸
新潟水俣病	化学工場が排出した有機水銀	新潟県阿賀野（あがの）川流域
イタイイタイ病	亜鉛（あえん）精錬時に排出されたカドミウム	富山県神通（じんづう）川流域
四日市（よっかいち）ぜんそく	石油化学コンビナートから排出された亜硫酸（ありゅうさん）ガス	三重県四日市（よっかいち）市周辺

図2-1-4-18 日本の四大公害病のまとめ

☑☐☑ 3R運動 ▶ **リデュース**（Reduce：減らす），**リユース**（Reuse：再利用する），**リサイクル**（Recycle：再資源化する）**の3つの英単語の頭文字に由来する環境に配慮した行動。リフューズ**（Refuse：不要なものを断る）を加えて，**4R**とするものもある。

☑☑☑ リサイクル ▶ **人間の生活や経済活動から生じた不要品や廃物を，資源（原材料やエネルギー源）として再利用**すること。「再生利用」，「再資源化」などともいわれる。

☐☐☑ 循環型社会形成推進基本法 ▶ **廃棄物処理やリサイクルを推進するための基本方針を定めた法律。大量生産・大量消費・大量廃棄型の社会**から**循環型社会**への転換を図り，2000年に策定された。

☑☑☑ 循環型社会 ▶ **廃棄物の発生を抑制したり，資源として再利用したりすることで，天然資源の消費が抑制され，環境への負荷ができる限り低減された社会**のこと。

☐☐☑ 静脈（じょうみゃく）産業 ▶ **リユースやリサイクルに関わる産業。廃棄物などを回収**し，**適切に処理**して**社会に戻す役割**を果たす。通常の生産や流通を担う産業を**動脈産業**に例えることに対応する。動脈産業に比べて市場や企業の規模は小さいが，**循環型社会の実現を支える基盤**として，いっそうの発展が期待されている。

☐☐☑ デポジット制度 ▶ **使い捨て容器などの回収を促すために，製品を販売する際に一定の預かり金（デポジット）を上乗せし，消費者が使用済み容器を返却する際に預かり金を返却する制度。**

☑☑☑ 産業廃棄物 ▶ **建設現場や工場など経済活動にともない発生する廃棄物**。病院からの廃棄物の**医療廃棄物**とともにその処理には多額の費用と労力が必要で，**不法投棄**も問題となっている。有毒物質を含む場合もあり，厳しい規制がされているが，汚染物質が地下に流出するなどの事故も発生している。

☑☐☑ バーゼル条約 ▶ **有害廃棄物の発生を最小限に抑え，国境を越える移動を規制する条約**（1989年採択）。先進国で発生した**有害廃棄物**が発展途上国に放置されて環境問題を招いてきたことを受けて作成された。バーゼルはスイス北部の都市。

☑☑☑ 福島第一原子力発電所事故 ▶ **東北地方太平洋沖地震（東日本大震災**・2011年3月11日）**の際の津波をきっかけに，福島第一原子力発電所で発生した放射能物質の放出をともなう事故。**

原子力発電所から放出された**放射性物質**によって広範囲の地域・水域が汚染された。放射性物質の**除染作業**は継続されているが，その解決には長い時間が必要となっている。

MEMO

第2章 資源と産業

第1節 第一次産業（農林水産業）

1 農業の立地と形態

① 農業の起源

農業 ▶ **有用な植物を栽培したり，家畜を飼育することによって，生産物を得る活動**で，穀物，野菜，果実，各種畜産品，繊維原料などを獲得する。

狩猟・採集 ▶ **野生の動植物から食料や生活に必要なものを獲得すること**で，約1万年前の最終氷期頃までは，ほとんどの人類が狩猟・採集生活を送っていた。

栽培植物 ▶ **野生の植物の中から，有用な品種を選択し，交雑などさまざまな改良を加えた作物**で，野生種とは遺伝学的に異なるものが多い。

家畜 ▶ **肉，乳，皮などの生産物や労働力をもたらす産業動物**のことで，野生種を改良したものも多い。

② 農耕文化

農耕文化 ▶ **世界の各地域で生まれた栽培植物を組織的に生産し，その農耕を基盤として発展した文化**で，栽培植物の種類，農具や耕作技術などの違いにより各種の農耕文化圏が成立する（図2-2-1-1参照）。

根栽（こんさい）農耕文化 ▶ **東南アジアの熱帯雨林気候地域を起源とする農耕文化**で，**タロイモ，ヤムイモ，バナナ**などの根菜類の栽培が中心。

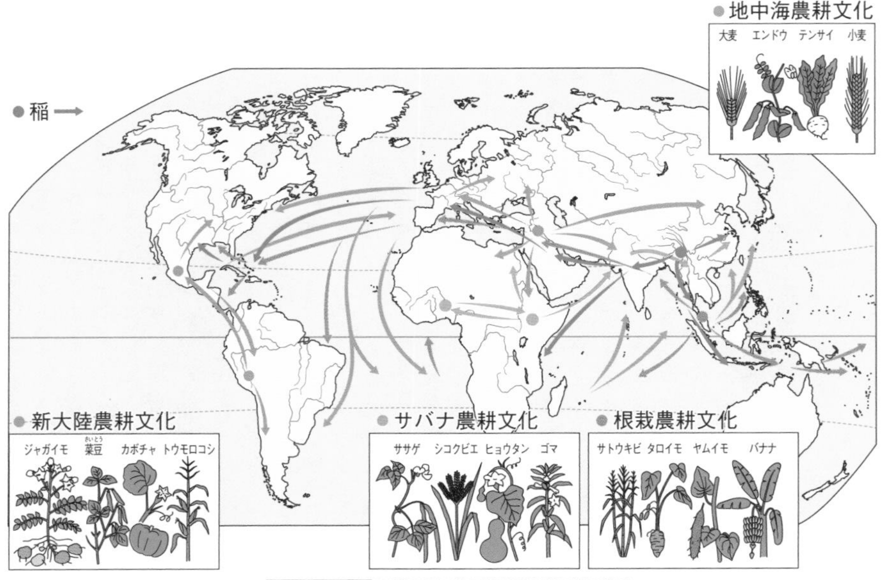

図2-2-1-1 農作物の原産地と伝播ルート

サバナ農耕文化▶**西アフリカのサバナ気候地域を起源とする農耕文化**で，**シコクビエ，トウジンビエ，アワ，ヒエ，モロコシ**などの**雑穀**（**ミレット**）やササゲなどの**豆類**の栽培が中心。

地中海農耕文化▶**西アジアの地中海性気候地域を起源とする農耕文化**で，**小麦，大麦など冬作の麦類**の栽培を中心とし，家畜との結びつきも強い。

新大陸農耕文化▶**メキシコ高原やアンデス地方を起源とする農耕文化**で，熱帯気候地域では**キャッサバ**，高原や高地では**トウモロコシ**や**ジャガイモ**が栽培の中心。

③ 農業の立地条件

農業立地の自然的条件▶**農業立地における地形，気温，降水量，土壌などの自然環境による制約条件**。

農業の栽培限界▶**作物の栽培が困難な地域の限界**で，気温，降水量，地形，標高，土壌などの自然的条件は，**栽培する作物によって異なる**。また，品種改良や農業技術の進歩により変化する（図2-2-1-2参照）。

農業の温度限界▶**作物栽培が可能な地域の気温限界**。**最暖月平均気温10℃以上**は必要で，さらに作物によって気温の適否がある。

農業の乾燥限界▶**作物栽培が可能な地域の降水量の限界**。**畑作では年降水量500mm以上，水田稲作では年降水量1,000mm以上**が必要で，年降水量250mm未満では非農牧業地域，年降水量500mm未満は牧畜地域となる。

地形条件▶**作物栽培が可能な地形の条件**。農作物の栽培には，**平野**が好まれるが，茶，コーヒーなどの**樹木作物は排水の良い丘陵，山麓，台地**などの傾斜地で栽培される。

灌漑（かんがい）▶**河川水や地下水を用いて，農地に人工的に給水すること**で，天水に恵まれない乾燥気候地域では，**灌漑**を行わないと農業は困難になる。湿潤地域でも水田地域では灌漑を施しているところが多い。

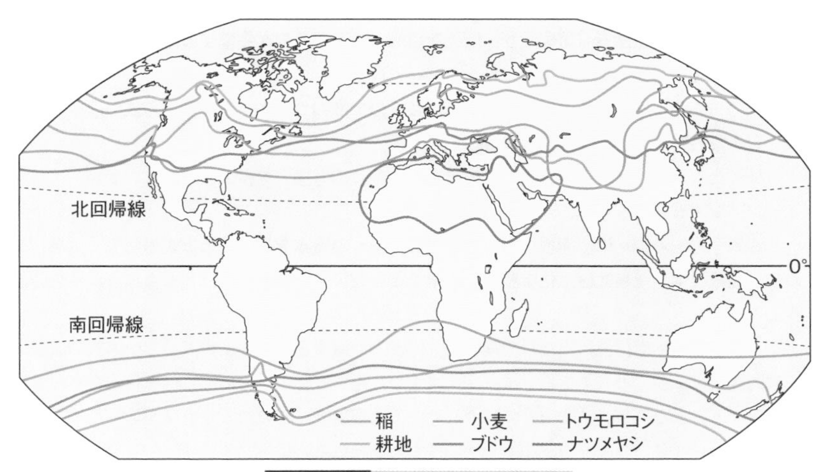

図2-2-1-2 世界の作物の栽培限界

☑☐☑ 階段耕作 ▶ **傾斜地で，土地を階段状にして耕作し作物栽培を行う方法**。階段耕作による水田を**棚田**，畑を**段々畑**という。

☑☑☑ 棚田（たなだ） ▶ **急峻な傾斜地で階段状につくられた稲作地**。排水能力は極めて高いが，**大規模化，機械化が困難**。日本の棚田では，国土保全，美しい景観などの多面的機能・価値が評価されている。**人口稠密（ちゅうみつ）で山がちな地域で発達**し，インドネシアの**ジャワ島，バリ島**，フィリピンの**ルソン島**，中国の華南，**日本の中山間地域**などでみられる。

☑☑☑ 等高線耕作 ▶ **傾斜地で農作物の栽培を行う際に，土壌侵食を防ぐため，等高線に沿って作物を栽培する方法**で，アメリカ合衆国などでみられる。傾斜地では収穫後の裸地に雨が降ると，土壌や養分が流出しやすくなるため，等高線に沿って畝（うね）を作る。すると雨水は畝に沿ってゆるやかに流れるため，雨水は土壌中に浸透し，**土壌侵食や土壌流出を軽減**できる。

☑☑☐ 農業立地の社会的条件 ▶ **農業立地における経済発展に伴う資本の蓄積，農業技術の進歩，経営形態の変化，生活水準の向上による食生活の変化などの社会的環境**のこと。自然的条件だけでなく，社会的条件によっても，農産物の生産量や消費量，農産物の生産目的や農産物の種類は影響を受ける。

☑☐☑ チューネン ▶ **ドイツの経済学者・地理学者**（1783-1850）で，**農業立地論**を唱えた。著作「孤立国（農業と国民経済に関する孤立国）」の中で，**農業の経営形態が市場からの距離によって，同心円状に変化**していくという農業立地論を述べた。**鮮度が重要となる野菜，牛乳などは都市近郊，穀物や牧畜は市場から離れたところで生産**されるとした。現代の農業配置は，輸送手段や保存技術の発達によって，より複雑化している（図2-2-1-3参照）。

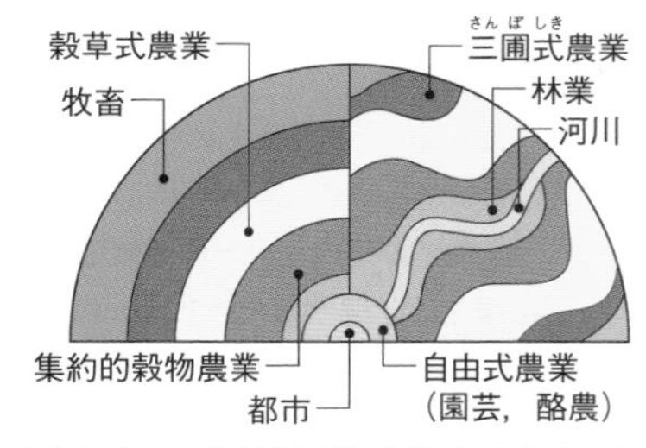

図2-2-1-3 チューネンの農業立地モデル

☑☑☑ 自給的農業 ▶ **生産者（農家）が，自家消費を目的として農産物を生産する農業**。農業従事者の割合が高い**発展途上国**は，主にこの形態をとる。

☑☑☑ 商業的農業 ▶ **生産者（農家）が，販売を目的として農産物を生産する農業**。**当初はヨーロッパで発達**し，都市化が進み，農業従事者の割合が低い**先進国**は，主にこの形態をとる。

☑☑☑ 集約的農業 ▶ **単位面積当たりの農地に，多くの労働力や資本を投入する方式の農業**。**労働集約的農業**と**資本集約的農業**がある（図2-2-1-4参照）。

☑☑☐ 労働集約的農業 ▶ **単位面積当たりの農地に，多くの労働力を投入する方式の農業**。人口稠密（ちゅうみつ）な**モンスーンアジア**などでみられる。

☑☑☐ 資本集約的農業 ▶ **単位面積当たりの農地に，多くの資本を投入する方式の農業**。生産性を高めるために，**灌漑設備，農業機械，化学肥料，農薬**などを使用する。経済発展とともに，資本集約度は高くなる。

☑☑☐ 粗放的農業 ▶ **単位面積当たりの農地に，労働力や資本を積極的に投入しない方式の農業**。**新大陸の企業的農業**は，多くの資本を投下するが，広大な農地を経営するため，単位面積当たりの資本投下量は少なくなる。また，アフリカなどで行われている**焼畑農業，遊牧**など集約度が低い農業も粗放的農業にあたる。

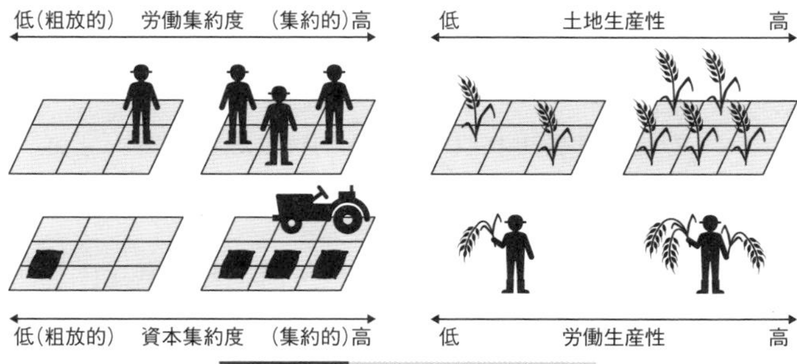

図2-2-1-4 農業の集約度と生産性

☑☑☑ ホイットルセー ▶ **アメリカ合衆国の地理学者**で，**農業地域の分類**を行った。1926年に「世界農業地域図」を発表し，世界の農牧業地域を①**作物と家畜の組合せ**②**作物と家畜の生産方法**③**労働・資本・経営の集約度**（農地にどれだけ労働力や資本を投下するか）④**生産物の用途**（自給用なのか，商業用なのか）⑤**農業用建造物**（施設が必要かどうか）の５つの指標をもとに分類した。教科書等に記載されている地図は，ホイットルセーの農業地域区分図をもとに，農業の変化に対応させて修正したものである（図2-2-1-5 参照）。

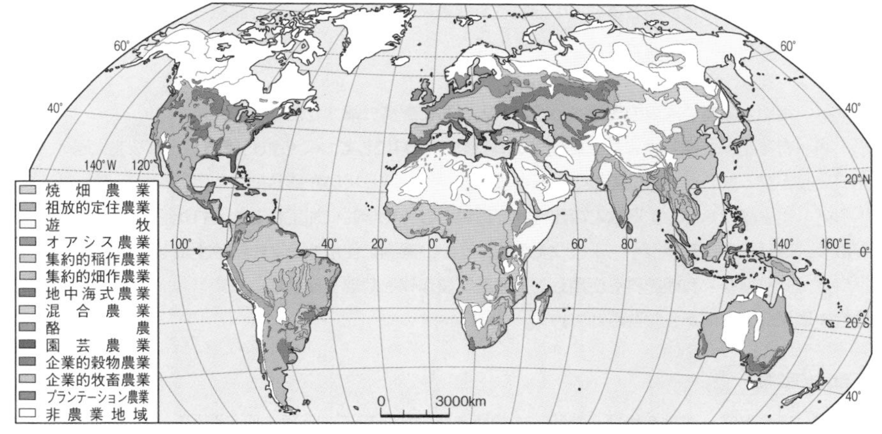

〔Goodès World Atlas（2005）ほか〕

図2-2-1-5 世界の農業地域区分

☑☐☑ 自作農 ▶ **耕地を自分で所有し，自ら経営を行う農家**。アメリカ合衆国の伝統的な農家は，家族労働による自作農であった。一方，日本では第二次世界大戦前まで，大半の農家は自作農ではなく，小作農であったが，**農地改革**により農民のほとんどが自作農になった。

☑☐☑ 小作農 ▶ **耕地が地主など他者の所有地で，耕地の借用料を支払うなどの義務を負う農家**。農地を所有しているが自らは耕作しない地主と，土地を借りることによって小作料を支払ったり，生産した農作物を納めたりする小作農との経済格差は極めて大きい。

☑☑☑ 大土地所有制（ラティフンディオ）▶ 古代ローマなどで行われていた**広大な農場に多くの雇用者を定住させ，農場管理者のもとで農業活動や生活全般を行わせる制度**。現在でも地中海地方や**ラテン**

アメリカ（アンデス諸国の**アシエンダ**，ブラジルの**ファゼンダ**，アルゼンチンの**エスタンシア**など）でみられる。近年は，農場への再投資などが行われ，機械化や新しい技術の導入も行われているが，一般に**生産性は低い**。

□□☑ アシエンダ▶**スペイン領で行われていた大土地所有制または大農園**のことで，ラテンアメリカのメキシコや**ペルー，ボリビアなどのアンデス諸国**でみられた。アンデス諸国では，現在でもアシエンダが残存しているところがある。

☑□☑ ファゼンダ▶**ブラジルで行われていた大土地所有制，または大農園**。当初は奴隷労働力に依存していたが，後に**コロノ**と呼ばれる契約労働者としてヨーロッパから移民を受け入れた。現在でも残存しており，大規模なファゼンダでは，地主の私有地内に労働者の住宅，学校，病院なども併設されている。

☑□☑ エスタンシア▶**アルゼンチンなどでみられる大土地所有制，または大農園，大牧場**のこと。現在でも依然として多くのエスタンシアが残存している。

☑☑☑ 肥料▶**農作物を栽培する際に，成長に伴って土中の栄養分が失われるのを防ぐため，人工的に補充される栄養分**で，**窒素，リン酸，カリウム**を肥料の三大要素という。**堆肥**（おもに植物をもとに作られた肥料），**厩肥**（おもに動物の糞などをもとに作られた肥料）などの**有機肥料**と，化学薬品や無機化合物を原料とする**化学肥料**からなる。化学肥料は吸収されやすく**効果は大きい**が，過剰な投下は**土壌汚染**のような環境問題を招く恐れがある。

□□☑ 堆肥（たいひ）▶**稲わら，落ち葉などの植物性有機物を，微生物に分解させ腐熱（ふねつ）**（発酵させ堆肥化すること）**させた肥料**。近年は，家畜糞尿（ふんにょう），食品残渣（ざんさ）などを加えるようになったため，堆肥と厩肥の区別がしにくくなった。

□□☑ 厩肥（きゅうひ）▶**家畜や家禽の糞尿をわらなどとともに発酵分解させた肥料**。

☑□☑ 有機肥料▶**植物性または動物性の有機物を原料にしてつくられた肥料**。土壌改良効果が高く，肥料効果が長く続くが，**単位面積当たりの価格が高く，取り扱いが難しい**。

☑☑☑ 化学肥料▶**りん鉱石などの無機物を原料とし，化学的に加工して作られた肥料**。**安価で速効性が高く，取り扱いが容易**だが，土壌改良効果がなく，**過剰に使用すると作物や土壌を傷めやすい**。

☑☑☑ 有機農業▶**有機肥料を使用し，無農薬で農作物を栽培する農業**。生産コストは高いが，**食の安全性**や**環境保全**の面から注目されている。

④ 自給的農業

☑☑☑ 焼畑農業（やきばたのうぎょう）▶**森林を伐採した後，木や草を焼き払ってできる草木灰を肥料にして耕地をつくり，農作物の栽培を行う農業**。草木灰の獲得だけでなく，雑草を除去できる効果も大きい。掘り棒などの簡単な農具を使用し，2～3年の耕作の後は，**地力が衰える**ため，**別の場所に移動**して焼畑を行う。**移動式農業**ともよばれ，主に東南アジア，アフリカ中南部，南米のアマゾン盆地などの熱帯地域で行われている。近年は，定住しながら焼畑を営む**粗放的定住農業**もみられる。

熱帯雨林気候（**Af**）地域では，**キャッサバ，ヤムイモ，タロイモ**などの**イモ類**，**サバナ気候**（**Aw**）地域では**モロコシ**などの**雑穀**や豆類が栽培されている。かつては，日本やヨーロッパなどでも焼畑が行われていたが，経済発展にともない衰退した（図2-2-1-6参照）。

☑□☑ 草木灰（そうもくばい）▶**森林や草原を焼くことによって得られる灰**で，石灰，リン酸，ケイ酸，カリウムなどが含まれ，**肥料効果**がある。原料となる草木によって成分割合は異なり，熱帯などの酸性土壌では有効性が高い。

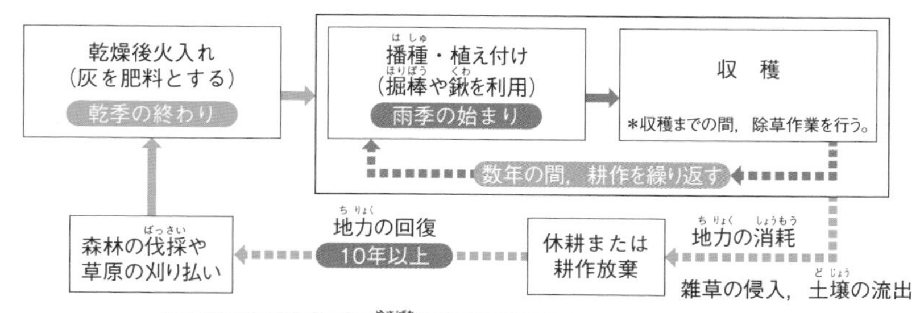

図2-2-1-6 伝統的な焼畑のサイクル（コートジボワールの例）

☑☑☑ 遊牧▶**乾燥気候や寒冷気候などで行われている移動を伴う牧畜**の一形態。過酷な気候下では，作物栽培が困難なため，**自然の牧草と水を求めて，家畜とともに移動**する。住居はモンゴルでは**ゲル**，中国では**パオ**と呼ばれるような組み立て式のテントを用いる。乾燥地域では，おもに**羊，山羊，牛**などが飼育されているが，西アジアでは**ラクダ**，モンゴルでは**馬**，チベット地方では**ヤク**，アンデス地方では**リャマ，アルパカ**，寒冷なタイガやツンドラ地域では**トナカイ**の遊牧も行われている。近年では，国境を越えての移動が困難な地域も増加していることもあり**定住化**が進み，牧場の経営を行ったり，都市生活を営む者も増えている（図2-2-1-7参照）。

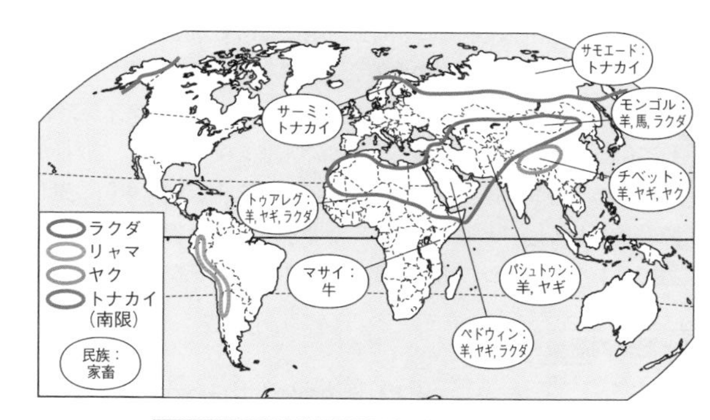

図2-2-1-7 遊牧で飼育される家畜の分布

☑☑☑ オアシス農業▶**オアシスで行われる灌漑農業**で，大麦，小麦などの**穀物**や**ナツメヤシ**，ブドウ，綿花などを集約的に栽培する。砂漠地域の**外来河川沿岸**，**山麓の湧水地**に加えて，**地下水路**で農業用水を引き，農業を行っているところもある。

☑☑☑ オアシス▶**砂漠などの乾燥地域において，局地的に淡水が存在する地域**で，**融雪水を水源とする山麓の湧水地，外来河川の沿岸，地下水路の建設地**などに分布し，耕作が可能なため，**集落**が形成されたり，**隊商路の経由地**などになることがある。

☑☑☑ 地下水路（地下用水路）▶**乾燥地域での蒸発を防ぐため，地下に建設された水路**。山地や高原の麓に地下水路を建設し，**灌漑用水**や**生活用水**として使用されてきた。イランでは**カナート**，北アフリカでは**フォガラ**，アフガニスタンやパキスタンでは**カレーズ**，中国西部では**カンアルチン**と呼ばれている。掘削は比較的容易だが，崩落時の復旧が重要である。

☑☑☑ カナート▶**イラン高原で古くから使われてきた地下用水路**。山麓の扇状地などの地下水を水源とし，地表で湧水するところにはオアシスが形成される。

☑☑☑ フォガラ▶**北アフリカ，アトラス山脈の扇状地などの地下水を水源とする地下用水路**。アルジェリア，モロッコなどでは貴重な水資源となる。

□□☑ カレーズ ▶ **アフガニスタンのヒンドゥークシ山脈などの山麓でみられる地下用水路**。中国西部のシンチヤンウイグル自治区にあるトゥルファン盆地などでも，同様の地下用水路をカレーズと呼ぶ。

☑☑☑ 集約的稲作（アジア式稲作）▶ **季節風（モンスーン）による降水に恵まれるモンスーンアジアの沖積平野を中心に行われている農業**で，おもに**年降水量1,000mm以上**の地域でみられる。**家族労働を中心**とする**自給的集約的農業**で，**経営規模は小さい**が，土地生産性は比較的高い。中国の**長江流域**，ベトナム，ラオスの**メコン川流域**，タイの**チャオプラヤ川流域**，**インド**，**バングラデシュのガンジス川流域**などでみられる。

☑☑☑ 二期作 ▶ **1年間に，同一耕地において同種類の作物を二度栽培すること**で，**土地生産性は高まる**が，**地力が低下しやすい**。水田稲作を中心に，気温や降水量に恵まれるモンスーンアジア地域で行われている。

☑☑☑ 二毛作 ▶ **1年間に，同一耕地において二種類の作物を栽培すること**で，地力の低下を防ぐ目的もある。**夏作の米，冬作の小麦**など多様な組合せがみられる。

☑☑☑ 集約的畑作（アジア式畑作農業）▶ **モンスーンアジアの年降水量1,000mm未満の地域で行われている労働集約的な畑作**。干ばつの被害を受けやすく，収量が不安定で土地生産性が低い。なかにはインドの**デカン高原**，パキスタンの**インダス川流域**，中国の**東北地方**や**黄河流域の華北**などのように**灌漑**が普及しているところもある。デカン高原では**綿花**，インダス川流域では**小麦，綿花**，中国の東北地方では**トウモロコシ，大豆**，華北では**小麦，綿花**などが栽培されている。

⑤ 商業的農業

☑□☑ 二圃（にほ）式農業 ▶ **古代より地中海地方で行われていた耕地を二分割する農業**で，夏季に乾燥，冬季に湿潤な気候をいかし，**小麦などの冬作**と地力回復のための**休閑**を交互に繰り返す。

☑☑☑ 三圃（さんぽ）式農業 ▶ **中世の北西ヨーロッパで行われていた耕地を三分割する農業**で，耕地を**夏作物，冬作物，休閑地**に分け，3年周期で耕作する。**休閑地は家畜の放牧地**となるが，冬季は草が枯死してしまうため，家畜を飼育したり，頭数を増加させるのが困難であった（図2-2-1-8参照）。

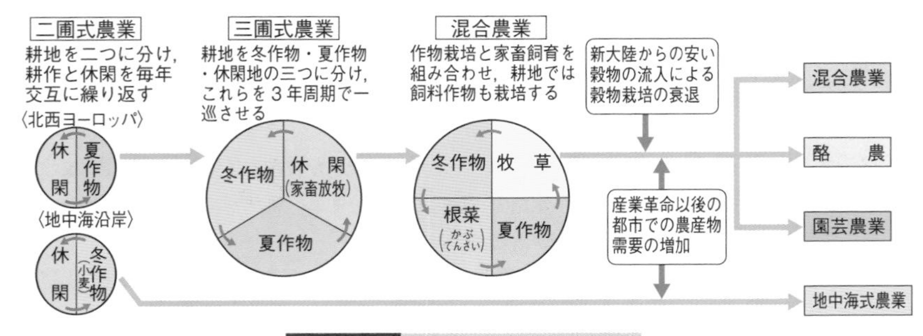

図2-2-1-8 ヨーロッパの農業の発達

☑☑☑ 輪作（りんさく）▶ **同一耕地で，同じ種類の作物を連続して栽培せず，異なった種類の作物を栽培すること**で，**地力の低下を防ぐ**ことができる。

☑☑☑ 連作 ▶ **同一耕地で，連続して同じ種類の作物を栽培すること**。アジアの水田稲作地域では，稲を連作することが可能であった。

□□☑ 休閑地（きゅうかんち）▶ **農作物の栽培において低下した地力を回復させるため，一定期間耕作しない耕地**。土中の微生物の働きなどによって，地力が回復するのを待つ。ヨーロッパの**三圃式農業**などでは，休閑地に**家畜を放牧**し，家畜の糞を利用して施肥(せひ)するため，一層地力の回復を促した。

☑☑☑ **囲(かこ)い込み運動** ▶ **16世紀以降に2度起きた，イギリスなどで行われた耕地の再編・整理**。垣根(かきね)や柵などで耕地や共有地を取り囲んだ。**耕地の経営規模が拡大**し，耕地ごとに家屋が設けられる散村が形成された。

☑☑☑ **混合農業** ▶ **小麦などの穀物や飼料作物などの作物栽培と，家畜飼育を組み合わせた農業**。中世以降，北西ヨーロッパでは三圃式農業が行われていたが，18世紀頃になると，さらに土地生産性を高めるため，**休閑地を廃止し，カブやテンサイなどの根菜類や豆科牧草のクローバーなどを導入**する**農業革命**が起こり，ほぼ同時に混合農業へと発展した。

☑☐☑ **自給的混合農業** ▶ **小麦などの食用穀物の栽培に重点を置いた混合農業**で，商業的混合農業へと発展していった。

☑☑☑ **商業的混合農業** ▶ **飼料作物の栽培と家畜飼育に重点を置いた混合農業**で，**ヨーロッパ**や**アメリカ合衆国のコーンベルト**で行われている。近年は，小麦，トウモロコシなどの栽培，肉牛肥育，養豚などを**専門に行う農家が増加**している。

☑☑☑ **酪農** ▶ **飼料作物や牧草を栽培して乳牛を飼育し，生乳や酪製品を生産する農業**で，混合農業から分化・発展した。寒冷，乾燥，排水不良，やせ地などの理由で穀物栽培に適さないところでも，乳牛の放牧は可能であるため，**やや冷涼な気候**であったり，**大陸氷河に覆われていたやせ地**でも行われている。また，生乳は腐敗しやすいため，**大消費地**を控える大都市近郊でも発達している。**デンマーク**や**オランダ**などの北西ヨーロッパ，アメリカ合衆国の**五大湖周辺**，**ニュージーランド**などが主な分布地域。

☐☐☑ **酪農品（酪製品）** ▶ 牛などから搾乳(さくにゅう)した**乳を発酵させるなどして生産したチーズ，ヨーグルトやバター，生クリームなどの乳製品**。

☐☐☑ **牧草** ▶ **家畜の飼育に使用される草**で，牧草が生えていたり，栽培されている土地を**牧草地**という。おもにイネ科の牧草や豆科の**クローバー**，**アルファルファ**が用いられている。

☑☐☑ **生乳** ▶ 牛や山羊の**乳をしぼり，加工処理を行っていないもの**（一部加熱殺菌を施したものを含む場合もある）で，**牛乳**は牛の乳のみを指すが，**生乳**とは牛，水牛，山羊などから搾乳したままの乳すべてを指す。インドでは水牛の乳の生産量が多く，水牛の乳は生乳には含まれるが，牛乳には含まれない。

☑☑☑ **移牧(いぼく)** ▶ **季節によって放牧地を移動する牧畜の形態**で，おもに垂直的な移動を伴う。**スイスやオーストリアのアルプス地方**では，**夏季に高原の牧草地（アルプ）で放牧**し，**冬季には谷底平野などの低地で，干し草などを与えながら舎飼(しゃが)い**を行う。また，スペインのメセタ（イベリア高原）では，夏季に標高が高く牧草の生育がみられる高原で放牧し，冬季は低地で舎飼いなどを行う（図2-2-1-9参照）。

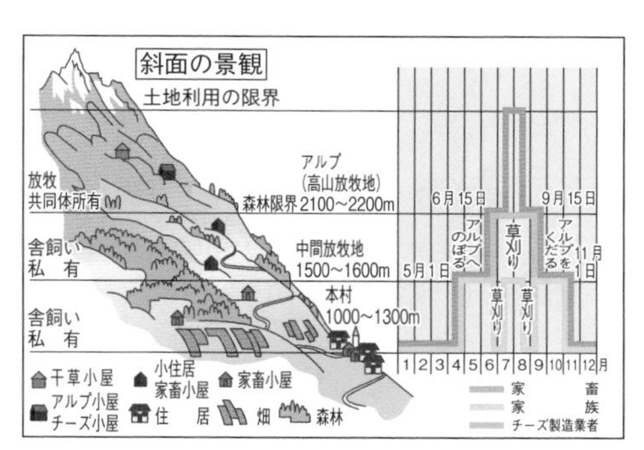

図2-2-1-9 スイスの移牧

☑☑☑ **園芸農業** ▶ **野菜，果実，花卉(かき)などを都市に出荷する農業**で，特にヨーロッパ，北アメリカ，日本など**先進国の大都市**

周辺で発達している。耕地に多くの資本・労働力・肥料を投下する**集約的農業**で，**土地生産性や収益率が高い**。

☑☑☑ 花卉（かき）▶**観賞用の花や植物**（**草花**）のことで，野菜，果実と並び重要な**園芸作物**。**切り花**などの形態で出荷される。**オランダ**の北海沿岸の**海岸砂丘地帯**ではチューリップなどの栽培が盛んで，世界中に出荷されている。近年は，欧米先進国の園芸産業が，恵まれた気候や地形，豊富な低賃金労働力を求めてアフリカの**ケニア，エチオピア**，南米の**エクアドル，コロンビア**などのような発展途上国に進出しており，進出先では重要な輸出産業に成長している。

☑☑☑ 近郊農業▶**大都市近郊で行われる集約的な園芸農業**。園芸作物は傷みやすいため，輸送距離が短い大消費地周辺で発達した。なかでも，ほうれん草，キャベツ，白菜，レタス，ネギなどの葉菜（ようさい）類は，特に傷みやすい。

☑☑☑ 輸送園芸（トラックファーミング）▶**大消費地から離れた遠隔地で行われる園芸農業**で，高速道路や航空機などの**輸送手段の発達**で**時間距離が短縮**され，さらに**鮮度保持技術も発達**したため，園芸作物の遠隔地輸送が可能になった。それぞれの地域の気候（**温暖地，高冷地**）や土壌特性を生かし，出荷時期をずらすなど，より高い収益を目指す工夫（**促成栽培**や**抑制栽培**）が行われており，特定の地域で，特定の農作物を栽培する傾向がある。

☐☐☑ 露地（ろじ）栽培▶**温室などの施設を用いず，露天の耕地で栽培する方式**。

☐☐☑ 施設栽培▶**ガラス温室やビニールハウスなどの加温・加湿施設を用いて栽培する方式**。

☑☑☑ 促成（そくせい）栽培▶**出荷時期を早める栽培方法**で，**温暖な気候**を生かしたり，施設栽培などを行うことによる温度や光線の調節により，作物の成長を促す。日本では**宮崎平野**や**高知平野**などで，キュウリ，ナス，ピーマンなどの夏野菜を栽培し，春に東京や大阪の市場に出荷する。

☑☑☑ 抑制（よくせい）栽培▶**出荷時期を遅らせる栽培方法**で，**冷涼な気候**などを利用する。夏の暑さを嫌うレタス，キャベツ，白菜は，夏に出荷が途絶えがちになるため，**長野県，群馬県，山梨県**などでは，**高冷地**で野菜を栽培することによって，東京や大阪などの大市場で，品薄になる真夏に野菜を出荷している。

☑☑☑ スマートアグリ（smart agriculture）▶**ICTなど最先端の技術を導入し，温度，湿度，肥料投入などを自動的に管理する農業**。オランダなどのハウス栽培を中心に広がっている。

☑☑☑ 地中海式農業▶**古代から行われてきた二圃式農業から発展した農業**で，高温で乾燥する**夏季には，灌漑によってオリーブ，コルクがし，ブドウ，オレンジなどの樹木作物**，降水がみられる**冬季には小麦を栽培**する。また，古くから山羊や羊などを飼育してきたが，近年は**牛や豚の飼育も増加**している。おもに**地中海性気候**が分布する**ヨーロッパの地中海地方，アメリカ合衆国のカリフォルニア州**，オーストラリア南西部，チリ中部などで発達している。近年は，灌漑施設の整備により，野菜の栽培も増加している。

⑥ 企業的農業

☑☑☑ 企業的農業▶**ヨーロッパ市場向けの農産物を生産するために，新大陸やアフリカなどで発達した農業**で，多くの資本を投下し，大規模に経営されてきた。**輸出指向が強く**，近年は法人化しているものも多くみられる。

☑☑☑ プランテーション農業▶**熱帯や亜熱帯地域で，世界市場向けの商品作物を生産する農業**で，大規模に企業的経営が行われているものが多い。起源は，16世紀以降に**ヨーロッパ人などが植民地に進出し，現地の労働力を利用**して，広大な**プランテーション**（**大農園**）を拓（ひら）いたことにあり，**サトウキビ，**

バナナ，コーヒー，カカオなどを栽培した。**適地適作**によって単一の作物を栽培し，**モノカルチャー**化しているところが多い。植民地の独立後は，**現地資本による経営**が行われている。

嗜好作物 ▶ 風味，香味，辛味など**生活にうるおいを与えるために飲食されるもの**で，クローブなどの**香料，トウガラシ，コーヒー，茶，カカオ**などがその例である。

工芸作物 ▶ **工業原料として利用される作物**のことで，繊維原料の**綿花**，麻など，糖料作物の**サトウキビ**，油脂作物の**オリーブ**，**油ヤシ**，ゴム製品の原料となる**天然ゴム**などがその例である。

モノカルチャー（単一耕作）▶ **一種類またはいくつかの特定の作物だけを栽培する農業経営**のことで，**アフリカ，ラテンアメリカなどの発展途上国**でみられる。この栽培形態は，作業や栽培管理の効率がよい反面，**世界経済の影響による価格変動を受けやすい**ため，作物の多角化や自給作物の導入が図られている。

©Acroterion

図2-2-1-10 穀物エレベーター（メリーランド，アメリカ合衆国）

企業的穀物農業（商業的穀物農業）▶ **小麦などの穀物を，広大な耕地で大規模に栽培し販売する農業**。**大型農業機械**を導入する粗放的な経営で，**労働生産性は極めて高い**。アメリカ合衆国からカナダにかけての**プレーリー**，オーストラリア南東部の**マリー・ダーリング盆地**，アルゼンチンの**パンパ**など新大陸の半乾燥気候地域で発達するが，ウクライナ〜ロシア〜カザフスタンにかけての**チェルノーゼム地帯**にもみられる。

©Zumbonin

図2-2-1-11 センターピボット①

コンバインハーベスター ▶ **小麦，トウモロコシなどの穀物の収穫・脱穀（だっこく）をする農業機械**で，コンバインとも呼ばれる。アメリカ合衆国では，電子制御化された大型のコンバインが普及している。

穀物エレベーター ▶ **大量の穀物を貯蔵できる倉庫**で，穀物の搬入や搬出は機械化されており，穀物メジャーが所有しているものも多い。アメリカ合衆国の穀物生産地には**集荷用穀物エレベーター（カントリーエレベーター）**や積出港には**輸出用穀物エレベーター（ポートエレベーター）**などが各地に設置されている（図2-2-1-10参照）。

図2-2-1-12 センターピボット②

センターピボット ▶ **地下水をくみ上げ，肥料や農薬を混入し，360度回転する自走式の送水管で散水する大規模な灌漑施設**で，**アメリカ合衆国**で開発された。アメリカ合衆国の**グレートプレーンズ**，サウジアラビア，エジプトなどで普及している（図2-2-1-11，図2-2-1-12参照）。

☑☐☑ 小麦カレンダー▶**小麦の播種期**（**作付け期間**）**や収穫期を示したカレンダー**。小麦の収穫期は，インドが3～4月，日本が5～8月，フランスなど北西ヨーロッパが7～8月，アメリカ合衆国では冬小麦が6～7月，春小麦が8～9月と**国や小麦の種類によって異なる**。季節が逆になる南半球のアルゼンチンやオーストラリアは10～1月が収穫期で，**北半球の端境期に出荷**できる有利性を持つ（図2-2-1-13参照）。

国＼月	1	2	3	4	5	6	7	8	9	10	11	12
アルゼンチン	■										■	■
オーストラリア	■										■	■
インド			■	■	■							
メキシコ				■	■	■						
中国					■	■	■	■				
日本					■	■	■	■				
カナダ						■	■	■	■	■		
アメリカ						■	■	■	■	■		
ロシア						■	■	■	■	■		
イギリス							■	■	■			
南ア共和国										■	■	■

■＝収穫期

図2-2-1-13 小麦カレンダー

☑☑☑ 端境期▶**作物などが市場に出回りにくく不足する時期**。収穫期の直前にみられることが多い。穀物や野菜などで顕著。南半球の国々は，北半球の端境期をねらって小麦などを出荷する。

☑☑☑ 企業的牧畜▶企業的穀物農業より**やや降水量が少ない半乾燥（BS）地域やAw地域などで行われる大規模な牧畜**。広大な**牧草地での放牧**や**フィードロット**を備えた牧場で**肉牛**や**羊**の飼育を行っている。アメリカ合衆国の**グレートプレーンズ**からロッキー山麓，アルゼンチンの**乾燥パンパ**，オーストラリアの北部や**グレートアーテジアン盆地**，ニュージーランド，ブラジルの**カンポ**，南アフリカ共和国などで行われている。

©Billy Hathorn

図2-2-1-14 フィードロット（アメリカ，コロラド州）

☑☑☑ フィードロット▶**肉牛などに「飼料を与える」（feed）ための「場所」（lot）で，肥育場**ともいう。牧場内に，放牧地とは別の小さな区画を設け，柵などで囲い込み，**トウモロコシ，大豆，フィッシュミールなどの濃厚飼料**を与え，短期間で肥育する。アメリカ合衆国の**コーンベルト**で発達したが，近年は西部の**グレートプレーンズ**の大牧場にも，大規模なフィードロットが設置されている。フィードロットの建設・維持には，多額の費用がかかるため，原油価格や飼料の高騰，市場価格の下落などの影響を大きく受ける（図2-2-1-14参照）。

☐☐☑ 濃厚飼料▶**トウモロコシ，大豆，麦類などの栄養価が高く高カロリーな飼料**。炭水化物，タンパク質を多く含む。濃厚飼料と粗飼料をバランス良く与えることによって，健康な家畜が育つ。

☐☐☑ 粗飼料▶**牧草，わら，干し草，サイレージ**（**トウモロコシなどを乳酸発酵させたもの**）**などの飼料**で，カロリーは低いが，繊維質が多い。

☑☑☑ 冷凍船▶**肉類，酪農品，果樹などを冷凍保存したまま輸送するための船舶。19世紀後半**，冷凍船の就航によって，**オーストラリア，ニュージーランド，アルゼンチン**など南半球の国々から，北半球のヨーロッパ，アメリカ合衆国などへの農畜産物輸出が著しく拡大した。

⑦グローバル化と世界農業の動向

☑☑☑ バイオテクノロジー ▶ **生物工学**のことで，生物学の知識，理論，技術を生かし，農業や医学などに有用な利用をもたらす研究を行う学問。遺伝子を取り扱う場合には，**遺伝子工学**とも呼ばれる。農業においては，遺伝子技術によりDNA（遺伝子）を別の遺伝子に組み込んで，**農薬に耐性が強い作物をつくるなど利用は拡大**している。

☑☑☑ 遺伝子組み換え作物（GMO：Genetically Modified Organism）▶ **遺伝子操作などのバイオテクノロジーを利用して生み出された作物**で，特定の**除草剤に耐性を持たせた大豆**や**害虫に対する抵抗力をつけたトウモロコシ**などの普及が進んでいる。**アメリカ合衆国，カナダ，ブラジルなど新大陸諸国**では，トウモロコシ，大豆などの飼料で普及が拡大しているが，**日本**や**EU**のように食の安全性や生態系への影響に対する面から慎重な立場をとっている国もある。**日本では，遺伝子組み換え作物を使用した食品に対しては，表示を義務**づけている。

☐☐☑ ハイブリッド種 ▶ トウモロコシなどの**優良品種を掛け合わせてつくられた高収量品種**。一代雑種で，トウモロコシは1920年頃から**アメリカ合衆国**で導入され始め，生産量が著しく増加した。

☑☑☑ バイオエタノール ▶ **トウモロコシ，サトウキビ，油ヤシなどの植物を発酵・蒸留させてつくられた植物性のエチルアルコール**で，**アメリカ合衆国ではトウモロコシ，ブラジルではサトウキビ**を原料にしている。ブラジルでは，早くからガソリンへのバイオエタノールの混合を義務づけている。

☑☑☑ 農薬 ▶ **除草剤，殺虫剤，殺菌剤など農業の効率化や農作物の保存に使用される薬剤**。農家を過酷な労働から解放し，余暇時間の拡大や兼業化の促進に貢献した反面，**過剰な農薬の使用による健康や環境への影響**が問題視されている。

☑☑☑ アグリビジネス（agribusiness）▶ **農産物の生産，集荷，運搬，貯蔵，販売など農業に関する経済活動を行う産業または企業**（**農業関連企業**）のことで，農業機械，農薬，化学肥料の生産や供給，品種改良まで幅広い活動を行っている。

☑☑☑ 穀物メジャー ▶ **アグリビジネス**の一種で，おもに**穀物の集荷，運搬，貯蔵，販売などの流通過程を独占的に行っている多国籍穀物商社**。**アメリカ合衆国**の企業を中心に，世界各地の農業情報を収集し，**農産物の価格決定にも大きな影響力**を持つ。1980年代からは，事業の多角化が進み，種子，配合飼料，畜産物，肥料の国際取引や食肉加工，保険，バイオ燃料などの**多様なアグリビジネス分野にも進出**するようになった。

☐☐☑ 価格保証制度（価格支持制度）▶ 市場の動向による**価格の下落を防ぎ，農家の所得を保障するため，農産物の価格を一定の水準に保つための制度**。

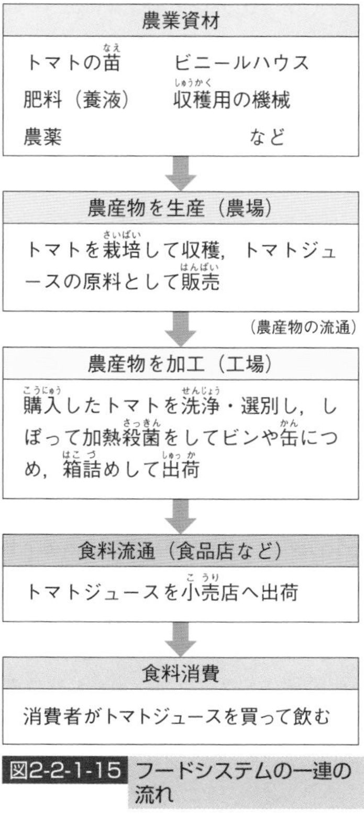

農業資材
トマトの苗　ビニールハウス
肥料（養液）　収穫用の機械
農薬　など

↓

農産物を生産（農場）
トマトを栽培して収穫，トマトジュースの原料として販売

↓（農産物の流通）

農産物を加工（工場）
購入したトマトを洗浄・選別し，しぼって加熱殺菌をしてビンや缶につめ，箱詰めして出荷

↓

食料流通（食品店など）
トマトジュースを小売店へ出荷

↓

食料消費
消費者がトマトジュースを買って飲む

図2-2-1-15 フードシステムの一連の流れ

☑☐☑ フードシステム▶**農産物の生産・加工・流通・消費にいたる食料の供給体系**。穀物メジャーなどアグリビジネスの活動は，世界の穀物価格や備蓄動向に大きな影響を与えている（図2-2-1-15参照）。

☐☐☑ 新興農業国（NACs：New Agriculture Countries）▶**近年，農産物輸出国として急成長している国々**。農産物の生産が，重要な**輸出産業**として発展している**ブラジル，インドネシア，ベトナム，ケニア**などの国々を指し，今後の農産物貿易に大きな影響を与える可能性がある。

2 世界の主な栽培植物・家畜

☑☑☑ 穀物▶**米，小麦，トウモロコシ，大麦，ライ麦などのイネ科作物**のことで，広義には豆科作物を加える場合もある。**供給栄養量や栄養分に富み，加工も容易で保存性も高い**ことから，おもに人々の**主食**や家畜飼料として用いられている。生産量が多く主食として用いられる米，麦類，トウモロコシを**主穀**，その他を**雑穀**と呼ぶ。

☑☑☑ 雑穀（ざっこく）▶**主穀以外の穀物**のことで，ミレット属の**アワ，キビ，ヒエ**，トウジンビエ，シコクビエ，テフ（エチオピア主産）などやモロコシ属の**ソルガム**などが含まれる。かつては社会全般において重要な存在であったが，現在では発展途上地域など生産性が低い環境で，小規模に栽培されていることが多い。**アフリカなどの途上国にとっては，イモ類と並び重要な食料**である。

☑☑☑ 米▶**中国南部からインドにかけてを原産地とする穀物**。三大穀物の一つで，おもに**モンスーンアジアの主食**とされ，粒のまま食される（**粒食**（りゅうしょく））。米の生産量の大半は**水稲**（すいとう）で，**年降水量1,000mm以上の沖積平野**を中心に栽培されるが，東南アジアなどの焼畑では**陸稲**が栽培される。主要生産国は，**中国，インド，インドネシア，バングラデシュ**などモンスーンアジアの人口大国（図2-2-1-16参照）。

☑☑☑ 小麦▶**西アジアからカフカス地方にかけてを原産地とする穀物**。三大穀物の一つで，**世界各地で主食**とされ，粉にしてパンや麺に加工し食される（**粉食**（ふんしょく））。**冷涼，乾燥**に強く，**年降水量500mm前後の黒色土地域**を好む。秋まきの**冬小麦**と春まきの**春小麦**がある。主要生産国は，**中国，インド，ロシア，アメリカ合衆国**など。国際商品としての価値が高く，**生産量に占める輸出量の割合が，穀物の中で最も高い**（図2-2-1-17参照）。

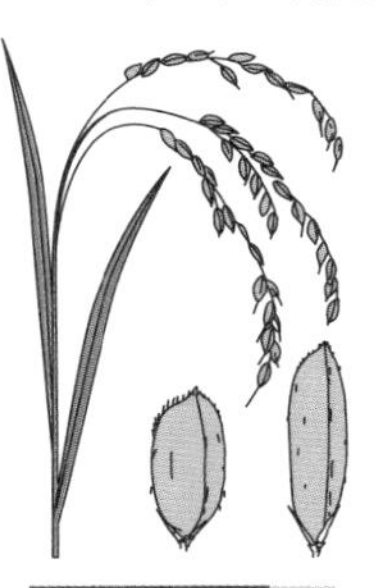
図2-2-1-16 米

図2-2-1-17 小麦

☑☑☑ 冬小麦▶**秋に播種**（はしゅ）**，気温が下がる冬に発芽し，初夏から夏にかけて収穫する小麦**で，比較的**温暖な地域で栽培**される。もともと小麦は**冬作物**で，世界生産の大半は冬小麦。

☑☑☑ 春小麦▶**春に播種**（はしゅ）**，発芽し，秋に収穫する小麦**で，冬小麦の栽培が困難な**寒冷地域で栽培**される。カナダ，アメリカ合衆国北部，ロシアなどで栽培されている。

☑☑☑ トウモロコシ▶**メキシコ高原など中南米が原産地の穀物**。三大穀物の一つで，年降水量1,000mm前後の**温暖な地域を好む**が，気候への適応力は高い。生産量の大半が**飼料用**と**工業用**（バイオエタノール，コーンスターチなど）で，**主食としての生産量は少ない**。おもに**メキシコ**などのラテンアメリカ諸国，**ケニアなどの東アフリカ**などでは主食として重要である。近年は，**飼料やバイオエタノー**

ルの原料としての需要が増加しているため，生産量が増加し，**三大穀物の中では最も生産量が多い**。かつては，**アメリカ合衆国**での生産が極めて多かったが，近年は中国，**ブラジル**，アルゼンチンなどの生産も増加している。

☑☐☑ 大麦▶**中央アジアなどの乾燥アジアを原産地とする穀物**。**冷涼，乾燥に強く**，気温に対する適応力に優れるため，小麦栽培が困難な高緯度地方から低緯度地方まで栽培が可能で，**穀物の中では最も栽培範囲が広い**。ヨーロッパにおける小麦以前の主食であった。発展途上国では，現在でも主食に用いられている地域があるが，**生産量の大半は飼料，ビール原料などに利用**され，日本ではみそや醤油の原料にもなる（図2-2-1-18参照）。

☑☐☑ エン麦（ばく）▶**中央アジアから地中海沿岸地方にかけてを原産地とする穀物**。**寒冷でやせた土壌での栽培が可能**である。飼料として使用される他，栄養価に富むためオートミール（脱穀して調理しやすくした加工品）として粥（かゆ）状にして食される（図2-2-1-19参照）。

☑☐☑ ライ麦▶**中央アジアからカフカス地方を原産地とする穀物**。**寒冷でやせた土壌でも栽培が可能**で，**ヨーロッパ（ドイツ，ポーランド，ロシア）**や北アメリカの高緯度地方で栽培される。やや酸味がある**黒パン**などの原料になるほか，飼料としても使用されている（図2-2-1-20参照）。

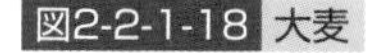
図2-2-1-18 大麦

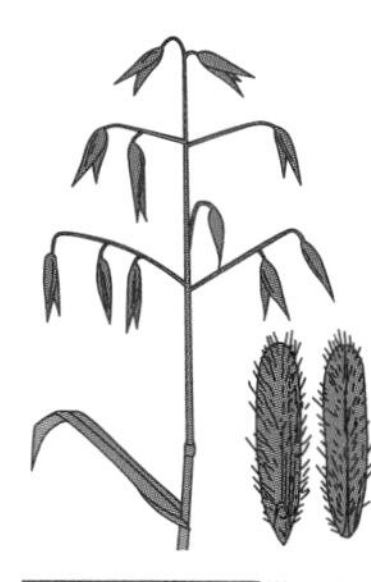
図2-2-1-19 エン麦

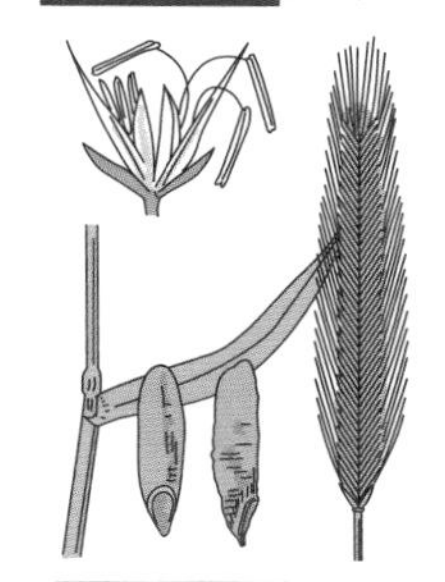
図2-2-1-20 ライ麦

☑☑☑ モロコシ▶**アフリカ原産のイネ科作物**で，**ソルガム**（中国ではコウリャン）ともいわれる。先進国では飼料として利用されるが，**アフリカ**やインドなどでは主食にも用いられている。**高温乾燥に強い**ため，米，小麦，トウモロコシの栽培が困難な地域でも栽培されている（図2-2-1-21参照）。

☑☑☑ 大豆▶**東アジア**（おもに中国の東北地方）**が原産地の豆科作物**。成長期に高温多雨であれば，**短期間で生育**するため，**熱帯地域だけでなく比較的高緯度でも栽培が可能**である。タンパク質や脂肪を多く含み，食用だけでなく，豆腐，醤油，みそなどの加工品原料，**油脂（ゆし）原料**としても重要で，**絞（しぼ）りかすは飼料や肥料**として使用されている。世界的には，搾油（さくゆ）して大豆油を採取し，絞りかすを配合飼料に用いることが多い。長らく**アメリカ合衆国**が生産の首位であったが，近年は**ブラジル**の生産量が急増している（図2-2-1-22参照）。

☑☑☑ ジャガイモ（バレイショ）▶**アンデス地方の高地が原産地のイモ類**。**冷涼な気候を好み，やせ地でも栽培が可能**なことから，**ヨーロッパ（ロシア，ウクライナ，ドイツ）**や**アジア（中国，インド）**で広く栽培されている。**イモ類の中では，最も生産量が多い**（図2-2-1-23参照）。

☑☑☑ キャッサバ▶**南アメリカ（ブラジル）原産のイモ類**。栽培が容易で，単位面積当たりの収穫量も多いため，**アフリカなど熱帯地域では重要な主食**となる。イモから採取されたデンプンは**タピオカ**と呼ばれる粉になり，パンや菓子に加工される。**ナイジェリア，コンゴ民主共和国，タイ**，ガーナ，ブラジル，インドネシアなど熱帯の発展途上国での生産が多い。近年は，**バイオ燃料**の原料としても注目されており，イモ類の中では，ジャガイモに次いで生産量が多い（図2-2-1-24参照）。

☑☑☑ ヤムイモ ▶ **中国から東南アジアが原産地のイモ類**。東南アジア，熱帯アフリカ，オセアニア島嶼部などでは，おもに**焼畑**による栽培が行われ，重要な主食となっている。**ヤムイモ，タロイモの世界最大の生産国はナイジェリア**。

☑☑☑ タロイモ ▶ **東南アジアが原産地のイモ類**。キャッサバ，ヤムイモほど生産量は多くないが，熱帯アフリカやオセアニアでは重要な主食となっている。

図2-2-1-21 モロコシ

図2-2-1-22 大豆

図2-2-1-23 ジャガイモ

図2-2-1-24 キャッサバ

☑☑☑ 綿花 ▶ **重要な繊維原料となる樹木作物**。**霜に弱いが乾燥に強い**ため，熱帯，亜熱帯，半乾燥地域まで世界中で広く栽培されている。繊維原料だけでなく，綿の実からは**綿実油**（めんじつゆ）が採取される。近年は，**灌漑施設の整備**により**半乾燥地域（BS）から乾燥地域（BW）にかけても，栽培地域が拡大**している。古くから栽培されてきたが，イギリスの産業革命以降，インドやアメリカ合衆国などで生産が拡大した。主要生産国は，**中国，インド，アメリカ合衆国**，ブラジル，パキスタンなど（図2-2-1-25参照）。

□□☑ 麻 ▶ **主に繊維原料となる作物**。衣料用の**亜麻**（あま），ロープや網に利用される**マニラ麻**，**サイザル麻**，包装用の**ジュート**（黄麻），医療用の**大麻**などがある（図2-2-1-26参照）。

☑☑☑ ジュート ▶ **インドを原産地とし，繊維原料となる作物**。穀物などを輸送する際の袋として広く利用されてきた。**高温多雨の低湿地**を好むため，**インド**や**バングラデシュ**の**ガンジスデルタ**での栽培が盛んで，世界生産量のほとんどがこの二か国で生産されている（図2-2-1-27参照）。

図2-2-1-25 綿花

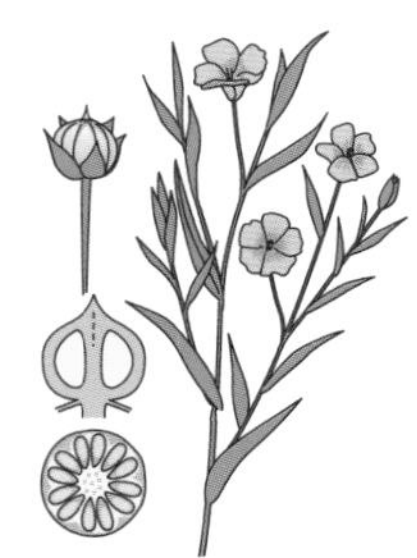
図2-2-1-26 麻

図2-2-1-27 ジュート

☑☑☑ ナツメヤシ ▶ **西アジアから地中海沿岸にかけてを原産地とするヤシ科樹木**。**高温乾燥に極めて強い**ため，**北アフリカや西アジアのオアシス**などで栽培されている。実（**デーツ**）は栄養価が高く，乾燥させると保存も利くため，乾燥地域の重要な食料になり，幹や葉は**建材**や燃料としても使用される。エジプト，サウジアラビア，イラン，アルジェリアなど**乾燥地域での生産が多い**（図2-2-1-28参照）。

図2-2-1-28 ナツメヤシ

☑☑☑ テンサイ ▶ **ヨーロッパ原産の根菜類**で，砂糖大根とも呼ばれる。**寒冷な気候でも栽培が可能**なため，ヨーロッパや北アメリカの高緯度地方で栽培が盛んである。**サトウキビと並ぶ糖料原料**で，しぼりかすや糖分が少ない種類は**家畜の飼料**に利用される。主要生産国は，**ロシア，フランス**，**ドイツ**，**アメリカ合衆国**など（図2-2-1-29参照）。

☑☑☑ サトウキビ ▶ **ニューギニア，東南アジアからインドにかけてを原産地とする糖料作物。生育期は高温多雨，収穫期は乾燥**を好むため，**Aw（サバナ気候）**〜Cw（温暖冬季少雨気候）地域での栽培が盛んである。最も重要な糖料作物の一つで，**ブラジル**と**インド**での生産が多く，**農作物の中では最も生産量が多い**。近年，ブラジルでは**バイオエタノール**の原料として需要が高まっている（図2-2-1-30参照）。

☑☑☑ オリーブ ▶ **地中海地方が原産地の硬葉樹で，高級な油脂作物**。乾燥に強く，実は**オリーブオイル**やピクルスの原料となる。**世界生産量の90%以上は，スペインやイタリアなどの地中海諸国**で，日本では香川県の小豆島で栽培が始められ，四国，九州など全国各地に広まった（図2-2-1-31参照）。

図2-2-1-29 テンサイ

図2-2-1-30 サトウキビ

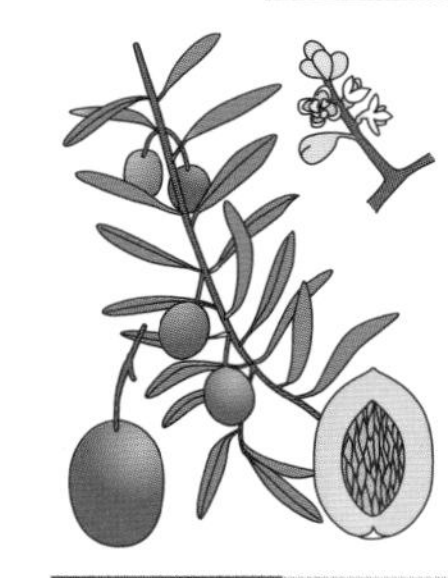
図2-2-1-31 オリーブ

☑□☑ コルクがし ▶ **地中海地方が原産地の硬葉樹**。**スペイン**や**ポルトガル**での生産が多く，樹皮から採取されたコルクは，防水，断熱，防音効果に優れる。ワインの栓や建築材などに利用されている。

□□☑ 月桂樹 ▶ **地中海地方が原産地の硬葉樹**。葉を乾燥させたローリエは**香辛料**として利用されている。若枝を編んだ月桂冠は，勝利と栄光のシンボルで，オリンピックのメダリストが冠にする。

☑☑☑ オレンジ ▶ **インドなどが原産地の柑橘類**。品種改良がなされ多くの種類があるが，**バレンシアオレンジはスペイン原産**。**温暖な気候**を好み，乾燥にも比較的強いため，**熱帯や地中海性気候地域での栽培が多い**。主要生産国は，**中国，ブラジル，インド**，アメリカ合衆国などで，アメリカ合衆国では**カリフォルニア州**の生産が多い。**輸出量はスペインが最大**。

□□☑ レモン ▶ **インドが原産地の柑橘類**。冬季温暖で夏季に乾燥する気候を好むため，地中海沿岸地方やカリフォルニア州など地中海性気候地域でも栽培が盛ん。日本では瀬戸内地方での栽培が多い。主要生産国は，**インド，メキシコ**，中国，アルゼンチン，ブラジルなど（図2-2-1-32参照）。

□□☑ グレープフルーツ ▶ **西インド諸島で発見された柑橘類**。熱帯から亜熱帯の気候を好み，**中国が世界生産の約50%**を占め，ベトナム，アメリカ合衆国，メキシコなどでの生産量が多い。

□□☑ リンゴ ▸ **中央アジアが原産地の果実類**。比較的**冷涼な気候でも栽培が可能**なため，栽培地は高緯度地方にも広がる。主要生産国は，**中国が世界生産の約50%**で，アメリカ合衆国，トルコ，ポーランドなどでも生産が盛ん。日本では**青森県**と**長野県**などでの生産が多い（図2-2-1-33参照）。

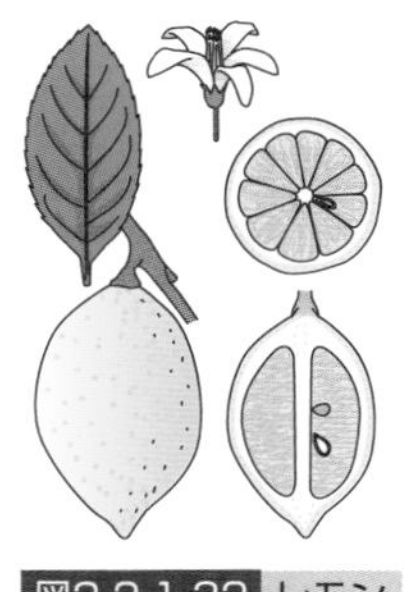

図2-2-1-32 レモン

図2-2-1-33 リンゴ

☑☑☑ カブ ▸ **中央アジアまたはヨーロッパが原産地の根菜類**。球形の根を食用とするほか，**飼料作物**としても重要。飼料用のカブは，栽培が容易で生育期間も短く，貯蔵性も高いため，ヨーロッパや日本などで冬季の牛の飼料として利用されている。

☑☑☑ クローバー ▸ **豆科の牧草**で，多くの種類があるが，ヨーロッパでは主に牧草として栽培されてきた。地表を覆う植物（グランドカバー植物）で，**土壌侵食を防ぐ**ほか，クローバーやレンゲなどの豆科植物の特性として，根に根粒をつくる根粒菌があり，大気中の窒素を固定して**土中に窒素養分を供給**する働きを持つため，**地力回復**にも役立つ。夏季の高温に弱いため，夏季に冷涼な北西ヨーロッパの気候に適している。

□□☑ アルファルファ ▸ **中央アジア原産の豆科の多年草**。乾燥に強く，クローバーと同様に**地力回復**にも役立つため，アルゼンチンの**パンパ**やアメリカ合衆国などでは，**牧草**として利用されている。

☑☑☑ バナナ ▸ **インドを原産地とする果実類**で，**主食用，飼料用，果実用**など種類も多い。**熱帯気候を好む**ため，東南アジアの山岳地帯やオセアニアでは重要な主食となる他，カリブ諸国や**エクアドル，フィリピン**などでは大規模な**プランテーション経営**もみられ，輸出量も多い。主要生産国は，インド，中国，インドネシア，ブラジル，エクアドルなどで，**輸出量はエクアドルが最大**（図2-2-1-34参照）。

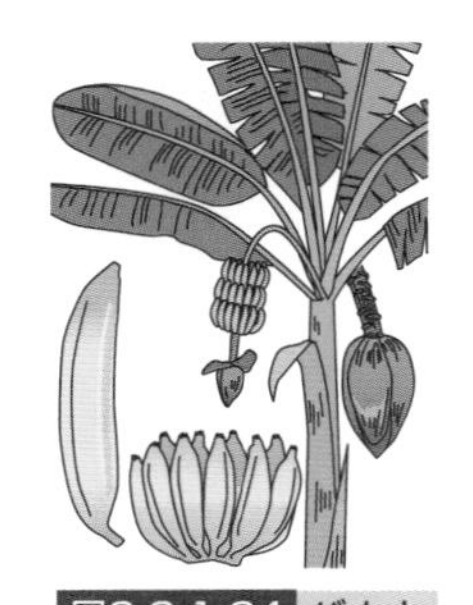

図2-2-1-34 バナナ

☑☑☑ コーヒー ▸ **東アフリカを原産地とする樹木作物**。生産量の大半は，東アフリカ（**エチオピア高原**）原産の**アラビカ種**だが，コンゴ地方原産の**ロブスタ種**はインスタントコーヒーやベトナムコーヒーの原料に利用される。**成長期に高温多雨，収穫期に乾燥**を必要とし，**排水良好な山麓，丘陵，高原を好む**ため，**Aw（サバナ気候）～Cw（温暖冬季少雨気候）**の高原で栽培が盛んである。主要生産国は，**ブラジル，ベトナム，コロンビア，インドネシア，エチオピア**などで，近年は**ベトナムの生産量が増加**している（図2-2-1-35参照）。

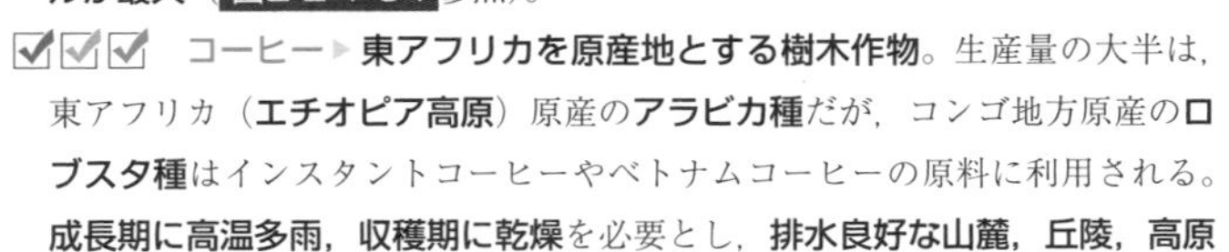

☑☑☑ カカオ ▸ **中南アメリカの熱帯地域を原産地**とする樹木作物で，**Af（熱帯雨林気候）の低地**を好む。種子の**カカオ豆**は，**ココアやチョコレートの原料**となる。カカオの木は**陰樹**（陽樹の対語で，日光に対する要求性が低い樹木のこと。カカオは発芽成長の際に強い直射日光を好まない）で，成木になるまでは他の木（**母の木**）の陰で育てる必要があるため，コーヒーなどと異なり，カカオだけを広大な面積で単一栽培するのが困難なことから，大規模なプランテーションより**小規模な農家が副業的経営を営むのに適している**（図2-2-1-36参照）。

☑☑☑ 茶 ▸ **東アジアが原産地の樹木作物**。**高温多雨で，排水良好な土地を好む**ため，**モンスーンアジ**

図2-2-1-35 コーヒー

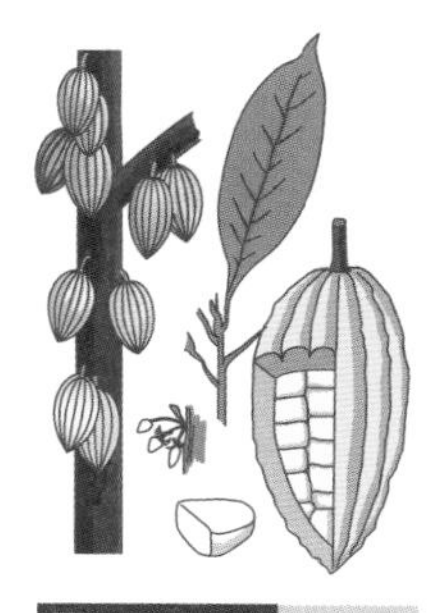
図2-2-1-36 カカオ

図2-2-1-37 茶

アの山麓，丘陵，高原などで栽培が盛ん。葉の加工法により，**紅茶**（生葉を発酵させた後に乾燥），**緑茶**（生葉を発酵させず乾燥），**ウーロン茶**（生葉を半発酵させた後に乾燥）などの種類があるが，世界の消費量の大半は紅茶。主要生産国は，**中国，インド，ケニア，スリランカ，ベトナム**など。**旧イギリス領**では，茶のプランテーションが発達（図2-2-1-37参照）。

☑☑☑ 油ヤシ▶**西アフリカのギニア付近を原産地とする樹木作物**。**高温多雨の熱帯**を好み，単位面積当たりの油脂量が大きいため，栽培が拡大している。果実からは**パーム油**，種子からはパーム核油が採取され，石けん・洗剤，**食用油**などに利用される。近年は**バイオ燃料**の原料としても注目されている。**パーム油生産量の約80%をインドネシアとマレーシアの二か国が占める**（図2-2-1-38参照）。

☑☑☑ ココヤシ▶**東南アジアを原産地とする樹木作物**。**高温多雨の熱帯**を好み，用途が広く，茎は建材，葉は屋根葺きやかごの材料，果実の皮はロープなどの繊維原料，果実の**ココナッツ**は食用になる。胚乳はココナッツミルクの原料や乾燥させてコプラになり，**コプラ油（ヤシ油）**が採取できる。主要生産国は，**フィリピン，インドネシア**など（図2-2-1-39参照）。

□□☑ サゴヤシ▶**樹幹から食用デンプンがとれるヤシ科などの樹木作物の総称**。主に熱帯地域で栽培され，**パプアニューギニア，東南アジア島嶼部**，インドなどで食されている。

図2-2-1-38 油ヤシ

図2-2-1-39 ココヤシ

☑☑☑ 天然ゴム▶**アマゾン盆地を原産地とする樹木作物・工芸作物**。**Af（熱帯雨林気候）の低地**を好み，5～6年で樹液（ラテックス）を採取できるようになり，採取できる期間は25～30年といわれる。古くはアマゾン川流域で栽培され先住民に利用されてきたが，**自動車産業の発展に伴って需要が拡大**した。イギリス人によって**マレーシア**に移植され，**プランテーション経営**が行われたことから，**東南アジアが主産地**になった。石油化学工業の発達で**合成ゴム**も台頭するが，環境負荷が小さいことなどから，**ゴム製品の重要な原料**になっている。**タイ，インドネシアで世界生産の約50%**を占める。

☑☑☑ 牛▶西アジアで家畜化されたといわれ，**牛肉，牛脂，牛皮，生乳，乳製品**などを得るだけでなく，農耕や運搬などを行う**役畜**としても利用されてきた。**熱帯，冷温帯，乾燥帯**など広範囲で飼育され，**肉牛，乳牛**など多くの種類がある。主要飼育国は，**ブラジル，インド**，アメリカ合衆国，中国など

（図2-2-1-40参照）。

☑☑☑ 羊▶西アジアで家畜化されたといわれ，山羊より**毛**，**脂肪**などの採取に優れる。**粗食に耐え，乾燥に強く，気温への適応力も高い**ため，世界中で飼育されている。品種改良によりスペイン原産の**メリノ種**などの**毛用種**や，**肉用種**，**毛肉兼用種**など多くの種類が生まれた。主要飼育国は，**中国**，インド，オーストラリアなど。羊毛の輸出は，**オーストラリア**，**ニュージーランド**が多い（図2-2-1-41参照）。

図2-2-1-40 牛

☑☑☑ 豚▶イノシシを家畜化したもので，おもに**肉**を得る。ハム，ソーセージ，ベーコンなど加工品の種類も多い。環境への適応力が高く，**狭い場所で多くの頭数を飼育できる**ことから，乾燥地域以外では広く飼育されている。**イスラーム圏では，「不浄」であるとして飼育されず，豚食も禁止**されている。**中国**での飼育頭数が極めて多く，アメリカ合衆国やヨーロッパの混合農業地域でも多数飼育されている（図2-2-1-42参照）。

©Dmitry Djouce

図2-2-1-41 羊

☑□☑ 鶏▶東南アジアから中国において家畜化された。**卵**や**肉**を得ることを目的として飼育される**家禽**（かきん）で，卵用品種，肉用品種などさまざまな種類がある。卵，肉ともに単位飼料における生産性が高く，宗教禁忌（きんき）にもほとんど触れないことから，世界各地で飼育されている。主要飼育国は，**アメリカ合衆国**，**中国**，インドネシア，ブラジルなどで，輸出量は**ブラジル**，**アメリカ合衆国**が多い（図2-2-1-43参照）。

□□☑ ブロイラー▶**食肉用に改良された鶏**で，短期間で成長させることを目的とした品種の総称。通常の鶏は出荷するまで4～5か月かかるが，ブロイラーは40～50日で可能になる。**ブラジル**，**中国**，**タイ**などの生産量が多い（図2-2-1-44参照）。

©kallerna

図2-2-1-42 豚

☑☑☑ 山羊（やぎ）▶西アジアで家畜化されたといわれ，おもに**乳**や**肉**の採取を目的として飼育される。羊と同様に**粗食に耐え，厳しい自然環境下でも飼育が可能**なため，乾燥地域や山岳地域では重要な家畜である。中国やインドなど**発展途上国を中心に飼育**されている（図2-2-1-45参照）。

☑☑☑ ラクダ▶西アジアや中央アジア原産の家畜で，**砂漠などの乾燥気候にも適応**できるため，**北アフリカ**や**乾燥アジア**で飼育されている。遊牧民にとって重要な**乗用**，**荷役**（にやく）**手段**で，**乳**や**肉**も利用される（図2-2-1-46参照）。

☑☑☑ トナカイ▶**北極圏周辺**に生息するシカの一種で，群れを形成し季節によってえさを求めて移動するが，家畜化されたものが多い。夏は草や葉を食べるが，冬は角（つの）や蹄（ひづめ）で雪をかき分け，コケなどを食べる。北極海周辺に居住する人々にとっては，**肉**，**乳**，**毛皮**などの重要な供給源になる（図2-2-1-47参照）。

図2-2-1-43 鶏

図2-2-1-44 ブロイラー

図2-2-1-45 山羊

図2-2-1-46 ラクダ

図2-2-1-47 トナカイ

図2-2-1-48 ヤク

図2-2-1-49 リャマ

図2-2-1-50 アルパカ

☑☑☑ ヤク▶**チベットからヒマラヤ地方**にかけて飼育されている牛の一種。体毛が長く，**寒冷乾燥に強い**。**肉，乳，毛**を利用する（図2-2-1-48参照）。

☑☑☑ リャマ▶ペルーやボリビアなどの**中央アンデスの高地を中心に飼育**されているラクダの一種。**荷役**（にやく）や**毛，皮，肉**などに利用されている（図2-2-1-49参照）。

☑☑☑ アルパカ▶リャマと同様に**中央アンデスの高地を中心に飼育**されているラクダの一種で，良質な**毛**が採取できるため，衣類など繊維原料として重要である（図2-2-1-50参照）。

3 世界の水産業

① 水産業の成立条件と世界の水産業

☑☑☑ 水産業▶**漁業，水産養殖業に加え，水産加工業など水産物を取り扱う産業**のことで，広義には製塩業を含むこともある。

☑☑☑ 漁業▶**魚介類**（魚類，貝類，海藻など）**を捕獲したり採取したりする産業**で，海洋で行われる**海面漁業**と湖沼や河川で行われる**内水面漁業**がある（図2-2-1-51参照）。

☑☑☑ プランクトン▶**水中の浮遊生物**で，**植物性プランクトン**と**動物性プランクトン**がある。大陸棚やバンクに多く，特に潮目に多い。

☑☑☑ 大陸棚▶**水深約200mまでの浅海底**。**氷期の海面低下時に形成された堆積平野**で，その後の海面上昇により大陸の縁辺から緩やかに傾斜した海底となった。魚類の餌となる**プランクトンが豊富**なため，魚類の産卵地となり**好漁場**となる。

☑□☑ バンク（浅堆（せんたい））▶**大陸棚上の特に水深が浅い海底**で，**好漁場**となる。北海の**ドッガーバンク**，北アメリカ大西洋沖の**グランドバンク**などがある。

☑☑☑ 潮境（しおざかい）（潮目（しおめ））▶**異なった性質の海水が接するところで，寒流と暖流が出合う海域**。海面上は**潮目**と呼ばれ，寒暖両流の魚類が集まりやすい。また，**湧昇流**の発生に伴って，深層に多い栄養分が上昇するため，プランクトンが繁殖しやすく，**好漁場**を形成する。暖流の**北大西洋海流**と寒流の**東グリーンランド海流**の潮境，暖流の**日本海流**（**黒潮**）と寒流の**千島海流**（**親潮**）の潮境などが代表的。

☑☑☑ 湧昇流（ゆうしょうりゅう）▶**海洋の深層水や中層水が表層にわき出してくる海水の流れ**で，寒流と暖流が会合する潮境や，ペルー海流のように沿岸から沖に向かって海水が移動する場合に生じる。湧昇流とともに，**栄養塩類が上昇**してくることから，好漁場になる。

☑☑☑ 沿岸漁業▶おおよそ**領海内で行われる漁業**で，一般に零細な漁家による経営が中心。

☑☑☑ 沖合漁業▶沿岸漁業と遠洋漁業の中間的な漁業で，おもに**200海里の排他的経済水域を中心に操業**する。

☑☑☑ 遠洋漁業▶大資本のもと，大型漁船を用いて，**排他的経済水域から公海にかけての海域で数ヶ月以上操業する漁業**で，マグロ，カツオ，イカなどを捕獲する。19世紀後半以降，漁船の動力化や冷凍船の発明によって，急速に発展。

□□☑ 海面漁業▶**海で営まれる漁業**で，内水面漁業に対する用語。

□□☑ 内水面漁業▶**河川，湖沼で営まれる漁業**のことで，日本の内水面漁獲量は多くないが，浜名湖や宍道湖（しんじこ）などで行われている。**中国では，古くから長江などでの内水面漁業が盛ん**で，**内水面養殖業**も発達している。

☑☑☑ **水産養殖業** ▸ **魚介類を人工的に育てること**で，ハマチ，ウナギ，エビ，カニ，カキなどを種苗から生産する。日本では，**ホタテ（北海道，青森），カキ（広島），ノリ（兵庫，佐賀），ハマチなどのブリ類（愛媛，鹿児島），コンブ・ワカメ（岩手），タイなどの海面養殖**と**ウナギなどの内水面養殖**も行われている。**ベトナム**や**インドネシア**などでは**温暖な気候**と**豊富な低賃金労働力**をいかし，**エビ**の養殖が行われ，日本へ輸出している。**先進国では漁業生産量＞水産養殖業生産量，発展途上国では水産養殖業生産量＞漁業生産量**となる傾向にある。

☑☑☑ **栽培漁業** ▸ **魚介類を人工的に受精・孵化させて育成した稚魚や稚貝をいったん放流し，自然界で成長した魚介類を再び漁獲する漁業**。水産養殖業とともに**水産資源を保護**するという点から注目されている。また，高級マグロとして人気のあるクロマグロ，ミナミマグロの天然物をとらえ，いけすで育てて脂をのせる**畜養**も盛んになっている。

☐☐☑ **国際捕鯨委員会（IWC：International Whaling Commission）** ▸ **鯨資源の保存と捕鯨産業の秩序ある発展を図ることを目的に設立された国際機関**で，日本は1951年に加盟した。**1988年から商業捕鯨が禁止**されたが，日本を中心に行われている科学目的の調査捕鯨や伝統的に鯨を食料にしてきた先住民による小規模な捕鯨は認められている。**日本は，持続可能な捕鯨は可能であると主張**し，**2019年にIWCを脱退**し，EEZ内での**商業捕鯨を再開**した。

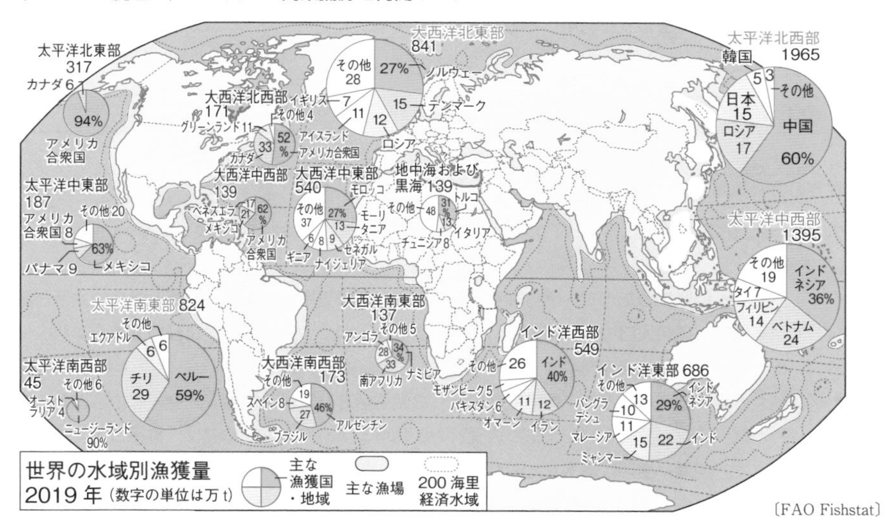

図2-2-1-51 世界の水域別漁獲量

② 世界の主な漁場

☑☑☑ **北西太平洋漁場** ▸ **日本近海のカムチャツカ半島沿岸から東シナ海に至る漁場**で，暖流の**黒潮**と寒流の**親潮**が**潮目（潮境）**を形成し，**大陸棚**にも恵まれる。**世界最大の漁獲量を誇る漁場**で，**中国，日本，韓国，ロシア**などが出漁している。この海域北部では，サケ・マス，タラ，サンマ，ニシン，カニ，南部ではイワシ，サバ，カツオ，マグロなどが漁獲される。

☐☐☑ **寒海魚** ▸ **寒海性魚類**とも呼ばれ，比較的海水温が低い海域に生息する魚類。**サケ・マス類，ニシン，タラ**，カレイなどで，おもに**中高緯度の海域**で捕獲される。

□□☑ 暖海魚 ▸ **暖海性魚類**とも呼ばれ，比較的海水温が高い海域に生息する魚類。**マグロ，カツオ，サンマ，マイワシ，ブリ**などで，おもに**中低緯度の海域**で捕獲される。

☑☑☑ 北東太平洋漁場 ▸ **アラスカからカナダの西岸を中心とする漁場**で，フレーザー川やユーコン川での**サケ・マス漁**などが行われる。

☑☑☑ 北東大西洋漁場 ▸ **北海を中心とし，アイスランド，スカンディナヴィア半島沿岸からフランスのビスケー湾にかけての漁場**。暖流の**北大西洋海流**と寒流の**東グリーンランド海流**が**潮目**を形成し，**大陸棚**やドッガーバンクなども発達している。**ノルウェー，デンマーク，アイスランド**などが出漁し，おもに**ニシン，タラ，サケ**などが漁獲される。

☑☑☑ 北西大西洋漁場 ▸ **カナダ東部のニューファンドランド島近海からアメリカ合衆国東部のニューイングランド沿岸の漁場**。暖流の**メキシコ湾流**と寒流の**ラブラドル海流**が**潮目**を形成し，**大陸棚**やジョージバンク，バンケローバンク，グランドバンクなどにも恵まれる。おもに**タラ，ニシン**，カレイなどが漁獲される。

☑☑☑ 南東太平洋漁場 ▸ **ペルー沖からチリ北部にかけての漁場**。**寒流のペルー海流**とともに回遊してくる**アンチョビー**（カタクチイワシ科）の漁獲が盛んである。**ペルー**では，アンチョビーを**乾燥・粉砕した魚粉（フィッシュミール）**に加工し，**飼料**や**肥料**として輸出している。近年，**チリ**では，北欧のノルウェーとともに**フィヨルドを利用してのサケ・マス養殖**が発達し，日本への輸出も多い。

4 食料問題

① 世界の食料問題

☑☑☑ 国連食糧農業機関（FAO：Food and Agriculture Organization of the United Nations）
▸ p.236参照

☑☑☑ 飢餓（きが） ▸ **長期間にわたって，十分な食料が与えられず栄養不足となり，生存と社会的生活が困難になっている状態**。**飢餓人口**のほとんどは，**発展途上国**の人口で，**アジア，アフリカ**を中心に約7億人と言われている（2019年，国連資料による）。飢餓の主な原因は，貧困，紛争，自然災害などによる。

☑☑☑ 飽食（ほうしょく） ▸ **食べ飽きるほどに，豊富でぜいたくな食生活をしている状態**。**先進国**を中心に食料の過剰生産が行われ，余剰な食料を廃棄するなど食料の不均衡が生じている。飽食は，**食品ロス（フードロス）**だけでなく，**肥満**や**生活習慣病**などの健康問題も発生させる。

☑☑☑ 緑の革命（Green Revolution） ▸ **第二次世界大戦後，おもに発展途上の熱帯地域における穀物の増産を目指し，高収量品種の開発・導入が行われ，農業生産力が増加した社会現象**。**FAO（国連食糧農業機関）**やアメリカ合衆国などの企業が主導し，**国際稲研修所（フィリピン）**，**国際トウモロコシ・小麦改良センター（メキシコ）**などが設立され，特にフィリピンで開発された**IR8**という**高収量の稲**が開発されて以降，東南アジアや南アジアの米などの食料生産が飛躍的に増加した。

☑☑☑ 高収量品種 ▸ **単位面積当たりの収穫量が多い品種**で，米，小麦などを中心に品種改良が進んでいる。一般に，**優良品種を交配させて作り出した一代雑種**で，**在来種より病虫害に弱く，十分な水や肥料を必要**とするため，**農薬，化学肥料の投下，灌漑の整備**が不可欠である。このため，高収量品種を導入できる農家とできない農家との間では格差が拡大する傾向にある。

□□☑ IR8 ▸ **フィリピンで開発された稲の高収量品種**。フォード財団とロックフェラー財団の支援を受け，フィリピンが設立した国際稲研究所（IRRI）で，1960年代に開発された。「**ミラクルライス**」とよばれるほど，単位面積当たりの収量が多く，後にはインドでも導入された。

☑☑☑ フードロス（食品ロス）▶ **食べることができるのに，廃棄されてしまう食品**のこと。特に，**先進国では食料が日常的に，しかも大量に廃棄**されている。食品を**廃棄しない工夫**や**余った食品を必要とする人々に届けるシステム**の構築，**有機肥料への転換による再利用**など，さまざまな取り組みが行われている。

☑□☑ フードバンク ▶ **包装の傷みなどで，品質に問題がないにもかかわらず廃棄されるような食品を，企業などから寄付を受け，生活困窮者などに提供する活動や団体**。企業にとっても廃棄にかかる費用を抑制でき，食品ロスを減少させることができる。

☑☑☑ NERICA（New Rice for Africa）▶ **アフリカの食糧事情を改善するために開発された稲の品種の総称**。アジアイネとアフリカイネの雑種から育成され，陸稲と水稲がある。在来のアフリカイネより**単位面積当たりの収量（単収）が多く**，アジアイネより**栽培期間が短く，乾燥や病虫害に対する耐性が高い**。

☑□☑ 栄養不足人口 ▶ **健康と体重を維持し，生活を営むために必要な栄養を十分に摂取できない慢性的な飢餓状態の人口**で，世界に約**7億人**が存在すると推計されている（2020年）。FAOによると成人男性が通常の生活を行うのに必要な熱量は，1人1日あたり2,700kcal以上だとされている。**栄養不足人口は，アジアが最も多く**次いでアフリカだが，**栄養不足人口の割合は，サハラ砂漠以南のアフリカ諸国で高い**。

☑☑☑ 干ばつ ▶ **長期間の水不足**のことで，干ばつによる被害を**干害**という。干ばつは，**農作物の収穫減少**，**自然火災の発生**などを引き起こし，難民や国内避難民を発生させることもある。

☑☑☑ 過耕作 ▶ **人口増加により，耕作適地でない土地を耕地化したり，休閑地を短縮することにより地力を低下させること**。過放牧とともに**砂漠化**の要因の一つとなる。

☑☑☑ 過放牧 ▶ **草地の再生力を超えて，家畜を放牧すること**。人口増加によって，**サヘル地域**では過放牧による**砂漠化**が進行している。

☑☑☑ モノカルチャー（単一耕作）▶ **特定の商品作物の生産に依存すること**。**効率的に栽培できる**が，**気象災害や市場の動向の影響を受けやすく**，凶作や国勢情勢の不安定化などにより，国の経済に与える影響が大きい。アフリカ諸国などでは，商品作物の栽培を重視することから，自給用穀物の栽培が十分に行われていない国も多い。

☑☑☑ 食料自給率 ▶ **食料の国内消費量に対する国内生産量の割合**で，**品目別自給率**と**総合食料自給率**の2種類があり，品目別自給率は，**国内生産量／国内生産量＋輸入量－輸出量**＋在庫の増加量（または減少量）で算出され，総合食料自給率は熱量で換算する**カロリーベース**，重量に換算する**重量ベース**，金額で換算する**生産額ベース**の指標がある。日本，オランダなどの先進国，西アジア，北アフリカなどの産油国，サハラ以南の発展途上国は穀物の自給率が低い。

☑□☑ 食料援助 ▶ **食料不足に直面している発展途上国などに対して，穀物などの農作物の支援を目的として行う無償資金協力**。サハラ砂漠以南（サブサハラ）のアフリカ諸国では，外貨が不足し食料不足を援助に依存している。食料援助は，FAO，WFPなどの国際機関を通じ**食料物資**の援助だけでなく，**資金援助**，**技術援助**などさまざまな形態で行われている。

☑□☑ 国連世界食糧計画（WFP：World Food Programme）▶ **食料不足の国への食料援助と自然災害や内戦などによる被災国に対して緊急援助を行う国際連合の機関**で，FAOや各国政府などと連携し活動を行っている。

☑☑☑ フェアトレード（fairtrade）▶**発展途上国の農産物などを先進国の消費者が中心となって適正な価格で購入（輸入）し，生産者や労働者の生活改善と自立を目指す貿易の仕組み**。発展途上国では，生産費を抑制するために過度な低賃金労働を強いられたり，生産性を向上させるために必要以上の農薬を投入して環境破壊や健康被害に及ぶといった事態が生じている。環境に優しく，かつ高品質な農産物を生産できるようにするには，**生産者の労働環境改善**や**生活水準の保障**，**環境への配慮**がなされた**持続可能な農業や貿易**を行う必要がある。

② 日本の食生活の変化と食料問題

☑☑☑ 日本人の主食▶**伝統的に米を主食**としてきたが，第二次世界大戦後は，**食の西洋化や多様化**が進み，**パン，乳製品，肉類，油脂類の消費が増加**したことから，**米の消費量が減少**している。

☑☑☑ 日本の遺伝子組み換え作物（GMO）の対応▶遺伝子組み換え作物や，遺伝子組み換え作物を飼料として飼育された畜産物の輸入増加により，食の安全性が問題となり，2001年からは**遺伝子組み換え作物を使用した食料品には，表示が義務**づけられている。

☑☑☑ 食の安全性▶**食品や食文化の安全性のことで，安全でない食料が流通する社会を危惧する考え方**。食の安全性の確保は，国民の健康を守るために極めて重要である。

☐☐☑ トレーサビリティシステム（生産流通履歴情報把握システム）▶**食料品の安全性を管理するため，食料品に関して生産，処理，加工，流通，販売の段階で記録をとり，原産地をはじめとする流通経路などを履歴に残すこと**。BSE問題から牛肉に，事故米穀問題（カビ，農薬）からコメ・米加工品に，トレーサビリティ制度が義務づけられている。

☑☐☑ フードマイレージ（food mileage）▶**輸入食料（フード）の量に，その生産地から消費地まで輸送した距離（マイレージ）をかけて算出した数値**で，食料輸入による温室効果ガスの排出など地球環境への負荷の大小をはかる指標のこと。日本は食料輸入量が多いこと，アメリカ合衆国など遠隔地からの輸入が多いことから，**フードマイレージ，1人当たりフードマイレージが世界最大レベル**であるといわれている。

☑☑☑ ヴァーチャル・ウォーター（仮想水）▶**食料輸入国は食料輸出国が農作物の栽培や家畜の飼育のために使用した水を，間接的に輸入しているという考え方**で，食料を輸入している国がもしその輸入食料を国内で生産するとしたらどれくらい水を消費するのかを示す。ヴァーチャル・ウォーターの移動による世界的な水の不均衡や水不足が指摘されるようになった。

☑☑☑ 地産地消▶**地域生産・地域消費**の略語で，地域で生産された農産物を地域で消費することによって，**エネルギーの節約**や**輸送コストの逓減**，**鮮度や安全性の確保**などが期待されている。

☑☐☑ 植物工場▶**ハウスなどの施設内で，気温などの栽培環境制御を計画的に行い，野菜，果実などの農作物を一年中生産できる施設**。太陽光を利用する**太陽光型植物工場**，ICTを利用して栽培環境制御を行う**人工光型植物工場**などがある。植物工場での作業は，通常の農家と異なり，植え付け，収穫，出荷などの**工程が分業化**されており，農業経験がない人も働くことができ，雇用創出が期待される。

5 世界の林業

☑☑☑ 林業▶**有用な木材を森林から伐採すること**で用材や薪炭(しんたん)材などの**生産物を得る**活動。

☑☑☑ 森林 ▶ **広範囲に樹木が密集しているところ。**世界の**陸地面積の約30%**を占める。森林は，**用材**（産業用の原材料）や**薪炭材**（燃料）などの**林産資源の供給**だけでなく，**水源涵養林としての水分保持，防風林，防砂林としての保安林，山地の崩落や土壌侵食の防止，海や河川への栄養分の供給，二酸化炭素の吸収，野生生物の生息地や森林浴としての場の提供**など**多面的な機能**を持っている。

☑☐☑ 林相（りんそう） ▶ **森林の生育形態**で，密林，疎林や，熱帯林，温帯林，亜寒帯林あるいは熱帯雨林，熱帯季節風林，広葉樹林，針葉樹林などさまざまな形態に分けられる。

☑☑☑ 熱帯林 ▶ **熱帯地域に生育する森林**で，**熱帯雨林**，**熱帯季節風林**などがある。**多様な樹種**からなり，**常緑広葉樹**の硬木が多い。建築材，船材などに用いられる**チーク材**や，合板材，家具材に用いられる**ラワン材**など有用材も多い。

☑☑☑ パルプ用材 ▶ **紙の原料となるパルプ（木材繊維）を抽出するために用いられる木材。**かつてはアメリカ合衆国，カナダ，ロシアなどの**針葉樹が中心であったが**，近年はブラジル，インドネシアなどの**広葉樹の利用も増加**している。

☑☑☑ 薪炭材（しんたん） ▶ **燃料としての薪（まき）に使用される木材**で，熱帯の**発展途上地域**をはじめ世界の木材生産量の約50%を占める。薪炭も**バイオマスエネルギー**の一つ。

☑☑☑ 温帯林 ▶ **温帯に分布する森林**で，低緯度では**常緑広葉樹**，高緯度では**落葉広葉樹と針葉樹の混合林**がみられ，**人工林**が多い。

☑☑☑ 天然林 ▶ **自然の力で育ち，伐採や植林が行われていない森林。**なかでも，**原生林**は過去に伐採されたことがなく人為的な影響がない森林のこと。

☐☐☑ 二次林 ▶ 天然林が伐採や自然災害によって失われた後に，**自然に再生した森林。**

☑☑☑ 人工林 ▶ 天然林の伐採後に，**植林などを行い人為的に育てられた森林**で，温帯林や亜寒帯林が分布するヨーロッパなどの**先進国では，人工林の割合が高い。**

☑☑☑ 亜寒帯林（冷帯林） ▶ **亜寒帯（冷帯）に分布する森林**で，樹種がそろった**タイガ（北方林）**とよばれる**針葉樹林**が広がる。軟木が多く，建築用材や**パルプ用材**などに使用されている。

国　名	木材伐採高（千m³）	用　材（千m³）	薪炭材（千m³）	うち針葉樹の割合（%）
アメリカ合衆国	459,129	387,702	71,427	71.1
インド	351,761	49,517	302,244	4.3
中　国	340,119	180,237	159,882	27.4
ブラジル	266,288	142,989	123,299	16.9
ロシア	218,400	203,194	15,206	79.2
カナダ	145,168	143,994	1,174	80.6
インドネシア	123,757	83,346	40,411	0.01
エチオピア	116,082	2,935	113,147	6.8
コンゴ民主共和国	91,313	4,611	86,702	—
ナイジェリア	76,563	10,022	66,541	—
ドイツ	76,167	53,425	22,742	73.6
スウェーデン	75,500	68,500	7,000	88.1
日　本＊	30,349	23,417	6,932	69.3
世界計	3,969,368	2,024,660	1,944,708	35.2

※＊は生産上位国ではない。統計年次は2019年。

〔世界国勢図会2021/22〕

図2-2-1-52 主な国の木材生産量

☑☑☑ 用材（産業用材）▶ **建築，家具，船舶などの原材料に用いられる木材**で，燃料に使用される薪炭材に対する用語。パルプ用材を含む場合もある。**先進国では用途の大半が産業用材としての利用**である。

☑☑☑ 合板 ▶ **薄く切った板を何枚も貼り合わせた板**で，家具や建築に用いられる。日本はマレーシアからの輸入が多い。

☑☑☑ 丸太輸出禁止（原木輸出規制）▶ おもに**熱帯林の保護**と**自国産業の育成**を目的として，**丸太のままでの輸出を禁止（規制）すること**で，東南アジアのフィリピン，インドネシア，マレーシアなどで実施されている。これらの国々では合板，家具などの加工品を輸出している。

☑☑☑ 水源涵養（かんよう）▶ **樹冠**（じゅかん）（樹木の上部，枝や葉が集まった部分）**や森林土壌で水を滞留**（たいりゅう）**し，河川への流出量や流出時間をコントロールしたり，地下水を形成する機能**。

□□☑ 水源涵養林（かんよう）▶ **水源涵養機能を有する森林**。日本では水資源確保のために山地や河川流域に水源涵養林の整備が進められている。

☑☑☑ 防風林 ▶ **強風から耕地や家屋を守るために設けられた保安林**。風の影響を受けやすい**海岸地域**に設けられることが多い。飛砂（ひさ）を防ぐための保安林は，**防砂林**と呼ばれる。

6 日本の農林水産業

① 日本の農業

□□☑ 販売農家 ▶ **経営耕地面積が10a以上，または年間の農業生産総販売額がある一定の金額以上の規模の農家**。農林水産省は，農家の分類を**販売農家，自給的農家，主業農家，準主業農家，副業的農家，専業農家，兼業農家**などに分類している。

□□☑ 主業農家 ▶ **販売農家のうち，農業所得が農業外所得以上で，年間に60日以上農業に従事する65歳未満の者がいる農家**。主業農家は，日本の農家総数の約**15%**を占める。

□□☑ 準主業農家 ▶ **販売農家のうち，農業外所得が農業所得以上で，年間に60日以上農業に従事する65歳未満の者がいる農家**。

□□☑ 副業的農家 ▶ **販売農家のうち，農業外取得が農業所得以上で，年間に60日以上農業に従事する65歳未満の者がいない農家**。

□□☑ 自給的農家 ▶ **経営耕地面積が30a未満で，かつ年間の農業生産総販売額が一定の金額に満たない農家**。

☑☑☑ 生産調整（減反（げんたん）政策）▶ **1969年から実施された米の作付け面積を制限する減反を奨励した政策**。第二次世界大戦後も，米はすべて政府が買い入れ，価格は保証されていたが，**高度経済成長**に伴う食生活の多様化で，**米の消費量が減少**し**余剰米**が生じたため，生産調整を行うことになった。**2018年に減反は廃止**。

□□☑ 自主流通米 ▶ 政府が農家から買い入れる**政府米**に対して，政府が米の価格に関与せず，**米生産者の委託を受けた指定業者が消費者に自由に販売できる米**のこと。現在は自主流通米が主流になっている。

☑☑☑ 促成栽培 ▶ p.112参照

☑☑☑ 抑制栽培 ▶ p.112参照

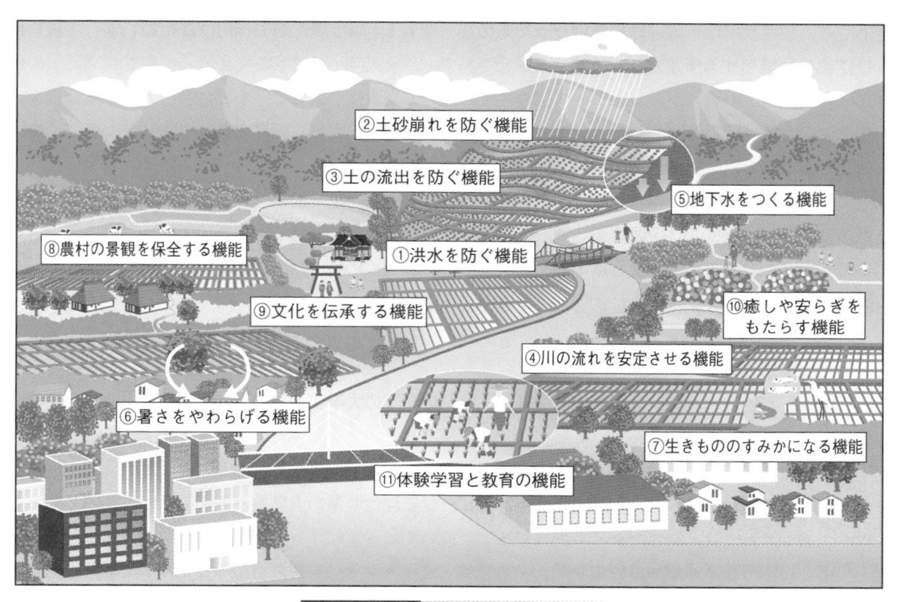

図2-2-1-53 中山間地域の模式図

	2005	2010	2015	2019	2020(概数)	増減率(%)
経営体(千経営体)	2 009	1 679	1 377	1 189	**1 076**	**−21.9**
個人経営体	…	1 644	1 340	…	1 037	−22.6
団体経営体	…	36	37	…	38	2.6
法人経営体	…	22	27	…	31	**13.0**
経営耕地面積(千ha)	3 693	3 632	3 451	3 532	**3 257**	−5.6
田	2 084	2 046	1 947	1 997	1 806	−7.2
畑	1 380	1 372	1 316	1 348	1 295	−1.6
樹園地	229	214	189	186	156	−17.3
1経営体あたり(ha)	1.9	2.2	2.5	3.0	**3.1**	**21.5**
北海道	20.1	23.5	26.5	28.5	30.6	15.5
都府県	1.4	1.6	1.8	2.2	2.2	19.3
総農家(千戸)	2 848	2 528	2 155	…	**1 747**	**−18.9**
販売農家	1 963	1 631	1 330	1 130	1 028	−22.7
自給的農家	885	897	825	…	720	−12.8

農林水産省「農林業センサス累計統計」,「2020年農林業センサス結果の概要(概数値)」により作成。センサスは全数調査で5年ごとに実施される。2019年は農林水産省「農業構造動態調査」(標本調査でセンサスの数値と厳密には接続しない)による。2005年調査以降,「農業センサス」は「林業センサス」と統合され,「農林業センサス」として実施される。増減率は,2020年調査結果と2015年調査結果との比較。
農業経営体:一定規模以上の農産物の生産を行う者,または農業委託サービスを行っている者(団体の場合は代表者)。
経営耕地:農業経営体が経営している耕地のことで,けい畔(農作物栽培のために必要なもので,畔(あぜ)のこと)を含む。自作地(自ら所有している耕地)と借入耕地の合計。
総農家:自家消費用も含めて農業を行うすべての世帯。
販売農家:販売用の農産物を主に生産する世帯。

図2-2-1-54 日本の農業経営体と農家数

☑☑☑ **耕作放棄地**▶**以前は耕作地だったものが，過去1年以上農作物の作付けが行われず，今後も再び作物の栽培をする予定がない地域**（農業センサスによる定義）。日本の農業は，生産費が高く，安価な輸入農産物との競争が厳しいこと，他の産業に比べて生産性が低いことなどの理由から，**農業就業人口は減少**を続けている。しかし，農地の転売や土地利用の用途変更が困難なこともあって，特に，**中山間地域**では**高齢化**や**後継者不足**により，**耕作放棄地が増加**している。

☑☑☑ **中山間地域**▶日本の農業地域類型区分（都市的地域，平地農業地域，中間農業地域，山間農業地域に4分類）のうち，**中間農業地域と山間農業地域を合わせた地域**で，**平野の外縁部から山間地**にかけてをいう。日本では，**国土面積の約70%**，耕地面積の約40%，農家総数の約40%を占めている（図2-2-1-53参照）。

② 日本の水産業

☑☑☑ **日本の沿岸漁業**▶**経営規模は零細**で，**日本の漁家の大半が沿岸漁業に従事**している。漁獲量は乱獲，海洋汚染，埋め立てなどによって1980年代後半以降減少している。

☑☑☑ **日本の沖合漁業**▶**日本の漁獲量の約40%**を占める。**乱獲**，**海水温の変化**などが原因で，イワシ類などの漁獲量が減少し，**1980年代半ばをピークに沖合漁業の漁獲量が激減**したが，2000年代にはサバ，カツオ，イワシ，イカなどの漁獲が増加している。

☑☑☑ **日本の遠洋漁業**▶母船式サケ・マス漁業，遠洋カツオ一本釣り漁業など，**かつては沖合漁業とともに日本の漁業の中心**であったが，**石油危機による燃料費の高騰**，**排他的経済水域の設定**などにより，**1973年をピークに激減**した。

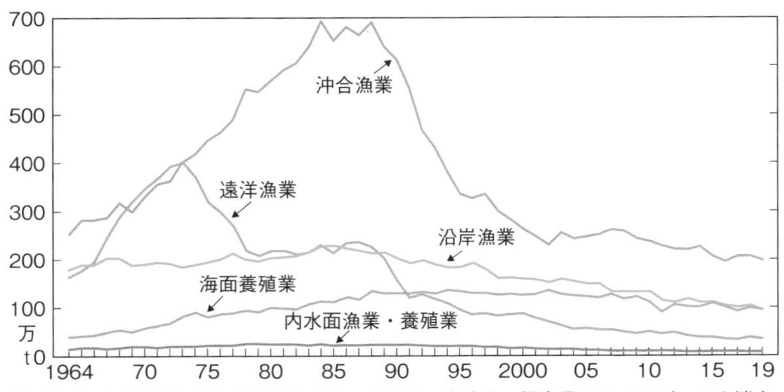

2011年は，東日本大震災の影響により，岩手県，宮城県，福島県においてデータを消失した調査対象は含まない。

〔日本国勢図会〕

図2-2-1-55 漁業種類別生産量の推移

③ 日本の林業

☑☑☑ **日本の森林**▶**国土の約70%**を占め，**北海道東部には針葉樹**，**北海道西部から本州中部にかけては落葉広葉樹**，**本州南部から九州にかけては常緑広葉樹**が分布している。日本の林業は，**私有林**が大半を占め，**零細な経営**が多い。また，**山地林が大部分**を占めることから，伐採や搬出に費用がかかり，

高齢化・後継者不足，1960年代からの輸入自由化などにより林業経営が厳しくなっている。

□□☑ 私有林▶**個人や企業が所有する森林**で，森林面積の約**60%**を占めている。日本の森林は小規模な私有林が多い。

□□☑ 国有林▶林野庁をはじめ**国の機関が所有する森林**で，森林面積の約**30%**を占めている。比較的規模が大きく，森林の多面的機能を発揮する上で重要な役割を果たしている。

□□☑ 公有林▶**都道府県や市町村が所有する森林**。

□□☑ 緑の雇用▶**林業へ新規参入する労働者に対する雇用支援制度**。過疎化・高齢化に悩む山村地域の活性化を図る。

第2節 エネルギーと鉱産資源

1 エネルギー資源

☑☑☑ エネルギー資源▶産業や運輸，消費などに必要な**熱や光，電力，動力などを生むエネルギーのもとになるもの**。石炭・石油・天然ガスなどの**化石燃料**や，太陽光・風力・地熱などの**自然エネルギー**のほか，薪炭材・動物の糞・バイオエタノールなど生物由来の**バイオマスエネルギー**，ウランなどの**原子力燃料**などがある（図2-2-2-1参照）。

エネルギーの種類	1960	1971	1980	1990	2000	2010	2018	
固体燃料	1,362	1,436	1,800	2,225	2,279	3,546	3,894	27.0%
液体燃料	901	2,552	3,173	3,241	3,703	4,077	4,553	31.6
ガス体燃料	408	903	1,240	1,688	2,060	2,715	3,293	22.8
バイオ*	−	617	741	905	1,024	1,286	1,324	9.2
電力**	59	137	347	747	961	1,127	1,358	9.4
計	2,730	5,644	7,302	8,809	10,029	12,808	14,421	100

単位は百万トン（石油換算）。＊バイオ燃料・廃棄物など。＊＊水力，原子力，地熱，太陽光，潮力，波力，風力など。

図2-2-2-1 世界のエネルギー生産の推移

☐☐☑ 一次エネルギー▶**自然界に存在する変換・加工されていないエネルギー。薪や石炭・石油・天然ガス**などからえられるエネルギーや，**水力・原子力・地熱・太陽光・風力**などがある。

☐☐☑ 二次エネルギー▶**一次エネルギーを利用しやすいように加工・変換したエネルギー**。**電力**や都市ガス，**コークス，ガソリン，LNG（液化天然ガス），バイオエタノール**などがある。

☑☑☑ 一人当たり一次エネルギー消費量▶**国や地域ごとの一次エネルギー消費量を人口で割ったもの**。一般に，工業化が進み，モータリゼーションなど生活水準の向上した**先進国で多い**。

先進国のなかでも**国土が広いカナダ，アメリカ合衆国，オーストラリアでは特に多い**。途上国では低い傾向にあるが，中国やインドなどの**新興国では増加が著しい**（図2-2-2-2，図2-2-2-3参照）。

国名	一次エネルギー消費量（百万トン）	1人当たりエネルギー消費量（トン）	1人当たりGNI（ドル）
中国	3,463	2.41	9,980
アメリカ合衆国	2,090	6.31	65,897
インド	761	0.55	2,092
ロシア	674	4.62	11,281
日本	405	3.20	41,513
カナダ	324	8.58	45,935
ドイツ	288	3.44	47,488
韓国	281	5.48	32,422
ブラジル	286	1.35	8,523
イラン	286	3.40	7,302

※統計年次は2018年。BP統計「Statistical Review of the World 2021」による。千万トンで四捨五入。1人当たりGNIは2019年。

図2-2-2-2 主要国のエネルギー消費量と一人あたりのエネルギー消費量

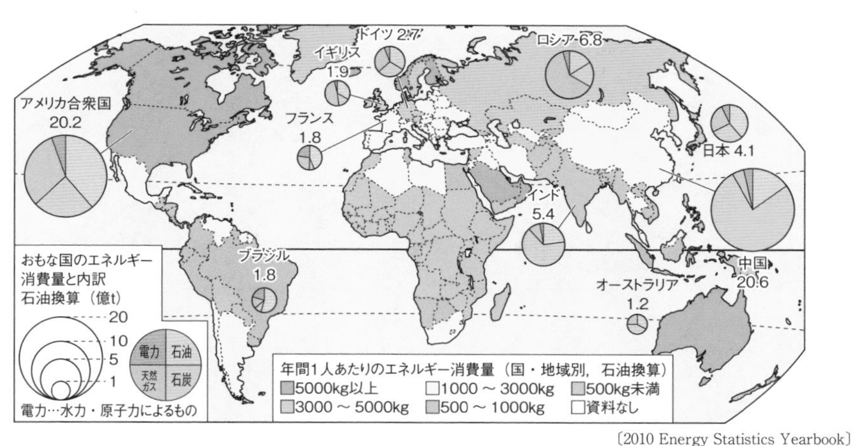

〔2010 Energy Statistics Yearbook〕

図2-2-2-3 一人あたりのエネルギー消費量とおもな国・地域のエネルギー消費の内訳（2010年）

2 化石エネルギー

☑☑☑ 化石燃料 ▶ **太古の動植物の遺骸が地中や海中に沈み，圧力や地熱の影響を長い年月をかけ受けたことにより炭化した燃料**（**エネルギー**）。枯渇エネルギーの代表例で，大量のエネルギーを取り出すことができるが，利用によって**二酸化炭素**や**大気汚染物質**が発生し，**環境への負荷が大きい。産業革命**以降，依存が強まり，第二次世界大戦以降，急速に需要が高まった。

☑☑☑ エネルギー革命 ▶ **世界のエネルギー消費の中心が，石炭から石油へ移行することによって生じた社会・経済の大変革のことで，1960年代に進行**した。価格の低下と安定供給が可能になったことに加えて，石油の方が石炭よりも**熱効率がよく輸送にも便利**などの利点がある。また自動車の普及，石油化学工業の発展も背景にあった。アメリカ合衆国では，いち早く第二次世界大戦前にエネルギー革命が進行した。

☑☑☑ 石炭 ▶ **地質時代の植物が地中に埋もれて炭化した化石燃料**。古いほど炭化が進み，炭素分が多い。蒸気ボイラー用の燃料として発電所や製鉄所，工場などで利用される**燃料炭**と，鉄鋼などの原料（**コークス**）となる**原料炭**に大別される。広い範囲に埋蔵し，化石燃料のなかで**最も埋蔵量が多い**。良質の石炭は**古期造山帯**に分布する（図2-2-2-4参照）。

☑□☑ コークス ▶ **石炭を乾留**（かんりゅう）（熱分解）**したもの**。コークスを高炉に投入することによって，鉄鉱石から酸素を取り除き（還元），鉄分を取り出す。

☑☑☑ 蒸気機関 ▶ **ボイラーから送られた水蒸気の膨張および凝縮を利用して往復運動を起こし，動力を得る装置**。ワットによる改良によって動力革命をもたらし，**20世紀初頭まで工場の動力や輸送機関の動力の中心**だった。**石炭**が燃料として用いられ，産業革命期の工業地帯は，**炭田地域に多くが立地**した。

☑□☑ 露天掘り（ろてんぼり） ▶ **地表面に露出した大規模な鉱床を採掘すること**。地中深くの鉱床を，坑道を掘って採掘（坑道堀り）するよりも採掘コストが安い。

☑☑☑ 埋蔵量 ▶ **地下に埋もれている鉱産資源の量**。すでに発見されているもののうち，現在の技術と経済的コストを考慮した上で採掘可能と推定される埋蔵量を**確認埋蔵量**という。

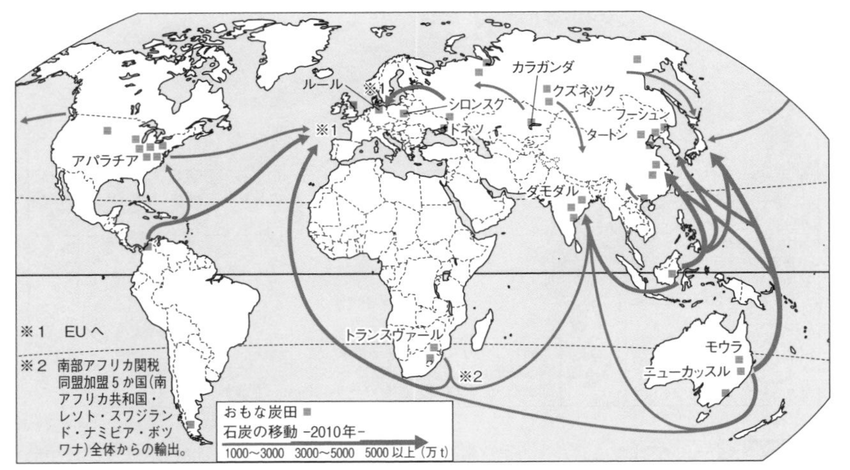

〔Energy Statistics Yearbook 2010〕

図2-2-2-4 世界のおもな炭田と石炭の移動

可採年数▶**資源の確認埋蔵量を年間産出量で割って得られる利用可能な年数**。新たな鉱床の発見や採掘技術の進歩，産出量の変化などによって増減する。

石油▶**プランクトンなどの海棲(かいせい)生物の遺骸が，バクテリアや地圧・地熱によって分解された化石燃料**。水よりも軽く，大規模な油田は褶曲した地層の**背斜部**に集中する傾向にある。埋蔵は偏りが大きく，**中東地域（西アジアから北アフリカ）で約5割を占める**（**図2-2-2-5**参照）。

石油精製▶**原油から沸点の差を利用して，各種石油製品を製造すること**。蒸留(じょうりゅう)塔（常圧蒸留装置）で成分別に分離濃縮し，石油ガス，**ガソリン**，**ナフサ**，ジェット燃料，**灯油**，**軽油**，**重油**，アスファルトなどの各種石油製品が製造される。精製する製油所は，原油産地のほか，消費地の近くにも立地する。

パイプライン▶**原油や天然ガスなど流動性の高いエネルギー資源を，パイプを使って運ぶ設備**。整備する費用は高いが，一定の圧力をかけることで輸送できるため，長距離になればなるほどほかの輸送手段に比べて安くなる。ロシアからヨーロッパへと大規模なパイプラインが敷設(ふせつ)されている。

ドルジバパイプライン▶**旧ソ連から東ヨーロッパへ原油を輸出するために建設されたパイプライン**。「ドルジバ」はロシア語で「友好」を意味する。現在ではロシアの石油をヨーロッパ諸国へ輸出する重要な手段となっている。

オイルタンカー▶**原油を輸送するために建造された専用船**。オイルタンカーのほか，ナフサ，ガソリンなどの石油製品を輸送するプロダクトタンカー，石油化学製品（メタノール，アルコール類など）を輸送するケミカルタンカーなどもある。

内燃機関▶**シリンダー内で燃料を爆発燃焼させ，その熱エネルギーを機械的（力学的）エネルギーに変換して仕事をする原動機**。ガソリンを燃料とする**ガソリン機関（エンジン）**や軽油を燃料とする**ディーゼル機関（エンジン）**などがある。

天然ガス▶**地下から発生する可燃性ガスの総称**。油田地帯から産出する**石油系ガス**（石油精製の際に得られるプロパンやブタン），炭田地帯から産出する**石炭系ガス**，有機物が地中で腐敗して発生

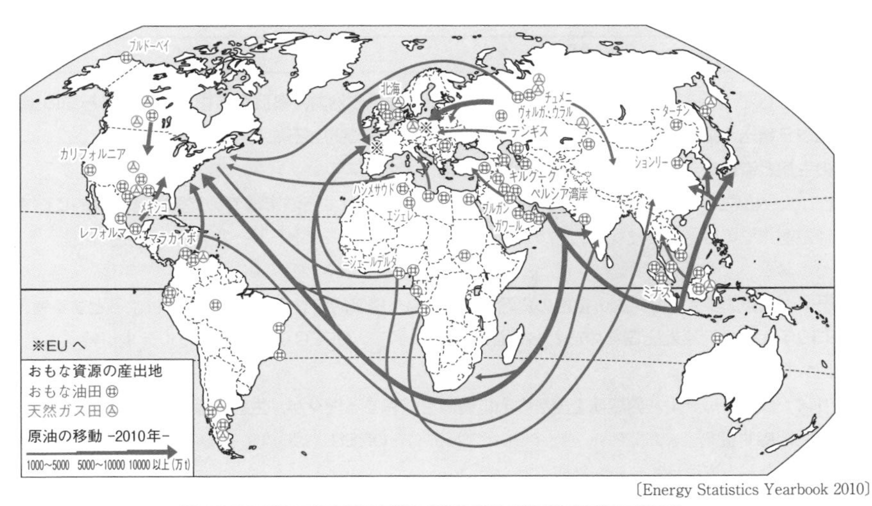

〔Energy Statistics Yearbook 2010〕

図2-2-2-5 世界のおもな油田・天然ガス田と原油の移動

する**メタン系ガス**などがあり，燃料のほか，化学工業の原料にもなる。気体のままパイプラインで輸送される場合もあるが，海上輸送の際には加圧して**液化天然ガス（LNG）**にして輸送する。石炭や石油よりも**熱量が大きく，燃焼時に排出される汚染物質（特にSO_x）も少ない**ため**クリーンエネルギー**といわれる（図2-2-2-5参照）。

☑☑☑ LNG（Liquefied Natural Gas：液化天然ガス）▶**天然ガスを加圧・冷却することで液化したもの**。液化することで容積が約1/600になるため，陸路で運べない海上輸送に利用される。ただし，加圧・冷却施設を建設したり，専用の**LNG船**でしか輸送できないため，天然ガスよりも価格が高くなる。

☑☑☑ クリーンエネルギー▶**環境への負荷が小さいエネルギー**。

☑☑☑ 非在来型化石エネルギー▶**それまで利用があまりされてこなかった化石エネルギー**のことで，**シェールオイル（ガス）**や**オイルサンド**などがある。

☑☑☑ シェールオイル▶非在来型化石エネルギーのひとつで，地下数千mの**シェール（頁岩（けつがん））層から採掘される原油**。シェールは油分にまで分解されていない油母（ゆぼ）を含んだ岩石のことで，油母を加熱することで人造石油を得られる。資本と技術を有する**アメリカ合衆国**での産出が多い。採掘には化学物質と砂を含んだ大量の水を高圧で岩盤層に注入するため，**地下水汚染**や環境に与える影響が懸念されている。

☑☑☑ シェールガス▶非在来型化石エネルギーのひとつで，地下数千mの**シェール（頁岩（けつがん））層から採掘されるガス**。資本と技術を有する**アメリカ合衆国**での産出が多い。

☑☐☑ オイルサンド▶非在来型化石エネルギーのひとつで，**油分を含んだ砂**。**タールサンド**ともいわれ，**カナダ**や**ベネズエラ**での生産が多い。

☑☑☑ シェール革命▶**技術革新によってシェールオイルやシェールガスが採掘可能となったことにより，世界のエネルギー需給に大きな変化を与えるようになったこと**。世界的にもエネルギー需要の大きいアメリカ合衆国での採掘が活発になることで，**原油価格の下落**を招き，原油の輸出に依存する産油国の経済に大きな影響を及ぼしている。

3 化石燃料をめぐる問題

石油メジャー（国際石油資本）▶**巨大な資金力や政治力，高度な技術力を背景に石油の探査・採掘から輸送・精製・販売までを垂直的に統合して行う国際的な石油会社の総称**。1950年代までは，**石油の生産と流通を支配**していた。**アメリカ合衆国，イギリス**，フランス，オランダの資本で設立。

OPECの結成や中国，ロシアなどの国有企業の出現によって**石油市場での支配力は相対的に弱まり**，合併が進んでいる。近年では，天然ガスや新エネルギー分野にも進出し，総合エネルギー商社へと転換しつつある。

資源ナショナリズム▶**自国の資源を国有化し，経済的自立や発展に結びつけようとする考え方。1950年代以降発展途上国を中心とした産油国**で高揚（こうよう）し，**OPEC**などの**資源カルテル**が結成され，先進国企業に対抗した。

資源カルテル▶**発展途上国を中心に資源を保有する国々が，生産や販売の利益を守るために結成した組織や機構**。産油国が石油メジャーに対抗した**OPEC**（1960年）が最初で，鉄鉱石や銅，ボーキサイトなどの資源カルテルも結成された。

OPEC（Organization of the Petroleum Exporting Countries：石油輸出国機構）▶**1960年，メジャーの石油市場独占に対抗するため，発展途上の産油国で結成された国際組織**で，原油価格の安定や生産量の調整などを行う。加盟国は，**サウジアラビア，イラン，イラク，クウェート，UAE（アラブ首長国連邦），リビア，アルジェリア，ナイジェリア，アンゴラ，ガボン，赤道ギニア，コンゴ共和国，ベネズエラの13か国**。インドネシア（2016年），カタール（2019年），エクアドル（2020年）は脱退。

OAPEC（Organization of the Arab Petroleum Exporting Countries：アラブ石油輸出国機構）▶**1968年，対イスラエル石油戦略を目的とし，アラブ産油国が結成した国際組織**で，1973年には原油価格の大幅値上げや親イスラエル国に対する禁輸措置などを実施し，石油危機を引き起こした。各種の決定はOPECに準ずる。加盟国は**サウジアラビア，イラク，クウェート，UAE，カタール，バーレーン，シリア，リビア，アルジェリア，エジプトの10か国**。

第1次石油危機▶**1973年，アラブなどの産油国が原油価格の引き上げや供給削減をし，原油価格が高騰したことによる世界的な経済混乱**。第4次中東戦争が契機になった（図2-2-2-6参照）。

第2次石油危機▶**1979年，イランの原油供給が滞り，原油価格が高騰したことによる世界的な経済混乱**。イランのイスラーム革命が契機となった。

省エネルギー▶**エネルギーの消費量を削減すること**。日本では，**石油危機**以降，エネルギー効率を高めるための技術開発を積極的に進め，産業用機械や家電製品，自動車などにおける省エネルギーの技術は世界でも高い水準にある。

エネルギー安全保障▶**国民生活，**

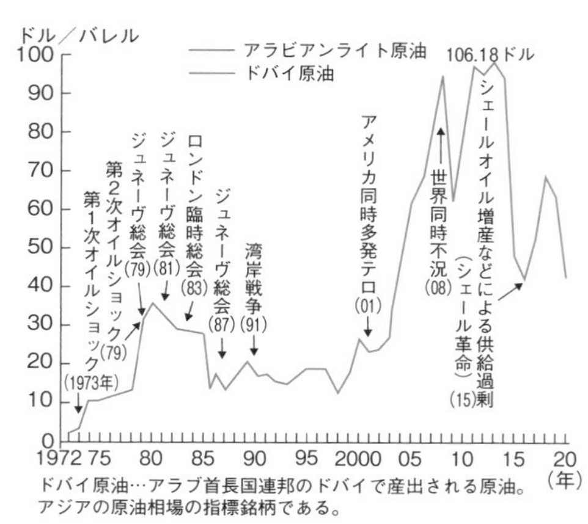

ドバイ原油…アラブ首長国連邦のドバイで産出される原油。アジアの原油相場の指標銘柄である。

図2-2-2-6 原油価格の推移

経済・社会活動，国防などに必要なエネルギー量を，負担可能な価格で安定的に確保すること。経済発展の度合いや，生産国や輸送ルート上にある国々との関係など，国ごとに課題は異なる。

4 電力

☑☑☑ **電力**▶二次エネルギーの代表例で，**電気の形で伝えられるエネルギー。火力**や**水力**，**原子力**などを利用して生産される。一次エネルギーよりも扱いやすく，消費段階ではクリーンなことからメリットは多いが，発電所や変電所，送電線網などを整備して安定的に供給していくためには高い技術力とコストがかかり，**蓄電が困難**で，**送電ロスが大きい**などのデメリットを有する（図2-2-2-7参照）。

☑☑☑ **火力発電**▶**石炭・石油・天然ガスを燃料にして，ボイラーで高温・高圧の蒸気を作り，その蒸気で発電機（タービン）を回して発電する発電形態**で，世界の総発電量の約**7割**を占める。

燃料の運搬・貯蔵がしやすく，立地の制約も少ないため**大消費地付近にも立地が可能**で，急激な需要の増加に対応できる。一方で，**地球温暖化**を引き起こす**二酸化炭素**や，**酸性雨**の原因となる**窒素酸化物や硫黄酸化物**を排出し環境への負荷が大きく，燃料の枯渇の恐れもある。

☑☑☑ **水力発電**▶**ダムなどに貯めた水を流し，発電機（タービン）を回すことで発電する発電形態。**水資源が豊富で，ダム建設に適した**ノルウェー**や**ブラジル，カナダ**などでは主流となっている。二酸化炭素を排出しない**再生可能エネルギー**で，燃料が不要なため**発電の際のコストは安い**。一方で，**ダム建設にともなう環境破壊**や住民の立ち退きなどの問題が生じるなどの短所もある。

	水　力	火　力	原子力
電　源	流水	石炭・石油・天然ガス	ウラン
立　地	有効落差が得られる山間部	大消費地付近	地方の臨海部
経　費	ダム建設費・送電費が高いが，燃料費は無料。	設備費・送電費が安いが，燃料費は高い。	設備費・補償費が高いが，燃料費は安い。
問題点	森林等の水没など自然環境破壊 ダムの堆砂	大気汚染・酸性雨・地球温暖化	事故の際の放射能汚染・放射性廃棄物の処理問題
依存度が高い国	ノルウェー・ブラジル（ともに降水量が多い）	アメリカ合衆国・日本など先進工業国の大部分	フランス(総発電量の約80%)

図2-2-2-7 主な発電形式

☑☑☑ **原子力発電**▶**原子炉の中でウランが核分裂するときに出る熱で水を沸かして蒸気を作り，その蒸気で発電機（タービン）を回すことで発電する発電形態。石油危機**以降，化石燃料の代替エネルギーのひとつとして推進され，**フランス**や日本，韓国などで積極的に導入されてきた。

発電時に**二酸化炭素を排出しない**が，**核燃料サイクル**を確立できなければ，ウランの可採年数は化石燃料と同程度で近い将来に枯渇する恐れがあるほか，**事故による放射能汚染**や兵器転用による核拡散の危険性，放射性廃棄物の処分，地震・噴火などの自然災害への対策など，課題も多い。1979年にアメリカ合衆国の**スリーマイル島**，1986年にウクライナの**チェルノブイリ**（チェルノービリ），2011年に**福島第一原子力発電所**で深刻な**事故が発生**した。

☐☐☑ **核燃料サイクル**▶**核燃料の採鉱，精錬や燃料の加工，原子炉での使用，使用済み燃料の回収・再処理，燃料体への再加工など核燃料の一連のサイクル。**使用済み燃料や放射性廃棄物の再生処理には莫大なコストがかかり，安全面でのリスクが大きいため，処分場の用地確保が難しい。

☑☐☑ **スマートグリッド**▶**ICTを活用することで，電力の流れを供給と需要の両面から制御して最適化し，送発電のロスを削減する送電網。**「次世代電力網」ともよばれる。

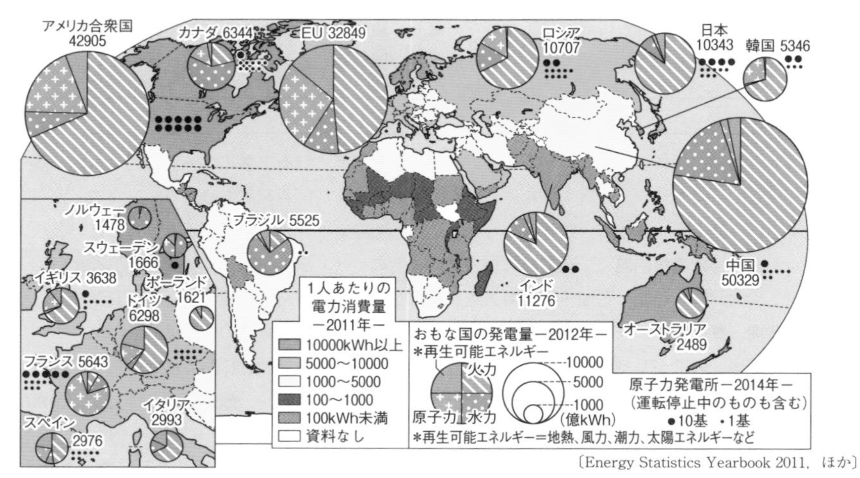

〔Energy Statistics Yearbook 2011, ほか〕

図2-2-2-8 世界のおもな発電量

□□☑ スマートハウス▶**風力や太陽光発電，蓄電，家電製品の制御などを家庭内で行うことで，エネルギー効率が最適になるように制御された住宅。**

□□☑ 蓄電池（二次電池）▶**電力を蓄えておくための電池**。さまざまな電池が使用されているが，リチウムイオン二次電池は軽量で効率よく電力を蓄えられるため，携帯電話や電気自動車に広く使われている。

5 世界の原料資源

☑□☑ 金属資源▶**金属としての性質を持つ鉱物資源**。**鉄**のほか，**銅**，**ボーキサイト**，**すず**，**鉛**などの**非鉄金属**がある。非鉄金属のうち，**金**や銀，**白金（プラチナ）**は**貴金属**ともいわれる。

☑□☑ 原料資源▶**加工品製造の際に，そのもとになるもの。**

□□☑ 精製▶**鉱物から不純物を取り除いて純度の高いものをつくること。**

□□☑ 精錬▶**採掘した鉱石から目的とする金属を分離・抽出し，精製して地金（じがね）をつくること。**

☑□☑ 非金属資源▶**金属としての性質を持たない鉱物資源**。石材，**石灰石**，粘土鉱物，**硫黄**，リン鉱石，岩塩などがある。希少価値があって高価なため宝飾品となるほか，高硬度で工業用でも重要な**ダイヤモンド**も含まれる。なかでも粘土鉱物は多くの分野で使われ，**セラミックス**のように新素材の原料として注目されているものもある。

☑□☑ ベースメタル▶**埋蔵量・産出量が多く，精錬が比較的容易な金属**の総称。**鉄**や**銅**，亜鉛，すず，**アルミニウム**など。コモンメタル，メジャーメタルともいう。

☑☑☑ 鉄鉱石▶**鉄の原料となる鉱産資源**で，地殻（ちかく）に含まれている量は，ボーキサイトに次いで多い。鉄鉱石の埋蔵は**安定陸塊**に多く，オーストラリア，ブラジル，ロシアの埋蔵量が多い。産出は**オーストラリア，ブラジル，中国**で多く，この3カ国で世界の約7割を占める。**オーストラリアとブラジルは輸出が多く**，2カ国で全輸出量の約7割を占め，消費量が多い**中国は世界1位の輸入国**となっている。

代表的な鉄山には，アメリカ合衆国の**メサビ鉄山**（現在は純度の低い鉄鉱石の産出が多くなった）や，ブラジル中北部の**カラジャス鉄山**，ブラジル南東部の**イタビラ鉄山**，オーストラリア北西部の**マウントホエールバック**（**マウントニューマン**）などがある（図2-2-2-9参照）。

☑☑☑ 銅鉱 ▶ **銅の原料となる鉱産資源**で，非鉄金属でも歴史的に利用が古い金属の１つ。加工しやすく，**熱や電気の伝導性にすぐれ**，多くの**電気製品**に使われてきた。環太平洋造山帯で多く産出し，**チリ**

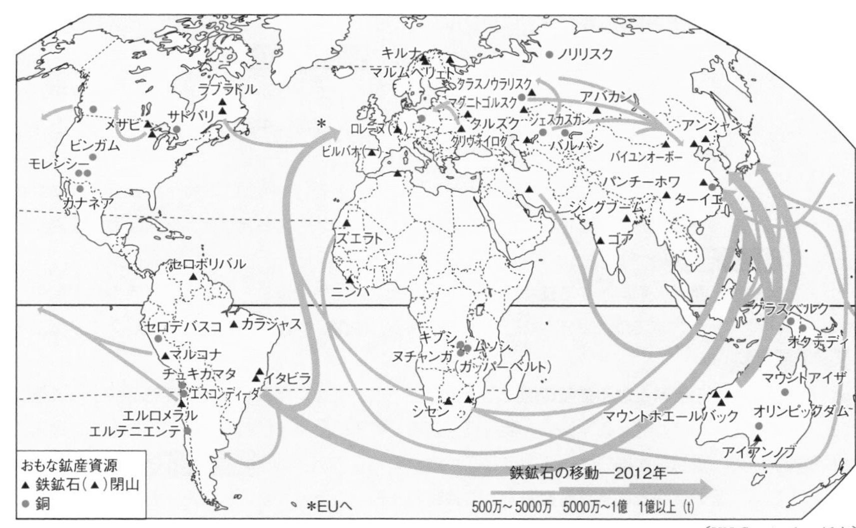

〔UN Comtrade，ほか〕

図2-2-2-9 世界のおもな鉄鉱石と銅の産地と鉄鉱石の移動

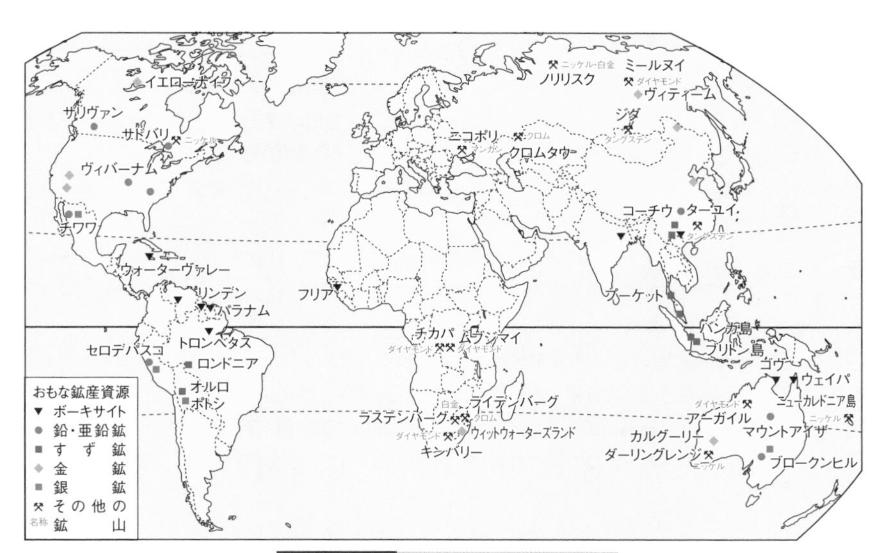

図2-2-2-10 世界の主な非鉄金属鉱山

（世界の約３割を産出）のほか，ペルー，中国，アメリカ合衆国での産出が多い。

代表的な産地には，チリ北部の**チュキカマタ**，リフトヴァレー（大地溝帯）に近いザンビアやコンゴ民主共和国にかけての**カッパーベルト**などがある（図2-2-2-9参照）。

☑☑☑ ボーキサイト▶**アルミニウムの原料となる鉱産資源**で，軽くてさびにくく，合金に加工することで強度が強くなるため，用途が拡大している。**熱帯とその周辺地域で多く産出**し，**オーストラリア**（世界の約３割を産出），中国，**ギニア**，**ブラジル**などで多い。アルミニウムの精錬には**多量の電力が必要**なため，生産拠点は電力が豊富で安価な国に立地する（図2-2-2-10参照）。

☑☑☑ すず鉱▶**すずの原料となる鉱産資源**で，腐食に強く，やわらかく加工しやすい。**メッキ**（ブリキの表面）や**合金**に利用される。かつてはマレーシアで多く，現在は**中国**，**ミャンマー**，**インドネシア**で産出が多い（図2-2-2-10参照）。

☑☐☑ 鉛鉱▶**鉛の原料となる鉱産資源**で，やわらかく融点が低いため加工しやすいが，生物に対する毒性が強い。薬品や電線被膜，鉛管などに利用される。**中国**，**オーストラリア**，**アメリカ合衆国で**産出が多い（図2-2-2-10参照）。

☑☐☑ 亜鉛鉱▶**亜鉛の原料となる鉱産資源**で，鉛とともに産出することが多い。融点が低く加工しやすく，メッキ（トタンの表面）や合金などに利用される。**中国**，**ペルー**，**オーストラリア**で産出が多い（図2-2-2-10参照）。

☑☑☑ 金鉱▶**金の原料となる鉱産資源**で，**貴金属**の一種。美しい光沢があり展延性（広がって伸びる性質）**に富み**，酸やアルカリにも強い。**装身具**や**通貨**，**電子部品**などに利用される。かつては**南アフリカ共和国**で多く，現在は**中国**，**オーストラリア**，**ロシア**で産出が多い（図2-2-2-10参照）。

☑☐☑ 銀鉱▶**銀の原料となる鉱産資源**で，**貴金属**の一種。白色で展延性に富み，熱や電気の導体としてすぐれている。**装身具**や**通貨**，**電子部品**などに利用される。**メキシコ**，**ペルー**で産出が多い。

☑☑☑ レアメタル（希少金属）▶**地球上に埋蔵量が少ない金属や，量はあっても技術面や費用面から純粋なものを取り出すことが困難な金属**の総称。**ニッケル**やクロム，タングステン，モリブテン，コバルト，マンガン，バナジウム，インジウム，**リチウム**，チタンが代表的なもので，17種類の**レアアース**（**希土類**）も含まれる。**半導体**や特殊合金の材料となり，**先端技術産業**には欠かせない素材であるため，「産業のビタミン」と呼ばれ，需要は高まっている。ただし，**産出の偏在が大きく**，政治的に不安定なアフリカ南部やロシア，中国など一部の国に限られ，安定確保が需要国の課題となっている。そのため，消費国では，**備蓄**（びちく）のほか，産出国との関係強化や輸入先の分散，代替技術の開発，使用量削減の技術の開発などを進めている（図2-2-2-11参照）。

☑☑☑ レアアース▶**レアメタル**のうち，**希土類17種類**の総称で，自動車のバッテリーや各種電子製品の性能向上に不可欠な鉱産資源の総称。**中国が世界生産の大部分**を占めており，同国の経済発展や輸出制限などにより世界的な需給の逼迫（ひっぱく）が生じている。

☑☑☑ 石灰石（せっかいせき）▶**炭酸カルシウムを主成分とする堆積岩で，セメントや化学肥料などの原料**となる。**日本が自給できる鉱産資源**で，**大分県**，**山口県**，高知県，福岡県などで産出する。

☑☑☑ ダイヤモンド▶**結晶質の炭素からなる最も硬い鉱物**。**工業用**と**装飾用**があり，工業用は研削（けんさく），研磨，砥石（といし）などに用いられる。**ロシア**や**カナダ**，**ボツワナ**，**コンゴ民主共和国**などで産出が多い。

鉱種／産出量	産出国	%	おもな用途
リチウム 82.0千トン(1)	オーストラリア チリ 中国	48.8 22.0 17.1	金属の中で最も軽く，最もイオン化傾向が大きい。リチウムイオン電池は容量が大きく高い電圧が得られるため，電子機器から電気自動車まで幅広く利用される。
レアアース(希土類) 13.2万トン(2)(7)	中国 オーストラリア ロシア	79.5 14.4 2.0	17元素（スカンジウム，イットリウム，ランタノイド*）の総称。チタン鉱石や鉄鉱石等の副産物として産出。永久磁石，研磨材，自動車用触媒，電池，蛍光体など。
チタン 1,156万トン(3)(7)	中国 オーストラリア カナダ	33.1 13.1 8.9	耐食性に優れ，軽くて丈夫な素材。航空機用構造材，ロケット，船舶，生簀（いけす），建材，化学装置用耐食剤，電極，塗料，印刷インク，医療品，腕時計，調理用品など。
バナジウム 71.2千トン(1)(6)	中国 ロシア 南アフリカ	56.2 25.3 10.8	約90%が鉄鋼用に消費され，粗鋼生産量と密接に関係している。鉄に少量添加することで鋼の強度，耐熱性が増す。高層ビルの建材，工具，超電導，触媒など。
クロム 3,570万トン(3)(7)	南アフリカ トルコ カザフスタン	46.3 18.2 12.8	耐食性に優れ，めっきとして利用される。鉄，ニッケルとの合金はステンレス鋼として厨房設備，鉄道車両などに。ニッケルとの合金はニクロム線として発熱素子に。
マンガン 1,570万トン(1)(8)	南アフリカ 中国 オーストラリア	33.8 14.8 14.2	乾電池の陽極に，減極剤として二酸化マンガンが使用される。耐摩耗性，耐食性，靭（じん）性（しなやかさ）のある合金にするために添加される。
コバルト 120.0千トン(1)(7)	コンゴ民主 ロシア オーストラリア	60.8 4.9 4.2	放射性同位体のコバルト60のガンマ線源として，医療分野，食品分野などに利用。合金は高温でも磨耗しにくくジェットエンジン等に利用。磁性材料としても重要。
ニッケル 204万トン(1)(8)	フィリピン ロシア カナダ	17.0 12.4 11.6	ステンレス鋼，ニクロム線，構造用合金鋼（自動車，船舶），めっき，非鉄合金（電子機器），磁性材料（スピーカー，モーター），IC材料，蓄電池，触媒，硬貨など。
ガリウム 720トン(4)(7)	中国 ドイツ カザフスタン	83.3 5.6 3.5	融点が約30℃と低く，手で握ると融ける。半導体の主要な材料で，窒化ガリウムは青色発光ダイオードの材料となる。放射性同位体は炎症，悪性腫瘍の診断に用いられる。
ストロンチウム 21.9万トン(5)(6)	スペイン 中国 メキシコ	41.1 22.8 18.3	紅色の炎色反応を示し，花火の火薬に用いられる。ブラウン管ガラス，フェライト磁石の材料などに利用。放射性同位体は，原子力電池の燃料として使用される。
ジルコニウム 147万トン(3)(7)	オーストラリア 南アフリカ 中国	34.4 25.6 9.5	ジルカロイとよばれる合金が原子炉燃料被覆材に用いられる。耐食材，脱酸・脱窒剤，高力電導材，セラミックコンデンサ，酸素センサー，耐火物などに利用。
ニオブ 69.1千トン(1)(7)	ブラジル カナダ コンゴ民主	87.8 10.1 0.8	展性，延性に富み，加工しやすい。ニオブを混ぜた鋼材は耐熱性に優れ衝撃にも強い。ニオブ入りガラスは屈折率が大きい。超電導，セラミックコンデンサ，圧電素子など。
モリブデン 29.7万トン(1)(6)	中国 チリ アメリカ	44.8 20.3 13.9	ステンレス鋼などに添加され，耐熱性を増す働きをする。「焼入れ」の時に重要な役割を果たす。摩擦係数が低いので，潤滑油としても利用される。
パラジウム 220トン(1)(6)	ロシア 南アフリカ カナダ	40.9 36.6 9.1	自分の体積の935倍の水素を吸着。電極，触媒，電気接点，精密抵抗線，導電ペースト，熱電対，パラジウムろう，医療品などに利用。貴金属・貨幣としても利用。
インジウム 714トン(3)(7)	中国 韓国 日本	40.2 31.5 9.8	亜鉛鉱の副産物として生産。酸化インジウムは伝導性があり透明であるので，液晶パネルやLED，半導体の材料として利用。廃棄パネルからもリサイクルされる。
タンタル 1,810トン(1)(7)	コンゴ民主 ルワンダ ナイジェリア	42.0 24.4 8.5	ニオブと同じ鉱石から取り出し，精製する。小型電解コンデンサの材料になり，電機製品の小型化に不可欠。人工骨の材料，超硬合金，金型としても利用。
タングステン 82.1千トン(1)(7)	中国 ベトナム ロシア	81.6 8.0 2.6	融点が約3400℃と高く，比重，電気抵抗が大きい。超硬工具（ドリル，カッター等），高速度鋼，耐熱鋼，線棒板（フィラメント等），接点（配電器等），触媒などに利用。
白金(**プラチナ**) 190トン(1)(6)	南アフリカ ロシア ジンバブエ	72.1 11.6 7.9	化学的に極めて安定し酸化されにくく融点が高いので，度量衡原器，電極，るつぼ，電気接点，熱電対，装飾品などに利用。医療品，触媒，磁性体の材料にもなる。

(1)含有量　(2)酸化物当量　(3)精鉱量　(4)生産能力　(5)セレスタイト(天青石，硫酸ストロンチウムを主成分とする鉱物)の総生産量　(6)2018　(7)2017　(8)2016　＊ランタノイド…原子番号57のランタンから71のルテチウムまでの15元素の総称
『データブック　オブ・ザ・ワールド』による

図2-2-2-11 おもなレアメタルの産出量と用途

6 エネルギーの抱える課題と再生可能エネルギーへの転換

☑☑☑ 循環型社会 ▸ **有限である資源を効率的に利用するとともに，資源の再利用やリサイクルを進めて持続可能な形で利用していく社会**。天然資源の消費を減らし，環境への負荷をできる限り抑制することで実現される。

☑□☑ 3R・5R ▸ 頭文字にRのつく**循環型社会を目指す活動**。**リデュース**（ゴミ抑制：reduce），**リユース**（再利用：reuse），**リサイクル**（再資源化：recycle）の3つに，**リペア**（修理：repair），**リフューズ**（購入しない：refuse）を加えて5つとする。

☑☑☑ 再生可能エネルギー ▸ 持続可能な循環型社会に向けて，**非枯渇性**で**環境への負荷が少ないエネルギー**。**太陽光や風力，地熱，水力**など自然の力を利用したもの，廃棄物を燃料として**リサイクル**するもの，両方の特性を持つ**バイオマスエネルギー**などが含まれる。研究開発段階のものもあり，発電費用や供給の安定性などに課題がある。

☑☑☑ 太陽光発電 ▸ **太陽の光エネルギーを電力に半導体を利用して発電する発電形態**。**日照時間が長く，日射量が多い地域での発電**に向き，**小規模な設備でも発電が可能**なことに加え専用の用地を必要としない（メガソーラーを除く）ため，幅広く普及している。普及のために政府が発電設備の購入費用を補助している国（日本など）もある。

☑☑☑ 風力発電 ▸ **風の力で風車を回し，発電機（タービン）を動かすことで発電する発電形態**。電力への変換効率が高く，設置コストが低下している。**ドイツ**，イギリス，スペイン，**デンマーク**（電力供給の約5割）など**偏西風**が利用できる**西ヨーロッパ**で普及が進んでいるほか，近年では**中国**や**アメリカ合衆国**での発電量が多い。

☑☑☑ 地熱発電 ▸ **地下にある高温高圧の熱水や蒸気を利用して発電する発電形態**。国内に**火山**が分布する国での発電が多く，**アメリカ合衆国**のほか，**フィリピン**や**インドネシア**，**メキシコ**，**ニュージーランド**，**イタリアなど**で盛んである。**日本**は，世界の活火山の約1割が分布する火山国だが，火山の分布地域は開発が規制された**国立・国定公園**に指定されていたり，**温泉**などの観光業が発達して湯量の減少などを懸念する地元の反対が大きいため，開発が遅れている

☑☑☑ リサイクルエネルギー ▸ **ゴミを焼却する際の熱を利用して発電したり，廃プラスチックなどを溶かしてガス・液体燃料として利用したりするエネルギー**。

☑□☑ コジェネレーションシステム（熱電併給）▸ 火力発電所やゴミ焼却場，工場で発生した**排熱を，蒸気や温水として熱源・冷暖房・給湯に利用するなど，エネルギーを無駄なく利用し，エネルギー効率を高める仕組み**のこと。

☑☑☑ バイオマスエネルギー ▸ **生物エネルギー**のことで，昔から薪炭材や動物の糞などが利用されてきたが，近年は**トウモロコシ**や**サトウキビ**を**バイオエタノール**に加工したり，廃材のチップをペレット（圧縮成型した固形燃料）などの燃料にするなど，利用しやすい形態にすることで，使用が増加している。環境への負荷が小さい**カーボンニュートラル**として注目されており，石油代替エネルギーとして期待されるが，一方で，食用や飼料用に栽培されたものを燃料にするため，**穀物の需給バランスや価格に影響**を与える。

☑☑☑ カーボンニュートラル ▸ **バイオマスエネルギー**を燃やして大気中に排出される二酸化炭素中の炭素（カーボン）は，植物が光合成によって大気中に存在した二酸化炭素を取り込んだものであり，**大気中の二酸化炭素総量の増減には影響を与えない（プラスマイナスゼロ・ニュートラル）という考え方**。

温暖化対策として，バイオエタノールなどのバイオ燃料の利用が拡大している。

7 日本の資源・エネルギー問題

☑☑☑ 地上資源（都市鉱山）▶**都市でゴミとして大量に破棄された家電製品や携帯電話などの電子機器に含まれる金やレアメタルなどの資源を，鉱山に見立てたもの**。日本では，廃棄物から資源を再生し，有効活用することを目的に，小型家電リサイクル法も施行された。

☑☑☑ 備蓄（びちく）▶**輸入に依存する資源を供給不安など，万一に備えて蓄えておくこと**。日本では，石油は国と民間で81日分，液化天然ガスは103日分，特定のレアメタルは60日分の確保を図っている。

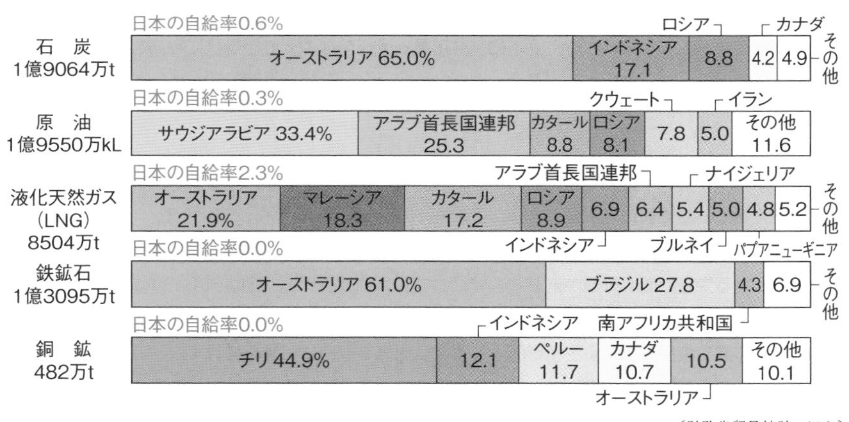

図2-2-2-12 日本の資源輸入相手国と自給率（2015年）

☑☑☑ 開発輸入▶**先進工業国が鉱産資源の安定確保のために，資源産出国の途上国に進出して資本や技術を投下し，資源の開発や採掘を支援して長期契約で輸入**すること。開発のための資金を融資して，鉱産資源で返済する融資買鉱（ゆうしばいこう）もある。

□□☑ 熱水鉱床▶**海底面に噴出する高温の熱水により，鉛，銅，金，銀，亜鉛などが沈殿してできる鉱床**。水深700～3,000mの**中央海嶺**など海底が拡大する場所やニュージーランド～フィジー，パプアニューギニア～マリアナ～日本に至る**西太平洋の海溝付近**に分布する。日本周辺海域では，世界的にも比較的浅い水深に分布し，開発に有利とされる。

□□☑ メタンハイドレート▶**低温・高圧のもとで地中のメタンガスと水が混ざって固体となったもの**で，「燃える氷」ともいわれる。日本近海は，世界有数の埋蔵量があるといわれるが，現時点ではコストや技術面での課題が多く，商業生産には至っていない。

第3節 工業

1 工業の発達

☑☑☑ 工業▶**原料を加工したり，部品を組み立てたりして，製品**（完成品や部品などの半製品など）**をつくる産業**。加工することで新たな価値（**付加価値**）が加わるため，**一次産品**を扱う農林水産業や鉱業に比べて**生産性が高く**，雇用が創出されたり，所得が向上したり，それに関連した商業やサービス業が発達することで，経済発展へとつながる。

☑☑☑ 付加価値（ふかかち）▶**生産によって新しく生み出された価値**。生産者がつくり出した製品やサービスの価値（生産額・出荷額）から，**生産の過程で使用した原材料や燃料などの費用を差し引いたもの**。

□□☑ 手工業▶大きな設備を持たず，**簡単な道具と手作業によって小規模に製品をつくる生産形態**のこと。先史時代から石器や土器，青銅器，鉄器の作成など，近代に機械工業が確立するまで，道具の作成はこれによって行われてきた。現在でも，**地場（じば）産業**の産地などでは職人による手作業によって生産が行われているところもある。

□□☑ 家内制手工業▶**家内で手工業によって製品をつくる生産形態**。生産者が原材料や道具などを調達し，手作業で製品を製作し，販売する。

□□☑ 問屋（といや）制家内工業▶**問屋（商人）が家内工業を営む手工業者に原料や道具などを貸し与えて，製品をつくらせる生産形態**。**分業**が進むことで，マニュファクチュア（工場制手工業）へと結びついた。

☑☑☑ 工業制手工業（マニュファクチュア）▶**資本家が営む工場に雇われた労働者が集められ，分業によって手作業で製品をつくる生産形態**。資本家は販売を目的に工場を経営する。

□☑☑ 分業▶**生産工程での役割を分担して製品をつくること**。現在では，業種間や工場間で一般的なものとなっている。

☑☑☑ 工場制機械工業▶**蒸気機関などを利用した機械を用いて製品をつくる生産形態**。蒸気機関や動力機械などの発明によって，**エネルギー源が水力から石炭へと変化**することで，工場が立地と規模の制約から開放され，輸送に便利な平野での**大規模な工場の建設**が可能となった。

☑☑☑ 産業革命▶**工場制機械工業の出現や熟練していない労働者の利用による生産組織の変化にともなう社会構造の変革**。**蒸気機関**の利用など動力機械の登場によって，製品の効率的な**大量生産**が行われるようになった。**18世紀後半のイギリス**で始まり，こうした産業の変化が，経済や社会，文化などにも大きな変化をもたらした。その後，**ヨーロッパやアメリカ合衆国，さらにはロシアや日本へ**と広がった。

☑☑☑ 技術革新（イノベーション）▶**科学技術の進歩によって，生産や販売の方式・規模が大きく変化し，経済発展がもたらされること**。代表的な例として，18世紀の**蒸気機関**の発明や，20世紀初めの自動車生産における**流れ作業方式**の導入，第二次世界大戦後の**オートメーション化**，半導体技術の発展による**コンピューターや産業用ロボットの導入**などが挙げられる。

□□☑ 流れ作業▶**作業工程を徹底的に分業化し，ベルトコンベアを用いた組立ラインで部品を組み立てていく方式**。熟練していない労働者でも作業が可能で，統一された規格の部品を組み上げることで**大量生産**が可能となる。自動車王といわれたヘンリー=フォードが考案したため，**フォードシステム**ともいわれる。

□□☑ オートメーション化▶**機械による自動制御（せいぎょ）化**のことで，**自動化**ともいう。人間に代わって機械に生産工程の制御や管理を行わせること。製品の品質を一定にでき，労働者を減らして労働費を節約して生産費を抑えることができる。

☐☐☑ 産業用ロボット▶**人間の代わりに溶接や塗装，研磨などの製造工程や入出荷などの作業を行うロボット。**

☑☑☑ NIEs（ニーズ）（Newly Industrializing Economies：新興工業経済地域）▶発展途上国・地域のなかで，**1970年代から急速な工業化を成し遂げた国・地域**をいう。**韓国，台湾，ホンコン，シンガポール**の**アジアNIEs**や，**ブラジル，メキシコ**などの**ラテンアメリカNIEs**が該当する。

☑☑☑ BRICS（ブリックス）▶**ブラジル，ロシア，インド，中国，南アフリカ共和国の頭文字に由来する新興国。**もともとは，南アフリカ共和国を除いてBRICsと表記されていた。これらは，**人口，面積の規模が大きく，資源埋蔵量も多く**，2000年代以降，**飛躍的な経済発展**を遂げており，**巨大な市場**としても注目されている。人口の多い**中国**と**インド**は原油や石炭の輸入国として存在感を示し，**ロシア**，**ブラジル**，南アフリカ共和国は資源輸出国として注目されている。

☐☑☑ 経済の自由化▶**市場原理や競争を重視する政策に転換して，経済全体の活性化を図ろうとすること。**国営企業や公営企業の**民営化**や，**外国資本の直接投資**を認めたり，関税を引き下げるなどの**規制緩和**をする。**東西冷戦**が終結した**1990年代以降**，**インド**や**ブラジル**などの発展途上国がこれによって急速な経済発展を実現した。

☑☑☑ インフラ▶**産業や社会生活の基盤となる施設**のことで，**インフラストラクチャー**の略。「社会資本」と訳され，**道路・鉄道・港湾・ダムなど産業基盤**（生産関連）と，**学校・病院・公園・社会福祉施設**などの生活関連に大別される。社会的間接資本，社会共通資本ともいわれる。

☑☑☑ 産業の空洞化▶**工場の海外進出や賃金水準の上昇などによって国際競争力が低下し，国内の工業が衰退して雇用の減少などが生じること。**アメリカ合衆国，日本などの先進国で顕著。

2 工業の立地

☑☑☑ 工業の立地条件▶**工場の立地に影響を及ぼす諸条件。**工場は，原材料を調達する原料供給地や製品を販売する市場（消費地）の位置を考慮して，**輸送費**や**労働費**など生産にかかる費用をなるべく節約できる場所に立地しようとする。地形などの**自然条件**と，交通や情報などの**社会条件**があり，どのような条件が重要となるかは，産業によって異なる。

☑☑☑ 工業の立地因子▶**生産にかかる費用のうち，立地の決定に直接影響を与える要素。輸送費**や**労働費**が重要となることが多い。

☐☑☑ ウェーバーの工業立地論▶20世紀初め，**ドイツの社会・経済学者ウェーバーが発表した工場立地の理論。**工場はさまざまな**費用が最小となる場所に立地**すると仮定し，市場（消費地）と原料産地との関係や，必要な原料や最終製品の特徴を考慮して，**輸送費**が最小になる地点に工場は立地するとした。ただし，**安価な労働力**や，**集積の利益**によって全体の費用を減らすことができる場合は，輸送費が最少でない地点にも工場は立地する。

☐☐☑ 立地指向▶**工業が必要とする立地条件の傾向。**原材料や製品の輸送条件，必要な労働力，分業や取引関係などさまざまな観点から立地指向を分類することができるが，業種ごとにさまざまな立地条件が関連しており，一つの工業を一つの立地指向で分類するのは難しい（図2-2-3-1参照）。

☑☑☑ 原料指向型工業▶**原料産地付近に立地する傾向がある工業。**原材料から製品に加工することに

タイプ	特　徴	例
原料指向型	多くの資源を使用することから，原料の重量が大きくなり，輸送費を節約するため原料産地に立地する。	鉄鋼，セメント，ガラス，製紙・パルプ
労働力指向型	安価な労働力，または高度な技術を持つ労働力への依存度が大きいため，それらの労働力が豊富にあるところに立地する。	繊維，電気機器・自動車などの組立工業
市場指向型	製品の重量が大きくなったり，豊富な情報に依存するため，大市場付近に立地する。	ビール，清涼飲料，印刷・出版，高級服飾品
臨海指向型	輸入原料に依存するため，海上輸送に有利な臨海部に立地する。	石油化学，鉄鋼，造船
臨空港指向型	軽量・小型で高付加価値な製品は，生産費に占める輸送費の割合が小さいため，労働力や土地が得やすい地方空港周辺に立地する。	ICなどのエレクトロニクス製品

図2-2-3-1 工業立地のタイプ

より重量が軽くなる原材料（**重量減損原料**）を用いる場合，原料産地付近で生産することで輸送費を小さくすることができる。例として，**セメント工業**，**窯業**，**鉄鋼業**などが該当する。

☑☑☑ 重量減損原料▶**原材料から製品に加工することにより重量が軽くなる原材料**。**鉄鉱石**や**石炭**などの鉱産資源が該当する。

☑☑☑ 市場指向型工業▶**市場（消費地）の近くに立地する傾向がある工業**。主要な原料が**水**のように手に入りやすい場合（**普遍原料**）や，製品がかさばる場合，市場（消費地）付近に立地することで輸送費を小さくすることができる。例として，**ビール工業**，**清涼飲料水製造業**，**食品加工業**などが該当する。そのほか，**市場の情報**や**流行**に敏感な**出版・印刷業**，**高級服飾品を生産**する**ファッション産業**などは，工場の敷地も小さくてよいため市場に立地する。

☑☑☑ 普遍原料▶原材料から製品に加工する際に，**どこででも調達できる原材料**。**水**などが該当する。

☑☑☑ 労働力指向型工業▶**必要となる労働力が得られるところに立地する傾向がある工業**。工業によって必要となる労働力は，**技術**や**賃金水準**によって異なり，2つに大別される。

①**研究開発など高度な技術が求められる工業**の場合，**高度人材**や**熟練技術者**が確保しやすい**大都市圏**などに立地することで競争力のある製品を開発することができる。例として，**情報産業**などの**知識集約型産業**が該当する。

②**生産費に占める労働費の割合が高く，原料や製品の輸送費よりも労働賃金水準が重視される工業**の場合，**安価で豊富な労働力**が得られるところで生産すると生産費を抑えることができる。例として，規格品を大量生産する**衣服縫製業**や**電気部品・機械などの組立工業**などが該当し，安価で豊富な労働力が得られる地方や発展途上国での生産が著しい。

☑☑☑ 集積指向型工業▶**関連産業が集まるところに立地する傾向がある工業**。関連する業種の工場が集まることで**輸送費を節約**できたり，**設備の共同利用**や**情報の交換**がしやすくなるなどの利点が生まれる。部品の数が多い**自動車工業**や**機械工業**のほか，**熟練した技術者が受注生産**や**多品種少量生産をする地場産業**などが該当する。

☐☑☑ 交通指向型工業▶**交通の利便性を求めて交通の便のよいところに立地する傾向がある工業**。原料を輸入に頼るものや，製品を長距離輸送する場合，**臨海部**や**空港周辺**，**高速道路のインターチェンジ周辺に立地**する。

☑☑☑ 臨海指向型工業▶**臨海部に立地する傾向がある工業**。海外からの輸入原料を用いる場合，**輸入に便利な臨海部で市場に近い大都市の港湾付近**に立地する。先進国では原料産地付近に立地していた**鉄**

鋼業や石油化学工業が，輸入原料を入手しやすい臨海部に移動している。

☑☑☑ 臨空港指向型工業 ▶ **空港の近くに立地する傾向がある工業**。製品が**小型・軽量で，付加価値が高い集積回路**などは，生産費に占める輸送費の割合が低いので，**労働力や土地が得やすい地方の空港周辺に立地**する。日本の九州地方は**シリコンアイランド**といわれる。東北地方では高速道路のインターチェンジ付近に立地し，**シリコンロード**といわれる。

☑☑☑ 電力指向型工業 ▶ **安価で大量の電力が得られるところに立地する傾向がある工業**。製品の生産の過程で，**大量の電力**を必要とする**アルミニウム精錬業**は，中間製品の**アルミナ**（酸化アルミニウム）から酸素を取り除く際に大量の電力を必要とし，安価で大量の電力が得られるところに立地する。

☑☑☑ 用水指向型工業 ▶ **生産の過程で必要な大量の用水が得られるところに立地する傾向がある工業**。例として，液晶パネル製造業や**ビール工業**，**紙・パルプ工業**などが該当する。

☐☑☑ 集積の利益 ▶ **関連する工場が特定の場所に集積することで得られる利益**。多くの部品を組み合わせて最終製品にする**自動車**などの場合，多くの企業で**分業**が行われるため，一定地域に集中して立地することで，**輸送費や時間の節約のほか，施設の共同利用や情報交換がしやすい**などの利点がある。

熟練した技術者が集まって受注生産や多品種少量生産を行う**地場産業**の場合，集積することで**仕事の融通や質の高い技術者の確保，ブランドの発信，他業種との協業（コラボレーション）などもしやすい**。

☐☑☐ 集積の不利益 ▶ **過度の集積によって生じる不利益**。**交通渋滞**や**公害**，**地価の高騰**や**労働賃金の上昇**などを招く。

☑☑☑ 工業地域 ▶ **多くの工場が集積することで，ほかの産業よりも工業生産の比重が高い地域**のことで，大規模になると**工業地帯**という。

3 工業や工業製品の分類

① 生産する製品による工業の分類

☑☑☑ 軽工業 ▶ **食料品や繊維，衣服，印刷，紙・パルプ，窯業など日用消費財を生産する工業**。**中小企業が主体**であることが多い。

☑☑☑ 重化学工業 ▶ **生産財（生産活動を行うための産業用機械や原材料など），耐久消費財（長期の使用に耐えられる消費財）を生産する工業**。資金力のある**大企業が主体**であることが多い。鉄鋼，非鉄金属などの**素材型工業**，一般機械，電気機械，輸送機械（自動車など），精密機械などの**加工組立型工**

工業の種類		特　徴	工業の例
軽工業		日用消費財の生産 中小企業が主体	食料品，繊維，衣服， 印刷，皮革，窯業(ようぎょう)など
重化学工場	重工業	生産財・耐久消費財の生産 大企業が主体	鉄鋼，金属，一般機械， 自動車，電気機器など
	化学工業	化学的処理を中心とした生産 大企業が主体	石油化学，化学肥料， 化学繊維，合成樹脂(じゅし)など
先端技術産業 （ハイテク産業）		最先端の科学技術を用いた生産 大企業やベンチャー企業が主体	新素材，エレクトロニクス， バイオテクノロジーなど

図2-2-3-2 工業の種類および特徴

業，化学（化学肥料，合成繊維など）や石油化学などの化学的処理を行う**化学工業**に分類される。

☐☑☐ 素材型工業 ▶ **鉄鋼やアルミニウムなど，さまざまな分野で用いられる素材を生産する工業**の総称。

☐☑☐ 加工組立型工業 ▶ **自動車や電気・電子機器工業のように，部品を組み立てる工程によって製品をつくる工業**の総称。

☑☑☑ 先端技術産業（ハイテク産業） ▶ **最先端の科学技術を用いて生産する工業の総称**。軽工業分野や重化学工業分野にもまたがるが，最先端の科学技術を用いるという点で区別され，**新素材**や**エレクトロニクス**，**バイオテクノロジー**などが該当する。大企業のほか，**ベンチャー企業**が主体であることも多い。

② 集約度

☐☑☐ 資本集約度 ▶ **製品を生産する際の，生産に占める資本の割合や重要度のこと**。工場などの設備に多額の資本が必要な場合，「資本集約度が高い」という。

☐☑☐ 技術集約度 ▶ **製品を生産する際の，生産に占める技術水準の高さや重要度のこと**。高度な知識や技術を要する**先端技術産業**は，「技術集約度が高い」といい，技術集約度が高い産業は，一般に高付加価値な製品を生み出す。

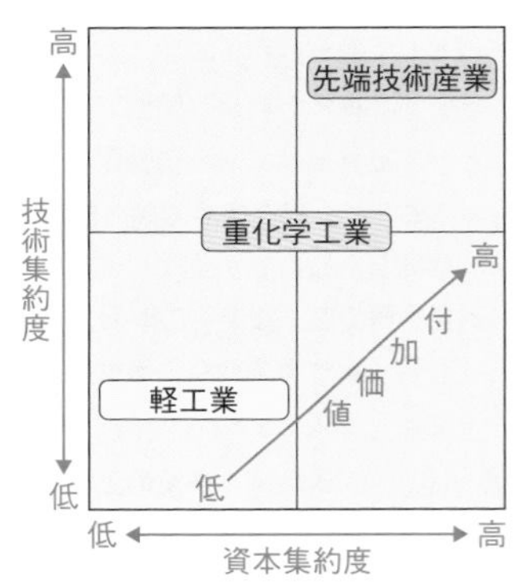

〔帝国書院『新詳地理B』p.137〕
図2-2-3-3 工業の種類と集約度

③ 集約度による工業の分類

一般に，工業化が進展すると，**労働集約型産業→資本集約型産業→知識集約型産業**とその国や地域の基幹産業は高度化していく（図2-2-3-3参照）。

☑☑☑ 労働集約型産業 ▶ **繊維**や**組立工業**のように**豊富な低賃金労働力を必要とするため，労働力に対する依存度が高い産業**。

☑☑☑ 資本集約型産業 ▶ **鉄鋼**や**石油化学**のように**設備投資が必要で資本に対する依存度が高い産業**。

☑☑☑ 知識集約型産業 ▶ **先端技術産業**のように**高度な知識や技術への依存度が高い産業**。

④ 生産される目的による工業の分類

☐☑☑ 消費財工業 ▶ **食品や衣類，テレビなど一般消費者が使用，消費する製品を生産する工業**。使用期間が長い自動車や電化製品などは**耐久消費財**といわれる。

☐☑☑ 中間財工業 ▶ **製品を製造する過程で必要な素材や部品などの原材料を生産する工業**。工作機械など，機械などをつくる際に利用する機械のことを**生産財**ともいう。

4 各種工業

☑☐☐ 金属工業 ▶ 鉄鉱石や銅鉱，ボーキサイトなどの**金属資源を精錬・加工する工業**。重工業の基盤をなし，**基礎素材型工業**の典型例。

☑☑☑ 鉄鋼業 ▶ **鉄鉱石を原料として，各種鋼材を作る製鉄・製鋼業**。**鉄鉱石**を**コークス**で還元して**銑鉄**をつくる**製銑**(せいせん)**部門**と，銑鉄を精錬して**鋼鉄**をつくる**製鋼**(せいこう)**部門**，鋼鉄を圧延して鋼板や鋼管などの鋼材に加工する**圧延部門**に分かれる。**基礎素材型工業**の代表例。

近代工業の基幹産業で，かつては「産業の米」といわれた。もともと木炭を燃料としていたが，18世紀後半に**石炭**を用いる製鉄法が確立し，**炭田地域に立地**するようになり，イギリスの**ミッドランド地方**（**バーミンガム**），ドイツの**ルール地方**（**エッセン，ドルトムント**など），アメリカ合衆国の**ピッツバーグ**などが代表例である。熱効率の向上によって石炭の使用量が減少したことで，フランスの**ロレーヌ地方**（**メス，ナンシー**）など**鉄山付近にも立地**した。先進国では，**原料の枯渇**や**設備の老朽化**にともない，**輸入原料を入手しやすく市場に近い臨海部に立地**するようになり，原料産地に立地した鉄鋼都市の衰退がみられる。石油危機以降，需要の停滞とともに生産が停滞したところも多い。**中国**，**インド**などの途上国では，経済発展にともなう**インフラ整備のために需要が増大**し，**生産の伸びが著しい**（図2-2-3-4参照）。

□□☑ 銑鋼一貫工場(せんこう) ▶ **製銑，製鋼，圧延までを同一敷地内で一貫して行う工場**で，世界の粗鋼生産の主流となっている。

☑☑☑ アルミニウム工業 ▶ **ボーキサイトを原料としてつくられる中間製品のアルミナから，電気分解をしてアルミニウムを生産（精錬）する工業**。アルミナからアルミニウムを製造する過程で**大量の電力**を必要とし，「電気の缶詰」といわれる。

石油危機以降，原油価格の上昇によって火力発電を利用した生産は競争力を低下させ，一方安価に発電できる水力発電での生産が増加し，**ロシア**や**カナダ**，**ノルウェー**など水力発電の盛んな国で生産が盛んになった。

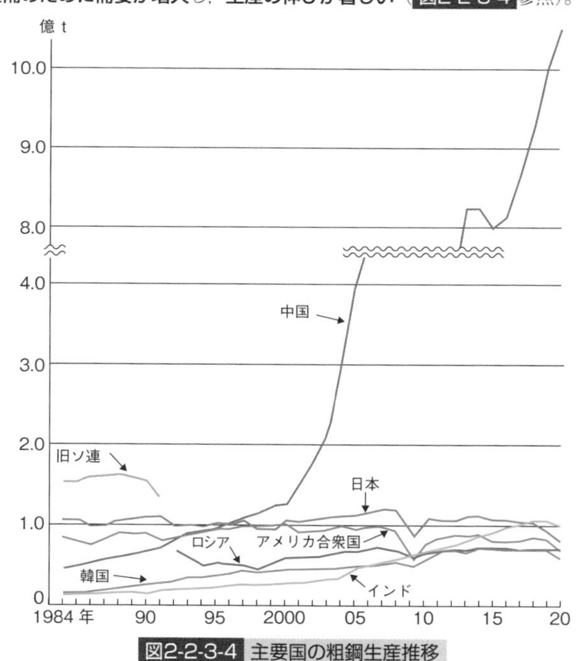

図2-2-3-4 主要国の粗鋼生産推移

最近では**オーストラリア**や**アラブ首長国連邦**など，自国で産出する化石燃料を利用した火力発電によるアルミニウム生産も増加している。

☑☑☑ 化学工業 ▶ **石炭や原油を高温で処理して化学変化をおこし，さまざまな原料を得る工業**。原油を原料とする**石油化学工業**は，**原料と製品の重量の差がほとんどない**ため，立地の制約がなく，原料産地付近だけでなくその中継地や消費地でも行われる。**資本集約型工業**の代表例で，**石油化学コンビナート**が形成されることが多い。最終製品は，食品包装材やプラスチック，半導体・液晶材料，塗料，化学繊維，合成ゴム，洗剤など多岐にわたる。輸入原料に依存する日本の場合，輸入に便利で広い土地が得られ，市場にも近い**太平洋ベルトの臨海部**に多くが立地している。原料産地付近ではアメリカ合衆国の**ヒューストン**，中国の**ターチン**など，中継地付近ではオランダの**ロッテルダム**（**ユーロポート**），**シンガポール**など。市場付近の臨海立地では**倉敷**（**水島**），**市原**などが代表例である。

☑☐☑ 石油化学コンビナート▶**原油の精製からナフサや燃料などの石油製品を製造する工場がパイプラインで相互に結びついた設備。**

☐☐☑ ナフサ▶**原油を蒸留して分離した石油製品のうち，沸点が30～200℃程度のもの。石油化学工業の基礎製品（エチレン，プロピレンなど）**の原料となる。

☐☐☑ エチレンプラント▶**ナフサなどからエチレンをはじめさまざまな石油化学工業の基礎製品を生産する設備。石油化学コンビナート**の中核的施設。

☑☑☑ 機械工業▶**金属やプラスチックなどの素材を部品に加工し，製品として組み立てる加工組立型工業。高度な技術**を要し，多くの部品を組み立てるため，**関連工場の集積**がみられ，他の工業製品に比べて**付加価値が高い**。農業機械や建設機械，事務機械などの**一般機械**，テレビや冷蔵庫，パソコンなどの家電や発電機，通信機などの**電気機械**，自動車，船舶，航空機などの**輸送機械**，光学器械や時計，精密測定器などの**精密機械**に大別される。

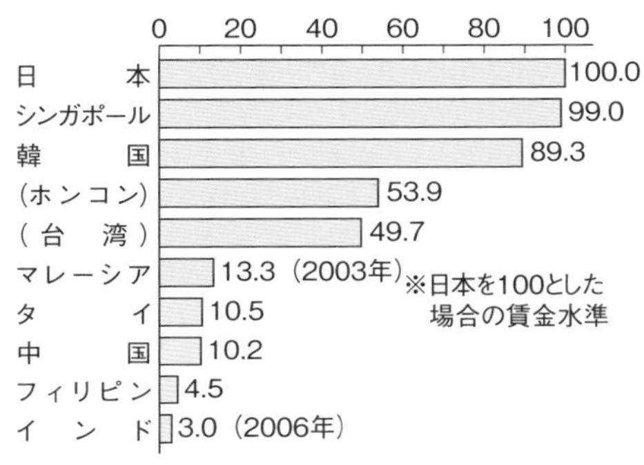

〔2008～2009年　海外情勢報告，ほか〕

図2-2-3-5 アジア諸国の賃金水準

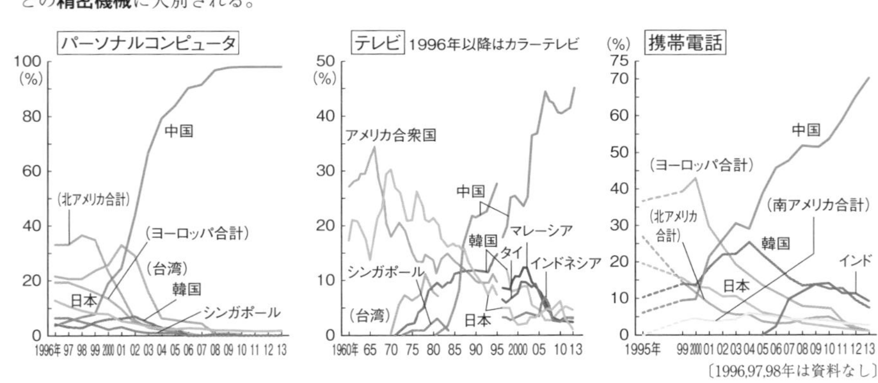

〔1996,97,98年は資料なし〕

〔電子情報技術産業協会資料，ほか〕

図2-2-3-6 アジア諸国の世界生産におけるシェア

☑☑☑ 電気・電子機器工業▶**テレビや冷蔵庫，エアコンなどの家電，コンピューターやその周辺機器，発電機やエレベーターなど産業用の電力機器（重電）など，多種多様な製品を製造する工業。**

流れ作業で生産が行われる**家電**や**コンピューター**は，**労働集約型産業**の性格が強く，**安価な労働力が得られる発展途上国での生産が増加**している。一方，**重電**の生産は高度な技術や他業種との関連が求められるため，先進国での立地が多い（図2-2-3-5，図2-2-3-6参照）。

☑☑☑ 先端技術産業（ハイテク産業）▶**最先端の技術によって工業製品などを生産する産業。**製品革新のスピードが速く，製品開発や工程革新の競争が激しい。**ICT（情報通信技術）**の発達を背景とする**情報通信産業**や**情報サービス業**，**航空宇宙産業**，**新素材やバイオテクノロジーを用いた産業**などが該当する。

☑☑☑ エレクトロニクス産業▶**電気・電子機器工業**と**情報通信機械工業などの産業**の総称で，**先端技術産業**のひとつ。

□□☑ 集積回路▶トランジスタやダイオードなどの**半導体部品とそれらをつなぐ電子回路を小さな基板のうえにひとまとめにしたもの**。**IC**（Integrated Circuit：**集積回路**）や大幅に半導体の数を増やした**LSI**（Large Scale Integration：**大型集積回路**）などがある。パソコンの演算処理を行うCPUは，数千万個もの半導体が集まった高密度の半導体チップで，**VLSI**（Very Large Scale Integration：**超大規模集積回路**）や**ULSI**（Ultra Large Scale Integration）と呼ばれる。

☑□☑ 半導体▶**条件によって電気を通しやすくなったり，通しにくくなったりする物質**。電気を通す「導体」と通さない「不導体／絶縁体」の中間の性質をもち，**セミコンダクター**（semiconductor）ともいう。コンピューターの部品にはほとんど**シリコン**が使われているため，コンピューター関連の産業集積地には，「シリコン○○」などの名称が付けられる。

☑☑☑ バイオテクノロジー▶**生命工学**のことで，**先端技術産業**のひとつ。**生物のもつ働きを研究し，それを応用することで人間生活に役立たせる技術**。カビや細菌，酵母を利用した古くからの発酵・醸造技術のほか，**医薬品**や**バイオ燃料**，**品種改良**，**遺伝子組み換え技術**などの最先端技術まで，その範囲は広い。

□□☑ ライフサイエンス▶**生物学・生化学・医学・薬学・生態学などの垣根をこえて，生物体・生命現象について総合的に研究する分野**。

☑☑☑ 自動車工業▶**輸送機械**の**自動車を生産する工業**。約3万点の部品を組み立てる**総合組立工業**で，部品は鉄鋼，繊維，石油化学，電気機械など多岐にわたり，工場間・企業間での分業によって生産されるため，**関連工場や下請工場の集積**がみられる。新製品の開発や工場の建設には莫大な資本が必要であり，組立も広大な土地を要する。**アメリカ合衆国**や**日本**，**ドイツ**などの先進国に本拠地を置く企業が**高い競争力を持つ**が，**中国など新興国の経済発展**にともない先進国企業が**現地生産**を行うようになったため，それらの国での生産が急増している（図2-2-3-7参照）。代表的な都市として，アメリカ合衆国の**デトロイト**，ドイツの**ヴォルフスブルク**，**シュツットガルト**，**フランクフルト**，**ミュンヘン**，フランスの**パリ**，日本の**豊田**などが挙げられる。

近年では，環境負荷の小さい**次世代自動車**の開発や，衝突回避や自動運転など新たな機能の開発が進み，自動車業界の合併や連携だけでなく，**ICT産業**など異業種の参入や協業も進んでいる。

☑☑☑ 現地生産▶**それまで輸出していた工業製品を，市場である販売先の国で製造すること**。例としては，**1980年代の日米貿易摩擦**をうけて，**日本の自動車メーカーがアメリカ合衆国に工場を建設して生産**したことが挙げられる。現在は，先進国の自動車メーカーによる市場として有望な**新興国での生産**が多い。

□□☑ ノックダウン輸出▶**部品の状態で輸出し，現地工場で組み立てること**。日本企業の自動車輸出の場合，1960年前後から行われるようになり，現地生産が本格化する1980年代にかけて多くみられた。

□□☑ すり合わせ▶**各部品の設計を別々に行うのではなく，相互に調整しながら設計して製品全体の性能を高めること**。部品点数の多い**ガソリン自動車**は組立が難しいため，多くの企業間ですり合わせが必要となる。

□□☑ 次世代自動車▶**ガソリンなどの化石燃料の消費を大幅に減らすか，または代替エネルギーを使用することによって環境への負荷がかからないようにした自動車**。ガソリンエンジンと発電機を併用し

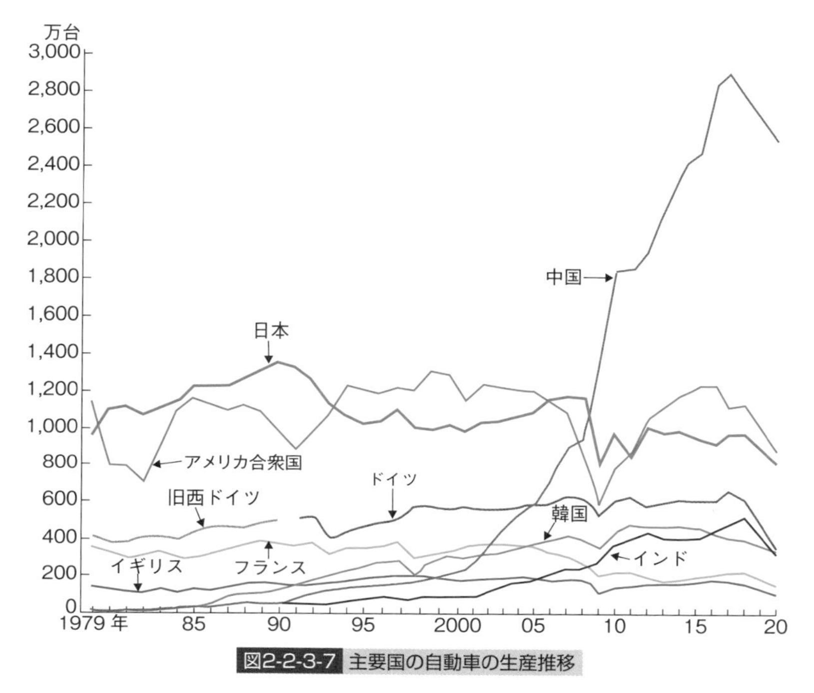

図2-2-3-7 主要国の自動車の生産推移

た**ハイブリッド車**，二酸化炭素を排出しない**電気自動車**（**EV：electric vehicle**），水素と酸素の化学反応で発電して走る**燃料電池車**がある。

□□☑ EV化（EVシフト）▶**ガソリンエンジン車から電気自動車への転換を推進すること**。ヨーロッパや中国で積極的に進められている。

□□☑ モジュール化▶**製品の構成要素（部品など）の規格を統一し，標準化しておくこと**。設計や生産を行う際にすり合わせ作業を少なくすることができる。**EV化**によって家電のように自動車生産が可能になり，従来の自動車工業に大きな影響を及ぼす。

☑☑☑ 航空機工業▶**航空機体，エンジン，関連部品などを製造する工業**。20世紀以降発展した先端技術を導入した**総合組立工業**で，**軍需産業**と結びついていることが多い。アメリカ合衆国の**シアトル**や**ロサンゼルス**，フランスの**トゥールーズ**（エアバス社：フランス，ドイツなどヨーロッパの国々が設立した協働会社）などで組立が行われている。

☑☑☑ ビール工業▶**大麦，ホップなどを主原料として，ビールを生産するアルコール醸造業**。製品重量の大半を**水**が占め，瓶や缶の容器の重量が加わるため，輸送費の節約を考えて水が得やすい**大消費地に近い都市圏の外縁部**に主に立地する。代表的な都市としてドイツの**ミュンヘン**，アメリカ合衆国の**ミルウォーキー**，日本の**札幌**などが挙げられる。

☑☑☑ 繊維工業▶**綿花や羊毛，ナイロンなどの繊維原料を加工して糸や織物を生産する工業**。綿や羊毛，絹などの天然繊維を原料とするものは，イギリスの**ランカシャー地方**やアメリカ合衆国の**ボストン**などで近代工業の先駆けとなった。現在では**原料産地や安価な労働力が得られる途上国での生産が多い**が，**高級服飾品の場合は先進国の大都市**でも生産がみられる。

☑☑☐ 綿工業▶**綿花を原料として綿織物を作る工業**で，近代工業としては，イギリスの**ランカシャー地方**ではじまった。現在では**安価な労働力が得られる途上国での生産が多く**，**中国**，**インド**，**パキスタン**などの綿花産地で行われている。

☑☑☑ ランカシャー地方▶**イギリス**の**ペニン山脈の西部に位置する地方**。代表的な都市は**マンチェスター**。**偏西風の風上**にあたり**湿潤**なため，糸切れを起こしにくかったことから，綿工業が発達した。原料となる綿花はインドなどの植民地から輸入し，**リヴァプール**は原料や製品の貿易港として発展した。

☑☑☑ 羊毛工業▶**羊毛を原料として毛織物を作る工業**で，近代工業としては，ベルギー北部の**フランドル地方**やイギリスの**ヨークシャー地方**ではじまった。現在では**中国**，**トルコ**，**イタリア**などで生産が多い。

☑☑☑ ヨークシャー地方▶**イギリス**の**ペニン山脈の東部に位置する地方**。代表的な都市は**リーズ**，**ブラッドフォード**。**偏西風の風下**にあたり**湿度が低い**ため，羊の飼育に適していたことから，羊毛を利用する羊毛工業が発達した。

☑☑☑ 化学繊維工業▶**化学的な処理・加工によって繊維を作る工業**。天然繊維を原料とするもの（レーヨン，キュプラなどの再生繊維）もあるが，主に石油などからつくられる繊維を**合成繊維**という。綿や羊毛，絹など天然繊維の対語として用いられる。最近では速乾や保温・保湿，UVカットなど，さまざまな機能素材もつくられており，現在では繊維生産の主流となっている。

☑☑☑ 地場産業（伝統産業）▶**近代以前から地域の資源や技術を用いて行ってきた産業**。**中小企業**が主な担い手で，**地域社会に根ざして発展**してきたが，衰退しているところも多い。一部の地域では，中小企業の間で連携しながら製品の開発や生産が進められ，最新の流行を取り入れながら**多品種少量生産**することで**ブランド化を図り**，**高付加価値な製品を生産**して，成功しているところもある。例として，**イタリア**の**サードイタリー**（**第三のイタリア**）やフランスの皮革・服飾，スイスの時計などの手工業などが挙げられる。

☐☑☐ 多品種少量生産▶**顧客のニーズや最新の流行に対応**して，**多様な製品を効率よく生産すること**。

☑☑☑ サードイタリー（第三のイタリア）▶**イタリア北東部の中小企業が集積した繊維やアパレル，皮革などの地場産業が発達した地域**の総称で，**ヴェネツィア**から**ボローニャ**，**フィレンツェ**にかけての都市が含まれる。

5 新興工業国の台頭

☑☑☑ 輸入代替型工業化▶発展途上国が，それまで先進国からの**輸入に依存していた工業製品を自国で生産し，経済的な自立を目指す工業化**のことで，繊維や雑貨などの**消費財**が中心だった。国内の市場規模が小さく，行き詰まる国が多かった。

☑☑☑ 輸出指向型工業化▶**外国から資本と技術を導入し，豊富で安価な労働力を利用して，工業を輸出産業に育成する工業化**。**繊維**や**電気機械**などの**労働集約型工業**が中心で，**外国資本**を導入するために，関税を免除する**輸出加工区**などを設置した。**アジアNIEs**で成功し，**マレーシア**，**タイ**などの準NIEsのほか，**中国**，**ラテンアメリカNIEs**など各国へと波及した。

☑☑☑ 輸出加工区▶**外国資本を誘致するために，そこで生産される製品の輸出を条件に，その製品の原材料や部品を輸入する際の関税が免除されるなどの優遇措置を講じた地区**。

☑☑☑ 経済特区▶**中国華南の沿海部に設置された，外国の資本や技術を導入するためにさまざまな優**

遇措置が与えられた地区。1979年以降，市場経済を導入する**改革・開放政策**の一環で設置された。

シェンチェン（**深圳**），**チューハイ**（**珠海**），**スワトウ**（**汕頭**），**アモイ**（**厦門**），**ハイナン島**（**海南島**）の５カ所に設置された。1984年以降は，経済特区に準ずる**経済**（**技術**）**開発区**も設置されている。

6 工業のグローバル化

☑☑☑ 多国籍企業 ▶ **自国だけでなく，多くの国々に生産や販売の拠点**（**子会社**）**をもつ企業**。当初は本社の権限が強かったが，**現地化**が進むにつれて次第に国外の子会社が自立して，権限や機能を高めている企業も多い。こうした地域ごとに事業を統括する部門を，**地域統括会社**（**RHQ：Regional Head Quarter**）という。

□□☑ グローバル企業（世界企業）▶ **地球規模で事業を展開する多国籍企業**。

□☑□ 企業内分業 ▶ **工業製品の生産工程を数段階に分けて，生産段階ごとにもっとも効率的に生産できる地域で生産すること**。技術水準や賃金水準，輸送費などを考慮して行われる。**先端技術産業**の場合，研究開発部門と量産部門に大きく分けられ，**研究開発部門**は**高度な知識を持つ技術者が確保しやすい大都市近郊**に，**量産部門**は**安価な土地や労働力が得られる地方の交通の便がよいところ**に立地するなど顕著である。

☑☑☑ 企業内国際分業 ▶ **企業内分業が，国際的なかたちをとり，企業内で国際貿易が行われること**。一般に，**先進国**で**研究開発**や**高度な技術を要する部品の生産**を，**安価で豊富な労働力**が得られる**発展途上国**で**最終組立**（**量産**）を行う。電気・電子機器工業各種，機械類，自動車などでは，一般化する傾向にある。

☑☑☑ 研究開発 ▶ **新製品や新しい技術，より付加価値の高い製品を生み出すための研究や開発を行うこと**。製造業の競争力を維持・向上するために不可欠で，**R&D**（**Research＆Development**）の訳語。**知識集約型産業**では，このための**高度人材の確保が重要**となる。

□☑□ 量産 ▶ **同一規格の商品を大量生産すること**。

□☑□ 最適立地 ▶ **分業の工程で，もっとも効率的な生産が可能な地域を追求すること**。部品の調達については，**最適調達**ともいう。

□☑□ グローバルな最適化 ▶ **多国籍企業内で，生産段階ごとにもっとも効率的に生産できる最適立地を国際的な視点で追求すること**。自然災害やストライキなどで，ひとつの部品工場が生産停止になっただけでも全世界の工場が生産停止に追い込まれるなどのリスクもある。

☑☑☑ サプライチェーン ▶ **商品が消費者に届けられるまでの企画，開発，原料調達，製造，物流，販売などの一連の流れ**。**グローバル化**によって，工場進出だけでなく，現地企業への**生産委託**なども行われるようになっている。

☑☑☑ ファブレス ▶ **研究開発に特化し，製造拠点をもたない製造業企業**（**Fab-less**）。食品産業から電気・電子機器工業まで，その業種は多岐にわたる。パソコンやスマートフォンなど競争の激しい**電気・電子機器工業**では，**企画**や**試作**などをしたうえで，**ファウンドリに製造を委託**する。製造拠点を自社でもたないことで，研究開発に人材を投入でき，市場の変化に柔軟に対応できる。

☑☑☑ ファウンドリ ▶ **自社では研究開発を行わず，依頼された設計データに基づいて製品をつくる受託生産会社**（foundry）のことで，鋳造場・鋳物工場の意味。**半導体工業**や**電気・電子機器工業**でみられ，電気・電子機器工業の場合，**EMS**（**electronics manufacturing service**）ともいわれる。さまざまな**ファブレス企業**から生産を受注することで，市場動向に左右されない生産を維持できる。

□□☑ EMS企業 ▶ **電子機器の製造や設計などを受託するエレクトロニクス受託製造サービス（Electronics Manufacturing Service）を行う企業**のことで，**複数の企業から製品の設計や開発，販売までを請け負う**。他社ブランド機器の大量生産を担うほか，部材の調達や設計，配送なども手がける。**台湾**や**中国華南**の企業がよく知られる。

□□☑ OEM委託（いたく） ▶ **自社ブランド製品の製造を他社に委託すること**。相手先ブランド名製造（Original Equipment Manufacturing）と訳される。

□☑☑ 製造業の現地化 ▶ **製造業が進出先で，現地の事情**（経済状況，労働環境，慣習，文化的背景など）**に合わせて，自国や他の進出先とは異なる製品を作ったり，異なる方法で作ったりすること**。

□☑☑ 製造業の一般化 ▶ **自国や他の進出先で確立した生産様式を，新しい進出先でも行うこと**。

□□☑ オフショアリング ▶ **企業が業務の一部，もしくはすべてを外国企業に移管・委託すること**。先進国の企業が安価な労働力を求めて，発展途上国に移管・委託することが多いが，製造業分野だけでなく，**事務作業やコールセンター業務などもみられる**。

☑☑□ 直接投資 ▶ **外国での経済活動を目的に，工場を建設したり，販売拠点の設立をしたりすること**。経営参加を目的に外国企業の株式を取得したり，進出先の企業と新しい会社を設立（**合弁**という）することもある。

☑☑□ 対外直接投資 ▶ **国内企業が外国企業に対して行う直接投資**。

☑☑□ 対内直接投資 ▶ **外国企業が国内企業に対して行う直接投資**。

□☑□ 間接投資 ▶ **外国での経済活動を目的とせず，外国企業の株式の配当や売却益，外国の債券の利子などの獲得のために行う投資**。

7 工業の知識集約化・知識産業化

☑☑☑ 知識産業 ▶ **情報通信機器や電子・電気機械，医薬品などの先端技術産業のように，知識により利益を生み出す産業**。新しい知識や技術が求められるため，**巨額の研究開発費**が使われる。

☑☑☑ 知的財産権 ▶ **さまざまな知的創造活動について，その創作者に権利保護を与えるもの**。技術に対する**特許権**や，デザインなどの**意匠（いしょう）権**，企業名や商品名，記号などの**商標権**などがある。一般に**先進国では支払額よりも受取額の方が大きい**。

☑☑☑ 技術貿易 ▶ **諸外国との間で行われる特許権や技術の提供または受け入れのこと**。技術貿易収支（技術貿易における受取額と支払額の差）は，その国の技術力や産業競争力を把握する重要な指標となっている。**一般に先進国では支払額よりも受取額の方が多い**。

☑☑☑ ICT（Information and Communication Technology：情報通信技術）▶ **情報処理や通信に関連する技術**。**コンピューター**や**携帯端末**などの電子機器を使って自宅にいながら買い物や送金・株取引，ソーシャルメディアで世界中の人々との交流を可能にしたり，**工業に変革と成長**を生み出している。日本では長い間，**IT**（情報技術：Information Technology）といわれていたが，国際的には**ICT**が定着している。

□☑☑ IoT（Internet of Things：モノのインターネット）▶ **従来インターネットに接続されていなかった「モノ」**（センサー機器や住宅，車，家電製品など）**が，インターネットに接続されてできたネットワーク**。インターネットに接続されることで，コンピュータで多くの「モノ」を一元管理し，最適な生産計画が立てられるなど，需要の変動や多品種少量生産，省力化などに対応しやすくなった。

□☑☑ AI（Artificial Intelligence：人工知能）▶**人間の知能をコンピュータ上で人工的に実現したもの**。多様な産業分野への応用が可能であり，AIを搭載した**ロボット**が，これまで人間が行ってきた作業工程を代替することで，品質の安定化や生産コストの低減，熟練工の技能伝承などを実現した例もある。

□□☑ スマート化▶**ICTなどを用いることで，各種の装置やシステムに状況に応じた制御や処理を自動で行う機能を持たせること**。人間が指示を出さなくても**最適な状態を自動で保つ**ことが可能になる。

□□☑ スマートシティ▶**先端技術を駆使**して**人の行動や施設の利用状況をビッグデータとして把握・分析**し，**エネルギーや交通インフラなどを効率的に運用していく都市**のこと。

□□☑ ビッグデータ▶**さまざまな種類・形式で生成され，生成頻度や更新頻度が高く，事業に有益な情報を引き出すことができる巨大データ**。**IoT**や**AI**を活用することで，工場の機械に設置されたセンサーから収集したものを解析することで，機械の故障を予知・予防したりすることが期待されている。

☑☑☑ シリコンヴァレー▶**カリフォルニア州のサンノゼ郊外に位置するICT産業の集積地**で，**サンベルト**の代表的な地域。**大学や国の研究機関**などの知的資源を求めて企業が集中する。名門大学として知られる**スタンフォード大学**に隣接して工業団地が設置され，**産学連携**によって発展した。大学や研究機関から**独立創業**（**スピンオフ**）して立ち上げた企業が集積し，**多国籍企業の研究所も進出**している。自由な発想力をもって働くことができる起業家的風土が根づいている。

☑☑☑ サンベルト▶**アメリカ合衆国の北緯37度以南を中心とする南部の15州**の総称。北東部の重工業地域（フロストベルト・スノーベルト）の衰退を受けて，**1970年代から先端技術産業を中心とした企業立地が進んだ**。**安価な工業用地や労働力**，**温暖な気候**に加え，**石油などの資源**に恵まれ，**政府の立地政策**や**州の誘致政策**が背景にある。

□☑☑ 産学連携▶**企業など経済活動に直接関わる「産」**と**大学など教育や学術研究を担う「学」が協力すること**。産学が協力することで，**新規技術の研究開発**や**新規事業の創出**などが円滑に進むことが期待される。産業の空洞化が進んでいた1980年代のアメリカ合衆国で推進された。大学の研究成果を産業に移転することが容易になり，産業の活性化が促進された。**国や地方自治体など制度面の整備に関係する「官」**も含める場合，**「産学官連携」**ともいわれる。

☑☑☑ ベンチャー企業（ベンチャービジネス）▶**高度な知識や新技術，独創的なアイデアを生み出す知識集約型・創造型の小企業**。革新的な技術はあるものの，事業的に成功するための資本や営業ノウハウなどが不足することもある。そのため，こうした企業に投資する**ベンチャーキャピタル**の役割が大きい。

□☑☑ ベンチャーキャピタル▶**ベンチャー企業に投資する企業または機関**。株式の上場による収益を図るが，単なる投資家ではなく，投資先企業に生産や営業などについての指導・助言を行う重要な役割も果たしている。

□□☑ 独立創業（スピンオフ）▶**既存企業に所属していた人材が新しく起業すること**。もともと属していた分野の裾野を広げ，地域に活気をもたらす役割を果たす。

□□☑ スタートアップ企業（新興企業）▶**新しい技術や高度な知識を基礎に起業し，革新的・創造的な経営を行う企業**。経済の活性化に重要な役割を果たし，**技術革新**によって，産業をより付加価値の高いものに転換させている。新しい商品やサービスを通じて**社会変革を目指し**，ベンチャー企業と比べて**成長スピードが早い**といわれる。例として，現在では，世界的な巨大企業群に成長している**GAFA**が挙げられる。

□□☑ GAFA（ガーファ）▶**Google，Apple，Facebook**（現Meta），**Amazonの世界的企業群の頭文字を取って呼ばれる総称**。いずれも**アメリカ合衆国に本拠を置く世界的企業**で，**巨大企業群**に成長したことで，公正な競争を妨げているとしてEUや中国などと摩擦が生じるなど，世界の経済や社会に絶大な影響を与える存在となっている。

8 日本の工業

☑☑☑ 高度経済成長▶**1950年代半ばから1970年代初頭までの急激な経済成長**。**軽工業から重化学工業への転換**が進み設備投資が活発になったことや，国内市場の拡大，固定相場制のもとで円安が維持されたこと，石油価格が安かったことなどが背景にある。経済成長の一方で，**地域格差の拡大**や**過疎・過密**，**公害**などの問題も生じた。

☑☑☑ 太平洋ベルト▶**京浜から中京，阪神，北九州の工業地帯にかけて，太平洋岸を帯状に連なる工業地域**。間に位置する**東海工業地域**や**瀬戸内工業地域**なども含まれる。重工業の**銑鋼一貫製鉄所**や，**石油化学コンビナート**が中心だった。**鉄道や自動車道，港湾など交通インフラが整い**，**工業の集積や人口の集中**がみられる。

□☑☑ 加工貿易▶**原燃材料を輸入し，国内で製品や半製品に加工して輸出する貿易**。日本は1985年の**円高**まで，加工貿易が主流だったが，東アジアや東南アジアなど**国外に生産拠点が移転**することで，進出先で生産された工業製品の輸入が増加し，その傾向は弱まった。

☑☑☑ 石油危機（オイルショック）▶**1970年代**，**第4次中東戦争**（1973年）と**イランイスラーム革命**（1979年）**にともない石油価格が上昇したことによる世界的な経済混乱**。**鉄鋼**や**石油化学**などの**素材型工業が停滞**し，**自動車**や**電気機械**などの**加工組立型工業が発達**し基幹産業となった。なかでも**半導体**や**エレクトロニクス関連製品**の生産が急速に増加した。

☑☑☑ 日本の貿易摩擦▶**1980年代，アメリカ合衆国やヨーロッパへの，日本の自動車や家電製品などの工業製品の輸出が急増したことで生じた日本の大幅な貿易黒字にともなう国家間の対立**。解決策として，自動車メーカーは**輸出の自主規制**や**先進国での現地生産**を行った。

☑☑☑ 円高▶**円が米ドルに対して高くなること**。**1985年**の**プラザ合意**をきっかけとして急激に円高が進んだ。円高になると，**輸出競争力が低下**するため，日本の製造業は**貿易摩擦の解消**や**安価な労働力を求めて，海外での生産**（**多国籍化**）を進めた。

□□☑ 為替レート▶**2種類の通貨での交換比率**のことで，先進国では基軸通貨であるドルとの固定相場制を採用していたが，1973年以降，**変動相場制に移行**した。

☑☑☑ バブル景気（バブル経済）▶**1986年頃からはじまった株や土地への投機によって起こった好景気**。**円高**にともなう景気の下振れに対処するために**低金利政策**が続けられたことが一因とされる。**1991年頃から急速**

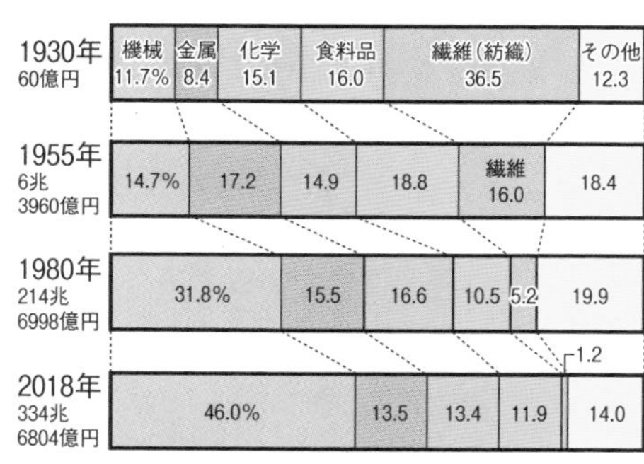

図2-2-3-8 日本の工業製品の出荷額とその変化

に崩壊した。

☑☑☑ **バブル崩壊** ▶ **1991年から1993年頃までのバブル景気後の不景気**。**中心都市の地価が急落**したため，駐車場や更地となっていた土地に分譲マンションなどが立地するなど，都心部では再開発が進んだ。

☑☑☑ **日本の産業の空洞化** ▶ **バブル崩壊後**の**国内景気の後退**と**企業の海外進出**による**国内の工場や従業者の大幅な減少**。企業は合理化をすすめるために，**正規雇用を削減**して派遣労働などの**非正規雇用や間接雇用を拡大**させた。下請・関連企業は景気低迷によって受注を減らすなど伸び悩み，倒産や廃業に追い込まれる企業が増加した。

□□☑ **非正規雇用** ▶ **短期間に限って雇う雇用形態**。**パートタイマー**・期間工・契約社員が該当する。

□□☑ **間接雇用** ▶ **使用者と労働者の間に第三者が介在する雇用形態**。**派遣労働**や業務請負が該当する。

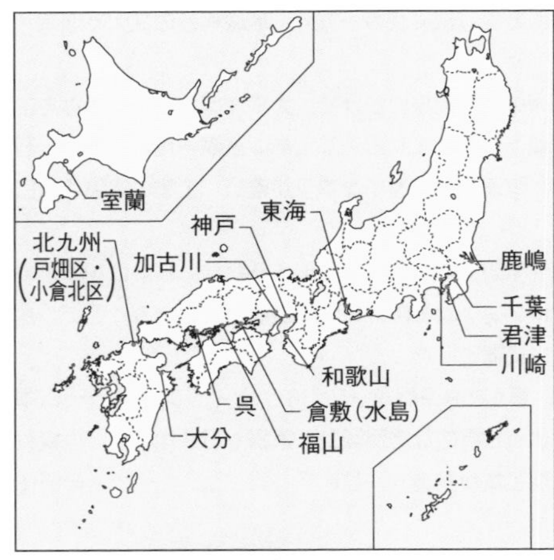

図2-2-3-9 おもな製鉄所

図2-2-3-10 おもな自動車工場

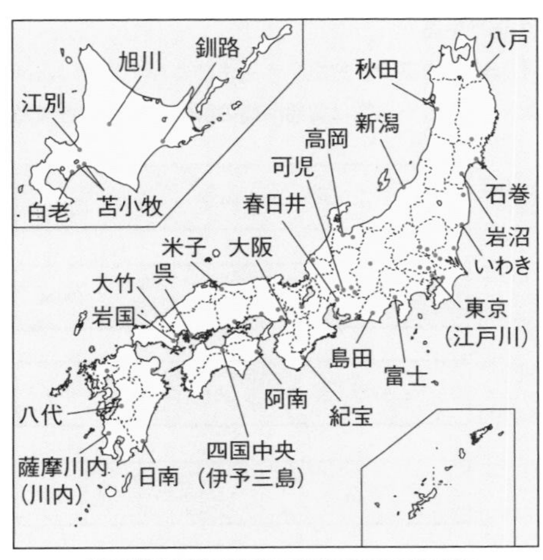

図2-2-3-11 おもな紙・パルプ工場

図2-2-3-12 おもな石油化学コンビナート

図2-2-3-13 主な化学繊維工場

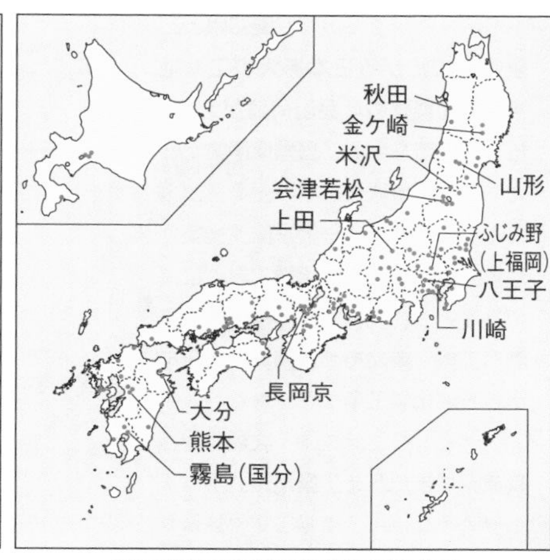

図2-2-3-14 おもなIC関連工場

四大工業地帯▶**第一次世界大戦前後までに形成された4つの工業地帯**のことで，**京浜，中京，阪神，北九州**を指す。現在では，停滞した**北九州工業地域**を除いて**三大工業地帯**といわれる。

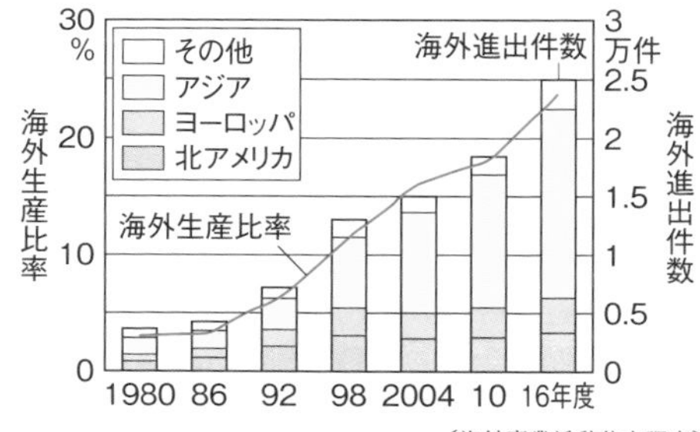

図2-2-3-15 日本企業の地域別海外進出件数と海外生産比率

京浜工業地帯▶**東京都と神奈川県にまたがる工業地帯**。臨海部の埋立地を中心に第二次世界大戦後に急速に発展し，**化学，機械，鉄鋼，自動車**などの大規模な工場が集積した。情報の集まる**東京都**の中心部には，**出版・印刷業が集中**している。**大田区**から**川崎市**にかけては高度な技術を持った中小企業が多く，先端産業の研究開発部門との連携も行われている。

1990年代以降，**サービス経済化**の進展とともに，**工場の移転や閉鎖**が増え，**鉄鋼**や**石油化学**などの**素材型工業**は**京葉工業地域へ**，**自動車**や**電気機械**などの**加工組立型工業**は**関東内陸工業地域へと移転**した。研究所に転換する工場が増えている。

京葉工業地域▶**千葉県の臨海部を中心に広がる工業地域**。**鉄鋼**や**石油化学**などの**素材型工業**が中心となっている。代表例として**市原市**の**石油化学工業**，**君津市・千葉市**の**鉄鋼業**などがある。

関東内陸工業地域▶**栃木県，群馬県，埼玉県にまたがる工業地域**。東京から比較的近く安価で広い用地や労働力が確保しやすかったため，**電気機械工業**や**自動車工業**が高速道路の近くに発達した。もともと群馬県（**富岡市**など）では繊維工業が盛んだったことも背景の一つ。代表例として**太田市**や**狭山市**の**自動車工業**などがある。

東海工業地域▶**静岡県の東海道沿いを中心に広がる工業地域**。代表例として**富士市**の**紙・パルプ工業**，**浜松市**の**輸送機械（オートバイ）・楽器**，**磐田市**の**自動車工業**などがある。

☑☑☑ 中京工業地帯▶**愛知県と三重県にまたがる日本最大の工業地帯。愛知県**は**製造品出荷額が全国1位。豊田市**を中心に**自動車産業**が盛んで，輸送用機械工業の出荷額が占める割合が高い。自動車関連産業として，**鉄鋼業**や**石油化学工業**の出荷額も多い。代表例として**豊田市**の**自動車工業**，**東海市**の**鉄鋼業**，**四日市市**の**石油化学工業**などがある。

☑☑☑ 阪神工業地帯▶**大阪府から兵庫県にまたがる工業地帯**。第二次世界大戦以前は，繊維工業や鉄鋼業が立地し**日本最大の工業地帯だった**。戦後，**金属**や**電気機械**などが盛んになったが，外国製品との競合や工場の国外移転などにより停滞し，地位は低下している。**中小企業**が多く，先端産業を支える企業もある。**大阪市**，**堺市**，**神戸市**，**尼崎市**，**西宮市**，**姫路市**などに鉄鋼や石油化学などの**素材型工業**や**電気機械**などの工場が集積している。

☑☑☑ 瀬戸内工業地域▶**瀬戸内海沿岸地域を中心に，岡山県，広島県，山口県，香川県，愛媛県にまたがる工業地域**。1960年代から1970年代にかけて阪神工業地帯からの工場の移転が進み，臨海部を中心に**鉄鋼**や**石油化学**などの**素材型工業**が発達した。代表例として**倉敷市**の**水島**での**鉄鋼業**や**石油化学工業**，**周南市**や**岩国市**の**石油化学工業**，**広島市**の**自動車工業**がある。

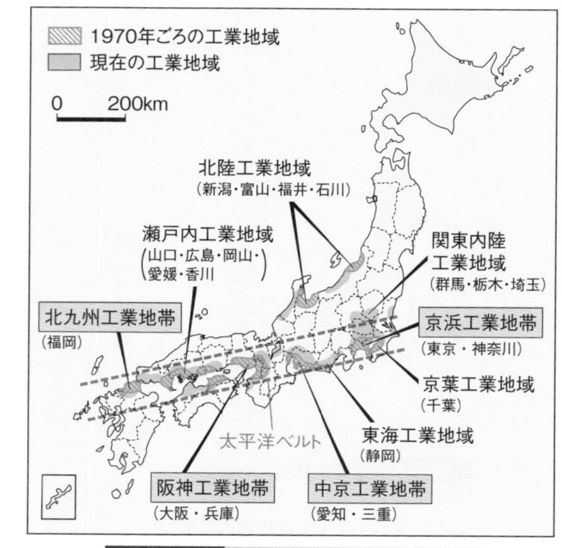

図2-2-3-16 日本のおもな工業地帯・地域

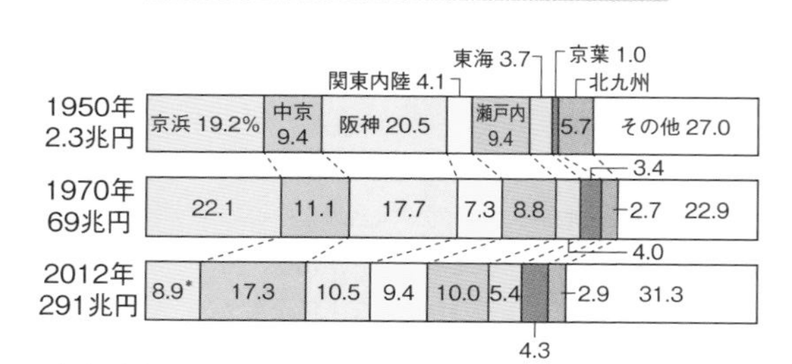

図2-2-3-17 工業製品出荷額における工業地域の変化

☑☑☑ 北九州工業地域▶**福岡県に位置する工業地域**。かつては，**石炭**（筑豊炭田）に恵まれ，鉄鉱石を輸入する中国に近かったため，現在の**北九州市**に官営の**八幡製鉄所**ができ，**鉄鋼業**が発達した。

現在では鉄鋼業は停滞しているが，九州北部を中心に自動車メーカーが進出したため**自動車工業**が盛んになっている。また，九州地方には高速道路近くや空港付近にICの工場も立地している。

☐☐☑ 八幡製鉄所▶**福岡県北九州市に位置する筑豊炭田を背景に1901年に操業した官営の銑鋼一貫工場**。戦前**日本の近代化**を進めるうえで重要な役割を果たしたことから，「**明治日本の産業革命遺産**」

のひとつとして関連施設が**世界遺産**に登録された。

□□☑ 中小企業 ▶ **従業者300人未満の事業規模の小さな企業**。日本の製造業では事業所数では**98%**を占めるが，出荷額では約**5割**に過ぎない。大企業の生産する製品のほとんどは中小企業の製造する部品で成り立っている（図2-2-3-18参照）。

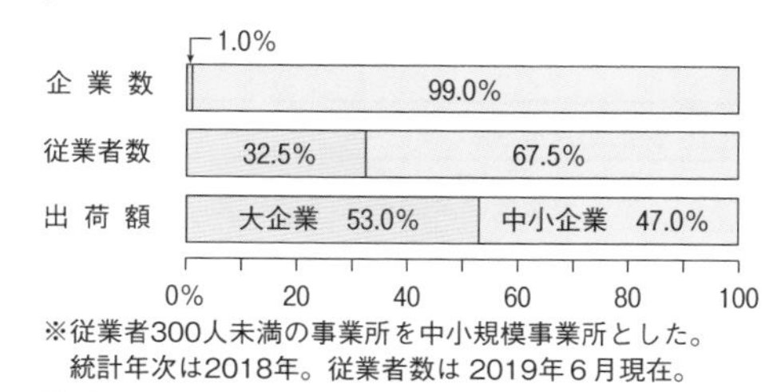

※従業者300人未満の事業所を中小規模事業所とした。
統計年次は2018年。従業者数は 2019年6月現在。

図2-2-3-18 製造業における大規模事業所と中小規模事業所

□□☑ 基盤技術 ▶ **さまざまな加工組立型工業の共通の基盤になる産業技術**のことで，金型製造や金属の切削・プレス加工，熱処理，メッキなどをさす。**東京都大田区・墨田区**や**大阪府東大阪市**には，高度な技術を持った機械関連企業が集積し，生産設備や試作品の製造など**多品種少量生産**によって強い国際競争力を生み出している。

□□☑ ニッチ産業（すき間産業）▶ **需要はあるものの規模が小さく，それまで商品の供給がなかった市場や潜在的需要を掘り起こす産業**。独自の技術をもち，柔軟な対応ができる中小企業や**ベンチャー企業**が手がけることが多い。

□□☑ 産地ブランド（商標）▶ **日本の地場産業が製品のよさや技能を売り物に，その地域で生産された製品に地域名をかかげること**。伝統文化に裏打ちされたデザイン性や品質に，新しい世代のクリエイターの力が合わさって新たな魅力をもつ製品がつくられているものもある。**新潟県燕(つばめ)市・三条市**の**金属加工**や，**福井県鯖江(さばえ)市**の**眼鏡**などがあり，日本だけでなく，海外に向けて売り出す成功事例も生まれている。

□☑☑ 事業継承問題 ▶ **経営者の高齢化や後継者不足により，中小企業の適切な後継者が見つかりにくくなっている問題**。**中小企業**の場合，事業継承は世襲で行われることが多いが，適切な後継者が見つからない場合，**廃業**してしまい技術やノウハウが失われることがある。

第4節 第三次産業

1 第三次産業

☑☑☑ 第三次産業 ▶ **第一次産業と第二次産業に分類されない産業**で，さまざまな業種から構成され，**モノの生産に直接関わらない産業**という共通点がある。**商業**，**サービス業**，**金融・保険業**，**不動産業**，**運輸業**，**情報通信業**，**公務**などが含まれる。一般に産業活動が活発になり，多様化すると，物・資本・サービス・情報などの移動も活発になり，第三次産業の就業人口も増加する。先進国では，**脱工業化社会**，**サービス経済化**が進み，就業人口に占める割合は高い。

□□☑ ペティ＝クラークの法則 ▶ **経済発展につれて，第一次産業から，第二次，第三次産業へと，就業人口や国民所得に占める割合の中心が変遷していく法則**。発展途上国には第一次産業人口割合が40%を超える国が多いのに対し，ほとんどの先進国では第三次産業人口割合が70%を超える。第三次産業の割合が高くなっていくことを**サービス経済化**という。

☑☑☑ 脱工業化社会 ▶ **工業中心の社会がさらに発展して，知識・情報・サービスなどにかかわる産業が重要な役割を果たす社会**。

☑☑☑ サービス経済化 ▶ **産業構造のなかで，第三次産業，特にサービスを提供するサービス業の割合が高くなっていくこと。経済発展や都市化の進展**とともに，さまざまな**サービス需要**が発生する。

☑☑☑ サービス業 ▶ **消費者に，モノではなくサービスを提供する業種**のことで，**飲食業**や**宿泊業**のような従来の業種のほか，**教育**，**医療**，**家事代行**，**観光・レジャー**，**情報**など新しい業種の発達も著しい。物を販売する際に，接客やアフターサービスなどのサービスをどう付け加えるのかなど，サービス業以外でもサービス活動が重要となっている（図2-2-4-1参照）。

☑☑☑ 生産者サービス業 ▶ **サービス業のうち，企業などの事業者を対象にサービスを提供する業種**のことで，**ソフトウェア産業**や**情報処理・提供サービス業**，**デザイン業**，**広告業**などが該当する。

☑☑☑ 消費者サービス業 ▶ **サービス業のうち，一般消費者を対象にサービスを提供する業種**のことで，**飲食サービス業**，**宿泊業**，**旅行業**，**学習塾**，**スポーツ施設**，**遊園地**，**テーマパーク**などが該当する。

☑☑☑ 公共サービス業 ▶ **サービス業のうち，社会サービスに関わる業種**のことで，病院などの**医療サービス**，学校などの**教育サービス**，**介護サービス**などの**社会福祉サービス**などが該当する。

生産者サービス業（対事業所サービス業）	ソフトウェア業，情報処理・提供サービス業，インターネット付随サービス業，デザイン業，広告業など
消費者サービス業（対個人サービス業）	飲食サービス業，宿泊業，理容・美容業，旅行業，冠婚葬祭業，映画館，スポーツ施設，公園，遊園地，テーマパーク，学習塾など
公共サービス業（社会サービス業）	医療サービス（病院），教育サービス（学校），社会福祉サービスなど

〔東京書籍『地理B』p.155〕

図2-2-4-1 サービス産業の分類

□□☑ クリエイティブ産業 ▶ **個人の創造性や才能から富や雇用を生み出す産業**のことで，**コンテンツ**，ファッション，デザインなどの文化産業のほか，**広告業**，**ソフトウェア産業**なども含まれる。こうした産業は，より多くのすぐれた人材を集めることができる**大都市に集中**する傾向にある。

☑☑☑ コンテンツ産業▶**娯楽や教育を目的に，音声や文字，映像を用いて創作されるものをコンテンツといい，これらの生産や販売に関わる産業**。**映画**や**音楽**，**アニメ**，**ゲーム**などの形で商品化される。**制作には創造性や技能，才能に優れた人材の確保や，情報収集が不可欠**であり，**大都市圏に集積**する。

2 商業をはじめとする流通産業

☑☑☑ 商業▶**商品（モノ）を生産者と消費者の間で交換する経済活動**のことで，生産者が生産した物を購入し，それを消費者に販売する活動をいう。生産者や卸売業者から仕入れた商品を最終消費者に販売する**小売業**と，生産者から仕入れた商品を小売業へ流通させる**卸売業**からなる。

☑☑☑ 流通業（流通産業）▶**商業（小売業・卸売業）をはじめ，商品を運ぶ運輸業や保管をする倉庫業なども含めた，生産者に代わって消費者に商品を販売する産業**。商業は**商流**（受発注・出荷・在庫管理などの流れ）を担うが，**交通・通信の発達**によって，**物流**（ぶつりゅう）を担う**運輸業**や**倉庫業**，さらには**情報通信業**の重要性が増している。

☑☑☑ 小売業▶**生産者や卸売業者から仕入れた商品を最終消費者に販売する業種**のことで，**百貨店**や**スーパーマーケット**，**コンビニエンスストア**などの**業態（どんなモノをどんなふうに販売するか）**に分類される。**最寄り品**や**買い回り品**など買う品目によって消費行動が異なるため，取り扱う商品によって**商圏**が異なり，店舗の立地も異なる（図2-2-4-2参照）。最終消費者に販売するため，**小売業販売額はその地域の人口規模にほぼ比例**する。

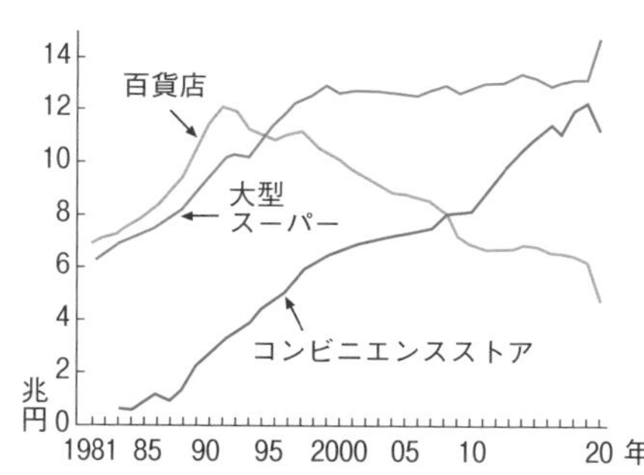

＊バブル崩壊以降，贈答品・高級品の需要が低下したこともあり百貨店の販売額が減少し，代わってセルフサービスによる大型スーパー，コンビニエンスストアの販売額が増加している。
『データブック　オブ・ザ・ワールド』による

図2-2-4-2 百貨店，大型スーパー，コンビニエンスストアの販売額推移

☐☑☑ 業種▶**小売業における取り扱う商品による分類**。飲食料品，衣服，雑貨，文具，医薬品，家電など。

☐☑☑ 業態▶**小売業における販売方法による分類**。百貨店，スーパーマーケット，コンビニエンスストア，専門店など。

☑☑☑ 卸売業▶**生産者から仕入れた商品を小売業へ流通させる業種**のことで，**商社**が代表例。外国で買い付けた商品を輸入したり，卸した商品を別の卸売業者に販売したり，企業に販売（業務用）をしたりするため，**販売額は小売業販売額よりも多い**。**企業間の取引**が多く，企業が集積する**中心的な役割を果たす都市で卸売業販売額は多くなる**ため，東京・大阪・名古屋の**三大都市**と**地方中枢都市で多い**。

☑☑☑ 商圏▶**ある商業施設（商店やレストランなど）がお客を集める範囲**のことで，一般に，最寄り品を扱う商店の場合はせまく，買い回り品を扱う商店の場合は広くなる（図2-2-4-3参照）。

☑☐☑ 最寄り品（もより）▶**食料品や日用品など，安価で日常的に購入する商品**。購入頻度が高いため，商店の数は多くなり，**居住地付近**や**最寄り駅付近**に**立地**する。

☑☐☑ 買い回り品▶**高級衣料品や家具，電化製品などの高価で購入回数の少ない商品**。消費者が複数の店舗を比較・検討したうえで購入するものであるため，こういわれる。購入頻度が低いため，扱う商店の数は少なくなり，一般に，販売店舗は集客力の高い**都市中心部に立地**する。

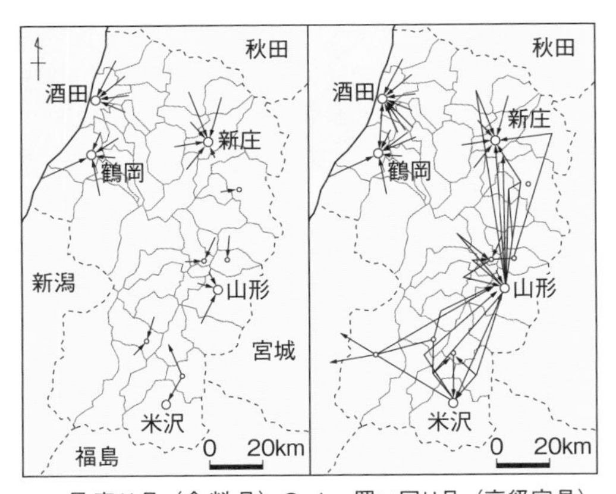

a. 最寄り品（食料品）の購入先　b. 買い回り品（高級家具）の購入先

※1981年当時の山形県の例

〔国土庁資料，ほか〕

図2-2-4-3 最寄り品と買い回り品の小売商圏

☑☑☑ 百貨店▶**デパート**のことで，衣食住にわたる複数の専門店が1つの**大規模店舗**（政令指定都市では3,000m²，その他の地域では1500m²以上）のもとで運営され，買い回り品を中心に扱い，販売形態は**対面販売**を基本とする。

☑☑☑ スーパーマーケット▶**高頻度で消費される食料品や日用品をセルフサービスで大量に販売する小売形態**で，伝統的な市場（market）を超える（super）という意味で命名された。はじめは食品を大量販売する**食品スーパー**が多かったが，現在では，食品スーパーのほかに，衣食住にわたる商品を扱う**総合スーパー**や衣料品中心の**衣料品スーパー**など多様化している。

☑☑☑ コンビニエンスストア▶**原則24時間営業で，食料品や日用品などの最寄り品を中心に扱う小規模店舗**のことで，宅配便の受付やチケット販売，公共料金の支払い，ATM（自動現金預払機）など多様なサービスも提供する。当初は**市街地に出店**していたが，**住宅地や幹線道路沿いにも店舗を拡大**している。近隣の人々を顧客とするため，**商圏はせまい**が，地方都市では自動車を利用する顧客を想定して広い駐車場を持ち，広い商圏を持つ。**チェーン店方式**で店舗を増やし，販売するデータを管理する**POSシステム**を活用して商品の補充を頻繁に行う。特定の地域を対象として集中的に出店することで効率的な配送網をつくり，特に食品は1日に何度も少量ずつ配送する**多品種少量配送**を行っている。

☑☑☑ POSシステム（Point of Sales：販売時点情報管理システム）▶**商品を売った時点で，商品名，金額などの商品の情報や，配送，発注の詳細などの情報をコンピューターで管理するシステム**。店舗ごとの「売れ筋商品」や各商品が売れる時間帯などの情報を基にした**配送や販売戦略を立てることが可能**となる。

☐☐☑ チェーン店方式▶**単独の資本で複数の店舗を経営する小売業の方式**。流通の合理化を図ることができ，日本のスーパーマーケットやコンビニエンスストア，大手衣料スーパー，家電量販店の多くは，この方式をとっている。

☐☑☑ 大規模小売店舗法▶**スーパーマーケットなどの大型小売店の出店を規制して，中小小売店を保護することを目的とした法律**。1980年代後半に緩和されたことで，自動車での来店に便利な都市の郊外に大規模な**ショッピングセンター**が立地するようになった。1998年には，大型店が周辺の環境などに及ぼす影響を抑えることを目的とした**大規模小売店舗立地法**に置き換えられた。

☑☑☑ ショッピングセンター▶**多くの小売・サービス業を集積する巨大商業施設**。アメリカ合衆国で誕生し，ヨーロッパ，オーストラリア，日本などに波及した。百貨店や大型スーパーなどを中心に各種**専門店**や**レジャー施設**，**サービス業者**，**映画館**，**駐車場**などを配し，小売・サービス集団を計画的に形成している。銀行などの金融機関の出張所なども組み込み，地域住民に総合的な商業サービスを提供しているものもある。

□□☑ アウトレットモール▶**流通経費を削減するため工場から直接搬出し，倉庫などを利用して低価格の商品を販売する店を集めた施設**。

□□☑ プライベートブランド▶**小売業者や卸売業者（流通業者）によって企画販売される独自の製品ブランド**のことで，**PB**と略される。製造元から商品を直接買い取ることができるため，販売価格を抑えることができるなどの利点がある。

☑☑☑ 通信販売▶**消費者に対して郵便・電話・インターネット等の方法で注文をとり，商品を宅配便等で発送する販売形態**のことで，消費者に対して，**インターネット**，カタログ，テレビ，ダイレクトメール，新聞広告，雑誌広告，ラジオ広告の７種類で集客する。

☑☑☑ インターネットショッピング▶**インターネットを用いた通信販売**のことで，ウェブサイト上で商品やサービスを購入でき，インターネット通販，ネットショッピング，ネット通販ともいう。消費者は時間や場所に制約されることなく買い物ができるようになった。販売者は，店舗を必要としない（**無店舗販売**）ため，地価が安く物流に便利な**高速道路沿いなどに事務所やコールセンター，倉庫を立地**させ，商品は運輸業者の**宅配便**を使って消費者に届ける仕組みをとっている。

□☑☑ 物流▶**物的流通**（商品が生産者から消費者のもとに届けられる過程）の略で，商品を生産者から消費者へと流通させる上で必要な包装・荷役・輸送・保管および流通加工などの諸活動を指し，商品を売買する**商業**（**卸売業・小売業**）のほか，**運輸業**や**倉庫業**などが関連し合っている。

□☑☑ 流通センター▶**商品の輸送や配送の拠点となる施設**のことで，トラックターミナルや倉庫団地，配送センターなどの流通関連施設が集積している地区が形成されることが多い。**交通の便のよい港湾や空港，駅の周辺**のほか，自動車輸送が中心になると**高速道路のインターチェンジ付近などに立地**するようになった。

□☑☑ ジャスト・イン・タイム▶**必要なモノを，必要な時に，必要な量だけ生産するという考え方**。**在庫を削減**し，**生産性を向上**させる仕組み。**自動車の組立工場**で部品の在庫を減らして費用を削減するとともに，スペースの有効利用を図るために広く導入された。

第5節 交通・通信，貿易，観光

1 交通の発達

① 距離と交通インフラ

☑☑☑ 時間距離 ▶ 2点間の絶対距離（空間距離）ではなく，**2点間の移動にかかる時間（所要時間）で表した距離**のことで，利用する交通機関によって異なり，**交通機関の高速化**や交通路の直線化によって短縮する。

☑☑☑ 経済距離 ▶ **2点間の移動にかかる費用（交通費など）で表した距離**のことで，**格安航空会社（LCC）**の就航などによって，交通運賃が安くなると短縮する。

☑☑☑ 交通インフラ ▶ **人やモノの移動の基盤となる道路や鉄道，空港，港湾など，交通に関する社会資本（インフラストラクチャー）**。

	長　所	短　所	現　状
鉄　道	高速・大量輸送が可能。定時性，安全性にすぐれる。電化されていれば大気汚染を起こさない。	地形的な障害に弱い。線路の敷設に多額の資本が必要。	特に先進国では，自動車に押され気味だが，環境問題や交通渋滞を引き起こさない交通機関として，見直されている。
自動車	利便性にすぐれ，戸口輸送（最終目的地まで）が可能。	交通渋滞，大気汚染，二酸化炭素の排出量大。エネルギー効率が悪い。	旅客・貨物ともに陸上交通の中心で，高速道路など道路整備が進展。環境に優しい電気自動車などの開発・実用化が進む。
水上交通	安価に長距離大量輸送が可能。エネルギー効率が非常に高い。	速度が遅い。荷役作業には多くの時間・労働力，港湾設備が必要。	高速コンテナ船，鉱石ばら積み船，LNG専用船など専門化・大型化が進展。
航空交通	高速でほぼ大圏コースを飛行。	重量当たりの輸送費が高い。空港施設には広大な敷地が必要。騒音問題。	大型化による輸送量増加。空港への交通アクセスの整備により，利便性を高める。

図2-2-5-1 主要交通機関のまとめ

＊イギリスの水運には，内陸水運が含まれていない。
＊＊都市間トラック輸送のみ。

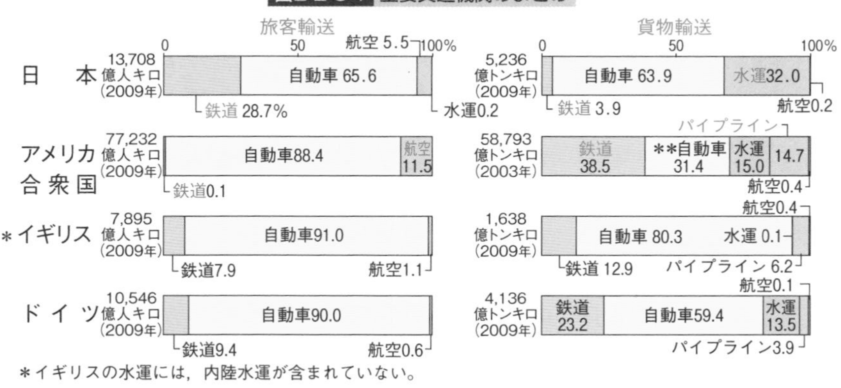

図2-2-5-2 おもな国の国内輸送における輸送機関別割合

② 陸上交通

（1）鉄道交通

☑☑☑ 鉄道交通 ▶ **地形やルートの固定などの制約**をうけ，レールの敷設や整備に**多額の費用**を要するが，**大量の旅客や貨物**を**長距離**にわたって輸送することが可能で，**定時性**，**安全性**に優れる。また，電化されていれば大気汚染などを招かず環境負荷が小さい。産業革命期の大量輸送を支えたが，現在の**先進国**では，**自動車に押されて衰退傾向**にある。ただし，**モータリゼーション**が進んでいない**発展途上国**では，鉄道交通の果たす役割はまだ大きい（図2-2-5-3参照）。

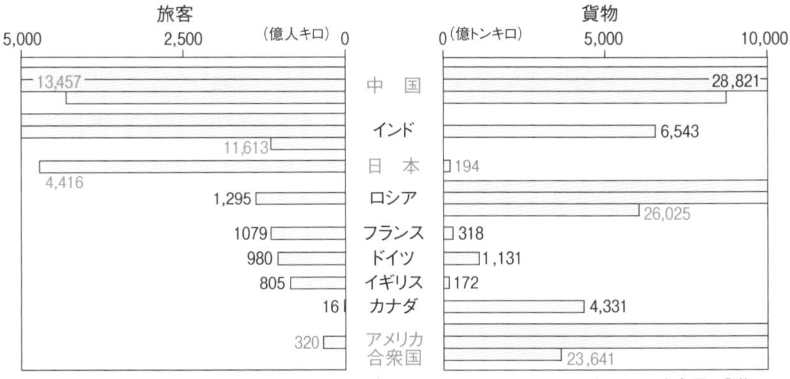

※中国とインドの旅客は2017年，日本の旅客・貨物は2018年度，ロシア，フランス，ドイツ，カナダ，アメリカ合衆国の貨物は2019年。

図2-2-5-3 各国の鉄道輸送量

□□☑ 開拓鉄道 ▶ 国土が広く，開発が比較的新しい**北アメリカ**や**ロシア**などで，**国土の統一と開発のために建設された鉄道**。アメリカ合衆国やカナダの**大陸横断鉄道**やロシアの**シベリア鉄道**などがある。

□□☑ 大陸横断鉄道 ▶ **大陸の東西を横断する鉄道**のことで，**アメリカ合衆国**では中西部と西海岸を結ぶ鉄道が該当し，中西部の**シカゴ**は鉄道の起点となっており，**西部開拓**に大きな役割を果たした。

☑☑☑ シベリア鉄道 ▶ **シベリアを横断する鉄道**。現在の起点は**エカテリンブルク**（旧ソ連時代はチェリャビンスク）で，日本海岸の**ウラジオストク**が終点となっており，**シベリア開発**に大きな役割を果たした。ヨーロッパロシアの**モスクワ**にもつながり，モスクワ・ウラジオストク間を約７日で結ぶ。

□□☑ 高速鉄道 ▶ **200km/h程度以上の速度で走行する鉄道で**，専用車輌やシステムを採用している。人口密度の高い日本やヨーロッパで早くから整備され，主要都市間を結び，**時間距離の短縮**を実現している。日本の**新幹線**やフランスの**TGV**，ドイツの**ICE**，イギリスの**HST**，スペインの**AVE**など。近年は，中国，台湾，トルコなどの新興国でも整備が進んでいる。

□□☑ ユーロスター ▶ **ロンドン・パリ間を結ぶ高速鉄道**。**ドーヴァー海峡**に**ユーロトンネル**が開通したことで，イギリスと大陸部の往来が陸路で可能となった。ロンドン・パリ間を２時間ほどで結ぶ。

☑☑☑ モーダルシフト ▶ **輸送手段を転換すること**。鉄道輸送は，自動車と比べて，**温室効果ガスの排出が少なく環境への負荷が小さい**ため，旅客・貨物ともに**自動車からの転換**が進められている。

☑☑☑ LRT（Light Rail Transit：ライトレール交通）▶ **路面電車などの輸送力が小さい都市の旅客鉄道**のことで，軽軌道交通ともいわれる。従来の鉄道や地下鉄よりも**建設費が安く**，**渋滞の緩和や騒音，大気汚染などへの対策**として導入が進んでいる。高齢者や障害者が利用しやすい**低床型車両**の導入も進んでいる。

☑☑☑ パークアンドライド ▶ **都市中心部への自家用車の乗り入れを規制することに加え**，**郊外駅に自家用車を駐車し，鉄道やバスなどの公共交通機関に乗り換えて都市の中心部に出入りする仕組み**。ドイツの**フライブルク**，フランスの**ストラスブール**などで普及し，中心部の交通量を減らすことで，**大気汚染や渋滞の緩和，事故の減少**などを目的としている。

(2) 自動車交通

☑☑☑ 自動車交通 ▶ 鉄道や船舶に比べて**一度に輸送できる旅客数や貨物量は少なく**，排気ガスによる**大気汚染**や**二酸化炭素**排出による**地球温暖化**など**環境への負荷が大きい**が，ドアからドアまで自在に移動でき（**戸口輸送**），目的地まで積み替えなしで貨物を運べるため**利便性が高い**。先進国では**モータリゼーション**とともに，**高速道路**や幹線道路の整備が進み，自動車は**貨物輸送や旅客輸送の中心**となっている。

☑☑☑ 戸口輸送 ▶ **荷物を送る人の玄関先から受け取る人の玄関先まで，運送業者の責任の下で一貫して運ぶ**ことで，ドア・ツー・ドア輸送ともいう。自動車の利点である**利便性**を端的に表現している。

☑☑☑ モータリゼーション ▶ **自動車の利用が広く普及し，生活や社会のなかで自動車への依存が高まること**（**車社会化**）。アメリカ合衆国では1920年代，日本では1960年代に進んだ。（図2-2-5-4，図2-2-5-5参照）

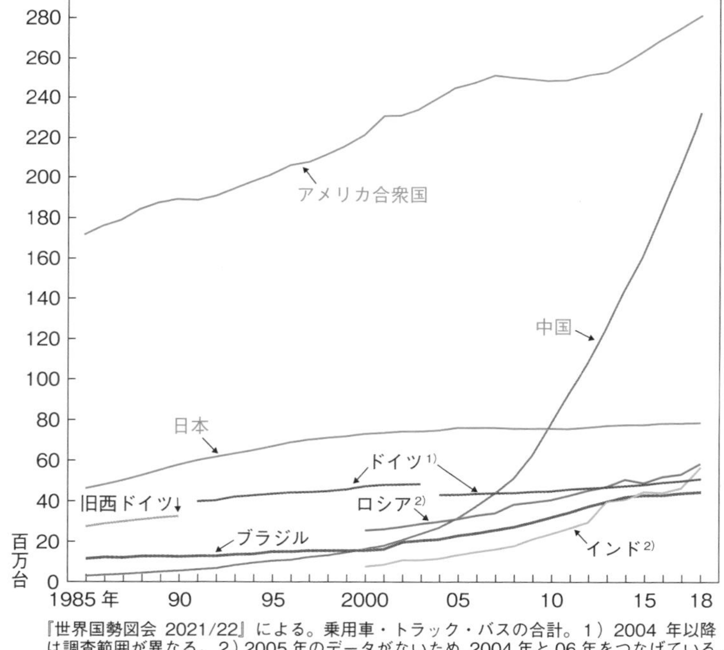

『世界国勢図会 2021/22』による。乗用車・トラック・バスの合計。1）2004 年以降は調査範囲が異なる。2）2005 年のデータがないため、2004 年と 06 年をつなげている。

図2-2-5-4 おもな国の自動車保有台数

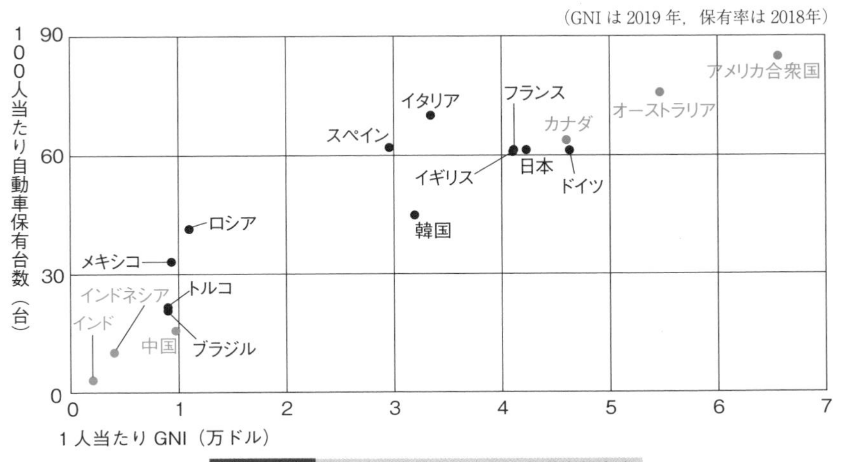

図2-2-5-5 各国の1人当たりGNIと自動車保有率

☑☐☑ ロードプライシング制度 ▶ **自動車交通量を制限する目的で，特定の道路や地域，時間帯の自動車利用に対して課金すること**（入域課金制度）。**ロンドン**や**シンガポール**などで採用されている。

☑☐☑ ハイブリッド車 ▶ **複数の動力源を用いて走行する自動車**のことで，電気モーターとガソリンエンジンの組合せが一般的。電気モーターと併用することで，ガソリンの消費量が減り，**環境への負荷を軽減**できる。

☐☐☑ MaaS（Mobility as a Service：サービスとしての移動）▶ **ICTを利用して利用者に複数の移動手段を提供する移動サービス**。利用者は，スマートフォンのアプリを利用して，電車やバス，タクシー，カーシェアリングなどの複数の移動手段から**交通手段やルートの選択，運賃の決済**などを行う。

③ 水上交通

☑☑☑ 水上交通 ▶ 移動の**速度が遅い**が，**重量や容積の大きな貨物**を**安い運賃で運搬できる**ため，**貨物輸送の主役**を担っている。**海上交通**と**内陸水路交通**に分けられる（図2-2-5-6参照）。

☐☑☐ 専用船 ▶ **貨物を効率的に運搬するため，特定の貨物の輸送専用に建造された船**のことで，**コンテナ船**や**オイルタンカー**，**バルクキャリア**のほか，LNG船，自動車専用船，チップ専用船，セメント専用船などがある。

☑☑☑ コンテナ船 ▶ **貨物専用船の一種**で，**貨物を詰めたコンテナを輸送する商船**のことで，規格が統一されてい

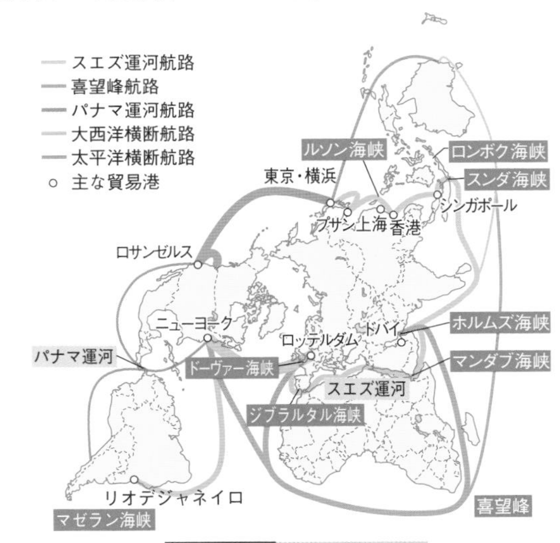

図2-2-5-6 世界の主要航路

るため，港湾で貨物をコンテナに入れたままトラックや列車に積み替えることができる。コンテナ取扱量は，シャンハイ（**上海**），**シンガポール**など**東アジア，東南アジアの港湾が上位**となっており，中東では**ドバイ**（アラブ首長国連邦），ヨーロッパでは**ロッテルダム**で多い。

☑☑☑ 国際ハブ港湾（中継貿易港）▶**水上交通の要衝に位置し，国際物流の拠点となっている港湾**。世界各地から**コンテナ貨物が集積**し，積み替えられ，さらに水路や陸路を通じて別の目的地へと輸送される。ハブとは車輪の「軸」のこと。

☑□☑ タンカー▶**液体の貨物を運搬するための専用船**のことで，船体自体をタンクとするか，タンクを設置した船で，原油を運搬する**オイルタンカー**が一般的。

☑□☑ バルクキャリア▶**石炭や鉄鉱石などの鉱石や穀物などを輸送するばら積み貨物船**。

☑☑☑ 運河▶**船舶の通行のために人工的に開削された水路**。**海上交通**では**パナマ運河**と**スエズ運河**が代表例で，輸送の距離と時間が大幅に短縮できる。**内陸水路交通**はヨーロッパで発達し，ヨーロッパ最長の**ミッテルラント運河**や，ライン川支流のマイン川とドナウ川を結ぶ**マイン・ドナウ運河**などがある。

☑☑☑ パナマ運河▶**パナマ地峡に建設された，太平洋とカリブ海を結ぶ運河**。地表の中央部は標高が高いため，途中で**閘門**（こうもん）といわれる水門を設けて水位を調節することで航行を可能にしており，こうした運河を**閘門式運河**という。輸送量の増加や船舶の大型化に対応するため，2016年に拡張工事が行われ，それまでの3倍近い貨物量の大型船の通行が可能になった。パナマ運河を通航できる船舶サイズをパナマックスという。

☑☑☑ スエズ運河▶**スエズ地峡に建設された，地中海と紅海を結ぶ運河**。パナマ運河と異なり，水門なしで航行が可能な**水平式運河**で，スエズ運河を通航できる船舶サイズをスエズマックスという。

☑☑☑ 内陸水路交通▶**河川や運河を利用した船舶輸送**のことで，ヨーロッパでは，河川や運河が国境を越える貨物輸送に欠かせない輸送路となっている。**ライン川**や**エルベ川**は，オランダやドイツの工業地帯の河港を結んでいる。

☑☑☑ 国際河川▶**複数の国の領土を流れ，国際条約によって外国の船舶の航行の自由が認められている河川**のことで，**ライン川**や**エルベ川**，**ナイル川**，**メコン川**，**ラプラタ川**などが代表例である。

④ 航空交通

☑☑☑ 航空交通▶発着が空港に限定され，**輸送費が高く**，環境負荷が大きいが，**速度が速く**，地形や海洋の影響をほとんど受けずに**最短コース**（**大圏コース**）で移動できる。旅客が中心だが，貨物輸送では，**小型・軽量・高付加価値の電子部品や精密機械，貴金属**のほか，**鮮度**が要求される**花卉**や**野菜**などが輸送される。

航空機の大型化により貨物輸送は増加し，**格安航空会社**（**LCC**）の台頭などによって旅客輸送も増加している。

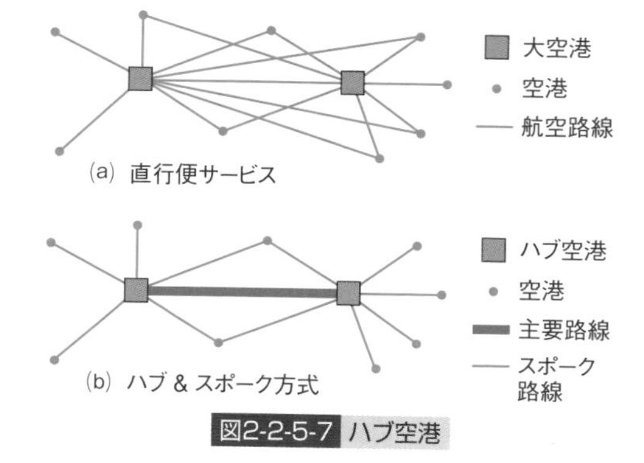

図2-2-5-7 ハブ空港

☑☑☑ 格安航空会社（LCC：Low Cost Carrier）▶従来の航空会社よりも，**低価格で就航する航空会社**のことで，アメリカ合衆国での規制緩和によって登場し，現在ではヨーロッパやアジアでも急成長し，**観**

光産業に新しい需要をもたらした。

☑☑☑ ハブ空港▶**地域内での航空交通の拠点となる空港**のことで，多くの都市と直行便で結ばれ，航空機の乗り換えを効率的に行うことができる。**空港使用料**だけでなく，**人やモノの移動による経済効果**が期待されるため，国際航空網の主導権をめぐって主要空港間での競争が激化している。

国内・国際線を合わせた乗降旅客数は，国土が広く人口の多い**アメリカ合衆国**や**中国**の空港で多い。**国際線**の乗降旅客数に限ると，**ドバイ**が最も多く，ヨーロッパでは**アムステルダム**（スキポール），**ロンドン**（ヒースロー），**パリ**（シャルル・ドゴール），フランクフルトなど，アジアでは**インチョン**（韓国），**シンガポール**（チャンギ），ホンコン（**香港**）などで多い（図2-2-5-7参照）。

2 通信の発達

☑☑☑ 通信技術▶**情報（意思やメッセージ）を伝達するための技術**のこと。かつては伝書鳩や郵便などであったが，電話，無線，ラジオ，テレビなどの発達によって**遠隔地へ情報を瞬時に伝達**できるようになった（**時間距離の消滅**）。**インターネット**を介して，大量の情報が世界中に瞬時に伝達できるようになったことで，世界は一体化が進んでいる。

☑☑☑ 情報通信技術（ICT：Information and Communication Technology）▶p.157参照

☑☑☑ インターネット▶**コンピュータなどの情報機器を，電話回線や衛星回線などでグローバルに接続するネットワーク，情報通信網**。World Wide Webの開発によって，現在の仕組みが確立し，急速に普及した。

☑☑☑ 高度情報化社会▶**ICT（情報通信技術）の発達と普及によって情報通信ネットワークが世界規模に高度に発達した社会**のことで，大量の情報を瞬時に入手し，情報の発信も可能である。**電子商取引**や各種サービスのオンライン申請，送金などが可能となっている。

☐☐☑ 海底ケーブル▶**海底に敷設された情報や電力を送るためのケーブル**。同軸ケーブル（銅線）から**光ファイバーケーブル**に変わったことで，**高速で大容量のデータ通信が可能**になった。

☐☐☑ 光ファイバーケーブル▶**電気信号を光に変えて通信を行うケーブル**のことで，純度の高いガラスやプラスチックの細い繊維で作られている。電気信号で通信するメタルケーブル（銅などの金属を用いたケーブル）に比べて信号の減衰が少なく，**大容量のデータを長距離でも高速で送る**ことができる。

☐☐☑ モバイル通信▶**携帯電話やタブレットなどの個人が持ち運びできる端末を利用した通信**。基地局といわれる中継点と電話機との間を無線通信で結ぶため，**回線網の整備が容易**で，国土の広いロシアやインドのほか，アフリカなどの**発展途上国でも急速に普及**している。**高速通信網の整備**やタブレット型端末の普及によってインターネット通信がさらに盛んになり，**SNS**や**電子地図**などの利用も多く，通話以外のサービスも充実している（図2-2-5-8参照）。

☐☐☑ 5G通信▶**大容量のデータを超高速で安定的にやり取りできる高速通信システム**のことで，**第5世代移動通信システム**の略。日本では2020年に商用サービスが始まった。

☐☐☑ SNS（Social Networking Service：ソーシャルネットワーキングサービス）▶**インターネットを介して個人同士で社会的交流を提供するサービス**。登録した利用者同士が交流できる会員制のサービスで，友人同士や同じ趣味を持つ人同士が集まったりすることで，**利用者間の密接なコミュニケーションが可能**となっている。LINEやTwitter，Instagramなどがある。

☐☐☑ ユビキタスネットワーク社会▶**いつでも，どこでも，何でも，誰でもネットワークにつながる**

ことが可能な社会。ユビキタス（Ubiquitous）は，ラテン語で「あらゆるところに同時に存在する」の意。

国　名	固定電話契約数（件／100人）	携帯電話契約数（件／100人）	インターネット利用者率（%）	1人当たりGNI（ドル）
日本	49.5	147.0	92.7	41,513
アメリカ合衆国	32.7	134.5	89.4	65,897
イギリス	47.8	119.9	92.5	41,149
スウェーデン	17.4	128.5	94.5	54,226
韓国	48.3	134.5	96.2	32,422
ロシア	19.0	164.4	82.6	11,281
中国	13.3	121.8	64.6	9,980
インド	1.5	84.3	41.0	2,092

※統計年次は2019年，アメリカ合衆国とインドのインターネット利用者率は2018年。

図2-2-5-8 固定電話，携帯電話，インターネットの普及

☑☐☑ 電子商取引▶**インターネットなどを利用して商品やデータ（映像・音声など）の購入やチケットの予約などを行う**ことで，**EC（Electronic Commerce）**：**Eコマース**ともいう。インターネット上のショッピングサイトやオンライントレード，ネットオークション，コンテンツ配信などがある。

☑☐☑ Society 5.0▶**AI（人工知能）やIoT（モノのインターネット）などデジタル化の進展によって新たな価値を創造し，経済発展と社会的課題の解決を目指す社会**のことで，**狩猟社会**，**農耕社会**，**工業社会**，**情報社会**に続く社会像。例として，**ロボット技術**や**自動運転技術**によって少子高齢化や過疎化の課題の解決などをめざす。

☑☐☑ テレワーク▶**ICTを利用して本来勤務する場所でなく，自宅などで仕事をすること**。従業員は**通勤時間がなくなり，自由時間が増えたり，子育てや介護をしながら仕事ができる**などメリットがある。パソコンを用いた仕事に限られたり，対面での意思決定ができないなどの問題もある。

☐☐☑ 遠隔医療▶**ICTを活用して医療や健康増進などの医療行為を行うこと**。医師と患者間のほか，医師と医師間で行うものもある。例として，離島や過疎地などでの医師不足を補ったり，専門医から専門的な知識やスキルを依頼・委託したり，CTや放射線画像の読影を依頼するなどがある。

☐☐☑ BPO（Business Process Outsourcing：ビジネス・プロセス・アウトソーシング）▶**企業が業務の効率化のために，自社の業務の一部を外部の専門業者に委託すること**。例として，**情報通信技術の発達**によって国境を越えて広がり，欧米企業の電話受付業を担う**コールセンター**が英語圏のインドやフィリピンに進出していることなどがあげられる。

☑☑☑ コールセンター▶**電話対応業務を専門に行う部門または施設**。コールセンターの業務は，**労働集約的**な側面が強く，通信網が発達した現在では，**労働賃金の安い国や地域に立地**する傾向にある。アメリカ合衆国のテレビ通販の受注をインドの**バンガロール**で行っていたり，日本のパソコン利用者向けの対応を中国の**ターリエン**（大連）で行っていたりする。

☑☑☑ 情報格差（デジタルデバイド）▶**情報技術の恩恵を受けている地域と，情報化から取り残された地域との間でみられる格差**。**先進国**のようにインターネットの普及率が高く，情報を着発信しやすい地域では，情報を活用した生活が営まれる一方，**発展途上国**では一般に情報通信ネットワークの整備が遅れており，**経済格差の拡大の一因**となっている。国や地域の格差だけでなく，情報端末の所有の有無や，携帯電話の操作ができるかなどの技能による格差もある。

3 貿易と経済圏・貿易をめぐる課題

☑☑☑ 貿易 ▶ **国家間での物資（商品・モノ）やサービスの取引**のことで，**輸入**と**輸出**からなる。それぞれの国で有利なもの（国際競争力の強いもの）を生産し，輸入しあう**国際分業**（図2-2-5-9参照）。

☑☑☑ サービス貿易 ▶ **国家間での物資（商品・モノ）以外の取引**のことで，**金融**，**運輸**，**情報**，**旅行**，**特許権使用料**などの取引がこれにあたり，近年は世界的に拡大している。

　ある国の国民が**外国に行ってサービスを受ける**こと，**外国の拠点から電話などを通じてサービスを受ける**こと，**外国企業から派遣された専門家からサービスを受ける**こと，**外国企業が支店などを設置してサービスを提供する**ことの4種類がある。

☑☑☑ 貿易収支 ▶ **国際収支のうち，物資（商品・モノ）の輸出と輸入の差額**。輸出と輸入を比べて，輸出の方が多ければ**貿易黒字（輸出超過）**，輸入の方が多ければ**貿易赤字（輸入超過）**という。**サービス貿易**の収支は，**サービス貿易収支**という。

☑☑☑ 貿易摩擦 ▶ **2国間の貿易**で，**一方が大幅な黒字，一方が大幅な赤字になるなど輸出入に極端な偏りが生じた場合や，自国からの輸出が相手国で差別的な取り扱いを受けて不利益が生じた場合に起こる国家間の対立**。例としては，1980年代に日本からアメリカ合衆国へ自動車輸出が急増した際に生じた**日米貿易摩擦**，2000年代に中国からアメリカ合衆国への安価な衣類や電気機械の輸出によって生じている**米中貿易摩擦**などがある。

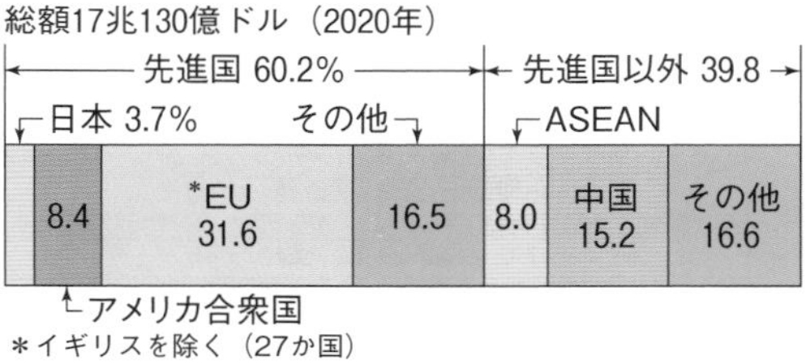

総額17兆130億ドル（2020年）

先進国 60.2%				先進国以外 39.8		
日本 3.7%	アメリカ合衆国 8.4	*EU 31.6	その他 16.5	ASEAN 8.0	中国 15.2	その他 16.6

＊イギリスを除く（27か国）

〔IMF Data "Direction of Trade Statistics"〕

図2-2-5-9 世界の国別・地域別輸出額の割合

☑☑☑ 国際分業 ▶ **自国に有利なものを生産して輸出し，自国では生産できないものや競争力の弱いものを輸入すること**。工業製品を輸出する先進国どうしでは，**貿易摩擦**を招くこともある。

　一つの工業製品を生産する過程で，部品の生産や組立などの工程ごとに賃金水準や技術水準を踏まえて，部品を輸出入することも多い。

□☑☑ 垂直分業 ▶ **国際分業のうち，発展途上国が原燃料などの一次産品を産出して輸出し，先進国が工業製品をつくって輸出する分業体制**のことで，**垂直貿易**ともいう。**発展途上国**（南）と**先進国**（北）との間での貿易のため**南北貿易**ともよばれる。1960年代まで，途上国・先進国間では垂直分業がほとんどで，発展途上国では一次産品の輸出に依存する**モノカルチャー経済**であった。

□☑☑ 水平分業 ▶ **国際分業のうち，互いの国が工業製品を輸出し合う分業体制**のことで，**水平貿易**ともいう。かつては，先進国相互の貿易でみられたが，近年は**東・東南アジアの国・地域でも工業化が進展**し，工業製品が輸出されることで，日本とこれらの地域の貿易は水平分業的な関係へと変化している。

☑☑☑ モノカルチャー経済 ▶ **特定の鉱産資源や農産物など，限られた種類の一次産品の生産と輸出に依存する経済**。特定の一次産品に特化すると，**生産量が少なかったり価格が下落**した時に，その国は**経済的に不利**な状況に置かれる。

☑☑☑ 南北問題 ▶ **国内総生産（GDP）の高い先進国と，低い発展途上国との経済格差問題**。**先進国は北**に多く，**低い途上国は南**に多いことから，こういわれる。

☑☑☑ 南南問題 ▶ **発展途上国間の経済格差問題**。発展途上国のなかでも，**新興国**や**石油産出国**など資源をもつ国がある一方で，**サブサハラアフリカの最貧国**もあり，発展途上国に分類される国の間でも**経済格差は拡大**している。

☑☑☑ ODA（Official Development Assistance：政府開発援助）▶**先進国の政府機関による発展途上国の経済開発や福祉向上のために行う援助**のことで，当事国の間で直接援助を行う**二国間援助**と，**国際機関への拠出**がある。また**二国間援助**には**無償援助**のほかに，資金を貸し付ける**借款**や**技術協力**がある。

☑☑☑ 中継貿易▶**輸入したものをそのまま他国へ再輸出する貿易**のことで，**交通の要衝**に位置する**シンガポール，香港，オランダ**などで盛ん。他国へ再輸出する際の倉庫料，保険料，手数料などによって利益が生じる。

☑☑☑ 貿易依存度▶**GDP（国内総生産）に占める貿易額の割合**。輸出額については**輸出依存度**，輸入額については**輸入依存度**という（図2-2-5-10参照）。

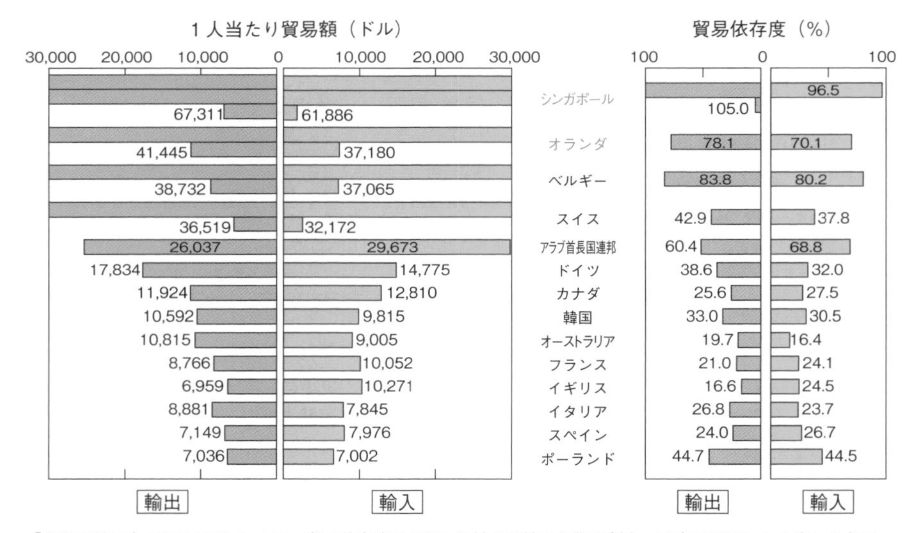

『世界国勢図会 2021/22』による。貿易依存度はGDPに対する輸出入額の割合。国名の配列は1人当たり貿易額の大きい順だが，上位14か国というわけではなく，主要国のみを取り上げた。
貿易依存度は，貿易額÷GDP×100で求められるため，GDP（国内総生産）の規模が大きいアメリカ合衆国や日本は低めに推移することに注意

図2-2-5-10 一人あたり貿易額と貿易依存度

□☑☑ 貿易の自由化▶**自由貿易を促進すること**。第二次世界大戦以前に欧米諸国が**保護貿易**を行って**ブロック経済**を作ったことが世界大戦を招いたという反省から，**GATT（関税と貿易に関する一般）**を結成し，輸入制限の撤廃や関税の引き下げを行い，自由貿易を推進した。GATTを発展させるかたちで，1995年に**WTO**（世界貿易機関）が発足した。

☑☑☑ 自由貿易政策▶**国家が貿易に干渉しない貿易政策**。国家が貿易を制限することなく自由に貿易を行わせるため，貿易が活発になる。

☑☑☑ 保護貿易政策▶**国内産業の保護のために，国家が貿易に干渉する貿易政策**。輸入品に**関税**，輸出品に**輸出補助金**などをかけたりして，国家が貿易に干渉する。

☐☐☑ ブロック経済▶**自国と友好国とのあいだで商品の市場を確保し合う閉鎖的な経済圏（ブロック）**のことで，**かつて宗主国と植民地の間でみられた**。自国と友好国との間で関税などの輸入制限をなくす一方，その他の国からの輸入は制限する。

☑☑☑ WTO（World Trade Organization：世界貿易機関）▶**関税などの貿易障壁と輸入制限を撤廃し，自由貿易体制を確立することを目的とする国連の関連機関**。第二次世界大戦後の自由貿易を牽引してきた**GATT**にかわり，1995年に設立された。**貿易自由化**だけでなく，**サービス貿易の管理，知的財産権の保護**なども対象となり，**紛争処理能力も大きく強化**された。

☑☑☑ GATT（General Agreement on Tariffs and Trade：関税および貿易に関する一般協定）▶**第二次世界大戦前のブロック経済による保護貿易体制を反省し，自由貿易の促進を図るため締結された協定**で，1993年の**ウルグアイラウンド**終結を受け，WTOに発展的改組された。

☑☐☑ 知的財産権▶**人間の幅広い知的創造活動について，その創作者に権利保護を与えるもの**。著作権や特許権，実用新案権，意匠権，商標権などがある。

☐☐☑ セーフガード▶**緊急輸入制限措置**のことで，特定商品の輸入急増によって国内産業が圧迫された際，**国内の産業を保護**するため，WTOの協定に基づいて**輸入を制限する権利**が認められている。

☑☑☑ UNCTAD（アンクタッド）（United Nations Conference on Trade and Development：国連貿易開発会議）▶**発展途上国の輸出と投資を拡大し，開発や貧困削減，経済発展を目的とした国連機関。**

☐☐☑ 特恵関税制度▶**先進国が発展途上国から輸入を行う際に関税率を引き下げる制度**で，発展途上国の支援を目的とする国際的な関税制度。

☑☑☑ FTA（Free Trade Agreement：自由貿易協定）▶**いくつかの国同士が，関税や輸入割当などの輸入制限を撤廃あるいは削減し合う協定**。企業が無税あるいは低い関税で貿易できたり，消費者が相手国の製品を安く購入できたりする。サービスへの外国企業参入の規制撤廃なども含まれる。

☑☑☑ EPA（Economic Partnership Agreement：経済連携協定）▶**貿易だけでなく，投資や人の移動（人的交流），知的財産の保護など幅広い経済連携の強化を目的とする包括的な協定。**

☑☑☑ EU（European Union：ヨーロッパ連合）▶**EC（ヨーロッパ共同体：European Community）を母体として1993年に発足したヨーロッパの地域経済統合体**。**域内での関税の撤廃**や**域外への関税の共通化**や，**統一通貨（ユーロ）の導入**など，域内での統合を進め，**『人・モノ・資本・サービスの移動の自由』**を実現した。

☑☑☑ ASEAN（アセアン）（Association of Southeast Asian Nations：東南アジア諸国連合）▶**1967年に発足した東南アジアの相互協力組織**。資本主義路線をとる5カ国を現加盟国とし，東西冷戦が終わった1990年代には**社会主義国のベトナムなどが加盟**し，**現在では10カ国**からなる（東ティモールの加盟について原則合意）。

☐☐☑ AEC（ASEAN Economic Community：ASEAN経済共同体）▶**ASEANを母体とする地域経済統合体**。AFTA（ASEAN自由貿易地域：ASEAN Free Trade Area）から発展して2015年に発足し，**域内での関税はほぼ撤廃**された。

☑☑☑ USMCA（United States-Mexico-Canada Agreement：アメリカ合衆国・メキシコ・カナダ協定）▶**アメリカ合衆国，メキシコ，カナダ**の3か国で2020年に発効した**地域経済統合体**。1994年にEUに対抗する経済圏の構築を目指して発足した**NAFTA（北アメリカ自由貿易協定：North American Free Trade Agreement）**を引き継いだ組織。

☐☐☑ TPP11協定（Trans-Pacific Partnership：環太平洋パートナーシップに関する包括的およ

び先進的な協定）▶**日本を含む東・東南アジアや南北アメリカ，オセアニアなど環太平洋地域の11カ国によって2018年に発効した多角的な経済連携協定**。2015年の起草当初はアメリカ合衆国も参加していたが，2017年に離脱を表明した。

□□☑ RCEP（Regional Comprehensive Economic Partnership：地域的な包括的経済協定）▶**日本や韓国，中国，ASEAN諸国など15か国による経済連携協定**。世界の人口とGDPにおいて，それぞれ3割程度を占める。

4 観光

☑☑☑ 観光産業▶**観光に関連する産業の総称**。宿泊施設や交通機関，飲食業，テーマパークなどの娯楽施設など関連業種は多岐にわたる。生活が豊かになり，**余暇時間**が増加することで，他の国・他の場所を訪れて景色や風物，史跡などを見て歩くことを目的とする観光が盛んになる。観光行動が活発になれば，新しい需要が生まれ，経済活動は活発になる。

☑□☑ 余暇（よか）時間▶**生活利用時間のうち，労働時間や睡眠時間などを除いた自由に使える時間**。

☑☑☑ インバウンド▶**自国に外国人旅行客を受け入れること**。外国人が自国を訪れる旅行をインバウンド観光という。

□□☑ アウトバウンド▶**自国民が国外を訪れること**。自国から外国を訪れる旅行をアウトバウンド観光という。

☑☑☑ 旅行収支▶**サービス貿易**のひとつで，**その国の旅行者が国外で支出する金額と，国外からその国への旅行者がその国内で支出する金額との差**。観光資源に恵まれる国は，観光収入も多くなる。

アメリカ合衆国やスペイン，フランスは黒字だが，夏に地中海沿岸でバカンスを過ごす人が多い**ドイツやイギリスなどは赤字**となっている。日本は，赤字が続いていたが，**ビジットジャパンキャンペーン，円安，ビザ発給の緩和，LCCの就航**などによって外国人観光客の増加し，**2014年以降，黒字**に転じた（図2-2-5-11参照）。

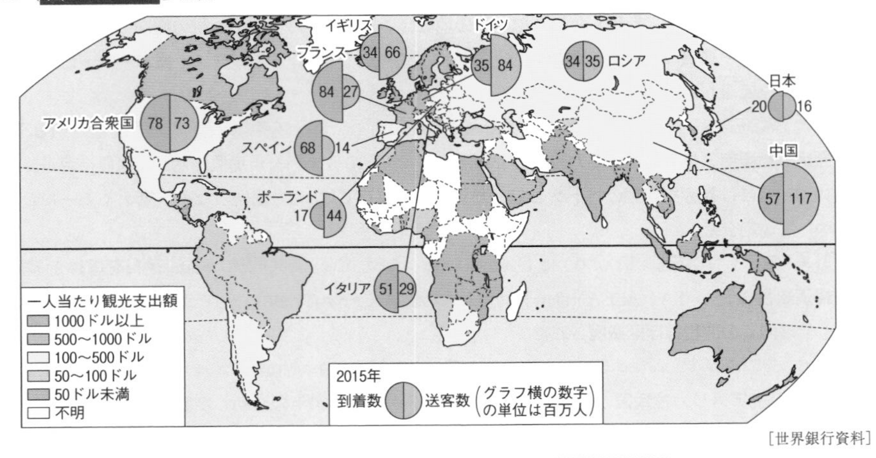

図2-2-5-11 一人当たり観光支出額と到着数・送客数

☐☑☑ バカンス ▶ **主に夏に取得する長期休暇，もしくはその休暇の過ごし方**。フランス語のvacancesを起源とし，英語ではVacation。フランスでは，法律で５週間の有給休暇の権利が認められている。

☐☐☑ リゾート ▶ **大勢の人が休暇・余暇を過ごす場所**や**行楽地**。

☑☑☑ 保養 ▶ **心身を休ませて健康を保ち活力を養うこと**。

☑☑☑ マスツーリズム ▶ **観光の大衆化が進むこと**。第二次世界大戦後の**経済発展を背景**に，それまで富裕層に限られていた観光旅行が，**幅広く大衆にまで拡大**した。1950年代にアメリカ合衆国で現れ，その後，欧州に広まった。日本では東海道新幹線の開通（1964年）や大阪万博の開催（1970年）を境に急速に進んだ。

☐☐☑ テーマパーク ▶ 文化や国，時代，キャラクターなど**特定のテーマに基づいて，施設・イベント・景観などが総合的に構成され演出されたレジャーランド**。

☑☑☑ オーバーツーリズム ▶ **観光客の過度な集中や迷惑行為によって，地域住民の日常生活に支障が出ること**。交通機関の混雑，交通渋滞，ゴミ問題，騒音問題などが発生する。

☑☑☑ グリーンツーリズム ▶ **都市に居住する人々が，農山漁村に滞在して豊かな自然や文化，人々との交流を楽しむ観光行動**。都市と農村の交流促進や農村地域の収入増加などの利点がある。

☑☑☑ エコツーリズム ▶ **持続可能な環境保全への理解を深めるために，観光を通じて自然や文化などの資源を保全しつつ活用し，地域振興を図る観光**のことで，自然に親しむツアーを**エコツアー**ということもある。日本では，エコツーリズム推進法によって「自然環境の保全」，「観光振興」，「地域振興」，「環境教育の場としての活用」を目指す。

観光形態	内　容
メディカル・ツーリズム	医療施設で専門的な治療や高度な検診を受けるための旅行。医療分野の民営化・グローバル化を背景に興隆している。
コンテンツ・ツーリズム	映画やアニメなどの舞台を訪ねる旅行。コンテンツが観光振興の契機になることから,地域をあげてロケ地の誘致が進められている。
ライフスタイル・ツーリズム	退職後などに気候面や生活面で快適に過ごせる地域で長期滞在する旅行。日本では東南アジアが滞在先として人気があるが,国内過疎地でも移住者誘致のために行われている。
ボランティア・ツーリズム	ボランティア活動を目的とした旅行。日本では,阪神・淡路大震災を機にボランティア活動への関心が高まり、東日本大震災の復興支援をきっかけにツーリズムの形態として広まった。
ダーク・ツーリズム	戦争や災害などの悲劇がおきた現場を訪れる旅行。こうした地域を見ることに対して倫理的問題が指摘される一方で、観光客の存在は被災地の復興の手段にもなり得る。

図2-2-5-12 新しい観光形態

☐☐☑ MICE（マイス）（Meeting, Incentive Travel, Convention, Exhibition/Event）▶ **ビジネスイベントの総称**で，**企業などの会議**（Meeting），**研修旅行**（Incentive Travel），団体や学会などの**国際会議**（Convention），**展示会やイベント**（Exhibition/Event）の頭文字を取ったもの。集客の多さに加えて，人の集積や交流から派生する付加価値も見込まれるため，誘致に力を入れる国が多い。**国際的な都市間競争力を高める手段**としても位置づけられている。

☑☑☑ 世界遺産 ▶ **世界遺産条約**に基づき世界遺産リストに記載された**「顕著な普遍的価値」をもつ建造物や遺跡，景観，自然**のことで，**文化遺産**，**自然遺産**，**複合遺産**の３種類がある。**UNESCO**（ユネスコ）（**国連**

教育科学文化機関）の事業。観光の促進を目的とするものではないが，**登録によって観光客が増加**することが多い。そのため，地元の住民や自治体は登録に向けて積極的に活動する。その一方で，観光開発によって環境が破壊されたり，不心得な旅行客による建造物の破損などが問題となっているところもある。

☑☑☑ 世界自然遺産▶**世界遺産**のうち，**顕著な普遍的価値を有する地形や地質，絶滅危惧種や固有種の生息域・自生地**。日本では，**屋久島**（**鹿児島県**1993年），**白神山地**（**青森県・秋田県**1993年），**知床**（**北海道**2005年），**小笠原諸島**（**東京都**2011年），**奄美大島・徳之島・沖縄島北部及び西表島**（**鹿児島県・沖縄県**2021年）の５つが登録されている（2022年時点）。

☑☑☑ 世界文化遺産▶**世界遺産**のうち，**顕著な普遍的価値を有する記念物，建造物群，遺跡，文化的景観など**のこと。日本では，**法隆寺地域の仏教建造物**（**奈良県**1993年），**姫路城**（**兵庫県**1993年）をはじめ，**古都京都の文化財**（**京都府**1994年），**原爆ドーム**（**広島県**1996年），**古都奈良の文化財**（**奈良県**1998年），**富士山**（**山梨県・静岡県**2013年）など20が登録されている（2022年時点）（図2-2-5-13参照）。

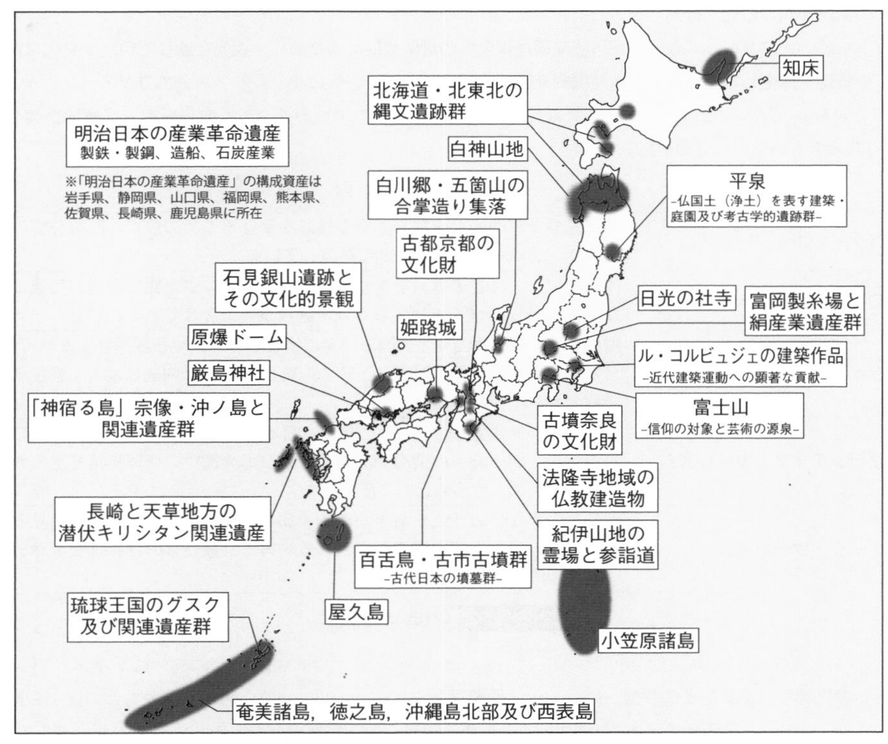

図2-2-5-13 日本の世界文化遺産（2021年7月現在）

☐☐☑ 世界ジオパーク▶**地層・岩石・地形・火山・断層など，地球や大地に関わるさまざまな自然に関わる公園**。UNESCOの支援によって設立された世界ジオパークネットワークが認定する自然公園で，世界的に見ても**特徴的な地形・地質を持つ地域が指定**され，自然遺産の保護とともに科学教育の場となっている。日本では，**洞爺湖有珠山**（北海道），**糸魚川**（新潟県），**山陰海岸**（鳥取，兵庫，京都），**室戸**（高知県），**島原半島**（長崎県），**隠岐**（島根県），**阿蘇**（熊本県），**アポイ岳**（北海道），**伊豆半島**（静岡県）の9地域が認定されている（2022年時点）。そのほか，日本ジオパーク委員会が設定した**日本ジオパーク**もある。

□□☑ **観光庁** ▶ **観光を専門的に取り扱う日本の省庁**（2008年設置）で，**国土交通省**の外局として発足した組織。多くの業種が関連する観光産業は，21世紀の主要産業の1つとして位置づけられたために設置された。

☑☑☑ **ビザ（査証）** ▶ **入国する際の査証**。渡航先の大使館や領事館で発行され，その人物の所持する旅券が有効であり，かつその人物が入国しても差し支えないことを示す証書。**観光・商用・就労・留学**など目的で異なる。日本では，中国やタイなど**アジアの新興国からの観光客を誘致**するために，**発給要件を緩和**した。

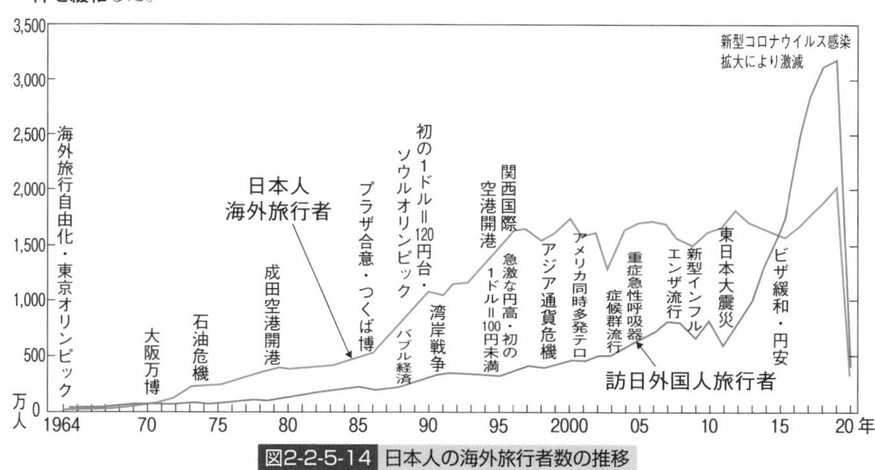

図2-2-5-14 日本人の海外旅行者数の推移

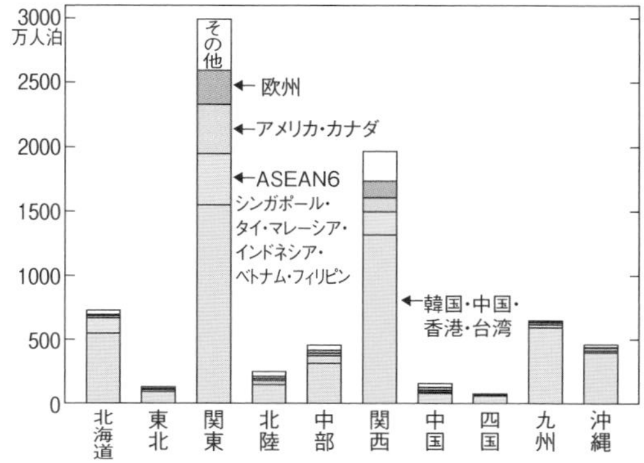

3000 万人泊
その他
欧州
アメリカ・カナダ
ASEAN6 シンガポール・タイ・マレーシア・インドネシア・ベトナム・フィリピン
韓国・中国・香港・台湾
北海道 東北 関東 北陸 中部 関西 中国 四国 九州 沖縄

※調査対象：従業者数10人以上の宿泊施設。

〔観光庁　宿泊旅行統計調査（2018)〕

図2-2-5-15 日本を訪れる外国人の出身国

渡航先	1990年	2018年
アメリカ合衆国	368	349
中　国	37	269
韓　国	137	295
（台　湾）	88	197
タ　イ	42	166
シンガポール	100	83
（ホンコン）		85
ドイツ	31	61

※単位は万人。アメリカにはハワイ，グアムを含む。中国には台湾，ホンコンを含まない。

〔出入国管理統計年報」および国連世界観光機関〕

図2-2-5-16 日本の海外渡航者の行き先

□□☑ ビジット・ジャパン・キャンペーン ▶ **2003年から始まった訪日外国人旅行の促進活動**。**外国人旅行者の入国管理の緩和**，**外国語の案内板や観光情報を出す拠点整備**などを推進している。その結果，韓国・台湾・中国や東南アジア，欧米諸国からの観光客が増加し，京都や奈良，富士山のような観光地だけでなく，伝統文化やアニメーションなども人気を集めるようになっている。

□□☑ ゴールデンルート ▶ **訪日外国人旅行の定番・人気ルート**。**東京**，**箱根**，**富士山**，**名古屋**，**京都**，**大阪**を訪問する。主に団体客向けで，はじめて日本を訪れる外国人旅行者には，日本の主要観光地を一度にめぐることができるため人気がある。

MEMO

第3章 〉人口，村落・都市

第1節 人口

1 世界の人口分布と人口増加

☑☑☑ エクメーネ ▸ **人間が常に居住し（定住），生活を営んでいる地域**。人類が未開地を開拓することで拡大し，現在では**全陸地の約9割**を占める。食料生産や土木・建築技術の進歩も拡大に寄与した（図2-3-1-1参照）。

☑☑☑ アネクメーネ ▸ **人間が経済活動を行うことができない非居住地域**。**寒冷な極地**や**乾燥した砂漠**，**高山地域**など農耕が困難な地域だが，石炭の産出する**スヴァールバル諸島**（ノルウェー）や金などが産

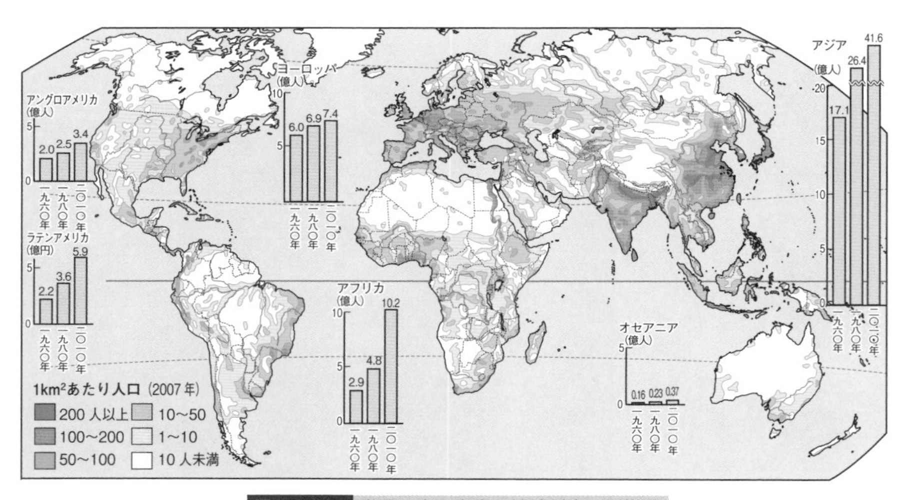

図2-3-1-1 世界の人口密度と地域別人口の推移

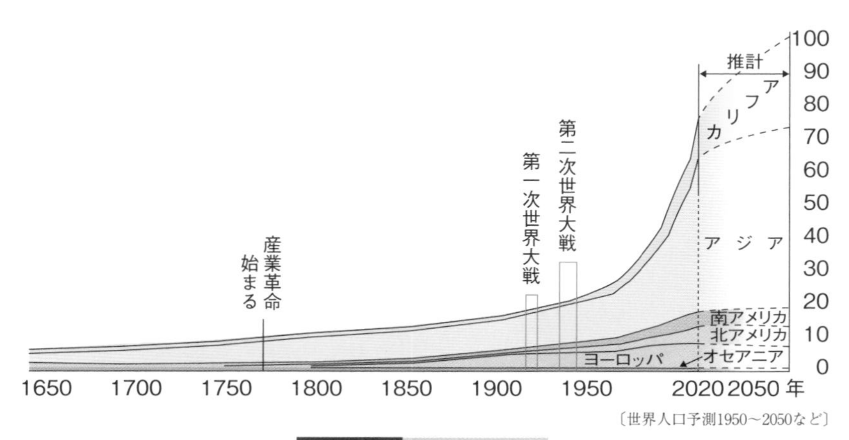

図2-3-1-2 世界人口の推移

出するカルグーリー（オーストラリア）など例外もある。

☑☑☑ 人口密度▶**単位面積当たり人口**（**人口／土地面積**）で，**人口分布の粗密**を表す。集約的な稲作が行われる**モンスーンアジア**や，産業革命を機に**経済発展が著しい西ヨーロッパ**や**北アメリカ東部**では高くなるが，アネクメーネが広がる寒冷な極地や乾燥した砂漠，高山地域では低い。

世界の人口密度は，**約60人/km²**（2020年）で，地域別では**アジア**（**150人/km²**），**アフリカ**（**45人/km²**），**ヨーロッパ**（**34人/km²**）の順に高い。

地　域	1750	1800	1900	1950	1970	1980	1990	2000	2010	2020
アジア	479	602	937	1,405	2,142	2,650	3,226	3,741	4,210	4,641
ヨーロッパ	140	187	401	549	657	694	721	726	736	748
アフリカ	95	90	120	228	363	476	630	811	1,039	1,341
北アメリカ	6	16	106	173	231	361	280	312	343	369
南アメリカ	6	9	38	169	287	254	443	522	591	654
オセアニア	2	2	6	13	20	23	27	31	37	43
世界計	728	906	1,608	2,536	3,700	4,458	5,327	6,143	6,957	7,795

※単位は百万人。

図2-3-1-3 地域別人口推移

☐☑☑ 人口支持力▶**単位面積当たりにおいて人口を養える数**のことで，**人口扶養力**（ふよう）ともいう。高ければ養える人口（可容人口）は大きくなり，生活水準の向上などで食料需要が増えれば小さくなる。

☑☑☑ 人口静態▶**ある特定の時点における，ある国・地域の人口現象**。例えば，2023年4月1時点における〇〇市の人口は32.5万人。

☑☑☑ 人口動態▶**ある一定期間における，ある国・地域の人口の現象**のことで，人口統計の変化を示す。

☑☑☑ 人口増加▶**一定期間における，ある国・地域の人口の増減**のことで，**人口変化**ともいう。**出生数と死亡数の差である自然増加**と，**流入と流出の差である社会増加**を合わせたもの。

A年からB年にかけての人口増加率（%）は，

((B年の人口)−(A年の人口))/A年の人口×100

で計算する。

☑☑☑ 自然増加▶**ある国・地域で出生数と死亡数との差によって生じる人口増加のこと**で，死亡数が出生数を上回れば人口は**自然減少**する。**自然増加率**は，**出生率**（**総人口に対する出生数の割合**）と**死亡率**（**総人口に対する死亡数の割合**）**の差**で，千人当たりの値（千分率・‰：パーミル）で示すことが多い。

☑☑☑ 社会増加▶**ある国・地域で流入数と流出数の差によって生じる人口増加のこと**で，社会増加率は，総人口に対する社会増加数の割合。雇用機会やより高い生活水準を求めた経済的な理由によるものが移動のおもな要因で，**国内なら農村から大都市へ**，**国外なら発展途上国から先進国へ**の移動が多い。

☑☑☑ 人口爆発▶**20世紀後半**に**アジア**，**アフリカ**，**中南アメリカの発展途上地域を中心に**，**死亡率の低下によって生じた急激な人口増加**。産業革命以降，西ヨーロッパや北アメリカでも人口が急増し，この時期の人口増加を**第1次人口爆発**，20世紀後半以降の発展途上地域の人口急増を**第2次人口爆発**と呼ぶこともある。

2 人口動態と人口構成

☑☑☑ 人口転換 ▶ **ある国や地域において，経済発展によって自然増加の人口動態が多産多死型から多産少死型を経て，少産少死型へと変化することで**，**人口革命**ともいう。

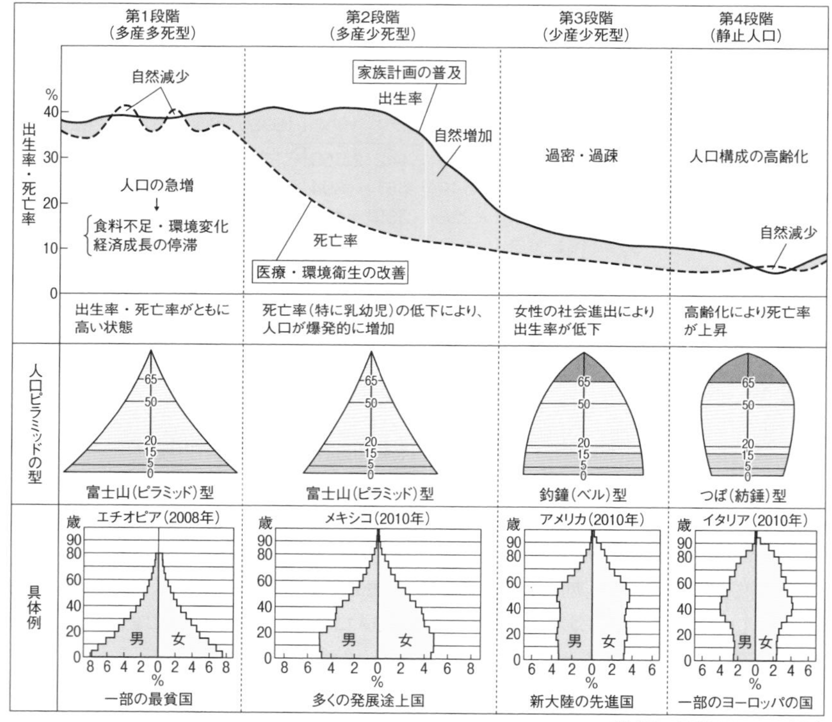

図2-3-1-4 人口転換のモデル

☑☑☑ 多産多死型 ▶ **出生率・死亡率ともに高く，特に乳児死亡率が高い人口増減の形態**。アフリカなどの一部の**最貧国**でみられる。

☑☑☑ 多産少死型 ▶ **出生率が高いまま，死亡率（特に乳児死亡率）が低下し，人口が急増している人口増減の形態**。**多くの途上国**が該当し，**人口爆発**が生じる。死亡率の低下は，**医療**や**公衆衛生の改善**による。高い出生率が維持される背景には，**子どもは家計の担い手（労働力）**であるという考え方や，**老後の世話への期待**などのほか，識字率が低いために人口抑制策が普及しづらいことがある。

☑☑☑ 乳児死亡率 ▶ **生後1歳までの死亡率**。経済発展が遅れた発展途上国で高くなる。

☑☑☑ 乳幼児死亡率 ▶ **0歳から5歳までの死亡率**。

☑☐☐ 識字率 ▶ 日常生活で用いられている**文字の読み書きができる人の割合**。一般に教育制度が充実した**先進国で高く，発展途上国で低い**傾向にあり，発展途上国では特に女性が低い傾向にある。社会主義国のキューバやベトナムは，所得水準の割に高い。

☑☑☑ 少産少死型 ▶ **出生率・死亡率ともに低い人口増減の形態**で，人口は緩やかに増加するか，**停滞**

する。ヨーロッパや北アメリカ，日本などの**先進国・地域**でみられる。出生率が低下する背景には，**女性の社会進出や高学歴化，家族計画の普及**などがある。

☑☑☑ 静止人口 ▶ **出生率と死亡率がほぼ一致**し，**人口が増加も減少もしない状態**のことで，このときの**合計特殊出生率**を**人口置換水準**といい，先進国ではおよそ2.1とされる。

☑☑☑ 人口減少型 ▶ **出生率が死亡率を下回ることで，人口が自然減少する人口増減の形態**のことで，**低い出生率**と，**高齢化にともなう死亡率の上昇**で生じる。こうした人口が減少する段階を「第二の人口転換」ということもある。

☑☑☑ 人口ピラミッド ▶ **人口構成を男女別・年齢別に分けてグラフ化したもの**で，人口の自然増減や社会増減など**人口構成**の実態を反映してさまざまな形となる。**人口転換**では**富士山型**（**ピラミッド型**）から底辺がせまくなって上部がふくらむ**釣鐘型**へと変化し，さらに人口減少型では**つぼ型**となる（図2-3-1-5参照）。

☑☑☑ 年少人口（幼年人口）▶ **15歳未満の人口**で，出生率が高い発展途上国では，総人口に占める年少人口の割合が高くなる。

☑☑☑ 生産年齢人口 ▶ **15〜64歳までの人口**で，総人口から**従属人口**（**年少人口＋老年人口**）を除いた人口。経済を支える働き手の人口にあたるため，生産年齢人口の割合が高いと人口扶養力が大きくなる。

☑☑☑ 老年人口 ▶ **65歳以上の人口**で，平均寿命が長い先進国では，総人口に占める老年人口の割合が高くなる。

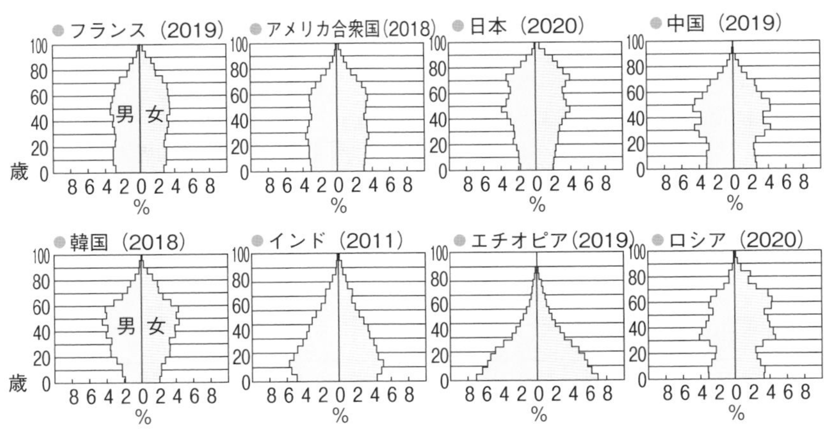

図2-3-1-5 各国の人口ピラミッド

☐☐☑ 富士山型 ▶ **多産多死の人口動態を表現した人口ピラミッドの型**。人口全体に占める**低年齢層の割合が高く，高年齢層の割合が非常に低い**。底辺部の幅が極めて広い。

☑☑☑ ピラミッド型 ▶ **多産少死の人口動態を表現した人口ピラミッドの型**。富士山型よりも底辺部の幅が少しせばまったものだが，ピラミッド型とひとまとめにすることもある。

☑☑☑ 釣鐘型（ベル型）▶ **少産少死の人口動態を表現した人口ピラミッドの型**。年少人口の割合が低下することで**底辺部がせばまり**，生産年齢人口や老年人口の割合が上昇して，**上部がふくらむ**。

☑☑☑ つぼ型 ▶ **超低出生によって年少人口の比率が低下して底辺の裾野部分が釣鐘型よりもせばまった人口ピラミッドの型**。この形をとる国・地域では，**人口減少**が生じているか，今後の人口減少が予測される。

☐☐☑ 星形 ▶ **生産年齢人口の外部からの流入によって，生産年齢人口と，その子どもの年齢層が突出した人口ピラミッドの型。** 雇用機会やより高い生活水準を求めた農村からの人口流入が多い**都市**にみられる。

☐☐☑ ひょうたん型 ▶ **生産年齢人口の流出によって，生産年齢人口が少なく老年人口の割合が高い人口ピラミッドの型。農村**にみられる。

☑☑☑ 産業別人口構成 ▶ **国や地域の就業人口を産業別（第一次・第二次・第三次）に分類し，その数や割合で示したもの。経済発展**によって，第二次産業（工業など）・第三次産業（商業やサービス業など）の割合が上昇することで，第一次産業（農業など）の割合が低下する（**産業構造の高度化**）。**サービス経済化**に近づくと第二次の割合が低下し，第三次の割合が上昇する。**三角グラフ**では，**Ｊの軌跡を描くように変化**する。

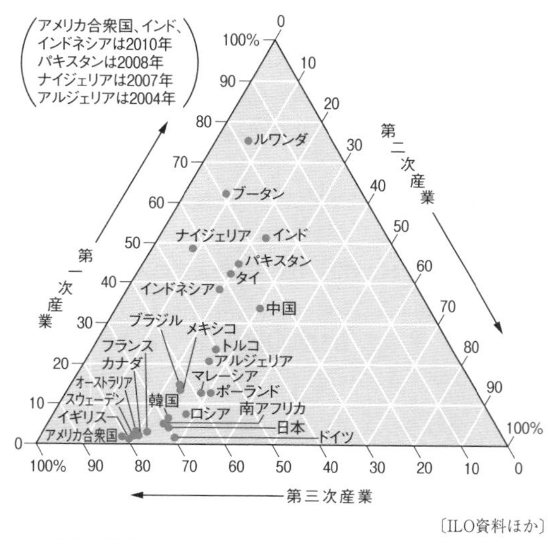

図2-3-1-6 主要国の産業別人口構成（2012年）

☑☑☑ 三角グラフ ▶ **3つの指標の関係を同時に示すグラフ。産業別人口構成**の場合，グラフ上では，発展途上国は**農業**などの第一次産業割合が高いため図の上方に，**工業**が盛んな中国やマレーシアでは第二次産業割合が高く（30％程度）中央付近に，**サービス経済化**の進んだ先進国は第三次産業割合が高いため左下に点が描かれる（図2-3-1-6参照）。

3 人口移動（社会増加）

☑☑☑ 移民 ▶ **政治・宗教の自由や生活の改善，就業の機会などを求めて国境を越えて移住した人びと。** 法律上の定義は国によって異なるため国際的に統一された定義はない。移住先で居住する期間によって，ヨーロッパから南北アメリカへの**植民**などの**永久的移動**と，**出稼ぎ**などの**一時的移動**に分けられる。

☐☐☑ 経済移民 ▶ **よりよい生活を求めて自発的に移動した移民。** 中国人やその子孫の**華僑・華人**，インド系の**印僑**が代表的。外国への**出稼ぎ労働者**もこれに含まれる。

☑☑☑ 華僑（かきょう） ▶ **中国から外国に移住した中国人で，中国国籍を有する人びと。** 中国南部の**コワントン（広東）省**や**フーチエン（福建）省**の出身者が多く，**東南アジアをはじめ世界各地**に移住した。「僑」は渡り歩いて仮住まいをする人の意味。

☐☐☑ 華人（かじん） ▶ **外国で生まれ，その国の国籍を取得した中国系の人びと。** 同郷の人々の絆は強く，商業などで活躍している。世界各地に**中華街（チャイナタウン）**を形成している。

☑☑☑ 印僑（いんきょう） ▶ **インドから外国に移住したインド人。** 華僑になぞらえて印僑といわれる。**イギリス植民**

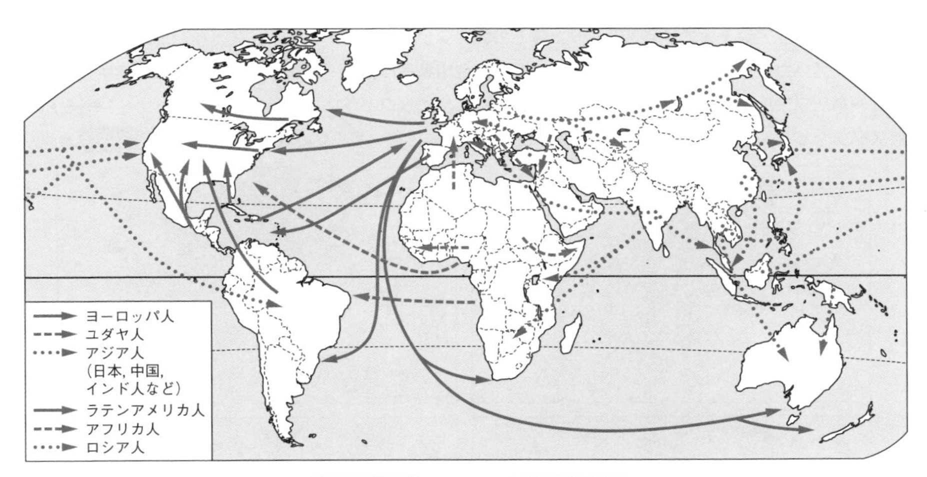

図2-3-1-7 16世紀以降の人口移動

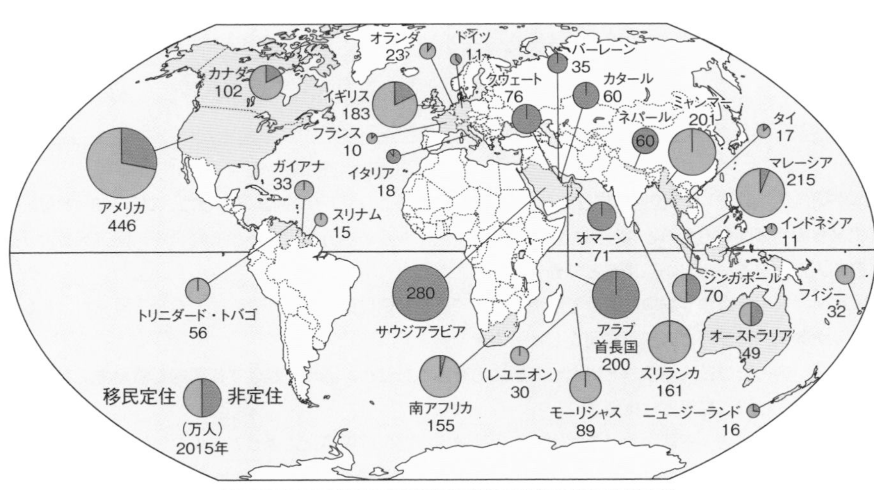

図2-3-1-8 海外に居住するインド系の人々（印僑）

地時代にインドからイギリス植民地だった**南アフリカ共和国**や**ケニア，マレーシア，フィジー，ガイアナ**などに移住した。第二次世界大戦後は欧米諸国に移り住むようになった（図2-3-1-8参照）。

□□☑ 清教徒（ピューリタン）▶ **16世紀後半，イギリス国教会の信仰と慣行に反対し，徹底した宗教改革を主張したプロテスタント諸教派の総称**。その一部は，**信仰の自由**を求めてメイフラワー号で**アメリカのニューイングランドに移住**し，ピルグリムファーザーズといわれる。

☑☑☑ 外国人労働者 ▶ **国境を越えて高い賃金やよりよい生活を求めて移動する労働者**。もともと**非熟練の単純労働に従事**する人が多かったが，近年は**コンピュータソフト技術者や医療従事者など専門職**の移動もみられるようになった。ヨーロッパでもっとも外国人労働者を受け入れているのは**ドイツ**で，**トルコ**や**旧ユーゴスラビア出身者**が多い。**イギリス**は**インド**や**パキスタン**などの**南アジア**から，**フランス**

は**アルジェリアやチュニジア，モロッコなどの北アフリカ**や**ベトナム**から，**スペイン**は**エクアドルなどの南アメリカ**からの流入が多く，いずれも**旧植民地出身者が多い**。**アメリカ合衆国**では，**メキシコやキューバ，プエルトリコ**など中南アメリカからの**ヒスパニック**が多い。**アラブ産油国**では，**インド**や**パキスタン**などから空港などのインフラ整備のための建設作業員を多く受け入れている（図2-3-1-9参照）。

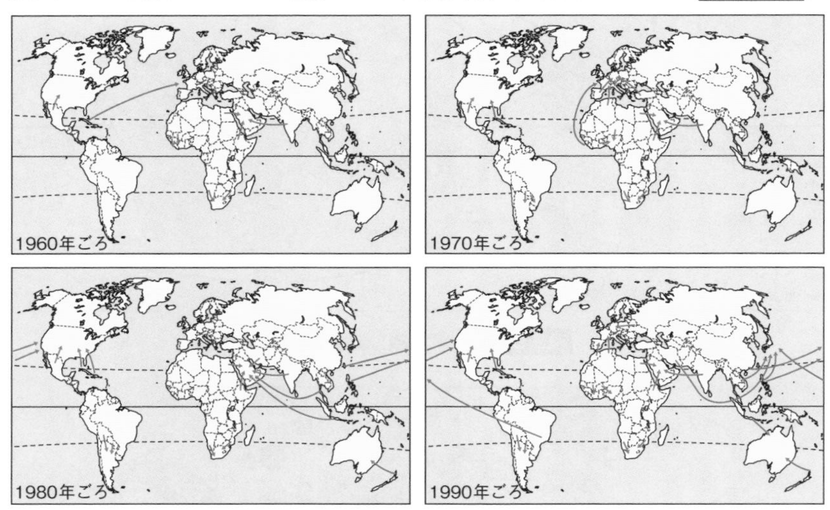

図2-3-1-9 主な国際労働力の移動

☑☑☑ 日系移民▶**19世紀末に日本から農業開拓を目的にハワイや南北アメリカ（ブラジルやペルー，アメリカ合衆国など）へと移住した移民**。1990年代になると，労働力が不足した日本に**南アメリカ**から**日系人**が出稼ぎに来て，工場などで働く例も増えた。

☑☑☑ 難民▶**戦争や紛争を避けて国境を越えて近隣諸国に逃れた人**のことで，**シリア難民**や，**パレスティナ難民**，**アフガニスタン難民**などがその例である。

☑☑☑ 国内避難民▶**紛争などによって居住地を追われたが，国境を越えずに国内で避難生活を送っている人**のことで，難民とは区別される。

☑☑☑ 環境難民▶**干ばつなどの気候変動や砂漠化などの環境悪化によって本来の居住地からの避難を余儀なくされた人**のこと。

☑☑☑ UNHCR（United Nations High Commissioner for Refugees：国連難民高等弁務官事務所）▶**難民の保護と難民の権利を守るほか，緊急事態時の物的援助やその後の自立を援助する国連機関**で，ノーベル平和賞を2度受賞している。

4 発展途上地域の人口問題

☑☑☑ 人口抑制策▶**家族計画の奨励や出産年齢・回数の規制で出生率の低下を進め，人口増加を抑制しようとする政策**のことで，**中国**の**一人っ子政策**やインドの家族計画運動の推進などが代表例。

アジアやアフリカでは出生率が低下傾向にあるものの，人口抑制策が浸透しない国・地域もあり，依然として出生率が高い傾向が続いている。背景として，**子どもは家計の担い手（労働力）**であるという考え方が根強いことや**老後の世話への期待**のほか，女性が妊娠・出産に対して自己の意思を反映できないなどの**女性の社会的な地位の低さ（識字率などに現れる）**，**宗教的・伝統的な価値観**のもとで**人口抑制策に消極的**なことがある（図2-3-1-10 参照）。

☐☐☑ **国際貧困ライン** ▶ **1日当たりの生活費が1.90ドル未満の生活水準**で，極度の貧困状態とされる。ナイジェリアでは約9000万人に達し，こうした人たちは乳幼児死亡率も高い。

☑☑☑ **家族計画** ▶ **一組の男女または個人が子どもをいつ何人産むのかを自発的に計画し，出産の時期や間隔を意識的に調節すること。**

☑☑☑ **一人っ子政策** ▶ **中国で1979年から2014年まで実施された人口抑制策。戸籍に登録されない子供（無戸籍児）**や産み分けによる**男女比のアンバランス**など，さまざまな問題が指摘された。**急速な少子高齢化が懸念**された。そのため，2015年，中国政府は子供を二人までとすることに決め（「二人っ子政策」），2021年にさらに三人目の子どもを出産することを認めた。

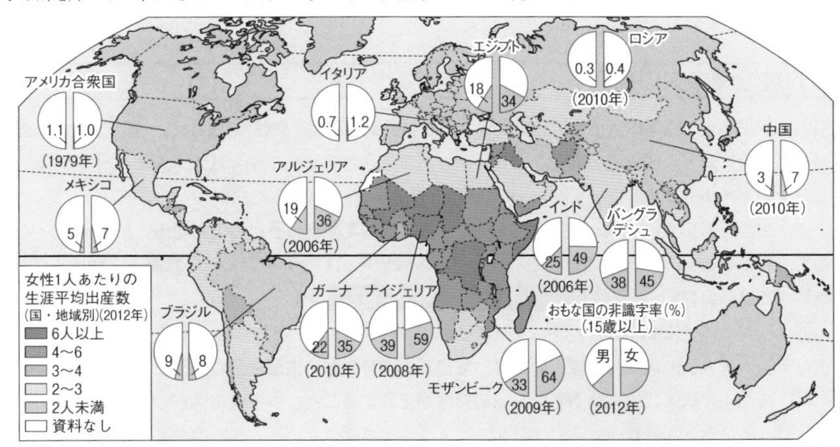

〔World Development Indicators ほか〕

図2-3-1-10 合計特殊出生率と主要国の男女別非識字率

☐☐☑ **国際人口開発会議** ▶ **1994年にエジプトのカイロで開かれた国連の人口問題に関する会議。**女性の教育水準の高さが家族計画の実施率に比例し，乳幼児死亡率に反比例することから，人口増加の抑制は**女性の地位向上が不可欠**と認識された。

☐☐☑ **リプロダクティブ・ヘルス／ライツ** ▶ **すべての個人，とりわけ女性が出産について自らの意思で決定するという考え方**のことで，「**性と生殖に関する健康と権利**」と訳される。**国際人口開発会議**で，世界の人口問題を解く鍵として提起された。安全で効果的，安価で利用しやすい避妊法についての情報とサービスを入手することができることも含まれる。

☑☑☑ **ジェンダー平等** ▶ **性別による差別や不平等をなくすこと。ジェンダー**は「**社会的性差**」といわれ，「男らしさ」や「女らしさ」という社会的なイメージや，「家事は女性がやるもの」といった**社会的な役割分担**のことをいう。**「男女平等を実現し，すべての女性と女の子の能力を伸ばし可能性を広げよう」**は，SDGs17の目標のうちの1つ。

☑☑☑ **WHO（World Health Organization：世界保健機関）** ▶ p.236参照。

☑☐☐ **感染症** ▶ **ウイルスや細菌などの病原体が体内に侵入して増殖することで，発熱や下痢などの症**

状を引き起こす病気。発展途上地域では，衛生環境が整っていないため，感染症の蔓延が死亡率を引き上げる一因となっている。主なものに**マラリア，結核，HIV／エイズ**，赤痢菌やサルモネラ菌などの腸管感染症がある。国際的な人の移動が活発化する現在，感染が世界的に拡散しやすく，2003年に流行した**SARS（重症急性呼吸器症候群）**や2009年に流行した新型インフルエンザ，2020年に流行した**新型コロナウイルス**は，不明なことが多く渡航規制も敷かれた。

□□☑ 三大感染症 ▶ **HIV／エイズ，マラリア，結核のこと**。いずれも栄養不足人口率の高い国で特に死亡率が高い。**HIV／エイズ**は，新薬の開発で先進国では死亡率が低下したが，薬を購入できない貧困国では依然として死亡率が高い。熱帯感染症の**マラリア**は，赤道付近を中心に分布する。

□□☑ 国境なき医師団（MSF：Médecins Sans Frontières）▶ **紛争や自然災害の被害者，貧困などによって保健医療サービスを受けられない人への支援などを行う民間の非営利団体（NGO）**。**フランス**で設立され，緊急性の高い医療ニーズに応えることを目的とする。

5 先進地域の人口問題

☑☑☑ 少子化 ▶ **出生率の低下によって年少人口が減少すること**。**女性の社会進出・高学歴化や晩婚化，非婚化，出産に対する価値観の変化**などが背景にある。合計特殊出生率の低下が顕著な**日本**のほか，**韓国**，**シンガポール**などのアジアNIEs，**イタリア**，**ドイツ**などで著しい。

☑☑☑ 合計特殊出生率 ▶ **1人の女性が一生のうちに産むであろう子どもの平均値**。15～49歳の女性の年齢ごとに，その年に出産した割合を計算し，その数値を足し合わせたもの。**発展途上地域では高く，先進地域では低い**傾向にある（図2-3-1-10，図2-3-1-11参照）。

□□☑ DINKs ▶（**Double Income No Kids：夫婦共働きで子どもなし**）出産・育児は経済的・精神的な負担が大きいと考え，**出産・育児はしないで，自分たちの生活を楽しもうとする価値観**。

☑☑☑ 高齢化 ▶ **総人口に占める老年人口の割合が上昇すること**。**少子化の進行**と**平均寿命の伸長**が主な原因で，少子化と高齢化が同時に進行することを**少子高齢化**といい，多くの先進国がこうした問題を抱えている（図2-3-1-12参照）。

☑☑☑ 高齢化社会 ▶ **老年人口率が7%を超えた社会**。1956年の国連の報告書によって提起され，当時のヨーロッパやアメリカ合衆国などの先進国の水準を基準としたが，明確な根拠があるわけではない。

☑□☑ 高齢社会 ▶ **老年人口率が14%を超えた社会**。先進国のほとんどが高齢社会に移行している。

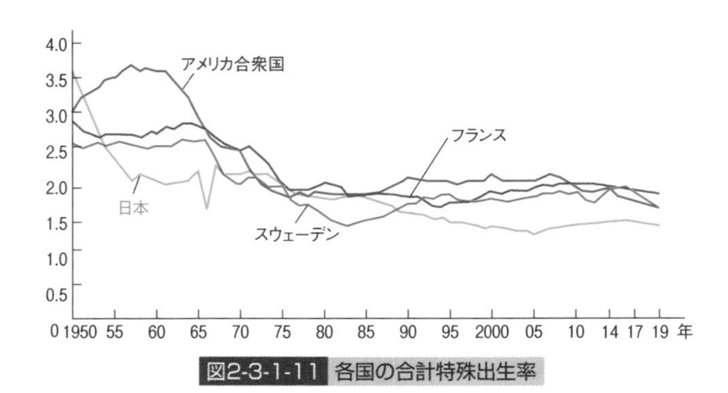

図2-3-1-11 各国の合計特殊出生率

☑☐☑ 超高齢社会 ▶ **老年人口率が21%を超えた社会**。日本は2007年に超高齢社会に突入した。

☐☐☑ 倍加年数 ▶ **老年人口率が7%から14%になるまでに要した年数**。高齢化の進行の速度を見るための指標となる。主な国の倍加年数は，日本24年，ドイツ40年，アメリカ合衆国72年，スウェーデン85年，フランス115年。

☐☐☑ 健康寿命 ▶ **人が人生のなかで健康的に暮らせる平均的な時間の長さ**。日本では，男性72.68歳，女性75.38歳（2019年）。

☐☑☐ 人口ボーナス ▶ **人口転換において，死亡率に続き出生率が低下する時期にあたり，生産年齢人口に対する従属人口（年少人口と老年人口の計）の比率が低下し，経済成長が促進されること**。

日本では，**高度経済成長期**がこれにあたる。経済成長によって出生率が低下し，**第一次ベビーブーム世代**（**団塊世代**）が生産年齢人口だった時期には，豊富な労働力を有し，老年人口率もまだ低かったため社会保障費も少なかった。

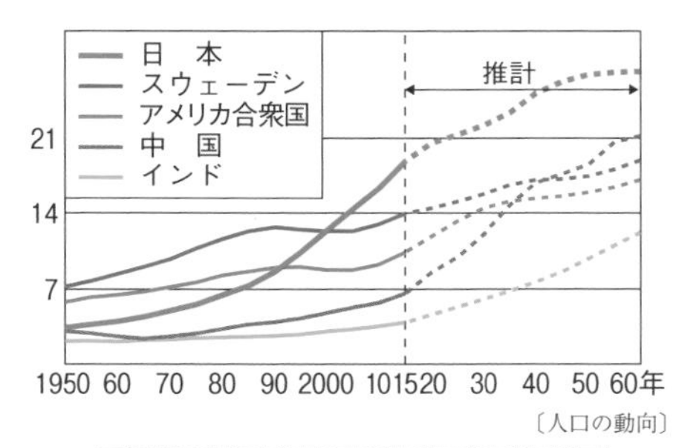

図2-3-1-12 主な国の老年人口率の推移

☐☑☐ 人口オーナス ▶ **人口転換において，高齢化の進展により生産年齢人口に対する従属人口の比率が上昇し，経済成長が阻害されること**。**少子化**が進んでいた**日本**では，**第一次ベビーブーム世代**（**団塊世代**）が老年人口となった時期以降がこれにあたる。養わなければいけない高齢者が多くなり，医療・年金・介護などの**社会保障費の負担が重く**なり，**社会全体の貯蓄や投資が停滞**し，**労働市場や経済成長の縮小**が生じる。

☑☑☑ 社会保障制度 ▶ **貧困や疾病，老齢などの生活の不安に対して，社会的責任として国（や地方自治体）が国民の最低限度の生活を保障したり，生活の安定や社会的公平を図る制度**。**年金**や**健康保険**などの**社会福祉**，**生活保護**などの**公的扶助**，**高齢者**や**障害者**に施設やサービスを提供する**社会福祉**などがある。

☑☑☑ 年金 ▶ **保険料を支払った被保険者の老齢や障害，死亡に際して，国や年金基金から支払われる給付金**。日本では，**高齢化の進行**によって生産年齢人口に対する経済的な負担が大きくなっている。

☑☑☑ 少子化対策 ▶ **著しく低下した出生率を回復させるための政策で，女性の社会進出**を前提に，**ワークライフバランス**の取れた生活の実現や子どもを持つ家庭への支援をすることで，**低下する出生率の維持や回復を図る**。**フランス**や**北ヨーロッパ**の国では，**子どもへの手厚い補助金**や**税金の控除**，男女への**育児休暇の取得**，**保育サービスの充実**，**教育や医療への負担軽減**，**ワークシェアリングによる短時間勤務**など，さまざまな支援制度がとられ，人口置換水準近くまで出生率が回復している。

☑☑☑ ワークライフバランス ▶ **仕事と生活の調和**のことで，多様な働き方や生き方ができる社会の実現を目指したもの。仕事と生活の両方を充実させることを目指す。

☑☐☑ ワークシェアリング ▶ **一人で担当していた仕事を複数人で分けることによって，一人にかかる負担を減らす働き方**。一人にかかる負担を減らすことによって，効率性と生産性の向上をはかる。ヨーロッパで採用され，**オランダ**の事例が有名。

6 日本の人口・人口問題

☑☑☑ ベビーブーム ▶ **出生数が大量に増加すること**。日本では，**1947～49年**の**第1次ベビーブーム**と，**1971～74年**の**第2次ベビーブーム**があった。第1次ベビーブーム生まれの人を**団塊**(だんかい)**世代**といい，第2次ベビーブーム生まれの人を団塊世代の子供にあたる人が多いため**団塊ジュニア**ということもある。

☐☐☑ 丙午(ひのえうま) ▶ 干支（十干十二支）のひとつで，**10年に一度の丙**(ひのえ)**と12に一度の午**(うま)**年が重なった年**のこと。60年に１度あり，直近では1966年があたる（次は2026年）。この年に生まれた女性は「気性が激しく夫の命を縮める・夫を食い殺す」という迷信があり，**出生率が突発的に低下**した。

☐☐☑ 潜在扶養指数 ▶ **生産年齢人口の高齢者人口に対する割合。高齢者１人を何人の生産年齢人口で支えているかを示す指標**。日本では，少子高齢化の進行によって低下を続け，1950年の12人から2015年に2.3人まで減少し，世界最低水準となっている。

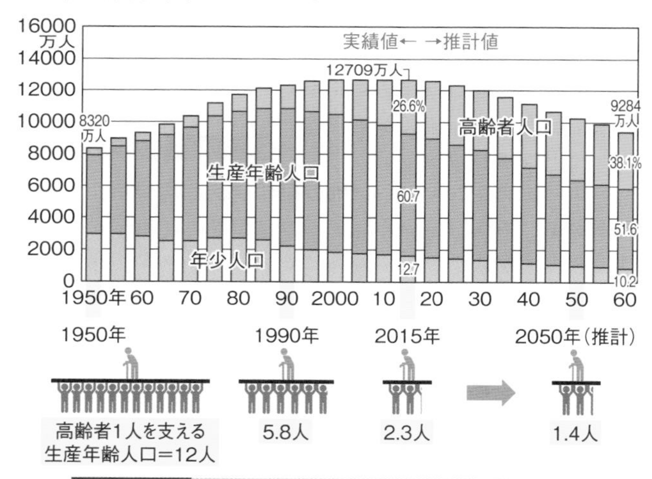

図2-3-1-13 日本の総人口と人口構成，潜在扶養指数の推移

☑☑☑ 過密 ▶ **大都市に人口や都市機能が過剰に集まる現象**。これにともない**交通の混雑**や**大気汚染**などの問題が生じる。

☑☑☑ 過疎 ▶ **農山漁村で人口の減少により，その地域の生活水準や生産機能の維持が困難になる現象**。日本では，国土の半分以上を占める面積が過疎地域の指定を受けている。

☑☐☑ 待機児童 ▶ **保育所に入所申請をしていながら入所できずに，入所の機会を待っている子供のことで，**大都市を中心に多い傾向にある。

☑☑☑ バリアフリー化 ▶ **障害を持つ人や高齢者が社会生活を送るうえで障壁となる物理的・制度的・心理的障害を取り除いていくこと**。物理的障害の除去では建物内の段差をなくしたり，エレベーターやスロープを設置する。

☑☑☑ ユニバーサルデザイン ▶ 物理的障害を除去するのではなく，**最初からすべての人に利用しやすい製品や環境をつくるという考え方**。

☑☑☑ 介護保険制度 ▶ 寝たきりや認知症など介護が必要となったり，日常生活に支援が必要となった場合に，**老人ホームなどの施設への入所やリハビリなどの通所，訪問介護などが受けられる制度**。

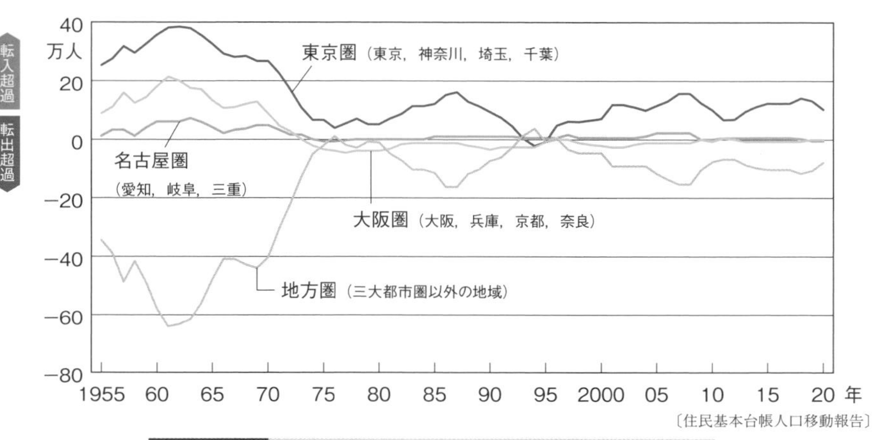

図2-3-1-14 三大都市圏と地方圏における人口移動の移り変わり

☑☑☑ デイサービス（通所介護）▶**要介護認定を受けた人が日中は介護施設に通う，日帰りの介護サービス**。**介護保険制度**では**通所介護**といわれ，介護を受ける人は自宅を離れることで社会的孤立感の解消につながり，介護をする人は身体的・精神的負担の軽減につながる。

☑☑☑ Uターン▶**大都市圏以外の出身者が大都市圏に移住し，出身地またはその近くに戻ること**。出身市に近い地方の広域中心都市（地方中枢都市）や準広域都市に戻ることを**Jターン**という。

☑☑☑ Iターン▶**大都市圏などの出身者が出身地以外の地域に移り住むこと**。地方自治体では，都市からの移住者の受け入れを積極的に進めている。

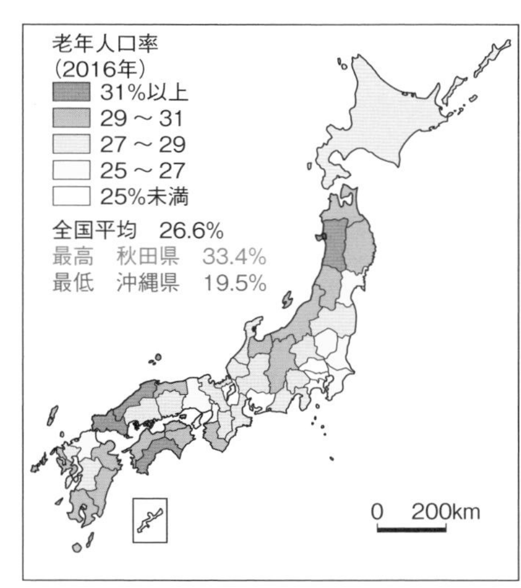

〔日本統計年鑑（2016）ほか〕

図2-3-1-15 都道府県別の老年人口率

☑☑☑ 限界集落▶**老年人口率が50%以上で，共同体の機能の維持が困難となった集落**。主に**過疎化**が進んだ地方の集落でみられる。1990年代から使われるようになった表現。

1970年代前後に住宅開発が進んだ**大都市圏の縁辺部の住宅団地**でも，居住者の年齢層の偏りが大きい地区では，**子供世代の転出**や**居住者の加齢による高齢化**によってこうした状況をむかえているところも出てきた（**限界ニュータウン**）。

☑☑☑ 地方創生▶**東京への一極集中を是正し，人口減少や雇用減少に苦しむ地方自治体の活性化をめざすこと**。2014年に「まち・ひと・しごと創生法」が制定され，国を挙げての取組みが進められている。

第2節 村落・都市

1 集落：村落・都市と都市化の進展

☑☑☑ 集落▶**人の住む家屋が集まり，居住しながら社会的な生活をする空間**のことで，**村落**と**都市**に大別される。

☑☑☑ 村落▶**農林水産業（第一次産業）を主体とする集落**。**都市**と対比的に用いられ，都市よりも人口が少なく，人口密度や家屋の密度は低い。居住する人は，国連統計では「**農村人口（rural population）**」に該当する。

☑☑☑ 都市▶**商工業やサービス業などの第二次・第三次産業を主体とする集落**。**村落**よりも人口が多く，人口密度や家屋の密度は高い。居住する人は，国連統計では「**都市人口（urban population）**」に該当し，都市人口と農村人口を足すと，その国や地域全体の人口となる（図2-3-2-1参照）。

☑☑☑ 都市化▶**都市の発展にともない，都市周辺の農村部が都市的な性格を持つようになること**。都市周辺の農村部では**宅地，工場，商業施設**へと変化し，周辺部からの中心部への通勤者も増加する。都市域の拡大によって**地区ごとに機能分化**が進み，**都心**では**地価が高い**ため高層ビルが建設され，地下街が発達するなど**都市空間は立体化**する。

☑☑☑ 都市人口率▶**ある国・地域における総人口に対する都市人口の割合**。一般に商工業の発達した**先進国・地域で高く**，農業中心の**発展途上国・地域では低い**。ただし，発展途上地域でもヨーロッパ人が入植した**ラテンアメリカ**では，内陸の農業地域への移動があまり進まず，入植拠点が都市へと発達したため，**都市人口率は比較的早くから高い**。世界全体で**都市化**が進んでおり，**世界の都市人口率は2010年に50%を超えた**（図2-3-2-2参照）。

☑☑☑ 市街地▶**家屋，商店・商店街，ビルなどが密集する都市的な土地利用がなされている地区**。都市化の進行に伴って，市街地は拡大する。

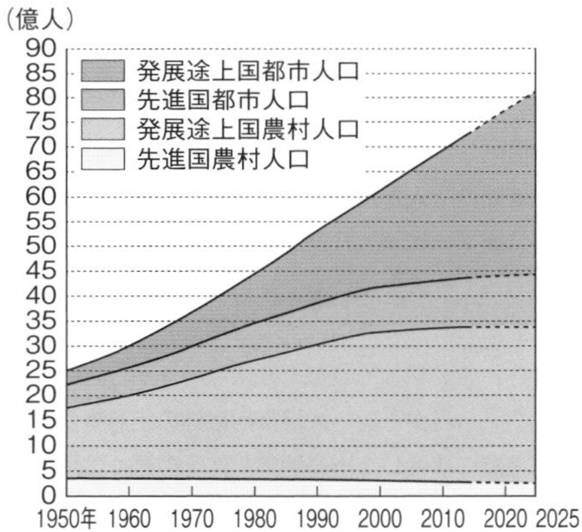

図2-3-2-1 世界の都市人口と農村人口の推移

地域	1950 (%)	1970 (%)	2015 (%)	2030 (%)
世界	29.6	36.6	53.9	60.4
先進地域	54.8	66.8	78.1	81.4
発展途上地域	17.7	25.3	49.0	56.7
アジア	17.5	23.7	48.0	56.7
アフリカ	14.3	22.6	41.2	48.4
ヨーロッパ	51.7	63.1	73.9	77.5
アングロアメリカ	63.9	73.8	81.6	84.7
ラテンアメリカ	41.3	57.3	79.9	83.6
オセアニア	62.5	70.2	68.1	72.1

※2030年は将来予測。
〔UN, World Urbanization Prospects : The 2018 Revision〕

図2-3-2-2 都市人口率の推移

2 村落

村落の立地 ▶ **乏水地ならば水の得やすいところ**（湧水の得られる扇状地の扇端や台地の崖下など），**豊水地では水害を防ぎやすいところ**（氾濫原の自然堤防上など）**に立地**してきた。

谷口集落 ▶ **山地と平野の境界である谷口に発達した集落**。山地と平野の両地域から物資が集積して市場（いちば）が立つことで，人々が集まってできた集落が多い（図2-3-2-3参照）。

輪中（わじゅう）集落 ▶ **水害を受けやすい低地において，水害を防ぐために周囲を堤防で囲んだ集落**。洪水の際に避難するために，ふだん生活する母屋よりも一段高いところに**水屋（みずや）**があるところもある。**木曽川・長良川・揖斐（いび）川**の木曽三川が合流する**濃尾平野**にみられる。

丘上（きゅうじょう）集落 ▶ **外敵からの防御やマラリアなどの病気，暑さを避ける**ために**丘や崖の上，高地に立地した集落**。**フランス**や**イタリア**，インドネシアなどにみられる（図2-3-2-4参照）。

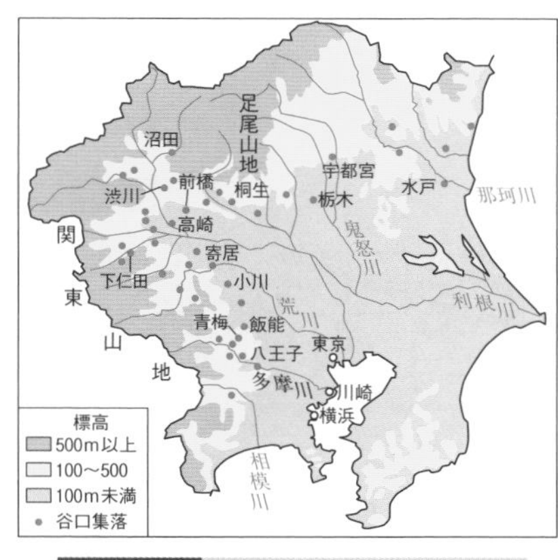

図2-3-2-3 関東地方の谷口集落の立地

村落の形態 ▶ **家屋の分布形態**によって，**家屋が密集した集村**と，家屋が１戸ずつ**分散する散村**に大きく分けられる。

集村 ▶ **多くの家屋が集まってできた集落**。集落の立地条件に見合うところに**自然発生的**につくられたものが多い。農作業，社会生活を共同で行う**村落共同体**が形成されてきた。

塊村（かいそん） ▶ **集村の典型的な形態。多くの家屋が不規則に密集した自然発生的な集落**（図2-3-2-6参照）。

列村（れっそん） ▶ **家屋が列状に分布した集村の形態。山麓の湧水帯**や**自然堤防**に沿ってみられる。

円村（環村・広場村） ▶ **中央に広場や教会があり，それを囲むように家屋が円状に配置された集村の形態。ドイツ**から**ポーランド**にかけて多い（図2-3-2-5参照）。

路村（ろそん） ▶ **家屋が道路に沿って列状に並ぶ集村の形態。家屋の背後に細長い帯状（短冊状）の耕地**が割り当てられることが多い。**武蔵野台地**の**新田集落**（**三富新田**など）のほか，中世の**ドイツ**や**ポーランド**の森林地域に発達した**林地村**も路村の一類型で，いずれも**農業開拓**によって成立した（図2-3-2-6参照）。

© Elliott Brown from Birmingham, United Kingdom

図2-3-2-4 丘上集落の例（フランス）

街村（がいそん） ▶ **路村のなかでも，街道沿いなどで宿屋や飲食店などの商業的な機能を有する集落**。**宿場町**や**門前町**が該当する。

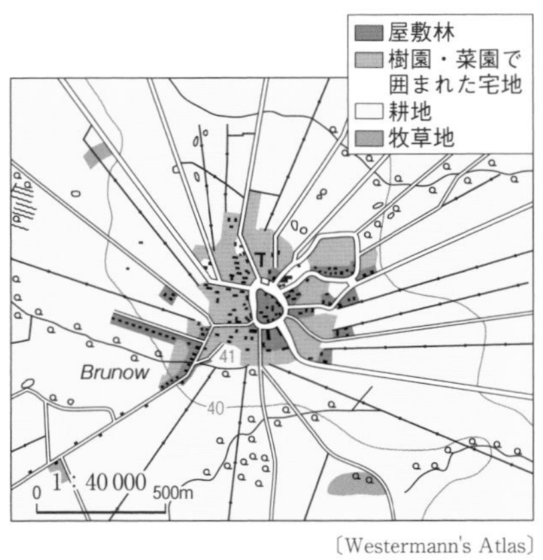

〔Westermann's Atlas〕

図2-3-2-5 円村（ドイツ，ベルリン付近）

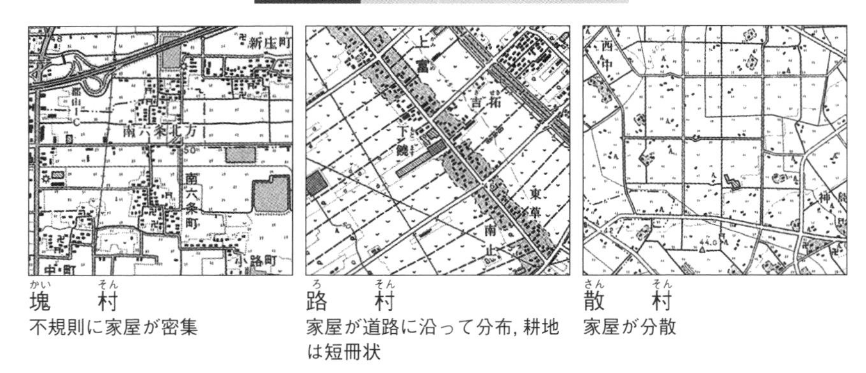

塊村（かいそん）
不規則に家屋が密集

路村（ろそん）
家屋が道路に沿って分布，耕地は短冊状

散村（さんそん）
家屋が分散

図2-3-2-6 主な村落の形態

☑☑☑ **宿場町**（しゅくばまち）▶ **江戸時代に東海道や中山道など主な街道に沿って置かれた宿屋や本陣（ほんじん），茶店などが集まって形成された集落。** 東海道（日本橋から京都）には53の宿場があった。**昔ながらの景観が保存**され，福島県の**大内宿**（おおうちじゅく）（会津西街道）や長野県の**妻籠宿**（つまごじゅく），岐阜県の**馬籠宿**（まごめじゅく）（ともに中山道），三重県の**関宿**（せきじゅく）（東海道）など**観光地**となっているところもある。

☑☑☑ **門前町** ▶ **寺社の参詣道**（さんけいみち）**沿いに立地した集落。** 参詣客に土産物を販売したり，宿や食事を提供する店が並ぶ。長野県の県庁所在地である**長野市**は，善光寺（ぜんこうじ）の**門前町**

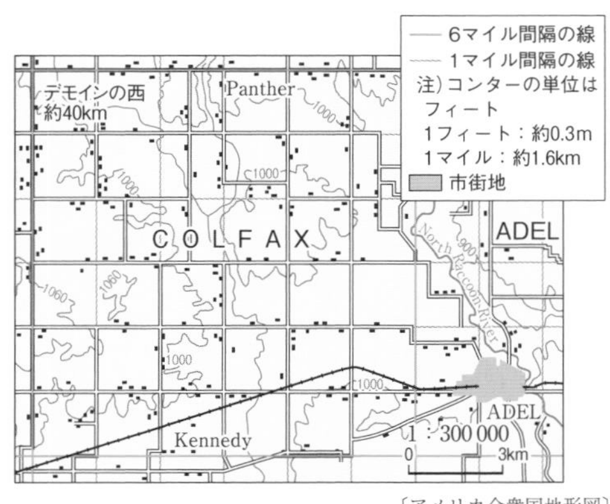

〔アメリカ合衆国地形図〕

図2-3-2-7 タウンシップ制

から発達した。ほかに**成田市**（新勝寺），**日光市**（輪王寺，日光東照宮，二荒山神社の二社一寺）などがある。

☑☑☑ 散村 ▶ **家屋が1戸ずつ分散している集落**。日本では比較的治安が安定した近世以降につくられたものが多く，**砺波平野**（**富山県**・**散居村**ともいう）や**出雲平野**（**島根県**）にみられる。北アメリカで行われた土地の分割制度である**タウンシップ制**にもとづく集落は，その代表例で，家屋のまわりに耕地を集めやすく大規模化できるという利点がある（図2-3-2-6参照）。

☑☑☑ 屋敷林 ▶ **家屋（屋敷）の周囲に植えた樹林**。**風雪や夏の強い日差しから家屋を守る**ために植えられた。燃料や建材を提供する役割も果たしている。散村がみられる**砺波平野**や**出雲平野**の屋敷林が有名である。

☑☑☑ 条里制 ▶ **古代に取り入れられた班田収授の法にともなう土地区画制度**。**方格地割（格子状に直交する道路や水路網）**や**条・里などの地名**にそのなごりがみられ，**奈良盆地**や京都盆地のものが有名。

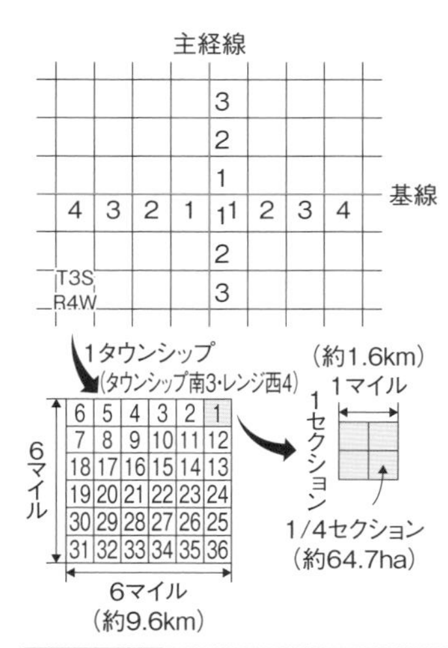

図2-3-2-8 タウンシップ制の土地区画

☐☐☑ 環濠集落 ▶ **防御のために集落のまわりに濠をめぐらせた集落**。その多くが**中世**に成立し，**奈良盆地**にみられる。

☑☑☑ 新田集落 ▶ **江戸時代（近世）に，台地や低湿地，干拓地などの開拓によって成立した集落**。江戸時代より前には，開拓が困難であった地域が江戸時代になると資本の蓄積，技術の進歩によって開発されるようになった。**新田**，開などの地名がみられる。

村落形態		特　徴
集村	塊村	自然発生的な集落で，家屋が不規則に集まる。日本の一般的な村落形態。
	路村	道路に沿って家屋が並んだ集落で，短冊形の地割をしていることが多い。開拓集落などでみられる。日本の新田集落，ドイツの林地村。
	列村	道路以外の要因で列状に並んだ集落で，自然堤防上，扇端，干拓地の堤防に沿う場合が多い。
	街村	主要街道沿いに発達した集落で，家屋が密集し，商業的な機能をもつ場合が多い。地形図では，建物の密集地の地図記号（▨）に注意！
	円村	集会や市場に利用される広場を中心に家屋が環状に並んだ集落で，ドイツ～ポーランドにかけて分布。日本にはない。
散村		一戸または数戸の農家が散在している集落で，家屋の周囲に農地があるため大規模な耕作や収穫に有利。新大陸には多くみられたが，日本では少なく砺波平野（フェーンによる類焼防止），出雲平野などに分布している。

図2-3-2-9 村落形態のまとめ

☐☐☑ **納屋集落**▶**海岸平野で，海岸近くに海岸線に沿って列状に作られた集落。**内陸の**親集落（岡集落）**から移動して**海岸近くの納屋（漁の道具小屋）に定住**するようになった人によってつくられた。

☑☑☑ **屯田兵村**▶**明治（近代時代）に北海道の開拓や北方警備を目的につくられた集落。**集落の形態は，**塊村，路村，散村**など多様だが，計画的につくられたため，整然とした地割りが特徴で，**北アメリカのタウンシップ制をモデル**にしたものもある。

☑☑☑ **タウンシップ制**▶**アメリカ合衆国やカナダで，開拓期に行われた土地分割制度。**6マイル四方の土地を1タウンシップとし，そのなかの1マイル四方の土地を1セクションとして，1/4セクションに1農家を入植させた。道路は格子状となり，**散村**の形態をなす（図2-3-2-7，図2-3-2-8参照）。

3 都市の成立

☑☑☑ **都市の成立**▶**古代**は，ギリシャの**アテネ**やイタリアの**ローマ**，中国の古代王朝の首都である**洛陽**や**長安（現在のシーアン）**など**政治や軍事，宗教の中心となる都市が発達**し，防御的な性格を持った**丘上集落**や**囲郭都市**が一般的だった。**中世**に入ると**交易が活発**となり**河川の渡河点など交通の便のよいところ**に**商業都市が成立**した。**ハンザ同盟都市**はその例である。その後絶対王政期には，王の居城となる首都が成長し，**近代**に入って**産業革命**が波及すると**工業都市が成立**した。**日本**でも，戦国時代になると都市が成立し，江戸時代に入って社会が安定すると，領主の居城を中心に**城下町や港町が発展**した。

☑☑☑ **囲郭都市**▶**防御のため**に**都市の周囲が城壁や土塁などで囲まれた都市。城塞都市**ともいう。**古代中国の都市**や**中世ヨーロッパの都市**に多くみられた。現在では町を囲む城壁の跡は環状道路になっていることが多い（図2-3-2-10参照）。

©Wolkenkratzer

図2-3-2-10 囲郭都市の例（ドイツ）

☐☐☑ **ハンザ同盟**▶**中世後期に北海からバルト海沿岸の商業都市が結成した都市同盟。リューベック**が盟主となり，**ハンブルク**や**ブレーメン**などの港湾都市が加盟した。共通の貨幣や陸海軍を持ち，14世紀の最盛期には70前後の都市が加盟していた（図2-3-2-11参照）。

図2-3-2-11 ハンザ同盟都市

☑☑☑ **城下町**▶**領主の居城を中心に発展した日本の都市。防御**のために**街路が鉤型や丁字路**となっている。**身分や職種によって町割り**がされ，商人や職人が住んでいた地区が地名に残っている。町の外縁部には寺町や足軽屋敷があった。

都道府県庁所在地は，多くが城下町起源であるが，**青森，横浜，新潟，神戸，長崎**は**港町起源**，**長野**は**門前町起源**である（図2-3-2-12参照）。

起源	おもな都市
城下町	秋田，盛岡，山形，仙台，福島，水戸，東京，富山，金沢，福井，静岡，名古屋，岐阜，和歌山，鳥取，岡山，広島，高松，松山，徳島，高知，福岡，佐賀，熊本，大分，鹿児島
港町	青森，横浜，新潟，神戸，長崎
その他	札幌，千葉，さいたま，長野，京都，奈良，宮崎

図2-3-2-12 日本の県庁所在都市の起源

4 都市の機能と形態

① 都市機能

☑☑☑ 都市機能 ▶ **行政や文化，生産，消費，交通**など**都市が備えている機能**。**すべての都市が保有する一般的機能（中心地機能）**と，**生産・交易・消費などの都市固有の機能（特殊機能）**で分類できるが，大都市になるとさまざまな機能を持つため，特殊機能による分類は困難となる（複合都市・総合都市）。

☑☑☑ 中心地機能 ▶ **都市内部や周辺地域の住民に対して，商品などの財や，行政・医療などのサービス，雇用を提供する機能**。中心地機能の大小によって階層的に分類され，一般に大都市ほど高次の機能を持ち，**都市圏の広がりも大きい**。

☑☑☑ 都市圏 ▶ **中心都市が周辺部や郊外にさまざまな影響を及ぼす範囲**。その範囲は流動的だが，一般に通勤者が通ってくる**通勤圏**，買い物客を集める**商圏**などによって規定される。日本の場合は市町村などの行政範囲をこえていることが多い。

☑☑☑ 衛星都市 ▶ **大都市の周辺に位置し，中心となる大都市の機能の一部を分担する都市**。通勤者の住宅地が多い**住宅都市**のほか，**関西文化学術研究都市**（京都・大阪・奈良）や**筑波研究学園都市**（茨城県）のように大都市から移転した**大学や研究所などを中心に発展**した都市もある。

② 特徴的な機能（生産・交易・消費）による分類

☑☐☑ 生産都市 ▶ **工業などの生産活動が都市機能の中心になっている都市。**

☑☑☑ 工業都市 ▶ **工業機能が卓越した都市。産業革命以降の工業化によって成立**した。**マンチェスター**（イギリス・綿工業）や**デトロイト**（アメリカ合衆国・自動車），**ウーハン**（中国・鉄鋼），**豊田**（愛知県・自動車）など。

☐☐☑ 鉱業都市 ▶ **鉱産資源の採掘によって発達した都市**。**チュキカマタ**（チリ・銅）や**カルグーリー**（オーストラリア・金），**バクー**（アゼルバイジャン・原油）など。

☐☐☑ 交易都市 ▶ **交通や貿易・商業が都市機能の中心となって発達した都市。**

☑☑☑ 交通都市 ▶ **空港や港湾などの交通の拠点に発達した都市**。**千歳**（ちとせ）（北海道），**パナマ**（パナマ）など。

☑☑☑ 商業金融都市 ▶ **問屋などの卸売機能や金融・保険などの商業機能が卓越した都市**。**大阪**，**ロンドン**（イギリス），**フランクフルト**（ドイツ），**ニューヨーク**（アメリカ合衆国）など。

☑☑☑ 消費都市 ▶ **工業などの生産活動が盛んでなく，消費活動が都市機能の中心になっている都市。**

☑☑☑ 政治都市 ▶ **首都**など**政治や行政機能が集中した都市**。**ブラジリア**（ブラジル）や**キャンベラ**（オーストラリア），**ワシントンD. C.**（アメリカ合衆国）のように，**計画的に建設された都市も多い**。

☑☑☑ 宗教都市 ▶ **特定の宗教の発祥地**（はっしょうち）**や聖地となっている都市**。**巡礼**や**参拝**をする人のための宿泊施設や飲食店などが集まる。**エルサレム**（**ユダヤ教・キリスト教・イスラーム**），**メッカ**（**イスラーム**），**ヴァラナシ**（**ヒンドゥー教**），サンティアゴ・デ・コンポステーラ（カトリック），ラサ（チベット仏教）など。

☑☐☑ 観光都市 ▶ **史跡や名勝地などに恵まれ，多くの観光客を集める都市**。**京都**や**パリ**，**ローマ**など。

☑☐☑ 保養都市 ▶ **気候条件や温泉などの自然条件に恵まれ，避暑・避寒，スポーツやレジャー，療養などを目的に多くの人を集める都市**。**軽井沢**（長野県），**熱海**（あたみ）（静岡県），**ニース**（フランス），**マイアミ**（アメリカ合衆国），**ラスベガス**（アメリカ合衆国）など。

☑☑☑ 住宅都市 ▶ **大都市周辺の，都心への通勤者の住宅を中心に発達した都市**。通称**ベッドタウン**。

③ 都市の形態（街路網と垂直景観）

（図2-3-2-13参照）

☑☐☑ 直交路型（碁盤目状型）▶ **碁盤の目のような縦と横が直交する道路網**。アジアの古代都市や新大陸によくみられ，中国の**ペキン**や**京都**（条坊制にもとづく），**札幌**，アメリカ合衆国の**ニューヨーク**などが挙げられる。

☑☐☑ 放射同心円型（放射環状路型）▶ **国家の首都としての威厳と美観を持たせるために，都市の中心に宮殿や記念碑などをおいて建設された道路網**。16世紀～18世紀頃に国家建設を進めた**パリ**や**モスクワ**などが挙げられる。

☑☐☑ 放射直行路型 ▶ **都心から放射状に道路が延びている道路網**。**計画都市**の**ワシントンD. C.**などにみられる（図2-3-2-14参照）。

☑☐☑ 迷路型（袋小路型）▶ **敵の侵入と強い日差しを避けるために，迷路状となった街路網**。**西アジアから北アフリカのイスラーム圏の旧市街地**にみられる（図2-3-2-15参照）。

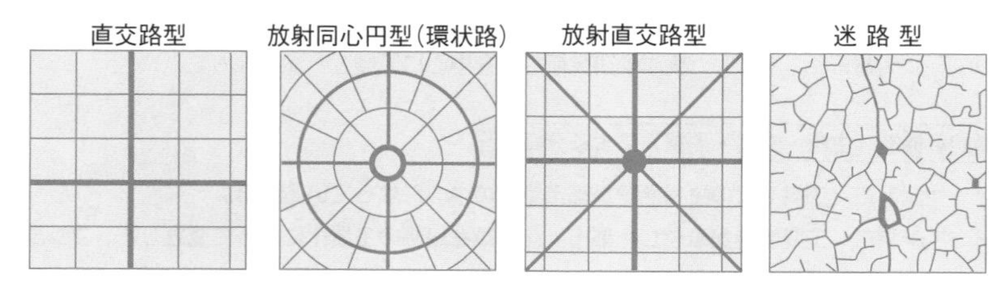

道路網の形態	都　市
直交路型	ペキン（北京），ニューヨーク，アジアの古代都市や新大陸。
放射同心円型(環状路)	パリ，モスクワ，道路の中心に王宮や教会。ヨーロッパの首都。
放射直交路型	ワシントンD.C.
迷路型	テヘラン（イラン），ダマスカス（シリア）など西アジアや北アフリカ。敵の侵入を防ぎ，強い陽射しをさえぎる。日本の城下町も迷路型。

図2-3-2-13 道路網からみた都市の形態

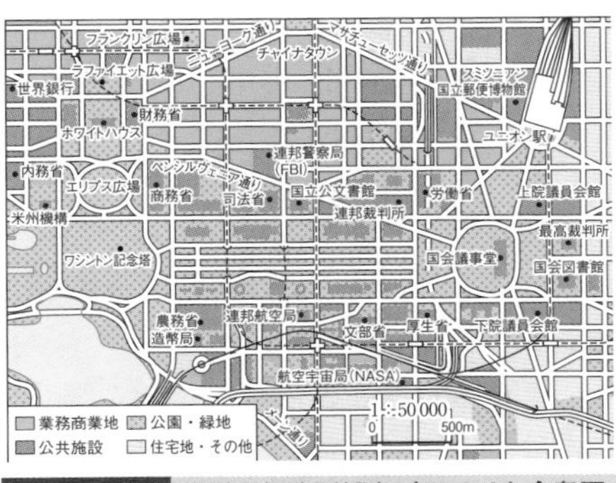

図2-3-2-14 放射直行路型都市（アメリカ合衆国ワシントンD. C.）

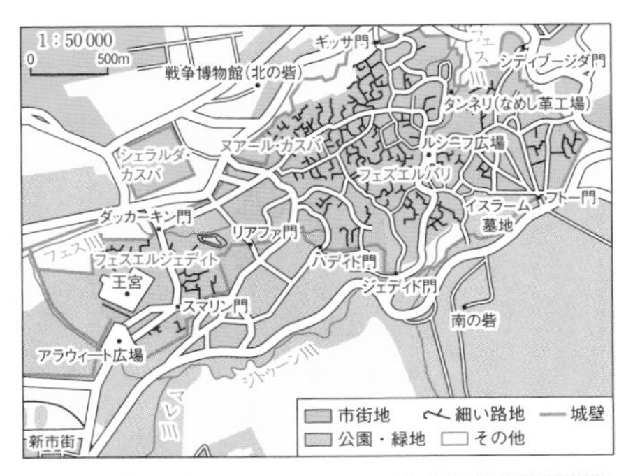

図2-3-2-15 迷路型都市（モロッコ，フェズ）

☑☐☑ 都市の垂直景観 ▶ **都市内の建物の高さや密度など，地区ごとの景観**。**ヨーロッパ**では，**歴史的景観を保存**しようとする意識が強く，**中心部には景観をそこねる高層ビルの建設を認めていない**ことが多い。そのため，**高層ビルは郊外**に建設される。歴史の浅い**アメリカ合衆国**などでは**中心部の開発が進んで高層ビル**（摩天楼(まてんろう)，skyscraper）**が林立**し，**郊外には低い一戸建ての住宅地**が広がる。

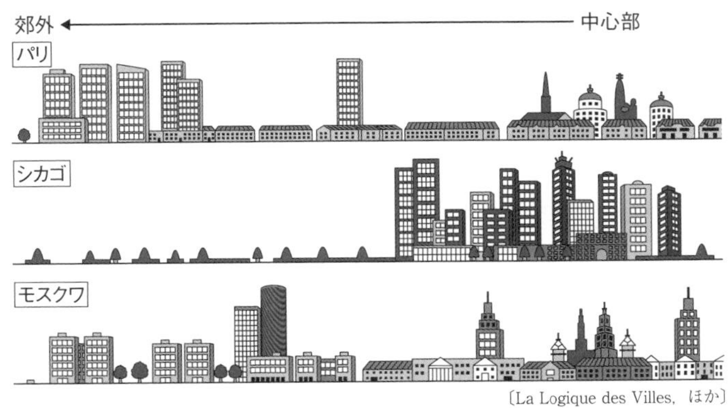

〔La Logique des Villes，ほか〕

図2-3-2-16 特徴ある世界の都市の景観

5 都市システムと都市圏の拡大

☑☑☑ 都市システム ▶ **国・地域内での各都市の社会的・経済的機能によって，上位の都市と下位の都市が階層的に結びついた都市間の相互関係**。国ごとにどのような関係があるかをみる方法として，都市の**人口規模順**に並べるものがある。**発展途上国**では資本がある特定の都市に集中するため**人口規模1位の都市（主に首都）の人口が突出**した**プライメートシティ（首位都市）**となる国が多い。**先進国**では人口規模1位の都市と，2位，3位の都市の人口の差が小さい国が多い。**中枢管理機能の集中度**によって都市システムは異なる。**フランス**，**日本**のような**中央集権国家**では**一極集中型**を示す国が多く，**アメリカ合衆国**や**ドイツ**のように**連邦国家**では**多極分散型**を示す国が多い（図2-3-2-17 参照）。

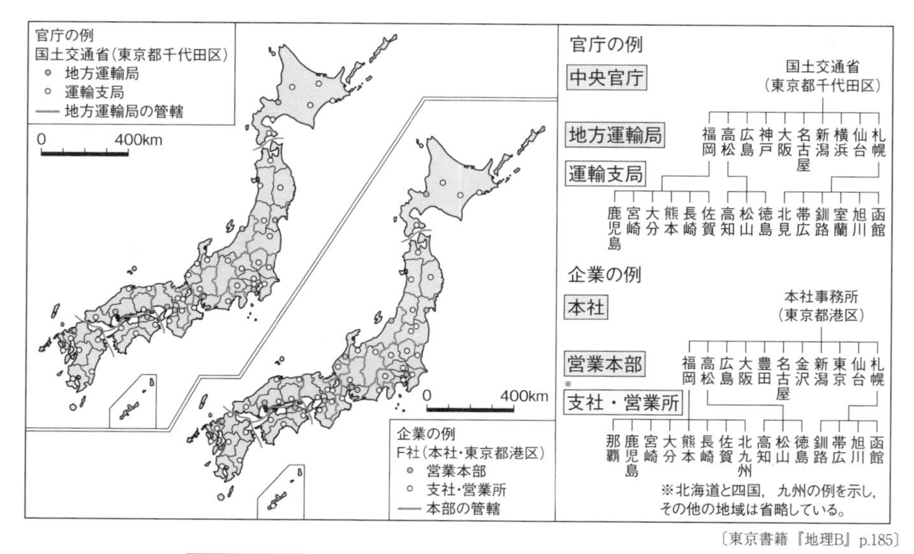

〔東京書籍『地理B』p.185〕

図2-3-2-17 日本の中央官庁や企業の地方組織と都市の階層性

☑☑☑ プライメートシティ（首位都市）▶**国・地域において，政治や経済，文化などの諸機能が極端に集中**し，**人口規模でも第2位の都市を大きく上回っている都市**。タイの**バンコク**，メキシコの**メキシコシティ**，韓国の**ソウル**，ペルーの**リマ**，チリの**サンティアゴ**などにみられる。開発の過程で**国内外からの投資が集中**するほか，農村で職を得られない**人が職を求めて流入**することで人口が突出する（**図2-3-2-18**参照）。

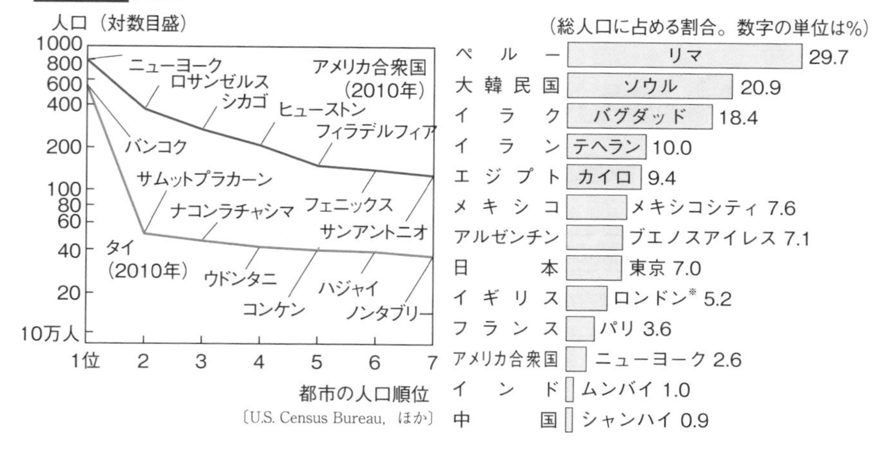

図2-3-2-18 順位別に見た都市人口と首位都市人口の割合

☑☑☑ メトロポリス▶**大都市のなかでも特に広大な都市圏を持つ巨大都市**。その地域の中心的な役割を果たし，**周辺の都市や地域に大きな影響力を持つ**ことが多い。

☑☑☑ **メトロポリタンエリア** ▶ **メトロポリスを中心に行政上の市域を越えた周辺地域を合わせて形成する大都市圏**。中心地機能が大きい都市ほど，メトロポリタンエリアは広くなる。

☑☑☑ **コナベーション（conurbation）** ▶ **市街地の拡大によって隣接する二つ以上の都市が連続して形成された都市域**のことで，**連接都市**ともいう。日本の**京浜地域**，ドイツの**ルール地域**，アメリカ合衆国の**五大湖地方**など。

☑☑☑ **メガロポリス** ▶ **大都市圏が交通や通信によって密接に結ばれて帯状に連なり，その国の政治，経済，文化の中心的な役割を果たしている巨大な都市化地域**のことで，巨帯都市ともいう。

アメリカ合衆国東海岸のボストンからワシントンD. C.にかけての地域を，フランスの**ゴットマン**が命名したことに始まる。**東海道メガロポリス**，**ブルーバナナ**（ヨーロッパのメガロポリス）などがある。

☑☑☑ **東海道メガロポリス** ▶ **東京・名古屋・京阪神の三大都市圏にかけての地域**。**高度経済成長期**に地方からの人口流入によって商工業が発達し，**政治・経済・文化の面で中心的な役割**を果たしている。

☑☑☑ **世界都市** ▶ **多国籍企業の拠点や国際金融市場などが集中する大都市**のことで，**グローバルシティ**ともいう。**世界規模の都市システムの中核となる都市**で，**世界の政治，経済，文化に大きな影響力**を与える。**ロンドン**や**ニューヨーク**，**東京**など。

☑☑☑ **ツインシティ（双子都市）** ▶ **地理的に隣接した複数の都市が，相互の発展によって一体系な都市圏を形成したもの**。都市機能が類似するものもあれば異なるものもある。ハンガリーの**ブダペスト**（ドナウ川），アメリカ合衆国の**ミネアポリス**と**セントポール**（ミシシッピ川），アメリカ合衆国の**エルパソ**とメキシコの**シウダーファレス**（リオグランデ川）などのように河川の対岸に位置することが多い。

6 都市の内部構造

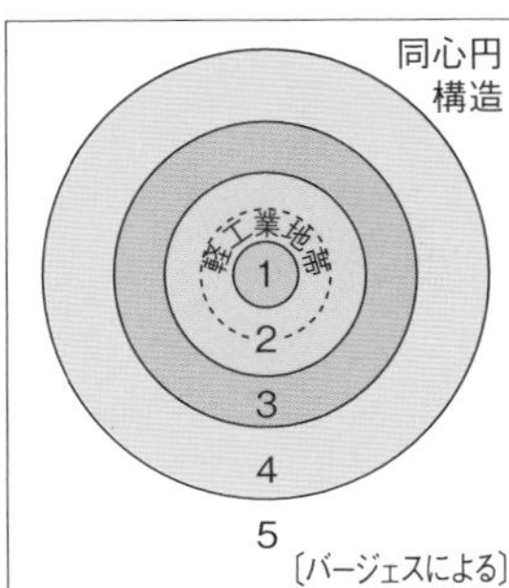

〔バージェスによる〕

1. 中心業務地区　2. 漸移地帯
3. 一般住宅地区　4. 高級住宅地区
5. 郊外地区

中心業務地区を中心に，そのまわりに同心円状に，卸売業や軽工業・スラムなどからなる漸移地帯，つぎに一般住宅地区，さらに高級住宅地区，一番外側に郊外地区が並んでいる。

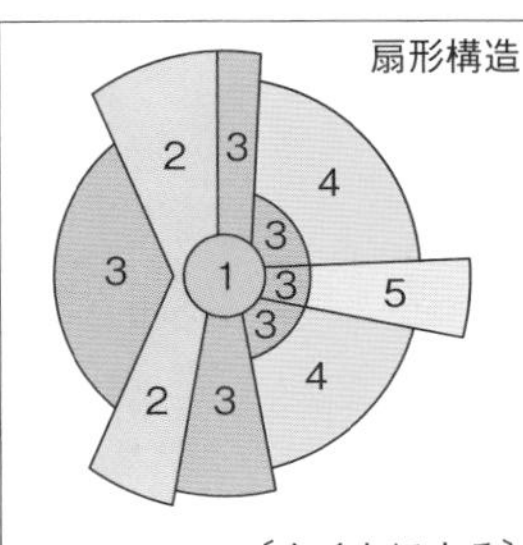

〔ホイトによる〕

1. 中心業務地区
2. 卸売・軽工業地区
3. 低級住宅地区（スラムなど）
4. 一般住宅地区　5. 高級住宅地区

鉄道などの交通路線が存在すると，中心業務地区から，交通路線に沿って卸売・軽工業地区が帯状にのび，それに隣接して，低級・一般住宅地区も帯状に発達している。

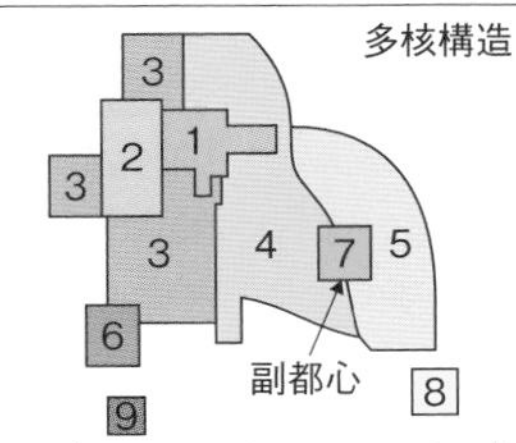

〔ハリス＆ウルマンによる〕

1. 中心業務地区　2. 卸売・軽工業地区
3. 低級住宅地区（スラムなど）
4. 一般住宅地区　5. 高級住宅地区
6. 重工業地区　7. 周辺業務地区
8. 新しい住宅地区（住宅団地など）
9. 新しい工業地区（工業団地など）

都市は，一つの核心にもとづいて形成されず，いくつかの核心の周辺に形成されている。核心の性格も中心業務地区とは限らず，工場や住宅も核となっている。

図2-3-2-19 いろいろな都市構造

☑☑☑ 都市の機能分化 ▶ **都市の面的な拡大とともに，大都市圏の内部が特定の機能に分化すること。** 中心部にあたる**都心**，**小売・卸売業地区**，**工業地区**，**住宅地区**など，機能による分化が進み，特色を持つ地区が形成される。地区ごとに分かれる機能の違いは**都市の内部構造**とよばれ，その形状は，地形や河川などの自然環境や地価，交通路の影響を受ける（図2-3-2-19参照）。

☑☑☑ 都心 ▶ **都市や都市圏の中心的な役割を果たしている地区。官公庁**や**企業の本社**などが集まる**中心業務地区**が形成される。ビジネスをするうえで利便性に優れるため**地価が高く**，高層ビルや地下街など**都市空間は立体化**する。**昼間には通勤・通学者が流入**してくるため，**昼間人口は多く**なるが，**夜間（常住）人口は少ない**。都心周辺にはデパートや高級ブランドの旗艦店（銀座など），特定の分野の商品を扱う商店街（秋葉原など）などが集まる**都心商店街**が発達する。

例：**丸ノ内（東京）**，**シティ（ロンドン）**，**ウォール街（ニューヨーク）**など。

☑☑☑ 中心業務地区（CBD：Central Business District）▶ **意思決定機能である中枢管理機能**をもつ，**官公庁など行政の管理部門や企業の本社などが集まる地区。**

☑☑☑ 中枢管理機能 ▶ **行政機関の業務管理部門**や**企業の事務管理部門などがもつ機能の総称**。経営や事業の実施のための**情報収集と調整**，**管理**を行い，**最終的な意思決定**を下す。

☑☑☑ 昼間人口 ▶ **ある地域における，常住人口に，通勤・通学などで昼間に流入してくる人口を加えて，昼間に流出していく人口を差し引いた人口。**一般に**大都市圏**では，中心部は流出よりも流入の方が多いため**昼間人口は夜間人口よりも多くなり，周辺部**は通勤・通学などにより流出の方が多いため**昼間人口は夜間人口より少なくなる。**

☑☑☑ 夜間人口（常住人口）▶ **その地域に居住している人口。**

☑☑☑ 昼夜間人口比率 ▶ **夜間人口に対する昼間人口の割合。**（（**夜間人口**）＋（**昼間の流入人口**）－（**昼間の流出人口**））÷**夜間人口×100**で計算される。日本の場合，統計上昼夜人口は通勤人口に対応する。

都心部は，昼間人口に対して夜間人口が少ないため，昼夜間人口の差が極端に大きく，**100を大きく上回る**。一方で，**住宅地区が多い大都市圏の周辺部**では**100を下回る**（図2-3-2-20参照）。

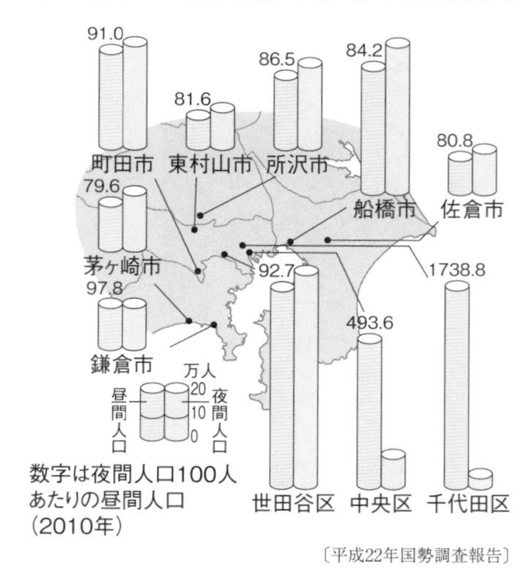

図2-3-2-20 首都圏の昼夜間人口の差

☑☑☑ 工業地区 ▶ **工場や倉庫など工業関連の施設が集まっている地区**で，**第二次産業就業者の割合が高い**。地価が安い周辺部のなかでも，**原材料の搬入や製品の搬出に便利な臨海部や河川沿い**に形成されることが多い。先進国では，旧市街地に位置していた古くからの工業地区が衰退し，**再開発**の対象になっているところもみられる。

☑☑☑ 住宅地区 ▶ **都心への通勤者の住宅を中心に発達した地区。新興住宅地**や**集合住宅**が集まる**日本のニュータウン**が典型例で，一般に大都市の周辺に発達し，昼間人口よりも夜間人口の方が多い。

☑☑☑ 日本のニュータウン ▶ **都心への通勤者のために郊外に建設された住宅地区。千里ニュータウン**（大阪），**多摩ニュータウン**（東京）などがある。高度成長期以降，住宅不足を解消するために建設されたことからオールドタウン化が進んでいるところもある。

☑☑☑ 副都心 ▶ **大都市圏で，都心の業務機能の一部を分担する地区**。都市の中心部と郊外を結ぶ**交通の結節点**に位置することが多く，**新都心**といわれることもある。首都圏の**新宿**や**渋谷**，**さいたま市**，大阪圏の**天王寺**，パリ郊外の**ラ・デファンス**など。

<table>
<tr><td rowspan="2">都心</td><td>中心業務地区（CBD）</td><td>企業の本社や官庁，金融機関など中枢管理機能が集積。</td><td rowspan="2">地価が高いため，建物は高層化，地下化する。昼夜人口比率が高いが，夜間人口は少なく，人口の空洞化が進む。都心よりも郊外の人口が多くなるドーナツ化現象が生じる。</td></tr>
<tr><td>中心商店街・専門店街・問屋街</td><td>デパートや高級専門店などの都心商店街や同じ系統の品物を扱う問屋街が立地。</td></tr>
<tr><td>漸新地域</td><td colspan="2">交通ターミナルが立地（インナーシティ，都市内部）。住宅や商店，中小工業などが混在する地域。</td><td>建物が密集し，人口密度が高い。過密や建物の老朽化にともなう住環境の悪化も見られる。</td></tr>
<tr><td>副都心</td><td colspan="2">都心周辺の旧市街地（都心周辺の交通の結節点＝郊外鉄道の終点）。</td><td>商業や娯楽施設が集中し，都心機能の一部を担う。</td></tr>
<tr><td>住宅地区</td><td colspan="2">住宅地</td><td>郊外鉄道の駅周辺など，閑静で交通の便がよいところに立地</td></tr>
<tr><td>工業地区</td><td colspan="2">工場が集積。</td><td>安価で広い土地が得られ，原燃料や製品の輸送に便利な河川沿いや臨海部（ウォーターフロント）に主に立地。</td></tr>
<tr><td>郊外</td><td colspan="2">ベッドタウンなどの衛星都市やニュータウンが形成される。</td><td>昼夜間人口比率は低いが，若年夫婦層を中心に人口が流入し，出生率も高いため人口増加率は高め。都市域の拡大によって，周辺地域への開発が無秩序に進行すると，農地の中に住宅・工場が混在するスプロール現象が生じる。</td></tr>
</table>

図2-3-2-21 都市の内部構造

☐☐☑ 大都市圏の発展段階モデル ▶ **都市の成長，拡大にともない，大都市圏が「①都市化→②郊外化→③反都市化→④再都市化」の段階を経ていくこと**。オランダのクラッセンによって考察された。

☑☑☑ 郊外化 ▶ **大都市圏の発展段階において，中心都市よりも郊外の人口増加が大きい段階**。**都市化**にともない中心都市の人口増加による過密が生じると，中心都市に通勤する人びとが居住する**住宅都市**や**ニュータウン**が郊外に建設され，**大都市圏が形成**される。

☐☑☑ 反都市化 ▶ **大都市圏の発展段階において，中心都市も郊外も人口が減少する段階**。**産業の衰退**や**国全体の人口減少**により，大都市圏への人口流入が減少したり，転出者が増加することで，このような段階になることがある。

☐☑☑ 再都市化 ▶ **大都市圏の発展段階において，中心都市の人口が再び増加する段階**。先進国の古くからの大都市は，**都市化**から**郊外化**を経て，現在は**再都市化**の段階にある。

7 都市・居住問題

☑☑☑ 都市問題 ▶ **都市への人口・産業の集中や，都市域の拡大にともない都市で生じる問題**。大気汚染などの**都市公害**，**インフラの不備**，**地価高騰**，**住宅不足**，**不良住宅街（スラム）の形成**など，さまざまな問題が生じている。

☑☑☑ Push型の人口移動 ▶ **農村の余剰人口が押し出されて都市に人口が移動すること。発展途上国**の都市で主にみられる。

☑☑☑ Pull型の人口移動 ▶ **工業やサービス業が発達することで都市が周辺地域から労働力を引きつける形で人口が移動すること。先進国**の都市で主にみられる。

☑☑☑ 発展途上国の都市問題 ▶ **農村から都市への大量の人口流入による都市人口の急激な増加にともない，発展途上国で生じている都市問題**。農業の生産性の向上や人口増によって農村で**余剰労働力**が生じ，雇用機会やより便利な生活を求めて**都市へ人口が移動**したことが背景にある。20世紀後半以降，先進国に比べて高い割合で都市人口が増加している（図2-3-2-22参照）。

発展途上国の都市では，**インフラ整備が追いつかず**，**自動車の増加**による**交通渋滞**や**排ガスによる大気汚染**が深刻化しているほか，居住環境が劣悪な**不良住宅街**（**スラム**）が形成されるなど，各種の都市問題が生じている。都市へ移動した人びとは，都市に移り住んでも定職に就く人は少なく，**インフォーマルセクター**の従事者や**ホームレス**，**ストリートチルドレン**も多い。

☑☐☑ メガシティ ▶ **人口1,000万人を超える都市**。アジアやアフリカ，ラテンアメリカでは，増加が著しい。東京，ニューヨーク，メキシコシティ，シャンハイ，ジャカルタなど。

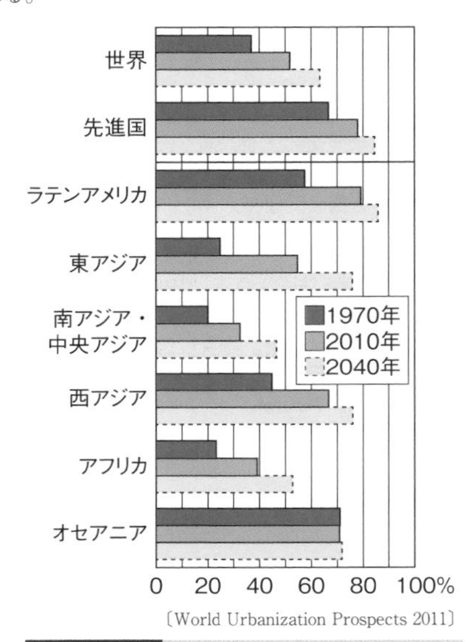

図2-3-2-22 地域別の都市人口比率の推移

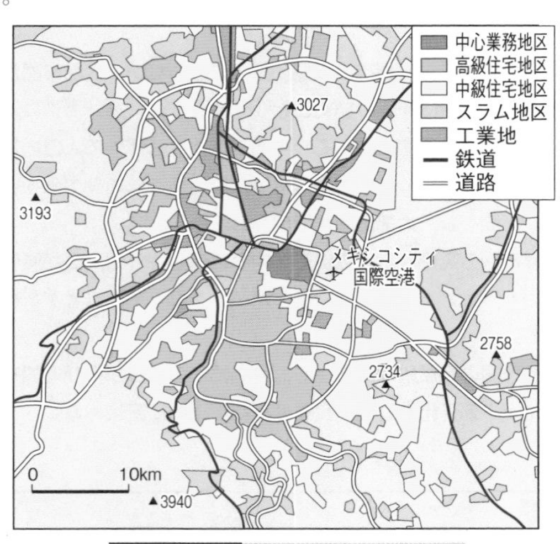

図2-3-2-23 メキシコシティの市街

☑☑☑ スラム ▶ **失業者や低所得層が密集して居住することで形成される不良住宅街。大都市の内部**，または**周辺地域**に形成される。一般に犯罪率が高く，衛生環境もよくない。

発展途上国では農村から職を求めて流入した人が，十分な職場や住居がないため，居住に適さない鉄道用地，河川用地，廃棄物処理場用地，急斜面や低湿地などを**不法占拠**して形成されることが多い。ブラジルの**リオデジャネイロ**をはじめとする大都市にみられるスラムは**ファベーラ**といわれる。

☑☑☑ インフォーマルセクター ▶ **露天商や路上での靴磨き，廃品回収など，公式統計の職業分類にはない職**のことで，公的な許可を受けない経済活動であり，こうした職に就く人の収入は一般に不安定で，税金も納めていない。

☑☑☑ ホームレス ▶ **定職を持たずに路上や空き地などで生活をする人々**。NGOなどによる住宅支援なども行われている。

☑☑☑ ストリートチルドレン ▶ **親・親戚による養育・保護を受けられずに路上で集団生活する子供たち**。NGOなどによるストリートチルドレンのための学校づくりなども行われている。

☑☑☑ 先進国の都市問題 ▶ **古くから都市化が進展した先進国の都市の多くで直面している都市問題**。**中枢管理機能が都心に集中**する一方で，**古くからの市街地（旧市街地・インナーシティ）の人口が郊外へ移動する郊外化が進行**した。郊外では，**無秩序な市街地の拡大**による**スプロール現象**が起きているところもある。欧米の大都市では，老朽化した家屋が多い**インナーシティ**で取り残された**低所得層や高齢者，外国からの移民**などが多くなり，**生活環境の悪化**や**犯罪の増加**など，**スラム化が進行するインナーシティ問題**が生じている。**インナーシティ問題**を受けて**再開発**が進められ，**ジェントリフィケーション**が進行する一方，従来居住していた低所得層の立ち退きなどの問題も発生している。

☑☑☑ インナーシティ（Inner city）▶ **大都市などの都心周辺部に位置する古くからの市街地**。住宅・商店・工場などが混在し，一部には老朽化が進んでいるところもある。

☑☑☑ インナーシティ問題 ▶ **大都市の都心や都心周辺**の**旧市街地**（**インナーシティ**）**で，建物の老朽化など住環境の悪化によって生じているさまざまな社会問題**。若者や中高所得層が郊外へ流出する一方で，**高齢者や低所得層，移民などの社会的弱者が取り残されたり，流入**することで，**失業率の上昇**や**犯罪の増加**，**商店街の衰退**，**コミュニティの崩壊**などが発生している。欧米の大都市で顕著にみられ，**再開発**が進んでいる。

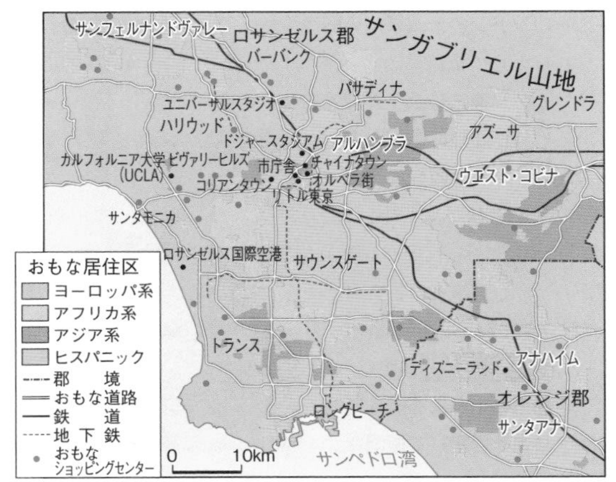

〔Diercke Weltatlas 2008ほか〕

図2-3-2-24 ロサンゼルスの人種・民族の住み分けとショッピングセンターの分布

☑☑☑ セグリゲーション（segregation）▶**アメリカ合衆国の大都市でみられる人種・民族など社会集団による住み分けのこと**。**マイノリティ**と居住することを嫌った**白人富裕層が郊外へ流出**する一方で，旧市街地では**アフリカ系**や**プエルトリコ系**，**メキシコ系**，**アジア系**など人種・民族ごとの住み分けが進んでいる。人種・民族間の社会的な緊張や不平等を増大させる可能性が指摘されている。

□☑☑ エッジシティ（edge city）▶**アメリカ合衆国の郊外に形成された高層マンションなどの住宅，商業施設，オフィスビルが集まった地区**。**モータリゼーション**を背景に，**高速道路のインターチェンジ周辺に立地**することが多く，中心都市との関係が希薄で，自立した都市を形成している。

☑□☑ ゲーテッドコミュニティー（gated community）▶**地区の防犯性を向上させるため，全体を塀やフェンスで囲い，ゲートにより人や自動車の出入りを管理する住宅地**。内部にはコミュニティのみで利用する公園などの施設が整備されている。アメリカ合衆国では，主に白人の高所得層が居住している。日本を含む先進国のほか，所得格差の大きい発展途上国の都市でもみられる。

☑☑☑ 再開発（都市再開発）▶**衰退した市街地を整備して，その地区の再活性化を図ること**。一般に，インナーシティや港湾地域などが，**高層マンション**，**商業施設**，**オフィスビル**などが立ち並ぶ地区へと改変されることで，地区全体の経済的価値が高まり**ジェントリフィケーション**が進む。

ロンドンの**ドックランズ**や**パリ**郊外の副都心**ラ・デファンス**，**横浜**の**みなとみらい21**などがある。

☑☑☑ ジェントリフィケーション（gentrification）▶**再開発にともなう新しい商業施設や高所得者向けの高層集合住宅などの建設によって，地区全体の経済的価値が高まることで，若年層を中心とした中高所得層が流入する現象**。家賃や生活費の上昇によって，以前から住んでいた人が出ていかざるを得なくなり，**従来のコミュニティが失われる**例もみられる。

☑☑☑ ウォーターフロント開発▶**大都市の河川沿いや臨海部など水辺の土地を開発する都市再開発**。物流や産業構造の変化などによって，**倉庫**や**港湾施設**などがあった水辺の広大な土地に，**オフィス街**や**住宅**，**商業・娯楽施設**などを建設する。

ロンドンの**ドックランズ**のほか，日本では東京の**台場**，**汐留**，横浜の**みなとみらい21**，千葉の**幕張新都心**などがある。

☑☑☑ ドックランズ▶**ロンドンのテムズ川の旧港湾地区で，都市再開発が行われた地区**。第二次世界大戦後，船舶の大型化，コンテナ化に対応できなかったドックランズは衰退し，老朽化したが，1970年代以降の再開発で，オフィスや商業施設，高層住宅などに変貌した。

☑☑☑ ラ・デファンス▶**パリ郊外に副都心として開発された再開発地区**。パリは**観光都市**でもあり，**景観を保全**するために高層ビル建設などの開発が規制されているため，郊外に高層ビル群からなる**副都心**が置かれ，都心地域との都市機能の分散を図った。**グランダルシュ**（**新凱旋門**）がシンボルとなっている（図2-3-2-25参照）。

©Norio NAKAYAMA from saitama, japan

図2-3-2-25 ラ・デファンス

☑☑☑ 田園都市構想▶**都市の中心部を緑地で囲むなど，人間と自然の共生を目指して提唱された都市づくりの構想**。19世紀末，イギリスの**ハワード**によって提唱された。**ロンドン**では，**住環境の悪化**や**交通渋滞**，**スモッグの発生**，**治安の悪化**などさまざまな都市・居住問題が生じた。大都市の**過密と環境悪化を緩和**するため，**職場と居住地が近接した都市**を**郊外**に新たに建設する構想で，20世紀初め，ロンドン郊外の**レッチワース**で着工された。

☑☑☑ **大ロンドン計画**▶**1944年，ロンドン市街地の人口集中による都市・居住問題の緩和と，第二次世界大戦後の復興を意図して策定された都市計画**（図2-3-2-26参照）。都市中心部，郊外地域，グリーンベルト，田園地域の4ゾーンに分け，**郊外への無秩序な市街地の拡大を防ぐ**ため，市街地の周囲に開発を規制する**緑地帯（グリーンベルト）**を設置して，その外側に**職住近接のニュータウン**を建設した。

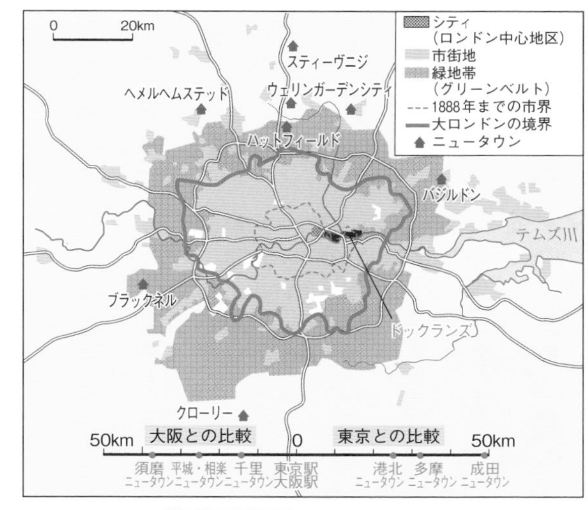

図2-3-2-26 大ロンドン計画

☑☑☑ **ロンドンのニュータウン**▶**大ロンドン計画の一環で建設された都市**。**工場**や**住宅**のほかに**商業・文化・娯楽施設**などを備え，**職住近接の自立的な都市**の体裁を整えている。ハーローやクローリー，ハットフィールド，ブラックネルなどがある。

☑☑☑ **職住近接**▶**ロンドンのニュータウン建設の基本方針として知られ，工場やオフィスなどの職場と居住地を同じ都市内に確保する考え方**。日本のニュータウンは，都心への通勤者に良好な居住地を確保する目的で建設された**住宅都市**が一般的であったため，**職住分離**といわれる。

☑☑☑ **コンパクトシティ構想**▶**1990年代にEUで提起された，環境問題への対応やサステナビリティ（持続可能性）を重視する都市計画構想**。都市の**郊外化やスプロール現象を抑制**し，**市街地の規模を小さく**して，**徒歩や公共交通機関で移動できる範囲を生活圏**としてとらえ，**コミュニティの再生**や**住みよいまちづくり**をめざす。LRTなどの公共交通機関や徒歩，自転車での市街地内の移動を可能にして郊外化を抑制するとともに，郊外化にともなう自動車依存からの脱却を図る。

8 日本の都市と都市・居住問題

☑☑☑ **日本の都市システム**▶**日本における各都市の社会的・経済的機能によって，上位の都市と下位の都市が階層的に結びついた都市間の相互関係**。**国家的中心都市**（**三大都市**：**東京・大阪・名古屋**），**広域中心都市**（**地方中枢都市**：**札幌・仙台・広島・福岡**），**準広域中心都市**（**金沢・新潟・高松**など），県域中心都市（その他の県庁所在都市など）に分けられ，上位の都市から下位の都市へと階層的に結びつく（図2-3-2-27参照）。

☑☑☑ **国家的中心都市**▶**東京，大阪，名古屋の三大都市が該当し，東海道メガロポリスの中核的な役割を果たしている都市**。官公庁や企業の本社が多く立地し，**中枢管理機能**が集積する。

☑☑☑ 三大都市圏▶**東京・名古屋・京阪神を中心に形成される都市圏**。日本の人口の約5割が集中している。特に**東京**には**大企業の本社機能**や金融機能のほか，**外国企業も集積**し，東京を中心とした**首都圏への一極集中が著しい**。

☑☑☑ 広域中心都市（地方中枢都市）▶**各地方で中心的な役割を果たしている都市**。北海道の**札幌**，東北地方の**仙台**，中国地方の**広島**，九州地方の**福岡**が該当する。**三大都市に本社のある企業の支社・支店が立地**し，三大都市との結びつきも強い。**県域をまたいだ卸売業が発達**し，**商業販売額は多く**，**第三次産業**に従事する人の割合が高い。

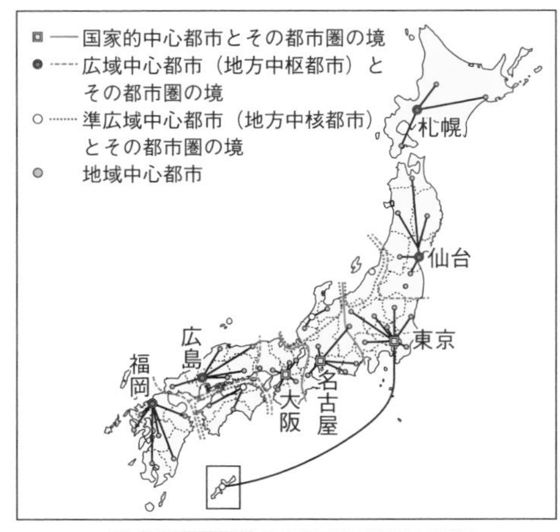

図2-3-2-27 日本の都市システム

☑☑☑ ドーナツ化現象▶**中心都市に居住する人が減少して極端に少なくなり，空洞化が進行する現象**。**三大都市圏**では，1960年代から1980年代にかけて，都心部での**地価の高騰**や**住環境の悪化**にともなう郊外化の進行によって生じた。

☑☑☑ スプロール現象▶**都市が拡大していく過程で，無秩序・無計画な開発によって農地や緑地のなかに住宅や工場が虫喰い状に広がる現象**。地価が安い都市周辺部で急速に都市化が進んだ場合に起こる。

☑☑☑ 都心回帰現象▶**都心部での再開発にともなう集合住宅の建設によって，居住人口が少なかった都心部に人口が再び流入してくる現象**。1991年頃の**バブル経済の崩壊**によって**中心都市の地価が急落**し，駐車場や更地となっていた土地に分譲マンションなどが立地して住宅の取得が容易になったことが背景にある。**東京**では1990年代後半以降，**湾岸地域（ウォーターフロント）**などの都心部で進んだ。

□□☑ 千里（せんり）ニュータウン▶**大阪市北部の千里丘陵に建設されたニュータウン**。1961年に着工され，日本のニュータウンの先駆けとなった。

□□☑ 多摩（たま）ニュータウン▶**東京都南西部の多摩丘陵に建設されたニュータウン**。**首都圏整備計画**の一環として1970年に着工された。都心への通勤者に良好な居住地を確保する目的でつくられた**職住分離のニュータウン**で，現在では居住者の高齢化が進み，**バリアフリー化**などの対応が進められている。

☑☑☑ 都市のスポンジ化▶**都市内に空き屋や空き地，空き店舗などが不規則に発生し，都市の密度が低下すること**。1970年代から80年代にかけて建設された大都市圏郊外のニュータウンでは，**親世代の高齢化**や**子供世代の流出**による**人口減少**によって**空き家が増加**し，問題となっているところが多い。

☑☑☑ 日本の地域格差▶**日本国内の都市と農村，大都市と地方都市の間に生じている格差**。**地方の中小都市**では，進学や就職などのために大都市に出て行く若者が多く，**人口減少**と**少子高齢化**が顕著となり，**地域経済の停滞**が懸念されている。こうした都市では，活気を取り戻すための取り組みを迫られている。

☑☑☑ 縮退（しゅくたい）都市（日本）▶**基幹産業の衰退や少子化などによって人口が減少し，市街地が衰退・縮小した都市**。人口が多かった時期に建設された道路や上下水道などの**インフラが過剰**となり，**その維持・管理が課題**となったり，老朽化しても更新するための財政的な余力がないところもある。

☑□☑ シャッター通り▶**徒歩交通を前提とした地方都市の駅前商店街などで，昼間でもシャッターを**

下ろしたままの閉店した店舗が続く通り。地方都市では，**郊外の幹線道路沿いに大型ショッピングセンターが進出して**顧客が奪われたことに加え，**中心市街地の人口減少**や**高齢化**などが要因となってシャッター通りが増えている。

☑☑☑ 買い物難民 ▶ **日用品の買い物など，日常生活を送ることが困難となった人びと。地方都市の衰退が顕著な中心市街地**や**農山村**に暮らす**高齢者**を中心に，自動車を運転できなくなることによって買い物だけでなく，病院への通院などにも支障をきたしている。買い物難民問題は，**フードデザート**問題ともよばれる。

☑☐☑ ライフライン ▶ **電気・ガス・水道など生活や生存に不可欠なインフラ設備や，災害時にそれを確保するための輸送ルート。**

☑☐☑ コミュニティバス ▶ **地域住民の移動手段として地方自治体が運行・運営に関与しているバス。**赤字を理由に**公共交通機関が撤退した地域**で，高齢者や障害者，学生などの交通弱者の移動手段として，自治体が民間に委託して運営していることが多い。

第1節 生活文化の地域性

1 文化と環境

☑☑☑ 文化 ▶ **言語を用いた学習によって伝えられ，世代をこえて継承される知識，技術，生活習慣のこと。衣食住における文化や言語，宗教**などが含まれる。文化の伝えられ方には，垂直伝達（親から子へ），斜め伝達（親以外の他人から若い世代へ），水平伝達（同世代間）がある。学校での学習は，斜め伝達に当たる。

□☑□ 環境適応 ▶ **身体や文化が，地域の自然環境の特徴に適合するように変化すること。**特定の環境に適応するため，遺伝的な形質が変化する**生物学的適応**と農業形態などが変化する**文化的適応**がある。

☑☑☑ グローバル化 ▶ **交通・情報技術の発達，市場の拡大などによって，地球規模での人流・物流が活発になり，世界の経済・文化が均質化していく現象。**

□☑□ ローカル化 ▶ **地域の特徴や環境に応じて，経済・文化が特色あるものに変化していく現象。**

☑☑☑ 文化の変容 ▶ **言語，宗教，生活習慣などの文化が，人の移動や異文化との接触・交流，社会・経済の変化などにより変化すること。**近年は，学校教育の普及，メディアやICTの発達，グローバル化の進行により，文化が変容する範囲がより広く，変容する速度がより速くなっている。

2 世界の衣服

☑☑☑ 衣服素材 ▶ **寒冷地域**では，**防寒・保温**に優れた**毛皮**などを利用し，熱帯雨林のように**高温多湿な地域**では，**放熱・吸湿**に優れた**麻，綿**などを素材としてゆったりとした衣服が使用される。また，**北西ヨーロッパのようにやや寒冷な地域**では，綿花の栽培が困難なため，羊の毛を素材とする**毛織物**が用いられてきた。衣服素材の特長としては，**綿**が吸水性，吸湿性，**麻**が通気性，吸水性，吸湿性，放湿性，放熱性，**絹**は光沢性，吸湿性，放湿性，軽量性に優れており，**化学繊維**は，耐久性，発色性，伸縮性などに優れている。

☑☑☑ 民族衣装 ▶ **自然環境に加えて言語・宗教・歴史などの文化を共有する民族に固有の衣服。**それぞれ独自のデザイン・文様を持ち，文化的財産の一つとなる。歴史上かなり古くから定着しているものもあれば，比較的新しく生まれたものまで多様。

©Cacophony
図2-4-1-1 ポンチョを着用するアンデスの人

☑□☑ ポンチョ ▶ **貫頭衣（かんとうい）とよばれる布地に空けた穴から頭を通して着用する一種のコート（外套（がいとう））**で，**気温の日較差が大きく**，天候が変化しやすい**アンデス地方の高山地域**の伝統的な衣服である。現在はラテンアメリカ諸国などで外套や雨具としても一般化している（図2-4-1-1 参照）。

☑☑☑ チャドル ▶ **イランなどイスラーム圏の女性が外出する際に着用する衣服**で，頭から体全体を覆う布状の衣装である。エジプトなどでは**ヒジャブ**と呼ばれている（図2-4-1-2 参照）。

☑☑☑ サリー ▶ **インドやネパールなど南アジアの女性が着用する衣装**で，細長い布を体に巻き付けて使用する（図2-4-1-3参照）。

☑□□ キルト▶**スコットランドのスカート状の伝統衣装**で，タータンチェック（多色の糸で織られた格子柄の織物）のものが多い。現在でも祭礼や催しで用いられている。

☑□☑ カンガ▶**東アフリカのケニア，タンザニアなどで利用されている一枚布**で，身体に巻きつけたり，ショールのように肩にかけ衣類として用いられるほか，風呂敷（ふろしき）の役割もする。19世紀中頃から普及したため，歴史的には新しい。

☑□☑ アオザイ▶**ベトナムの民族衣装**で，正装の際に着用される。アオは「上着」，ザイは「長い」の意。

☑☑☑ ファストファッション▶**最新の流行を採り入れながら，低価格でかつ短いサイクルで衣料の大量生産・販売する業態**（またはファッションブランド）のこと。コストダウンを図るため，製造小売業（自社で製造し，自社で販売）の形態をとる企業が多い。

☑□☑ ジーンズ▶**デニム地のカジュアルなズボン**で，北アメリカの鉱山労働者の間で愛用されていたワークパンツ（仕事用ズボン）が，農業の作業着として**広くアメリカ合衆国に波及し，世界の代表的なカジュアルウェアとして定着**した。デニムとは，インディゴ（藍色（あいいろ））染めした厚手の織布（しょくふ）のこと。

©Marius Arnesen from Oslo, Norway

図2-4-1-2 チャドルを着用するアフガニスタンの人

図2-4-1-3 サリーを着用するインドの人

図2-4-1-4 イヌイットの民族衣装 ©Ansgar Walk

3 世界の食文化

☑☑☑ 食文化▶**食事に関する文化**のことで，**食材，献立（メニュー），調理法，食器，誰とどのように食べるのか，作法・マナー，食事の回数，食事をする時刻**など多岐に渡る。現代は**欧米化**や**エスニック料理の普及**などで均一化の傾向にある。

☑☑☑ 主食▶**ご飯やパンなど食事の中心となるもの**で，米，小麦，トウモロコシ，雑穀，イモ類などを主食にしている地域が多い。アジアでは主食＝穀物という考え方が定着しているが，主食という概念に乏しい食文化もある。

☑☑☑ 米▶**モンスーンアジアの主食**で，脱穀し，煮たり炊いたりして，主に粒のまま食べる（**粒食**）。**単位面積当たりの収穫量や供給熱量が他の穀物より多い。**

☑☑☑ 小麦▶**西アジア**から**ヨーロッパ**に伝わり，主に粉にしてパンやパスタにして食べる（**粉食**）。乾燥アジア，北アフリカにもおよび，ヨーロッパ人によって**南北アメリカ，オーストラリアなどの新大陸**にも広がっていった。

☑□☑ 粒食文化▶**穀物を粒のまま，煮炊きして食べる食文化。東アジア，東南アジア，南アジア**の一部でみられるが，**日本**は粒食文化の典型と言われてきた。特に米は，胚乳部は硬いが，籾殻（外皮）が比較的容易にはずれるため，粒食に適している。近年は，米粉の利用も広がっている。

☑□☑ 粉食文化▶**穀物を石臼などでひき，粉にして，粥，パン，麺などにして食べる食文化。西アジアやヨーロッパで発展し，世界中に伝播**していった。小麦は米と異なり，胚乳部は柔らかいが，外皮と胚乳部がかたく密着しているため，粒のまま取り出すことができない。そのため，つぶして粉にする粉食の対象になった。小麦以外でも，**ライ麦，大麦，トウモロコシ，ジャガイモ，キャッサバ，モロコシ**などが粉食の原料となる。

☑☑☑ トウモロコシ▶**メキシコ高原やアンデス地方の先住民の主食**で，ヨーロッパ人により**東アフリカ**（ケニア，タンザニア）などにも伝えられた。メキシコでは**タコス**や**トルティーヤ**などの原料になる。

☑☑☑ イモ類▶**ジャガイモは中央アンデスの高地，キャッサバ，ヤムイモ，タロイモなどは東南アジア，オセアニア，アフリカなどの熱帯地域で主食**にされている。消費量はジャガイモとキャッサバが多く，ラテンアメリカ原産のキャッサバは特に熱帯アフリカでの重要な食料源になっている。

☑□☑ 雑穀▶**キビ**や**モロコシ**（ソルガム）などは，**高温・乾燥に強い**ため，**サヘル諸国などアフリカにおける重要な主食**で，粉にして粥や団子状にして食べる。

☑☑☑ ファストフード（fast food）▶**オーダー後短時間で調理し，すぐに食べられる食事のこと。**比較的安価で手軽に食べられるということで普及するとともに，**フードチェーンの展開によって大企業化**し，世界の各地域の食文化の枠を越えるだけでなく，地域に根ざした商品も提供されている。ハンバーガー，フライドチキン，ホットドッグなど多様な形態がみられる（図2-4-1-5参照）。

©Jerry Huddleston

図2-4-1-5 ファストフード

☑☑☑ 外食産業▶**ファミリーレストラン，各種フードチェーンなどの飲食店**を指すが，**所得水準の上昇，女性の社会進出，ライフスタイルの多様化**に伴い，市場が拡大した。外食には，広義の意味で弁当や総菜の販売なども含まれるが，できあがった食品をいったん持ち帰って，職場や家庭で食べる場合には，中食（なかしょく）という表現をすることもある。

☑☑☑ 中国料理▶強い火力での**炒め物や乾燥食材，野菜や油の多用**などに特色があり，日本料理，韓国料理などと並び**アジアを代表する料理**の一つである。広大な国土と多様な自然環境や文化に影響され，各地域に特徴的な料理が形成された（図2-4-1-6参照）。

©ZiCheng Xu
図2-4-1-6 中国料理

□□☑ 北京料理（ペキン料理）▶**北京を中心とする華北など中国北部で食べられている料理**。歴代王朝がペキンを首都に定めてきたため，宮廷料理の影響を受ける。さらに華北に位置するため，米や魚より**小麦や肉を多用**する。**マン頭**（蒸しパンの一種），**餃子**，ペキンダックなど。

□□☑ 上海料理（シャンハイ料理）▶**シャンハイ周辺で食べられている料理**。シャンハイ周辺のチャンスー省（江蘇省），チョーチャン省（浙江省）は，長江中下流平原という広大な平野に位置し，**米**を中心とする農産物の生産が盛んである。さらに**長江では，古くから内水面漁業**が行われていたため，**カニ，エビ，淡水魚**などを食材に多用する。

□□☑ 四川料理（スーチョワン料理）▶**チョンチン（重慶），チョンツー（成都）が位置するスーチョワン盆地（四川盆地）で食べられている料理**。**内陸に位置**するため，輸送に時間がかかること，高温多湿で発汗をうながすことが好まれたことなどから，**香辛料**を大量に使い，辛さに特徴がある。スーチョワン盆地では，古くからサトウキビ栽培も盛んであったため，**砂糖**も大量に使う。

□□☑ 広東料理（コワントン料理）▶**コワントン省（広東省），ホンコン（香港），マカオ（澳門）付近で食べられている料理**。「食在広州（食はコワンチョウにあり）」と言われるように，**コワンチョウ（広州）が食の中心地**で，**米，フカヒレ，貝柱，カキなど豊富な海産物，豚などの肉**を食材として，素材のうま味をいかす料理が多い。

©Valerio Capello
図2-4-1-7 イタリア料理

□□☑ イタリア料理▶**オリーブオイル，トマト，パスタの使用とワインに合う食材**に特色があり，温暖な気候を利用してリゾットなど**米料理**も提供される（図2-4-1-7参照）。

□□☑ インド料理▶さまざまな**香辛料**の使用に特色があり，**乳製品，豆類，鶏肉，羊肉**などが提供される。**米**だけでなく，**小麦粉**を発酵させて焼いた**ナン**や発酵させずに焼いた**チャパティ**も食べられている。インド人の伝統的な食習慣として，右手が「浄」，左手が「不浄」とされるため，**食事は右手**を使って行われる（図2-4-1-8参照）。

©Shahzaib Damn Cruze
図2-4-1-8 インド料理（ナン）

□□☑ 韓国料理▶**唐辛子，キムチなどの発酵食品，スープ類**などに特色があり，多様な**野菜類**や**肉類**を使用する。

□□☑ 日本料理▶**和食とも呼ばれ，食材そのものの味を利用し，旬（しゅん）を大切にする**ところに特色がある。**ローカロリーで栄養のバランスが良く，健康的な料理**として広く世界に知れ渡るようになった。

☑☐☑ 醤油(しょうゆ)▶**大豆，小麦などを原料として，醸造により発酵させて製造する液体調味料**。日本では大豆を原料とする醤油が一般的だが，中国，韓国などアジアでは類似の調味料がみられる。

☑☐☑ 魚醤(ぎょしょう)▶**魚を塩とともに漬け込み，発酵させた液体調味料**。タイなど東南アジアの沿岸部を中心に普及した。タイでは**ナンプラー**，ベトナムでは**ニョクマム**（ヌクマム）と呼ばれる。

☑☐☑ フェイジョアーダ▶**黒豆と牛肉，豚肉などを煮込んだブラジルの伝統的な料理**。もともとはアフリカから連行されてきた奴隷の料理で，上質な肉以外の肉（内臓，耳，鼻，尾，足）を豆とともに煮込んだと言われている（図2-4-1-9参照）。

☐☐☑ ビーフン▶**米を原料とするライスヌードルの一種**。**中国，台湾，日本**などで食べられている。

☑☐☑ フォー▶**米を原料とするライスヌードルの一種**で，**ベトナム**で食べられている平たい麺。中国の華南，コワンシーチョワン族自治区などでも同様の麺が食べられている。

☑☐☑ ナン▶**小麦を原料とし，発酵後に窯(かま)焼きされたパンの一種**。イラン，アフガニスタン，**パキスタン**，**北インド**などで食べられている。タンドゥールと呼ばれる大きな窯(かま)が必要となり，精製された小麦粉を用いるため，比較的高級なパンで，外食などで提供されることが多い。

☐☐☑ チャパティ▶**小麦を原料とし，小麦粉と水を混ぜ捏ねて焼いたパンの一種**。クレープ状で，イラン，アフガニスタン，**パキスタン，インド**などで広く食べられている。

☑☐☑ ウガリ▶**ケニア，タンザニアなどの東アフリカなどで広く食べられている伝統的な主食**で，**トウモロコシ**，キビ，キャッサバなどの粉を湯で練ってつくる。水分の量で，粥(かゆ)状のものから，団子状のものまでさまざま（図2-4-1-10参照）。

☑☐☑ クスクス▶**小麦粉に水を含ませ，粒状にした北アフリカの主食**。**アルジェリア，モロッコ**などのマグレブ諸国では特に重要（図2-4-1-11参照）。

©Bradleyzm

図2-4-1-9 フェイジョアーダ

©Safaritravelplus

図2-4-1-10 ウガリ

©Lmmima

図2-4-1-11 クスクス

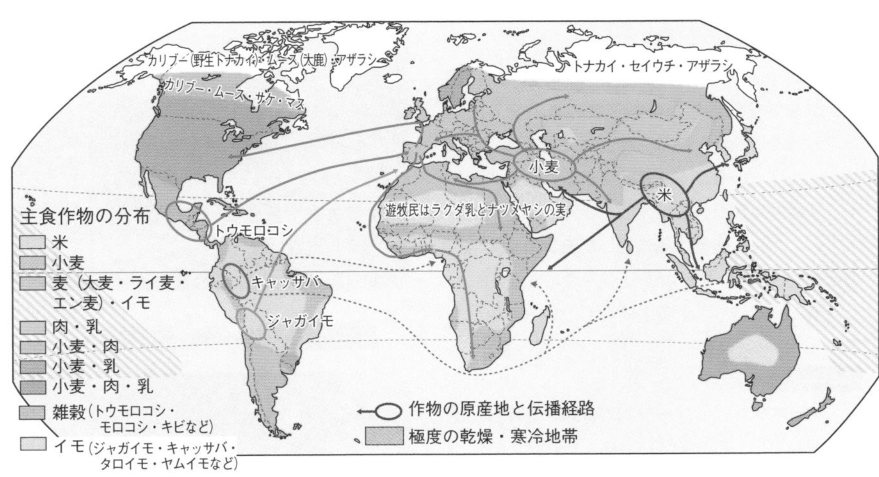

〔栽培植物の起源と伝播（2003）ほか〕

図2-4-1-12 世界の食文化の地域性

4 世界の住居

☑☑☑ **建築材（建材）** ▶ 世界各地の住居は，**多様な自然環境に対応**して，様々な建材を利用してきた。**熱帯雨林気候（Af）地域**では，豊かな植生を反映し**木，葉**，**サバナ気候（Aw）地域**では**枝，わら，泥**，**乾燥気候（BW,BS）地域**では**日干しレンガや土，石**，**亜寒帯気候（Df,Dw）地域**では**針葉樹のモミやマツなどの木材**が使用されてきた。

☑☑☑ **日干しレンガ（アドベ）** ▶ **粘土，砂に水を加え成形し，乾燥させたレンガ**のことで，**乾燥地域の建材**として利用されている。日本などのような湿潤地域では，焼成(しょうせい)レンガが使用されるが，乾燥地域では**降水量が少なく，焼成するための薪炭も乏しい**ため，日干しレンガを使用する。材料には，わらや動物の糞なども加えられることがある。スペイン語で**アドベ**（adobe）という（図2-4-1-13参照）。

©Vmenkov

図2-4-1-13 日干しレンガの家（中央アジア）

☑☑☑ **高床式住居(たかゆかしき)** ▶ **床を地面から上げた住居**。**東南アジア**のような**高温多湿**な気候下では，通気性が重要で，出入り口や窓などの**開口部が広く**，高床式の住居がみられる。熱帯地域では，**屋根の勾配を急**にして，雨水を流しやすくする工夫もなされている（図2-4-1-14参照）。

☐☐☑ **ロングハウス** ▶ **東南アジアの島嶼部などにみられる長さが100m前後の集合住宅**。長屋形式の住居で，少数民族などが数十人の大家族で居住しており，大規模なものになると，一軒で一つの村を形成しているロングハウスもある。**高床式で軒が長い**。**マレーシア・ボルネオ島（カリマンタン島）**のロングハウスが有名。

☑☑☑ イグルー▶**イヌイットの冬の伝統的住居**で，**氷や雪を利用した半地下式**の構造をしている。狩猟や遊牧などの旅先で，一時的に使用されるシェルターの役割をする。夏季には革製のテント式住居（**ツピク**）を使用してきた。

©Jos Dielis

図2-4-1-14 高床式住居（東南アジア）

☑☑☑ ゲル▶**遊牧生活に適したモンゴル人の伝統的住居**で，フェルト（羊毛などを圧縮したもの）で作られ**テント状**をしている。中国でも同様の住居を**パオ**と呼んでいる（図2-4-1-15参照）。

図2-4-1-15 ゲル（モンゴル）

☑□☑ 木骨作り▶**オーク材で骨組みを作り，壁は枝，レンガ，石を泥で塗り込んだ住居。ドイツなどヨーロッパ西部**のように適度に森林が残されてきた地域では，各地で木骨作りがみられる。柱や梁は茶色など濃色に着色され，壁は白く漆喰で塗られている（図2-4-1-16参照）。

□□☑ 曲屋▶**岩手県など東北地方にみられる日本の伝統的住居**で，寒冷な冬に備え，母屋と厩がL字型となり一体化している。

☑☑☑ 合掌造り▶**岐阜県の白川郷や富山県の五箇山などにみられる日本の伝統的住居**で，**豪雪**に対応するため，**急傾斜のわらぶき屋根**を持つ。**世界文化遺産**に登録されている（図2-4-1-17参照）。

©Bernard Gagnon

図2-4-1-17 合掌造り（白川郷）

©Immanuel Giel

図2-4-1-16 木骨作り（ドイツ）

□□☑ プレハブ工法▶**建築資材を建設前に工場などで生産・加工し，現地で組み立てる建築工法。**

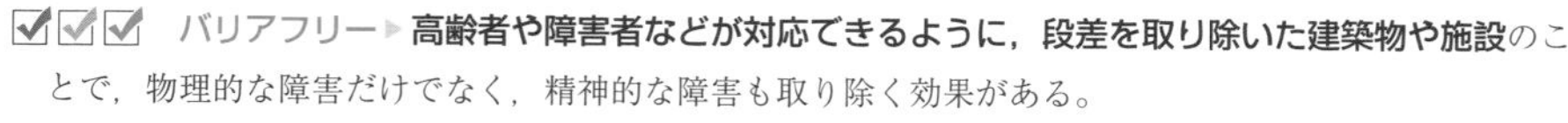

☑☑☑ バリアフリー▶**高齢者や障害者などが対応できるように，段差を取り除いた建築物や施設**のことで，物理的な障害だけでなく，精神的な障害も取り除く効果がある。

第2節 民族と国家

1 国家

☑☑☑ 国家▶**主権，国民，領域をもつ共同体**で，主権がなければ独立国とは言えず，植民地，自治領，海外県などの属領とされる。

☑☑☑ 国家の三要素▶**主権，国民，領域**を指し，国際法上の国家承認の要件となる。

☑☑☑ 国民▶**国籍をもつ国家の構成員**。

☑☑☑ 主権▶**他国からの干渉を受けず，政治的な決定を行うことができる国家権力**。

☑☑☑ 宗主国▶**植民地支配を行ってきた本国**のことで，支配が行われてきた**植民地**に対して使用されてきた。アジアやアフリカ諸国などは，ヨーロッパ諸国を宗主国として長期間植民地支配を受けたが，**第二次世界大戦後に大半の地域が独立**を果たした。

☑☑☑ 国民国家（民族国家）▶**国家と国民との一体性**（一つの民族が一つの国家を形成）**を持たせるための考え方**で，18世紀から19世紀の**ヨーロッパ**で発展した。

☑☑☑ ナショナリズム▶**民族主義**のことで，国家や民族の統合には言語や歴史観などを通した**帰属意識**が重要な地位を占め，**自国民族を中心に物事を考える思想**として発展し，国家形成に深く関わっている。

☑☑☑ 独立国▶**国家の三要素を備えたもの**で，第二次世界大戦前の独立国は約70であったが，**1950年代までにアジア諸国，1960年代にはアフリカ諸国，1970年代から1980年代にかけてはオセアニア島嶼部とカリブ諸国**，冷戦後の**1990年代にはソ連解体に伴うヨーロッパ諸国**の独立が相次ぎ，2023年現在では**197**の独立国（日本が未承認の北朝鮮は加えるが，その他は除く）がある。

☑☑☑ 領域▶**国家の主権が及ぶ範囲**で，**領土，領海，領空**からなる。領土は国境で区切られ，**領海は沿岸から12海里**までが認められている。領空は，領土と領海の上空であるが宇宙空間は領有権が認められていない（図2-4-2-1参照）。

☑☑☑ 領海▶**低潮位線（基線）から12海里（約22km）までの海域で，沿岸国の主権が及ぶ水域**。領海，領海の上空，領海の海底には沿岸国の主権が及ぶ。一般に，**無害通航**（沿岸国の平和・秩序・安全を害さないことを条件とした航行）ではない領海内通航を**領海侵犯**と呼んでいる。

☑☑☑ 排他的経済水域（EEZ：Exclusive Economic Zone）▶**水産資源や石油・天然ガスなどのすべての海洋資源について，沿岸国の排他的権利が認められる水域**。1982年に調印された**国連海洋法条約**では，沿岸から**200海里**までの海域が排他的経済水域とされ，すべての海洋資源について，沿岸国の排他的権利が認められた。他国のEEZ内で漁船の操業などはできないが，**船舶航行，海底通信ケーブルの敷設などは認められている**。

☐☐☑ 接続海域▶**領海の外縁の海域で，低潮位線（基線）から24海里の範囲内で沿岸国が設定する海域**。領海外だが，**沿岸国の国内法が適用できる海域**で，違反行為に対して予防措置をとることが可能。

☑☑☑ 公海▶**領海，排他的経済水域などを除いたすべての海洋で，国家が領有したり，支配**

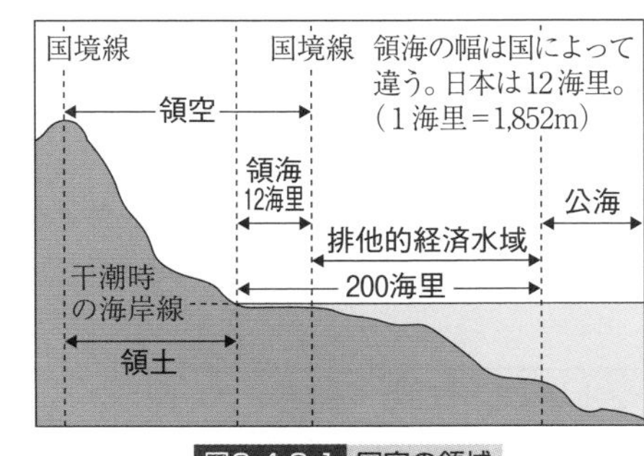

図2-4-2-1 国家の領域

することができない海域。**国連海洋法条約**に基づく「**公海自由の原則**」により，いずれの国にも支配されず，すべての国に開かれている。

☑☑☑ 国連海洋法条約（海洋法に関する国連条約）▶ **1994年に発効された海洋の法的秩序の根幹をなす海洋法**で，海洋の利用・開発などに関する国際的な権利義務関係を定めたもの。この条約では，領海，接続水域，排他的経済水域，大陸棚，公海，深海底など海洋全般について規律している。7月20日の「海の日」は，国連海洋法条約が日本で発効された日。（現在は7月の第3月曜日）

☑☑☑ 国境 ▶ **国家と国家の境界**で，自然の障壁を利用した**自然的国境**と経緯線などを利用した数理国境などの**人為的国境**に区分される。

☑☑☑ 自然的国境 ▶ **海洋，山脈，河川，湖沼などの自然障壁に沿って設定された国境**。

☑☑☑ 山岳国境 ▶ **山脈に沿って設定された国境**で，**隔離性**（かくり）に優れる。スペイン・フランス間の**ピレネー山脈**，ノルウェー・スウェーデン間の**スカンディナヴィア山脈**，チリ・アルゼンチン間の**アンデス山脈**，ポーランド・チェコ間の**スデーティ山脈**，ドイツ・チェコ間の**エルツ山脈，ベーマーヴァルト**などがある。

☑☑☑ 河川国境 ▶ **河川に沿って設定された国境**で，**交流性**に優れるが，**流路変更による国境紛争**の契機になりやすい。ドイツ・フランス間の**ライン川**，ルーマニア・ブルガリア間の**ドナウ川**，ドイツ・ポーランド間の**オーデル川**，タイ・ラオス間の**メコン川**，アメリカ合衆国・メキシコ間の**リオグランデ川**などがある。

☑☑☑ 湖沼国境 ▶ **湖沼を境界として設定した国境**。カナダ・アメリカ合衆国間の**五大湖**，ペルー・ボリビア間の**チチカカ湖**などがある。

☑☑☑ 人為的国境 ▶ 自然の障壁ではなく，経緯線などによって設定された国境（**数理国境**）。国家成立が比較的新しい**アフリカ**や**北アメリカ**の国境や州境に利用されている。**北緯49度**（アメリカ合衆国とカナダ），**西経141度**（アメリカ合衆国のアラスカ州とカナダ），**北緯22度**（エジプトとスーダン），**東経25度**（エジプトとリビア），**東経141度**（インドネシアとパプアニューギニア）などがある。

☑☑☑ 単一民族国家 ▶ **単一の民族からなる国家**で，近代ヨーロッパで発達した**国民国家**（**民族国家**）の考え方から生まれたが，**現実には一つの民族からなる国家は存在しない**。

☑☑☑ 多民族国家 ▶ **複数の民族からなる国家**で，多くの独立国がこれに該当する。**アメリカ合衆国，カナダ，スイス，ベルギー，マレーシア，ナイジェリア**などが代表例。

☑☑☑ 中央集権国家（単一国家）▶ **中央政府が国を直接統治する国家**で，日本，韓国，フランスなど大多数の国家。

☑☑☑ 連邦国家 ▶ **外交，軍事などを中央政府**（連邦政府）**が，教育，福祉，警察などの内政を地方政府**（州政府，共和国政府）**が担当する国家**で，**アメリカ合衆国，ドイツ，スイス，ベルギー，ロシア，メキシコ，ブラジル，ナイジェリア，インド**などがこれに当たる。

☑☑☑ 中央政府 ▶ **国家行政を司る中央機関**。世界の国々には必ず中央政府があるが，中央政府の権限が大きく，直接国家を統治する場合は**中央集権国家**（単一国家），**外交，安全保障，通貨・金融**などを**中央政府**が担当し，**地方行政**を**地方政府**が担当する場合は**連邦国家**という。

☑☑☑ 地方政府 ▶ **国内のある一定の地域を統治する行政機関**で，中央集権国家では権限が制限されており，**連邦国家では極めて大きな権限**が付与されている。

2 人種・民族・言語

☑☑☑ 人種 ▶ **身体的な特徴で分類した人類集団**で，皮膚や髪の色，骨格などにより**モンゴロイド，コ**

ーカソイド，ネグロイド，オーストラロイドなどに分けられる。必ずしも合理的な分類ではないが，近年は遺伝子研究などが進み，DNA情報や血液型などにより新たな分野の研究も模索されている。

☑☑☑ モンゴロイド▶**黄色人種**と呼ばれ，おもに**東アジア**から**東南アジア**にかけて居住している。**アメリカ先住民**（イヌイット，インディアン，インディオ）も，**更新世の氷期の海面低下時に，ベーリング海峡が陸化した際に，ユーラシア大陸から移住したモンゴロイドの子孫**だと考えられている。

☑☑☑ コーカソイド▶**白色人種**と呼ばれ，おもに**ヨーロッパ**やヨーロッパ人が移住した**新大陸の他，南アジア，西アジア，北アフリカ**に居住している。

☑☑☑ ネグロイド▶**黒色人種**と呼ばれ，おもに**中南アフリカ（サハラ以南アフリカ）**に居住している。

☑☑☑ オーストラロイド▶**濃色人種**と呼ばれ，おもに**ニューギニア島**や**オーストラリア（先住民はアボリジニー）**に居住している。

☑☑☑ 民族▶**文化的な特徴で分類した人類集団**で，おもに**言語，宗教，生活様式**にもとづく。同じ文化を有することによる**帰属意識（同胞意識）**があり，意思の疎通を円滑に行うための**言語**が特に重要となる。このため，**民族を語族に置き換える**ことが多い（図2-4-2-2参照）。

☑☑☑ 語族▶**歴史的に同一の起源から派生したことが証明されている複数の言語群**のこと。類似する文法，語彙（ごい）を使用する**言語グループ**と考えて良い。

☑☑☑ 語派▶**言語系統の分類で，語族の下位に位置する言語群**のことで，語派の下位には**語群**がある。たとえば，ウクライナ語は，インド・ヨーロッパ語族のスラブ語派の東スラブ語群。

☐☐☑ 諸語▶**単語・分布などが似てはいるが，同系統であることを証明されていない言語群。**

☑☑☑ アイデンティティ（identity）▶**同一性，つまり「われわれ意識」のこと**で，民族を定義する要素の一つである**帰属意識**などがこれに当たる。

☑☑☑ 先住民▶**ある地域に古くから住み着いている人間集団**。征服者（侵略者），植民者から従属を強いられ，疫病（えきびょう），奴隷化，虐殺などによって弱体化してきた例が多数みられる。アメリカ大陸の**イヌイット，インディアン，インディオ（インディヘナ）**，オーストラリアの**アボリジニー**，ニュージーランドの**マオリ**など。

☑☑☑ イヌイット▶**更新世の氷期にユーラシア大陸から移動してきたモンゴロイドの子孫で，北アメ**

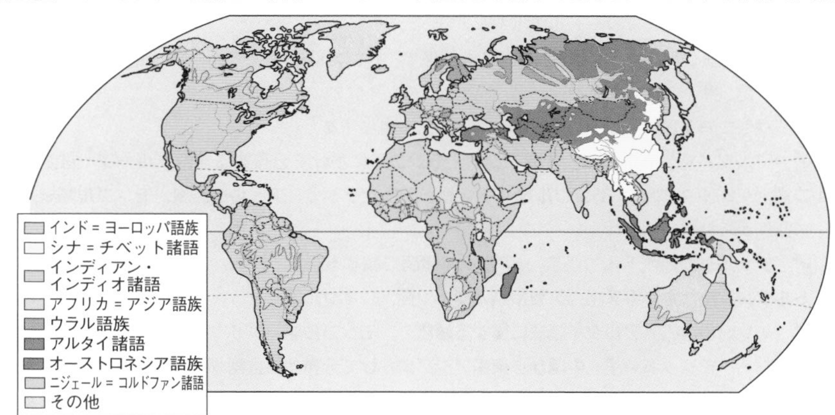

〔国立民族学博物館資料1996年版ほか〕

図2-4-2-2 世界の言語の分布

リカやグリーンランドの北極海沿岸部に居住している。**狩猟**や**漁労**などの伝統的生活を送ってきたが，近年は定住化が進み都市居住者も多い。**エスキモー**と呼ばれることもある。

☑☑☑ インド・ヨーロッパ語族▶**インドからヨーロッパにかけて分布する語族**。植民地支配の過程で**新大陸**（**南北アメリカ，オーストラリア**）でも広く使用されている。**ゲルマン語派，ラテン語派，スラブ語派**が三大語派。

☑☑☑ ゲルマン語派▶**インド・ヨーロッパ語族の一語派**で，主に**北西ヨーロッパに分布**。**スウェーデン語，ノルウェー語，デンマーク語，アイスランド語，英語，ドイツ語，オランダ語**など。

☑☑☑ ラテン語派（ロマンス語派）▶**インド・ヨーロッパ語族の一語派**で，主に**南ヨーロッパに分布**。**スペイン語，ポルトガル語，イタリア語，フランス語，ルーマニア語**など。

☑☑☑ スラブ語派▶**インド・ヨーロッパ語族の一語派**で，主に**東ヨーロッパからウクライナ，ロシアに分布**。**ポーランド語，チェコ語，スロバキア語，スロベニア語，クロアチア語，セルビア語，ロシア語，ウクライナ語**など。

☑☑☑ ケルト語派▶**インド・ヨーロッパ語族の一語派**で，**アイルランド語**やスコットランド，ウェールズ，ブルターニュ地方の言語。かつては，ヨーロッパで広く栄えていた**ケルト人**が使用していたが，ローマ人やゲルマン人の勢力拡大におされ，少数言語となった。

☐☐☑ ギリシャ語派（ヘレニック語派）▶**インド・ヨーロッパ語族の一語派**で，**ギリシャ語**など。

☐☐☑ アルメニア語派▶**インド・ヨーロッパ族の一語派**で，**アルメニア語**のみ。

☑☑☑ バルト語派▶**インド・ヨーロッパ語族の一語派**で，**ラトビア語，リトアニア語**など。

☑☑☑ イラン・インド語派▶**インド・ヨーロッパ語族の一語派**で，**ペルシャ語**（イラン），**ウルドゥー語**（パキスタン），**ヒンディー語**（インド），**ベンガリー語**（バングラデシュ），**クルド語**など。

☑☑☑ アフリカ・アジア語族（アフロアジア語族）▶**西アジアから北アフリカにかけて分布する語族**。かつてはセム・ハム語族と呼ばれていた。**アラビア語，ヘブライ語**（イスラエル），**アムハラ語**（エチオピア），ソマリ語（ソマリア），ベルベル（アマジク）語など。

☐☐☑ ナイル・サハラ語族▶**アフリカのナイル川上流域に分布する語族**。

☑☑☑ ウラル語族▶**シベリア中北部，北ヨーロッパと東ヨーロッパの一部に分布する語族**。**フィンランド語，エストニア語，マジャール語**（ハンガリー），サモエード語など。

☐☐☑ フィン・ウゴル語派▶**ウラル語族の一語派**で，**ハンガリー**（マジャール）**語，フィンランド語，エストニア語**，サーミ諸語など。

☐☐☑ サモエード語派▶**ウラル語族の一語派**で，ネネツ語など。

☑☑☑ アルタイ諸語▶**トルコ，中央アジア，モンゴルにかけて分布する言語グループ（言語連合）**。**トルコ語**（チュルク語族），**モンゴル語**（モンゴル語族）などで，**チュルク語族，モンゴル語族**，ツングース語族からなる。

☐☐☑ チュルク語族（トルコ語族）▶**アルタイ諸語に属する語族**で，**トルコ語，カザフ語，ウズベク語，トルクメン語，キルギス語，アゼルバイジャン語，ウイグル語**など。

☐☐☑ モンゴル語族▶**アルタイ諸語に属する語族**で，**モンゴル語**，ブリヤート語など。

☑☑☑ シナ・チベット諸語▶**中国から東南アジアにかけて分布する言語グループ**。**シナ語派**と**チベット・ビルマ語派**からなる。**中国語**（**北京語，上海語，福建語，広東語**など），**チベット語**，ゾンカ語（ブータン），シッキム語，**ミャンマー語**，カレン語など。

☑☐☑ オーストロアジア語族▶**東南アジアからインド東部に散在する語族**で，東南アジアの**モン・ク**

メール語派とインドのムンダ語派からなる。**ベトナム語，クメール語**（カンボジア）など。

□□☑ **タイ・カダイ語族**▶**中国南部から東南アジアにかけて分布する語族**で，**タイ語，ラオス語**など。かつては，シナ・チベット諸語に含めることもあった。

☑☑☑ **オーストロネシア語族（マレー・ポリネシア語族）**▶**東南アジアから太平洋の島嶼部に分布する語族**で，**"Austronesia"は「南の島々」**の意。カオシャン語（台湾先住民），**フィリピノ語**（フィリピン），**マレー語，インドネシア語，ジャワ語**，スンダ語，**フィジー語**，サモア語，トンガ語，**マダガスカル語，マオリ語**（ニュージーランド）など。ただし，一部のパプア諸語とアボリジニー諸語は含まない。

☑☑☑ **ニジェール・コルドファン諸語（ニジェール・コンゴ諸語）**▶**中南アフリカに分布する言語グループ**で，語族，諸語の中でも最も言語数が多い。

□□☑ **カフカス諸語**▶**カフカス地方周辺に分布する言語グループ**で，**ジョージア語**，アブハズ語，**チェチェン語**，イングーシ語など。

☑☑☑ **インディアン諸語**▶**南北アメリカ大陸の先住民の言語グループ**。かつては1,500以上の言語があったが，現在では300あまりと言われ，話者数は減少傾向。ラテンアメリカの**ペルー**（ケチュア語，アイマラ語），**ボリビア**（ケチュア語，アイマラ語，グアラニー語など），パラグアイ（グアラニー語），ベネズエラ（31の先住民の言語）などでは，**スペイン語に加えてインディアン諸語も公用語**に採用されている。

2020	百万人
中国語	1 321
スペイン語	463
英語	370
ヒンディー語	342
アラビア語	339
ベンガル語	229
ポルトガル語	228
ロシア語	154
日本語	126
ラーンダ語	117
マラーティ語	83
テルグ語	82
マレー語	82
トルコ語	80
韓国・朝鮮語	79
タミル語	78
フランス語	77
ベトナム語	76
ドイツ語	76
ウルドゥ語	69
ジャワ語	68
ペルシャ語	65
イタリア語	65

(注)第一言語による区分

図2-4-2-3 世界のおもな言語人口

☑☑☑ **母語**▶**生後，周囲の人々から自然に習い覚えた言語**。学校教育等で習得した言語ではない（図2-4-2-3参照）。

☑☑☑ **公用語**▶**その国で公に使用することを国家が定めている言語**。憲法や法律で定められるが，一つの言語集団が大多数を占める国家の場合には，**アメリカ合衆国**や**日本**などのように，公用語を法律等で定めていない場合もある。公用語の指定に際しては，一般的に**使用する者の数が最も多い言語が選ばれる**が，**複数の言語が拮抗**（きっこう）している場合や**民族融和策**の一環として，**複数の言語を公用語**としている国もある。また，国内での言語対立を防ぐため，**中南アフリカのように，旧宗主国の言語を公用語**にしている国々もある。

☑☑☑ **国語**▶**国家の言語として，憲法などで定められた言語**。**国家統一の象徴**としての機能を担う。一方，公用語は，行政・立法・司法，教育，メディアなどで使用できる言語で，実利的な側面が強い。**日本の場合は，国語＝公用語＝日本語**になるが，パキスタンのように，国語＝ウルドゥー語，公用語＝英語のように異なる場合もある。

□□☑ **共通語**▶**同一の言語であっても，方言の違いが大きい国や地域で，互いに理解し合えるように使われる言語**で，**標準語**ともいう。また，多数の言語が使われている地域では，その地域一帯で使用される**アムハラ語**（エチオピア），**スワヒリ語**（東アフリカ）などの**地域共通語**が発達することもある。

□□☑ **クレオール（混成語）**▶**旧宗主国の言語と植民地の言語などのように，二つの異なる言語が混じり合って成立した言語**。交易などを行う際に，商人と商人，商人と買い手の間などで自然に形成された言語（**ピジン言語**）が，地域に定着することがある。クレオールは，発音，語彙，文法などがある程度完成された言語。

3 宗教

☑☑☑ 宗教▶**神や神聖なものに対する信仰で，人々の価値観や人生観に影響を与える教え**。キリスト教やイスラーム（イスラム教）のような**一神教**からヒンドゥー教のような**多神教**まで様々な形態がある（図2-4-2-4 参照）。

☑□□ 物質文化▶衣食住に関わるモノや製品，宗教建築物，芸術作品などの人工物のように，**人間の文化的行動によって生み出した文化**（物的産物）。

☑□□ 精神文化▶思想，宗教，道徳，文学，芸術，法律など，**人間の精神的な働きによる文化**。

☑☑☑ 世界宗教（三大宗教）▶**民族を超えて多くの人々に受け入れられる教義と歴史を持ち，世界中に伝播した宗教**で，**キリスト教，イスラーム，仏教**を指し，普遍宗教とも呼ばれている。

☑☑☑ 民族宗教▶**ある特定の民族集団に対する教義を持つため，特定の民族との結びつきが強い宗教**で，**ユダヤ教**（ユダヤ人），**ヒンドゥー教**（インド人），**神道**（日本人）などがある。

☑☑☑ 一神教▶**唯一神**（単一の神）**を信仰する宗教**で，キリスト教，イスラーム，ユダヤ教などがある。

☑☑☑ 多神教▶**神が複数存在し，多くの神を信仰する宗教**で，ヒンドゥー教，神道などがある。

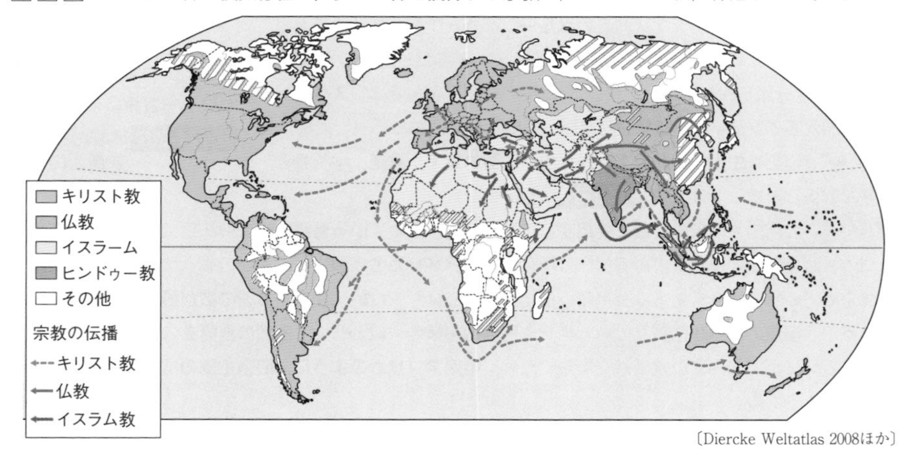

〔Diercke Weltatlas 2008ほか〕

図2-4-2-4 世界の宗教の分布と伝播

☑☑☑ キリスト教▶**西アジア（パレスチナ）で生まれ**，ローマ帝国の国教として，帝国の領土拡大とともに**ヨーロッパ各地に普及**した。その後，ヨーロッパ人の入植によって**南北アメリカ，オーストラリアなどの新大陸に拡大**し，さらに宣教師の活動や**植民地支配**によって，**アフリカ，アジアにも伝播**した。東西ローマの分裂により，**西ヨーロッパではカトリック（旧教），東ヨーロッパからロシアにかけてはオーソドックス（東方正教・正教会）**として発展し，カトリックからは**宗教改革**により**プロテスタント（新教）**が生まれた。**イエス・キリスト**を創始者とする**一神教**で，**聖書**を聖典とし，**日曜日には集団礼拝**を行う。欧米諸国の精神的な支柱であり，植民地支配などを通じ世界中に伝播した。

☑☑☑ カトリック（旧教）▶**スペイン，ポルトガル，イタリアなどのラテン系民族**に広がり，大航海時代以降，**ラテンアメリカ，フィリピン**などに拡大した。

☑☑☑ バチカン▶**キリスト教（カトリック）の聖地**で，カトリック世界の頂点に立つローマ法王の所在地である。ローマ市内に位置するが，**バチカン市国**は独立国（図2-4-2-5参照）。

©Jean-Pol GRANDMONT

図2-4-2-5 サン・ピエトロ寺院（バチカン市国）

☑☑☑ オーソドックス（東方正教，正教会）▶**ロシア，ウクライナ，ブルガリア，セルビアなどスラブ系民族**に広がり，東方正教，正教会とも呼ばれる。国ごとに教会組織が形成され，ロシア正教，ブルガリア正教のように国名が冠につく。

□□☑ イコン▶**イエス・キリスト，聖母，聖人，天使や聖書におけるできごとなどを描いた聖画像**。特に，**オーソドックス（正教会）**においては，単なる聖堂の装飾ではなく，信仰の媒介として重視される。イコンそのものが信仰の対象ではなく，描かれた人物や内容が信仰の対象となる。

☑☑☑ プロテスタント（新教）▶ルターやカルヴァンなどによる**宗教改革**の中で，カトリックより分離した。**イギリス，デンマーク，スウェーデンなどゲルマン系民族**に広がり，イギリスの植民地支配や移民を通じて**アングロアメリカ，オーストラリア，ニュージーランド**など新大陸諸国に拡大した。

☑☑☑ イスラーム（イスラム教）▶**アラビア半島で生まれ**，交易や征服を通じて，**西アジアを中心に北アフリカに伝わり，南アジア，中央アジア，東南アジア，東アフリカに拡大**した。**ムハンマド**によって創始され，**コーラン**（クルアーン）を教典とする**一神教**である。**五行**が信徒の義務とされ，食事や衣服など日常生活もコーランに規定され，**禁忌事項（タブー）**も守られている。教義を巡って**スンナ派**と**シーア派**に分裂した。

☑☑☑ スンナ派（スンニ派）▶イスラームの二大宗派の一つで，おもに**アラブ民族によって信仰**され，西アジアから北アフリカを中心に広く世界に広がっており，**イスラム教徒（ムスリム）の大半**を占めている。

☑☑☑ シーア派▶イスラームの二大宗派の一つで，**イラン**，イラク南東部，**アゼルバイジャン**などで信仰されている。

☑☑☑ 五行▶**イスラム教徒の義務**とされるもので，**信仰告白，礼拝，喜捨，断食，巡礼**を五行とする。

□□☑ 信仰告白（シャハーダ）▶**アッラーを唯一神であると証言すること**。「アッラーの他に神はなし。ムハンマドはアッラーの使徒である」とアラビア語で唱える。

☑☑☑ 礼拝（サラート）▶**メッカ**の方角（キブラ）に向かって**1日5回の祈り**を，**金曜日にはモスクで集団礼拝**を行う。

□□☑ 喜捨（ザカート）▶**財産や収入の一部を，貧しいものに施すこと**。

☑☑☑ 断食（サウム）▶**ラマダーン**（イスラーム暦9月）と呼ばれる断食月は，**日の出から日没まで飲食を行わない**。

☑☑☑ 巡礼（ハッジ）▶イスラーム暦12月8日から10日の間に**メッカのカーバ神殿**を訪れる。経済的，肉体的に可能であれば，**一生に一度は行うべき**だとされる。巡礼を行った人は，宗教的に尊敬される。

☑☑☑ ラマダーン▶**イスラーム暦**（ヒジュラ暦）**の9月**で**断食月**。

☑☑☑ **禁忌**(きんき) ▸ **忌み嫌われること**で，宗教禁忌とも呼ばれる。**イスラーム**では，**飲酒，ギャンブル，豚食，女性の肌の露出などの禁止**が比較的厳格に守られている。このため，西アジアや北アフリカのイスラーム圏では**豚が飼育されておらず**，女性も屋外での活動が制限され，**女性の社会進出が遅れる**原因になった。賃借による利子が禁じられているため，イスラーム圏では金融業の発達が遅れたが，近年は**イスラーム法**（**シャリーア**）に則った**イスラーム金融**が成長している。

☑☑☑ **ハラール** ▸ **イスラームの教えで許されている事象**のことで，イスラム教徒（ムスリム）は，**ハラールフード**しか口にしない。イスラームの教えで許されている商品・サービスには，ハラール認証機関によって認められた**ハラール認証**が表示される。

☑☐☑ **ハラーム** ▸ **イスラーム法で禁じられている行為や商品・サービス。**

☑☑☑ **モスク** ▸ **イスラームの礼拝堂**。偶像崇拝は厳しく禁じられているため，内装に像が置かれることも絵画が描かれることもない。**ドーム型の建築物**で，礼拝を呼びかけるための**ミナレット**（**尖塔**）が設けられていることも多い（図2-4-2-6参照）。

©Moonik

図2-4-2-6 スルタンアフメトジャーミィ（トルコ）

☑☑☑ **カーバ神殿** ▸ **サウジアラビアのメッカ**にあるマスジド・ハラームの中央に位置する建築物。**イスラーム最高の聖殿**で，多くの**巡礼者**が訪れる。

☑☑☑ **仏教** ▸ **インド北部のガンジス川流域で生まれ，セイロン島**（**スリランカ**），**インドシナ半島，東アジア**に広がった。**釈迦**(しゃか)により創始され，**上座仏教，大乗仏教**に分派した。発祥地のインドでは，既存のカースト制度と対立し根付かなかったが，ヒンドゥー教にも大きな影響を与えた。

☑☑☑ **上座仏教**(じょうざ)（**上座部仏教**） ▸ **インドからスリランカやミャンマー，タイ，ラオス，カンボジアなどのインドシナ半島に普及した仏教**で，出家するとともに戒律を重んじ，厳しい修行によって悟りに達することを目的とする（図2-4-2-7参照）。

©Bjørn Christian Tørrissen

図2-4-2-7 シュエダゴン・パゴダ（ミャンマー）

☑☑☑ **大乗仏教**(だいじょう) ▸ **インドから中国を経由し，朝鮮半島，日本，ベトナムに普及した仏教**で，教えを信ずることによって，あらゆる人を救済することを目的とする。

☑☑☑ **チベット仏教** ▸ **インドからチベットに伝わり，チベットの民間信仰と結合した仏教**で，**チベット**や**モンゴル**に普及した。

☑☑☑ **ヒンドゥー教** ▸ **インドの民族宗教**で，古来より伝わる**バラモン教に仏教やインドの民間信仰を取り入れて成立**。特定の教義や教典を持たない**多神教**。根幹をなす考え方に**輪廻**と**カースト**があり，インド人の価値観，制度，慣習に大きな影響を与えた（図2-4-2-8参照）。

©Vickytham

図2-4-2-8 ブリハディーシュヴァラ寺院（インド）

☑☑☑ **輪廻思想**(りんね) ▸ **霊魂は不滅で肉体は滅びても，魂は別**

の人や人以外の生物に生まれ変わるという考え方。現世の生き方次第で，来世の**ヴァルナ**（**身分階層**）や**ジャーティ**（**職業集団**）が決まるという因果応報の信仰。

☑☑☑ カースト制度▶**インド古来よりある身分職業制度**で，生まれながらにして階層と職業が決まっており，集団内で結婚や行事が行われるなど，日常生活もその制度によって規制されている。**相互扶助や生活の保障の役割**がある反面，**民主化や近代化を阻害**する側面を持っており，**カーストによる差別は憲法で禁止**されている。

☐☑☑ ヴァルナ▶p.283参照

☐☑☑ ジャーティ▶p.283参照

☑☑☑ シク教（シーク教）▶p.283参照

☑☑☑ ユダヤ教▶**西アジアで生まれた一神教**で，**ユダヤ人**に対する**民族宗教**である。イスラエルの民は，神から選ばれた民であるという**選民思想**と**救世主**（**メシア**）**の待望**に特徴がある。

☐☐☑ シナゴーグ▶**ユダヤ教の会堂**で，ユダヤ人にとって集会所，礼拝堂などの役割を持つ。ユダヤ教の宗教生活の中心。

☑☑☑ 聖地▶**宗教の発祥地，創始者の聖地などその宗教にとって重要な場所**のことで，キリスト教にとっての**バチカン**（**ローマ**），**エルサレム**，イスラームにとっての**メッカ**（ムハンマドの生地），**メディナ**（ムハンマドの没地），**エルサレム**（ムハンマドの昇天地），ヒンドゥー教にとっての**ヴァラナシ**，チベット仏教にとっての**ラサ**などがこれにあたる。

☑☑☑ アニミズム（animism）▶**すべてのものに霊が宿っているという考え方**で，**精霊信仰**とも呼ばれる。東南アジア，ニューギニア，アマゾン地方，中南アフリカの少数民族にみられるが，地域を問わず原始宗教はアニミズム的であった。

宗　教	百万人
キリスト教	2,546
カトリック	1,250
プロテスタント	594
正　　教	294
イスラーム	1,926
ヒンドゥー教	1,074
仏　　教	550

※統計年次は2020年。

図2-4-2-9 世界の宗教人口

4 民族・領土問題

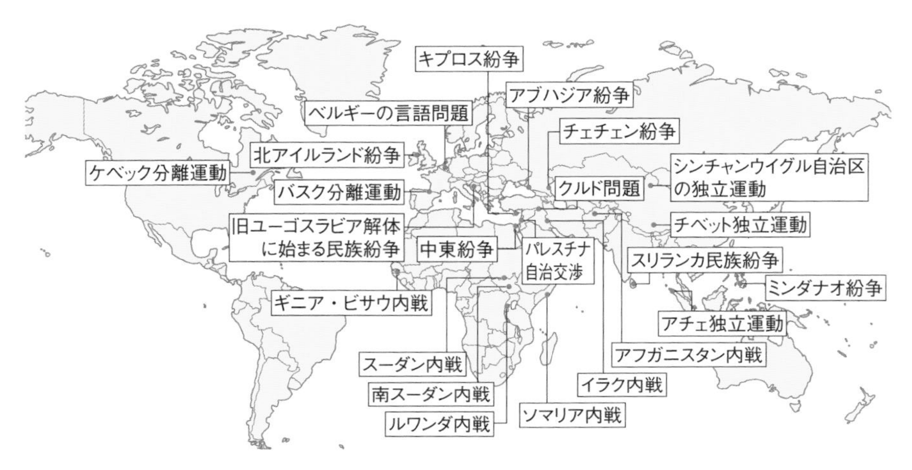

〔平成17年防衛白書ほか〕

図2-4-2-10 世界の主な民族紛争地域

☑☑☑ **マイノリティ（少数民族）**▶国家や社会における**多数派民族（マジョリティ）に対して，言語などの文化的属性が少数派に位置づけられる民族**。政治，社会，経済的に不利な状況に陥りやすく，自治権の拡大や独立を求める運動が行われている地域もある。中国のチベット族，ウイグル族，ロシアのチェチェン人，スペインのカタルーニャ人の独立運動などがこれにあたる。

☑☑☑ **チベット独立問題**▶**チベット族による中国からの独立運動**。主にチベット族が居住するチベットは，1950年に中国に併合され，**チベット自治区**として中国政府の統制下に組み込まれた。1956年に武装蜂起（チベット動乱）したが，チベットの最高指導者である**ダライ・ラマ14世はインドに亡命**し，国外から独立運動を支援している。

☑☑☑ **ウイグル独立問題**▶**ウイグル族による中国からの独立運動**。2009年，ウイグル族と漢族の対立が激化し（ウイグル騒乱），**シンチヤンウイグル自治区**での自治権拡大や人権問題改善を目指す運動が中国内外で続いている。

☑☑☑ **チェチェン問題**▶**チェチェン人によるロシア連邦からの独立運動**。北カフカス地方に位置するロシア連邦の**チェチェン共和国**では，人口の90%以上が**カフカス系イスラム教徒のチェチェン人**で，古くから独立の動きがあった。特に，ソ連解体後は，ロシアからの独立を求める機運が高まり，武力衝突を招いた（第一次チェチェン紛争，第二次チェチェン紛争）。これに対し**ロシアは直接支配**を試みているが，各地でテロなどが起こり，独立運動は続いている。

□☑☑ **ルワンダ内戦**▶アフリカ中央部に位置する**ルワンダにおけるフツ族とツチ族による紛争**。ルワンダの宗主国の**ベルギー**が**少数民族のツチ族を支配階級**として用い，**間接統治**を行ったため，独立後は**多数民族のフツ族**と**ツチ族**が対立し激しい内戦に発展した。周辺の諸国に多数の難民が流出したこともあって，**ブルンジ，ウガンダ，コンゴ民主共和国**でも両民族の対立が飛び火した。

☑☑☑ カシミール問題 ▶ **インド・パキスタン国境付近に位置するカシミール地方の帰属問題**。**イギリス領**であった南アジアは，**ヒンドゥー教徒が多いインド**，**イスラム教徒が多いパキスタン**（ともに1947年），**仏教徒が多いセイロン**（1948年，現**スリランカ**）などとして独立した。しかし，**カシミール地方**はこの地方の**王族（藩王）がヒンドゥー教徒**，**住民がイスラム教徒**であったため，その帰属を巡り対立し，ついには紛争（**インド・パキスタン戦争**）に発展した。現在でもインド・パキスタン間の国境は未確定のままである。また，カシミール東部の**ラダック地方**でも，**インドと中国による領土問題**が存在する。

☑☑☑ カシミール地方 ▶ **インド北部からパキスタン北東部の国境付近にまたがる山岳地域**。北西部は**イスラーム**，中南部は**ヒンドゥー教**を信仰する人が多く，東部は**仏教（チベット仏教）**とイスラームを信仰する人がほぼ同数居住。**ジャンム・カシミールはインド**が，**ギルギット・バルティスターンとアーザード・カシミールはパキスタン**が，**ラダック地方東部のアクサイチンは中国**が実効支配している。

☑☑☑ ベルギーの言語問題 ▶ ベルギーは，**北部のオランダ語地域（フラマン地区）**，**南部のフランス語地域（ワロン地区）**，**首都ブリュッセル**の併用地域からなる。古くから言語対立が深刻であったことから，1993年より**連邦制に移行**した。ベルギーの公用語は，**オランダ語**，**フランス語**，**ドイツ語**の３言語。

☑☑☑ フラマン人 ▶ 主に**ベルギー北部からフランス北部のフランデレン（フランドル）地方に居住するオランダ系民族**。**オランダ語**方言のフラマン語を使用する。

☑☑☑ ワロン人 ▶ 主に**ベルギー南部に居住するフランス系民族**。**フランス語**またはワロン語（ラテン系言語でフランス語に類似）を使用する者が多く，フランス語は公用語だが，ワロン語は公用語ではない。

☑☑☑ 湾岸戦争 ▶ **1991年，国連多国籍軍によるイラク空爆で始まった戦争**。**1990年のイラクのクウェート侵攻**に対し，アメリカ合衆国を中心にイギリス，フランスなどのヨーロッパ諸国，サウジアラビア，エジプトなどのアラブ諸国からなる**多国籍軍がイラクと戦闘**を交えた。多国籍軍が勝利した結果，イラクは停戦に合意したが，核開発防止のための**国際原子力機関（IAEA）の査察を拒否**したことなどから長期間にわたる**経済制裁**を受けた。

☑☑☑ シリア内戦 ▶ **2011年の「アラブの春」に影響を受けた民主化運動を，アサド政権が弾圧したことから始まった内戦**で，政府軍と反体制派およびそれらの同盟組織などによる内戦で，**多くの難民が発生**した。シリアでは，アサド大統領とバアス党による一党独裁が40年以上続いたが，**チュニジアで起きたジャスミン革命の影響**により，**民主化を求める反政府運動**が高揚した。**当初は，アサド政権のシリア軍と反政府勢力の衝突**であったが，反政府勢力間での戦闘も生じ，さらに混乱に乗じて過激派組織ISILやクルド人勢力も参戦した。加えて，**アサド政権やISILを打倒するためアメリカ合衆国，フランスなどの多国籍軍**と逆に**アサド政権を支援するロシア，イラン**も空爆や軍事介入を行い，反政府勢力への周辺諸国による資金援助，軍事援助が行われるなど**内戦は泥沼化**している。

☑☑☑ ロヒンギャ問題 ▶ **ミャンマー軍事政権によるロヒンギャ族の迫害・難民化やラカイン州におけるアラカン人（仏教徒）とロヒンギャの対立問題**。**ロヒンギャ族**は，主にミャンマー西部，バングラデシュとの国境付近に居住している民族で，**イスラーム**を信仰し，ミャンマー人（シナ・チベット諸語のミャンマー語）とは異なる**インド・ヨーロッパ語族のロヒンギャ語**を使用する。ミャンマーではロヒンギャ族の存在自体が否定されている。

☑☑☑ スーダン内戦 ▶ p.312参照

☑☑☑ ダルフール紛争 ▶ p.317参照

☑☑☑ 西サハラ問題 ▶ p.317参照

☑☑☑ ビアフラ紛争 ▶ p.311参照

☑☑☑ クルド人問題 ▶ p.296「クルド人」参照

☑☑☑ パレスチナ問題（中東問題） ▶ p.300「イスラエル」参照

☑☑☑ 北アイルランド問題 ▶ p.336参照

☑☑☑ ケベック分離運動 ▶ p.415参照

☑☑☑ スコットランド分離独立問題 ▶ p.336参照

☑☑☑ バスク分離独立問題 ▶ p.336参照

☑☑☑ カタルーニャ分離独立問題 ▶ p.336参照

☑☑☑ ユーゴスラビア民族紛争 ▶ p.336「ユーゴスラビア」参照

☑☑☑ ボスニア紛争 ▶ p.336参照

☑☑☑ コソボ独立問題 ▶ p.337参照

☑☑☑ キプロス紛争 ▶ p.363「ギリシャ」参照

☐☑☑ イラン・イラク戦争 ▶ p.296参照

☐☑☑ イラク戦争 ▶ p.296参照

☐☐☑ アブハジア紛争 ▶ **アブハジアがジョージアから独立を求めた紛争**。旧ソ連解体前からアブハジア自治共和国では独立の機運が高揚し，1992年，ジョージアとアブハジアの大規模な衝突が起こった。1994年に停戦合意が成立し，**アブハジア共和国の主権宣言が行われたが，ジョージア政府や国際社会からは承認されていない**。

☑☑☑ アフガニスタン内戦 ▶ **40年以上断続的に続いているアフガニスタンの内戦**。1979年，**ソ連**が当時アフガニスタンを支配していた共産主義政権の要請を受けて，**アフガニスタンに侵攻**し，イスラーム系反政府勢力であるムジャヒディンとの内戦が激化したが，**1989年にソ連軍は撤退**。ソ連撤退後も**政府軍と反政府勢力の内戦状態**に陥るが，混乱の中，イスラームの規律を持って治安回復と祖国復興を目指す**タリバン（タリバーン）**がムジャヒディンを駆逐し，1996年にほぼ全土を制圧した。タリバン政権時代に国際テロ組織アルカイダが勢力をのばし，**9.11アメリカ合衆国同時多発テロ**を起こしたため，アメリカ合衆国，イギリス軍がアフガニスタン空爆を実施。2001年以降，**アメリカ軍やNATO軍がアフガニスタンに駐留**し，内戦復興，民主化が進められてきた。2020年にアメリカ合衆国とタリバンは和平合意し，**2021年にアメリカ軍が撤退**してタリバン政権がほぼ全土を掌握した（タリバン政権は，国際的に未承認）。

☑☑☑ スリランカ民族紛争 ▶ p.289「スリランカ」参照

☑☑☑ ミンダナオ紛争 ▶ p.275「ミンダナオ島」参照

☐☐☑ ギニア・ビサウ内戦 ▶ **1998年に勃発した政府軍と反政府軍によるギニア・ビサウの内戦**。軍の反乱やクーデターが頻発し，政治・経済ともに不安定な状態で，世界の最貧国の一つとなっている。

☐☐☑ エチオピア民族紛争 ▶ **エチオピア政府軍と主にエチオピア北部（ティグレ州）に居住するティグレ人の反政府勢力による内戦**。北隣のエリトリアはエチオピア政府軍を支援している。

☑☑☑ 南スーダン内戦 ▶ 2011年にスーダンから分離独立した**南スーダンの内戦**。2013年，**政府軍と反政府勢力の武力衝突**により民族虐殺，民間人殺害などが横行し，人道危機下にある。周辺諸国へ**多数の難民**が流出。

☑☑☑ コンゴ内戦 ▶ **コンゴ民主共和国における政府と反政府勢力による武力衝突**。1996年～1997年が第一次コンゴ内戦，1998年～2003年が第二次コンゴ内戦と呼ばれている。第一次コンゴ内戦は，**長期独裁政権のモブツ政権と，反政府勢力とこれを支援するルワンダ，ブルンジなどの周辺諸国との戦争**で，モブツ政権が倒れることによりいったん終結した。**1998年には再び紛争が勃発し，政府軍ならびにこれを支援するアンゴラ，ジンバブエ，ナミビアなどと，複数の反政府勢力とこれを支援するウガンダ，ブルンジなどによる大規模な戦争**に拡大した。2003年には，見かけ上は内戦は終結したが，現在でも紛争が続いている。

☑☑☑ ソマリア内戦 ▶ p.312参照

☑☑☑ 紛争鉱物 ▶ **内戦，紛争などが生じた際に，武装勢力や反政府組織の資金源になっている天然鉱物**のことで，**レアメタル**やダイヤモンドなどの資源や利権の独占が紛争の目的となる場合もある。これらの紛争鉱物は不法に採掘され，密輸されることが多いことから，先進国では紛争鉱物の流通をなくそうと努力している。**コンゴ民主共和国で産出するタンタル**（携帯電話などの通信機器に使用），**アンゴラやシエラレオネのダイヤモンド**が知られている。

□□☑ フォークランド諸島帰属問題 ▶ **フォークランド諸島を巡るイギリスとアルゼンチンの領土問題**。大西洋上のフォークランド諸島（アルゼンチン名はマルビナス諸島）は1833年からイギリス領であるが，アルゼンチンも領有を主張している。**1982年にはイギリス・アルゼンチン間でフォークランド紛争**が発生し，武力衝突が生じたが，アルゼンチンの敗北に終わった。近年，フォークランド諸島近海でイギリスによる**石油資源の開発**が行われているため，領有権をめぐる問題が再燃しているが，島の住民はイギリスからの移住者の子孫が多いことから，イギリス領であることを希望している。

☑☑☑ クリム半島帰属問題 ▶ **ウクライナに帰属するクリミア自治共和国とセヴァストポリのロシアへの併合問題**。1954年，**ソ連時代にクリミアはロシアからウクライナへの友好の証として，割譲**された歴史を持つ。ソ連解体後，**クリミアのロシア系住民を中心として分離独立運動**が起きたが，**クリミア自治共和国としてウクライナに編入**された。2014年，ウクライナに親欧米派の政権が樹立したことから，**ロシア軍が制圧し併合を宣言**しているが，国際社会は承認していない。

☑☑☑ ウクライナ問題 ▶ **ウクライナを自国の勢力圏とみなすロシアとEU，NATO（北大西洋条約機構）などへの加盟を望むウクライナの対立。2022年，ロシア軍によるウクライナへの本格的な侵攻**が始まったが，欧米・日本などの先進国は「武力による現状変更は認めない」とし，経済制裁や軍事援助などを行い，ウクライナを支援している。また，2014年にウクライナが親ロ政権から親欧米政権に移行した際に，ウクライナ東部では親ロシア派反政府組織が，ルハンスク地方に**ルハンスク（ルガンスク）人民共和国**，ドンバス地方に**ドネツク人民共和国**として一方的に独立を宣言している。

□□☑ ペルー・エクアドル国境紛争 ▶ **コンドル山脈付近におけるペルーとエクアドルの国境紛争**。ペルーとエクアドルには，独立当初から国境を巡る紛争が存在し，1978年，1981年，1995年には武力衝突が発生したが，1998年には停戦に合意した。これにより，係争地を国際管理の自然保護区として，非武装化するとともに，経済特区を設置し，両国の経済の活性化を図っている。

☑☑☑ 南沙(なんさ)群島問題（南沙諸島問題）▶ **南シナ海に位置する岩礁を巡る中国，台湾，ベトナム，フィリピン，ブルネイ，マレーシアの領有権問題**。付近の**石油・天然ガス資源，水産資源**の存在が，問題をより複雑にしている。

☑☑☑ カスピ海の領有権問題 ▶ **カスピ海沿岸の石油資源などを巡る領有権問題**。カスピ海沿岸では，古くから油田開発が行われ，**アゼルバイジャン共和国のバクー油田**などが知られているが，近年はペルシャ湾と並ぶ**石油や天然ガスの埋蔵**が期待されている。そのため，カスピ海の境界線を巡って**ロシア，カザフスタン，トルクメニスタン，アゼルバイジャン，イラン**などの主張が対立してきた。カスピ海は，地理的に**世界最大の湖**であるが，2018年に沿岸5か国の協定によって，国際法上は「海」と定義され，沿岸から15海里を領海，25海里を排他的漁業水域と定めた。

☑☑☑ 多文化主義 ▶ **それぞれの民族が持つ固有の文化を尊重しつつ，共生していこうという考え方**で，先住民の復権や少数民族に対する**積極的格差是正策**（**アファーマティブアクション**）なども行われている。**カナダやオーストラリアでは多文化主義政策**を掲げている。

☑☑☑ アファーマティブアクション（affirmative action）▶ **先住民や少数民族などの不利な現状を是正するための積極的な格差是正政策**のこと。被差別集団の進学，就職，職場での昇進などについて特別な採用枠の設置や入学試験・就職試験などでの試験点数の優遇措置などを採る。**アメリカ合衆国**，インド，マレーシア，南アフリカ共和国などで実施されている。

☑☑☑ アボリジニ（アボリジナル，アボリジニー，アボリジニーズ）▶ p.437参照

5 日本の領域と領土問題

☑☑☑ 尖閣諸島 ▶ **東シナ海に位置し沖縄県に属する日本固有の領土**だが，**中国**が領有権を主張。1972年に沖縄が日本に返還される際に，尖閣諸島もその領域に含まれていたため，**領有権問題は存在しない。**

☑☑☑ 沖ノ鳥島 ▶ **日本の最南端**（北緯20度25分，東経136度05分）**に位置する環礁**で，侵食による水没を防ぐため**護岸工事**が行われた。

☑☑☑ 南鳥島 ▶ **日本の最東端**（北緯24度18分，東経153度59分）**に位置する隆起サンゴ礁**で，東京都に属する。

□□☑ 西之島 ▶ **小笠原諸島に属する火山島**。有史以来何度も噴火を繰り返し，噴火による溶岩の流出でできた新しい島が，西之島と陸続きになり，島の面積が拡大したことから，日本の領海や排他的経済水域も広がった。

☑☑☑ 北方領土問題 ▶ **択捉島，国後島，歯舞群島，色丹島などの南千島の領有権問題**。第二次世界大戦末期，参戦したソ連（ロシア）に南千島を占領され，現在でも**ロシアの実効支配が続いている。1951年のサンフランシスコ平和条約で，千島列島と南樺太の領有権は放棄**したが，北方四島は千島列島に属さず，日本はこれらを**歴史的に固有の領土**であるとして，ロシアへ返還を要求している。

☑☑☑ 択捉島 ▶ **北方四島中最大の島**で，**日本最北端の島**。択捉海峡を隔てて，ロシアのウルップ島に対する。複数の火山が分布する火山島。

☑☑☑ 国後島 ▶ **北方四島では択捉島に次ぐ面積の島**。火山や温泉が分布。

□□☑ 歯舞群島 ▶ **北海道の東端にある根室半島の納沙布岬の沖合に位置する島々**。かつては歯舞諸島と表記されていたが，近年は国土地理院，海上保安庁ともに歯舞群島に表記が統一された。

□□☑ 色丹島 ▶ **北海道の納沙布沖の島**で，歯舞群島と同様に，根室半島の一部が沈水したと考えられる。

☑☑☑ 竹島問題 ▶ **島根県に位置する岩礁**で，**日本固有の領土**だが，韓国が独島と呼び領有権を主張している。現在も**韓国が警備隊を置くなど実効支配**を行っているため，日本政府は韓国政府へ返還を要求している。

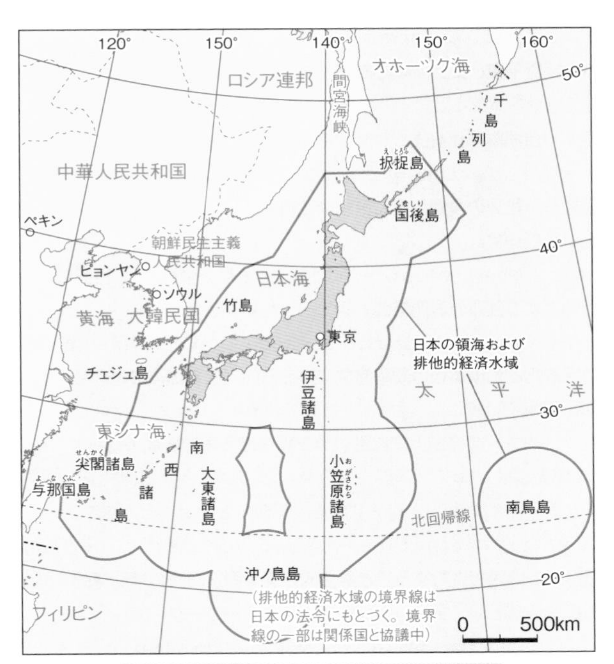

図2-4-2-11 日本の領域と排他的経済水域

6 国家群

☑☑☑ 国際連合（United Nations）▶ **1945年，国際社会の平和と安全，国際経済の発展などを目的として設立された国際組織**（本部**ニューヨーク**）で，当初は**51か国**でスタートするが，**1950年代までにアジア諸国，1960年代にアフリカ諸国，1970年代から1980年代にオセアニアやカリブ諸国，1990年代には旧ソ連諸国**などが加盟し，現在はバチカン市国，コソボ，クック諸島，ニウエを除く**193か国**からなる。**総会，安全保障理事会，経済社会理事会，国際司法裁判所**，信託統治理事会（活動停止中）などの主要機関と多くの**専門機関**（IMF，UNESCO，WHOなど），**関連機関**（IAEA，WTOなど）を持つ。

☑☑☑ 総会▶**国連憲章に定められた全ての議案について討議する機関**。総会の決議は，安全保障理事会の決議とは異なり，加盟国に対する勧告的効力に留まる。

☑☑☑ 安全保障理事会▶**国際社会の平和と安全の維持に対し，必要な措置を講じることが可能な機関**で，決議事項は加盟国に対して法的拘束力を有する。第二次世界大戦の戦勝国である**アメリカ合衆国，イギリス，フランス，ロシア，中国が常任理事国**で拒否権を有しており，このほか任期２年の**非常任理事国**から構成されている。

□□☑ 経済社会理事会▶**経済，社会，文化，教育，保険，福祉などに関する案件を取り扱う主要機関**で，専門機関や加盟国と連携して問題に対処する。

☑☑☑ 国際司法裁判所▶**国際紛争を解決するための裁判を行う機関**で，本部はオランダの**ハーグ**に所在。

☑☑☑ PKO（Peace Keeping Operations：国連平和維持活動）▶**国連の安全保障理事会の決定にもとづいて行われる国際平和と安全の維持のための活動**。紛争の平野的解決の基盤を築くことを目的に，国連加盟国から派遣される軍隊などによって構成される。南アジアやアフリカの国々への貢献が大きい。1990年代以降，日本の**自衛隊**は復興支援や地雷撤去などを目的にいくつかの**PKO**に参加している。

☑☑☑ FAO（ファオ）（Food and Agriculture Organization of the United Nations：国連食糧農業機関）▶**飢餓の撲滅を目指し，世界の食糧生産と分配の改善，人々の生活の向上の達成を目的とする国連の専門機関**。本部所在地は**ローマ**。

☑☑☑ ILO（International Labour Organization：国際労働機関）▶**世界の労働者の労働条件と生活水準の改善を目的とする国連の専門機関**。本部所在地は**ジュネーヴ**。

☐☐☑ WMO（World Meteorological Organization：世界気象機関）▶**気象観測の国際協力を推進し，気象事業の標準化と気象情報の効率的な交換を目的とする国連の専門機関**。本部所在地は**ジュネーヴ**。**ICAO**（**国際民間航空機関**）と連携し，世界空域予報システムを設立。

☑☐☑ 世界銀行グループ▶**開発途上国に融資や支援を行う国際機関の総称**で，**IBRD**（**国際復興開発銀行**），**IDA**（**国際開発協会**），IFC（国際金融公社），MIGA（多数国間投資保証機関），ICSID（国際投資紛争解決センター）からなり，IBRDとIDAを世界銀行と呼ぶこともある。

☑☑☑ UNICEF（ユニセフ）（United Nations Children's Fund：国連児童基金）▶**子どもたちが直面する貧困，暴力，疾病，飢餓などの課題を克服することを目的とする国連総会の補助機関**。第二次世界大戦後の子どもに対する緊急援助活動として発足。本部所在地は**ニューヨーク**。

☑☑☑ UNHCR（Office of the United Nations High Commissioner for Refugees：国連難民高等弁務官事務所）▶**難民の保護・救済と難民問題の解決を目的とする国連総会の補助機関**。本部所在地は**ジュネーヴ**。

☑☑☑ IMF（International Monetary Fund：国際通貨基金）▶**通貨に関する国際協力と国際貿易の拡大を目的とする国連の専門機関**。**為替（かわせ）の安定**の促進とともに外貨不足により，**対外的な支払いが困難に陥った加盟国に支援**を行い，経済政策に関する**助言**（**サーベイランス**）を行う。本部所在地は**ワシントンD.C.**。

☑☑☑ UNESCO（ユネスコ）（United Nations Educational, Scientific and Cultural Organization：国連教育科学文化機関）▶**教育，科学，文化の発展と推進を通して，世界の平和と安全に貢献することを目的とする国連の専門機関**。識字率の向上，義務教育の普及，**世界遺産の登録**と保護などの活動を行う。本部所在地は**パリ**。

☑☑☑ WHO（World Health Organization：世界保健機関）▶**基本的人権の一つである人間の健康の達成を目的とする国連の専門機関**。**感染症などの病気の撲滅**，医療・医薬品の普及，健康的なライフスタイルの推進などを中心に，災害時の支援，**人口問題**にも取り組む。本部所在地は**ジュネーヴ**。

☑☐☑ UNDP（United Nations Development Programme：国連開発計画）▶**持続可能な人間開発を理念に，開発途上国の経済的・社会的発展を目指し，資金・技術援助などを行う国連総会の補助機関**。本部所在地は**ニューヨーク**。

☑☑☑ IAEA（International Atomic Energy Agency：国際原子力機関）▶**原子力の平和利用を促進し，軍事目的の転用を防止することを目的とする国連の関連機関**。原子力事故防止のための調査活動なども行う。本部所在地は**ウィーン**。

☑☑☑ UNCTAD（アンクタッド）（United Nations Conference on Trade and Development：国連貿易開発会

議）▶**発展途上国の経済開発促進と南北の経済格差是正を目的とする国連総会の補助機関**。本部所在地は**ジュネーヴ**。

☑☑☑ UNEP（ユネップ）（United Nations Environment Programme：国連環境計画）▶**環境問題に対しての国際協力を推進することを目的とする国連総会の補助機関**。1972年，ストックホルムで開催された**国連人間環境会議**の採択結果を実施するために設立された。**モントリオール議定書**，**ワシントン条約**（絶滅のおそれのある野生動物の種の国際取引に関する条約），**生物多様性条約**なども管理する。本部所在地は**ナイロビ**。

☐☐☑ UN-Habitat（United Nations Human Settlements Programme：国連人間居住計画）▶**都市化に伴う居住環境の悪化やインフラ整備の遅れなどの都市問題研究を行い，持続可能な都市づくりを促進することを目的とする国連総会の補助機関**。すべての人々が適切な住まいを得ることができる世界の実現を目指し，国連ハビタットともいわれる。本部所在地は**ナイロビ**。

☑☑☑ WFP（World Food Programme：国連世界食糧計画）▶**発展途上国への食糧援助を行うことを目的とする国連総会の補助機関**。難民支援や緊急事態時に必要な食糧の調達・運搬を行う。本部所在地は**ローマ**。

☑☑☑ NATO（ナトー）（North Atlantic Treaty Organization：北大西洋条約機構）▶**東西冷戦時に，アメリカ合衆国や西欧諸国で結成された西側（資本主義側）の安全保障組織**。冷戦終結後は，**東欧諸国の一部も加わり**，ヨーロッパ全体の地域紛争解決などを目指す**集団安全保障組織**に変化している。

☐☑☑ ワルシャワ条約機構（Warsaw Treaty Organaizstion：WTO）▶**東西冷戦時にソ連，東欧を中心に結成された東側（社会主義側）の安全保障体制**で，ソ連崩壊により1991年に**解体**された。

☑☑☑ OECD（Organization for Economic Cooperation and Development：経済協力開発機構）▶**アメリカ合衆国，カナダ，EU諸国，日本，オーストラリア，ニュージーランドなどの先進国と韓国，メキシコ，トルコ，イスラエル，チリ，コロンビアなどからなる全38か国の国際経済組織**。各国の**経済発展**や**世界貿易の拡大**を促すとともに，**ODA（政府開発援助）**などを通じて発展途上国の経済発展にも寄与する。

☑☑☑ サミット（主要国首脳会議）▶**日本，アメリカ合衆国，ドイツ，イギリス，フランス，イタリア，カナダ，EUの主要先進国の首脳が一同に会し，エネルギー問題，環境問題，通貨問題やテロ防止などの国際問題を討議する会議**。

☑☐☑ 資源カルテル▶p.138参照

☑☑☑ OPEC（Organization of Petroleum Exporting Countries：石油輸出国機構）▶p.138参照

☑☐☑ OAPEC（Organization of Arab Petroleum Exporting Countries：アラブ石油輸出国機構）▶p.138参照

☑☑☑ WTO（World Trade Organization：世界貿易機関）▶p.177参照

☑☑☑ GATT（ガット）（General Agreement on Tariffs and Trade：関税と貿易に関する一般協定）▶p.177参照

☑☑☑ EU（European Union：ヨーロッパ連合）▶p.177参照

☑☑☑ EC（European Community：ヨーロッパ共同体）▶p.345参照

☑☑☑ ECSC（European Coal and Steel Community：ヨーロッパ石炭鉄鋼共同体）▶p.344参照

☑☑☑ EEC（European Economic Community：ヨーロッパ経済共同体）▶p.345参照

☑☑☑ EURATOM（ユーラトム）（European Atomic Community：ヨーロッパ原子力共同体）▶p.345参照

☑☑☑ NAFTA（North American Free Trade Agreement：北アメリカ自由貿易協定）▶ **アメリカ合衆国，カナダ，メキシコの3か国で1994年に発効した自由貿易協定**。協定発足後，3か国間での貿易額，投資額は増加し，特に**カナダとメキシコのアメリカ合衆国に対する貿易依存度は著しく高まった**。また，投資の自由化や各種規制緩和によりアメリカ合衆国企業がカナダ，メキシコとの国境付近に多数進出し，**国際的な水平分業体制が確立**された。2020年に，NAFTAに代わって，新協定の**USMCA**（**アメリカ・メキシコ・カナダ協定**）が発足。

☑☑☑ USMCA（United States-Mexico-Canada Agreement：アメリカ合衆国・メキシコ・カナダ協定）▶ **2020年，NAFTA（北米自由貿易協定）に代わって発効された自由貿易協定**。従来の**関税引き下げ・撤廃，投資規制の緩和**に加えて，**知的財産権**（著作権や特許権の延長など）や**デジタル貿易**などの条項も加えられた。また，環境，労働に関して，国際基準を遵守する法律を導入した。さらに，自動車の原産地規則を強化し，アメリカ合衆国，カナダ，メキシコの国内生産を奨励している。

☑☑☑ ASEAN（Association of South East Asian Nations：東南アジア諸国連合）▶ **東南アジアの経済・社会・文化・貿易などの発展と相互援助・協力を目指す地域協力機構**。冷戦中の**1967年に東南アジアにおける対共産圏防衛網として結成**されたが，冷戦後は，域内の経済発展，貿易の拡大を目指す組織に変化を遂げている。**原加盟国はタイ，マレーシア，シンガポール，インドネシア，フィリピン，1984年にブルネイ，冷戦後の1995年にベトナム，1997年にラオス，ミャンマー，1999年にカンボジアが加盟**し，東ティモールだけが未加盟だったが，2022年に加盟に向けての原則合意に達した。1992年には**AFTA**（**ASEAN自由貿易地域**），2015年には**AEC**（**ASEAN経済共同体**）を発足した。

☑☑☑ APEC（Asia Pacific Economic Cooperation：アジア太平洋経済協力）▶ **アジア太平洋地域における政府間経済協力の枠組み**。アジア太平洋地域の持続可能な成長と繁栄に向けて，貿易・投資の自由化，地域経済統合の推進，経済・技術協力等の活動を行う。**19か国と2地域**（**ホンコン，台湾**）からなり，本部所在地は**シンガポール**。

☑☑☑ SCO（Shanghai Cooperation Organization：上海協力機構）▶ **中国と旧ソ連諸国の一部**（**ロシア，カザフスタン，ウズベキスタン，キルギス，タジキスタン**），**南アジア諸国**（**インド，パキスタン**）**などによる地域機構**。地域紛争への共同対処に加え，軍事・経済での相互協力を進める。本部所在地は**ペキン**（北京）。

☑☑☑ GCC（Gulf Cooperation Council：湾岸協力会議）▶ **ペルシャ湾岸の君主制諸国による地域協力機構**。**アラブ首長国連邦，バーレーン，クウェート，オマーン，カタール，サウジアラビア**が加盟し，加盟国間の経済，金融，貿易，観光，立法，行政などでの協力を進め，共通通貨の導入を目指す。本部所在地は**リヤド**。

☐☐☑ OAS（Organization of American States：米州機構）▶ **米州地域**（**南北アメリカ**）**での平和と安全保障の強化，紛争の平和的解決，経済協力を目的とした地域機構**。中南米地域の民主化も目指す。本部所在地は**ワシントンD.C.**。

☑☑☑ CIS（Commonwealth of Independent States：独立国家共同体）▶ **ソ連を構成していた15共和国のうち，バルト三国を除く12共和国で結成された緩やかな国家連合体**。ソ連解体後の軍事的・経済的問題に対処するため，1991年に設立された。**ジョージアは南オセチア問題**（**2008年**），**ウクライナはクリミア問題**（**2014年**）**を契機にCISから脱退**，トルクメニスタンは2007年以降準参加国。本部所在地は**ミンスク**。

☑☑☑ SAARC（South Asia Association for Regional Cooperation：南アジア地域協力連合）

▶**南アジアの生活水準向上を図り，経済成長や文化発展を進めるため創設された地域協力組織。インド，パキスタン，バングラデシュ，スリランカ，ネパール，ブータン，モルディブ**の南アジア7か国で構成されていたが，2007年に西アジアの**アフガニスタン**も加盟。本部所在地は**カトマンズ**。

□□☑ CAN（Andean Community：アンデス共同体）▶**アンデス地域を中心とした南アメリカの経済開発などを目的とする国家共同体**。加盟国は**ボリビア，コロンビア，エクアドル，ペルー**で，アルゼンチン，チリ（発足当初は加盟国），ブラジルなどが準加盟国。MERCOSUR（南米南部共同市場）と協力関係。アンデス共同体の加盟国間では，相互の人の移動が自由化されている。

□□☑ CARCOM（Caribbean Community：カリブ共同体）▶**カリブ諸国を中心に南アメリカのガイアナ，スリナムを含めた経済統合を目指す地域機構**。域内では人，資本，サービスの移動が自由化されており，共同市場を形成。一部の国々では共通通貨も導入。本部所在地は**ジョージタウン**。

☑☑☑ IEA（International Energy Agency：国際エネルギー機関）▶**1974年，石油危機後にOECD理事会の決議で発足したエネルギーの消費規制，石油の融通，産油国との調整を行う国際機関**。主に**OECD加盟国**からなり，省エネ，代替エネルギーの開発，石油備蓄などの相互協力を行う。本部所在地は**パリ**。

☑☑☑ MERCOSUR（メルコスル，南米南部共同市場）▶**域内関税撤廃，対外共通関税設定などEU型の共同市場を目指す地域機構**。**ブラジル，アルゼンチン，ウルグアイ，パラグアイ**，ベネズエラ（加盟資格停止中），**ボリビア**が加盟国。

☑☑☑ AU（African Union：アフリカ連合）▶**アフリカの政治的・経済的統合を目指す地域機構**で，54か国と1地域（西サハラ：サハラ・アラブ民主共和国）が加盟。2002年，**OAU**（**アフリカ統一機構**）が発展改組されて発足。本部（事務局）所在地は**アディスアベバ**（エチオピア），全アフリカ議会の所在地はヨハネスバーグ（南アフリカ共和国）。

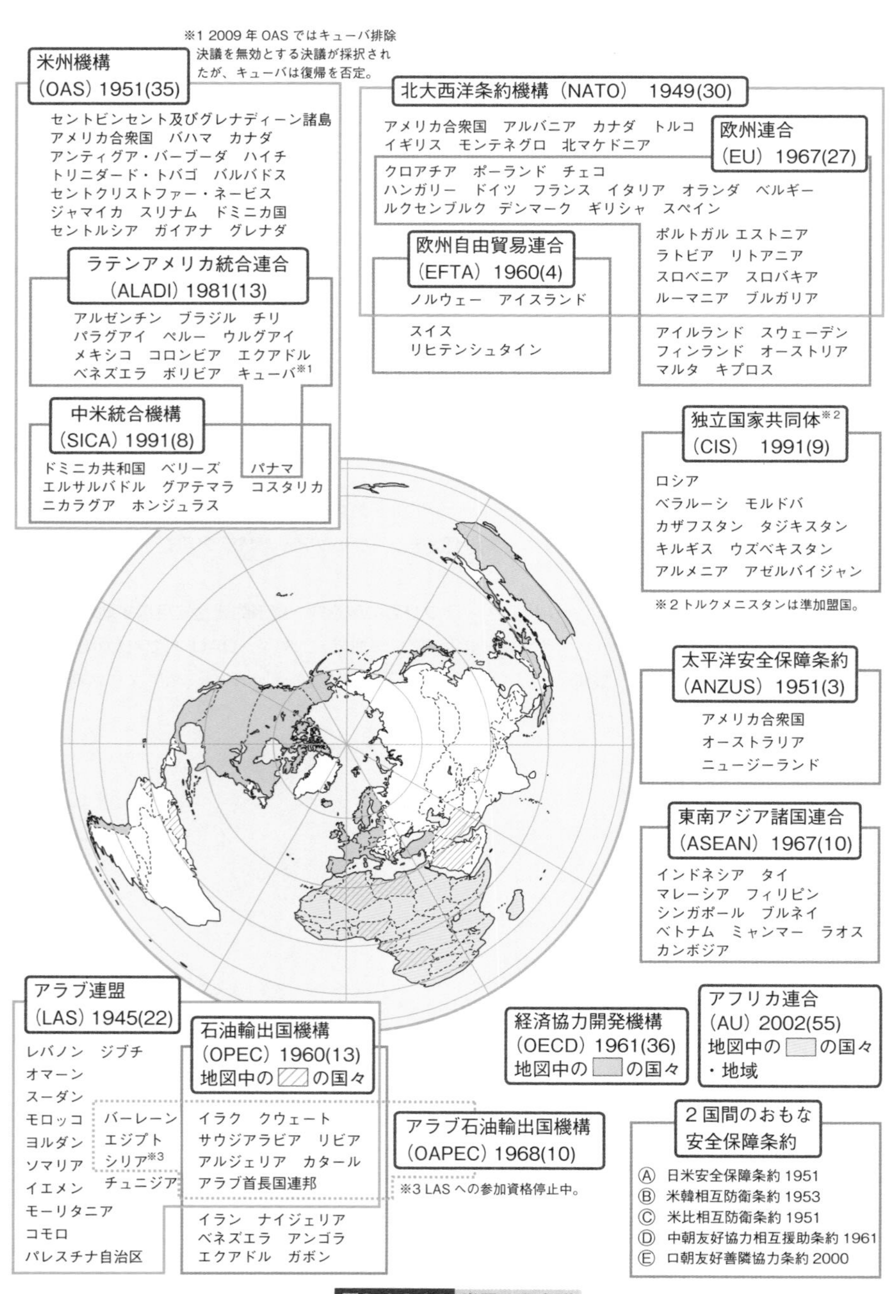

図2-4-2-12 世界の国家群

MEMO

第1章 〉現代世界の地域区分

☑☑☑ 地域 ▶ **なんらかのまとまりが見いだされた区域**。人々の生活圏などのように実際にまとまりがある**実質地域**と選挙区や調査区などのように便宜的に設定された**形式地域**がある。

☑☑☑ 地域区分 ▶ **さまざまな指標によって地域を区分したもの**で，州・大陸による地域区分，文化による地域区分，国家群による地域区分などがある。世界だけでなく大小さまざまな地域（国，行政地域など）についても地域区分は行われる。

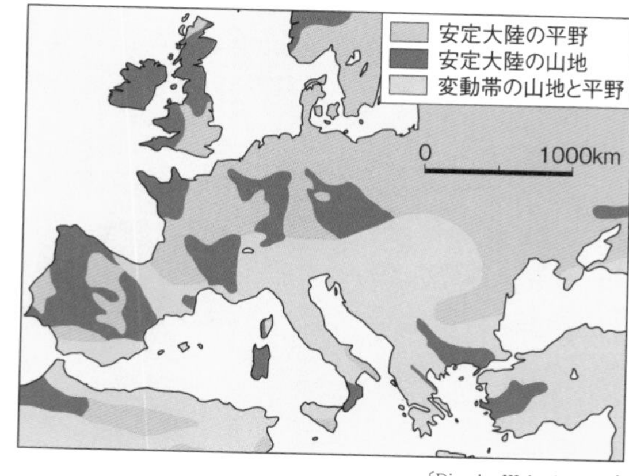

〔Diercke Weltatlas 2008〕

図3-1-1-1 大地形によるヨーロッパの地域区分

☑☑☑ 等質地域 ▶ **類似した性格の地域による地域区分**で，設定された地域以外とは性格が異なる。地形，気候，土地利用などによって特徴づけられる空間的なまとまりのことで，**農業地域区分，大地形区分，気候区分，民族分布・宗教分布**にもとづく地域区分などがある（図3-1-1-1，図3-1-1-2参照）。

☑☑☑ 機能地域 ▶ **性格は異なっていても，互いに結びつきあったり，影響を与え合ったりする地域による地域区分**で，**生活圏，通勤圏，商圏，都市圏，経済圏**などがある。機能地域は結節点を有することから結節地域ともいう。

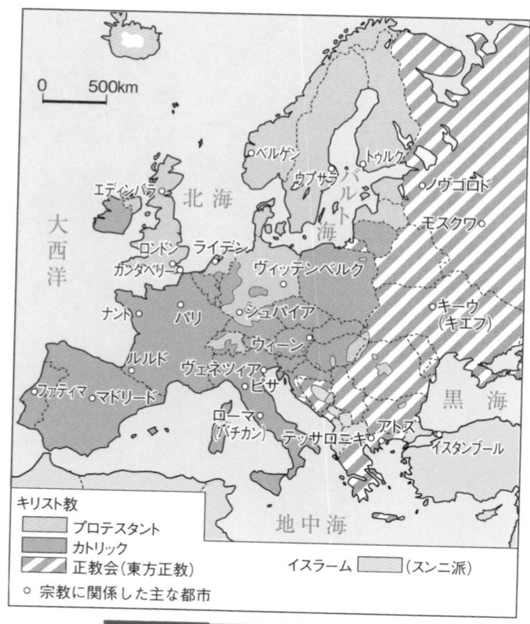

図3-1-1-2 ヨーロッパの宗教の分布

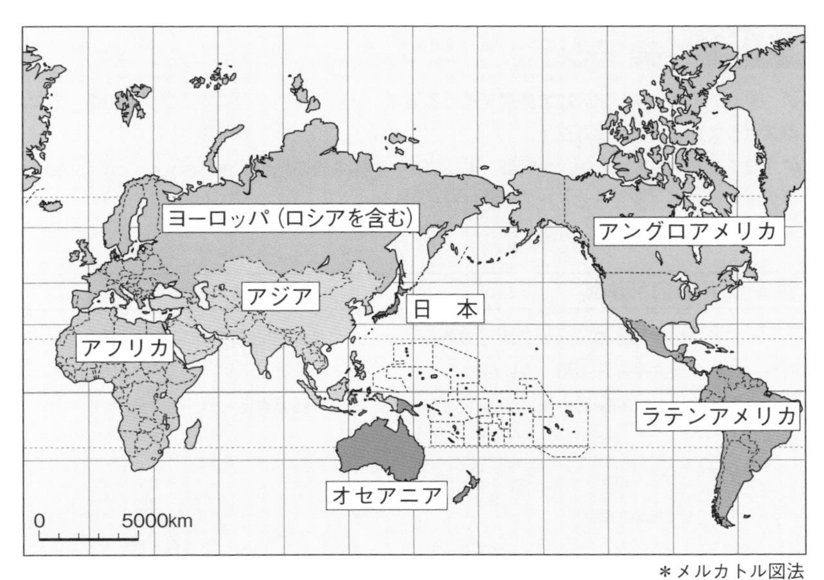

＊メルカトル図法

図3-1-1-3 形式的な指標である州による地域区分

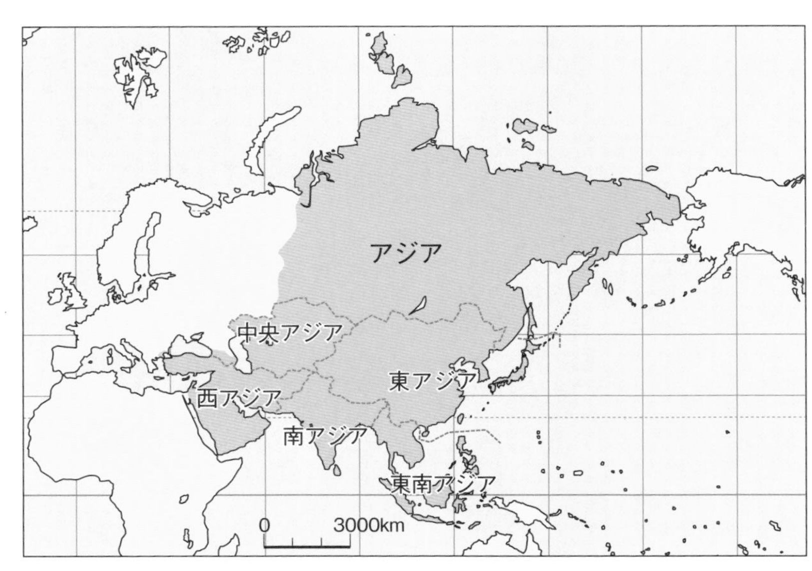

図3-1-1-4 アジア州の区分

第2章 現代世界の諸地域

第1節 東アジア

☑☑☑ アジア ▶ **ユーラシア大陸の東側を占める地域**。ヨーロッパとの境界は**ウラル山脈～カフカス山脈～ボスポラス海峡**を通過するライン。

☑☑☑ 東アジア ▶ **日本，韓国，北朝鮮，モンゴル，中国を含む地域**。主に米食が基調で，伝統的に漢字，儒教思想などを基盤として文化的に結ばれてきた。

1 東アジアの自然環境

☑☑☑ 東アジアの地形 ▶ **ユーラシア大陸の東部**に位置し，**大陸部と日本列島などの島嶼部**からなる。日本列島，台湾は**環太平洋造山帯**，大陸部の西北側のヒマラヤ山脈，チベット高原などは**アルプス・ヒマラヤ造山帯**に位置し，**新期造山帯**に属している。大陸部分は**西高東低**の地形を特徴とし，おもに**中国**

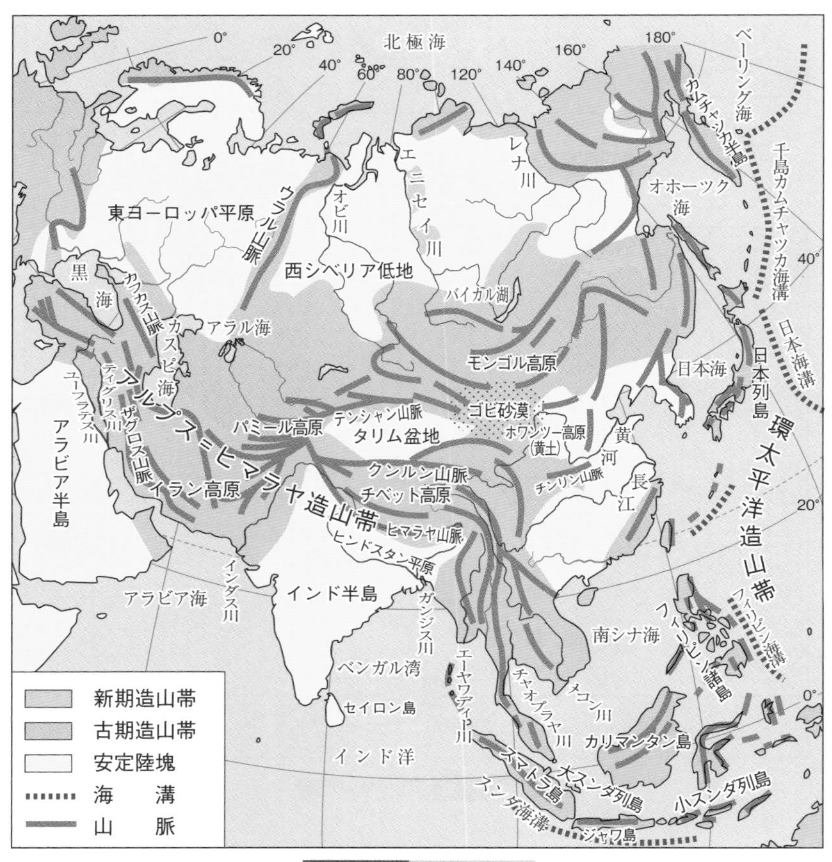

図3-2-1-1 アジアの地形

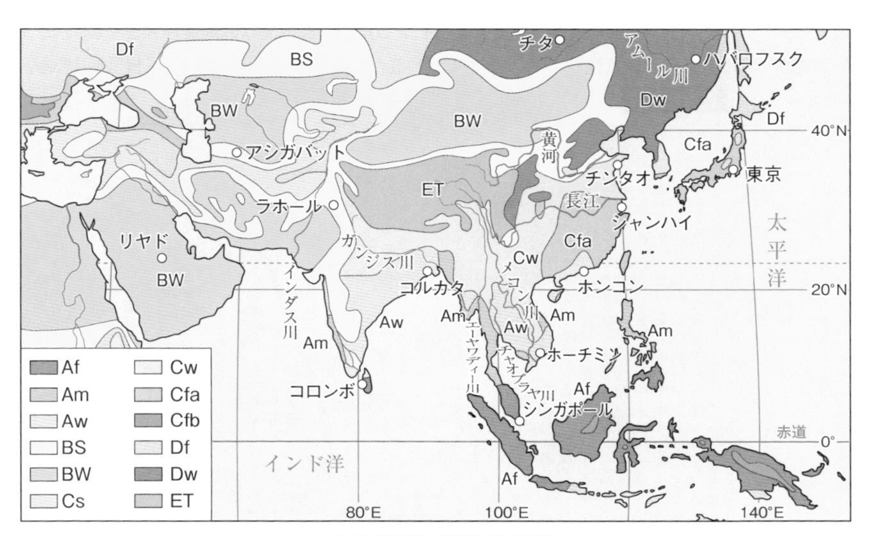

図3-2-1-2 アジアの気候

地塊からなる安定陸塊が広がるが，中国北西部には高峻な**古期造山帯のテンシャン山脈**も位置。また**チベット・ヒマラヤ山系**からは，**黄河**（ホワンホー），**長江**（チャンチャン）などの大河をはじめ多くの河川が東流（図3-2-1-1参照）。

☑☑☑ 東アジアの気候▶**夏季のモンスーン**（**季節風**）の影響を強く受ける中国東部，朝鮮半島，日本は湿潤気候で夏季の降水量が多く，**温暖湿潤気候**（**Cfa**）や**温暖冬季少雨気候**（**Cw**）が分布。中国東北，朝鮮半島北部には**亜寒帯冬季少雨気候**（**冷帯冬季少雨気候：Dw**），北海道には**亜寒帯湿潤気候**（**冷帯湿潤気候：Df**）が分布し，冬季は寒冷。大陸内部に位置する中国西北部，モンゴルは，モンスーンの影響が少なく，**砂漠気候**（**BW**）や**ステップ気候**（**BS**）が分布し，**ゴビ砂漠**，**タクラマカン砂漠**が広がる。中国西南部のチベット高原は，標高が高く**ツンドラ気候**（**ET**）が分布（図3-2-1-2参照）。

2 中国（中華人民共和国）

① 自然環境

☑☑☑ 中国の地形▶**西高東低**の地勢。**大シンアンリン山脈〜チンリン山脈〜ユンコイ高原**付近を通過するライン（**海抜高度500m**にほぼ対応）から東側には，500m以下の低地が広がるが，西側には標高が高い山脈や高原が連なっている（図3-2-1-3参照）。

☑☑☑ 中国の気候▶国土が広いため，南北，東西の気候の地域性が顕著。**東北**は**冬季のシベリア高気圧**から吹き出す**寒冷乾燥**な**北西モンスーン**の影響を受ける**Dw**（**亜寒帯冬季少雨気候**），**華北**も冬季に北西モンスーンの影響を受けるため気温の年較差が大きく，冬季寒冷な**BS**（**ステップ気候**），Cw（温暖冬季少雨気候），Dw（亜寒帯冬季少雨気候）。**年降水量1,000mm**の等降水量線に当たる**チンリン・ホワイライン**以南は，**夏季のモンスーン**の影響を強く受けるため**温暖湿潤**で，**華中**は**Cfa**（**温暖湿潤気候），**華南**はCw（**温暖冬季少雨気候**）が分布。**内モンゴル**と**西部内陸**は**隔海度が大きく**乾燥したBW（**砂漠気候**），BS（**ステップ気候**），**チベット地方**は標高が高くET（**ツンドラ気候**），H（**高山気候**）が分布している（図3-2-1-4参照）。

図3-2-1-3 中国の自然環境

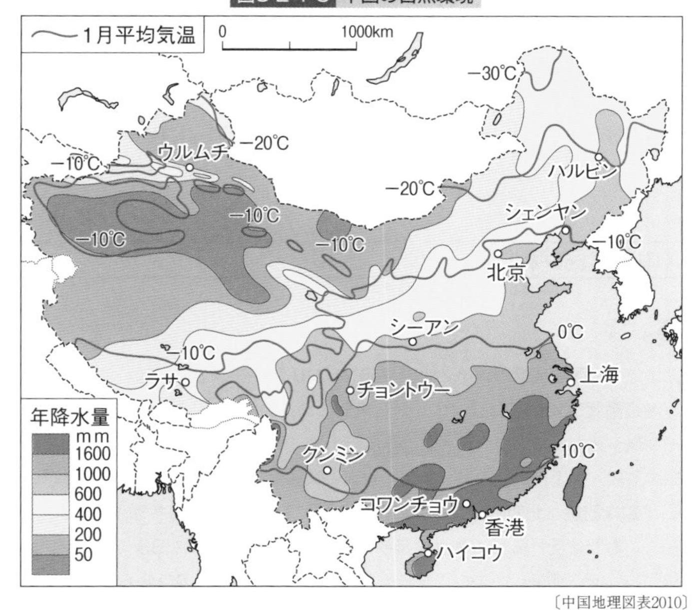

〔中国地理図表2010〕

図3-2-1-4 中国の気候

(1) 東北の自然環境

☑☑☑ 東北▶リャオ川，ソンホワ川が流れる**トンペイ平原**（**東北平原**）が広がり，冬季に寒冷な**Dw**（**亜寒帯冬季少雨気候**）が分布。

☑☐☑ トンペイ平原（東北平原）▶**中国最大の平野**で，西に大シンアンリン山脈，北に小シンアンリン山脈が位置する。**寒冷**だが，肥沃な土壌も広がるため，農業生産の中心の一つである。東部は，**ヘイロン川**（**黒竜江**），**ウスリー川**，**ソンホワ川**（**松花江**）の堆積物からなる**三江平原**(さんこう)とよばれる。

☑☑☑ ヘイロン川（黒竜江，アムール川）▶**モンゴル高原付近から中国のヘイロンチャン省**（**黒竜江省**）**とロシアの極東地方との国境を流れ，オホーツク海に注ぐ河川**。ロシア名は**アムール川**で，最大の支流はウスリー川。アムール川が**オホーツク海に流入**するため，塩分濃度が低くなり，海水が氷結することによって**流氷が形成**される。

☐☐☑ リャオ川（遼河）▶**東北南部を流れ，渤海**(ぼっ)**に注ぐ河川**。リャオ川以西をリャオシー（遼西），以東をリャオトン（遼東）とよぶ。

☐☐☑ ソンホワ川（松花江）▶**アムール川最大の支流**。**チャンパイ**（長白，朝鮮語名は白頭）**山**から流出し，トンペイ平原を流れ，アムール川と合流。

☐☐☑ 大シンアンリン山脈（大興安嶺山脈）▶**東北とモンゴル高原の境界をなす古期造山帯の山脈**。この山脈とユンコイ高原を結ぶラインは，ほぼ**東部低地と西部高地の境界**をなす。

☑☑☑ リャオトン半島（遼東半島）▶**中国東北，リャオニン省**（**遼寧省**）**南部に位置する半島**。面積はシャントン半島（山東半島）に次ぐ。山がちで平野には乏しいが，先端付近には**ターリエン**（**大連**）などの重要港湾が発達する。1895年の日清講和条約でリャオトン半島が日本に割譲されたが，露仏独の三国干渉で返還した歴史を持つ。

(2) 華北の自然環境

☑☑☑ 華北▶**黄河**（**ホワンホー**）が流れる**華北平原**（**ホワペイ平原**）が広がり，**BS**（**ステップ気候**），Cw（温暖冬季少雨気候），Dw（亜寒帯冬季少雨気候）が分布。

☑☐☑ ホワペイ平原（華北平原）▶**黄河下流域に広がる平野**で，**黄河文明の発祥地**。黄河流域に肥沃な**黄土**（**レス**）が堆積していることから，畑作を中心とする農業が古くから発達した。

☑☑☑ 黄河（ホワンホー）▶**長江に次ぐ大河で，チベット高原付近から流出し，華北平原を東流**する。中流には**サンメンシヤダム**（**三門峡ダム**）が建設され，発電や用水の供給が行われている。土砂の運搬量が多く，下流部では**天井川**を形成している。周囲には乾燥気候が分布していることから，**灌漑による過剰な取水**を原因とする流量の減少や**地下水の過剰なくみ上げ**による地下水位の低下が生じ，河口まで流水が到達しない**断流**が生じたため，長江から水路を引く**南水北調事業**が行われている。

☐☐☑ サンメンシヤダム（三門峡ダム）▶**黄河中流，シャンシー省**（**山西省**）**とホーナン省**（**河南省**）**の境界付近に建設された多目的ダム**。黄河流域は，「十年九干一水」（10年間のうち9回干ばつ，1回は洪水に見舞われる）と言われてきたように，干ばつと洪水を繰り返してきたため，これを防止し，さらに**電力，農業用水，都市用水**などを確保するため1960年代に建設された。

☑☑☑ ホワンツー高原（黄土(こうど)高原）▶**黄土**（**レス**）**が厚く堆積した標高1,000～2,000mの高原**。まばらな森林の伐採や農業開発による植生の破壊で**砂漠化**が進行している。日本に飛来する**黄砂**の発生源の一つで，近年は**植林事業**などが行われている。

☑☑☑ ヤオトン▶**ホワンツー高原**（**黄土高原**）**付近でみられる横穴式住居**。建材に乏しいが，掘削は比較的容易であったため，古くから**黄土高原の崖や地面**（竪穴を掘る場合もある）**に穴を掘る住宅形式**がみられた。冬季は暖かく，夏季は涼しいが通気性が悪い。

□□☑ シャントン半島（山東半島）▶**黄海と渤海（ぼっかい）を隔てる中国最大の半島。シャントン省（山東省）**に位置し，沿岸部には**チンタオ（青島），イエンタイ（煙台）**などの港湾都市が発達する。

□□☑ タイハン山脈（太行山脈）▶**シャンシー省（山西省），ホーナン省（河南省），ホーペイ省（河北省）の境界付近に位置する平均標高1,500〜2000mの山脈**。華北平原とホワンツー高原の境界をなす。

(3) 華中の自然環境

☑☑☑ 華中▶**長江**（チャンチャン）が流れる**スーチョワン盆地（四川盆地），長江中下流平原**が広がり，温暖な**Cfa（温暖湿潤気候）**や**Cw（温暖冬季少雨気候）**が分布。

☑☑☑ ホワイ川▶**長江，黄河に次ぐ第3の大河**で，華北と華中の境界線をなす。下流部の湖で分岐し，本流は長江に注ぐが，放水路は黄海に流出する。

☑□☑ 長江中下流平原▶**長江中下流域を流れる低平な平野**で，長江が運搬してきた**肥沃な沖積土**が堆積しており水利に恵まれるため，古くから**稲作**を中心とする農業地域が形成されている。

☑☑☑ 長江▶**チベット高原から流出し，スーチョワン盆地，長江中下流平原を流れ，河口部では長江デルタを形成するアジア最長の大河**。中流部には中国最大の**サンシャダム（三峡ダム）**が建設されている。流域には，**チョントゥー（成都），チョンチン（重慶），ウーハン（武漢），ナンキン（南京），シャンハイ（上海）**など大都市も多く立地している。

☑☑☑ チンリン山脈（秦嶺山脈）▶**シャンシー省（陝西省）南部を東西に走る古期造山帯の山脈**。平均標高は2,000〜3,000mと高峻で，チンリン山脈とホワイ川を結ぶ線（**チンリン・ホワイライン**）は，**華北と華中の境界線，年降水量1,000mmの等降水量線，1月の平均気温0℃の等温線**とほぼ等しい。

☑☑☑ スーチョワン盆地（四川盆地）▶**中国・スーチョワン省（四川省）東部，長江上流に位置する盆地**で，**チョンチン（重慶），チョントゥー（成都）**などの大都市がある。チベット高原の東に位置し，周囲を高峻な山脈や高原に囲まれるが，**長江の水利と水運に恵まれる**ため，穀倉地帯の一つになっている。

□□☑ トンチン湖（洞庭湖）▶**中国・フーナン省（湖南省），長江南岸にある中国第2の淡水湖**。夏季の増水期には通常期の約7倍に拡大し，ポーヤン湖とともに**遊水池**の役割を果たす。フーペイ省（湖北省），フーナン省（湖南省）の「フー（湖）」は，トンチン湖に由来。

□□☑ ポーヤン湖（鄱陽湖）▶**中国・チャンシー省（江西省），長江南岸にある中国最大の淡水湖**。夏季の増水期には，湖面面積が約22倍に拡大し，長江の水量を調節する**遊水池**の役割を果たす。

(4) 華南の自然環境

☑☑☑ 華南▶**丘陵性の山地**が多いが，**チュー川が形成する三角州**など小規模な沖積平野が広がる。亜熱帯性の**Cw（温暖冬季少雨気候）**が分布。**コワンシーチョワン族自治区のコイリン（桂林）**には**タワーカルスト**などのカルスト地形が分布。**ハイナン（海南）島**には熱帯気候も分布。

☑☑☑ チュー川（珠江）▶**華南を流れ，南シナ海に注ぐ中国第2の流域面積を誇る河川**。シー川（西江），ペイ川（北江），トン川（東江）が合流し，チュー川（珠江）となる。河口付近には大規模な**三角州**が発達し，ホンコン（香港）とマカオ（澳門）の間を流れる。流域の降水量が多いことから，長江に次いで中国第2の流量。

□□☑ ナンリン山脈（南嶺山脈）▶**華中と華南の境界となる山脈**で，長江とチュー川の分水嶺をなす。

☑☑☑ コイリン（桂林）▶**中国・コワンシーチョワン族自治区（広西壮族自治区）の都市**で，**カルスト地形**が発達し，大規模な**タワーカルスト**が林立するため，景勝地（世界遺産）として知られる。

☑☑☑ ハイナン島（海南島）▶**南シナ海に浮かぶ中国最大の島**で，ハイナン省（海南省）の大部分を占める。中国でも有数の降水量で，北部は温帯，南部は熱帯に属する。古くから少数民族が居住していたが，1988年にコワントン省（広東省）から分離し，**ハイナン省（海南省）**となり，**経済特区**に指定されたことから，漢族が多数移住した。年中温暖な気候に恵まれるため，観光業も発達。

□☑☑ 台湾海峡▶**中国・フーチエン省（福建省）と台湾を隔てる海峡**。中国と台湾の実質的な軍事境界線。

☑☑☑ ユンコイ高原（雲貴高原）▶**中国のユンナン省（雲南省），コイチョウ省（貴州省），コワンシーチョワン族自治区（広西チョワン族自治区）にまたがる標高1,000～2,000mの高原**で，さまざまな**少数民族**も居住する。石灰岩が分布しているため，カルスト地形が多くみられる。

(5) 西部内陸の自然環境

☑☑☑ 西部内陸▶隔海度が大きいため，**BW（砂漠気候），BS（ステップ気候）**の乾燥気候が分布し，**ゴビ砂漠，タクラマカン砂漠**などが広がる。

☑☑☑ モンゴル高原▶**モンゴルを中心に中国の内モンゴル自治区，ロシアの極東南部にまたがる高原。**平均標高は1,000m前後で古期造山帯に属する。中央部に**ゴビ砂漠**が広がり，タクラマカン砂漠から北を外モンゴル，南を内モンゴルという。

☑☑☑ タリム盆地▶**シンチヤンウイグル自治区に位置する安定陸塊の盆地**。北を**テンシャン山脈（天山山脈）**，西を**パミール高原**，カラコルム山脈，南を**クンルン山脈**に囲まれ，**中央部にゴビ砂漠**が位置する。内陸河川のタリム川などが流れ，古くから**西域**と呼ばれてきた。

□☑☑ ジュンガル盆地▶**シンチヤンウイグル自治区の北西に位置する盆地**で，北を**アルタイ山脈**，南を**テンシャン山脈**に囲まれる。

□□☑ トゥルファン盆地▶**シンチヤンウイグル自治区東部にある盆地**で，北にテンシャン山脈がそびえる。**盆地の中心部は－154m**で，イスラエルの死海，ジブチのアッサル湖に次いで世界でも標高が低い。

☑☑☑ ゴビ砂漠▶**モンゴルから中国の内モンゴル自治区に広がる内陸砂漠。**タクラマカン砂漠と同様に，**隔海度が大きく夏季のモンスーンがヒマラヤ山脈に遮られる**ため降水量が少ない。比較的緯度が高いため，夏季は高温になるが**冬季は寒冷**になる。タクラマカン砂漠，黄土高原と同様に，ダストストーム（砂嵐）で上空高く巻き上げられた**黄砂**が日本に飛来する。

☑☑☑ タクラマカン砂漠▶**中国のシンチヤンウイグル自治区に広がる内陸砂漠**で，**タリム盆地**の大半を占める。北は**テンシャン山脈**，南は**クンルン山脈**に囲まれているため，降水量は極めて少ない。砂漠の北縁と南縁のオアシスには**シルクロード**が通過していた。

☑☑☑ テンシャン山脈（天山山脈）▶**タリム盆地北縁に位置する古期造山帯の山脈**。インド・オーストラリアプレートがユーラシアプレートに衝突する際に生じた断層運動で再隆起したため，**7,000m級の高峰を持つ高峻な山脈**。

☑☑☑ アルタイ山脈▶**中国，モンゴル，カザフスタン，ロシアにまたがる古期造山帯の山脈**だが，テンシャン山脈と同様に**高峻で，最高峰は4,000m**を超える。

(6) チベット地方の自然環境

☑☑☑ チベット地方 ▶ **新期造山帯**の**チベット高原**は平均海抜高度が約4,500mで，寒冷な**ET**（**ツンドラ気候**）が分布。

☑☑☑ チベット高原 ▶ **新期造山帯に属する平均標高約4,500mの高原**で，南には**ヒマラヤ山脈**，北には**クンルン山脈**が連なる。中国名はチンツァン高原（青蔵高原）。**チベット・ヒマラヤ山系から黄河，長江，メコン川，ガンジス川，インダス川などの大河が流出**しており，中国が上流部に多数のダムを建設しているため，下流域の国々との間で**水資源問題**が生じている。

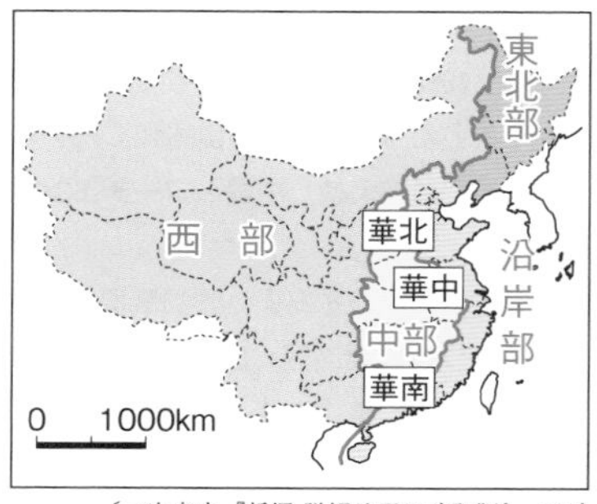

〔二宮書店『新編 詳解地理B 改訂版』p.187〕

図3-2-1-5 中国の地域区分

☑☑☑ ヒマラヤ山脈 ▶ **インド・オーストラリアプレートとユーラシアプレートの衝突によって形成された新期造山帯の山脈**で，最高峰の**エベレスト**（チョモランマ：8,848m）やカンチェンジュンガ（8,125m）など8,000m級の山々をはじめ7,000m以上の高峰が多数連なる。夏季のモンスーンの障壁となるため，アジア内陸部の気候に与える影響は大きい。北麓は**中国のチベット自治区だが，中南部はネパール，ブータン，イ**

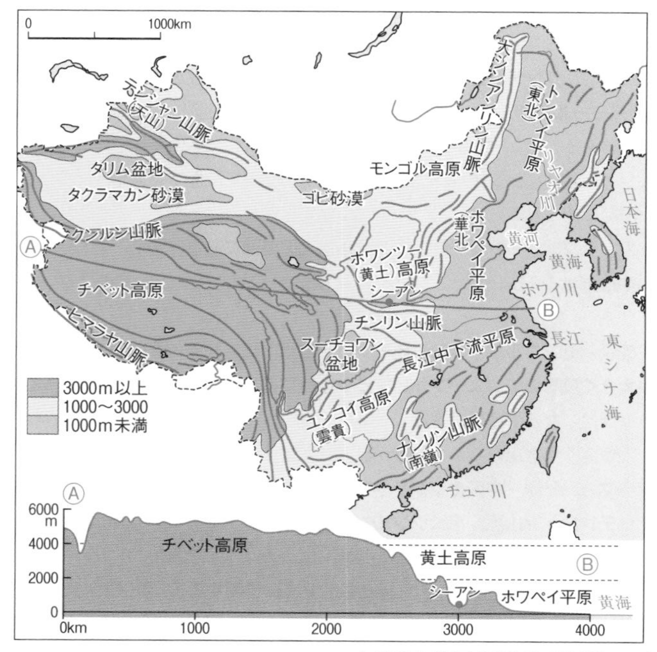

〔二宮書店『新編 詳解地理B 改訂版』p.191〕

図3-2-1-6 中国の地形と地形断面

ンド，パキスタンにまたがる。

（7）台湾の自然環境

☑☑☑ 台湾 ▶ **環太平洋造山帯に位置する新期造山帯の島**で，亜熱帯性の**Cfa**（**温暖湿潤気候**）が大半を占めるが，南部には熱帯気候も分布。

② 農業生産と変化

☑☑☑ 人民公社 ▶ **農業**（**集団農業**），**商業，工業などの経済活動，文化・教育，地方行政などを一体化した農村組織**で，1980年代初めまでは中国における共産主義の基本単位であった。

☑☑☑ 生産責任制 ▶ **1978年からの改革開放路線により始められた経営制度**で，人民公社による集団経営から**農業経営を農家単位で行う形態**に変化した。生産責任制の下では，農家が政府から生産を請け負い，一定量の農作物を政府に買い上げてもらい，**余剰分を自由市場で販売**できるようになったため，各地域の特徴をいかした商品作物や付加価値の高い野菜などの生産が増加した。

☑☑☑ チンリン=ホワイ川線 ▶ **年降水量1,000mm，1月の平均気温0℃**のラインに当たり，北の**畑作地域**，南の**稲作地域**の境界をなしている。チンリン・ホワイラインともよばれる。

☑☑☑ 中国の農業生産の地域性 ▶ **東北，華北，西部内陸では畑作中心，華中，華南では稲作中心**（図3-2-1-7参照）。

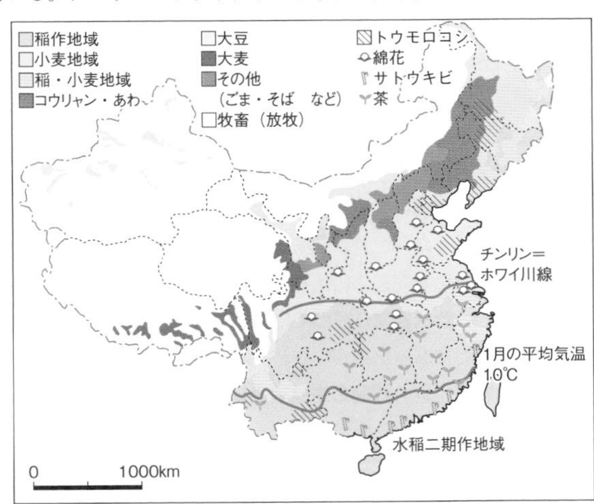

〔中国総合地図集（1990）ほか〕

図3-2-1-7 中国の農業地域

☑☑☑ 中国の食料生産の動向と変化 ▶ 1982年，**人民公社が解体**され，一定量の穀物を政府に売り渡すという条件の下で個々の農家が自由に経営を行う**生産責任制**が導入された。これにより各地域の特色を生かし，**高付加価値で収益率が高い農産物の生産が拡大**している。なかでも**野菜**は栽培面積，生産量とも大幅に増加しており，国内消費だけでなく，**日本，韓国，東南アジアなどに輸出**されているが，農薬の使用量が多いなどの問題があり，食の安全性の確保が課題となっている。

☑☑☑ 三農問題 ▶ **「農業」の低生産性，「農村」の荒廃，「農民」の貧困**を指し，人民公社解体後に中国農業が抱える問題点。

☑☑☑ 東北の農業生産 ▶ **冬季寒冷なため夏作の一毛作。トンペイ平原**（**東北平原**）では，かつては春小麦，アワ，コウリャンの栽培が中心だったが，近年は乾燥に強い**トウモロコシ**や栽培期間が短い**大豆**の生産が増加し，**ヘイロンチヤン省**（**黒竜江省**）などでは耐寒性の稲（ジャポニカ種）の導入によって**稲作**も広まっている。

☐☐☑ 寒地稲作 ▶ **温暖な気候を好む稲を，寒冷地で栽培すること。ヘイロンチャン省**（**黒竜江省**），東部の湿地からなる**三江平原**（ヘイロン川，ウスリー川，ソンホワ川）では，日本との民間交流やJICAのプロジェクトなどによって，**耐乾性品種の導入，直播き(じかまき)から育苗(いくびょう)・田植えへの転換，寒地稲作技術の普及**が進み，現在ではヘイロンチャン省が中国有数の高品質米の生産地域に成長した。

☑☑☑ **華北の農業生産** ▶ **黄河流域**では，**肥沃なレス**を利用して**冬小麦，綿花**などの畑作が盛ん。近年は，大豆，トウモロコシの生産も増加。

☑☑☑ **華中の農業生産** ▶ **長江流域**では，広大な平野を利用した**稲作**。一部では裏作で**冬小麦**を栽培。

☑☑☑ **華南の農業生産** ▶ **チュー川（珠江）デルタ**を中心に**稲作**。**1月の平均気温10℃以上の地域では二期作**。華中や華南の丘陵地では**茶**の栽培も盛ん。

☑☑☑ **西部内陸の農業生産** ▶ かつては**遊牧**や伝統的な**オアシス農業**が行われていたが，近年は**灌漑**の整備に伴い，**シンチヤンウイグル自治区**では**ブドウ，綿花**の栽培が，**内モンゴル自治区**では**酪農**が行われている。

☑☑☑ **チベットの農業生産** ▶ 寒冷で乾燥した気候下で，**ヤクの放牧**などが行われている。

③ 経済の改革開放政策と変化

□□☑ **近代中国の歩み** ▶ 辛亥(しんがい)革命によって**清**が滅亡し，**中華民国**が成立したが，その後は日中戦争，第二次世界大戦へと戦争が拡大し混乱した。戦後，蔣介石が率いる国民党と毛沢東が率いる共産党との間で内戦が生じ，共産党が勝利したため，**1949年**に社会主義国家である**中華人民共和国**が成立した。

□□☑ **中華民国** ▶ **1912年，中国最後の王朝である清の滅亡とともに成立した中国初の共和国**。第二次世界大戦後は，蔣介石の率いる国民党と毛沢東の指導する共産党との本格的な内戦が生じた。**1949年に中華人民共和国が成立**すると，蔣介石の国民党は臨時首都をタイペイ（台北）に移すとともに**台湾**に逃れ，**市場経済**に基づく**独自の政府**を立ち上げた。1971年に，国連における中国代表権が中華人民共和国に移され，続いて日本，アメリカ合衆国などが中華人民共和国を承認し，中華民国と断交した。

☑☑☑ **中国の計画経済による国家建設** ▶ **中華人民共和国では，社会主義の理念の下に生産手段の国有化が図られ，計画経済に基づく国家建設**が行われた。多数の**国有企業**が設立されるとともに，農村では**人民公社**と呼ばれる組織が作られ，**農業の集団化**が実施された。

☑☑☑ **計画経済** ▶ **政府の生産計画に基づいて，企業や農民が生産に従事する経済の仕組み**で，生産，販売など経済全般を政府が統制する。

☑☑☑ **市場経済** ▶ **企業や個人がそれぞれに生産計画を立て，それぞれの判断で販売を行う仕組み**で，製品や農産物だけでなく，労働力，サービス，土地なども売買の対象になる。

☑☑☑ **国有企業** ▶ **国が最大の投資者となっている企業**で，東西冷戦時代の社会主義国では，ほとんどの企業が国有化されていた。中国では，当初国営企業（所有権も経営権も国にある）と呼ばれていたが，社会主義市場経済下では国有企業（所有権は国，経営権は企業にある）の呼称に改められた。日本，イギリスなど西側諸国でも，第二次世界大戦後しばらくは国有企業が多かったが，近年は民営化が進んでいる。

□☑☑ **大躍進(だいやくしん)運動** ▶ **1958年から1961年まで行われていた中国の農業・工業大増産政策**で，短期間で先進国に追いつこうとしたために課された過大なノルマは**中国経済を大混乱に陥れた**。

☑☑☑ **中国における計画経済から市場経済への変化** ▶ 計画経済の下での経済発展は思うように進まず，**生産意欲の低下**や**1966年に始まった文化大革命による社会・経済の混乱**が生じた。文化大革命がおさまると，**1978年**から鄧小平のもとに社会主義体制下で市場経済を取り入れ，外資（外国資本）も導入しようとする**改革・開放政策**に転じた。農業は，人民公社による集団農業から，**生産責任制による個人経営へ移行**し，**人民公社は解体**した。農村地域では**郷鎮企業**も多く設立され，農村の余剰労働力を吸収し発展した。**国有企業の改革**も行われ，株式会社化や**民営化**も行われるようになった。**2001年にはWTO（世界貿易機関）にも加盟**し，国内市場を開放したことから世界各国の企業が中国に次々と進出をしている。

☑☑☑ 文化大革命 ▶ **毛沢東が権力闘争のため起こした大規模な社会・政治運動**で，1966年から1976年まで続いた。これにより**国内の大混乱**と**経済の停滞**を招いた。

☑☑☑ 改革・開放政策 ▶ 大躍進運動と文化大革命により疲弊した中国経済を立て直すため，**1978年**に鄧小平の指導の下，「**四つの近代化**」を掲げ，**市場経済の導入**と**外資（外国資本）の受け入れ**を認めるとともに，経済に対する政府の介入を減らし，**国有企業の自主性を高め，民営化を進めた。農村では人民公社を解体し，生産責任制を導入，都市部では外資の導入を目指し，経済特区や経済技術開発区を設置**した。さらに1993年には憲法に**社会主義市場経済**を明記し，改革を推し進めた。

☑☑☑ 四つの近代化 ▶ **1978年，鄧小平が打ち出した国家計画**で，**工業，農業，国防，科学技術の近代化**を図り，近い将来先進国に追いつくことを目標とした。

☑☑☑ 郷鎮（ごうちん）企業 ▶ **農村の町，村，農民が設立した企業**（工場，商店）で，**農村の余剰労働力を吸収**し，労働集約型工業を中心として発展した。近年は本社を都市に移転するなど農村との結びつきは低下している。**郷は村，鎮は町**にあたる。

④ 工業化と経済発展

☑☑☑ 中国の工業化 ▶ 中華人民共和国成立後は，多数の**国有企業**が設立され，**三大鉄鋼基地**とよばれる**アンシャン（鞍山），ウーハン（武漢），パオトウ（包頭）**，中国最大の油田である**ターチン（大慶）**などを中心に**重化学工業化**が進められた。**1978年**から**改革・開放政策**が行われるようになると，**郷鎮企業**や**民営企業**も認められるようになり，**外国資本の導入**も積極的に図られるようになった。外国企業を優遇し誘致を進める拠点として，1979年以降には**華南の沿岸部**に**経済特区**，1984年以降には沿海部を中心に**経済技術開発区**が設けられ，外国企業は中国の安価な労働力などを求めて積極的な投資を行った。これらの地区では外国企業との**合弁会社**が多数設立され，**輸出指向型の工業化**が進展した。

現在では，外資の進出と中国企業の成長により多くの工業製品で世界最大の生産国となり，「**世界の工場**」とよばれるようになっている。また，**2001年にWTOに加盟**し，世界各国との貿易も増加している。原油，鉄鉱石などの原燃料や集積回路などの部品，半製品を輸入し，完成品を輸出する**加工貿易**の形態が多い。輸出入額では，輸出額が輸入額を大幅に上回る**貿易黒字（輸出超過）**が続き，**アメリカ合衆国との間では深刻な貿易摩擦**が生じており，外貨準備高は世界最大である。近年は，**FTA（自由貿易協定）**の締結にも積極的で，タイ，マレーシア，インドネシア，フィリピン，チリ，パキスタン，ニュージーランドなどとFTAを結んでいる。1人当たりGNIも10,390ドル（2019年）に成長。

☑☑☑ アンシャン（鞍山）▶ **東北のリャオニン省（遼寧省）に位置する工業都市**。古くから**鉄鉱石**の産出で知られ（アンシャン鉄山），付近で産出する**石炭**（フーシュン炭田）と結びつき，ウーハン，パオトウと並ぶ**中国有数の鉄鋼コンビナート**が建設されている。

☑☑☑ ウーハン（武漢）▶ **華中のフーペイ省（湖北省）に位置する長江中流域の中心都市**。長江と支流の漢江の合流点付近に位置する。ターイエ鉄山（大冶鉄山）やピンシャン炭田の資源を利用し，**鉄鋼業**が発達するとともに，自動車など各種工業も発達している。

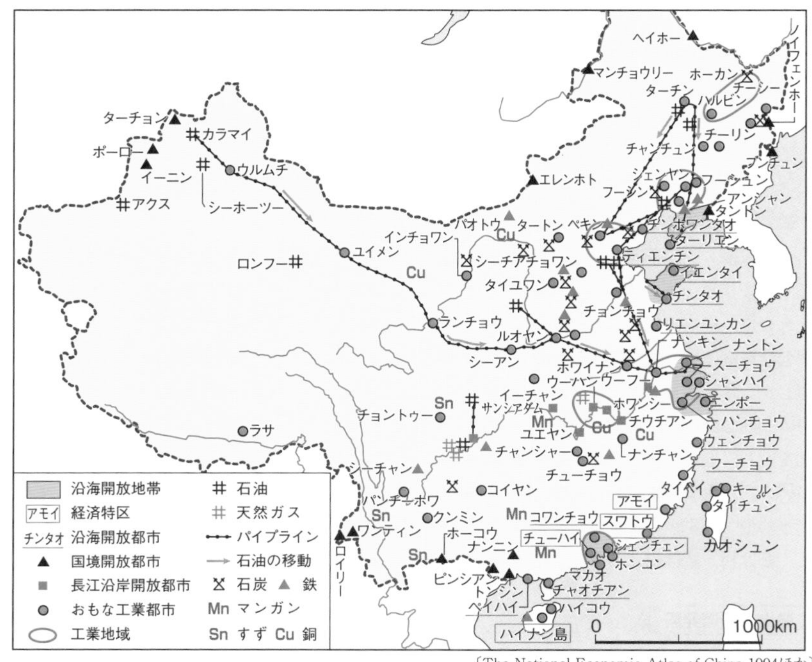

〔The National Economic Atlas of China 1994ほか〕

図3-2-1-8 中国の鉱工業と経済開放都市

☑☑☑ パオトウ（包頭）▶**内モンゴル自治区の都市**で，**鉄鋼業**が発達している。

☑☑☑ ターチン（大慶）▶**東北のヘイロンチヤン省（黒竜江省）に位置する工業都市**。1960年代から中国最大の**油田**として多量の原油が生産され，**ターリエン（大連）**などにパイプラインで輸送されるなど**東北地方の石油産業の中心**であったが，近年は産油量が減少している。

☐☑☑ ハルビン（哈爾浜）▶**東北・ヘイロンチヤン省（黒竜江省）の政治・経済の中心地**で，ソンホワ川（松花江）沿岸に位置。**経済技術開発区**に指定。

☐☐☑ チーリン（吉林）▶**東北・チーリン省（吉林省）中央部に位置し，省内ではチャンチュン（長春）に次ぐ第二の都市**。

☐☐☑ チャンチュン（長春）▶**東北・チーリン省（吉林省）の政治・経済・文化の中心地**で，多数の大学が立地する研究学園都市。**自動車産業**が発達し，外資との合弁会社による製造が盛ん。**経済技術開発区**に指定。

☑☑☑ ターリエン（大連）▶**東北・リャオニン省（遼寧省），リャオトン半島の南端に位置する東北地方最大の港湾都市**で，同省では**シェンヤン（瀋陽）**に次ぐ大都市。19世紀末，リャオトン半島を租借したロシアが建設。**ターチン（大慶）油田からパイプラインが敷設**され，石油産業の中心地でもある。近年は**経済技術開発区**に指定され，日本をはじめとする外国企業の進出が目覚ましい。

☑☑☑ 経済特区▶**改革開放後，外国企業を誘致するための拠点として，華南の沿海部に設置された特別区で，**法的に特別な地位を与えられている。進出した外国企業には**税制上の優遇措置**などがとられたため，工業だけでなく商業，金融業などが発展した。市場経済導入の実験場的な役割も果たした。

☑☑☑ シェンチェン（深圳）▶ **コワントン省（広東省），チュー川（珠江）デルタに位置。ホンコン（香港）に隣接し，最も発展している経済特区**で，コンテナ取扱量も世界有数。**ハイテク企業**の本社が多数所在するとともに，「**中国のシリコンヴァレー**」と呼ばれ，研究開発機能も充実している。

□☑☑ チューハイ（珠海）▶ **コワントン省（広東省），チュー川（珠江）デルタに位置。マカオ（澳門）に隣接する経済特区**。マカオからの資本投資が活発。

□☑☑ アモイ（厦門）▶ **フーチエン省（福建省）南部の経済特区**。台湾海峡を隔てて，台湾に対する。スワトウとともに多くの華僑を移出してきた港湾都市。

□☑☑ スワトウ（汕頭）▶ **コワントン省（広東省）東部に位置する経済特区**。華僑を多く移出してきたため，海外との交流が活発。

□☑☑ ハイナン島（海南島）▶ **ハイナン省（海南省）に位置し，ハイナン島全域が経済特区**。

☑☑☑ 経済技術開発区 ▶ **内外の輸出企業と先端産業を誘致するために，設置された対外経済解放区**。経済特区に準ずる優遇措置を実施する。沿海部を中心に**ペキン（北京），テンチン（天津），ターリエン（大連），チンタオ（青島），コワンチョウ（広州）**など多数の都市が指定されている。

☑☑☑ 合弁企業 ▶ **複数の国や企業が出資して興（おこ）された企業**。中国では，国内に外国企業が進出する際，100%の出資は認められておらず，**中国企業との合弁が義務**づけられている。

☑☑☑ シャンハイ（上海）▶ **政府直轄市の一つで，人口2,500万人を超える中国最大の都市。中国経済の中心地**で，国内でも所得水準が極めて高い。

☑☑☑ プートン新区（浦東（ほとう）新区）▶ **黄浦江（こうほこう）と長江河口付近にはさまれたシャンハイ（上海）の新都心**。シャンハイ（上海）の市街地は，長江の支流の黄浦江沿岸にあり，西岸のプーシー（浦西）は旧市街地として栄えてきたが，東岸は開発が遅れていた。1990年，**黄浦江東岸はプートン新区（浦東新区）として開発**が進められ，**金融貿易区，輸出加工区，ハイテクパーク，プートン国際空港**などが設けられた。企業に対し各種の優遇政策を実施したため，日本企業を初め多数の外国企業も進出し，**長江デルタ地帯の中心**として発展している。

□□☑ 黄浦江（こうほこう）▶ **長江の支流**。シャンハイ（上海）市内を流れ，市域を**浦西（プーシー）**と**浦東（プートン）**に分ける。浦西は旧市街地で，浦東は改革開放後急速に発展。

□□☑ ナンキン（南京）▶ **チャンスー省（江蘇省）に位置し，古くから長江流域の中心都市**の一つ。古代からの王朝や**中華民国時代の首都**。自動車，電子機器，鉄鋼，石油化学などの工業が発達。

☑☑☑ チャンスー省（江蘇省）▶ **華中に位置し，省南部は長江デルタ地帯**。外資の進出も活発で，シャンハイ（上海）に近い**スーチョウ（蘇州）**を中心に工業化が進められ，特に造船業が発達している。

☑☑☑ ペキン（北京）▶ **中国の首都で，政府直轄市**の一つ。政治機能が集積するだけでなく，**中国ビジネスの拠点**としても発展している。特に**中関村地区**には，大学・研究機関が集中しており，内外の**ハイテク企業などの研究開発拠点**となっていることから，華南のシェンチェンとともに「**中国のシリコンヴァレー**」ともよばれている。

☑☑☑ テンチン（天津）▶ **政府直轄市の一つで，ペキン（北京）の外港**として発展した。臨海部には，大規模なコンテナターミナルや工業地域が形成されている。**経済技術開発区**に指定。

□☑☑ シーアン（西安）▶ **シャンシー省（陝西省）の中心地**で，古代より**歴代王朝**（秦，漢，隋，唐など）**の首都**として栄えた。**経済技術開発区**に指定。

□☑☑ チンタオ（青島）▶ **シャントン省（山東省），シャントン（山東）半島に位置する港湾都市**。かつてはドイツの租借地で，古くから**ビール工業**が発達。中国最大の家電メーカーであるハイアールの生産拠点としても知られる。**経済技術開発区**に指定。

☐☐☑ 外貨準備高 ▶ **政府または中央銀行が，貿易などを行う際，海外への支払い用として準備している資金**。外貨準備はドル建て，ユーロ建てが多い。外貨準備高最大の国は中国。

☑☑☑ チョントゥー（成都）▶ **スーチョワン省（四川省）の政治・経済・文化の中心地**。長江水系の錦江(きんこう)が市内を流れる。歴史的遺産が多く，**西部大開発の拠点**としても発展している。

☑☑☑ コワンチョウ（広州）▶ **コワントン省（広東省）に位置する華南経済の中心地**の一つ。特別行政区の**ホンコン（香港）**，経済特区の**シェンチェン（深圳）**との結び付きが強く，所得水準も高い。自動車産業や電気機械工業などが発達している。

☑☑☑ コワントン省（広東省）▶ **華南に位置し，北はフーチエン省（福建省），西はコワンシーチョワン族自治区と接する。かつては華僑を多く輩出**する貧しい農村地域が大半を占めていたが，改革開放後は，**シェンチェン（深圳），チューハイ（珠海），スワトウ（汕頭）が経済特区に指定**され，ホンコン（香港），マカオ（澳門）に接するコワントン省は，外国企業の進出により，**電子・通信機器，電気機械**などを中心に著しい発展を遂げている。

⑤ 人口と人口問題

☑☑☑ 中国の民族構成 ▶ 中国の総人口は，約**14.4億人**で約**9割は漢族（漢民族）**が占めているが，残りの約1割は**55の少数民族**。漢民族が使用している**中国語**でも，**北京語，上海語，福建語，広東語**のように地域によって使用される方言が大きく異なるため，学校教育を通じ**標準語の北京語**の普及に努めている。

☑☑☑ 中国の少数民族 ▶ **中国政府の民族識別工作により，55に分類された民族**。**チョワン族，満族（満州族），イ族（イー族），ホイ族（回族），ウイグル族，チベット族，ミャオ族，朝鮮族**などがあり，独自の言語や習慣などの文化を保持している。

☐☐☑ 民族識別工作 ▶ **中国の全国民を，どの民族に帰属するか法的に確定させる手続き**。

☑☑☑ 中国の人口分布 ▶ **東北のヘイホー（黒河）とユンナン省（雲南省）のトンチョン（騰沖）を結ぶ人口境界線**から東側に，総人口の**90%以上**が居住しており，西側の人口は少ない。

☑☑☑ 中国の行政区分 ▶ **22省，5自治区，4政府直轄市，2特別行政区**からなり，この他に少数民族の**自治州**や**自治県**なども設けられている。中国の行政区分は，省級，地級，県級，郷級の4段階制度を採用している。

☑☑☑ 省 ▶ **中国の一級行政区**（最も上位にくる行政区）で，**22省**（台湾を除く）からなる。

☑☑☑ 自治区 ▶ **民族区域自治の一環として，設けられている省級の行政単位**で，**5つの有力な少数民族**の居住地がこれにあたる。自治区では，ある程度の自治権が与えられており，**独自の文化も保持**されている。近年中国政府は，国防や開拓を目的とし，**各地で漢族の入植**を進めてきたことから，**少数民族との摩擦や対立**が生じているところもある。

☑☑☑ 内モンゴル自治区 ▶ **北部内陸に位置するモンゴル族の自治区**で，中心地は**フホホト**。ゴビ砂漠をはさんでモンゴルに接する。住民は，漢族79.5%，**モンゴル族17.1%**，満族1.8%，ホイ族0.9%。

☑☑☑ モンゴル族 ▶ **アルタイ諸語のモンゴル語族に属する民族**で，古くから**チベット仏教**を信仰し，**遊牧生活**を営んできた。

☑☑☑ チベット自治区（西蔵自治区）▶ **中国西南部に位置するチベット族の自治区**で，中心地は**ラサ**。分離独立の動きもあり，1959年にはチベット動乱が発生。**ダライ・ラマ14世はインドへ亡命し，チベ**

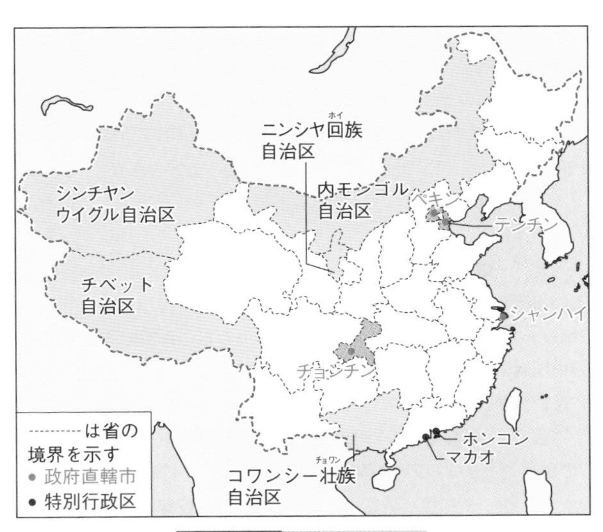

図3-2-1-9 中国の行政区分

ット亡命政府を樹立した。中国政府によるチベット人の弾圧などが問題となっている。住民は，**チベット族90.5%**，漢族8.2%，ホイ族0.4%。

☑☑☑ チベット族 ▶ **シナ・チベット諸語に属する民族**で，**チベット仏教**を信仰する人々が多い。自治区の人口の大部分がチベット族で，独立の動きもみられる。

☑☑☑ シンチヤンウイグル自治区（新疆ウイグル自治区）▶ **中国北西部に位置するウイグル族の自治区**で，中心地は**ウルムチ**。アルタイ山脈とテンシャン山脈にはさまれた**ジュンガル盆地**，テンシャン山脈とクンルン山脈にはさまれた**タリム盆地**（タクラマカン砂漠）が広がる。住民は，**ウイグル族45.8%**，漢族40.5%，カザフ族6.5%，ホイ族4.5%などで，近年は漢族の大量移住により，ウイグル族の占める割合が低下している。

☑☑☑ ウイグル族 ▶ **アルタイ諸語のチュルク語族（トルコ語族）に属する民族**で，**イスラーム**を信仰する人々が多い。古くから**遊牧**や**オアシス農業**を営んできた。漢族による人権侵害や弾圧に対して，分離独立の動きもある。

☑☑☑ ニンシヤホイ族自治区（寧夏回族自治区）▶ **中国西北部に位置するホイ族（回族）の自治区**で，中心地は**インチョワン（銀川）**。黄河上流域にあり，砂漠化が進行している。住民は，漢族64.8%，**ホイ族34.5%**，満族0.4%。

☑☑☑ ホイ族（回族）▶ **シナ・チベット諸語に属する民族**。古くはトルコ人，アラブ人，ペルシャ人などを起源とするが，漢族との混血が進む。**イスラーム**を信仰する人々が多く，自治区以外にも全土に広がっている。

☑☑☑ コワンシーチョワン族自治区（広西壮族自治区）▶ **中国南部に位置するチョワン族（チワン族）の自治区**で，中心地は**ナンニン（南寧）**。南西部はベトナムと国境を接している。住民は，漢族62.8%，**チョワン族31.4%**，ヤオ族3.2%，ミャオ族1.0%。

☑☑☑ チョワン族 ▶ **タイ・カダイ語族に属する民族**。**中国の少数民族のうち人口は最大**で，中国南部からベトナムにかけて居住しており，道教などが信仰されている。

☑☑☑ 政府直轄市▶**省と同格の都市**で，**中央政府が直轄統治を行う。ペキン（北京），シャンハイ（上海），テンチン（天津），チョンチン（重慶）**の4市がある。

☑☑☑ チョンチン（重慶）▶**長江上流のスーチョワン盆地に位置する政府直轄市**。面積は北海道より広い。古くから**内陸の拠点**として栄え，**長江の水運**を利用し，物流拠点となっている。日中戦争中に，主要工場をチョンチンに疎開させたことを契機に工業化が進み，現在でも**自動車工業，機械工業**を中心に発展している。

☑☑☑ 特別行政区▶**「一国二制度」の考え方のもと，暫定的に自治権や独自の法律，市場経済体制の存続が認められている行政区**で，**ホンコン（香港），マカオ（澳門）**がこれにあたる。

☑☑☑ 「一国二制度」▶**中国は一つだが，制度は複数あることを容認する考え方**。ホンコン（香港），マカオ（澳門）の中国返還に伴う混乱を避けるため，ある程度の**自治権**と従来型の**市場経済**を一定期間認めた。将来的には台湾併合も視野に置いた手法ともいわれる。

☑☑☑ ホンコン（香港）▶**中国南部の特別行政区で，ホンコン島（香港島），カオルン半島（九龍半島），新界と周辺の島々**からなる。**アヘン戦争**（1840－1842年）に勝利した**イギリス**が，中国より割譲（ホンコン島，カオルン半島）・租借（新界）していたが，**1997年に中国に返還**された。古くから**中継貿易港**として栄え，中国への返還後は中国の対外経済の窓口として，**金融業，サービス業**を中心に発展している。

☑☑☑ マカオ（澳門）▶**中国南部，ホンコンに隣接する特別行政区**。**ポルトガル**の植民地であったが，**1999年に中国に返還**され，ホンコンとともに特別行政区となった。**観光開発**が進み，**カジノ**の収益も大きい。

☑☑☑ 漢族（漢民族）▶**シナ・チベット諸語に属し，中国語，漢字を使用する民族**で，**中国の人口の90%以上**を占める。中国語は，書き言葉では共通しているが，話し言葉は地域差が大きく，特に南部では方言（上海語，福建語，広東語など）が細分化しているため，**北京語をもとにした標準語の普及**を学校教育によって進めている。

☐☑☑ 満族（満州族）▶**中国東北部のリャオニン省（遼寧省）からロシア沿海地方を中心に，全国各地に散在している少数民族**。ツングース諸語に属する民族で，満州語を使用していたが，現在はほとんど使用されていない。かつて中国を支配していた**清は，満族（満州族）の王朝**で，中国とモンゴルの全土を支配した。少数民族としては，チョワン族，ホイ族（回族）に次いで多いが，清朝滅亡後は排斥を受けたこともあって，自治県はあるが**自治区は認められていない**。

☐☐☑ イ族▶**シナ・チベット諸語のチベット・ビルマ語派に属する民族**で，**ユンナン省（雲南省）**，スーチョワン省（四川省），コイチョウ省（貴州省）などに居住している。

☑☑☑ 中国の人口政策▶巨大な人口が中国の社会や経済の発展を阻害し，国民生活向上の妨げになるとして**1950年代中頃より人口抑制策**が採られるようになり，**1979年からは一人っ子政策**を始めたため**出生率は低下**した。しかし，出生数の急激な減少は，**急速な高齢化**をもたらしつつあるため，**2015年には一人っ子政策を廃止**し，子ども二人を理想とする**二人っ子政策（2015-2020）**に転換を図った。2021年からは，三人目の子どもの出産を認める政策へ移行している。

☑☑☑ 一人っ子政策▶**一組の夫婦が1人の子どもを産むことを徹底させるため，出産はすべて許可制にし，違反をすると罰金などを課させる制度（1979-2014年）**。**人口急増に歯止めをかけることには成功**し，**合計特殊出生率も1.6**と先進国に近い状態になったが，子どもの過保護問題，男性の出生数が女性を大きく上回ることによる男性の結婚難（農村では男子が重視された），人口の急速な高齢化などの問題が生じたため，**2015年に廃止**された。

☑☑☑ 中国の地域格差と人口移動▶中国では，**外国企業の投資が沿海部に集中**したこともあって，**工業は沿海部を中心に発達**してきた。そのため，**沿海部と内陸部の経済格差は大きく**，西部や中部の内陸農村から沿海部への人口移動が進んでいる。農村人口を確保し，都市人口を抑制するため**戸籍制度**を設けているが，非合法な人口移動も増加しており，工業労働者として潮（うしお）のように押し寄せることから**民工潮**（みんこうちょう）とよばれている。

☑☑☑ 民工潮（みんこうちょう）▶**農村地域から雇用機会と賃金収入を求めて都市部に移動してくる大量の人口移動**のことで，かつては**盲流**と呼ばれていた。移動してくる労働者のことは「農民工」という。

☑☑☑ 戸籍制度▶中国人は**農村戸籍**と**都市戸籍**のいずれかに定められ，農村戸籍を有する人は，農地の割り当てが認められている。**農村戸籍から都市戸籍への変更は難しい**が，非合法な移動を食い止めるため，規制の緩和も行われつつある。

☑☑☑ 西部大開発▶**経済発展から取り残された西部内陸地域と，豊かな東部沿海地域との経済格差を是正するため実施された開発政策**。改革開放政策は，市場経済の開発拠点を貿易に有利な沿海部に設けたため，**沿海部は著しく発展**したが，**西部内陸地域は立ち遅れ**，所得格差が著しく拡大した。このため，**2000年**に**西部大開発**とよばれる地域開発が打ち出され，スーチョワン省をはじめ西部の省，市，自治区を指定し，**道路，鉄道，工場などのインフラ整備**と**内外の企業誘致**が進められている。

☑☑☑ 西気東輸▶**西部大開発**における大規模プロジェクトで，**西部の天然ガスを開発し，沿海部に供給**。

☑☑☑ 西電東送▶**西部大開発**における大規模プロジェクトで，**西部の火力発電所や水力発電所で生産された電力を，沿海部に供給**。内モンゴルには，大規模な風力発電所が建設された。

☑☑☑ 南水北調▶**西部大開発**における大規模プロジェクトで，**過剰な取水によって生じた黄河の断流**（黄河が減水し，海まで到達しなくなる現象）**を解消するため，長江の水を運河によって黄河に導水**。

☑☑☑ 青蔵鉄道（チンツァン鉄道）▶**西部大開発**における大規模プロジェクトで，**チベットのラサとチンハイ省（青海省）のシーニン（西寧）を結ぶ鉄道を建設**。観光収入が増加。

☑☑☑ 退耕還林▶**西部大開発**における大規模プロジェクトで，**砂漠化を防止するため，斜面などを開墾した農地を放棄させ植林を実施**。東北から内陸北西部での植林活動は「**緑の長城計画**」とよばれる。

☑☑☑ スーチョワン省（四川省）▶**長江上流域の省で，省都はチョントゥー（成都）**。**内陸に位置**し，周囲を急峻な山岳地帯に囲まれるが，**温暖な気候と平野，長江の水運・水利に恵まれ，稲作が発達**するとともに，**重工業も発展**している。

☑☑☑ 東北振興▶**経済発展からやや取り残された中国東北部における経済の再生を図るための大規模プロジェクト**。東北地方では，**国有企業を中心に早くから鉄鋼業など重工業化**が行われてきたが，市場経済の導入後，国有企業による重工業中心の産業構造が発展の阻害要因となったため，**国有企業の経営改革**や**外資導入によるサービス産業の育成**を積極的に進めている。

☑☑☑ 「一帯一路」構想▶**中央アジアからヨーロッパに至る交易ルート（一帯）と，東南アジアからインドを経て中東，アフリカに至る海の交易ルート（一路）を構築しようとする政策**。**鉄道，道路，パイプラインなどインフラを整備**することによって，貿易や資金の往来を促進し，広域経済圏の確立を目指す。世界最大規模のインフラ投資で，建国100周年にあたる2049年までの完成を掲げている。

☑☑☑ 台湾▶**中華人民共和国成立後，中国国民党が台湾島に逃れ，中華民国を継承する国家であるこ**

とを主張している地域。**資本主義（市場経済）による経済発展**を進め，**アジアNIEs**の一角として経済成長している。特に，**半導体などコンピュータ関連産業**の発達が著しい。近年は，かつて対立していた中国とも徐々に経済交流が進んでいる。１人当たりGNIは26,514ドル（2019年）。

☑☑☑ タイペイ（台北）▶**台湾本島北部に位置する台湾最大の都市圏を有する都市**（中華民国の首都）。台湾の政治・経済の中心地。

□☑☑ シンチュー（新竹）▶**台湾本島の北西部に位置する都市**で，研究・開発機能を有する**サイエンスパーク**が設置されており，**ICT関連企業や工場も集積**するため，「**台湾のシリコンヴァレー**」と呼ばれている。アメリカ合衆国のシリコンヴァレーで働いていた華人が，台湾に戻り起業したことがきっかけとなり，エレクトロニクスなどのハイテク産業が発展した。

☑☑☑ カオシュン（高雄）▶**台湾本島の南部に位置し，台北に次ぐ経済の中心地**。**輸出加工区**に指定されているため，工業団地や重化学工業の工場が多数立地する。

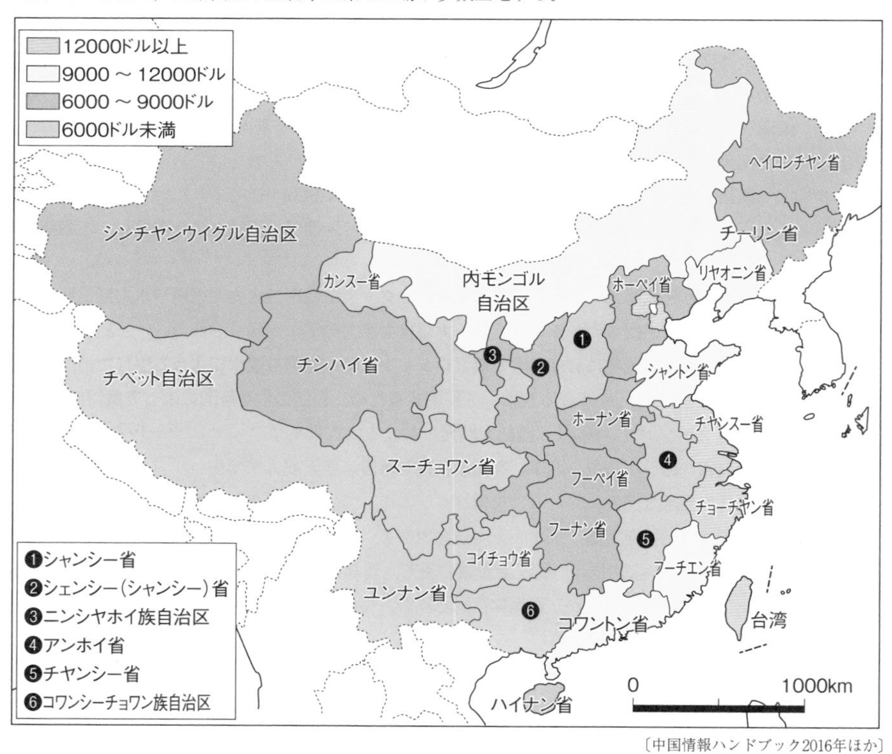

〔中国情報ハンドブック2016年ほか〕

図3-2-1-10 中国の行政区分

3 モンゴル

☑☑☑ モンゴル ▶ 首都はウランバートル。**かつては社会主義国**だったが，1992年に**市場経済**に移行した。大陸内部に位置するため，**国土の大半が乾燥気候**（**BW，BS**）。古くは移動式住居の**ゲル**による**遊牧生活**を送っている人々が多かったが，近年は**酪農**の発達などもあり，定住生活者も増加している。外資導入も進み，**モリブデン，銅鉱，金鉱など豊富な鉱産資源**にも注目が集まっている。１人当たりGNIは3,790ドル（2019年）。

☑☑☑ ウランバートル ▶ **モンゴル中北部，モンゴル高原に位置する同国の首都**（標高約1,300m）で，政治・経済の中心地。

4 韓国（大韓民国）

① 自然環境

☑☑☑ 朝鮮半島の地形 ▶ 朝鮮半島は，中国から続く**安定陸塊**の一部で地震も少ない。韓国は，**東高西低**の地勢で，東部には南北にテベク山脈が走るが，**西部には平野や丘陵**が広がる。南岸には出入りに富む**リアス海岸**が発達し，対馬海峡に面している。

☑☑☑ テベク山脈（太白山脈）▶ **朝鮮半島東部を南北に走る山脈**。漢江（ハンガン）はテベク山脈から流出する。

☑☑☑ 朝鮮半島の気候 ▶ 朝鮮半島の**北端は北緯42度**付近，**南端は北緯34度**付近で，日本とほぼ同緯度に位置。韓国北部は冬季寒冷な**Dw**（**亜寒帯冬季少雨気候**），南部は**Cw**（**温暖冬季少雨気候**）で**大陸性気候**だが，南岸は**暖流の対馬海流**の影響で**Cfa**（**温暖湿潤気候**）が分布。首都**ソウル**付近は，**夏季のモンスーン**の影響で温暖湿潤となるが，冬季は寒冷で乾燥した**シベリア気団**（**シベリア高気圧**）の影響で低温になり，降水量も少ない**大陸性気候**（図3-2-1-11参照）。

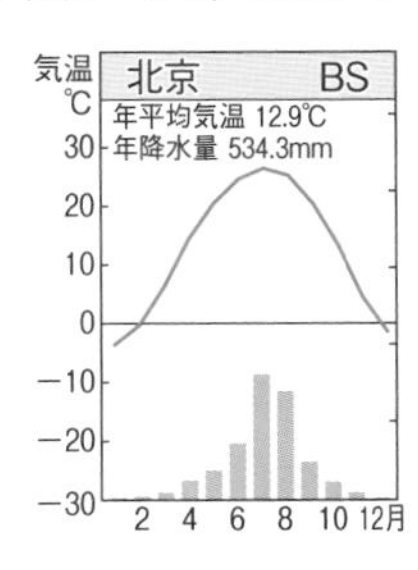

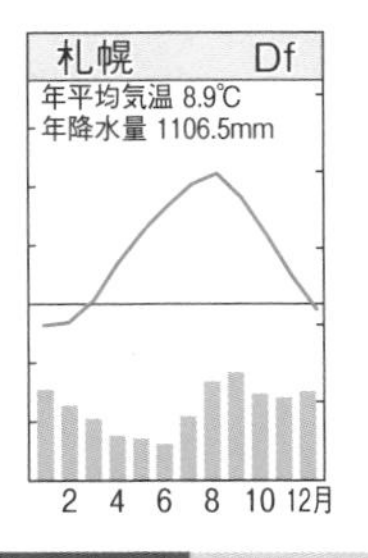

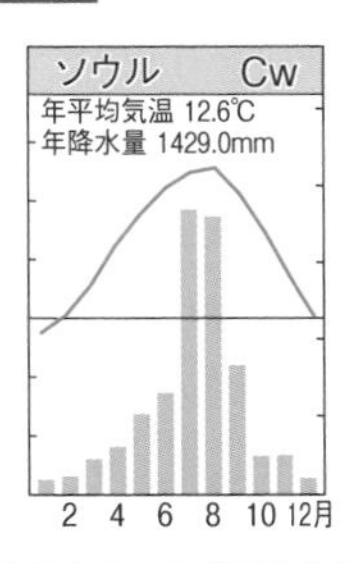

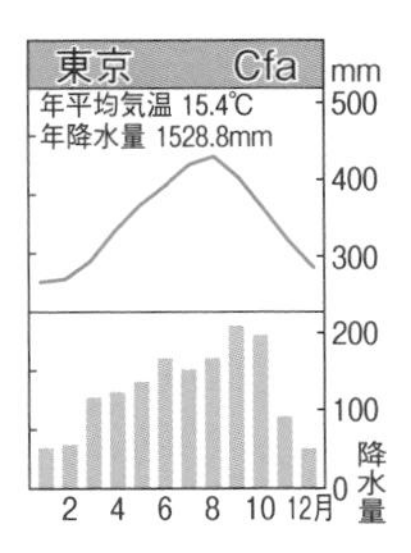

図3-2-1-11 北京・札幌・ソウル・東京の雨温図

② 歴史・文化

☑☑☑ 朝鮮半島の歴史 ▶ **1910年に，朝鮮半島は日本に併合**され植民地化された。第二次世界大戦後，日本の支配から解放された朝鮮半島は，アメリカ合衆国，イギリス，フランスとソ連によって分割して占領され，**1948年**にアメリカ合衆国に支援された**韓国**（**大韓民国**）とソ連，中国に支援された**北朝鮮**（**朝鮮民主主義人民共和国**）が**独立**した。**1950年には朝鮮戦争**が勃発し，その後**北緯38度線付近**（パ

ンムンジョム）を境に**休戦協定**が結ばれたものの，**分断国家**の状態が続いている。日本と韓国は，**1965年**に**日韓基本条約**を結び国交は正常化したが，北朝鮮との間には正式な国交を樹立していない。

☑☑☑ 韓国併合 ▶ 日露戦争後の**1910年，日本（大日本帝国）が韓国（大韓帝国）を併合して統治下に置いた出来事**。

□☑☑ 日韓基本条約 ▶ **1965年，日本と韓国の関係正常化を目的とした条約。日韓の国交回復が合意**され，付随する協約によって，**日本が朝鮮半島に残したインフラ，資産，権利を放棄，韓国に対する資金提供，韓国に対する経済協力，相互の請求権の完全かつ最終的な解決**などの取り決めが行われた。

☑☑☑ 朝鮮戦争 ▶ **1950年，中国とソ連が支援する北朝鮮とアメリカ合衆国などが支援する韓国との間で勃発した朝鮮半島の主権を巡る国際紛争**。1953年に休戦協定が結ばれ**北緯38度**付近（パンムンジョム）の軍事境界線が停戦ラインとなっている。日本に朝鮮（戦争）特需をもたらしたが，朝鮮半島は戦争により荒廃した。

☑☑☑ パンムンジョム（板門店）▶ **朝鮮半島中央部に位置する，朝鮮戦争停戦のための軍事境界線付近にある地区**。1953年以降，停戦協定遵守の監視が行われている。

☑☑☑ 北朝鮮 ▶ 首都はピョンヤン。第二次世界大戦後，ソ連の占領下に置かれた北部は，社会主義国家の**朝鮮民主主義人民共和国**として独立した。**社会主義**を理念とする北朝鮮は，朝鮮労働党による一党独裁を維持している。国土面積は韓国とほぼ同じだが，人口は1/2の2,500万人ほどで，1人当たりGNIも642ドル（2019年）。韓国と北朝鮮は，休戦状態のままで正式な国交はない。国境沿いのケソン工業団地で韓国企業が操業していたが，現在は行われていない。日本とも正式な国交を樹立しておらず，**日本人拉致（らち）問題**や近年の**核実験**，弾道ミサイルの発射などから関係改善が困難な状況にある。

☑☑☑ ピョンヤン ▶ **北朝鮮西部に位置する首都**。国内最大都市で，政治・経済の中心地。**テドン川**が市内を流れる。

☑☑☑ 韓国の宗教 ▶ 韓国では，中国から伝えられた**儒教**が人々の生活に広く浸透している。**仏教**も盛んではあるが，都市部を中心に**キリスト教**も広がり，信者は総人口の約**30%**にもおよび，キリスト教の教会も多数建立されている（図3-2-1-12参照）。

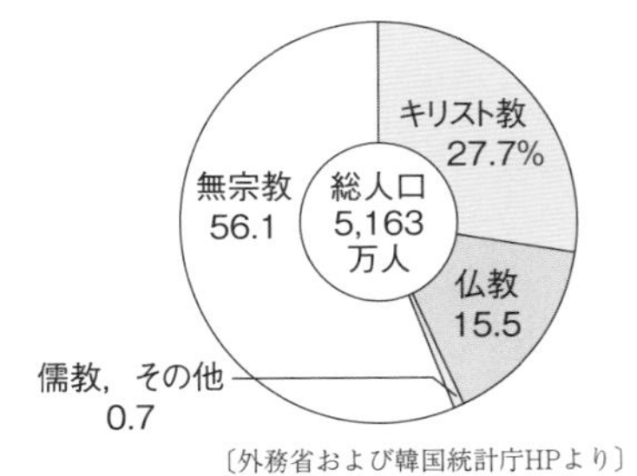

〔外務省および韓国統計庁HPより〕

図3-2-1-12 韓国の宗教別人口(2018年)

☑☑☑ 韓国の衣食住の文化 ▶ 韓国の伝統的な衣装に**韓服**（**ハンボク**）があり，冠婚葬祭など伝統的行事で使用されている。伝統的食材としての**キムチ**は，白菜，大根，キュウリなどに**トウガラシ**などを混ぜて発酵させた保存食である。

□□☑ 韓服（ハンボク）▶ **韓国（朝鮮民族）の伝統的な衣装**で，上着は**チョゴリ**，女性用のスカートは**チマ**，男性用のズボンは**パジ**と呼ばれ，現在は冠婚葬祭などに使用されることが多い。

☑☑☑ チマ・チョゴリ ▶ **韓国（朝鮮民族）の伝統的な女性の衣装**で，男女共通の上着であるチョゴリと巻きスカートのチマからなるが，女性用のチョゴリは丈が短い。

☑☑☑ 韓流（はんりゅう）▶ **2000年代以降，東アジアを中心に起こった韓国大衆文化の流行**。韓国は，1990年代末から**国家戦略**としてドラマ，音楽などの**文化産業を振興**し，韓流ドラマやK-POPなどの輸出を通じて，工業製品などの輸出促進につなげようとした。

□□☑ 族譜（ぞくふ）▶ **父系の家系を示した家系図**で，先祖の経歴なども記されている。韓国では，男性優位の父系の家族制度が長く続いていたため，族譜が現在でも受け継がれている。

☑☑☑ ハングル ▶ **朝鮮半島で生まれた表音文字**。韓国や北朝鮮では，**かつて漢字を用いてきた**が，現在はほとんどがハングルで表記される。ハングルは15世紀に朝鮮王朝・国王**世宗（セジョン）**が学者に命じて作らせたといわれている朝鮮民族特有の文字である。

☑☑☑ 儒教 ▶ **紀元前に中国で孔子が興したといわれる思考・倫理体系**。**中国，朝鮮半島，日本に影響**を与えたが，特に韓国では儒教の倫理が生活に浸透しており，**学問を重視する，年長者を敬う，先祖や家族の結びつきを重んじる**などの考え方が強く残っている。

☑☑☑ オンドル ▶ **冬季の寒冷な気候に対応するため，かまどの火で暖めた空気を住居の床下に送り，床を暖める伝統的な床下暖房**。近年は，中高層マンションの普及に伴い，温水パイプを利用した床暖房が増加し，燃料もかつての練炭から灯油，電気，ガスに変化している。中国の東北地方でも，床の一部を高くして煙を通し寝床を暖めるカンとよばれる暖房設備がある。

③ 産業の発展と変化

☑☑☑ 韓国の農業の変化 ▶ **高度経済成長**が始まった**1970年代以降農村人口が急減**し，都市と農村で経済格差が拡大したため，農村では**セマウル運動**という**農村振興政策**が進められた。その結果土地生産性をはじめとする**農業生産性は著しく向上**し，米は自給できるようになったが，日本と同様に食の多様化，高級化が進んだこともあり，飼料作物や肉類などの**食料自給率は低い**。一方で農家には所得保障なども行われ，**日本などへ輸出する野菜などの生産は増加傾向**にある。

☑☑☑ セマウル運動 ▶ **1970年に提唱された農村の近代化運動**で，「セマウル」とは「新しい農村」の意味。政府主導のもと，農民の生活改善，労働・土地生産性の向上，インフラ整備などを通じて，**所得を高める農村地域振興政策**が進められた。

☑☑☑ 韓国の急速な工業化と経済成長 ▶ 1960年代から工業化を進め，**1970年代には「漢江の奇跡」とよばれる高度経済成長**を遂げた。早くから**輸出指向型の工業化政策**を採り，**鉄鋼，造船などの重工業化**が進むとともに，**1990年代からは自動車，電気機械，エレクトロニクス**などの発展も著しく，先進国に匹敵する成長を遂げたため，**アジアNIEs**とよばれている。1996年には**OECD（経済協力開発機構）**にも加盟し，発展途上国へのODA（政府開発援助）も進めている。**1997年**からの**アジア通貨危機**で，経済は大きな打撃を受けたが，**財閥の改革**などによって活力を取り戻した。しかし，近年は**賃金水準の上昇**などにより**国際競争力が低下**しているため，中国など**発展途上国への海外投資**が進み，**国内産業の空洞化**が懸念されている。経済発展とともに貿易額も増加し，現在は輸出入ともに**最大の貿易相手国は中国**となっている。また**FTA（自由貿易協定）**も積極的に進めており，EU，ASEAN，アメリカ合衆国などと締結している。１人当たりGNIは33,790ドル（2019年）。

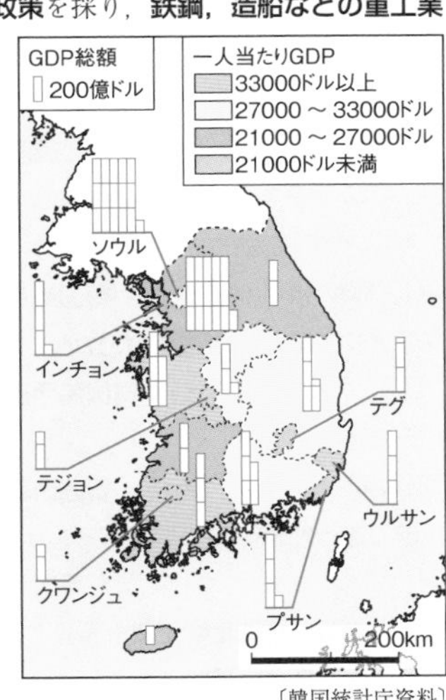

〔韓国統計庁資料〕

図3-2-1-13 韓国の地域別GDP（2015年）

☑☑☑ 漢江（ハンガン）の奇跡 ▶ **1970年代にみられた韓国の高度経済成長**のこと。**政府主導で重化学工業化**が推進され，飛躍的に高度経済成長を遂げた。**ソウル**を流れる**漢江（ハン川）**にちなんでこのようによばれている。漢江の奇跡には，**財閥の資本力**とともに**日本の資金援助や技術協力**の影響も大きかった。

☑☑☑ 財閥（チェボル）▶ **一族の独占的出資によるオーナー企業**で，各種中小企業を吸収し，独占的な経営を行う。韓国でも第二次世界大戦後，多くの財閥が形成され，**高度経済成長の牽引力**となった。**1997年のアジア通貨危機**を乗り切るため，**一部財閥の解体**が行われたが，依然として三星（サムスン），LGグループ，SKグループ，現代（ヒュンダイ，一部分割）などの財閥，旧財閥系グループの企業が韓国GDPの70%以上を占めている。

☑☑☑ アジア通貨危機 ▶ **1997年からタイを中心に始まったアジア諸国の通貨下落にともなう経済危機**で，東アジア，東南アジアの経済に大きな影響を及ぼした。特にタイ，インドネシア，韓国などの経済に大きな打撃を与えた。

☑☑☑ ソウル ▶ **韓国北西部に位置する首都で，韓国最大の都市**。韓国の総人口約5,100万人のうち，ソウルに約**1/5**が，ソウル大都市圏に約1/2が居住する**プライメートシティ**。自動車，電気・電子機器をはじめ各種工業が発達し，**インチョン**とともに一大工業地域（**キョンイン工業地域**）を形成している。

☐☑☑ 広域市 ▶ **韓国の行政単位で，ソウル特別市を除く人口100万人以上の都市**（すべてが広域都市に指定されているわけではない）。**プサン**（釜山）広域市，**インチョン**（仁川）広域市，**テグ**（大邱）広域市，クワンジュ（光州）広域市，テジョン（大田）広域市，ウルサン（蔚山）広域市がある。広域市は，日本の地方中枢都市（広域中心都市）にあたる。

☑☑☑ キョンイン工業地域（京仁工業地域）▶ **ソウル，インチョン大都市圏を中心とする韓国最大の工業地域**。多数の工業団地が立地する。

☑☑☑ キョンプ軸（京釜軸）▶ **ソウル大都市圏と日本海に面するプサン（釜山）を結ぶ国土軸**で，高速道路や高速鉄道が整備され，人・物・情報の往来が活発。

☐☑☑ セジョン（世宗）▶ **ソウルの南東100kmに位置する新都市**で，ソウルの過密化と安全保障上の問題（ソウルは北朝鮮に近い）を解消するため，行政機関など**首都機能の移転**が進められている。

☑☑☑ インチョン（仁川）▶ **ソウル，プサンに次ぐ韓国第3の都市**。ソウルの外港として発展し，**インチョン国際空港**が開港されたことにより，東アジアのハブ空港としての役割を担っている。空港付近の**ソンド（松島）地区**には，「**韓国のシリコンヴァレー**」とよばれる情報産業団地が建設されている。

☐☑☑ 東南工業ベルト ▶ **韓国東南部，日本海沿岸地域の工業地帯**で，**ポハン，ウルサン，プサン，テグ**などの工業都市が立地。キョンサン（慶尚）北道，キョンサン（慶尚）南道に広がる。

☑☑☑ ポハン（浦項）▶ **韓国南東部，日本海沿岸に位置する工業都市で，日本の資本や技術援助によるアジア最大級の製鉄所が立地**。ウルサン，プサン，マサンなどとともに**東南工業ベルト**を形成している。

☐☐☑ ヨス（麗水）▶ **韓国南西部，ヨス（麗水）半島に位置する港湾都市**で，**石油化学コンビナート**が立地している。

☐☑☑ マサン（馬山）▶ **韓国南部に位置し，1970年に輸出加工区（自由貿易地域）に設定された都市であったが**，2010年にチャンウォン（昌原）に編入された。

☑☑☑ ウルサン（蔚山）▶ **韓国南東部・日本海沿岸に位置する工業都市**で，世界有数の**造船所**が立地している。**石油化学工業**も発達し，韓国最大の自動車メーカー（ヒュンダイ）の生産拠点として，**自動車関連産業が集積**している。

☑☑☑ プサン（釜山）▶ **韓国南東部の日本海沿岸，対馬海峡に面する韓国第2の都市**。古くから日本と韓国を結ぶ交通の要衝として栄えてきた**港湾都市**で，コンテナ基地の整備により，**東アジアではシャ**

ンハイ（上海），ホンコン（香港），シェンチェンに次ぐ物流拠点となっている。

☐☐☑ テグ（大邱）▶ **韓国東南部内陸に位置し，ソウル，プサン（釜山）に次ぐ拠点都市**。かつては繊維工業で栄えたが，近年は**機械，金属，自動車，先端産業**などが基幹産業。

☐☐☑ クミ（亀尾）▶ **韓国中南部の内陸に位置し，工業団地の建設による電気機械工業の一大拠点**。テグなどとともに**ヨンナム内陸工業地域**を形成している。

☐☑☑ テジョン（大田）▶ **韓国中西部に位置し，ハイテク団地が立地する科学技術都市**。ソウルとも近いため，各種研究機関や政府機関も多く所在している。

☐☐☑ クワンジュ（光州）▶ **韓国南西部に位置する広域市**。大規模な工業団地が建設され，家電などの**電気機械，自動車**などの製造業が発達している。

☐☑☑ クラスター政策 ▶ **ソウルへの一極集中を是正するため，産業の地方分散を促す政策**。アメリカ合衆国の経営学者マイケル・ポーターが提唱するクラスター政策を導入し，**既存の工業地域に研究開発機能を持たせる**など**産学官の連携**を強化した。**「クラスター」とは，特定の産業を中心に，関連産業を地理的に集積させること**。

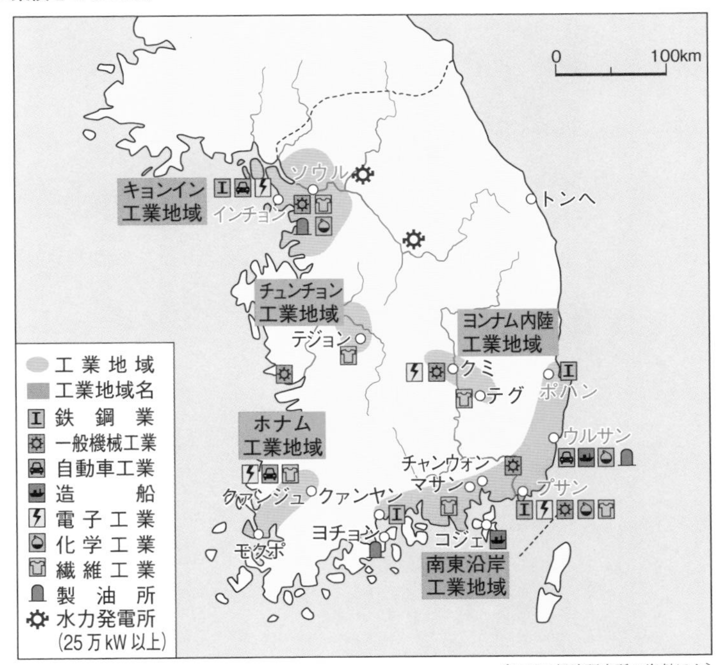

〔アジア経済研究所の資料ほか〕

図3-2-1-14 韓国の工業地域

④ 都市・人口問題

☑☑☑ 韓国の都市問題 ▶ 韓国では**高度経済成長期以降，農村から都市への人口流出**が激しくなり，**首都ソウルへの人口一極集中**が進んだ。ソウルには，総人口約5,100万人の約**1/5**が居住し，韓国全体の都市人口率も80%を上回っている。

☑☑☑ 韓国の人口問題▶**少子高齢化**が深刻で，**合計特殊出生率**も1980年代後半からは人口再生産が可能となる2.1を下回り，2022年には**0.84**と世界最低レベルになった。合計特殊出生率低下の原因は，**女性の社会進出**が急速に進んだにもかかわらず，**子育て環境の整備が遅れている**こと，**大学進学率が約80%と男女ともに超高学歴化が進んでいる**ことがあげられる。平均寿命も80歳を超えていることから高齢化も進んでいて，**2020年からは人口減少**に突入した。

第2節 東南アジア

1 東南アジアの自然環境

① 東南アジアの地形

☑☑☑ 東南アジアの地形▶**インドシナ半島，マレー半島などの大陸部**と**フィリピン諸島，スンダ列島などの島嶼部**からなる。ほぼ全域が**新期造山帯**に属し，**大半はアルプス・ヒマラヤ造山帯**だが，**フィリピン諸島は環太平洋造山帯**に位置。大陸部は険しい山地と**メコン川，チャオプラヤ川，エーヤワディー川**が形成した大規模な**三角州**などの**沖積平野**が広がる。**フィリピン諸島**は，**フィリピン海プレートがユーラシアプレート**に，**スマトラ島，ジャワ島などのスンダ列島**は**インド・オーストラリアプレートがユーラシアプレート**に**沈み込むプレートのせばまる境界**付近に形成された**島弧（弧状列島）**で，**海溝に並行して火山が多数分布**している。この付近は**地震の多発地帯**でもあり，**津波**の発生が大きな被害をもたらすこともある。インドシナ半島とカリマンタン島はプレート境界から離れているため，地殻変動が少ない（図3-2-2-1参照）。

☑☑☑ インドシナ半島▶**インドと中国の間に位置する半島**。東部は安定陸塊と古期造山帯だが，**大半は新期造山帯**の高峻な山地からなる。**ミャンマー，タイ，ラオス，カンボジア，ベトナム**が位置。

☑☑☑ マレー半島▶**インドシナ半島南部，マラッカ海峡を隔ててスマトラ島に対する半島**。北部は**Am（熱帯モンスーン気候）**だが，南部は**Af（熱帯雨林気候）**で，西岸には**マングローブ林**が発達。中央部から北東部にかけてはタイ，南部にはマレーシアが位置し，ジョホール海峡の対岸にはシンガポールがある。

☑☑☑ スンダ列島▶**インドシナ半島の南方を東西に走る列島**で，**スマトラ島，ジャワ島などの大スンダ列島**と**バリ島，ロンボク島，ティモール島などの小スンダ列島**からなる。大部分は**アルプス・ヒマラヤ造山帯**に属するが，スラウェシ島，ハルマヘラ島付近で，環太平洋造山帯と接合する。**スンダ海溝（ジャワ海溝）に沿って，多数の火山**が分布する。

☑☑☑ スマトラ島▶**マレー半島の南側，カリマンタン島の西側にあるインドネシアの島**で，グリーンランド，ニューギニア島，カリマンタン島，マダガスカル島，バフィン島に次ぐ世界で6番目の大島。マレー半島とは**マラッカ海峡**，ジャワ島とは**スンダ海峡**を挟んで対する。クリンチ山（3,805m）など**多数の火山**が分布し，トバ湖はカルデラ湖。**2004年**の**スマトラ沖地震**とそれに伴う津波で，北部の**アチェ州（バンダアチェ）**は甚大な被害を受けた。スマトラ島最大の都市は，北部のメダン。

☑☑☑ ジャワ島▶**インドネシアの首都ジャカルタが位置する島**で，インドネシアの**総人口の約60%が居住**する人口稠密(ちゅうみつ)地域。過密化を解消するため，スマトラ島，カリマンタン島などへの移住（**トランスミグラシ政策**）を奨励している。スラメット山，スメル山など**多数の火山**が分布し，地震の多発地域。**西部はAf（熱帯雨林気候）だが，東部はAw（サバナ気候）**。

☑☑☑ カリマンタン島（ボルネオ島）▶**インドネシア，マレーシア**（サバ州，サラワク州），**ブルネイにまたがる世界第3の大島**。南シナ海，ジャワ海，セレベス海などに囲まれる。アルプス・ヒマラヤ造山帯と環太平洋造山帯の合流点付近に位置し，ほぼ全域が**Af（熱帯雨林気候）**。最高峰はマレーシア・サバ州のキナバル山（4,095m）だが，**火山はみられない**。インドネシア語ではカリマンタン島，英語ではボルネオ島と呼ばれる。

□☑☑ スラウェシ島 ▶ **カリマンタン島東部に位置するインドネシア領の島。環太平洋造山帯とアルプス・ヒマラヤ造山帯の合流点**付近にあるため，Kの字状の形状。中心地はマカッサル。

□□☑ クラカタウ ▶ **インドネシアのジャワ島とスマトラ島を境するスンダ海峡に位置する火山島の総称**で，現在は主に4つの島からなる。1883年に人類の歴史上最大と言われる大噴火を起こした。

□□☑ タンボラ山 ▶ **インドネシアのスンバワ島にある成層火山**。1815年に大噴火し，異常気象をもたらした。

□□☑ アグン山 ▶ **インドネシアのバリ島にある成層火山**。山麓にはバリ・ヒンドゥーの総本山が建てられている。

☑☑☑ スンダ海溝（ジャワ海溝）▶ **インド・オーストラリアプレートがユーラシアプレートに沈み込んで形成された海溝**。スンダ海溝に沿って，大小スンダ列島が位置し，**海溝に並行して多数の火山**が分布している。2004年の**スマトラ島沖地震**は，スンダ海溝の北端を震源とした。

☑☑☑ フィリピン海溝 ▶ **フィリピン海プレートがユーラシアプレートに沈み込んで形成された海溝**で，西方には**フィリピン諸島**が位置する。これまでも頻繁に海溝型地震が発生してきた。

☑☑☑ 南シナ海 ▶ **インドシナ半島，マレー半島，カリマンタン島，フィリピン諸島，中国に囲まれた海域**。南西部には広大な**大陸棚**が広がる。重要なシーレーン（通商航路）で，**南沙（なんさ）群島（スプラトリー諸島）**は，中国，台湾（以上群島全体の領有を主張），ベトナム，マレーシア，フィリピン，ブルネイ（以上群島の一部の領有を主張）が領有権を主張，西沙群島（パラセル諸島）は中国，台湾，ベトナムが領有権を主張している。

☑☑☑ メコン川 ▶ **チベット高原から流出し，中国・ユンナン省（雲南省），タイ・ラオス国境，カンボジアを流れベトナムで南シナ海に注ぐ東南アジア最長の河川**。河口付近には大規模な**三角州**を形成し，**稲作**を中心とする肥沃な農業地帯となっている。近年は，上流部の中国で多数のダムが建設され，下流域における水資源の減少や生態系への影響が危惧されている。

☑☑☑ チャオプラヤ川 ▶ **インドシナ半島北部から流出し，バンコクからタイランド湾に注ぐ河川**。河口付近には，大規模な**三角州**を形成する。流域は**世界有数の稲作地帯**で，内陸水運も発達している。

☑☑☑ エーヤワディー川 ▶ **ヒマラヤ山脈から流出し，ミャンマー中央部を南北に流れ，マルタバン湾に注ぐ河川**。メコン川，チャオプラヤ川と同様に河口付近には，大規模な**三角州**を形成している。

☑☑☑ スマトラ沖地震 ▶ **2004年，スマトラ島北西沖で発生した大地震**で，震源は**スンダ海溝（ジャワ海溝）**付近。インド・オーストラリアプレートがユーラシアプレートに沈み込むことによる**海溝型地震**で，最大30m以上の津波を発生させ，インドネシア，タイ，マレーシアなどの

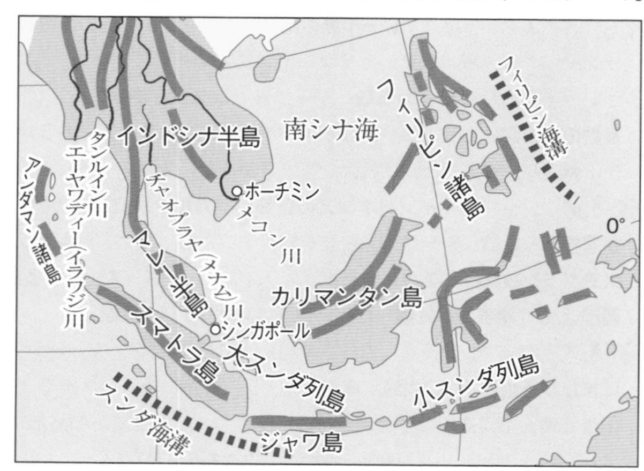

図3-2-2-1 東南アジアの地形

東南アジア諸国だけでなく，インド，スリランカ，モルディブ，東アフリカにまで達し，甚大な被害を与えた。

② 東南アジアの気候

☑☑☑ 東南アジアの気候 ▶ 東南アジアのほぼ**全域が，赤道と回帰線間**に位置。インドシナ半島北部の温帯を除き，**大部分が熱帯気候**。マレー半島とスマトラ島，カリマンタン島などの島嶼(とうしょ)部は**Af**（**熱帯雨林気候**）だが，インドシナ半島とジャワ島東部以東は，雨季と乾季が明瞭な**Aw**（**サバナ気候**）が分布している。**モンスーン**（季節風）の影響も強く受け，夏季（5～10月）にはインド洋から湿潤な**南西モンスーン**が吹き，冬季（11～4月）には**北東モンスーン**が吹く。インドシナ半島西部は降水量が多く，**Am**（**熱帯モンスーン気候**）もみられる（p.245 図3-2-1-2 参照）。

2 東南アジアの歴史と民族

☑☑☑ 東南アジアの歴史 ▶ **インド文化圏**と**中国文化圏**の間に位置し，**インド洋と太平洋を結ぶ海上交通の要衝**(ようしょう)として栄えた。19世紀以降に，イギリス，フランス，オランダ，アメリカ合衆国など**欧米列強により植民地化**され，**プランテーション作物**やすず鉱などの**鉱産資源**の**生産拠点**となった。

☑☑☑ 東南アジアの言語・民族 ▶ インドシナ半島のタイ，ラオスは**タイ・カダイ語族**，ミャンマーは**シナ・チベット諸語**，ベトナム，カンボジアは**オーストロアジア語族**，島嶼部のマレーシア，インドネシア，フィリピンなどは**オーストロネシア語族**に属する言語を使用。

☐☐☑ タイ・カダイ語族 ▶ p.225参照

☑☑☑ シナ・チベット諸語 ▶ p.224参照

☑☐☑ オーストロアジア語族 ▶ p.224参照

☑☑☑ オーストロネシア語族（マレー・ポリネシア語族） ▶ p.225参照

☑☑☑ 東南アジアの宗教 ▶ 6世紀頃から13世紀頃にかけては**インド文明**の影響を受け，**インドシナ半島では仏教**が普及。現在でもインドシナ半島の**タイ，ミャンマー，カンボジア，ラオスでは上座仏教**，**ベトナムでは大乗仏教**が信仰されている。13世紀以降は，海の交易ルートを通じてイスラーム商人により**イスラームが島嶼部を中心に広がった**ことから，**マレーシア，インドネシア，ブルネイではムスリム（イスラム教徒）が多数**を占めている。**フィリピン**と**東ティモール**は，植民地支配の影響を受け，**キリスト教のカトリック**を信仰する人々が多い。

☑☑☑ バリ島 ▶ **インドネシア，ジャワ島東部の島**で，周辺地域がイスラーム化した後も古い時代に伝播(でんぱ)した**ヒンドゥー教**が信仰され，バリの文化と融合した独自のヒンドゥー文化圏（**バリ・ヒンドゥー**）を形成しており，重要な**観光資源**にもなっている。

☑☑☑ ミンダナオ島 ▶ **フィリピン諸島南部，ルソン島に次ぐ第2の島**。ルソン島や，セブ島などのビサヤ諸島では，カトリックが多数派を占めているのに対し，ミンダナオ島西部には**モロ人**とよばれる**イスラム教徒**が居住しており，反政府運動なども行われてきた。

☐☑☑ モロ人 ▶ **ミンダナオ島，スル諸島などを中心に居住するイスラム教徒**。モロとはスペイン支配時からのイスラム教徒の総称で，さまざまな少数民族からなる。

☑☑☑ 東南アジアの旧宗主国 ▶ 産業革命を経て19世紀に入ると急速に植民地化が進み，**タイを除いてほぼ全域が欧米諸国の植民地**になった。**ミャンマー**（1948年），**マレーシア**（1957年），**シンガポール**

(1965年)，**ブルネイ**（1984年）は**イギリス領**，**ベトナム**（1945年），**ラオス**（1953年），**カンボジア**（1953年）は**フランス領**，**インドネシア**（1945年）は**オランダ領**，**フィリピン**（1946年）は**スペイン領**（1571〜1898年）から**アメリカ合衆国領**（1898〜1946年），**東ティモール**（2002年）は**ポルトガル領**（1859〜1974年。1975年以降はインドネシアの統治）となったが，**第二次世界大戦後に独立**を果たした。（　）内は独立年または旧宗主国の支配期間。

3 ASEANの成立と発展

☑☑☑ ASEAN（Association of South-East Asian Nations：東南アジア諸国連合）▶p.177，238参照

☑☑☑ AFTA（ASEAN Free Trade Area：ASEAN自由貿易地域）▶**1993年，域内の市場統合を目指して設立された東南アジアの地域経済協力**で，2015年には**AEC**（**ASEAN Economic Community：ASEAN経済共同体**）を発足させた。AECでは，大半の物品について**域内関税を撤廃**し，高水準で**モノの自由化**を実現させている。

☑☑☑ AC（ASEAN Community：ASEAN共同体）▶2003年のASEAN首脳会議で採択された**ASEAN経済共同体**（**AEC**），**ASEAN安全保障共同体**（**ASC**），**ASEAN社会・文化共同体**（**ASCC**）**の総称**で，2025年までにより強固な地域共同体の構築を目指している。

図3-2-2-2 ASEAN諸国

4 東南アジアの農業の地域性と変化

☑☑☑ 東南アジアの農業▶古くからインドシナ半島の山岳地帯や丘陵地では**焼畑農業**が行われ，大河川の**デルタ地帯では稲作**が自給用，商業用として発達してきた。**チャオプラヤ川の沖積低地**や**メコン川のトンレサップ湖付近**では**浮稲**（うきいね）が栽培され，島嶼部の傾斜地では**棚田**（たなだ）も作られてきた。かつては自給的農業の性格が強かったが，近年の経済発展の影響で，各国の農業にも変化がみられる。タイでは**輸出向けの農業関連産業**の育成に力を入れ**野菜，果物，畜産物の輸出が拡大**しているが，一方ではマレーシアのように農業労働力の不足が懸念されている国や，インドネシアのように伝統的農業の衰退が懸念されている国もある。

☑☑☑ 浮稲（うきいね）▶**東南アジアや南アジアのデルタ地帯で古くから栽培されていた稲**で，河川の氾濫による水かさの増加に合わせ数mも成長する。1ha当たり収穫量はわずかに1〜2tで，**土地生産性は低い**。

☐☑☑ トンレサップ湖▶**カンボジアに位置する東南アジア最大の湖**。**トンレサップ川**が流出し，メコン川に流入するが，雨季の増水時にはトンレサップ川が逆流し，著しく湖面面積が拡大することによって**遊水池**の役割を果たす。多くの水上生活者でも知られる。

☑☑☑ 東南アジアの稲作▶**モンスーンによる降水**と**大河川のデルタ地帯の肥沃な沖積土**に恵まれる東南アジアでは，古くから**稲作**が発達し，現在でも世界有数の稲作地帯を形成している。二期作が可能な

地域を除けば，土地生産性が低かったが，1960年代以降は「**緑の革命**」による**高収量品種の導入，化学肥料の投入，灌漑設備の整備，トラクターなど農業機械の普及**などが進められたため，生産性が著しく向上し，多くの国で**米の自給率が上昇**した。一方，種子，化学肥料，農薬，揚水ポンプの購入などには多額の資金を要するため，**農家間格差が拡大**し，貧しい農民の離農やそれに伴う耕作放棄地の拡大が問題となっている。また，ルソン島北部やバリ島の傾斜地では伝統的な**棚田**による稲作も行われている。

☑☑☑ **緑の革命** ▶ p.126参照

☑☑☑ **東南アジアの焼畑農業** ▶ **インドシナ半島やカリマンタン島の山岳地帯**では，古くから自給用の**陸稲**や**根菜類**を栽培する**焼畑農業**が行われてきた。近年は，現金収入を求めて焼畑による野菜の栽培などが増加し，**焼畑面積の拡大**や**休耕期間の短縮**など**非持続的な焼畑**もみられるようになり，環境への影響が懸念されている。

☑☑☑ **東南アジアのプランテーション農業** ▶ 19世紀以降に，**欧米諸国の植民地政策**によって，**ヨーロッパ市場向けのプランテーション（大農園）**が多数拓（ひら）かれたが，第二次世界大戦後は，**民営化**や**国有化**されているプランテーションが多い。プランテーション作物は，地域の自然環境によってさまざまな種類が栽培され，**多雨地域では天然ゴム，バナナ，油ヤシ**，**雨季・乾季が明瞭な地域ではサトウキビ，コーヒー**が栽培されている。

マレーシアでは，天然ゴム農園の経営がマレーシア系企業に移行し，さらに**1970年代以降，天然ゴムから油ヤシへの転換**が進んでいる。近年の**パーム油**人気の影響で，**インドネシア**でも1980年代以降，油ヤシ農園が急速に拡大し，**パーム油はインドネシアとマレーシアで世界生産量の80%以上**を占めるようになった。**フィリピン**では，1960年代に**アメリカ合衆国や日本の多国籍企業（アグリビジネス）**によって**バナナ**農園が開発され，主に**日本に輸出**されている。**ベトナム**では，1990年代以降，**ドイモイ**による市場経済の導入によって，**コーヒー**農園が拡大し，**ブラジルに次ぐコーヒー豆の輸出国**に成長している。

☐☑☑ **強制栽培制度** ▶ **指定した農作物を現地の農家に強制的に栽培させ，植民地政府が買い上げる制度**で，米など自給用作物の生産が妨げられた。**オランダのサトウキビやコーヒーの強制栽培制度**が知られている。

☑☑☑ **マレーシアの天然ゴム** ▶ 第二次世界大戦前，天然ゴムは**自動車産業など工業用の原料**として需要が高まり，**イギリス資本**によって栽培が拡大した。マレーシアは世界最大の天然ゴム生産地であったが，**1970年代以降**，**天然ゴムの老木化による生産量の減少**と**合成ゴムの普及による価格低迷**，世界的な油脂消費の拡大などにより，**油ヤシへの転換**が進んだ。しかし，依然として**天然ゴムの主産地は東南アジア**であり，**タイ，インドネシア**，ベトナム，マレーシアなどでの生産量が多い。

5 東南アジアの工業化の進展

☑☑☑ 東南アジアの工業化▶植民地時代には，原油，すずなど**豊富な鉱産資源の開発**が行われたが，宗主国の利益にはなっても，東南アジアの工業化には結びつかず，**特定の鉱産資源や農産物の輸出に依存するモノカルチャー経済**に陥(おちい)っていた。独立後は，積極的に工業化を進め，1970年代からは**輸出加工区**を設置し，外国企業を誘致する**輸出指向型の工業化**を進めたことから，**ASEAN諸国の工業化**は急速に進み，大半の国の輸出品第１位は工業製品になっている。また，**AFTA**（**ASEAN自由貿易地域**）の発足により，**域内の貿易や投資の自由化**が進んだため，各国の経済協力による**域内国際分業**が進展している。

☑☑☑ 輸出加工区▶p.155参照

☐☑☑ 成長のトライアングル▶**ASEAN域内の経済圏構想**。早くから工業化が進んだ**シンガポールなどのASEAN先進地域の経済成長を，周辺の後進地域に波及させる構想**で，シンガポールでの製品開発を行い，インドネシアのバタム島で組み立て，マレーシアのジョホール地域で加工するという比較的狭い地域での**企業内国際分業**などの例が挙げられる。

☐☑☑ バタム島▶**シンガポール島とビンタン島の間に位置するインドネシアの島**。**自由貿易地域**に指定されており，電子部品・電子機器などの生産が盛んである。

☐☑☑ ジョホール州▶**マレーシアのマレー半島最南端の州**で，中心地は**ジョホールバル**。ジョホール海峡を挟んで対岸にシンガポールがあり，橋で結ばれている。

☐☑☑ 大メコン圏▶**工業化が進むタイの経済成長をインドシナ半島全域に波及させる構想**で，**メコン川の水運の利用**や**インドシナ半島を縦断する道路**など**交通インフラの整備**によって，**先進地域の資本・技術**と**後進地域の豊富な低賃金労働力**などを結びつけ，**中国**を含む国際分業体制を構築しようとしている。

6 東南アジアの各国地誌

☑☑☑ シンガポール▶**マラッカ海峡に面するシンガポール島と周辺の小島からなる島嶼(とうしょ)国**。第二次世界大戦後は，マレーシア連邦の一員となるが，**マレー人優先政策に反発**して，1965年に**分離独立**。人口は約590万人で，**中国系74.1%，マレー系13.4%，インド系9.2%**。公用語は**マレー語**，**中国語**，**タミル語**，**英語**の４言語，宗教は仏教33.3%，キリスト教18.3%，イスラーム14.7%，道教10.9%，ヒンドゥー教5.1%。戦前は，イギリスの海峡植民地の一つで，**中国系住民の活動により中継貿易で繁栄**していた。独立後は，早くから**輸出指向型の工業化**を進め，**NIEs**（**新興工業経済地域**）とよばれるようになった。近年は，**英語**やアジアの主要言語（中国語，タミル語，マレー語）が普及していること，**インフラの整備**が進んでいることから，**多国籍企業の地域統括会社が集中**し，**国際金融センター**として頭角を現している。また，**「インテリジェント・アイランド」構想**により，全国を光ファイバーで結ぶ計画も実施されている。１人当たりGNIは58,390ドル（2019年）。

☑☑☑ マラッカ海峡▶**マレー半島とスマトラ島を隔てる海峡**で，南東端のシンガポール海峡を含む。**太平洋とインド洋を結ぶ海上交通の要衝(ようしょう)**（**シーレーン**）で，タンカー，コンテナ船が行き交う。**大陸棚**上にあるため浅く，シンガポール付近は特に狭いため，超大型のタンカーの航行は困難。

☑☑☑ タミル語▶**ドラビダ語族に属する言語**で，主に**南インド**（タミル・ナードゥ州の公用語）で使用されている。ここから移住したスリランカ，マレーシア，シンガポールなどにも話者がおり，**スリランカとシンガポールでは公用語**の一つとなっている。

□□☑ インテリジェント・アイランド構想 ▶ **シンガポールの国家IT戦略として，情報化国家を目指す構想**で，1992年に提唱された。IT2000（2000年までにインテリジェントアイランド化を目指す）とも言われ，シンガポール**全土にブロードバンド（広帯域）の通信インフラを整備しようとした計画。**

☑☑☑ ジュロン工業団地 ▶ **シンガポール西部に位置する同国最大の工業地域**。沖合の島々を埋め立てた人工島のジュロン島とシンガポール島のジュロン地区からなる。1960年代より開発が進められ，**職住近接型の工業団地・ニュータウン**として建設された。**ジュロン地区にはハイテクパーク**も設置され，**ジュロン島には石油関連産業が集積**している。

□☑☑ 地域統括会社（Regional Headquarters：RHQ） ▶ **多国籍企業が世界各地の工場や子会社，販売店を効率よく運営・管理するため，地域の拠点に配置した会社**で，現地子会社の事業を統括，調整，支援する（例：アメリカ系A社のアジア・オセアニア支社をシンガポールに配置など）。

☑☑☑ マレーシア ▶ 首都はクアラルンプール。**マレー半島南部とカリマンタン島北部（サバ州，サラワク州）**に位置。国土の大部分が**Af（熱帯雨林気候）**で，国土の約70%が熱帯林に覆われる。**マレー系62%，中国系22.7%，インド系6.9%**などからなる**多民族国家**。公用語（国語）は**マレー語**で，**イスラーム60.4%**，仏教19.2%，キリスト教9.1%，ヒンドゥー教6.3%。**イスラームを国教**とする。多数を占める先住のマレー系住民に対し，イギリス領時代に移住してきた**中国系住民が経済的に優位**であったため，**マレー系住民を優遇する政策（ブミプトラ政策）**を採り，格差の是正を図っている。かつては，カリマンタン島のサバ州，サラワク州などから合板の原料となるラワンなどの木材（現在は丸太の輸出禁止），すず，天然ゴムなど**一次産品の輸出に依存していたが**，1970年代には**ペナン島**に自由貿易地域を設けて輸出促進政策を進め，1980年代からは**ルックイースト政策**による**輸出指向型工業化政策**を進めた。日本などの家電メーカーの進出もあり，**半導体の集積地**をつくるなど**電気・電子産業の発展が著しい。**東南アジアではシンガポールに次いで工業化が進んでいる。1人当たりGNIは11,230ドル（2019年）。

☑☑☑ クアラルンプール ▶ **マレーシアの首都で，同国の経済の中心地**。郊外には「**マルチメディア・スーパーコリドー**」と呼ばれる総合開発地域に含まれる**サイバージャヤ**など**ハイテク関連企業が集積**している。また，新行政首都**プトラジャヤ**へも一部の政府機関が移転している。

□□☑ プトラジャヤ ▶ **首都クアラルンプールの南に位置する開発中の連邦直轄領。マレーシアの行政新首都**として，首相官邸機能などの政府機関を移転しつつある。

☑☑☑ ブミプトラ政策 ▶ **先住のマレー系と経済的実権を握る中国系などとの格差を是正するために採られたマレー系住民優先政策**。独立後から各種のマレー系住民優先政策は実施されていたが，1971年からはブミプトラ政策（ブミプトラは「土地の子」の意）が本格的に導入され，マレー系住民に対して国立大学への入学，公務員の採用など**教育，雇用，起業の面でさまざまな優先権**を与えた。

☑☑☑ ルックイースト政策 ▶ **1981年，マレーシアのマハティール首相が提唱したマレーシアの近代化政策**で，**日本，韓国，台湾などの経済的な成功をモデル**として，日本の企業の在り方や勤労倫理を学ぼうとした。

☑☑☑ サイバージャヤ ▶ **首都クアラルンプールの郊外に位置する新興都市**で，**マルチメディア・スーパーコリドー**と呼ばれる総合開発地域に含まれる。情報通信インフラが整備され，内外の**ハイテク企業が多数集積**している。

□☑☑ マルチメディア・スーパーコリドー（MSC：Multimedia Super Corridor） ▶ **情報化社会に**

対応できる国づくりを実現しようとするマレーシアの国家プロジェクト。首都クアラルンプール周辺地域に**高速通信インフラを整備**し，**ICT産業を中心とする知識集約型産業を育成**することを目指す。

☑☑☑ ブルネイ ▶ 首都はバンダルスリブガワン。**カリマンタン島北西部**に位置し，マレーシア領によって国土を二分される。全土が**Af（熱帯雨林気候）**で，年間を通じて高温多雨。1984年，**イギリス**から独立し，国連とASEANに加盟。人口は約44万人で，**マレー系65.7%**，中国系10.3%など。公用語は**マレー語**で，**イスラーム80.4%**，仏教7.9%，キリスト教3.2%。**石油と天然ガスが重要な外貨獲得源**。エネルギー依存型の経済から脱却を図るため，国際金融業，観光業などへの多角化を目指す。1人当たりGNIは32,230ドル（2019年）。

□□☑ バンダルスリブガワン ▶ **ブルネイの首都**で，同国最大都市。オイルマネーの流入により，インフラが整備され，ブルネイ国際空港も位置する。

☑☑☑ タイ ▶ 首都はバンコク。**インドシナ半島の中央部**を占め，西はミャンマー，南はマレーシア，東はラオス，カンボジアと国境を接する。ラオスとの国境付近には**メコン川**，国土のほぼ中央部には**チャオプラヤ川**が流れる。インドシナ半島部分は**Aw（サバナ気候）**だが，マレー半島部分は**Am（熱帯モンスーン気候）**。人口は約**7,000万人**で，タイ人98.8%，中国系，ミャンマー人，ラオス人，カンボジア人など。公用語は**タイ語**で，宗教は**仏教83%**，イスラーム9%など。**イギリス，フランスの緩衝国**として，**第二次世界大戦前から独立**。戦後は，米，野菜・果実，魚介類，天然ゴムなど一次産品が輸出の上位を占めていた。現在でも**インドに次ぐ米の輸出国**で，農畜産物の加工業も発達している。**1980年代以降，日本をはじめとする自動車メーカーが多数進出**し，ASEAN域外への完成車を輸出する**自動車産業の集積地**になっている。シンガポール，マレーシアに次いで工業化も進んでいることから，周辺地域より合法・非合法の出稼ぎ労働者が多数流入している。

☑☑☑ 緩衝国 ▶ **複数の国（勢力）の間に位置し，衝突を防ぐ役割を果たしている国**。第二次世界大戦前の**タイ**（イギリス・フランス），東西冷戦時代のオーストリア，フィンランド（西側資本主義国・東側社会主義国）など。

☑☑☑ バンコク ▶ **タイ南部，タイランド湾に面する首都**で，人口，都市機能が集積する**プライメートシティ**（約880万人）。郊外には**自動車**を初め多数の工業団地が立地している。近年は，自動車の急増に伴う**交通渋滞**と**大気汚染**が深刻化しているため，**高速道路，地下鉄，高架鉄道など交通インフラの整備**が進められている。

□☑☑ チェンマイ ▶ **タイ北部に位置し，周囲を山地に囲まれる古都**（13世紀，ランナー王朝時代の首都）。タイ北部の政治・経済・文化の中心地で，「北方のバラ」と呼ばれ，数多くの仏教遺跡や寺院がある。

□☑☑ プーケット島 ▶ **タイ南部のアンダマン海に浮かぶ同国最大の島**。かつては**すず**の採鉱と交易で栄えたが，現在は**世界有数の海岸リゾート地**として知られる。

☑☑☑ フィリピン ▶ 首都はマニラ。**ルソン島，ミンダナオ島**などの**フィリピン諸島**からなる島国で，西は南シナ海，東には**フィリピン海溝**，太平洋に面する。**火山**も多く分布し，1991年には**ピナトゥボ山**が20世紀最大の火山噴火を引き起こした。全土が**Af（熱帯雨林気候），Am（熱帯モンスーン気候）**で，**夏季の南西モンスーン，冬季の北東モンスーンがともに降水**をもたらす。人口は約**1.1億人**で，**タガログ人28.1%**，セブアノ人，イロカノ人，ビサヤ人などの**マレー（オーストロネシア）系**が大部分を占める。宗教は，**キリスト教が92.7%（カトリック**は81.1%）と多いが，イスラームも5.0%（**モロ人**）。公用語は**フィリピノ語**と**英語**だが，学校教育や各民族の共通語としては英語が使用されている。近年は，

英語圏の有利性をいかし，**コールセンター**の立地もみられ，**日本やアメリカ合衆国など他国への出稼ぎや移民**も増加している。先進国やNIEsなどからの投資による工業化も進み，輸出品の50%以上を**電気機械**が占めている。

☑☑☑ ルソン島 ▸ **フィリピン諸島の北端に位置するフィリピン最大の島**。首都**マニラ**，最大都市**ケソン**が位置し，同国の人口の約45%が居住する。地形は山がちで，**ピナトゥボ山，マヨン山**などの火山が多数分布する。フィリピンの主要な産業はルソン島に立地しており，**マニラ首都圏**（メトロ・マニラ）には主要な企業の大部分が集積している。

☑☑☑ ミンダナオ島 ▸ **フィリピン諸島南部に位置する同国第2の島**。フィリピンでは最も低緯度に位置することから，**台風の被害も少ない**。ルソン島と同様に山がちで，**アポ山**（2,954m）などの火山もある。主要な産業は**バナナ，パイナップル，コーヒー，ココヤシなどのプランテーション農業**だが，同国の中では経済発展が遅れている。キリスト教のカトリックを信仰する人が多いが，**イスラム教徒である「モロ人」**も少数ながら居住しており，同国のイスラームの拠点となっている。

☐☐☑ タガログ人 ▸ **マレー（オーストロネシア）系のタガログ語を母語とするフィリピンの主要民族**。主に**マニラ**を中心とするルソン島南部に居住。

☑☑☑ フィリピノ語 ▸ **ルソン島中南部一帯で話されていたタガログ語を標準化し，ラテン文字を使用した言語**で，**多言語国家**であるフィリピンでは国内全域で通じる言語の必要性から，フィリピノ語と英語を公用語とした。

☑☑☑ マニラ ▸ **ルソン島中南部にある首都**。マニラとその周辺地域（**メトロマニラ：マニラ大都市圏**）には，総人口約1億人の1/3近くが居住している。良港に恵まれスペイン統治時代から**港湾都市**として栄えた。高層マンションやオフィスビルが建ち並ぶが，インドネシアのジャカルタとともに，スプロール化も進み，**スラムの拡大**も深刻化している。

☐☐☑ ケソン ▸ **ルソン島中南部，メトロマニラ**（マニラ大都市圏）**に位置するフィリピン最大の都市**で，旧首都（1948-1976）。マニラの北東に隣接する計画的な政治都市として発達し，現在でも中央政府の一部官庁や出先機関が多い。

☐☐☑ ダヴァオ ▸ **ミンダナオ島南部，ダヴァオ湾に面した港湾で，フィリピン第3の都市**。古くから**バナナ，マニラ麻（アバカ）**，ココヤシなどのプランテーション作物の集散地として栄えた。

☐☑☑ 開発独裁体制 ▸ **国民の政治参加を制限することによって，長期間政権を維持し，経済開発を進める体制**。**フィリピン**や**インドネシア**では，少数の支配者層がアメリカ合衆国などを後ろ盾として独裁体制を続けた。

☑☑☑ コールセンター ▸ **企業などの顧客に対して，電話対応業務を専門に行う事業所や部門のこと**。海外への対応は，主に**英語**を使用し，**24時間体制**を敷く必要があるため，賃金水準が低いフィリピン，インドなど複数の国にコールセンターを設置している企業が多い。

☑☑☑ インドネシア ▸ 首都はジャカルタ。**ジャワ島，スマトラ島，カリマンタン島，スラウェシ島，ニューギニア島西半分（パプア）などの島々からなる多島国**で，**スンダ海溝**に並行して，多数の**火山**が分布する。赤道が通過するスマトラ島，カリマンタン島，スラウェシ島とジャワ島西部は**Af（熱帯雨林気候）**，ジャワ島東部から小スンダ列島にかけては**Aw（サバナ気候）**。人口は約**2.7億人**で，**東南アジア最大の人口大国**。**総人口の2/3がジャワ島に居住**しているため，過密化の進行もあって，スマトラ島やカリマンタン島への移住を進めている（**トランスミグラシ政策**）。**ジャワ人41.6%**，スンダ人15.4%など300以上の**マレー系**民族と中国系。ジャワ語，スンダ語など700以上の言語がある**多言語国家**

だが，公用語はマレー系**インドネシア語**のみ。宗教は**イスラーム87.2%**，キリスト教9.9%，ヒンドゥー教1.7%，仏教0.7%。**石炭，天然ガス，石油**（旧OPEC加盟国）などの化石燃料が豊富だが，エネルギー依存型経済からの脱却を目指す。1人当たりGNIは4,050ドル（2019年）。

☑☑☑ インドネシア語▶**オーストロネシア語族のマレー・ポリネシア語派に属するインドネシアの公用語**。古くからマラッカ海峡周辺地域で用いられてきた**交易語**である**海峡マレー語**をもとにつくられた。インドネシアは，オランダ統治時代の領土がそのまま国境となり，それまでこの**地域全域を支配する統一国家がなかった**こともあり，極めて多くの言語が使用されていた。このためインドネシアの独立時に，**多言語・多民族が共存するインドネシア民族のアイデンティティの象徴**として，インドネシア語を**国語**（**公用語**）とした。近年はインドネシア語を母語とする人口も増加しつつある。

☑☑☑ ジャカルタ▶**ジャワ島北西部に位置するインドネシアの首都で，同国最大都市**。都市圏人口は3,000万人を超える**メガシティ**で，**ASEAN本部**が位置する。多数の工業団地が建設され，日本からも自動車をはじめとする製造業が多数進出している。

□☑☑ ヌサンタラ▶**インドネシア，カリマンタン島東部のバリクパパン近郊に位置する新首都予定地**。ジャカルタの過密化解消とカリマンタン島の開発拠点として，2045年の首都移転完了を目指す。

□□☑ スラバヤ▶**ジャワ島東部に位置するインドネシア第2の都市**。オランダ植民地時代から貿易の中心地として栄えた。**同国最大の港湾都市**。

□☑☑ バンドン▶**ジャワ島西部に位置するインドネシア第3の都市**。標高700mの**高原**に位置するためAm（熱帯モンスーン気候）の割に過ごしやすく，**避暑地**として古くから外国人が居住していた。1955年，第1回アジア・アフリカ（バンドン）会議の開催地としても知られる。

□□☑ デンパサル▶**インドネシア，バリ島の中心地**で，**海岸リゾート地**としても知られる。

□□☑ パプア▶**ニューギニア島の西半分**（旧イリアンジャヤ州），インドネシアの地方名。**パプア州**と**西パプア州**からなる。イスラームが優勢なインドネシアにあって，**キリスト教**を信仰する人が多く，分離独立の機運もある。パプア島はニューギニア島の別称として使用される場合もある。

☑☑☑ ベトナム▶首都はハノイ。**インドシナ半島東部**に位置し，北はトンキン湾，南は南シナ海に面する。南北に長い**非等温線国家**で，西はラオス，カンボジアと国境を接する。北部には**ホン川**，南部には**メコン川**が流れ，古くから**稲作**が発達した。国土の南部は**Aw**（**サバナ気候**）だが，北部は**Cw**（**温暖冬季少雨気候**）。人口は約**9,700万人**で，東南アジアではインドネシア，フィリピンに次ぐ人口大国。**ベトナム人が85.7%**を占めるが，少数民族も多い。公用語は**オーストロアジア語族**に属する**ベトナム語**で，無宗教が80%以上だが，宗教人口としては**大乗仏教**とキリスト教カトリックが多い。第二次世界大戦後，**分断国家**（**北ベトナム，南ベトナム**）となり**ベトナム戦争**を経験したが，**社会主義国家**として統一。ベトナム戦争の影響で工業化が遅れたが，**1986年**，**ドイモイ**（**刷新**）とよばれる市場開放政策を採った。その結果，日本やシンガポールなどから労働集約的な工業への投資が進み，**電気機械，衣類**などの分野で工業化が進みつつある。首都は北部の**ハノイ**だが，最大都市は南部の**ホーチミン**。

☑☑☑ ベトナム戦争▶**分断された南北ベトナムの統一をめぐって行われた戦争**（**1955-1975**）。フランスのインドシナ半島撤退後，**アメリカ合衆国**の支援を受けた**南ベトナム**（ベトナム共和国）の独裁政権を倒すため，南ベトナム解放民族戦線が結成された。さらに，ソ連などの共産主義陣営から支援を受けた**北ベトナム**（ベトナム民主共和国）が南ベトナム解放民族戦線を支援したため，冷戦下の米ソ代理戦争の様相を呈した。最終的には**北ベトナムによる統一**を実現したが，第二次世界大戦で使用されたすべての爆弾数を上回るだけの爆弾が使用されるなど，ベトナムの国土は荒廃した。

□□☑ アンナン山脈▶**インドシナ半島東部，ラオスからベトナムにかけて南北に走る山脈。インド文化圏と中国文化圏の境界**をなす。

☑☑☑ ハノイ▶**ベトナム北部に位置する首都**で，ホーチミンに次ぐ第２の都市。ベトナムの政治・文化の中心地で，古くから**米**などの農産物の集散地として栄えた。

☑☑☑ ホーチミン▶**ベトナム南部に位置する最大都市**。旧名サイゴン（旧南ベトナムの首都）で，ベトナム共産党の指導者・ホー・チ・ミンにちなむ。**同国の経済の中心地**で，多数の工業団地と輸出加工区があり，内外のハイテク産業，電気機械工業，繊維工業などが集積している。

□□☑ ハロン湾▶**ベトナム北部，トンキン湾北西部の湾**。コイリン（桂林）から続く石灰岩台地が沈水してできた**沈水カルスト**で，世界遺産にも登録。

☑☑☑ ドイモイ▶**1986年から実施された社会主義のもとで市場経済を導入する政策**。社会主義ベトナムでは，政府の統制下で**計画経済**による経済発展を目指していたが行き詰まり，1986年に**市場経済**と**外資導入**を進める政策を推し進めることになった。ドイモイ以降，豊富な低賃金労働力を求めて，**日本，韓国，シンガポールなど外国企業の生産拠点が多数立地**するようになり，経済成長が続いている。

☑☑☑ ラオス▶首都はビエンチャン。**インドシナ半島に位置する内陸国**で，国土の大部分は高原や山岳地帯。タイ，ミャンマーとの国境付近には**メコン川**が流れ，西部はメコン川がタイとの国境をなす。南部は**Aw**（**サバナ気候**），北部は**Cw**（**温暖冬季少雨気候**）。人口は約730万人で，低地ラオ人（ラーオ人）67.0%，丘陵地ラオ人17.0%，高地ラオ人7.4%（政府は，ラオス国籍を持つ者をすべてラオス人と定義）。**米**，コーヒーなどの農産物と**木材**の生産が盛んで，**銅鉱**，銅，**電力**（**水力発電**）の輸出が重要な外貨獲得源。１人当たりGNIは2,490ドル（2019年）。

□☑☑ ビエンチャン▶**メコン川沿岸に位置するラオスの首都**で，同国最大都市。多数の仏教寺院や仏塔がある。近年は中国資本の進出が著しく，インフラなどが整備されている。

□□☑ ナムグムダム▶**ラオス南西部，ビエンチャン北部のナムグム川（メコン川支流）に建設されたダム**で，発電量の大部分を**タイに輸出**している。

☑☑☑ ミャンマー▶首都はネーピードー（ネピドー）。**インドシナ半島西部**に位置。北は中国，西はインド，東はラオス，タイと国境を接する。北部は山岳地帯だが，南部には**エーヤワディー川などの沖積平野**が広がる。**ベンガル湾**に面した西部は，**夏季の南西モンスーン**の影響を受ける**Am**（**熱帯モンスーン気候**），北部は**Cw**（**温暖冬季少雨気候**）。人口は約**5,400万人**で，**ミャンマー人68%**，シャン人9%，カレン人7%など100以上の少数民族からなる**多民族国家**。公用語は**ミャンマー語**で，宗教は**仏教74%**，キリスト教プロテスタント6%，イスラーム３%，ヒンドゥー教2%。**軍事独裁政権，クーデターの頻発など民主化が遅れる**。**イスラームの少数民族ロヒンギャ問題**なども抱える。１人当たりGNIは1,360ドル（2019年）。

□☑☑ ネーピードー（ネピドー）▶**ミャンマーの中央部に位置する首都**。2006年に**ヤンゴンから遷都**。ヤンゴンの過密化防止，安全保障上の有利性，国土のほぼ中央に位置するため治安維持上優位であることなどが遷都の理由とされる。

☑☑☑ ヤンゴン▶**ミャンマー南部，エーヤワディーデルタに位置する旧首都**。**同国最大の都市**で，旧名はラングーン。農産物の集散地として栄え，同国の工業，商業など経済の中心地。

□□☑ マンダレー▶**ミャンマー中央部に位置する同国第2の都市**。ミャンマーの**仏教文化**の中心で，多数の**パゴダ**（仏塔）と寺院がある。

□□☑ マルタバン湾▶**ミャンマー南部，アンダマン海に位置する湾**で，サルウィン川，シッタウン川が注ぐ。

☑☑☑ ロヒンギャ問題 ▶ p.231参照

☐☑☑ カンボジア ▶ 首都はプノンペン。**インドシナ半島南部**に位置し，国土の大半に**メコン川流域の沖積平野**が広がる。タイと同様に**立憲君主国**。全土が**Af（熱帯雨林気候），Am（熱帯モンスーン気候），Aw（サバナ気候）**で，**夏季の南西モンスーン**が多量の降水をもたらす。人口は約1,700万人で，**クメール人85%**，中国系6%，ベトナム人3%。公用語は**カンボジア語（クメール語）**で，宗教は**仏教96.9%**，イスラーム1.9%。長期にわたる**内戦で国土が荒廃**したが，近年は回復傾向で，外国からの投資も増加。主要産業は農業，繊維工業，**観光業**（世界遺産のアンコール遺跡群など）。1人当たりGNIは1,530ドル(2019年)。

☐☑☑ プノンペン ▶ **カンボジア南部，メコン川下流に位置する同国の首都**で，最大都市。

☐☐☑ クメール人 ▶ **カンボジアの主要民族**で，タイ，ラオス，ベトナムにも居住。アンコールワットに代表されるカンボジア文化を築いた。

☐☑☑ アンコールワット ▶ 12世紀にカンボジア王朝の象徴として建設された**ヒンドゥー教寺院**で，16世紀に**仏教寺院**に改修された。UNESCOの**世界遺産**であるアンコール遺跡群の一つ。

☐☑☑ カンボジア内戦 ▶ **1970年にカンボジア王国がクーデターにより倒れてから，1993年に民主政権が樹立するまで行われた内戦**。中国，ベトナムなど周辺諸国も巻き込んだが，1993年に立憲君主制のカンボジア王国が誕生した。

☑☑☑ 東ティモール ▶ 首都はディリ。**小スンダ列島のティモール島の東半分**（西ティモールはインドネシア領）と周辺の島々からなる。国土の大半が**Aw（サバナ気候）**。人口は約130万人で，**メラネシア系住民**が大部分を占めるが，少数の中国系，インド系もいる。公用語は**テトゥン語**と**ポルトガル語**で，宗教は**キリスト教カトリック**が98%。ポルトガルから1975年に独立したが，翌年インドネシアに併合され，住民投票により**2002年に独立**。ASEANへの加盟を目指している。1人当たりGNIは2,020ドル(2019年)。

☐☐☑ ディリ ▶ **東ティモール北部に位置する首都**で，同国最大の都市。ポルトガルの植民地支配の拠点として建設。

第3節 南アジア

1 南アジアの自然環境

① 南アジアの地形

☑☑☑ 南アジアの地形 ▶ 北部は，**インド・オーストラリアプレート上のインド大陸（現インド半島）が，ユーラシアプレートに衝突**してできた**新期造山帯**の**ヒマラヤ山脈**など高峻な山脈が走る。中部は，ヒマラヤ山脈から流出する**ガンジス川**や**インダス川**の堆積作用によって形成された大規模な**沖積平野**（**ヒンドスタン平原，ガンジスデルタ，インダス平原，インダスデルタ**）からなる。南部は，かつてのゴンドワナ大陸の一部である**安定陸塊**の**デカン高原**が広がる（図3-2-3-1参照）。

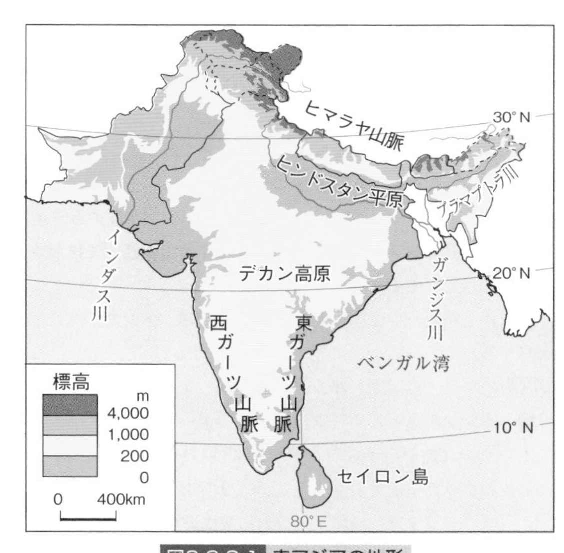

図3-2-3-1 南アジアの地形

☑☑☑ インド半島 ▶ **インド亜大陸**ともよばれ，かつてはパンゲアから分離した独立した大陸であったが，後にユーラシア大陸と接合した。

☑☑☑ ヒマラヤ山脈 ▶ p.250参照

☑☑☑ エヴェレスト ▶ **ヒマラヤ山脈に位置する世界の最高峰（8,848m）**。チベット地区ではチョモランマ，ネパールではサガルマータと呼ばれる。

☑☑☑ カラコルム山脈 ▶ ヒマラヤ山脈と同様に**アルプス・ヒマラヤ造山帯に位置する新期造山帯の山脈**で，**パキスタン，インド，中国**にまたがる。**最高峰はK2**（8,611m）で，高峰はパキスタン側に集中している。山岳氷河の発達も著しい。

☐☑☑ スライマン山脈 ▶ **アルプス・ヒマラヤ造山帯に位置する山脈**で，**アフガニスタン**から**パキスタン**にまたがる。

☑☑☑ パミール高原 ▶ **中央アジアからパキスタン，中国にまたがる平均標高約5,000mの高原**で，「**世界の屋根**」とよばれている。

☑☑☑ ガンジス川 ▶ **ヒマラヤ山脈から流出し，ヒンドスタン平原を流れ，ベンガル湾に注ぐ南アジア有数の大河川**。バングラデシュ付近で分流のフーグリー川などとともに世界最大規模の**三角州**（**ガンジスデルタ**）を形成している。ガンジスデルタでは，**サイクロン**の襲来による**高潮**の被害を受ける。

☑☑☑ ブラマプトラ川 ▶ **チベット高原から流出し，アッサム地方を流れ，下流でガンジス川と合流する河川**。バングラデシュ付近で**三角州**（**ガンジスデルタ**）を形成する。

☑☑☑ インダス川 ▶ **チベット高原から流出し，カシミール地方からパキスタンのパンジャブ地方，インダス平原を流れる南アジア有数の大河川**。アラビア海に注ぎ河口部では大規模な**三角州**（**インダスデルタ**）を形成している。乾燥地域を流れる**外来河川**で，パキスタンの農業用水，工業用水，生活用水などの重要な供給源になっている。

☑☑☑ ヒンドスタン平原 ▶ **ガンジス川によって形成された世界で最も大規模な沖積平野**で，**肥沃な沖積土**が分布しているため，インドの農業の中心になり，人口密度も高い。

☑☑☑ インダス平原 ▶ **インダス川中下流の平原で，インダス川が形成した沖積平野**。2,000年以上前に**インダス文明**が栄えた。

☑☑☑ デカン高原 ▶ **インド半島の大部分を占める高原**で，西ガーツ山脈と東ガーツ山脈に囲まれる。台地状の**安定陸塊**で，平均標高は数百mのなだらかな平坦地である。古い時代に形成された**溶岩台地**で，玄武岩の風化土壌である**肥沃なレグール**が分布しており，**綿花**の世界的な産地になっている。

☑☑☑ レグール ▶ p.68参照

☑☑☑ 西ガーツ山脈 ▶ **インド半島の西岸に位置する安定陸塊上の残丘**。平均標高は1,000m程度で，**夏季の南西モンスーンの風上側に位置する山脈西側では降水量が極めて多い**が，デカン高原に続く東側では降水量がやや少ない。

☐☑☑ 東ガーツ山脈 ▶ **デカン高原の東端，ベンガル湾に沿う安定陸塊上の残丘**。多数の丘陵性山地からなる。

☑☑☑ セイロン島 ▶ **インド半島の南，インド洋に浮かぶ島**で，かつてのゴンドワナ大陸属する**安定陸塊**。インド半島とはポーク海峡とマンナール湾で隔てられる。ポーク海峡とマンナール湾の間には，多くのサンゴ礁や島からなる**アダムズブリッジ**がある。島の中央部は2,000m級の山岳地帯（最高峰はピドゥルタラガラ山で2,524m）だが，大半は平野が広がる。

☐☐☑ アンダマン諸島 ▶ **ベンガル湾に浮かぶインド領の島々**だが，一部はミャンマー領。中心都市は，南アンダマン島のポートブレア。2004年の**スマトラ島沖地震による津波で大きな被害**を受けた。

☐☐☑ ニコバル諸島 ▶ **ベンガル湾に浮かぶインド領の島々**。北のアンダマン諸島とともにインドの連邦直轄地域アンダマン・ニコバル諸島を形成している。**サイクロン**の襲来による被害が大。

☑☑☑ モルディブ諸島 ▶ **インド半島南西沖，インド洋に浮かぶ島々**で，モルディブの全域を占める。多数の**環礁**と環礁中の1,000を超える島々からなる。

② 南アジアの気候

☑☑☑ 南アジアの気候 ▶ **インド半島基部は北緯25度**付近，**半島南端は北緯10度**付近に位置し，ほぼ全域に**熱帯**（一部温帯）と**乾燥帯**が分布する。夏季（6～10月）の**南西モンスーン**は**多量の降水**をもたらすが，冬季（11～4月）にはヒマラヤ山脈側から乾燥した**北東モンスーン**が吹き，乾季となる。南アジアでは，モンスーンが山脈にぶつかる風上側の地域と風下側の地域における降水量の差が大きい。特に，夏季の南西モンスーンはインド洋上で多量の水蒸気を供給するため，**インド半島西岸**は，降水量が極めて多く**Am**（**熱帯モンスーン気候**）となる。**ヒンドスタン平原**（一部Cw）**とデカン高原東部はAw**（**サバナ気候**）だが，**デカン高原西部はBS**（**ステップ気候**）が広がる。インド半島北西部は，モンスーンの影響が少なく，**亜熱帯高圧帯**の影響を受けるため**大インド砂漠**が広がり，**BW**（**砂漠気候**）が分布している（図3-2-3-2 参照）。

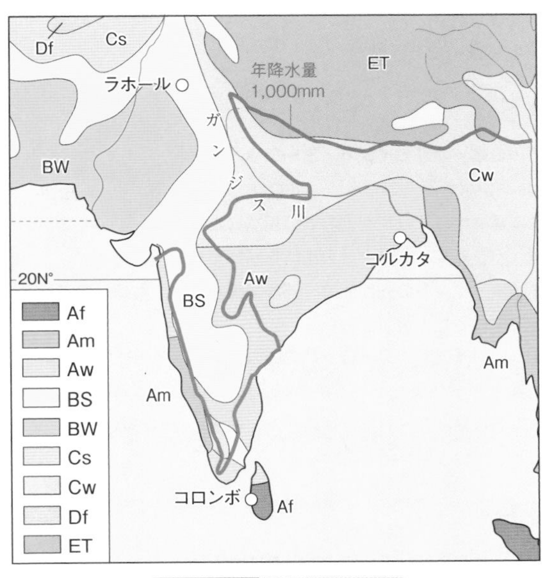

図3-2-3-2 南アジアの気候

☑☑☑ 大インド砂漠 ▶ **インド，パキスタン国境付近に位置する砂漠**で，タール砂漠ともよばれる。年中**亜熱帯高圧帯**の影響を受けるため降水量が少ない。

2 南アジアの歴史と民族

① 南アジアの成り立ち

☑☑☑ 南アジアの成り立ち ▶ BC1500年頃に**インド・アーリア人（インド・ヨーロッパ語族）**が移住し，**ドラビダ人（ドラビダ語族）などの先住民を支配**するようになった。古くから多くの国家（王朝）が，各地域で興亡を繰り返したが，16世紀頃からヨーロッパ列強が進出するようになった。18世紀に始まるイギリスの進出によって，**ネパール**と**ブータン**を除く南アジアのほぼ全域が**イギリスの植民地支配**を受け，綿花，茶，香辛料などの供給地とされた。第二次世界大戦後の**1947年**には，**ヒンドゥー教徒が多いインド**，**イスラム教徒が多いパキスタン**が，**1948年**には**仏教徒が多いスリランカ**（当時はセイロン）が分離独立した。また，**1971年**には，パキスタンの飛び地であった東パキスタンが分離独立し，**バングラデシュ**となった。

□☑☑ インダス文明 ▶ **現在のインド，パキスタン，アフガニスタン付近で栄えていた古代文明**。紀元前2600年から紀元前1800年頃に**インダス川流域**で興隆した。

□□☑ 東インド会社 ▶ **ヨーロッパ列強からインドを中心とするアジア地域との貿易独占権を与えられた特許会社**。17世紀から19世紀頃にかけて活躍した。国家が貿易の利益を間接的に独占するために設立・運営されたが，国家による直接支配に切り替えられ解散した。イギリス，オランダ，フランスなどが設立したが，**イギリス東インド会社**が有力で，当初は貿易を主な業務としていたが，次第にインドの植民地統治機関へ変化した。

☑☑☑ カシミール問題 ▶ p.231参照

② 南アジアの言語

☑☑☑ 南アジアの言語 ▶ 北部の**インド・ヨーロッパ語族**，南部の**ドラビダ語族**に大別できるが，実際には100以上の言語が使用されている。インドでは，**ヒンディー語が公用語**，**英語が補助公用語**（**準公用語**）とされ，主要言語の多くは州や地方の公用語になっている。パキスタンでは，**国語をウルドゥー語**，**公用語を英語**，バングラデシュでは**公用語をベンガリー語**と定めている（図3-2-3-3参照）。

☑☑☑ ドラビダ語族 ▶ **インドの先住民の一部が使用していた言語**。**南インド**からスリランカにかけて使用され，**タミル語**など多数の言語からなる。

☑☑☑ ヒンディー語 ▶ **インド・ヨーロッパ語族のインド・イラン語派に属する言語**。インドの**連邦公用語**だが，第一言語として使用しているのは総人口13.8億人の約**40%**程度（約５億人）で，話者が北部の**ヒンディーベルト**に集中し，南部ではほとんど通用しないため，**英語**が**補助公用語**（**準公用語**）に指定され，共通語としての役割を担っている。

③ 南アジアの宗教

☑☑☑ 南アジアの宗教 ▶ 南アジアには，**ヒンドゥー教**をはじめ，**イスラーム**，**仏教**，**キリスト教**，**シク教**（**シーク教**）など多様な宗教が存在する。インド，ネパールでは**ヒンドゥー教**を信仰する人々が多

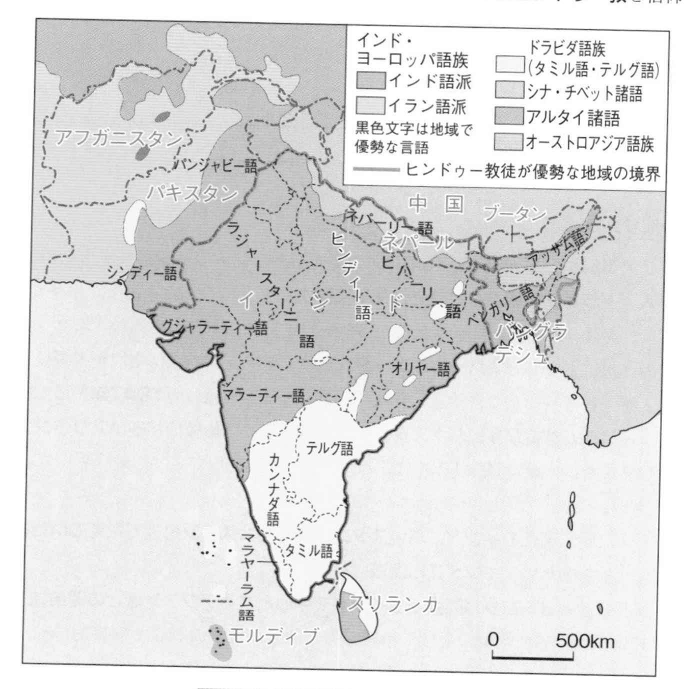

図3-2-3-3 南アジアの言語分布

いが，パキスタン，バングラデシュ，モルディブでは**イスラーム**，スリランカでは**上座仏教**，ブータンでは**チベット仏教**を信仰する人々が多い。

☑☑☑ **ヒンドゥー教**▶**古くからインドで信仰されてきたバラモン教に，インド古来の民間信仰や習俗が結びついた多神教**で，仏教の影響も受けている。**カースト制**と**輪廻思想**がヒンドゥー教の根幹で，インド人の世界観や生活習慣，社会制度と一体化し，独自のヒンドゥー社会を形成している。

☑☑☑ **カースト制**▶**ヴァルナによる身分制度とジャーティによる職業制度が結びついたインド特有の身分制度**。下位カーストは上位カーストから日常的な差別を受けてきた。現在では**憲法によってカーストに基づく差別は禁止**され，**職業選択や婚姻の自由も認められている**が，差別を避けるためイスラームや仏教に改宗するものもいる。また，新しい産業である**ICT産業などでは，世襲の職業との関係がほとんどない**ため，都市への移住者も増加し，都市部では若年層を中心にカーストが崩れるという状況もみられる。

□☑☑ **ヴァルナ**▶**インド古来からある身分制度**。インド社会では，古くから**バラモン**（ヴァラモン：祭司），**クシャトリア**（王族，貴族），**ヴァイシャ**（庶民），**シュードラ**（隷属民）の4つの階層とヴァルナの枠外に位置づけられる**ハリジャン**（ダリット：不可触民）で成り立っていた。ハリジャンは厳しい差別を受けてきたが，近年，差別は憲法で禁止され，政治（選挙），教育（入学，奨学金），雇用などの面で優遇制度がとられるようになった（図3-2-3-4参照）。

□☑☑ **ジャーティ**▶**職業を同じくする世襲の職業集団**で，ヴァルナによる上下関係とも結びついている（**ヴァルナ＝ジャーティ制**）。ジャーティは，祖先を同じくする集団と考えられていて，**婚姻や行事はその集団内で行われる**など規制も多いが，集団内では相互扶助や生活保障も行われている。

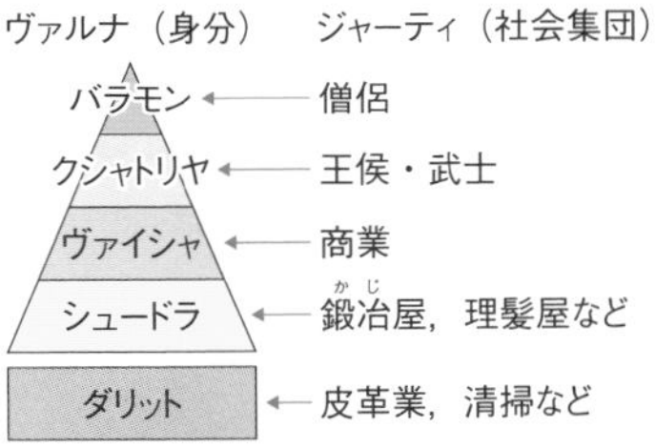

ヴァルナ（身分）	ジャーティ（社会集団）
バラモン	僧侶
クシャトリヤ	王侯・武士
ヴァイシャ	商業
シュードラ	鍛冶屋，理髪屋など
ダリット	皮革業，清掃など

図3-2-3-4 ヴァルナとジャーティ

□□☑ **ハリジャン**▶**カースト制度の外側に位置する被差別民**のことで，**ダリット，アウトカースト，不可触民**などさまざまな呼び名がある。皮革業，清掃業などに従事する者が多く，**憲法では不可触民制は禁止**されたが，依然として差別が残っている。ハリジャンとは「神の子」の意で，マハトマ・ガンジーが命名したと言われる。

□☑☑ **輪廻思想**▶**霊魂不滅**（人は死んでも魂は生き続ける）**で，別の人や生き物に生まれ変わるという考え方**。来世は，現世の行為（業）によって決定される（**因果応報**）と信じられている。したがって，来世は何に生まれ変わるかわからないため，**不殺生**（アヒンサー）**主義**をとり，肉食を控える傾向があり，**菜食主義者**がインドの**ヒンドゥー教徒の約40%**を占めるといわれている。

☑☑☑ **シーク教（シク教）**▶**ヒンドゥー教の改革運動の中で生まれた宗教**で，イスラームの要素も取り入れているため，**カーストを否定**する。職業の規制がないことから，多方面で活躍する人が多かった。**インドのパンジャブ州**のアムリットサルを総本山とする。

□☑☑ **ジャイナ教**▶**仏教とほぼ同時代に東部インドで生まれた宗教**で，創始者はヴァルダマーナ。厳しい苦行・禁欲主義を説き，インド以外にはほとんど広がらなかった。**インドの総人口の1%**にも満たないが，結束力は強く，厳格な不殺生主義を採るため，大半のジャイナ教徒は農業ではなく**商業**に従事している。

☑☑☑ **印僑**▶**インドから国外に移住したインド人**。19世紀以降，**イギリス領のインド**から世界各地の**イギリス領植民地のプランテーション・鉱山労働者として移住**した人が多く，メラネシアの**フィジー**，東南アジアの**マレーシア**，東アフリカの**ケニア**，南米の**ガイアナ**などがその移住地として知られる。アメリカ合衆国やイギリスでは実業家として成功したインド人も多く，**アメリカ合衆国に移住しICT産業などで最先端の技術者として活躍**している人々もいる。世界のインド系住民は約2,700万人といわれ，**高学歴者が高度人材として欧米**に進出する一方で，**建設などの現場労働者として中東産油国**へ進出する人も多い。

3 インドにおける農業の発達と農村の変化

☑☑☑ **インドの農業と農業地域** ▶ インドは国土面積の約**60%が耕地**で，**農業就業人口**も総人口約13.8億人の約**60%**を占める。**米，小麦の生産も中国に次ぐ**農業大国だが，**経営規模は零細**で，**土地生産性，労働生産性ともに低い。年降水量1,000mm以上**の地域では主に**稲作**，**年降水量1,000mm未満**の地域では主に**畑作**が行われている。

年降水量1,000mm以上の地域：**ヒンドスタン平原，ガンジスデルタなどの沖積平野**と沿岸部は代表的な**稲作**地帯で，**ガンジスデルタではジュート**の栽培も行われる。降水量が多いヒマラヤ山麓の**ダージリン地方やアッサム丘陵では茶**のプランテーションも盛ん。**ヒンドスタン平原ではサトウキビ**の生産も多い。

年降水量1,000mm未満の地域：インドからパキスタンにかけての**パンジャブ地方では小麦**栽培が盛んで，近年は**綿花**栽培も行われている。**デカン高原ではソルガム（モロコシ），大豆**などが栽培されるが，**デカン高原西部**には**肥沃なレグール**が分布し，**綿花**の生産量が多い（図3-2-3-5参照）。

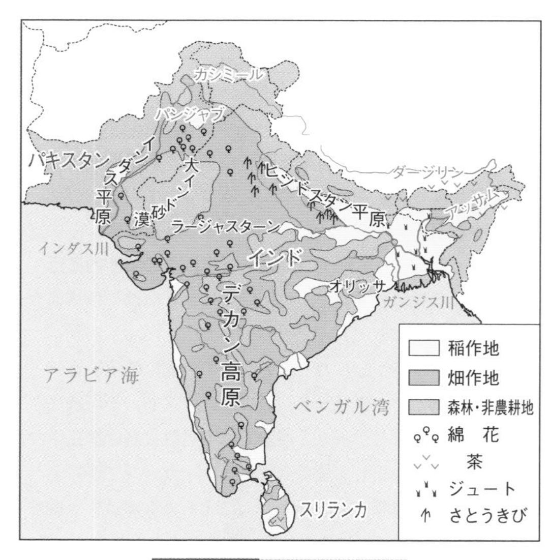

図3-2-3-5 南アジアの農業

☑☑☑ **パンジャブ地方** ▶ **インド北西部からパキスタン北東部にまたがる地域**で，**インダス川**とその支流が流れる。**灌漑設備**も整備され，**小麦，米**などの生産が盛んなことから重要な穀倉地帯になっている。

☑☑☑ **アッサム地方** ▶ **インド北東部，ヒマラヤ山脈の南麓に位置する丘陵地帯**。夏季の降水量が多く，**茶**の栽培地として知られる。

□□☑ **ダージリン** ▶ **インド北東部，西ベンガル州の中心地**で，**ヒマラヤ山脈南麓の丘陵地**に位置することから，**茶**（ダージリンティー）の栽培や**避暑地**として知られる。

☑☑☑ **インドの農業の変化** ▶ 独立後のインドは，**食料不足**に悩まされてきたが，**1960年代**に「**緑の革命**」とよばれる**米や小麦の高収量品種**の導入を中心とした**技術革新**を行ったため，農業生産が飛躍的に増加した。1972年には**食料自給が可能**になり，1977年以降は**穀物を輸出**できるほどになった。さらに緑の革命における穀物の増産によって，飼料の供給が可能になり，「**白い革命**」とよばれる**生乳や各種**

乳製品の増加が生じている。

☑☑☑ インドにおける緑の革命の課題 ▶ **米や小麦などの高収量品種**の生産には，**種子，肥料，農薬，灌漑設備などに資金が必要**であることから，裕福な農家や地主には大きな収益をもたらしたが，**貧富の差が拡大**した。また，過剰取水による地下水の枯渇や不適切な農薬や化学肥料の使用による河川水や地下水の汚染なども問題になっている。

☑☑☑ 白い革命 ▶ **1970年代後半から進められたインドにおける生乳の生産急増**のことで，**乳牛の品種改良，緑の革命による飼料供給の改善，酪農協同組合の設立**などが背景となった。乳牛の飼育は，農地がなくても可能なため，緑の革命によって恩恵を受けられなかった**零細農や小作農にとって貴重な収入源**になっている。

☑☑☑ ピンクの革命 ▶ **2000年代以降のインドにおける鶏肉生産の拡大**。インド人の**所得向上**に伴い，ヒンドゥー教やイスラームの食物禁忌に当たらない**鶏肉需要が増加**し，緑の革命で資本の蓄積に成功した農家などを中心に**ブロイラー**などを生産する**養鶏業が拡大**している。

☑☑☑ 水牛 ▶ ウシ科で家畜種と野生種がある。**牛とは異なる種**であるため，**ヒンドゥー教における神聖化の対象とはならない**。**水牛の乳**は，多くの人々の間で飲用や加工用に利用されており，インドの**ギー**（水牛の乳を原料とするバター）などの原料となる。家畜としては，**インド，バングラデシュ，パキスタン**などで多く飼育されており，特に**インドでは生乳生産量の約1/2が水牛の乳**で，**牛乳の生産はアメリカ合衆国に次いで第2位**だが，**生乳生産は世界最大**。

□□☑ チャイ ▶ **インドで愛飲されているミルクティー**。紅茶を煮出し，大量のミルクと砂糖を加える。

□□☑ ギー ▶ **インドなど南アジアで水牛の乳からつくられるバター**の一種。

4 インドにおける産業の発展

☑☑☑ インドの工業の発展と変化 ▶ インドでは，**イギリス植民地時代**から**インド民族資本による綿工業や製鉄業が発達**していた。独立後は，豊富な**石炭**や**鉄鉱石**などの資源をいかし，**混合経済体制**による**輸入代替型工業**を発達させ，**国有企業を中心とする工業化**を進めた。しかし，外資導入や民間企業による競争を規制したため，**技術革新が大幅に遅れ，国際競争力を失った**ことから，**1991年**に**新経済政策**とよばれる**経済開放政策に転換**した。経済の自由化によって，**企業の民営化と外国企業の誘致**を進めたことから，急速に経済成長し，**BRICS**の一角を占めるようになった。特に**自動車産業**の成長は著しく首都の**デリー**，最大都市**ムンバイ**，南部の**チェンナイ**を中心に自動車生産が拡大している。

□☑☑ 混合経済体制 ▶ **計画経済や国有企業という社会主義的な要素と市場経済を組み合わせた経済体制**。基幹産業は国有化，その他の産業は民営化し，**国内産業を育成**するため，外資（外国企業）を規制する。

☑☑☑ ダモダル川流域開発公社（DVC：Damodar Valley Corporation）▶ **インド北東部のダモダル川総合開発を行うインドの開発公社**。アメリカ合衆国で設置された**TVA**（**テネシー川流域開発公社**）をモデルに設立された公社で，ダモダル川に多くの**多目的ダム**を建設し，**洪水の防止，流域の工業化，灌漑の拡大**などを実施した。DVCにより得られた**電力**は，ジャムシェドプルなどの工業都市に供給され，周辺地域の工業化を促した。

☑☑☑ ジャムシェドプル ▶ **インド東部，ジャルカンド州にある工業都市**。**イギリス植民地時代**から，**インド民族資本**（**タタ財閥**）によって**製鉄所**が建設され，現在でも**インドの鉄鋼業の中心地**の一つとなっている。都市名は「ジャムシェド・タタの町」の意。

☑☑☑ デリー ▶ **インドの首都特別地域で，連邦直轄地**。行政機能が集積する**ニューデリー**と旧市街地の**オールドデリー**からなるが，ニューデリーはイギリス統治下で新しく建設された地域。**インドの政治，商業，工業の中心地**の１つで，ムンバイに次ぐ大都市。

☐☑☑ ニューデリー ▶ **インドのデリー連邦直轄地にある行政区**で，イギリス領時代にデリー（現在のオールドデリー）南方に建設され，独立後は**インドの首都機能**が置かれ，国会議事堂，中央官庁などが所在する。

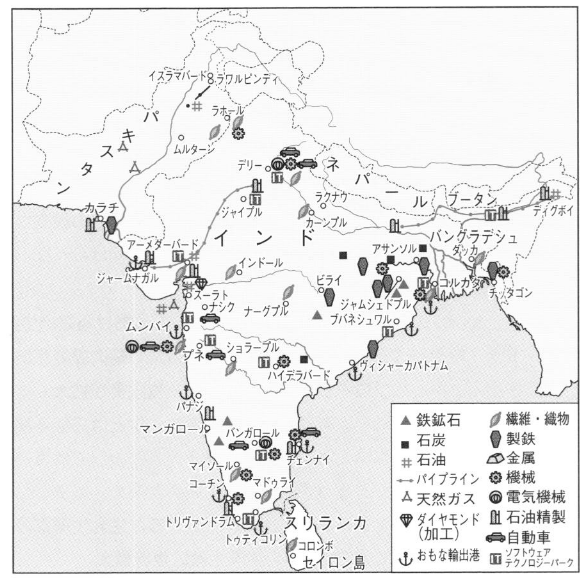

〔Diercke Weltatlas 2008,ほか〕

図3-2-3-6 南アジアの鉱工業

☑☑☑ ムンバイ ▶ **インド西岸のマハーラーシュトラ州に位置する最大の都市**。かつてはボンベイ（英語表記）とよばれていたが，現在は現地語でムンバイ。天然の良港に恵まれ，**綿工業，自動車工業**などが発達するほか，近年はアジアの金融センターとして発展し，内外の企業の主要拠点となっている。

☑☑☑ チェンナイ ▶ **インド南東部，コロマンデル海岸沿いのタミルナドゥ州に位置する大都市。南インドの中心地**の１つで，内外の企業が多数所在し，**自動車工業，ソフトウェア産業，電気機器**などが発達している。

☐☐☑ ムンバイハイ油田 ▶ **ムンバイ西方沖の海底油田**で，1970年代後半から生産が始められたインド最大級の油田。

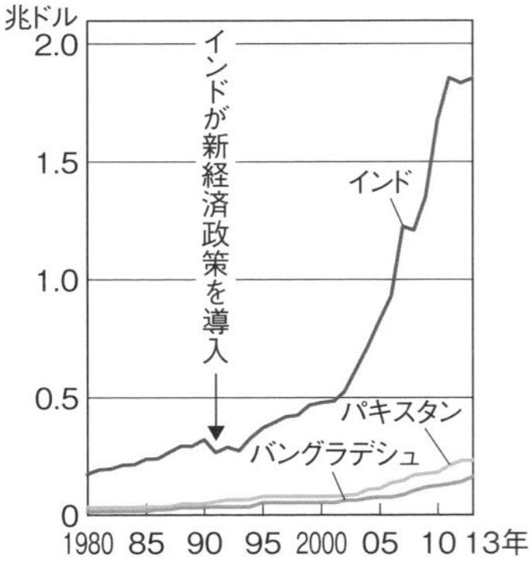

兆ドル 2.0 1.5 1.0 0.5 0
インドが新経済政策を導入
インド
パキスタン
バングラデシュ
1980 85 90 95 2000 05 10 13年

〔IMF資料〕

図3-2-3-7 南アジアの主な国のGDPの推移

☐☐☑ アーメダバード ▶ **インド北西部，グジャラート州の大都市**。伝統的な**綿工業**をはじめ各種工業が発達するとともに，イスラーム王朝によって栄えたため，**モスクなどイスラーム建築物**が多く，マハトマ・ガンディーが独立運動の拠点としていたことでも知られる。

☑☑☑ コルカタ ▶ **インド東部，ウエストベンガル州に位置する大都市**。インドの植民地支配の拠点として発達し，**インド東部の中心地**。旧名カルカッタ。市街地は，ガンジス川の支流であるフーグリー川の自然堤防上に位置している。伝統的な**ジュート工業**や各種工業も発達している。

☑☑☑ インドの新中間層（インドの中間層）▶ **都市部に居住し，所得水準が比較的高い，従来の富裕**

層と貧困層の間に位置する人々のことで，消費意欲が旺盛なため，インド経済を牽引している。かつてインドの社会は，**貴族や地主など少数の富裕層**と**膨大な貧困層**に二極分化していたが，**1990年代の経済開放政策**によって所得が上昇し，新たな階層が出現した。新中間層は，**自動車や家電などの耐久消費財市場を拡大**し，経済成長に大きく貢献している。

☑☑☑ **インドの伝統的工業**▶インドでは，古くから**豊富な低賃金労働力**をいかして物づくりを行う**零細な企業**が発達してきた。西部の**ムンバイ，アーメダバード**ではデカン高原で栽培される綿花を原料とした**綿工業**，東部の**コルカタ**ではガンジスデルタで栽培されるジュートを原料とした**ジュート工業**が発達している。また，ダイヤモンドをはじめとする**宝石の加工業**も盛んで，原石を輸入し加工した**ダイヤモンドはインド有数の輸出品**になっている。

☑☑☑ **ダイヤモンド加工業**▶**ダイヤモンドの原石を研磨加工する製造業**。**インド，ベルギー，イスラエル**などで発達するが，宝石用ダイヤモンドに関しては，その大部分がインドで研磨加工され，特にインド西部・グジャラート州の**スーラト**などに工場が集積している。インド以外では，**アントウェルペン**（ベルギー），**テルアビブ**（イスラエル），**ドバイ**（UAE）などが知られる。

☑☑☑ **インドのICT産業**▶インドでは，**1990年代以降ICT産業が著しく発達**した。インドの大学進学率は，欧米など先進国に比べると低水準だが，総人口が多いため大卒者の数は世界有数で，これに加え**英語に堪能な人材**が多いこと，早くから理数教育に力を入れてきたことから，**優秀な技術力を持つ理工系大卒者**を多く生み出している。**1990年代にアメリカ合衆国がインターネットの自由化**を行ったことから，遠隔地での**ソフトウェア産業，ICT産業**の**国際分業**を可能にした。また，インドとアメリカ合衆国の間には**12時間程度の時差**があることを利用し，アメリカ合衆国のシリコンヴァレーなどからインド南部の**バンガロール**（「**インドのシリコンヴァレー**」）付近に多くの子会社が進出している。仕事の発注，納品ともにインターネットを利用した電送で行われ，**インドのソフトウェア輸出額の1/2以上がアメリカ合衆国向け**で，大部分が**英語圏向け**である。

☑☑☑ **バンガロール**▶**インド南部，デカン高原に位置するカルナータカ州の大都市**。高原上に位置するため，気候も穏やかで過ごしやすい。イギリスにおける南インドの植民地支配の拠点として栄え，独立後は**航空・宇宙産業，軍需産業**の工場が多数立地し，**1990年代以降**は「**インドのシリコンヴァレー**」とよばれるほど**ICT産業が集積**している。大学や企業の研究開発施設も多数所在し，ソフトウェアテクノロジーパークも建設されている。

5 南アジアの各国地誌

☑☑☑ **インド**▶首都はデリー。**北部のヒマラヤ山岳地帯，中部のヒンドスタン平原，南部のインド半島**からなる。西岸の**マラバル海岸はAm**（**熱帯モンスーン気候**），**東岸のコロマンデル海岸，デカン高原東部，ガンジス川下流はAw**（**サバナ気候**）のように**熱帯**が広がるが，**ガンジス川中上流はCw**（**温暖冬季少雨気候**），**デカン高原西部〜パンジャブ地方はBS**（**ステップ気候**），**パキスタン国境付近にはBW**（**砂漠気候**）と多様な気候。総人口**13.8億人**で，中国に次ぐ人口大国だが，2023年には中国を上回ると予想される。**インド・アーリア系72%，ドラビダ系25%**の**多民族国家**。宗教は，**ヒンドゥー教徒79.8%，イスラーム14.2%**，キリスト教2.3%，シーク教1.7%，仏教0.7%，ジャイナ教0.4%。公用語は**ヒンディー語**，補助公用語（準公用語）は**英語**で，多くの州公用語がある。首都は北部の**デリー**で，**ムンバイ，コルカタ**など多数の大都市が立地し，**BRICS**の一員として，今後の経済成長と巨大市場としての発展が注目されている。南アジア諸国と**SAARC**（**南アジア地域協力連合**）を結成している。1人当たりGNIは2,120ドル（2019年）（図3-2-3-8参照）。

☐☐☑ ヒンディーベルト ▶ **インド北部から北東部にかけての主にヒンディー語を使用する地域**。国内でも最も人口が集中する地域だが，北部山岳地帯とともに**1人当たり州内総生産が低く，経済的に低位**に置かれている。経済発展が著しい南部や西部との地域格差の拡大が問題視されている。

☐☐☑ ハイデラバード ▶ **インド中南部，テランガナ州の中心地**。かつてはイスラームの勢力が強かったため，現在でもイスラームの歴史的建造物が多数残る。近年は，**ICT産業**が著しく発展。

☐☐☑ アムリットサル ▶ **インド北西部，パンジャブ州の都市**で，**シク教徒**（シーク教徒）によって建設されたとされる。シク教の総本山（ゴールデンテンプル）が所在。

図3-2-3-8 インドの行政区分

☐☐☑ カーンプル ▶ **インド北部，ウッタル・プラデシュ州の中心地**。伝統的な**綿工業**をはじめとする繊維工業，製糖業に加え，近年は化学工業，機械工業も発達する工業都市。

☑☑☑ パキスタン ▶ 首都はイスラマバード。国土の大半は**インダス川流域の平原地帯**だが，北東部と北西部は**新期造山帯**の山岳地帯。国土の大部分は**BW（砂漠気候），BS（ステップ気候）の乾燥気候**。人口は約**2.2億人**で，**パンジャブ人52.6%**，パシュトゥン人13.2%，シンド人11.7%，ウルドゥー人7.5%，バローチ人4.3%からなる**多民族国家**。国語は**ウルドゥー語**，公用語は**英語**で，中等教育まではウルドゥー語が使用されているため，普及率は高い。**イスラーム96.4%**，ヒンドゥー教1.9%，キリスト教1.6%。首都は**イスラマバード**だが，最大都市は**カラチ**。主要な産業は，**農業**と**繊維工業**で，バングラデシュと並びアジアでは最貧国グループの一つ。**海外出稼ぎ労働者からの送金も多い**。1人当たりGNIは1,410ドル（2019年）。

☐☑☑ パンジャブ人 ▶ **インド・パキスタン国境付近のパンジャブ地方に居住する民族**。1947年のインド・パキスタン分離独立に際しては，イスラームのパンジャブ人はパキスタンへ，ヒンドゥー教とシク教のパンジャブ人はインドへ移住した。パキスタンでは**最多数派民族**で，**インド・ヨーロッパ語族インド・イラン語派**に属する**パンジャビー語**を使用する。

☐☑☑ パシュトゥン人 ▶ **パキスタンからアフガニスタンにかけて居住する民族**。**インド・ヨーロッパ語族インド・イラン語派**に属する**パシュトゥー語**を使用する。**アフガニスタンでは人口の約50%**，パキスタンでは約10%を占めている。アフガン人ともよばれる。

☐☐☑ シンド人 ▶ **パキスタン，インダス川下流のシンド地方を中心に居住する民族**。**インド・ヨーロッパ語族インド・イラン語派**に属する**シンド語**を話す。

☐☑☑ ウルドゥー語（ウルドゥ語）▶ **インドヨーロッパ語族インド・イラン語派**の言語で，南アジアではヒンディー語とともに話者が多い。**パキスタンでは国語**，インドでも憲法による指定言語の一つとされている。

☑☑☑ カラチ▶**パキスタン南部，アラビア海に面する最大の都市**。インダス川河口付近に位置する**港湾都市**として，またシンド地方の中心地としてイギリス統治時代から栄え，現在でも**パキスタンの経済の中心地**になっている。

☑☑☑ イスラマバード▶**パキスタン北部に位置する首都**。独立時の首都は**カラチ**であったが，カラチへの一極集中の是正と**イスラームによる国民統合のシンボル**として政治機能を有する**計画都市・イスラマバード**が建設された。

☑☑☑ バングラデシュ▶首都はダッカ。国土の大部分は**ガンジス川，ブラマプトラ川が形成したガンジスデルタ**で，低平なため**洪水**や**サイクロン**による**高潮**の被害が頻発。全土が**Am**（**熱帯モンスーン**），**Aw**（**サバナ気候**）の熱帯気候で，**夏季の南西モンスーン**による降水が多い。人口は約**1.6億人**で，**人口密度が1,000人/km²以上と極めて高い**。**ベンガル人が98%**を占め，宗教は**イスラーム89.6%**，ヒンドゥー教9.3%など。国名は，「ベンガル人の国」を意味し，公用語は**ベンガル語**（ベンガリー）。1971年にパキスタンより分離独立。主要な産業は，ガンジスデルタにおける**稲作**と**ジュート栽培**だったが，近年は豊富な低賃金労働力をいかし，縫製業を中心とした**繊維工業**が急成長している。

☑☑☑ ダッカ▶**ガンジスデルタのほぼ中央部に位置する首都**で，国内人口最大都市。海抜高度が低いため，雨季の降水による洪水や**サイクロン**の被害をしばしば受ける。**自由貿易地域**が設定されていて，**衣類や織物の輸出**が奨励されている。

☑☑☑ スリランカ▶首都はスリジャヤワルダナプラコッテ。国土は，かつてのゴンドワナ大陸の一部で**安定陸塊**。国土の中央部から南部にかけて2,000m級の山々が分布。**南西モンスーン**（5～9月）と**北東モンスーン**（11～3月）の影響を受けるが，特に南西部は南西モンスーンの影響で降水量が多い。人口は約2,100万人で，**シンハラ人82.0%，タミル人9.4%**，ムーア人（ムスリム）7.9%など。現在の公用語は**シンハラ語**と**タミル語**だが，イギリスからの独立後，シンハラ語のみを公用語に制定し，**多数派で仏教徒であるシンハラ人**に対する優遇政策を進めたため，北部に多い**ヒンドゥー教徒のタミル人**と**内戦状態**となった。内戦は2009年に終結し復興が進んでいる。主要な産業は，**茶**，天然ゴム，コーヒーなどを中心とする**農業，繊維工業，観光業**。首都はスリジャヤワルダナプラコッテだが，最大都市は**コロンボ**。1人当たりGNIは4,010ドル（2019年）。

☐☑☑ スリジャヤワルダナプラコッテ▶**スリランカ南西部に位置する首都**。1985年に**コロンボから遷都**されたが，コロンボの郊外に位置しており，コロンボ大都市圏に含まれる。都市名は，スリ（聖なる）・ジャヤワルダナ（勝利をもたらす，第2代大統領の名前に由来）・プラ（都市）・コッテ（所在地の名前）。

☐☑☑ コロンボ▶**スリランカ南西部に位置する国内最大都市**で，港湾都市。1985年に郊外のスリジャヤワルダナプラコッテに遷都されるまでは，首都として栄える。現在でも**同国の経済の中心地**で，大企業の大半はコロンボに所在。

☑☑☑ ネパール▶首都はカトマンズ。国土は，**ヒマラヤ山脈などの山岳・丘陵地帯**（8,848mの**エヴェレスト**をはじめとして，カンチェンジュンガ，マナスルなど8,000m級の高峰）と南部のヒンドスタン平原の一部からなる。気候は，北部の山岳地帯が**ET**（**ツンドラ気候**），**H**（**高山気候**），南部の平原は**Cw**（**温暖冬季少雨気候**）と変化に富む。人口は約2,900万人で，公用語は**インド・ヨーロッパ語族**の**ネパール語**。**ヒンドゥー教が81.3%**と多いが，仏教9.0%，イスラーム4.4%なども混在する。主要な産業は農業で，国連により後発開発途上国に分類されている。1人当たりGNIは1,230ドル（2019年）。

□☑☑ カトマンズ ▶ **ヒマラヤ山脈中の山間盆地**（カトマンズ盆地）**に位置するネパールの首都**（標高約1,400m）。同国最大の都市で，**ヒンドゥー教**や仏教の寺院・建造物があり，カトマンズ盆地は，「**カトマンズ渓谷**（けいこく）」として世界遺産に登録されている。

☑☑☑ ブータン ▶ 首都はティンプー。国土は**ヒマラヤ山脈の南麓**に位置し，ネパールと同様に国土の標高差が大きい。**温暖化による氷河湖の決壊**が危惧。人口は約77万人で，**チベット系ブータン人50%**，ネパール系35%。公用語は**ゾンカ語**（シナ・チベット諸語）で，宗教は**チベット仏教74%**，ヒンドゥー教25%。主要な産業は**農業，観光業**だが，**インドへの電力輸出**により外貨を獲得。国王の提唱による国民総幸福量（GNH：Gross National Happiness）が有名。1人当たりGNIは3,140ドル（2019年）。

□□☑ ティンプー ▶ **ブータン西部，ヒマラヤ山脈の南東にある盆地に位置する首都**で，同国最大の都市。条例によりすべての建造物は伝統的なブータン建築でなければならない。

☑☑☑ モルディブ ▶ 首都はマレ。国土は**インド洋の環礁などからなる島国**。国土の大半は**Af**（**熱帯雨林気候**）で，**水産業**と**観光業**が主要産業。人口は約54万人で，シンハラ人，ドラヴィダ人，アラブ人などの混血が大部分を占める。公用語は**ディベヒ語**（インド・ヨーロッパ語族インド・イラン語派）で，**イスラームが国教**。**温暖化による海面上昇**に伴い，国土の消滅が危惧されている。1人当たりGNIは9,670ドル（2019年）で，南アジアでは高所得国。

□□☑ マレ ▶ **モルディブ諸島のマレ島を中心とするモルディブの首都**で，同国最大都市。観光業や水産業が発達。

☑☑☑ 国教 ▶ **国が法的かつ公的に保護し，活動を支援する宗教**。近代国家の多くでは信教の自由を保障しているため，政府が優勢な宗教を尊重している場合が多い。

第4節 西アジア

1 西アジアの自然環境

☑☑☑ 西アジアの地形 ▶ **アラビア半島をのせたアラビアプレートがユーラシアプレートに衝突**。北部では**アフガニスタン，イラン，トルコ**にかけて，**アルプス・ヒマラヤ造山帯**に位置する**新期造山帯**の高峻な山脈や高原が東西に連なり，**地震**も多発する。**アラビア半島**は大部分が**安定陸塊**で，半島の北部には**沖積平野のメソポタミア平原**が広がっている（図3-2-4-1参照）。

☑☑☑ アラビア半島 ▶ **紅海，アデン湾，アラビア海，ペルシャ湾に囲まれた半島**。大部分がかつての**ゴンドワナ大陸**の一部からなる**安定陸塊**で，紅海側は標高が高くペルシャ湾岸に向かって高度を減ずるが，南東部には新期造山帯。北部には**ネフド砂漠**，南部には**ルブアルハリ砂漠**が広がる。

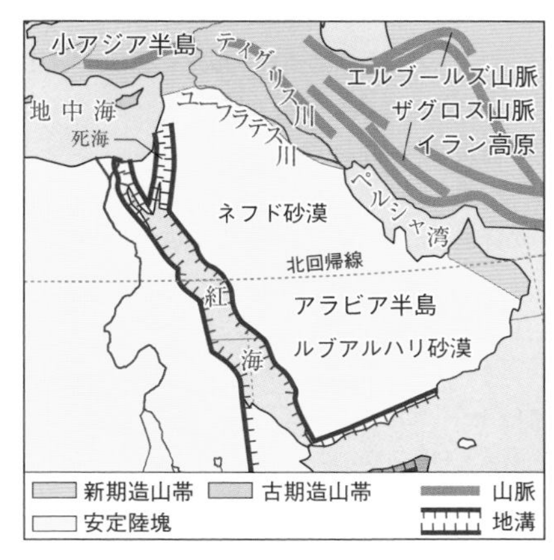

図3-2-4-1 西アジアの地形

☑☑☑ メソポタミア平原 ▶ **ティグリス川とユーフラテス川が形成した沖積平野**で，大部分が**イラク**に位置する。降水量は少ないが，**肥沃な沖積土**が分布するため，灌漑により農耕が可能。世界最古の**メソポタミア文明**の発祥地。

☑☑☑ カスピ海 ▶ **世界最大の湖**で，**ロシア，カザフスタン，トルクメニスタン，イラン，アゼルバイジャン**に面する。かつての地中海（テチス海）の一部がプレートの衝突によって閉ざされた**海跡湖**。北部沿岸は**カスピ海沿岸低地**とよばれ，低平で**ヴォルガ川**が流入し，三角州を形成している。南岸には，湿地の保存に関する国際条約（**ラムサール条約**）が調印された**ラムサール**が位置する。

☑☑☑ イラン高原 ▶ **イランの中央部に広がる新期造山帯の高原**。**カヴィール砂漠**が広がり，南部には首都の**テヘラン**が位置する。

☐☑☑ ザグロス山脈 ▶ **イラン高原南西に位置する新期造山帯の山脈**。ペルシャ湾から吹き込む高温湿潤な大気を遮るため，山脈の北側は降水量が少ない。山麓には大規模な**油田**が分布する。

☑☑☑ アナトリア高原 ▶ **トルコのアナトリア半島（小アジア半島）の大半を占める新期造山帯の高原**で，首都の**アンカラ**が位置する。

☐☑☑ エルブールズ山脈 ▶ **イラン北部のカスピ海南岸に位置する新期造山帯の山脈**。最高峰はダマーヴァンド山でイランの最高峰（5,610m）。

☑☑☑ ティグリス川 ▶ **トルコの山岳地帯から流出した後，イラクをほぼ南北に縦断しペルシャ湾に注ぐ外来河川**。河口付近でユーフラテス川と合流し，**シャトルアラブ川**となる。ティグリス川とユーフラテス川の流域は，肥沃な土壌と水資源に恵まれ，**古代メソポタミア文明の発祥地**となった。

☑☑☑ ユーフラテス川 ▶ **トルコの山岳地帯から流出し，シリアを通過してイラクでティグリス川と合流する外来河川**。シャトルアラブ川の河口付近は，**イランとイラクの自然国境**になっているが，国境線の位置を巡って紛争を抱える。

□☑☑ シャトルアラブ川▶**ティグリス川とユーフラテス川の合流により形成される河川**で，イラン・イラクの国境付近を流れ，ペルシャ湾に注ぐ。イラン・イラク間で国境問題を抱える。

☑☑☑ ペルシャ湾▶**イラン，イラク，サウジアラビア，アラブ首長国連邦などに囲まれた湾**。**ホルムズ海峡**を通じ，オマーン湾，アラビア海へと繋がる。周辺には古生代から中生代に堆積した厚い地層があり，なかには石油を閉じこめる層が分布するため，**石油埋蔵量が多く，大油田が多数分布**している。

☑☑☑ ホルムズ海峡▶**ペルシャ湾の出入り口となる海峡**で，ペルシャ湾からオマーン湾，アラビア海に通じる。北はイラン，南はオマーンの飛び地に挟まれ，多くのタンカーが航行するため，**重要な石油供給ルート**になっている。

☑☑☑ 紅海▶**アフリカ北東部とアラビア半島に挟まれた海**で，**アフリカ大地溝帯（リフトヴァレー）の延長上**に位置し，**プレートの広がる境界**に当たる。北西部にはスエズ湾があり，**スエズ運河**を経て地中海とつながっている。大きな流入河川がないため，透明度が高く，サンゴ礁が発達している。

□□☑ スエズ湾▶**アフリカ大陸とシナイ半島の間に位置する湾**で，**アフリカとアジアの境界**をなす。リフトヴァレー（大地溝帯）の延長上で，**スエズ運河**に繋がる。

☑☑☑ 死海▶**アラビア半島北部に位置する塩湖**で，西岸は**イスラエル**，東岸は**ヨルダン**に接する。湖面標高は－400m以上で，**世界で最も標高が低い陸地**といわれている。流入河川は**ヨルダン川**のみで，湖水の蒸発量が多いため塩分濃度が高い。紅海と同様にリフトヴァレーの延長上に当たる。

□☑☑ ヨルダン川▶**アンチレバノン山脈，ゴラン高原から流出し，ガリラヤ湖を形成しながら南に流れ，死海へ注ぐ内陸河川**。ヨルダンとイスラエルの自然的国境をなす。

☑☑☑ 塩湖▶**淡水湖に対する用語で，塩分濃度が高い湖**。乾燥地域では**流出河川**を持たない湖が多く，これらの湖では**流入した塩分が排出されない**ため，塩分濃度が高い塩湖が形成されることがある。**カスピ海，アラル海，死海**など。

☑☑☑ 西アジアの気候▶**アラビア半島のほぼ中央部を北回帰線**が通過。**亜熱帯高圧帯**の影響を受け，ほぼ全域に**BW（砂漠気候），BS（ステップ気候）**などの**乾燥気候**が分布しており，アラビア半島北部には**ネフド砂漠**，南部には**ルブアルハリ砂漠**，イランには**カヴィール砂漠**などが広がっている。また，**地中海沿岸のトルコ，イスラエル**から**カスピ海南部**，**テンシャン山脈北麓**にかけては，夏季に**亜熱帯高圧帯**，冬季に**偏西風（亜寒帯低圧帯，寒帯前線）**の影響を受ける**Cs（地中海性気候）**が帯状に細長く分布している（p.245 図3-2-1-2 参照）。

2 西アジアの歴史と民族

☑☑☑ 西アジアの歴史▶古代には，現在のイラク付近で**メソポタミア文明**が栄え，その後も**シルクロード**を通じて**ヨーロッパ（ギリシャ，ローマ），アフリカ（エジプト），アジア（中国，インド）**を結ぶ**東西の十字路**として繁栄してきた。7世紀には，アラビア半島で**イスラーム**が生まれ，8世紀には**西アジアから北アフリカのほぼ全域**に広がった。さらに**イスラーム帝国やオスマン帝国などの拡大**，イスラーム商人の交易により，**中央アジア**や南アジア，**東南アジア**の一部までイスラームは拡大した。19世紀頃からは，**イギリス，フランスなど列強の支配**を受け，独立後も**石油資源**などは独占されたままの状態が続いた。

☑☑☑ メソポタミア文明▶**紀元前3,000年頃生まれた世界最古といわれる古代文明**。**肥沃な沖積土**と**ティグリス・ユーフラテス川の水利**に恵まれたため，メソポタミアは「**肥沃な三日月地帯**」とよばれていた。

□☑☑ **肥沃な三日月地帯**▶**ペルシャ湾沿岸からティグリス・ユーフラテス川流域，シリア，パレスチナ付近を指す地域**。古代オリエントの中心地で，広義にはエジプトのナイル川下流域を含む。

□☑☑ **オスマン帝国**▶**トルコ系のオスマン家の皇帝が統治した帝国**（1299-1922）。15世紀に東ローマ帝国（ビザンティン帝国）を滅ぼし，首都であったコンスタンティノープルを征服し，首都（イスタンブール）とした。17世紀の領土最盛期には**東はカフカス地方，西はアフリカ北部，北は東欧と広大な領域**に及んだが，第一次世界大戦に敗れ領土は縮小し，1922年には革命により帝政が廃止され，**トルコ共和国**に代わった。

☑☑☑ **シルクロード**▶**中国から中央アジアを経由して西アジア，ヨーロッパにいたる東西の交易ルート**で，19世紀にドイツの地理学者リヒトホーフェンが使用した。**中国～モンゴル～カザフスタン～黒海に至るルートを「草原の道」**，中国から３本のルートに分かれ，**西域南道，テンシャン南路（天山南路），テンシャン北路（天山北路）を通るルートを「オアシスの道」**，**東シナ海～南シナ海～インド洋～インド半島～アラビア半島に至るルートを「海の道」**とし，総称してシルクロードとよぶこともある。

☑☑☑ **西アジアの民族・言語**▶**西アジアの三大民族（アラブ，イラン，トルコ）**が使用している言語は，**アフリカ・アジア語族（アフロアジア語族）のアラビア語，インド・ヨーロッパ語族のペルシャ語，アルタイ諸語のトルコ語**。アラビア語とペルシャ語では**アラビア文字**，トルコ語では**ラテン文字**が使用されている。**アラビア語は，イラク以西から北アフリカ**で話されているが，**イスラエル**ではユダヤ人の間で**ヘブライ語（アフリカ・アジア語族）**が使われている（図3-2-4-2参照）。

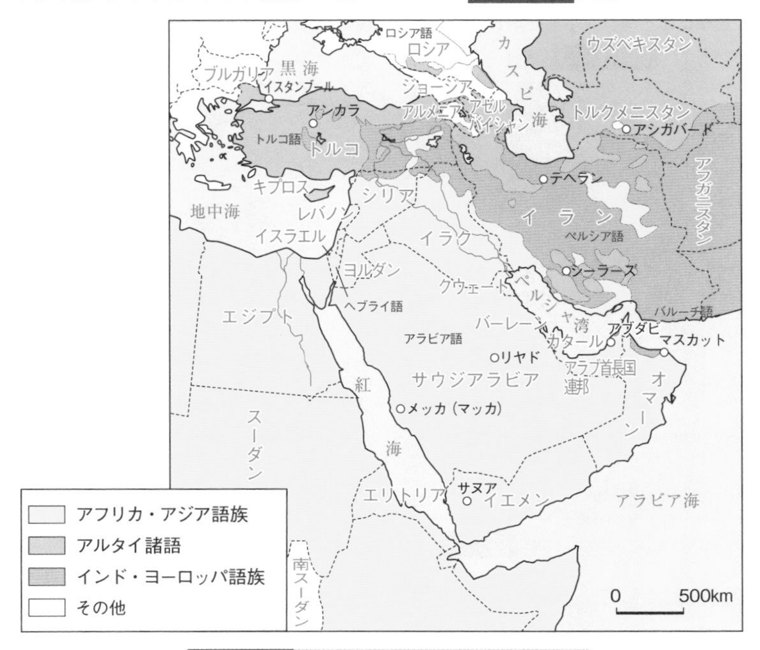

図3-2-4-2 西アジア・中央アジアの言語分布

☑☑☑ **アラブ人**▶**主にアラビア半島を中心とする西アジア，北アフリカに居住している民族**で，アフ

リカ・アジア語族の**アラビア語**を使用し，**イスラーム**を信仰する人が多い。

☑☑☑ **ユダヤ人**▶**ユダヤ教を信仰し，ユダヤ教を信仰する親から生まれてきた民族**。イスラエルの国内法では，「ユダヤ人の母から生まれた者，またはユダヤ教に改宗した者」をユダヤ人と定義している。約2000年前，多くのユダヤ人が**パレスチナの地を追放**され，ヨーロッパ，西アジア，北アフリカに移住し，後には**アメリカ合衆国にも多数移民**しれ**世界中に離散**した。現在，世界には1000万人以上のユダヤ人がいるといわれている。

☑☑☑ **アフリカ・アジア語族（アフロアジア語族）**▶p.224参照

☑☑☑ **インド・ヨーロッパ語族**▶p.224参照

☑☑☑ **アルタイ諸語**▶p.224参照

☑☑☑ **西アジアの宗教**▶西アジアでは，**ユダヤ教**，**キリスト教**，**イスラーム**が生まれたが，**西アジアのほぼ全域にイスラーム**が広がり，**イスラエルではユダヤ教**が発展した。イスラームは，多数派の**スンナ派**（**スンニ派**）と少数派の**シーア派**に分かれ，シーア派は**イラン**，イラク南部，アゼルバイジャンに多い。

☑☑☑ **イスラーム（イスラム教）**▶**アラビア半島で生まれた一神教**。唯一神**アッラー**を信仰する。聖典の**コーラン**（**クルアーン**）は預言者**ムハンマド**（マホメット）に下された啓示を記したもので，**アラビア語**で書かれたものだけが聖典として認められている。偶像の崇拝は厳しく禁じられており，ムハンマドも信仰の対象にはならない。イスラム教徒（**ムスリム**）には**五行**とよばれる義務があり，**信仰告白，礼拝，喜捨，断食，巡礼**を守ることが決められている。また，**豚食と飲酒の禁止，ギャンブル（賭博）の禁止，食事には不浄な左手を使用しないこと，女性の屋外における肌露出の禁止**など日常生活にも厳しい戒律がある（図3-2-4-3参照）。

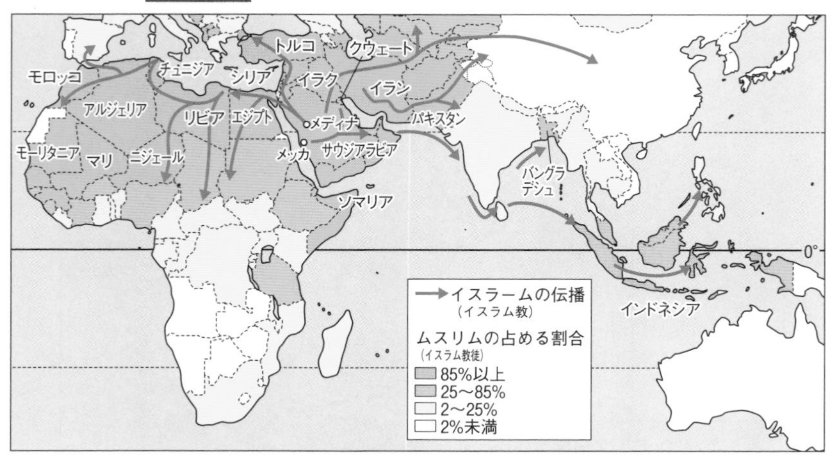

図3-2-4-3 イスラームの分布

□☑☑ **イスラーム暦（太陰暦）**▶**1年を12か月，354日とする暦**で，西暦（太陽暦）の365日より短いため，西暦からは年ごとに少しずつずれていく。

☑☑☑ **イスラーム復興運動**▶**イスラームを最初の理想的な姿に回帰させようという運動**で，欧米型の近代化によって貧富の差の拡大や政治的腐敗が生じたとする。イスラームの教えによって社会や国家を公正なものにしようとする政治的活動と結びつき，勢力を拡大している。

☑☑☑ イスラーム原理主義 ▶ **イスラーム法（シャリーヤ）に基づいて統治されるイスラーム国家や社会の建設を目指す運動**で，イスラーム原理主義を掲げるハマス，ヒズボラ，タリバン，アルカイーダ，ISIL（アイシル）（イスラーム国）など過激派組織を指すこともある。

☑☑☑ カーバ神殿 ▶ **サウジアラビアのメッカにあるマスジド・ハラームの中心部にある聖殿**で，**イスラーム最高の聖地**とみなされている。イスラム教徒（ムスリム）は，カーバ神殿のある**メッカに巡礼**することが義務づけられている。

☑☑☑ バザール（スーク） ▶ **西アジアなどのイスラーム社会の市場（いちば）**のことで，ペルシャ語起源。アラビア語では**スーク**とよばれている。

3 西アジアの紛争・民族問題

☑☑☑ 中東戦争 ▶ **ユダヤ人によるイスラエル建国（1948年）に反対するアラブ諸国とイスラエルの間で生じた紛争。1973年**の**第4次中東戦争**をきっかけに**第1次石油危機**が発生した。その後も，双方の報復攻撃が続いたが，1993年に対話による解決を目指して**イスラエル**と**パレスチナ解放機構**（**PLO：Palestine Liberation Organization**）の間でパレスチナ人の暫定（ざんてい）自治に合意し，**パレスチナ暫定自治政府**（**PA：Palestinian Interim Self-Government Authority**）が誕生した。しかし，パレスチナ紛争（アラブ=イスラエル紛争）は依然として終結していない。近年は，パレスチナ内部でもファタハ（穏健派）とハマス（過激派）による路線対立がみられる（図3-2-4-4参照）。

☑☑☑ シオニズム運動 ▶ **パレスチナにユダヤ人の国家を再建しようという運動**で，19世紀後半から活発化した。シオンとは，エルサレム郊外にある丘（シオン山）のことで，「シオンの地に帰ろう」ということを意味している。

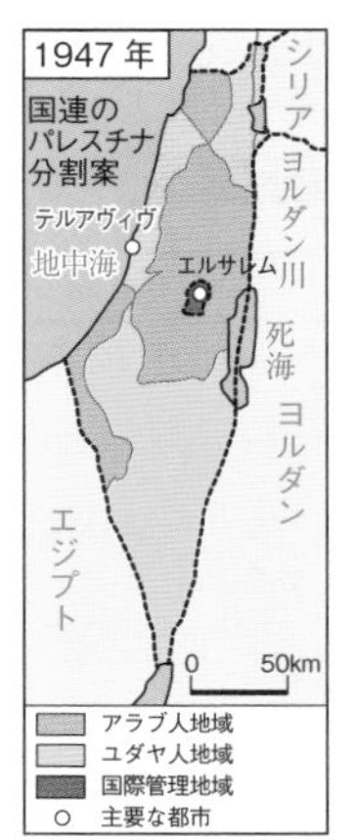

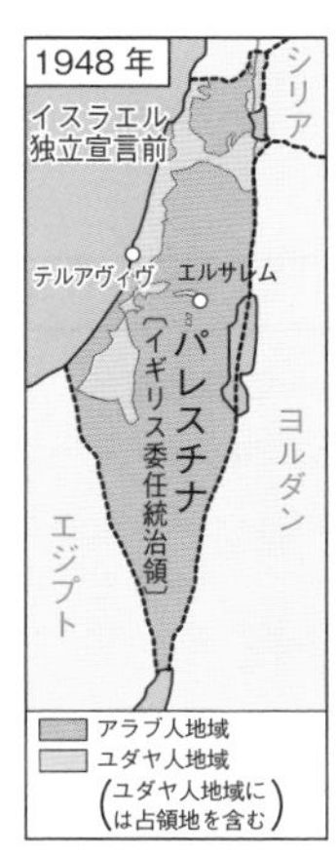

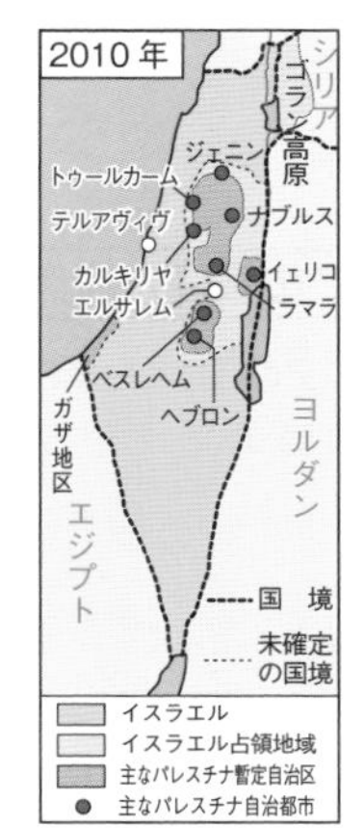

図3-2-4-4 パレスチナにおけるユダヤ人とアラブ人

☑☑☑ イラン革命（イラン・イスラーム革命） ▶ **イランのパフラヴィー王朝（パーレヴィ王朝）に対して，シーア派勢力が起こした革命**（1978-1979）。アメリカ合衆国の支援を受けたパフラヴィー王朝のイラン国王は，脱イスラーム的でかつ**欧米型近代化路線**を採る「**白色革命**」を推し進めたが，これに対してホメイニーを指導者とする**シーア派を中心に，イスラーム国家の樹立を目指す運動**が高揚し，**イラン・イスラーム共和国**が誕生した。1980年にはシーア派によるイラン革命の影響を嫌ったイラクがイランに侵攻し，イラン・イラク戦争が勃発した。

☐☑☑ **イラン・イラク戦争**▶**1980〜1988年に行われたイランとイラクによる戦争**。イラン革命によるシーア派の勢力拡大を嫌ったイラクが，イランに奇襲攻撃をかけたことに始まる。**イランのイスラーム革命に介入するため，アメリカ合衆国，欧州諸国，ソ連はイラクを支援**したが，イスラエル，シリア，リビアがイランを支援したため長期化した。**ともに産油量は激減**し，大きな経済的打撃を受けた。

☐☑☑ **湾岸戦争**▶**1990年のイラクによるクウェート侵攻をきっかけに，1991年に国連の派遣する多国籍軍がイラクを空爆して始まった戦争**。イラクもイスラエル，サウジアラビアなどへのミサイル攻撃などを行ったが劣勢は続き，**クウェートへの賠償，大量破壊兵器の破棄**などを条件として**停戦に合意**した。

☐☑☑ **イラク戦争**▶**2003年，アメリカ合衆国を中心としてイギリス，オーストラリアなどが大量破壊兵器の保持などを理由に，イラクへ侵攻したことで始まった戦争**。これにより，フセイン政権は崩壊し，民主化が進められた。

☑☑☑ **クルド人**▶**トルコ，イラン，イラクなどにまたがる山岳地帯のクルディスタン地方に居住する民族**。人口は3,000万人以上といわれ，**インド・ヨーロッパ語族**に属する**クルド語**を使用し，**イスラーム**のスンナ派を信仰する。周辺諸国で少数民族となっていることから，**独自の国家建設を目指す運動**が続いている（図3-2-4-5参照）。

☑☑☑ **アラブの春**▶p.312参照

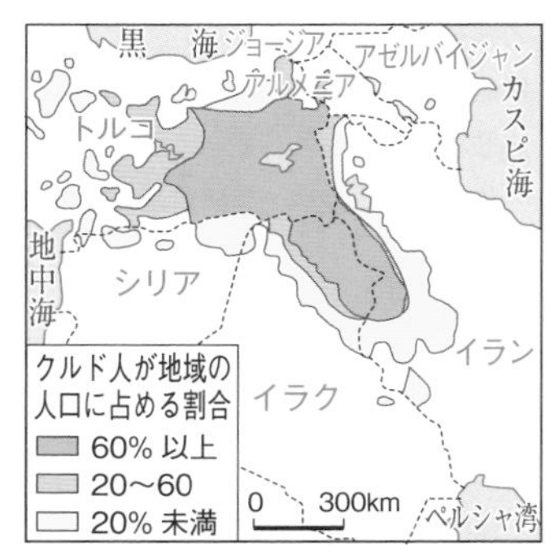

図3-2-4-5 クルド人の分布

4 西アジアの資源と産業

☑☑☑ **西アジアの伝統的な農牧業と変化**▶**乾燥地域**が広がる西アジアでは，水が貴重な資源で，**オアシス**では湧水を利用して**小麦，大麦**や**ナツメヤシ**が栽培されている。また，山麓の帯水層を利用して，イランでは**カナート**，アフガニスタンでは**カレーズ**などの**地下水路**が古くから掘削され，**灌漑用水**や**生活用水**に利用されている。さらに，イラクの**メソポタミア平原**では，**外来河川**の**ティグリス・ユーフラテス川**の水を灌漑に用いて，**小麦などの穀物栽培**が行われてきた。作物栽培が困難な地域では，乾燥に強い**ラクダ**や**羊**を飼育する**遊牧**が行われている。**遊牧民**の主食は**生乳**で，チーズやバターなども保存食として食されている。家畜の糞も重要な燃料として使用され，**家畜の毛や皮は，テント式住居の材料**としても利用されている。近年は，遊牧民の生活にも変化がみられ，自動車や二輪自動車が使用されたり，国の**定住政策**により都市居住者も増加している。サウジアラビアなどのペルシャ湾岸産油国の中には，オイルマネーを投入して農業の近代化を図っている国もある。**サウジアラビア**では，1970年代からアメリカ合衆国より**センターピボット**を導入して**小麦**や**野菜**を栽培したり，温度管理された室内牧場で牛乳生産や**酪農**も行われている。

☑☑☑ **カナート** ▶ p.109参照

☑☑☑ **西アジアの豊かなエネルギー資源** ▶ **サウジアラビア，イランなどのペルシャ湾岸諸国**で，1930年代に石油採掘が始まると，欧米の多国籍企業である**オイルメジャー（国際石油資本）**が進出し，世界の主要石油産出地域となった。オイルメジャーは，**莫大な資本を投下して開発した大油田の採掘権を獲得**し，**産油国は安価な利権料**だけしか受け取ることができなかった。これに対し，産油国側は**1960年**に**石油輸出国機構（OPEC）**，**1968年**に**アラブ石油輸出国機構（OAPEC）**を結成し，**油田の国有化**を進めていった。**1973年**には**第4次中東戦争**を契機として**第1次石油危機**，**1979年**には**イラン革命**を契機として**第2次石油危機**が起こり，**原油価格が高騰**したことから，**産油国側には多量のオイルマネーが流入**し，巨額の富をもたらした反面，消費国側には経済的に大きな打撃を与えた。現在の西アジアは，世界の**原油埋蔵量の約50%**，**産出量の約30%**を占めており，**サウジアラビア，イラン，イラク，クウェート，アラブ首長国連邦はOPECに加盟**している。

☐☑☑ **ペルシャ湾岸諸国** ▶ **ペルシャ湾沿岸に位置するイラン，イラク，サウジアラビア，アラブ首長国連邦，クウェート，オマーン，バーレーン，カタール**などの国々。イランとイラクを除く6か国は，**湾岸協力会議（GCC）**を結成し，経済協力にとどまらず地域の安全保障も担っている。

☑☑☑ **湾岸協力会議（GCC）** ▶ p.238参照

☐☑☑ **第4次中東戦争** ▶ **1973年にイスラエルとエジプト，シリアなどのアラブ諸国で行われた戦争**で，**アラブ石油輸出国機構（OAPEC）**による**親イスラエル国に対する禁輸措置**と**石油輸出国機構（OPEC）**による**原油価格の大幅値上げ**は，**第1次石油危機**を引き起こした。

☑☑☑ **西アジア産油国の石油依存型経済からの転換** ▶ **西アジアの産油国は，オイルマネーを使用して運輸・通信・道路・港湾などのインフラを整備**してきたが，原油輸出に依存する**モノカルチャー経済からの脱却を**目指している。特にアルミニウム工業や石油精製工業，石油化学工業などの**エネルギー集約型産業の発展**が著しく，**観光，運輸などの第3次産業**にも力を入れている。**サウジアラビア，クウェートの石油化学工業，アラブ首長国連邦のドバイでのリゾート開発，運輸・物流拠点，フリーゾーンにおける金融センター，カタールでの観光業，バーレーンでの石油精製，アルミニウム，金融センター**などが成長産業である。一方で，**慢性的な労働力不足**に悩む西アジア諸国には，建設現場をはじめさまざまな業種で，**南アジア（インド，パキスタン）**，**東南アジア（フィリピン）**，**北アフリカ（エジプト）**などからの外国人労働力が流入し，**アラブ首長国連邦，カタール**では，総人口の約**90%が外国籍人口**となっている。

5 西アジアの各国地誌

☑☑☑ **サウジアラビア** ▶ 首都はリヤド。国土は**アラビア半島の約80%**を占める。東はペルシャ湾，西は紅海に面し，国土の大半は**BW（砂漠気候）**。人口は約**3,500万人**で，**アラブ人が90%**を占める。公用語は**アラビア語**で，**イスラームが94%**を占めるが，なかでもスンナ派のうち戒律が厳しいワッハーブ派が優勢。**政教一致の専制君主国**。**原油埋蔵量，産出量，輸出量ともに世界最大級**で，原油と天然ガスによる収入が大。ムハンマドの生地・**メッカは巡礼の町として，世界中のイスラム教徒が訪れる**。1人当たりGNIは22,840ドル（2019年）。

☑☑☑ **リヤド** ▶ **アラビア半島中央部の高原地帯（約600m）に位置するサウジアラビアの首都**。同国最大の都市で，政治・経済の中心地。ケッペンの気候区分では**BW（砂漠気候）**。

☑☑☑ メッカ ▶ **サウジアラビア西部に位置するイスラーム最高の聖地**で，**ムハンマドの生地**。イスラム教徒は，1日に5回決まった時刻に，メッカの方向に向かい**礼拝**を行う。**巡礼**（**ハッジ**）のため，世界中のイスラム教徒がメッカを訪れ，**カーバ神殿**があるマスジド・ハラーム（聖なるモスク）で祈りを捧げるが，イスラム教徒以外の入場はできない。

□☑☑ メディナ ▶ **サウジアラビア西部，メッカの北方に位置するイスラーム第2の聖地**で，**ムハンマドの没地**。ムハンマドの墓が所在。

☑☑☑ イラン ▶ 首都はテヘラン。北は**カスピ海**，南は**ペルシャ湾**とインド洋に面する。国土の大部分が**新期造山帯**で，北部には**エルブールズ山脈**，南部には**ザグロス山脈**，その間には**イラン高原**が広がる。国土の大半が**乾燥気候**（**BW，BS**）だが，カスピ海沿岸には**地中海性気候**（**Cs**）が分布する。人口約**8,400万人**で，西アジアではトルコと並ぶ人口大国。**ペルシャ人34.9%**，アゼルバイジャン人15.9%，クルド人13.0%などからなる**多民族国家**。公用語は**インド・ヨーロッパ語族インド・イラン語派**に属する**ペルシャ語**。原油，天然ガスの埋蔵が多く，**輸出の大部分は石油関連**。1963年からパフラヴィー（パーレヴィ）国王による近代化路線（「白色革命」）をとるが，**イラン・イスラーム革命**（**1979年**）により**シーア派**主導のイスラーム共和国に移行した。近年まで核問題などで欧米から経済制裁を受けていた（アメリカ合衆国は継続中）。1人当たりGNIは3,640ドル（2019年）。

☑☑☑ テヘラン ▶ **イラン北部，イラン高原に位置する首都**（標高1,200m）で，同国最大の都市。アルボルズ山脈の扇状地の扇端にあり，**同国の政治・経済の中心地**。ケッペンの気候区分では**BS**（**ステップ気候**）。

☑☑☑ イラク ▶ 首都はバグダッド。**北部は山岳地帯**だが，**中南部はティグリス・ユーフラテス川が形成した沖積平野のメソポタミア平原**が広がる。国土の大半が**乾燥気候**（**BW，BS**）。人口は約4,000万人で，**アラブ人64.7%，クルド人23.0%**など。公用語は**アラビア語**で，**イスラームが96%**を占め，**シーア派62%，スンナ派34%**。南部にはシーア派が多く，北部の**クルディスタン地方にはクルド人**が居住。原油埋蔵量が多いが，**イラン・イラク戦争，湾岸戦争，イラク戦争**と戦乱が続き，経済制裁を受けたこともあって，原油生産量は激減し，経済も疲弊したが，**近年は原油生産量や経済も回復**。

☑☑☑ バグダッド ▶ **メソポタミア平原の中央，ティグリス川沿岸に位置するイラクの首都**で，同国最大都市。同国の政治・経済・文化の中心地。ケッペンの気候区分では**BW**（**砂漠気候**）。

□□☑ バスラ ▶ **イラク南部にある第2の都市**。パイプラインが敷設（ふせつ）され，有数の石油精製工場が立地しており，**石油製品の積出港**となっている。

☑☑☑ クウェート ▶ 首都はクウェート。**ペルシャ湾岸の産油国**で，国土の大半を砂漠に覆われる。人口は約430万人で，**クウェート人45%**，その他のアラブ人35%，南アジア系（インド，パキスタン，バングラデシュ）9%，イラン人4%などからなるが，総人口の約**60%を外国人労働者**が占める。公用語は**アラビア語**で，**イスラーム74%，キリスト教13%，ヒンドゥー教10%**，仏教3%と多様。1990年にイラクが侵攻したため，経済的に大きな打撃を受けたが回復。**豊富なオイルマネーによる金融立国**を目指す。

☑☑☑ アラブ首長国連邦（UAE：United Arab Emirates）▶ 首都はアブダビ。**アラビア半島南東部，ペルシャ湾に臨み，全土がBW**（**砂漠気候**）。**アブダビ，ドバイ**をはじめとする**7つの首長国からなる連邦国家**。人口は約990万人で，**アラブ人48.1%，南アジア**（**インド，パキスタン，バングラデシュ**）**系35.7%**，ペルシャ人5.0%，**フィリピン人3.4%**などで，**外国人労働者が総人口の90%**近くを占める。公用語は**アラビア語**で，**イスラーム62%，ヒンドゥー教21%，キリスト教9%**，仏教4%。日本にとってサウジアラビアと並ぶ重要な**原油輸入相手国**で，特にアブダビは産油量が多い。

□☑☑ アブダビ ▶ **アラブ首長国連邦（UAE）を構成するアブダビ首長国**。人口はドバイに次ぐ。**豊富な石油資源**を有し，UAEの政治・経済の中心地。UAEとアブダビ首長国の首都は，アブダビシティ。

☑☑☑ ドバイ ▶ **アラブ首長国連邦を構成するドバイ首長国**で，ドバイシティからなる都市国家。UAE最大の都市。経済規模はUAE内ではアブダビに次ぎ，早くから**石油依存型経済からの脱却**を図り，**産業の多角化**を進めた。近年は，中東における**運輸・物流の拠点（ハブ空港）**として発達するほか，**リゾート・観光開発**（パームジュメイラとよばれるヤシの木の形をした人工島で有名）や**国際金融業**にも力を入れている。

☑☑☑ カタール ▶ 首都はドーハ。**ペルシャ湾に突出するカタール半島からなる国**。全土が100m以下の低地で，国土の大部分が**BW（砂漠気候）**。人口は約290万人で，**アラブ人40%，インド人20%，ネパール人13%，フィリピン人10%，パキスタン人7%，スリランカ人5%**で，総人口の**90%近くが外国人労働者**。公用語は**アラビア語**で，宗教は**イスラーム67.7%，キリスト教13.8%，ヒンドゥー教13.8%，仏教3.1%**。経済は**原油，天然ガス**の輸出に支えられ，1人当たりGNIは61.180ドル（2019年）と世界屈指。日本からの投資も活発で，**原油，天然ガスの重要な輸入相手国**。

□☑☑ ドーハ ▶ **カタール半島東岸に位置する港湾都市で，カタールの首都**。同国の政治・経済の中心地で，石油・天然ガス産業が発達。

□☑☑ バーレーン ▶ 首都はマナーマ。**ペルシャ湾に浮かぶバーレーン島などからなる島嶼国**で，全土が**BW（砂漠気候）**。人口は約170万人で，**バーレーン人62.4%，南アジア（インド，パキスタン）系13%，その他のアラブ人10%，ペルシャ人8%**などからなるが，バーレーン国籍者は50%未満で，総人口の50%以上が外国人労働者。公用語は**アラビア語**で，**イスラーム82.4%，キリスト教10.5%，ヒンドゥー教6.3%**。脱石油化を目指し，石油精製工業，アルミニウム工業が発達。特に石油精製では**西アジア屈指の精製能力を有するシトラ精油所**があり，サウジアラビアなど周辺諸国から原油を供給される。近年は，**国際金融業**も発達。1人当たりGNIは22,170ドル（2019年）。

□□☑ マナーマ ▶ **バーレーン島北東部に位置するバーレーンの首都**で，同国最大都市。石油精製など**石油関連産業**が発達。**中東の国際金融センター**を目指す。

□☑☑ イエメン ▶ 首都はサヌア（サナア）。**アラビア半島南端に位置**し，南はアデン湾，西は紅海に面する。国土の大部分が**BW（砂漠気候）**だが，中央部から南部の高原地帯は**BS（ステップ気候）**。人口は約3,000万人で，**アラブ人が92.8%**を占めるが，少数の南アジア系，ヨーロッパ系も。公用語は**アラビア語**で，**イスラームがほぼ100%**。1990年，南北イエメンが統一されるが，2014年以降**内戦により経済が疲弊**。1980年代からは原油，2009年からは天然ガスも輸出しているが，後発開発途上国の一つ。1人当たりGNIは852ドル（2019年）。

□□☑ サヌア（サナア）▶ **イエメン西部に位置する同国の首都**で，国内最大都市。標高2,300mの高原に位置する同国の政治・経済の中心地。

□□☑ アデン ▶ **アデン湾に面するイエメンの港湾都市**で，旧南イエメンの首都。古くから紅海，インド洋航路の**中継貿易港**やイギリスの軍港として栄えた。

□☑☑ オマーン ▶ 首都はマスカット。**アラビア半島南東端の首長国**で，ホルムズ海峡に面する飛び地を有する。国土の大半は**BW（砂漠気候）**。人口は約510万人で，**オマーン人48.1%，南アジア（インド，パキスタン）系31.7%**，少数のアフリカ系。公用語は**アラビア語**で，**イスラーム89%**，ヒンドゥー教5%，キリスト教5%など。**石油，天然ガス**に依存する経済からの脱却を目指す。1人当たりGNIは14,150ドル（2019年）。

□□☑ マスカット ▶ **オマーン湾に臨むオマーンの首都**で，国内最大都市。アラブ世界とギリシャ，ローマを結ぶ重要な**交易都市**として栄えた。

☑☑☑ シリア▶首都はダマスカス。**東はイラク，西はレバノン，南西はイスラエル**，北西は地中海に面し，国土の中央部を**ユーフラテス川**が貫流。ユーフラテスダムの水資源を巡って，上流のトルコ，下流のイラクと対立。国土の大半は**BS（ステップ気候），BW（砂漠気候）**の乾燥気候だが，地中海沿岸は**Cs（地中海性気候）**。人口は約1,750万人で，**アラブ人90.3%**，クルド人，アルメニア人などからなる。公用語は**アラビア語**で，宗教は**イスラーム88%**，キリスト教8%。2011年から**シリア内戦**に突入し，政府をロシアとイランが支援。近年はISIL（イスラーム国）などイスラーム過激派が勢力を拡大し，大量の**シリア難民**を生み出している。

☐☐☑ ダマスカス▶**シリア西部に位置する同国の首都**で，国内最大都市。地中海とはアンチレバノン山脈で遮られる。旧市街地は城壁で囲まれ，**街路網は迷路型**。

☐☑☑ ヨルダン▶首都はアンマン。**東はサウジアラビア，北東部はイラク，西はイスラエル，北はシリア**に面し，わずかにアカバ湾で海洋に接する。西部にはリフトヴァレーの北端に当たる**ヨルダン渓谷**(けいこく)と**死海**が位置。国土の大部分が**BW（砂漠気候）**。人口は約1,000万人で，**ヨルダン人32.4%，パレスチナ人32.2%，イラク人14.0%，ベドウィン人12.8%**（以上アラブ人が97.8%）。住民の大半はアラブ人で，**パレスチナ難民**も多く居住。公用語は**アラビア語**で，宗教は**イスラーム95%**，キリスト教3%。衣類の製造やりん鉱石の産出が盛ん。１人当たりGNIは4,410ドル（2019年）。

☐☐☑ アンマン▶**ヨルダン西部に位置する首都**で，同国の政治・経済の中心地。**パレスチナ，イラクからの移住者や難民が流入**し，人口が急増。

☐☑☑ レバノン▶首都はベイルート。**地中海東岸に位置**し，国土の大半は**地中海性気候（Cs）**。古代からフェニキア人の通商拠点として発展した。人口は約680万人で，**レバノン人71.2%，パレスチナ人12.1%**（以上アラブ人が84.5%），アルメニア人6.8%，クルド人6.1%。公用語は**アラビア語**で，**イスラーム59%**（シーア派とスンナ派が拮抗），**キリスト教41%**（マロン派，正教会，カトリックなど）。第二次世界大戦後は，中継貿易，金融センター，リゾート地として栄えるが，1975年以降，**内戦**と**イスラエルの侵攻**などにより**政治・経済の混乱**が続く。１人当たりGNIは7,420ドル（2019年）。

☐☑☑ ベイルート▶**地中海に面するレバノンの首都**で，同国の政治・経済の中心地。かつては「中東のパリ」（レバノンは旧フランス領）と呼ばれ，金融，観光などで栄えたが，内戦とイスラエルの侵攻により衰退。

☑☑☑ イスラエル▶**地中海東岸**に位置し，**北はレバノン，南西はエジプト，東はヨルダン，シリア**に接する。国土の大半は**乾燥気候（BW，BS）**だが，北部は**地中海性気候（Cs）**が分布する。人口は約**870万人**で，**ユダヤ人75.5%，アラブ人20.3%**。公用語は**ヘブライ語**（かつてはアラビア語も公用語とされていたが，近年公用語からはずされ，特別な地位を有する言語に変更）で，宗教は**ユダヤ教75.5%，イスラーム17.0%**，キリスト教2.0%など。**ユダヤ民族の国家として1948年に独立**。**アフリカ・アジア語族**に属する**ヘブライ語**を使用し，**ユダヤ教**を信仰する人々が多い。**アラブ系パレスチナ人**は，**アラビア語**を使用し，**イスラーム**を信仰。紀元前10世紀頃古代イスラエルがエルサレムを首都として栄えるが，その後滅亡し，ユダヤ人は世界中に離散（ディアスポラ）した。19世紀半ばから**ユダヤ人の祖国再建運動**である**シオニズム**が本格化した。第二次世界大戦後，国連はイギリス領パレスチナをユダヤ人とアラブ人に分割する案を決議（**パレスチナ分割決議**）したが，1948年，**ユダヤ人はイスラエルの独立を宣言**した（当時はテルアヴィヴを首都）。４度にわたる**中東戦争**を経て，1993年にイスラエルと**PLO（パレスチナ解放機構）**は**パレスチナ暫定自治協定**を結び，1994年にパレスチナ人は**ガザ地区**

とヨルダン川西岸での先行自治を開始した。その後，和平は決裂し，イスラーム過激派によるテロ活動，イスラエル軍による空爆など混迷が続いている。**OECD加盟国**で，工業化も進展。**ダイヤモンド加工業，医薬品，医療用機械器具，情報・通信産業，ハイテク産業**が発達。**アメリカ合衆国**から多額の軍事援助を受けている。首都は**エルサレム**で，国内法では首都をエルサレムと定めているが，国連決議では**テルアヴィヴ**が首都。1人当たりGNIは43,070ドル（2019年）。

☑☑☑ エルサレム▸**世界最古の都市の一つで，イスラエルの首都。ユダヤ教，キリスト教，イスラームの聖地**。ユダヤ人が居住する**西エルサレム**とアラブ人が居住する**東エルサレム**からなる。東エルサレムを含む**ヨルダン川西岸地区は，かつてヨルダンに編入**されていたが，第三次中東戦争によってイスラエルが占領し，現在は**イスラエルとパレスチナ自治政府（パレスチナ国）が統治**している。イスラエルは，**エルサレム**を首都と宣言しているが，国際連合など国際社会は**テルアヴィヴ**を首都とみなしてきた。2017年アメリカ合衆国のトランプ大統領がイスラエルの首都をエルサレムと明言したため，アメリカ合衆国は大使館をエルサレムに移した。**パレスチナ自治政府（パレスチナ国）は，東エルサレムを首都**であると主張している。

☐☑☑ パレスチナ国▸**ヨルダン西岸地区とガザ地区からなる共和制国家**。1988年に独立宣言を発表し，約140の国連加盟国が承認するが，アメリカ合衆国，日本を含むG7諸国は未承認。

☐☑☑ テルアヴィヴ▸**地中海に面するイスラエル最大の都市**で，同国の政治・経済の中心地。独立時は首都であったが，1980年にエルサレムを首都と宣言した（国際的には未承認）。**ハイテク産業**が発達し，**金融センター**としての機能も高い。

☐☑☑ インティファーダ▸**アラビア語で「蜂起(ほうき)」，「反乱」**の意で，アラブ世界ではさまざまな使われ方をするが，日本では**イスラエルによるパレスチナ占領に対する2度の民衆蜂起**（1993年，2000年）に対する呼称として使用されることが多い。

☑☑☑ トルコ▸首都はアンカラ。**アナトリア半島（小アジア半島）のアジア・トルコ**と**ボスポラス海峡，ダーダネルス海峡を隔てたバルカン半島東端のヨーロッパ・トルコ**からなる。ヨーロッパ・トルコは平坦だが，アジア・トルコは**アナトリア高原，トロス山脈**など**新期造山帯**の山がちな地形が広がる。国土の大半は**地中海性気候（Cs）**だが，内陸部には**ステップ気候（BS）**も分布する。人口は約**8,400万人**，西アジアではイランと並ぶ人口大国で，**トルコ人65.1%，クルド人18.9%**，クリミア・タタール人7.2%，アラブ人1.8%，アゼルバイジャン人1.0%。公用語は**トルコ語**で，**イスラームが97.5%**を占める。**オスマン帝国**（1299～1922年）は，**アジア，アフリカ，ヨーロッパにまたがる大帝国**を形成するが，第一次世界大戦に敗れ国土は縮小し，トルコ革命により共和国となる。**政教分離政策**により，**欧米型近代化**を目指す。**EU**など外資の進出による**工業化**が進み，**観光収入**と**出稼ぎ者からの海外送金**も重要な外貨獲得源。**NATO，OECD加盟国**で，ローマ文字を採用し，**EU加盟候補国**。首都は**アナトリア高原のアンカラ**だが，最大都市は**ボスポラス海峡に面するイスタンブール**。豊かなヨーロッパ・トルコと貧しいアジア・トルコの**東西経済格差が大**。1人当たりGNIは9,690ドル（2019年）。

☑☑☑ アンカラ▸**アナトリア高原の中央部に位置するトルコの首都**で，イスタンブールに次ぐ同国第2の都市。第一次世界大戦終結後，オスマン帝国に対抗する政権がアンカラに樹立され，共和制を宣言した。

☑☑☑ イスタンブール▸**ボスポラス海峡に面するトルコ最大の都市で，同国経済の中心地**。4世紀頃から東西交通の要地として繁栄し，ビザンツ帝国（東ローマ帝国）時代には，アヤソフィアに代表される**キリスト教文化**，オスマン帝国時代にはブルーモスクに代表される**イスラーム文化**が栄えた。

☑☑☑ BTCパイプライン▶**カスピ海の原油をアゼルバイジャンの首都バクー（Baku）からジョージアの首都トビリシ（Tbilisi）を経由し，トルコ南部のジェイハン（Ceyhan）まで輸送する石油パイプライン**で，2006年から本格稼働している。

第5節 アフリカ

1 アフリカの自然環境

① アフリカの地形

☑☑☑ アフリカの地形▶アフリカ大陸は，**アフリカプレート**上にあり，大部分が**楯状地，卓状地**などの**安定陸塊**。大陸の形状は，**高原状**の大陸で，標高200mから1,000mの高原・台地が大半を占め，**海岸線も単調**である。平野にも恵まれず，標高**200m未満の低地の割合は，約10%**にすぎない。東部には，**プレートの広がる境界**に当たる**リフトヴァレー（大地溝帯）**が南北に走り，周囲の隆起量が大きいため，アフリカ大陸の東西断面は，**東高西低**。リフトヴァレー沿いには，多数の**火山**や**断層湖**がみられる。大陸北端は，**アフリカプレートとユーラシアプレートが衝突**する**プレートのせばまる境界**に当たり，**新期造山帯**の**アトラス山脈**が東西に走る。また，大陸南東端には，**古期造山帯**の**ドラケンスバーグ山脈**が東西に走っている（図3-2-5-1，図3-2-5-2参照）。

☑☑☑ アフリカ大地溝帯（リフトヴァレー）▶**アフリカ大陸が東西に開きつつあるプレートの「広がる境界」に当たる大断層帯**。総延長は7,000kmにわたり，**紅海**付近から**エチオピア高原**を縦断し，ヴィクトリア湖付近を境に東西に分かれ，東部地溝帯と西部地溝帯になり，**ザンベジ川の河口**付近に至る。リフトヴァレー付近は，マントル物質の上昇が周辺の地殻を押し上げているため**隆起量が大きく**，高峻なエチオピア高原などが連なり，キリマンジャロなどの**火山**も多数分布している。

☑☑☑ キリマンジャロ▶**アフリカ大陸最高峰**で，標高は5,895m。**タンザニア北東部，ケニアとの国境**付近に位置する。**成層火山**で，キリマンジャロ国立公園に指定されている。山頂付近には**氷河・氷雪**がみられたが，近年は温暖化の影響などで縮小している。

☐☑☑ キリニャガ▶**ケニア中央部，ほぼ赤道直下に位置するアフリカ大陸第2の高峰**（5,199m）でケニア山ともよばれる。**成層火山**で，山頂部には氷河を抱き，ケニア山国立公園としてUNESCOの**世界自然遺産**に登録されている。

☑☑☑ ヴィクトリア湖▶**アフリカ最大の湖**で，**ナイル川（白ナイル）の源流**。**リフトヴァレーの東部地溝帯と西部地溝帯の間に位置**し，ヴィクトリア湖の両側が隆起したため，陥没して形成された。多数の河川が流入するが，水深は最深部でも84mと浅い。

☑☑☑ タンガニーカ湖▶**リフトヴァレー付近に位置する断層湖**。東岸はタンザニア，西岸はコンゴ民主共和国，南東端はザンビア，北東端はブルンジに面する。湖面の海抜高度は773mと高く，湖面面積はヴィクトリア湖に次いでアフリカ第2位，**水深**（1,470m）**は東シベリアのバイカル湖に次いで世界第2位**。

☐☑☑ マラウイ湖▶**リフトヴァレーの南部に位置する断層湖**。マラウイ，モザンビーク，タンザニアの国境をなし，モザンビークとタンザニアではニアサ湖とよばれている。**湖面面積，水深ともにアフリカではタンガニーカ湖に次ぐ**。

☑☑☑ アトラス山脈▶**アフリカ大陸北西端を東西に走る新期造山帯の山脈**。高峻で，**モロッコ，チュニジア，アルジェリア**にまたがる。地中海沿岸地域とサハラ砂漠の境目となり，山脈の北側は**地中海性気候**（**Cs**），南側は**砂漠気候**（**BW**），**ステップ気候**（**BS**）の乾燥気候が広がる。最高峰は，モロッコ南西部のツブカル山（4,167m）。

☑☑☑ ドラケンスバーグ山脈▶**アフリカ大陸南東端付近を走る古期造山帯の山脈**。語源はアフリカー

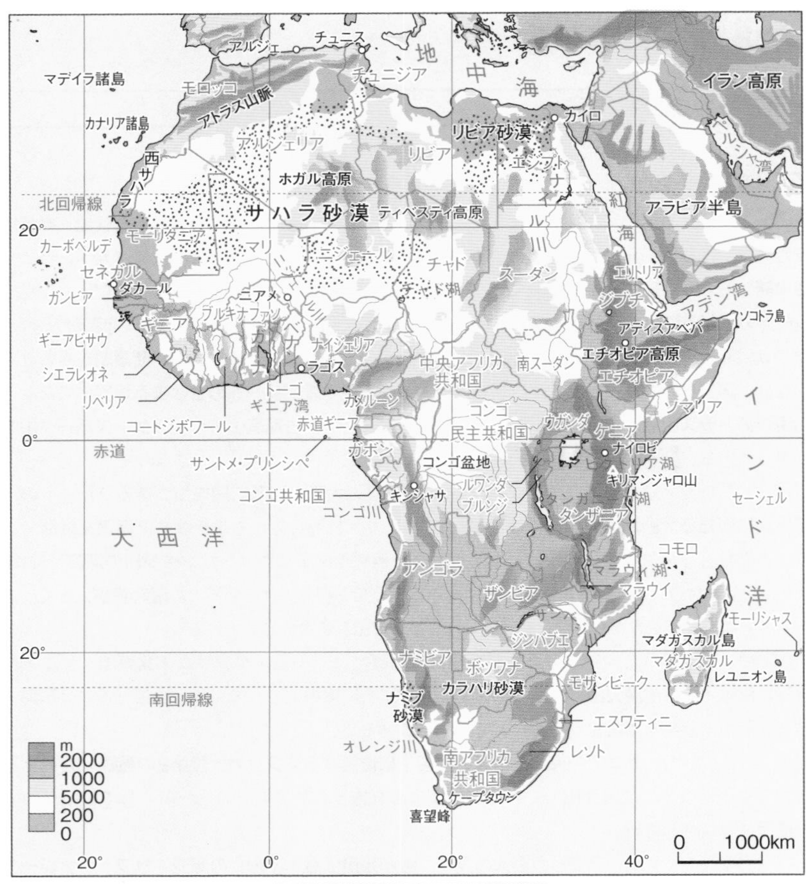

図3-2-5-1 アフリカの地勢図

ンス語で,「竜（ドラゴン）の山々」。一部は南アフリカ共和国とレソトの国境をなす。山麓では，良質な**石炭**が産出する。

☑☑☑ コンゴ盆地 ▸ **コンゴ川流域に広がる平坦地**で，ほぼ中央部を**赤道**が通過し，全域に**熱帯雨林**が分布している。周囲を山脈や高原に囲まれた盆地で，南米のアマゾン盆地のように低平ではなく，**比較的標高が高い**。南部の高原地帯では，**銅**（**カッパーベルト**），**コバルト**，**マンガン**，**ウラン**などの鉱産資源も豊富。

☐☐☑ テーブルマウンテン ▸ **先カンブリア時代の硬い岩盤層が侵食によって，台地状に取り残された地形**で，**南アフリカ共和国**や南アメリカの**ギアナ高地**などでみられる。メサの一種。

☑☑☑ ナイル川 ▸ **全長6,695kmの世界最長の河川**。本流は，**赤道付近から流出**し，南スーダンからスーダンの首都ハルツームまでは**白ナイル**とよばれる。スーダン付近では蒸発などにより流量が減少するが，**エチオピア高原**（Aw～Cw）のタナ湖から流出する水量豊富な**青ナイル**が合流する。さらに北流し，エジプト（BW）で**三角州**を形成しつつ，地中海に注ぐ**外来河川**。

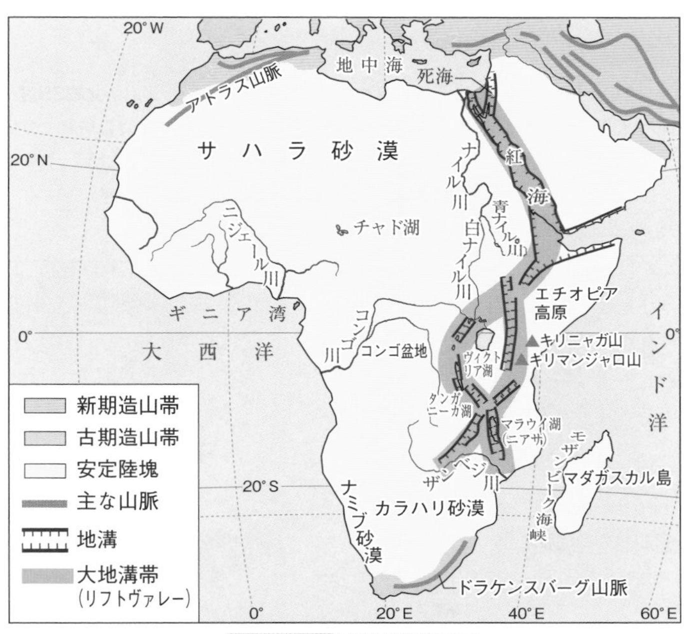

図3-2-5-2 アフリカの地形

☑☑☑ ニジェール川▶**ギニア湾岸に注ぐ外来河川**で，河口部には大規模な**三角州**を形成する。ギニアの山地から北流し，マリ付近で南流し，**ナイジェリア**に向かい，**ギニア湾**に流入する。特に，マリ，ニジェールにとっては重要な水資源供給源。また，**ニジェールデルタ付近では石油が大量に埋蔵**されており，ナイジェリアの経済を支えている。上流がAw（サバナ気候），BS（ステップ気候），中流がBS（ステップ気候），BW（砂漠気候）で，**渇水期には水量が著しく減少**するため，船舶の通年航行は難しく，また下流部には**急流**や**滝**があるため，**外洋船の往来も困難**。

☑☑☑ コンゴ川▶**コンゴ盆地を流れ，大西洋に注ぐ大河川**。**流域面積と流量は，アフリカ最大**かつ**アマゾン川に次いで世界第2位**で，流域に広がる**熱帯雨林**の面積もアマゾン川流域に次いで大きい。河川長は，アフリカ大陸ではナイル川に次ぐ。また，多数の支流が赤道を挟んで南北に分散しているため，**本流の流量がほぼ一定**となる。東部の**リフトヴァレー**（**大地溝帯**）**付近から流出**し，**キサンガニ**から**キンシャサ**までは**内陸河川交通**が盛んだが，下流は多くの**急流**や**滝**（リヴィングストン滝など）があるため，**外洋船の往来は困難**である。大河川としては珍しく，河口には三角州を形成していない。

□☑☑ ザンベジ川▶**アフリカ南部を流れ，インド洋に注ぐ大河川**。河川長は，アフリカでは**ナイル川，コンゴ川，ニジェール川**に次いで第4位。リフトヴァレー付近の**ザンビア北部から流出**し，アンゴラ，ザンビア，ナミビアを流れた後，再びザンビアに向かい，ザンビアとジンバブエの国境からモザンビークで**モザンビーク海峡**に注ぐ。

□☑☑ オレンジ川▶**ドラケンスバーグ山脈付近から流出し，カラハリ砂漠南部からナミビアと南アフリカ共和国の国境を西流しながら大西洋に注ぐ外来河川**。

② アフリカの気候

☑☑☑ **アフリカの気候▶** アフリカ大陸の**ほぼ中央部を赤道**が通過し，北端が**北緯35度**付近，南端が**南緯35度**付近に位置するため，赤道から高緯度に向かって，**A→B→C**とほぼ帯状に気候帯が変化する。緯度40度以上には大陸がないため，**亜寒帯（D）や寒帯（E）は存在しない**＊。気候帯別の面積比は，**B＞A＞C**の順で，およそ5：4：1となる（図3-2-5-4，図3-2-5-5参照）。

＊面的にはほぼ存在しない。

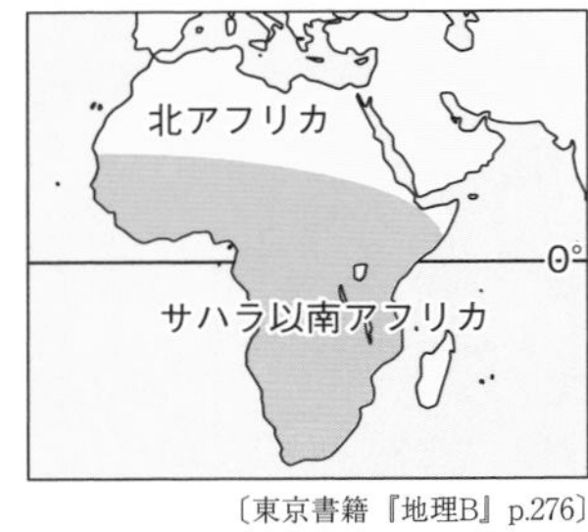

〔東京書籍『地理B』p.276〕

図3-2-5-3 アフリカの地域区分

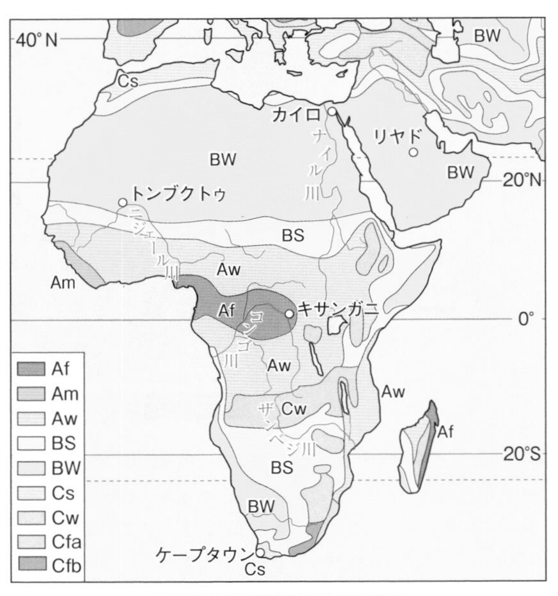

図3-2-5-4 アフリカの気候

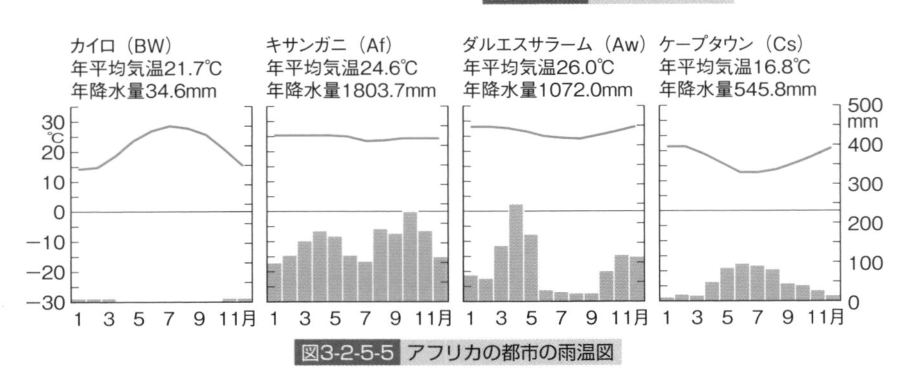

図3-2-5-5 アフリカの都市の雨温図

☑☑☑ **北アフリカの気候▶ アトラス山脈以北**に位置するモロッコ，チュニジア，アルジェリアの**地中海沿岸にCs（地中海性気候）**が分布するが，それ以外は大半が**BW（砂漠気候），BS（ステップ気候）**

の乾燥気候。**北回帰線**付近には，年中**亜熱帯高圧帯**に覆われる**サハラ砂漠**が広がる。

☑☑☑ サハラ砂漠 ▶ **アフリカ大陸北部に位置する世界最大の砂漠**。面積は，アフリカ大陸の約1/3を占め，大半が**礫**(れき)**砂漠**であるが，岩石砂漠，砂砂漠もみられる。年中**亜熱帯高圧帯**の影響を受けるため，降水量が少ない**中緯度（回帰線）砂漠**で，一部の山地を除いて，ほぼ平坦な地形をしている。古くから**オアシス農業**や**遊牧**が行われ，**イスラーム商人によるサハラ交易**も行われてきた。広義にはヌビア砂漠（エジプト），リビア砂漠などを含む。

☑☑☑ サブサハラ ▶ **サハラ砂漠以南の地域**。アフリカの地域区分をする際に，**アラブ系**が人口の多数を占める**北アフリカ**と**サハラ以南アフリカ（サブサハラ，中南アフリカ）**に分類することがある。

☑☑☑ 西アフリカの気候 ▶ サハラ砂漠南縁の**サヘル**と**ギニア湾岸**からなり，**BS（ステップ気候）**が東西に分布する**サヘルでは砂漠化**が進行しているが，**ギニア湾岸**では**夏季の南西モンスーン**により多量の降水がもたらされ，**Am（熱帯モンスーン気候）**や**Aw（サバナ気候）**が広がる。

☑☑☑ サヘル ▶ **サハラ砂漠の南縁に広がる半乾燥地域（BS）**で，**モーリタニア，マリ，ニジェール，チャド，スーダン**などの南部地域を指す。北部はより乾燥し，**BW（砂漠気候），BS（ステップ気候）**，南部はやや湿潤になり**BS（ステップ気候），Aw（サバナ気候）**が広がる。サハラ砂漠より湿潤なため，古くから**サハラ交易**を通じていくつもの国家が繁栄したが，サハラ交易の衰退などによって滅亡した。Aw地域では**焼畑**，BSでは**牛，羊などの放牧**が行われており，人口増加に伴う**過放牧**などで**砂漠化が進行**している。

☑☑☑ ギニア湾 ▶ **西アフリカ中央部にある湾**で，**ニジェール川，コンゴ川**などが流入する。沿岸低地に恵まれないアフリカにあって，極めて重要な**ギニア湾岸低地**が広がり，**夏季の南西モンスーン**による降水にも恵まれるため，**カカオ，油ヤシなどのプランテーション農業**が発達している。湾岸に面する主な国は，**コートジボワール，ガーナ，リベリア，ナイジェリア，カメルーン**など。

©Amoghavarsha JS amoghavarsha.com

図3-2-5-6 キリマンジャロ山とサバ

☑☑☑ 東アフリカの気候 ▶ **Aw（サバナ気候）**が広く分布するが，標高が高い**エチオピア高原**やケニアの一部では**Cw（温暖冬季少雨気候）**もみられる。「**アフリカの角**」とよばれる**ソマリア半島**付近は，**BW（砂漠気候），BS（ステップ気候）**の乾燥気候が広がる。**タンザニア**から**モザンビーク**付近には，暖流の**モザンビーク海流**が温暖で湿潤な大気を運搬してくるため，**Aw（サバナ気候）**が広範囲に広がる。**マダガスカル東岸**は，年中インド洋からの**南東貿易風**の影響で，降水量が極めて多い**Af（熱帯雨林気候）**になり，1〜3月には**サイクロン**も襲来する（図3-2-5-4参照）。

☑☑☑ エチオピア高原 ▶ **東アフリカに位置する安定陸塊の高原**。中央部を**リフトヴァレー**が通過するため，隆起量が大きく，**平均標高は2,000m**を超える（最高峰はラスダシャン山の4,620m）。気温の年変化は小さく，年中温暖（Aw, Cw, 一部H）なため，居住に適している。付近のタナ湖からは**青ナイル**が流出している。

☑☑☑ 中南アフリカの気候 ▶ 赤道が通過する**コンゴ盆地**には**Af（熱帯雨林気候）**，盆地周辺は**Aw（サバナ気候）**が分布するが，**アンゴラ・ザンビア南部**には**Cw（温暖冬季少雨気候），ナミビア，ボツワナ**付近には**BW（砂漠気候），BS（ステップ気候）**が広がる。アフリカ南西端（**南アフリカ共和国**）には**Cs（地中海性気候）**も分布。

☑☑☑ カラハリ砂漠▶**ナミビア東部からボツワナにかけて広がる中緯度（回帰線）砂漠**。

☑☑☑ ナミブ砂漠▶**ナミビア沿岸に分布する海岸砂漠**で，**アンゴラ沿岸から南アフリカ共和国北端**に及ぶ。寒流の**ベンゲラ海流**の影響を受けるため，下層の大気が安定することに加え，水蒸気の供給も少ないため，極めて降水量が少ない。

2 アフリカの歴史と民族

① アフリカの歴史的背景

☑□☑ サハラ交易▶**地中海沿岸と西アフリカとの交易**で，サハラ砂漠を縦断して行われたことからこう呼ばれた。先史時代から行われてきたが，最盛期は8世紀から16世紀後半。サハラ砂漠周辺で採取される**塩**とガーナなどの西アフリカで採取される**砂金**などの交易でキャラバンが往来し，交易路周辺のガーナ王国，マリ帝国などの国家が繁栄した。また，**奴隷**も高価な交易品として，エジプト，アラビア半島，メソポタミア地方などに運ばれた。この他，**コショウ，象牙**，ガラス，ビーズなどさまざまな交易品が運搬された。

☑☑☑ 大航海時代▶**ヨーロッパ人によって，アフリカ大陸，アジア大陸，南北アメリカ大陸への大規模な航海が行われた時代**。主に**スペイン**と**ポルトガル**によって，15世紀半ばから17世紀半ばまで行われた。**羅針盤**(らしんばん)が**イスラーム**を介して中国から伝わったことから，**外洋航海が可能**になり，ローマ教皇もスペイン，ポルトガルの海外進出を強力に支援したため，両国は競って航海に乗り出した。また，ヨーロッパ諸国は，**インド航路の中継地**として，**アフリカ沿岸部に港湾を建設**し，アフリカとの交易も拡大させた。

☑☑☑ 奴隷貿易*▶**アフリカ住民を奴隷として，南北アメリカに輸出した近代ヨーロッパの貿易**で，大西洋奴隷貿易ともいわれる。16世紀以降，ヨーロッパ諸国は，インディオに代わる労働力として，**アフリカから多数の奴隷を購入し新大陸の植民地**に**連行**した。アフリカから連れ出された奴隷は，1,000万人以上といわれるが，19世紀になると各国で次々に**奴隷制が廃止**された。

*奴隷貿易は，古代，中世，近世など各時代に，世界各地に渡って行われてきたが，ここではヨーロッパ人によるアフリカ人の奴隷貿易。

□☑☑ 三角貿易▶**ヨーロッパからアフリカへ武器，雑貨，アフリカから南北アメリカへ奴隷，南北アメリカからヨーロッパへ砂糖，たばこ，コーヒーなどを輸出する貿易**。17世紀以降，南北アメリカで**プランテーション農業**が発達したことから，**奴隷労働力の需要**が増加した。イギリスなどのヨーロッパ諸国は，**船舶の効率的な利用**を目指し，商品を販売すると，販売先で再び商品を仕入れ，空船にすることなく，貿易が行われたこともあって，**多大な富を蓄積し，産業革命の基礎を築いた**。

☑☑☑ 植民地分割▶**ヨーロッパ列強によるアフリカの分割（1880年代～1912年）のこと**。19世紀以降，**リヴィングストン**や**スタンリー**などによる**アフリカの内陸探検**が進んだ結果，列強による植民地支配は激化した。特に植民地大国のイギリスとフランスは積極的で，**イギリスは大陸縦断政策**（エジプトから南アフリカまで），**フランスは大陸横断政策**（北アフリカのマグレブから東アフリカまで）を採るなど，各地でヨーロッパ列強が領有を巡って対立した。このため，1884年に利害を調整するベルリン会議が開かれ，**アフリカ人の意向を無視して，植民地化の合意**が行われた（図3-2-5-7 参照）。

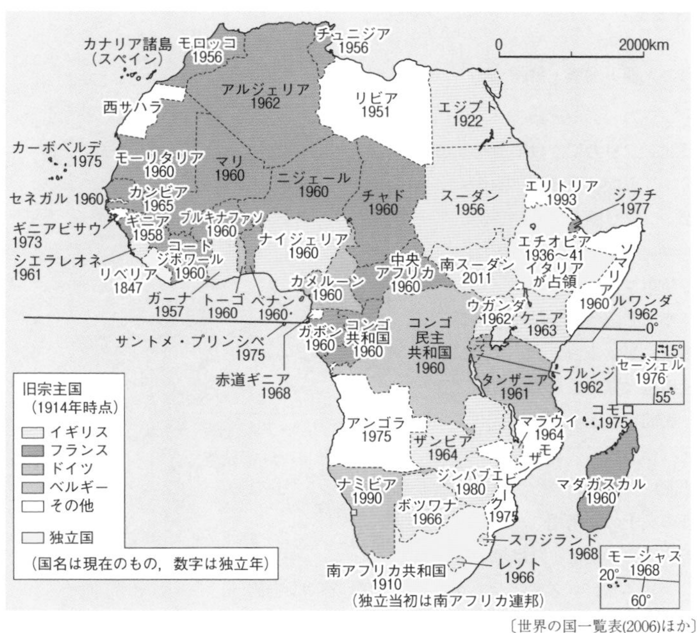

〔世界の国一覧表(2006)ほか〕

図3-2-5-7 アフリカの旧宗主国と独立年

□□☑ **リヴィングストン** ▶ **19世紀のスコットランドの探検家・宣教師・医師**。デヴィッド・リヴィングストン（David Livingstone, 1813-1873）は，当時「暗黒大陸」とよばれていた**アフリカを，ヨーロッパ人で初めて横断**した。全三回にわたる大規模なアフリカ探検を行ったリヴィングストンのアフリカ地理，アフリカ史における貢献度は大きい。

□□☑ **スタンリー** ▶ **19世紀のウェールズの探検家・ジャーナリスト**。ヘンリー・モートン・スタンリー（Sir Henry Morton Stanley, 1841-1904）は，行方不明になったリヴィングストンの捜索を行い，タンガニーカ湖付近で発見した。**コンゴ川流域の探検**や**ナイル川の水源の発見**などで知られる。

□□☑ **間接統治** ▶ **植民地の有力者（権力者）や支配民族を名目的に支配者とし，彼らを通じて支配を行う統治方法**。古くからの統治機構をうまく利用し，植民地を効率的に支配した。**イギリス，ベルギー**などが，積極的に間接統治を採用した。これに対して，本国から直接官僚などを送り込み，直接的に支配を行う統治方法を，**直接統治**といい，**フランス**などは主にこの方法を採った。

☑☑☑ **アフリカの年** ▶ **アフリカで17か国が独立した1960年**のこと。アフリカの脱植民地化の象徴として使用される。17か国中13か国が**フランス**からの独立で，これはフランスがフランス共同体の構成国について，フランスとの関係を断絶しないで独立を認める措置を採ったためである。「アフリカの年」の独立国は，旧フランス領の**カメルーン**（1961年にイギリス領カメルーンの南部と合併），**トーゴ**，**マリ**（同年，**セネガル**が分離独立），**マダガスカル**，ダホメ（1975年に**ベナン**に改称），**ニジェール**，オートボルタ（1984年に**ブルキナファソ**に改称），**コートジボワール**，**チャド**，**中央アフリカ**，**コンゴ共和国**，**ガボン**，**モーリタニア**，旧ベルギー領のコンゴ共和国（**現コンゴ民主共和国**），旧イギリス領のソマリランド（同年，イタリアから独立したソマリアと統合したが，1991年にソマリアからの分離独立を宣言)，**ナイジェリア**，旧イタリア領の**ソマリア**。

②アフリカの人種・民族・言語

☑☑☑ アフリカ・アジア語族 ▸ **アラビア半島から北アフリカにかけて分布する語族**。北アフリカでは**アラビア語**が大半を占めるが，**ソマリ語**，**アムハラ語**（エチオピアの共通語），**ベルベル語**など多様な言語が使用されている。

☑☑☑ アラビア語 ▸ **アフリカ・アジア語族セム語派**に属する言語で，**北アフリカ諸国で公用語**に採用されている。**アラビア文字**で表記される。

☐☑☑ アムハラ語 ▸ **アフリカ・アジア語族セム語派**に属する言語で，**エチオピアにおける事実上の公用語**。エチオピアの国家形成の過程で浸透した**地域の共通語**。アムハラ文字（ゲエズ文字，アラビア文字から派生したエチオピア文字）で表記される。

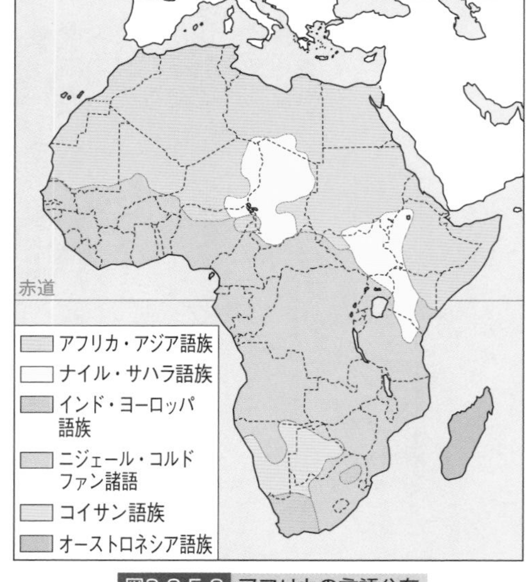

図3-2-5-8 アフリカの言語分布

☐☑☑ ベルベル語（アマジク語） ▸ **アフリカ・アジア語族ベルベル語派**に属する言語で，北アフリカではアラビア語の拡大以前には広く使用されていた。現在は，**モロッコ**（アラビア語とともに公用語），アルジェリアなどの山間部で使用され，**アマジク語**（アマジグ語）と呼ばれている。

☐☐☑ ナイル・サハラ語族 ▸ **ナイル川中上流域にかけて分布する語族**。

☑☑☑ ニジェール・コルドファン諸語 ▸ **サハラ砂漠以南のアフリカ**（サブサハラ・中南アフリカ）**に分布する言語群**で，ニジェール・コンゴ諸語ともいわれる。**極めて多くの言語**からなる。

☑☑☑ スワヒリ語 ▸ **ニジェール・コルドファン諸語に属する言語**。古くから**アラブ商人と東アフリカ住民との交易**のために形成され，アラビア語の語彙（ごい）を多く含む。「**スワヒリ**」は，アラビア語で「**海岸に住む人**」の意味で，**ケニア**，**タンザニア**，**ウガンダ**，**ルワンダでは公用語**に採用されている。

☐☑☑ コイサン諸語 ▸ **南西アフリカのカラハリ砂漠やタンザニアの一部で使用されている言語群**。牧畜民の**コイ族**と狩猟採集民の**サン族**で使用されている。

☑☑☑ オーストロネシア語族（マレー・ポリネシア語族） ▸ **東南アジア島嶼部，オセアニア島嶼部に分布する語族**だが，アフリカでは**マダガスカル語**がこれに属する。

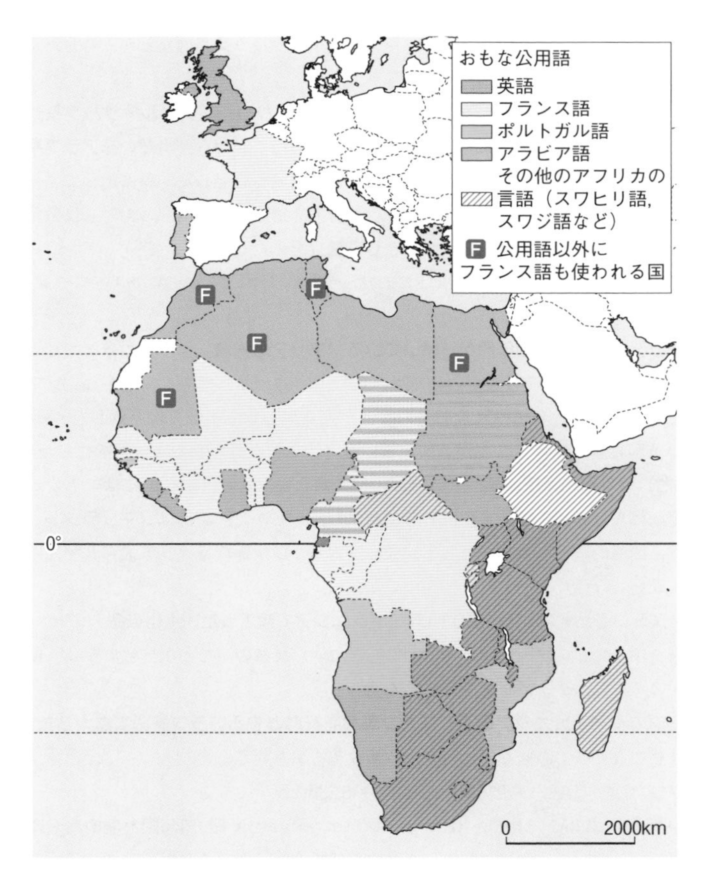

図3-2-5-9 アフリカ諸国のおもな使用言語

③ アフリカの紛争による停滞と今後の発展

☑☑☑ ルワンダ内戦 ▶ **ルワンダにおけるフツ族とツチ族の抗争。ベルギー**による植民地時代に，**少数派のツチ族が支配層として優遇**され，**多数派のフツ族が被支配層**として差別的な扱いを受けたため生じた紛争。フツ族とツチ族は，前者が**農耕民族**，後者が**遊牧民族**である以外は大きな違いがなく，民族の境界は曖昧(あいまい)であったが，**間接統治**の道具としてツチが利用されたことにより，両者の対立は深まった。

☑☑☑ ビアフラ紛争 ▶ **ナイジェリアのイボ人を中心とする東部州がビアフラ共和国として分離・独立宣言を行ったことにより生じた紛争**（1967-1970）で，ビアフラ戦争ともいう。ビアフラ側の食料や物資の供給が遮断され，**大規模な飢餓**が発生したため，国際問題となった。**ナイジェリア**は，北部に**イスラーム**を信仰する**ハウサ人**，西部に**イスラーム，キリスト教**を信仰する**ヨルバ人**，東部に**キリスト教**を信仰する**イボ人**の三大民族と多数の少数民族が居住する**多民族国家**であったが，東部の**ニジェールデルタで大油田**が発見されると，東部と他地域との経済格差が拡大し，**東部のイボ人と，北部のハウサ人，西部のヨルバ人との対立**が深まった。内戦は，世界の大国をも巻き込み，連邦軍をイギリス，ソ連などが支持，イボ人を中心とするビアフラ軍をフランス，南アフリカ共和国などが支持したが，1970年1月にビアフラ側が降伏した。

☑☑☑ スーダン内戦* ▸ **北部のアラブ系住民と南部のアフリカ系（ナイル・サハラ系）住民との対立により生じた内戦**。1983年，国政にイスラーム法を導入したことから，南部の**非アラブ系**（主に**ナイルサハラ系の黒人**で，**キリスト教**やアニミズムを信仰）が反発し勃発した。特に南部で発見された**大規模な油田**を巡り，影響力を保ちたい北部と，北部の影響力を排除したい南部との対立は激化し，**2011年**にはスーダン共和国の南部10州が**南スーダンとして独立**を果たした。

＊第一次スーダン内戦（1955-1972，南部スーダンに大幅な自治を与えることで，終了）と第二次スーダン内戦（1983-2005）があるが，ここでは第二次スーダン内戦。

☑☑☑ ソマリア内戦 ▸ **1980年代から続いているソマリアの内戦**。ソマリアはアフリカ諸国では珍しく，総人口の**90％以上をソマリ人**が占める単一民族国家的な性格である。しかし，**ソマリ人内部の権力闘争**が激烈で，政府軍と各種の反政府勢力などが入り交じって交戦を繰り返した。**PKO国連ソマリア活動**のため多国籍軍も派遣されたが，国連軍にも宣戦布告が行われるなど泥沼化した。その後，**AU（アフリカ連合）の平和維持軍派遣**，近隣諸国の仲裁が行われたが，最終的にはエチオピアの軍事援助を受けた暫定（ざんてい）政権が，2012年に正式政府として発足した。しかし，北部は**ソマリランド**（旧イギリス領ソマリランド，国際的には未承認）として独立を宣言し，中南部のソマリア連邦共和国内部でも統一が実現できていない。

☑☑☑ ジャスミン革命 ▸ **2010〜2011年にチュニジアで起こった民主化革命**。ジャスミン革命では，若者や知識層を中心にインターネットやSNSで結びついた民衆のデモが全国に広がり，**長期独裁政権を倒した**。ジャスミンは，チュニジアを代表する花。

☑☑☑ アラブの春 ▸ **チュニジアのジャスミン革命を契機とするアラブ諸国で拡大した民主化運動**で，エジプト，リビアなど多くの国々で，政変や政治改革を引き起こした。

☑☑☑ アフリカ連合（AU：African Union） ▸ p.239参照

☐☑☑ 地中海連合（UfM：Union for the Mediterranean） ▸ **EU加盟国と地中海沿岸国による緩やかな共同体**で，ヨーロッパ，北アフリカ，中東の架け橋を築くということを目標に設立された。

☐☐☑ 人間の安全保障 ▸ **環境問題や貧困，自然災害などの深刻な脅威から生命や生活を守るため，国際社会の協調により人間一人ひとりに着目した安全保障に取り組むとする考え方**。

☐☑☑ アフリカ開発会議（TICAD（ティカッド）：Tokyo International Conference on African Development） ▸ **日本が主催するアフリカの開発をテーマとした国際会議**。国連，国連開発計画（UNDP），世界銀行などと共同で開催している。

3 アフリカの産業の発達と変化

① アフリカの農牧業

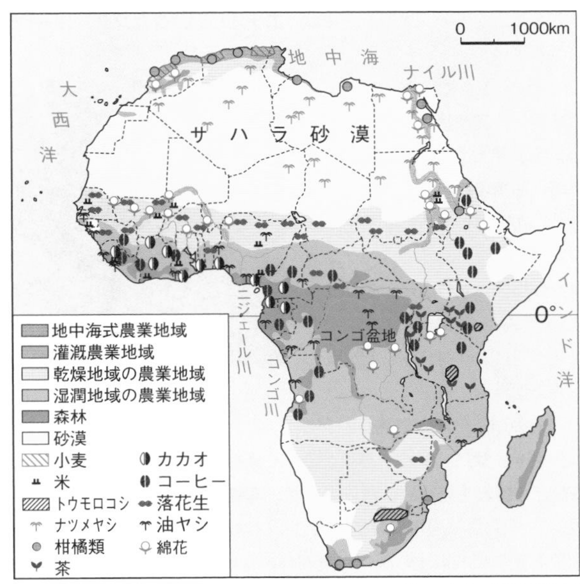

〔Diercke Drei(2009)ほか〕

図3-2-5-10 アフリカの農業地域と商品作物

☑☑☑ 北アフリカの農業 ▶ **外来河川沿岸**や**山麓の湧水地**の**オアシス**では，**ナツメヤシ**，小麦，野菜の栽培が**灌漑**によって行われている。**地下水路**を利用した灌漑農業も発達。**BS（ステップ気候）地域**では，羊やラクダの伝統的な**遊牧**もみられる。地中海沿岸では，**オレンジ，レモン，ブドウ**などを栽培する**地中海式農業が行われている**。

☑☑☑ フォガラ ▶ **北アフリカの乾燥地域にみられる地下水路**。**アトラス山脈山麓の扇状地**などの地下水を水源として，蒸発を防ぎ，耕地や集落があるところまで導水する。

☑☑☑ マグレブ ▶ **北アフリカのチュニジア，アルジェリア，モロッコ，西サハラの総称**。アラビア半島やエジプトから西に位置することから，アラビア語で「日が沈むところ」を意味する。広義には，リビア，モーリタニアを含むこともある。

☑☑☑ 西アフリカの農業 ▶ **サヘル**では，**羊，山羊，牛などの放牧**，**モロコシなどの雑穀栽培**，**落花生などの商品作物栽培**が行われ，**ギニア湾岸**では，**カカオ豆，油ヤシなどのプランテーション農業**が発達。

☑☑☑ 落花生 ▶ **南アメリカ原産の豆科作物**で，16世紀以降にポルトガル人が**西アフリカ**に持ち込んだことにより，栽培が拡大した。食用や搾(さく)油(ゆ)用として利用され，中国，インド，**ナイジェリア**などでの生産が多い。

☑☑☑ カカオ ▶ p.120参照

☑☑☑ 東アフリカの農業 ▶ **ソマリア，ケニア**の**BS（ステップ気候）地域**では，ラクダ，羊，山羊，牛の**放牧**，**エチオピア**では**コーヒー豆**，**ケニア**では**茶**，タンザニアではサイザル麻の**プランテーション農業**が発達。

☑☑☑ コーヒー（アフリカ）▶**コーヒーの原料となるコーヒー豆を採取する樹木作物**。生産量の多くを占める**アラビカ種**は，**エチオピア高原原産**で，高温多雨で排水良好な地形・土壌を好むため，**高原，山麓などで栽培**されることが多い。アフリカでは，**エチオピア，ウガンダ，コートジボワール，マダガスカル**などで栽培されている。

☑☑☑ 茶（アフリカ）▶かつてイギリス領であった**東アフリカ諸国**は，**高原状**の地形で，**日照時間も長く，年降水量が1,000mm以上，火山性の肥沃な土壌にも恵まれる**ため，茶の栽培地として注目され，20世紀の初めにはインドからケニアに茶が移植された。現在では，**ケニア，ウガンダ，タンザニア，マラウイ，モザンビーク**などで生産が盛んである。特にケニアは，ケニア紅茶研究財団により開発された高収量品種を導入し，茶を世界中に輸出している。

©CIAT

図3-2-5-11 ケニアにおける茶の栽培

☑☑☑ 中南アフリカの農業▶**Af（熱帯雨林気候）**の**コンゴ盆地**では，**キャッサバ，ヤムイモなどのイモ類**を，周辺の**Aw（サバナ気候）地域**では，**モロコシ，ヒエ，アワなどの雑穀**を粗放的に栽培する**焼畑農業**が発達。

☑☑☑ 焼畑農業（アフリカ）▶**熱帯雨林気候のコンゴ盆地では森林**，周辺の**サバナ気候地域では草原**を焼き払い，**草木灰を肥料**に利用する焼畑農業が行われている。**Af（熱帯雨林気候）**地域では，**キャッサバ，ヤムイモ，タロイモ，バナナ**などを，**Aw（サバナ気候）**地域では**モロコシなどの雑穀**や**落花生，トウモロコシ**などが栽培されている。数年のサイクルで耕地を移動する移動耕作が行われてきたが，一部では定着農業もみられる。

☐☑☑ 半農半牧▶**焼畑などの農業を行いつつ，羊，牛などの家畜を飼育する伝統的な農牧業**。アフリカのAf（熱帯雨林気候）地域では，牛などの大型家畜ではなく，羊，山羊などを小規模に飼育するが，Aw（サバナ気候）〜BS（ステップ気候）地域では牛，羊などが飼われている。

☐☑☑ 混作▶**一つの耕地（畑）にモロコシ，インゲン豆など数種類の作物を作ること**。アフリカでは，干ばつなどに襲われた場合，**すべての作物が同時に被害に遭うのを防ぐため**に，古くから行われてきた。

☑☑☑ 南アフリカ共和国の農業▶**BS（ステップ気候）〜C（温帯）**が広がる南アフリカ共和国では，**オランダ系**や**イギリス系**による**ヨーロッパ型農牧業（混合農業，地中海式農業），新大陸型農牧業（企業的穀物農業，企業的牧畜）**などが発達。

② アフリカの資源・工業・貿易

☑☑☑ アフリカの資源・工業・貿易▶**石油，石炭，ウラン**などのエネルギー資源，**鉄鉱石，ボーキサイト，銅鉱**などの金属資源，**金鉱，クロム，プラチナなどのレアメタル**や**ダイヤモンド**などの資源に恵まれるため，世界から注目されている。内戦や独裁体制による政情不安などから**鉱山開発が遅れていた**が，外国からの投資も活発化して資源開発が進められ，特に近年は**中国による開発が活発化**している（図3-2-5-12参照）。

☑☑☑ **アフリカのレアメタル** ▶ **南アフリカ共和国**では，**プラチナ**（**白金族**），**クロム**，**チタン**，**バナジウム**，**コンゴ民主共和国**では**コバルト**などが多く産出する。また，金属ではないが，**ボツワナ**，**コンゴ民主共和国**，**アンゴラ**では**ダイヤモンド**の産出が多い。

☑☑☑ **カッパーベルト** ▶ **コンゴ民主共和国南部**（上カタンガ州）**からザンビア北部**（カッパーベルト州）**に広がる銅鉱の世界的産出地**。埋蔵量は豊富だが，両国の政治的・経済的混乱から産出量は停滞していた。

☐☑☑ **タンザン鉄道** ▶ **タンザニアのダルエスサラームとザンビアのカピリムポシを結ぶ鉄道**。1975年に**中国**の援助（無利子での借款（しゃっかん）と多数の中国人労働者送出）で建設された。カッパーベルトで産出した銅鉱をダルエスサラームから積み出す。

〔Diercke Weltatlas (2008) ほか〕

図3-2-5-12 アフリカの鉱産資源

☐☑☑ **ベンゲラ鉄道** **アンゴラのロビトからコンゴ民主共和国のルアラバ州**（**旧カタンガ州**）**を結ぶ鉄道**。カッパーベルトの銅鉱などを輸送する重要な輸送経路だったが，アンゴラ内戦で破壊され，21世紀に入り**中国**の援助で復旧した。

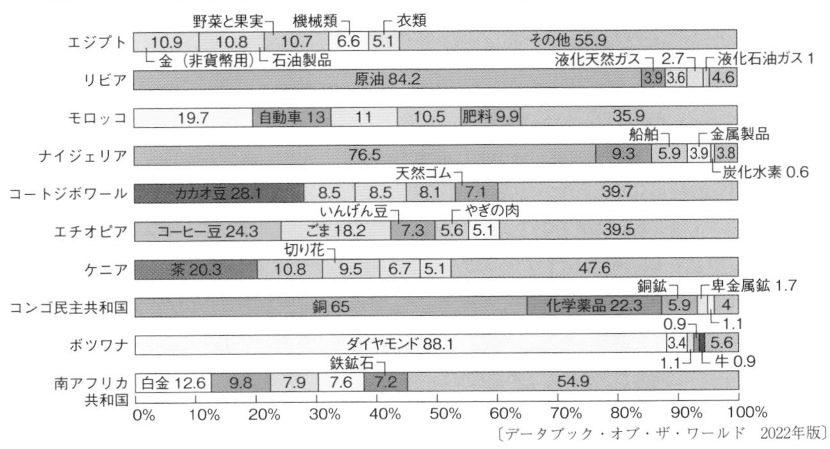

〔データブック・オブ・ザ・ワールド　2022年版〕

図3-2-5-13 アフリカ諸国の主な国の輸出品目（2020年）

4 アフリカの各国地誌

① 北アフリカ

☑☑☑ 北アフリカ ▶ **サハラ砂漠**を中心に，**BW（砂漠気候）**が広がるが，**アトラス山脈以北の地中海沿岸にはCs（地中海性気候）**も分布。**アフリカ・アジア語族**の**アラビア語**を公用語とし，**イスラーム**を信仰する人が大部分を占める。**産油国**も多く，アフリカ諸国の中では，比較的経済発展が進み，**1人当たりGNIも高め**。

☑☑☑ エジプト ▶ 首都はカイロ。アフリカ大陸の北東部に位置し，北は**地中海**，東は**紅海**に臨む。**スーダンとは北緯22度，リビアとは東経25度**を国境に利用。国土の大部分を**砂漠**が占めるが，**外来河川**の**ナイル川**沿岸には**灌漑耕地**。総人口約**1億人**で，アフリカ第3の人口大国。**アラブ系エジプト人99.6%**，他はベドウィン人，アマジク人など。公用語は**アラビア語**で，**イスラーム84.4%**，キリスト教15.1%（大部分がコプト教）。首都の**カイロはアフリカ最大の都市**（724.8万人）で，**アレキサンドリア**，ギーザなども大都市。**OAPEC加盟**の産油国で，**オイルマネー**の他，**観光収入，出稼ぎ労働者の送金，スエズ運河の通航料**などが重要な外貨獲得源。1人当たりGNIは2,690ドル（2019年）。

☑☑☑ カイロ ▶ **エジプトの首都**。人口724.8万人（大都市圏の人口は1,877.1万人）で，**アフリカ最大の都市**。アラブ連盟の本部所在地。ナイル川下流の交通の要衝として，中世に建設され，現在も**イスラーム世界の経済・学術・文化の中心**として栄える。**ナイルデルタ**の南端にあり，上エジプト（ナイル河谷地方）と下エジプト（ナイルデルタ）の境界付近に位置する。600を超えるモスクがあり，「**カイロ歴史地区**」として，UNESCOの世界遺産に登録されている。

☐☑☑ アレキサンドリア ▶ **カイロに次ぐエジプト第2の都市**（435.8万人）。マケドニア国王のアレキサンダー大王（アレクサンドロス3世）が，自らの名を冠して建設した最初の都市として知られる。ナイルデルタの北西端に位置する**港湾都市**。

☑☑☑ リビア ▶ 首都はトリポリ。北部は**地中海**に面し，国土の大半は広大な台地からなる**砂漠**。国土の大部分が**BW（砂漠気候）**だが，地中海沿岸にはCs（地中海性気候）も分布。人口は約**690万人**で，**リビア人57.2%などアラブ系が87.1%**。公用語は**アラビア語**で，宗教は**イスラーム96.1%**。2011年，**カダフィ政権による長期独裁が崩壊**したが，政局は混迷。**OPEC加盟**の産油国で，**輸出額の80%以上は原油**。1人当たりGNIは7,640ドル（2019年）とアフリカでは有数。

☐☑☑ トリポリ ▶ **リビア北西部，地中海に面する首都**で，政治・経済の中心地。降水量は少ないが**Cs（地中海性気候）**。

☑☑☑ アルジェリア ▶ 首都はアルジェ。**アフリカ最大の面積**で，北部に**アトラス山脈**，アトラス以南には**サハラ砂漠**や**ホガル高原（アハガル高原）**が広がる。地中海沿岸には**Cs（地中海性気候）**，中部は**BS（ステップ気候）**，南部は**BW（砂漠気候）**が分布。人口は約**4,400万人**で，**アルジェリア人59.1%**，アマジグ人26.2%，ベドウィン人など**大部分がアラブ系**。国語は**アマジグ語**，公用語は**アラビア語**で，宗教は**イスラーム99.7%**。モロッコ，チュニジアなどとともに**マグレブ**と呼ばれる。**OPEC加盟**の産油国で，**輸出額の大部分を原油・天然ガス関連**が占める。1人当たりGNIは4,010ドル（2019年）。

☐☑☑ アルジェ ▶ **アルジェリア北部，地中海に面する首都**で，国内最大都市。同国の政治・経済の中心地で，アルジェ港は北アフリカ有数の港湾。**Cs（地中海性気候）**。

☐☐☑ アハガル高原（ホガル高原）▶ **アルジェリア南部の高原**で，平均標高800mの岩石砂漠が広がる。

最高峰はタハト山（2,918m）。

☑☑☑ チュニジア▶首都はチュニス。地中海沿岸には**Cs（地中海性気候）**，中南部は**BS（ステップ気候）**，**BW（砂漠気候）**が広がる。人口は約1,200万人で，**チュニジア人67.2%**，ベドウィン人26.6%，アルジェリア人など**アラブ系が大部分**。公用語は**アラビア語**だが，植民地支配の影響でフランス語も使用されている。宗教は**イスラームが99%**。**地中海沿岸では，小麦，オリーブ，オレンジ**の栽培が盛んで，近年はEU企業などの進出により，**衣類，機械類，自動車**の生産が行われている。**海岸リゾート地**（ガベス湾のジェルバ島など）も発達し，ヨーロッパからの**観光収入**も大。また，モロッコ，アルジェリアなどと同様に，ヨーロッパ諸国への**出稼ぎ者からの送金**も大きい。１人当たりGNIは3,340ドル（2019年）。

☐☑☑ チュニス▶**チュニジア北部，地中海に面する首都**で，国内最大都市。同国の政治，商業，工業などの中心地。カルタゴの遺跡など**観光資源**に恵まれる。**Cs（地中海性気候）**。

☑☑☑ モロッコ▶首都はラバト。**アフリカ大陸北西端**に位置し，**ジブラルタル海峡**を隔ててスペインと対する。国土のほぼ中央部を**アトラス山脈**（最高峰はトゥブカル山で4,167m）が東西に走り，山脈の北側は**Cs（地中海性気候）**，南側は**BS（ステップ気候）**，**BW（砂漠気候）**の乾燥気候が分布する。人口は約3,700万人で，アマジク人（ベルベル人）45%，アラブ人44%など。公用語は**アラビア語**と**アマジク語**で，宗教は**イスラーム99%**。農業と**燐**（りん）**鉱石**（化学肥料原料）の生産が主要な産業だが，ヨーロッパからの**観光収入**も多い。日本へタコやマグロを輸出する**水産業**も発達。EUなどの企業進出も進んでおり，**衣類，皮革製品，自動車，機械類**などの輸出も多い。１人当たりGNIは3,200ドル（2019年）。

☐☑☑ ラバト▶**モロッコ北部，地中海に面する首都**で，同国の政治の中心地。**Cs（地中海性気候）**。

☐☑☑ カサブランカ▶**モロッコ最大の都市**で，商業，金融業の中心地であるとともに観光業が発達。

☐☑☑ セウタ▶メリリャとともに**モロッコに隣接するスペインの自治都市**。公用語はスペイン語だが，人口の約50%はモロッコ出身者。**モロッコは，セウタ，メリリャの領有を主張**しているが，スペインは固有の領土として応じていない。

☑☑☑ 西サハラ問題▶**旧スペイン領西サハラの独立問題**。1975年，スペインは西サハラの領有権を放棄したが，モロッコとモーリタニアが領有権を主張して併合（後にモーリタニアは放棄）した。主権下で自治を認める**モロッコ**と，独立を求める**西サハラ**との間で交渉が続いている。

☑☑☑ スーダン▶首都はハルツーム。南スーダン独立以前は，アフリカ最大の面積を擁していた。国土の大部分は平原で，中央部を**白ナイル**が南北に流れ，首都のハルツーム付近で**青ナイル**と合流する。北部は**BW（砂漠気候）**，南部には**BS（ステップ気候）**，**Aw（サバナ気候）**が分布する。人口は約4,400万人で，**アフリカ系黒人52%，アラブ人39%**。公用語は**アラビア語**と**英語**で，**イスラーム68.4%**，伝統宗教10.8%。イギリス・エジプトの共同統治より独立したが，**イスラーム主導の政府**と**南部の非アラブ系住民**が対立し，**2011年に南スーダンが独立**。経済は，**干ばつ，内戦，経済援助停止**（アメリカ合衆国が「テロ支援国家」に指定）などにより疲弊。原油輸出国であったが，南スーダンの独立によって，主要油田を失い輸出量が激減。１人当たりGNIは840ドル。

☐☑☑ ハルツーム▶**スーダンの首都**で，アフリカ有数の大都市。**白ナイルと青ナイルの合流点**付近に位置する。

☑☑☑ ダルフール紛争▶**2003年に西部のダルフール地方で生じたアラブ系民兵によるアフリカ系住民の襲撃・虐殺**。多数の**国内避難民**が発生した。

☑☑☑ 南スーダン▶首都はジュバ。スーダン，中央アフリカ共和国，コンゴ民主共和国，ウガンダ，ケニアに囲まれた**内陸国**。2011年に**スーダンから分離独立**した。人口は約1,100万人で，主に**アフリカ**

系黒人からなる。公用語は**英語**で，宗教は**キリスト教60%**と伝統宗教。経済は**原油輸出に依存**するが，内戦により原油の生産が減少。北部はスーダン，南東部はケニア，エチオピアと領土問題を抱える。1人当たりGNIは431ドル（2019年）。

□☑☑ ジュバ▶**南スーダン南部に位置する首都**。内戦で荒廃したため，復興中。

②東アフリカ

☑☑☑ 東アフリカ▶**リフトヴァレー**（**大地溝帯**）が通過するため，隆起量が大きく**高原状**の地形が広がる。温暖な気候と排水良好な地形を生かし，**コーヒー**，**茶**の栽培が盛ん。近年は，**ケニア**，**エチオピア**などに，ヨーロッパの園芸産業が多数進出し，**花卉**（かき）や**野菜**の生産が増加している。

☑☑☑ エチオピア▶首都はアディスアベバ。南北に**リフトヴァレー**が通過する**高原状の内陸国**で，タナ湖は**青ナイルの水源**。特に中央部は標高が高く2,000～3,000mの**エチオピア高原**が位置する。低地は**Aw**（**サバナ気候**）だが，高原上は温暖な**Cw**（**温暖冬季少雨気候**）や**H**（**高山気候**）で，気温の年較差が小さい。**アフリカ最古の独立国**。人口は約1.1億人で，**オロモ人34.5%**，**アムハラ人26.9%**，ソマリ人6.2%などからなる**多民族国家**。公用語はアフリカ・アジア語族の**アムハラ語***で，宗教は**キリスト教**（**エチオピア正教**43.5%，プロテスタント18.6%）が多い。経済は，**コーヒー豆**，穀物，ゴマなどの農業に依存。**ソマリア**，**エリトリア**，**南北スーダンからの難民**が多数流入。1人当たりGNIは850ドル（2019年）。

*憲法上の公用語ではないが，周辺地域の共通語として公用語的な扱い。

☑☑☑ アディスアベバ▶**エチオピアの首都**で，**AU**（**アフリカ連合**）などの本部が位置する世界都市。中国がインフラ整備のため巨額の援助を供与。エチオピア高原上に位置するため，**常春**（とこはる）**の高山気候**で，過ごしやすい。

☑☑☑ ソマリア▶首都はモガディシュ。アフリカ大陸東端の「**アフリカの角**」に位置。国土の大半は，**BS**（**ステップ気候**），**BW**（**砂漠気候**）の乾燥気候。北部はイギリス領，南部はイタリア領だったが，それぞれが独立後に合併。1977年エチオピアとオガデン地方の帰属を巡り全面戦争（**オガデン戦争**），1988年からは**内戦**が勃発し，経済は疲弊。人口は約1,600万人で，**ソマリ人92.4%**，アラブ人2.2%。公用語は**ソマリ語**と**アラビア語**で，宗教は**イスラーム**が99%を占める。1991年には北部の**ソマリランド**が独立宣言（国際的には未承認）し，北東部のプントランドは自治領を宣言するなど政情は不安定。1人当たりGNIは320ドル（2019年）。

□□☑ モガディシュ▶**アフリカ東端，インド洋に面するソマリアの首都**。国内最大都市で，政治・経済の中心であったが，内戦で荒廃。

□☑☑ エリトリア▶首都はアスマラ。イタリア領，イギリス領と変遷し，エチオピアが併合したが，1991年に**エチオピアから分離独立**。紅海に面し，良港を持つが，30年間の独立戦争で国土が荒廃。1998～2000年の**エチオピアとの国境紛争で多数の難民や国内避難民が発生**した。人口は約350万人で，**ティグリニャ人55%**，**ティグレ人30%**など。公用語は**ティグリニャ語**，**アラビア語**，**英語**で，宗教は**イスラーム50%**，**キリスト教48%**（エリトリア正教など）。1人当たりGNIは560ドル（2019年）。

□□☑ アスマラ▶**エリトリア東部の高原上に位置する首都**で，国内最大都市。イタリアの植民地時代に発達した近代建築群が世界遺産に登録されている。**BS**（**ステップ気候**）。

□□☑ ジブチ▶首都はジブチ。**紅海とインド洋を結ぶ要衝**に位置。国土の大半が**BS**（**ステップ気候**），**BW**（**砂漠気候**）の乾燥気候。人口は約99万人で，ソマリ人46.0%，アファル人35.4%，アラブ人11.0%。

公用語は**フランス語**と**アラビア語**で，宗教は**イスラーム94.1%**，キリスト教4.5%。**ジブチ港**は，ヨーロッパ，アジア，アラブ諸国を結ぶ重要な中継地点で，中継貿易や燃料補給の役割を担う。1人当たりGNIは3,310ドル（2019年）。

☑☑☑ ケニア ▶ 首都はナイロビ。**赤道直下に位置する高原状の国**で，国土の中央部には**キリニャガ**（5,199m）が位置する。海岸低地は**Aw**（**サバナ気候**）だが，北部は**BS**（**ステップ気候**），**BW**（**砂漠気候**），ナイロビが位置するハイランドは**Cw**（**温暖冬季少雨気候**）。人口は約5,400万人で，**キクユ族などアフリカ系黒人が99%**，少数のインド系と白人。公用語は，**スワヒリ語**と**英語**で，**キリスト教83.0%**，イスラーム11.2%など。農業が中心産業で，**茶**，**コーヒー豆**の輸出が盛んだが，近年は**園芸作物**（**花卉**，**野菜類**）の栽培と**観光業**が成長。インド洋に面する**モンバサ港**は東アフリカ諸国の玄関口。1人当たりGNIは1,750ドル（2019年）。

☑☑☑ ナイロビ ▶ **ケニアの首都で，赤道直下に位置**するが，標高が約**1,600mの高原上**に位置するため，温和な気候。エチオピアのアディスアベバと並んで，東アフリカの中心都市の一つ。**UNEP**（**国連環境計画**），**UN-HABITAT**（**国連人間居住計画**）などの本部が位置。かつては**ホワイトハイランド**（イギリス植民地時代に，白人入植の適地として設定された白人占有の農牧地域）の中心として，イギリス人が多数居住。現在は，多くの多国籍企業が**東アフリカの拠点**として支店を設置。市の中心部近くには，ジョモ・ケニヤッタ国際空港が整備。

☑☑☑ タンザニア ▶ 首都はダルエスサラーム。**大陸部のタンガニーカ**（ドイツ領→イギリス領・一部ベルギー領）とインド洋島嶼部の**ザンジバル島**，ペンバ島（イギリス領）からなる。大陸部には**リフトヴァレー**が通過し，多数の**断層湖**が分布している。また，北東部のケニアとの国境付近には，**キリマンジャロ**がそびえる。人口は約6,000万人で，**バンツー系黒人が95%**の多民族国家。公用語は**スワヒリ語**（国語）と**英語**で，本土はイスラーム35%，キリスト教35%と拮抗するが，**ザンジバルはイスラームが99%**。**セレンゲッティ国立公園**，**キリマンジャロ国立公園**などの観光資源には恵まれる。立法府はドドマに移転。1人当たりGNIは1,100ドル（2019年）。

☑☑☑ ダルエスサラーム ▶ **タンザニア東部，インド洋に面する実質上の首都**で，国内最大都市。**Aw**（**サバナ気候**）。法的にはドドマが首都で，立法府の所在地。

☐☑☑ ザンジバル島 ▶ **インド洋に浮かぶタンザニア連合共和国に属するザンジバル諸島の島**。かつては奴隷，香料，象牙などの貿易拠点であった。大陸部のタンガニーカから独立して**広範な自治権**が認められており，大陸部より生活水準が高い。

☐☐☑ セレンゲッティ国立公園 ▶ **タンザニア北部に位置する自然国立公園**。1981年にUNESCOの**世界自然遺産**に登録。ヴィクトリア湖の東に広がるサバナ地帯で，ライオン，アフリカゾウ，ヌーなど300万頭以上の**野生動物**が生息している。セレンゲティとは，マサイ語で「果てしなく広がる平原」の意。

☐☐☑ キリマンジャロ国立公園 ▶ **タンザニアのキリマンジャロ周辺の国立公園**で，1987年に**世界自然遺産**に登録。キリマンジャロは，標高5,895mと**アフリカ最高峰**で，世界でも最も標高が高い**火山**の一つ。**山頂付近には山岳氷河**が形成されているが，温暖化，乾燥化の影響で，氷河の縮小が懸念。

☐☐☑ ンゴロンゴロ保全地域 ▶ **タンザニア北部の自然保護地域**で，1979年に世界自然遺産に登録（現在は**複合遺産**）。数百万年前の大噴火とその後の地殻変動で生じた巨大なンゴロンゴロクレーター（カルデラ）に多くの野生動物が生息し，**マサイ族**も生活している。また，オルドバイ渓谷からは，初期の人類の化石などが発見されている。ンゴロンゴロは，スワヒリ語で「巨大な穴」の意。

☑☐☑ ウガンダ ▶ 首都はカンパラ。**東アフリカに位置する内陸国**。**ヴィクトリア湖**の北岸に位置し，

リフトヴァレーが通過するため，大半が**高原**。赤道直下に位置し**Aw**（**サバナ気候**）が分布するが，標高が高いため比較的過ごしやすい。人口は約4,600万人で，アフリカ系黒人が大部分を占める。公用語は**英語**と**スワヒリ語**で，**キリスト教85.3%**，イスラーム12.1%。主要産業は，**コーヒー豆**，**茶**などの農業で，1人当たりGNIは780ドル（2019年）。

☐☐☑ カンパラ ▶ **ウガンダ南部，ヴィクトリア湖北岸に位置する首都**で，国内最大都市。ほぼ赤道直下に位置するが，**Aw**（**サバナ気候**）。

☑☑☑ ルワンダ ▶ 首都はキガリ。**東アフリカの内陸国**。北にウガンダ，南にブルンジなどの国に囲まれた**高原状の国土**で，**リフトヴァレー**が通過する。国土の大部分は**Aw**（**サバナ気候**）だが，標高が高いため温和。気温の年較差は小さいが，日較差は大きい。人口は約1,300万人で，**フツ族85%，ツチ族14%**。**ベルギー領**から独立するが，**多数を占めるフツ族と少数のツチ族との抗争**が続き，多くの難民がコンゴ民主共和国やタンザニアなどに流出した。公用語は，**キンヤルワンダ語，フランス語，英語**で，宗教は**キリスト教が93.4%**。1人当たりGNIは830ドル（2019年）。

☐☐☑ キガリ ▶ **ルワンダ中央部に位置する首都**で，政治・経済の中心地。

☐☑☑ ブルンジ ▶ 首都はブジュンブラ。**ルワンダ，タンザニア，コンゴ民主共和国に囲まれた高原状の内陸国**。国土の大半が山岳・高原地帯で，気温の年較差が小さい**H**（**高山気候**）が広がる。**ベルギー**から独立。人口は約1,200万人で，**フツ族85%，ツチ族14%**。公用語は**ルンディ語**と**フランス語**で，宗教は**キリスト教82.8%**，イスラーム2.5%。ルワンダと同様に，**多数のフツ族と少数のツチ族との民族抗争**が続いた。1人当たりGNIは280ドル（2019年）と，アフリカでも最貧国。

☐☐☑ ブジュンブラ ▶ **ブルンジ西部，タンガニーカ湖に面する実質上の首都**。国内最大都市で，同国の経済の中心地。**リフトヴァレー**付近の高原上（約800m）に位置。2019年にブジュンブラ東方のギテガに遷都された。

☐☑☑ モザンビーク ▶ 首都はマプト。アフリカ大陸南東部に位置し，**モザンビーク海峡**に臨む。国土のほぼ中央部を**ザンベジ川**が貫流。国土の大半は年中高温な**Aw**（**サバナ気候**）。人口は約3,100万人で，**アフリカ系黒人**が大部分を占める多民族国家。公用語は**ポルトガル語**で，宗教は**キリスト教56.1%**（カトリック，プロテスタント），イスラーム17.9%。ポルトガルから独立するが，イギリス連邦に加盟。1人当たりGNIは490ドル（2019年）。

☐☐☑ マプト ▶ **モザンビーク南端に位置する首都**で，国内最大の都市。古くから港湾都市として栄える。

☑☑☑ マダガスカル ▶ 首都はアンタナナリボ。**モザンビークの沖合に位置する島国**。国土の大半は，かつてのゴンドワナ大陸に属する**安定陸塊**で，**世界で第4番目に面積が広い島**。北端は**南緯10度**，南部は**南回帰線**が通過する。国土の中央部の山岳地帯は**Cw**（**温暖冬季少雨気候**），東部は**南東貿易風**の影響で極めて降水量が多い**Af**（**熱帯雨林気候**），西部は北から**Aw**（**サバナ気候**），**BS**（**ステップ気候**），**BW**（**砂漠気候**）が分布。人口は約2,800万人で，**マレー系マダガスカル人95.9%**。先住民は，約2000年前に東南アジアのカリマンタン島（ボルネオ島）付近から，カヌーで移動してきたと考えられている。公用語は，**オーストロネシア語族**（マレー・ポリネシア語族）の**マダガスカル語**と**フランス語**で，伝統宗教とキリスト教を信仰する人が多い。**稲作**が盛んで，**ヴァニラビーンズ**の生産は世界最大。1人当たりGNIは510ドル（2019年）。

☐☑☑ アンタナナリボ ▶ **マダガスカルのほぼ中央部に位置する首都**。標高1000m以上の高地に位置するため，**Cw**（**温暖冬季少雨気候**）。同国の経済の中心地。

☐☑☑ ヴァニラビーンズ ▶ **アイスクリームやチョコレートの香料として使用されるつる性植物**。メキシコなどの中央アメリカ原産で，世界最大の生産国は**マダガスカル**。

③ 西アフリカ

☑☑☑ 西アフリカ ▶ **ギニア湾岸諸国では低地**が広がり，**夏季の南西モンスーン**の影響を受けるため，降水量が多く，**カカオ豆**などの**プランテーション農業**が発達。内陸の**サヘル諸国**では，**砂漠化**が進行し，アフリカでも最貧地域の一つ。

☑☑☑ セネガル ▶ 首都はダカール。**サハラ砂漠の南端付近に位置**し，高温で乾燥した**BW（砂漠気候），BS（ステップ気候）**が広がるが，南部には**Aw（サバナ気候）**も分布。沿岸部は，寒流の**カナリア海流**の影響を受け，やや気温が低下。人口は約1,700万人で，スーダン系のウォロフ人，フラ人，セレール人など。公用語は**フランス語**で，**イスラームが94%**を占める。主要な産業は**落花生**や雑穀などの農業と水産業（マグロ，タコ）。１人当たりGNIは1,430ドル（2019年）。

☑☑☑ ダカール ▶ **セネガルの首都で，大西洋横断貿易における交通の要衝として栄えた**。コートジボワールのアビジャンと並んで，西アフリカの商業取引の中心地の一つ。

☑☑☑ カナリア海流 ▶ 北大西洋海流の南側の分流で，**アゾレス諸島**（ポルトガル自治領）**とイベリア半島間を低緯度側に向かう寒流**。

☑☑☑ ギニア ▶ 首都はコナクリ。北はセネガル，南はリベリアなど６か国に囲まれ，東部をニジェール川が流れる。**夏季の南西モンスーン**の影響で降水量が多く，**Aw（サバナ気候），Am（熱帯モンスーン気候）**が分布。人口は約1,300万人で，スーダン系のフラ人，マリンケ人，スース人など。公用語は**フランス語**で，**イスラーム85%**，キリスト教8%。経済は，**ボーキサイト**，ダイヤモンド，金などの鉱産資源に依存。１人当たりGNIは950ドル（2019年）。

☐☐☑ コナクリ ▶ **ギニア西岸，大西洋に面する首都**。同国最大都市で，経済の中心地。**夏季の南西モンスーン**の影響を受ける**Am（熱帯モンスーン気候）**。

☐☐☑ シエラレオネ ▶ 首都はフリータウン。**西アフリカ南西端に位置**し，海岸部は湿地帯が発達。夏季の**南西モンスーン**の影響で降水量が多く，国土の大部分が**Am（熱帯モンスーン気候），Aw（サバナ気候）**。イギリスなどの**解放奴隷**が移住し，建国。人口は約800万人で，スーダン系の多くの民族。公用語は**英語**で，**イスラーム65%，キリスト教25%**。**ダイヤモンド**の権益を巡り，内戦（ダイヤモンド紛争，1992〜2002）が続いた。１人当たりのGNIは540ドル（2019年）。

☐☐☑ フリータウン ▶ **シエラレオネ西部，大西洋岸に位置する首都**で，フリータウンは，「自由の町」の意。

☐☐☑ 解放奴隷* ▶ **奴隷の身分から解放された元黒人奴隷**のこと。イギリスの奴隷制廃止後，イギリスから大量の解放奴隷がシエラレオネに送られた。また，アメリカ合衆国では，南北戦争前後に多くの黒人奴隷が解放された。

＊欧米諸国における奴隷制から解放された人々のことで，古代，中世などの奴隷制は含まない。

☑☑☑ リベリア ▶ 首都はモンロビア。**西アフリカ南西端**に位置し，海岸部にはサンゴ礁やマングローブ林が広がる。**夏季の南西モンスーン**の影響で，海岸部を中心に降水量が多く，国土の大半に**Am（熱帯モンスーン気候），Aw（サバナ気候）**が分布。アメリカ合衆国で解放された**黒人奴隷（解放奴隷）によって建国**され，**1847年に独立**した。アフリカの独立国としては，エチオピアに次いで古い。国名のリベリアは，「自由の国」。独立後は，長くアメリコ・ライベリアン（アメリカ合衆国からの解放奴隷の子孫）による支配が続いたが，現在は**アフリカ系先住民**（クペレ人，バサ人，グレボ人など）が中心。

人口は約510万人で，公用語は**英語**。宗教は**キリスト教が85.6%，イスラームが12.2%**。度重なる**内戦で経済は疲弊**し，1人当たりGNIは580ドル（2019年）。

□□☑ モンロビア ▶ **リベリア北西，大西洋に面する首都**で，国内最大都市。アメリカ合衆国第5代大統領ジェームズ・モンローにちなみモンロビアと命名。

☑☑☑ コートジボワール ▶ 首都はヤムスクロ。**ギニア湾**に臨む国で，海岸低地には多数の河川が注ぎ，砂州に隔てられたラグーン（潟湖）や熱帯雨林が発達。沿岸部の気候は**Am**（**熱帯モンスーン気候**）で，内陸は**Aw**（**サバナ気候**）が分布。人口は約2,600万人で，ニジェール・コルドファン諸語に属する多数の民族からなる。公用語は**フランス語**で，宗教は**イスラーム38.6%，キリスト教32.8%**，伝統宗教11.9%。**首都はヤムスクロ**だが，実施的な首都機能は，旧首都で最大都市の**アビジャン**にある。**カカオ豆**（**世界最大の生産国**），**コーヒー豆**を栽培する農業が中心だったが，近年は**原油**生産が活発化し，石油製品の輸出が増加している。1人当たりGNIは2,290ドル（2019年）。

©ICCFO

図3-2-5-14 カカオ豆の収穫

□☑☑ ヤムスクロ ▶ **コートジボワールのほぼ中央部に位置する首都**。1983年，アビジャンから遷都。

☑☑☑ アビジャン ▶ **コートジボワール南端，ギニア湾岸に面する国内最大都市**で，旧首都。経済の中心地であるとともに，現在でも**実質上の首都機能**を有する。

☑☑☑ ガーナ ▶ 首都はアクラ。**ギニア湾**に面した平野（ギニア湾岸低地）が広がるが，中北部は**ヴォルタ川**流域の盆地。南部は，雨季と乾季が明瞭な**Aw**（**サバナ気候**），北部は**BS**（**ステップ気候**）が分布。人口は約3,100万人で，ニジェール・コルドファン諸語のアカン人，モレダバニ人などの多民族国家。公用語は**英語**だが，11の政府公認語も指定。宗教は**キリスト教68.8%，イスラーム15.9%**，伝統宗教8.5%。経済は，**カカオ豆**と**金**に依存するが，近年は**原油**生産も増加。カカオ豆のモノカルチャー経済の脱却を目指し，**ヴォルタ川**に建設された**アコソンボダム**の水力電力を利用して，**アルミニウム工業**が発達。1人当たりGNIは2,210ドル（2019年）。

☑☑☑ アクラ ▶ **ギニア湾に面するガーナの首都**で，国内最大都市。かつては，イギリスの西アフリカ支配の拠点で，現在は同国の政治・経済の中心地。**本初子午線**が付近を通過する。

□☑☑ ヴォルタ川 ▶ **ブルキナファソから流出し，ガーナを通過しギニア湾に注ぐ大河。**

□☑☑ アコソンボダム ▶ **ヴォルタ川に建設された大規模なダム**で，人造湖のヴォルタ湖を形成。イギリス，アメリカ合衆国，世界銀行などの支援のもと1966年に完成。国内並びに周辺諸国へ電力を供給するとともに，アルミニウム精錬にも利用されている。

☑☑☑ ナイジェリア ▶ 首都はアブジャ。**ギニア湾に面するアフリカ最大の人口大国。ニジェール川**と支流のベヌエ川が南流し，ニジェール川の河口には大規模な**三角州**を形成。国土の中南部は，**Af**（**熱帯雨林気候**），**Aw**（**サバナ気候**）だが，北部は，**サヘル**の南端で**BS**（**ステップ気候**）が分布。古代から多くの国家や部族国家が存在してきたが，19世紀以来**イギリス**の支配を受けた。イギリスは現地の勢力を利用した**間接統治**を行ったが，1960年に独立した。人口は約**2.1億人**の**多民族国家**で，数百の民族や言語が存在。南西部の**ヨルバ人**（**17.5%**），北部の**ハウサ人**（**17.2%**），南東部の**イボ人**（**13.3%**）

が三大エスニックグループで，1967～1970には「**ビアフラ戦争**」を経験し，その後は軍政と共和政を繰り返すなど政情は不安定。公用語は**英語**だが，**ヨルバ語，ハウサ語，イボ語**は議会で使用。宗教は**イスラーム50.5%，キリスト教48.2%**と拮抗。**OPEC加盟国**で，**アフリカ最大の産油国**。北部は貧困層が多く，南部との経済格差が大。1人当たりGNIは2,030ドル（2019年）。

☑☑☑ アブジャ ▶ **ナイジェリアのほぼ中央部に位置する首都**。ニジェール川とベヌエ川の合流点付近に位置。1976年に**ラゴスからの遷都**が決定し，1991年に新首都。**民族融和策**として，**三大民族分布の境界**付近に新首都を建設した。

☑☑☑ ラゴス ▶ **ギニア湾岸に位置するナイジェリア最大のメガシティ**で，**旧首都**。ラゴスとは，ポルトガル語で「ラグーン（潟湖）」の意。1976年，**アブジャ**への遷都が決定（移転完了は1991年）されるまでは，ナイジェリアの首都。現在でも多くの多国籍企業が，西アフリカの活動拠点をラゴスに置くなど，依然として**国内経済の中心地**。

☐☑☑ ヨルバ人 ▶ 主に**ナイジェリア南西部に居住**する西アフリカ最大級の民族集団。**イスラーム**や**キリスト教**を信仰している。

☐☑☑ ハウサ人 ▶ 主に**ナイジェリア北部，ニジェール南部に居住**する西アフリカ最大級の民族集団。**イスラーム**を信仰している人が多い。

☐☑☑ イボ人 ▶ 主に**ナイジェリアの東南部に居住する民族**で，**キリスト教**を信仰する人が多い。1967年，イボ人を中心とする東部地域が「**ビアフラ共和国**」の独立宣言を行いビアフラ戦争が勃発。

☐☑☑ カメルーン ▶ 首都はヤウンデ。**ギニア湾岸北東部**に位置し，海岸付近には**カメルーン山**（4,095m）がそびえる。国土の大半が**Af（熱帯雨林気候）**と**Aw（サバナ気候）**で，**夏季の南西モンスーン**の影響を受けるため，世界的な多雨地域。人口は約2,700万人で，アフリカ系の多民族国家。公用語は**英語**と**フランス語**で，**キリスト教47.6%，イスラーム20.0%**。経済は，原油，木材，農作物（コーヒー豆，カカオ豆）の生産に依存。1人当たりGNIは1,500ドル（2019年）。

☐☐☑ ヤウンデ ▶ **カメルーン中南部に位置する首都**で，北部のドゥアラと二大都市。高原上に位置するため比較的過ごしやすい。

☐☑☑ モーリタニア ▶ 首都はヌアクショット。**西アフリカに位置し，北は西サハラ，東はマリ，西は大西洋に面する**。国土の大半は，**BW（砂漠気候），BS（ステップ気候）**で，中北部は乾燥が著しい。人口は約470万人で，ムーア人（モール人，アラブ人とベルベル人の混血）とアフリカ系黒人の混血が40%，ムーア人30%，アフリカ系黒人30%。公用語は，アフリカ・アジア語族の**アラビア語**，ニジェール・コルドファン諸語のフラ語，ソニンケ語，ウォロフ語で，**イスラームが大部分**を占める。**北部のアラブ系住民と南部のアフリカ系住民との対立**が存在。主要輸出品は，鉄鉱石と水産物（タコ，イカ）。1人当たりGNIは1,660ドル（2019年）。

☐☐☑ ヌアクショット ▶ **モーリタニア西部，大西洋岸に面する首都**。サハラ砂漠の西端に位置。国内最大都市で，政治・経済の中心地。

☐☐☑ ブルキナファソ ▶ 首都はワガドゥグー。**西アフリカの内陸国**で，ヴォルタ川上流域にあたる。南西部は**Aw（サバナ気候）**だが，北部は**サヘル**に位置し，**BS（ステップ気候），BW（砂漠気候）**が分布。人口は約2,100万人で，モシ人40%と多数のアフリカ系民族からなる。公用語は**フランス語**で，宗教は**イスラーム60.5%，キリスト教23.2%**，伝統宗教15.3%。1984年に国名をオートヴォルタからブルキナファソに改称。主要産業は農業で，主要輸出品は，金と綿花などの農産物。1人当たりGNIは780ドル（2019年）。

□□☑ ワガドゥグー ▶ **ブルキナファソの中央部に位置する首都**で，国内最大都市。**BS（ステップ気候）**。

□☑☑ マリ ▶ 首都はバマコ。**西アフリカのサヘルに位置する内陸国**で，**ニジェール川**以北は**サハラ砂漠**。南部は**Aw（サバナ気候）**で，ニジェール川水系に沿って湿地帯が広がる。中央部は**BS（ステップ気候）**，北部は**BW（砂漠気候）**が分布し，乾燥が厳しい。人口は約2,000万人で，バンバラ人30.6%，セヌフォ人10.5%，フラ人9.6%などからなる**多民族国家**。公用語は**フランス語**で，宗教は**イスラーム90%**，キリスト教5%など。主要な産業は綿花，モロコシ，落花生などの農業と牧畜だが，**金**が最大の輸出品目。家畜の放牧が盛んで，**過放牧による砂漠化**も進行。1人当たり870ドル（2019年）で，最貧国の一つ。

□□☑ バマコ ▶ **マリ南西部，ニジェール川沿岸に位置する首都**で，古くからサハラ交易で栄えた。

□☑☑ ニジェール ▶ 首都はニアメ。**西アフリカのサヘルに位置する内陸国**で，国土の西部に位置するニアメを**ニジェール川**が流れる。国土の大部分が**BS（ステップ気候），BW（砂漠気候）**などの乾燥気候が占め，北部は**サハラ砂漠**で降水量が少ない。人口は約2,400万人で，**ハウサ人55.4%**，ジェルマ人21%，トゥアレグ人9.3%，フラ人8.5%。公用語は**フランス語**で，**イスラームが90%**。**ウラン鉱**の輸出と農牧業生産が経済の中心。1人当たりGNIは600（2019年）ドル。

□□☑ ニアメ ▶ **ニジェール西部，ニジェール川沿岸の首都**で，港湾都市。古くからサハラ交易の物資集散地として栄えた。

□☑☑ チャド ▶ 首都はンジャメナ。**西アフリカのサヘルに位置する内陸国**で，北部のリビア国境付近には**ティベスティ高原**があり，楯状火山の**エミクシ山**（3,415m）がそびえる。北部から南部にかけて，**BW（砂漠気候），BS（ステップ気候），Aw（サバナ気候）**が卓越し，北部に向かうほど乾燥は著しくなる。人口は約1,600万人で，サラ人27.7%，アラブ人12.3%などからなる**多民族国家**。南部のスーダン系黒人と北部のアラブ系とが対立。公用語は**フランス語**と**アラビア語**で，宗教は**イスラーム57.0%**，伝統宗教18.8%，キリスト教。**綿花**生産や**畜産業**が中心だったが，**内戦**と**干ばつ**で経済は疲弊。近年は，南部の**石油**開発が進み，パイプラインの建設によって原油輸出国になった。1人当たりGNIは700ドル（2019年）。

□□☑ ンジャメナ ▶ **チャド南西部，シャリ川と支流のロゴーヌ川の合流点に位置する首都**。同国の政治・経済の中心地。

□□☑ ティベスティ高原（ティベスティ山地）▶ **チャド北部とリビア南部のサハラ砂漠内に位置する高原・山地**。3,000m級の高峰もみられる。

④ 中南アフリカ

☑☑☑ 中南アフリカ ▶ 赤道付近の**コンゴ盆地**を，**アフリカ最大の流域面積**を擁する**コンゴ川**が流れ，大西洋に注ぐ。赤道付近は**熱帯雨林**が広がるが，南回帰線付近には**カラハリ砂漠**，**ナミブ砂漠**などが分布。**南アフリカ共和国南部**には，**Cs（地中海性気候）**などの温帯もみられる。鉱産資源が豊富な国が多く，**銅鉱**は**コンゴ民主共和国，ザンビア**，**白金（プラチナ）**は**南アフリカ共和国，ジンバブエ，ボツワナ**，**ダイヤモンド**は**コンゴ民主共和国，ボツワナ，アンゴラ，ジンバブエ，ナミビア**，**ウラン鉱**は**ナミビア，ニジェール**，**チタン鉱**は**南アフリカ共和国**，**コバルト鉱**は**コンゴ民主共和国**で多く産出。

□☑☑ ガボン ▶ 首都はリーブルビル。**赤道直下**の大西洋岸に面した国。国土の大半が**Af（熱帯雨林気候），Aw（サバナ気候）**，年中高温で年降水量も多く，国土の89.3%が森林。古くから**奴隷貿易**と**象牙**の集散地として繁栄。**フランスの解放奴隷**が多数入植した。人口は約223万人で，バンツー系黒人が大部分だが，フランス人も6.7%。公用語は**フランス語**，宗教は**キリスト教73%**，イスラーム12%，伝統宗教10%。**OPEC加盟の産油国**で，1人当たりGNIは7,170ドル（2019年）と，サブサハラでは有数の高所得国。

□□☑ リーブルビル ▶ **ガボン北西部，大西洋岸に位置する首都**で，同国の政治・経済の中心地。リーブルビルは，「自由の町」の意味。

☑☑☑ コンゴ民主共和国 ▶ 首都はキンシャサ。**アフリカでは，アルジェリアに次ぐ国土面積**で，**コンゴ川流域**の**コンゴ盆地**に位置する。海岸線はほとんどないため，内陸国に近い（準内陸国）。東部を**リフトヴァレー**が通過するため，火山性の山地があり，タンザニアとの国境に**タンガニーカ湖**がある。赤道直下では，**Af**（**熱帯雨林気候**），**Am**（**熱帯モンスーン気候**）で，周囲には**Aw**（**サバナ気候**）が分布。**旧ベルギー領コンゴ**で，首都は独立時のレオポルドビルからキンシャサに改称。人口は約**9,000万人**で，アフリカでは**ナイジェリア，エチオピア，エジプトに次ぐ人口大国**。多数のアフリカ系民族からなる多民族国家。公用語は**フランス語**，宗教は**キリスト教80%**，イスラーム10%，伝統宗教10%。東部と南部を中心に，リフトヴァレーによる火山活動の影響で，豊富な鉱産資源が地表に露出している。経済は**銅鉱**，**コバルト鉱**など資源の輸出に依存するが，**内戦**や**歴史的な民族対立**，**鉱物資源を巡る武装勢力の対立**などで経済は疲弊。1人当たりGNIは530ドル（2019年）と，後発開発途上国の一つ。

☑☑☑ キンシャサ ▶ **コンゴ民主共和国西部，コンゴ川下流に位置する首都**で，河港都市。上流から**キンシャサまでは船舶航行が可能**だが，キンシャサより下流には**リヴィングストン滝**があり，船舶航行は困難。コンゴ川の対岸にはコンゴ共和国の首都**ブラザビル**が位置し，**ツインシティ**（**双子都市**）を形成している。

□☑☑ キサンガニ ▶ **コンゴ民主共和国北東部，コンゴ川中流に位置する交易都市**。上流のキサンガニと下流のキンシャサ間は，**大型船の航行が可能**。

□☑☑ コンゴ共和国 ▶ 首都はブラザビル。国土の半分は**コンゴ盆地**に位置し，**コンゴ川**，支流の**ウバンギ川**が**コンゴ民主共和国との自然国境**。北部のコンゴ盆地は**Af**（**熱帯雨林気候**）だが，南西部の沿岸には**BS**（**ステップ気候**）も分布。**旧フランス領コンゴ**。人口は約550万人で，コンゴ人48%，サンガ人20%，テケ人17%などからなる多民族国家。公用語は**フランス語**，宗教は**キリスト教73%**を占める。**OPEC加盟の産油国**で，原油の輸出に経済が依存。1人当たりGNIは1,810ドル（2019年）。

□☑☑ ブラザビル ▶ **コンゴ共和国南部，コンゴ川下流に位置する首都**で，対岸の**キンシャサ**（**コンゴ民主共和国**）と**ツインシティ**（**双子都市**）を形成している。

☑☑☑ ザンビア ▶ 首都はルサカ。**中南アフリカの内陸国**で，標高1,000m以上の**高原状の国土**。国土の中央部を**ザンベジ川**が貫流する。国土の大部分は**Cw**（**温暖冬季少雨気候**）だが，一部には**BS**（**ステップ気候**），**Aw**（**サバナ気候**）もみられる。人口は約1,800万人で，ベンバ人18.1%，ツォンガ人12.7%などアフリカ系民族が99.5%。公用語は**英語**で，宗教は**キリスト教が82.4%**を占める。ジンバブエとの国境付近では，ザンベジ川に**カリバダム**が建設され，その**水力発電**を利用して**銅の精錬業**が発達。**銅**（**カッパーベルト**）や**コバルト**などの資源依存型経済からの脱却を図るため，農業や観光開発に力を入れている。1人当たりGNIは1,430ドル（2019年）。

□□☑ ルサカ ▶ **ザンビア南部に位置する首都**で，国内最大都市。1,000m以上の高原に位置するため温和な気候。

□☑☑ カリバダム ▶ **ザンビア・ジンバブエ国境付近に位置するザンベジ川中流カリバ峡谷に建設されたダム**。1959年に竣工し，人造湖の**カリバ湖**は，ダム建設による人造湖としては世界最大。**電力**は主にザンビアの**銅精錬業**などに使用されている。

☑☑☑ アンゴラ ▶ 首都はルアンダ。国土の大部分は，**標高1,000m以上の高原状の国**。北部は**Aw**（**サバナ気候**），南部は**Cw**（**温暖冬季少雨気候**）だが，沿岸部は寒流の**ベンゲラ海流**の影響を受けるため，温和な**乾燥気候**（**BS,BW**）が分布。人口は約3,300万人で，オヴィンブンドゥ人37%，キンブンドゥ人25%などバ**ンツー系黒人**が大部分。公用語は**ポルトガル語**で，宗教はカトリックを中心とする**キリスト教が95%**。ポルトガルから独立（1975年）し，社会主義国となるが，現在は社会主義路線を放棄し**市場経済へ転換**。**OPEC加盟国**で，ナイジェリアに次ぐアフリカ第2の産油国。**原油，ダイヤモンドなどの資源依存型経済から脱却**を図るため，農業，製造業の振興を進める。最大の貿易相手国は**中国**で，中国からの投資が活発化。1人当たりGNIは2,970ドル（2019年）。

□□☑ ルアンダ ▶ **アンゴラ北西部，大西洋岸に面する首都**で，港湾都市。国内最大都市で，同国の政治・経済の中心地。低緯度に位置するが，**ベンゲラ海流**の影響で**BS**（**ステップ気候**）。

□☑☑ ジンバブエ ▶ 首都はハラーレ。**南部アフリカの内陸国**で，ザンビアとの国境付近には**ザンベジ川**が流れる。北部は**Cw**（**温暖冬季少雨気候**），南部は**BS**（**ステップ気候**）。**イギリス領**から，1965年に**白人少数政権**からなる**ローデシア**が独立するが，1980年に**黒人多数派政権**による**ジンバブエ共和国**が成立。人口は約1,500万人で，ショナ人71%，ンデベレ人16%。公用語は**英語**で，宗教は**キリスト教60%**，伝統宗教25%。白人農園の接収などの土地改革やコンゴ内戦への派兵，野党弾圧などを繰り返す長期政権に対し，**欧米諸国は経済制裁**を実施した。**干ばつ**も深刻化して経済は混乱し，ハイパーインフレが発生したが，現在は沈静化。**ニッケル鉱，金**の輸出が重要な外貨獲得源。1人当たりGNIは1,200ドル（2019年）。

□□☑ ハラーレ ▶ **ジンバブエ中北部，約1,500mの高原上に位置する首都**で，同国の政治・経済・金融の中心地。

□□☑ ローデシア ▶ **ジンバブエの旧国名**。**旧イギリス領南ローデシア**は，1965年に世界中から非難を浴びながら**少数の白人政権**が支配するローデシアの独立を宣言。**人種隔離政策**を推し進めたため，黒人側も黒人国家樹立を目指し，**1980年の総選挙で黒人側が勝利**してジンバブエが成立した。

□☑☑ ハイパーインフレ ▶ **極めて短い期間に，急激に物価高騰が加速化する現象**。第二次世界大戦前のドイツ，1988〜1992年のアルゼンチン，1986〜1994年のブラジル，2000〜2008年のジンバブエ，2015年頃からのベネズエラなどが歴史的なハイパーインフレの事例。

□☑☑ ボツワナ ▶ 首都はハボローネ。**南部アフリカの内陸国**で，東をジンバブエ，西をナミビア，南を南アフリカ共和国に囲まれる。**標高1,000m以上の高原状の国**。国名のボツワナは，「ツワナ人の国」の意。北部は**Aw**（**サバナ気候**）だが，中南部の大半は**カラハリ砂漠**で，**BW**（**砂漠気候**），**BS**（**ステップ気候**）が分布。北部には湿地（オカヴァンゴ湿地，マイディカディ湿地など）が多く，貴重な自然に恵まれた自然保護区になっている。人口は約235万人で，ツワナ人66.8%，カランガ人14.8%など。公用語は**ツワナ語**と**英語**で，**キリスト教が71.6%**。世界的なダイヤモンド産出国で，**ダイヤモンドの輸出に経済が依存**してきたが，近年は**製造業**や**観光**などの産業の多角化に成功し，1人当たりGNIは7,660ドル（2019年）と，**アフリカでは屈指の高水準**。**南部アフリカ開発共同体**の本部が首都のハボローネに位置。

□□☑ ハボローネ ▶ **ボツワナ南東部，南アフリカ共和国との国境付近に位置する首都**で，同国の政治・経済・観光の中心地。市内をリンポポ川が流れ，**BS**（**ステップ気候**）。

□☑☑ 南部アフリカ開発共同体（SADC：Southern Africa Development Community）▶ **南部アフリカ諸国の貧困削減及び生活向上のため，域内の開発，平和・安全保障，経済成長の達成を目的と**

して，設立された組織。南部アフリカ諸国が，**アパルトヘイト**を実施する**南アフリカ共和国からの経済的支配を脱却**するために設立された，南部アフリカ開発調整会議が1992年に改称。経済統合，共同市場の設立，紛争解決・予防に向けた活動を実施。南部アフリカの16か国が加盟（2023年）。

☑☑☑ ナミビア ▶ 首都はウィントフック。国土の大半は**ナミブ砂漠**と**カラハリ砂漠**で，**BW（砂漠気候），BS（ステップ気候）**。海岸部は，寒流の**ベンゲラ海流**の影響を受けるため**海岸砂漠**が形成され，極めて降水量が少ない。第一次世界大戦前はドイツ領南西アフリカだったが，後に国際連盟の委任統治領になる。第二次世界大戦後，国際連合の信託統治領への移行を**南アフリカ共和国**が拒否し，**ナミビアを不法統治**。**1990年に独立**。人口は約250万人で，オバンボ人34.4%，混血14.5%，カバンゴ人9.1%，アフリカーナ8.1%などからなる多民族国家。公用語は**英語**だが，アフリカーンス語を常用する人も多い。宗教は**キリスト教が61.6%**。**ダイヤモンド，銅鉱，ウラン鉱，金鉱**など世界有数の鉱産資源を誇り，経済の中心。1人当たりGNIは5,180ドル（2019年）。

☐☐☑ ウィントフック ▶ **ナミビア中央部，標高1,500m以上の高地に位置する首都**で，同国の政治・経済の中心地。住民の大半はバンツー系黒人だが，ドイツ系白人もいる。

☑☑☑ 南アフリカ共和国 ▶ 首都はプレトリア。**アフリカ大陸最南端の国**で，**ハイベルト**と呼ばれる標高1,200m以上の高原が中央部に広がる。南東部には**古期造山帯**の**ドラケンスバーグ山脈**が連なる。国土の東半分は，**Cw（温暖冬季少雨気候），Cfa（温暖湿潤気候），Cfb（西岸海洋性気候）**が広がるが，西部は**カラハリ砂漠**も位置し，**BW（砂漠気候），BS（ステップ気候）**が分布。17世紀以降，**オランダ系**と**イギリス系**が入植し，19世紀初め頃には**イギリス領**。20世紀前半にはイギリスから独立。1948年からは**アパルトヘイト（人種隔離）**を法制化し，白人至上主義を推進。**1991年**には**アパルトヘイト関連法の廃止**により，**民主化**が進行。人口は約**5,900万人**で，**アフリカ系黒人79.4%，ヨーロッパ系白人9.2%，カラード（混血）8.8%，アジア系2.6%**。公用語は**アフリカーンス語，英語**，9つの**バンツー諸語**で，宗教は**キリスト教69.9%，伝統宗教8.9%，イスラーム2.5%，ヒンドゥー教2.4%**など。経済の中心は，豊かな**鉱産資源**と**製造業**。**ダイヤモンド，金，鉄鉱石，石炭**などに加え，**クロム，白金，バナジウムなどのレアメタル**も豊富。**BRICS**の一員として，経済発展が進む。1人当たりGNIは6,040ドル（2019年）。

☑☑☑ プレトリア ▶ **南アフリカ共和国北東部に位置する首都（行政首都）**。国内的には**ツワネ大都市圏**の一地区だが，対外的には首都と認識されている。**Cw（温暖冬季少雨気候）**。

☑☑☑ ヨハネスバーグ（ヨハネスブルグ）▶ **南アフリカ共和国北東部，標高1,700m以上の高原に位置する国内最大都市**。ヨハネスバーグ周辺の盆地（平野）をウィットウォーターズランド呼ぶ。**金鉱山の開発**によって成立し，その後は鉄鋼業，セメント工業などの重工業，そして現在は金融業，情報通信産業などが発達し，**南アフリカ共和国の経済の中心地**となっている。

☑☑☑ ケープタウン ▶ **南アフリカ共和国南西端，ケープ半島に位置する同国有数の港湾都市**。海上交通の要地として古くから栄え，現在でも多数の造船会社や海運業者の企業が集積する。市街地の南に急崖に囲まれた**テーブルマウンテン**がそそり立つ。**Cs（地中海性気候）**をいかした**ブドウ栽培，ワイン生産**も盛ん。国会議事堂が所在するため，**立法首都**と呼ばれる。

☐☑☑ ブルームフォンティーン ▶ **南アフリカ共和国中央部に位置**し，**最高裁判所の所在地であるため司法首都**と呼ばれる。2000年までは都市であったが，2011年からはマンガウング地方自治体の一地区。

☐☐☑ レソト ▶ 首都はマセル。**周囲を南アフリカ共和国に囲まれる内陸国**。ほぼ全土が**ドラケンスバーグ山脈**に位置。国土の大部分が**Cfa（温暖湿潤気候），Cfb（西岸海洋性気候）**。1966年，イギリス領からレソト王国として独立。人口は約210万人で，ソト人80.3%，ズールー人14.4%。公用語は**ソト語**と**英語**で，宗教は**キリスト教91.0%**，伝統宗教7.7%。主要産業は農業と繊維工業で，**南アフリカ共和国への出稼ぎ者**も多い。1人当たりGNIは1,290ドル（2019年）。

□□☑ マセル ▶ **レソト北西部に位置する首都**で，国内最大都市。南アフリカ共和国との国境に近い。

□□☑ エスワティニ ▶ 首都はムババーネ。**南アフリカ共和国とモザンビークに囲まれた内陸の高原国**。国土の大部分は**Cfb**（**西岸海洋性気候**）。1968年，イギリス領からスワジランド王国として独立，2018年に国名を現地語の「エスワティニ王国」に改称。人口は約116万人で，スワティ人82.3%，ズールー人9.6%，ツォンガ人2.3%，アフリカーナ1.4%。公用語は**英語**と**スワティ語**で，宗教は**キリスト教が90%**。農林業が中心で，1人当たりGNIは3,670ドル（2019年）。

□□☑ ムババーネ ▶ **エスワティニの首都**で，同国の政治・経済の中心地。マンジニに次ぐ国内第2の都市。

第6節 ヨーロッパ

1 ヨーロッパの自然環境

① ヨーロッパの地形

ヨーロッパの地形 ▶ 東西に走る**ピレネー山脈，アルプス山脈，カルパティア山脈**を境に，**安定陸塊**が広がる北部と**変動帯**（**新期造山帯**）に属する南部に分けられる（図3-2-6-1参照）。

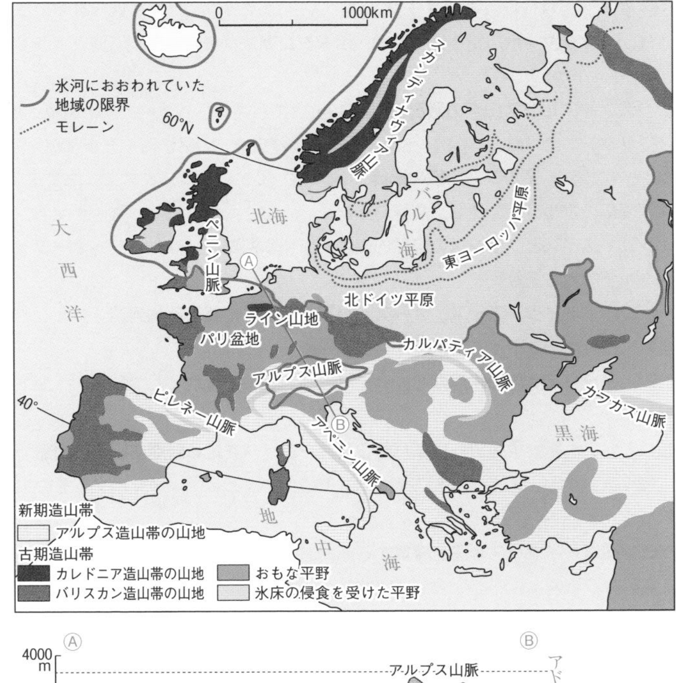

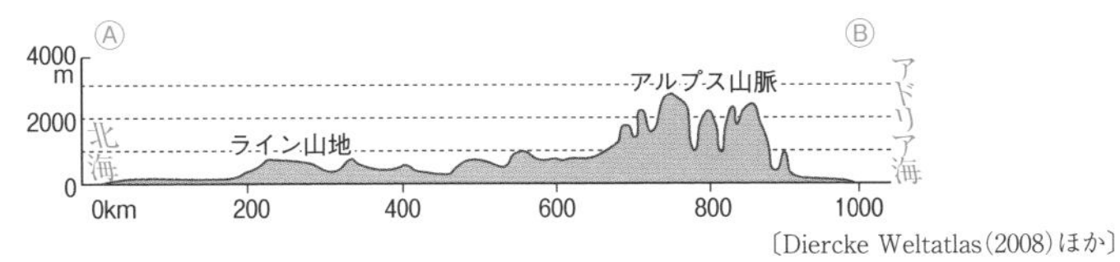

〔Diercke Weltatlas(2008)ほか〕

図3-2-6-1 ヨーロッパの地形と地形断面

(1) ヨーロッパ北部の地形

ヨーロッパ北部の地形 ▶ **安定陸塊**の**楯状地，卓状地**や**古期造山帯**に属する地域が広がる。広範囲に低平な**構造平野**が広がり，**パリ盆地**や**ロンドン盆地**には**ケスタ**がみられる。ヨーロッパ北部は，1万年前の**更新世の氷期**に**大陸氷河**（**氷床**）が覆っていたため，スカンディナヴィア半島西岸には**フィヨルド**，北ドイツ平原には**モレーン**，イギリス，フィンランド，ロシアなどには多数の**氷河湖**が分布している。氷河に覆われていた地域は，**氷食を受けたやせ地**が多いが，周辺には風などで運搬された**肥沃なレ**

ス（ドイツ中南部，ハンガリー東部）が堆積している。**テムズ川，セーヌ川，エルベ川**などには，河口部がラッパ状に沈水した**エスチュアリー**が発達している。

☑☑☑ バルト楯状地 ▶ **スウェーデン，フィンランドの大部分とノルウェー，ロシアの一部を含む楯状地**で，先カンブリア時代の岩石が広く分布している**安定陸塊**（安定大陸）。

☑☑☑ ピレネー山脈 ▶ **イベリア半島の基部をほぼ東西に走る新期造山帯の山脈**。**アルプス・ヒマラヤ造山帯**の一部をなしており，最高峰はアネト山（3,404m）。

☑☑☑ アルプス山脈 ▶ **イタリア半島の基部付近を，フランス，イタリア，ドイツ，スイス，オーストリアなどにまたがり，東西に走る新期造山帯の山脈**。**アルプス・ヒマラヤ造山帯**の一部をなし，最高峰はフランス・イタリア国境付近の**モンブラン**（4,810m）。ライン川，ローヌ川，ポー川など多数の河川の水源となるほか，**マッターホルン**や**レマン湖，ボーデン湖**，コモ湖，ガルダ湖など多くの**氷河地形**がみられる。

□□☑ モンブラン ▶ **アルプス山脈の最高峰**（4,810m）で，フランス・イタリア国境付近に位置。「モンブラン」は，フランス語でMont（山），Blanc（白い）の意で，**山岳氷河**や万年雪が発達している。

☑☑☑ マッターホルン ▶ **アルプス山脈の高峰**（4,478m）で，山頂はスイスとイタリアの国境が通過。山頂付近は氷河地形の**ホルン**が発達し，急傾斜をなす。

□□☑ レマン湖 ▶ **スイスとフランスの自然的国境**をなす**氷河湖**。湖畔には**ジュネーブ**（スイス）が位置し，ラムサール条約にも登録。

□□☑ ボーデン湖 ▶ **ドイツ，スイス，オーストリアの国境に位置する氷河湖**。レマン湖とともに多くの観光客を集め，湖畔ではブドウ栽培，ワイン製造が盛ん。

□□☑ コモ湖 ▶ **イタリア北部の氷河湖**で，ヨーロッパ有数の**避暑地**として知られ，豪華な別荘や高級ホテルが建ち並ぶ。

☑☑☑ カルパティア山脈 ▶ **中央ヨーロッパから東ヨーロッパを走る新期造山帯の山脈**で，**アルプス・ヒマラヤ造山帯**に位置する。スロバキア，ポーランド，ウクライナ，ルーマニアとその周辺諸国にまたがり，逆L字型をなす。

□☑☑ アペニン山脈 ▶ **イタリア半島を縦貫する新期造山帯の山脈**で，**アルプス・ヒマラヤ造山帯**の一部をなす。最高峰は，コルノ・グランデ（2,912m）。

□☑☑ ディナルアルプス山脈 ▶ **アドリア海沿岸を北西から南東に走る新期造山帯の山脈**で，**アルプス・ヒマラヤ造山帯**に位置する。スロベニア，クロアチア，ボスニア・ヘルツェゴビナ，セルビア，コソボ，モンテネグロ，マケドニアと広範囲に広がる。冬季にはアドリア海に向かって，寒冷乾燥風の**ボラ**が吹き込む。

☑☑☑ スカンディナヴィア山脈 ▶ **ノルウェー・スウェーデンの自然的国境をなす古期造山帯の山脈**。高緯度に位置するため，氷河地形がみられ，ノルウェー側では山脈が海岸に迫り，**フィヨルド**も発達している。また，南北に走ることから，**偏西風**に対してノルウェー側は風上，スウェーデン，フィンランド側は風下になるため，**ノルウェー側では極めて降水量が多い**（地形性降雨）。

☑☑☑ ペニン山脈 ▶ **イギリス・グレートブリテン島の中央部を南北に走る古期造山帯の山脈**。低い丘陵性の山地で，最高峰はクロスフェル山（893m）。**偏西風**の風上にあたる**ランカシャー地方**はやや降水量が多くなり，風下側の**ヨークシャー地方**はやや降水量が少なくなる。

☑☑☑ パリ盆地 ▶ **フランスの中北部に広がる盆地**で，中央部を**セーヌ川**が流れる。平原と丘陵が連なる**ケスタ**が発達し，ケスタの丘陵は，パリ盆地の中心部に向かって緩傾斜，外側に急傾斜をなしている。

□☑☑ ロンドン盆地 ▶ **イギリスのロンドン周辺に発達する盆地**で，ほぼ**テムズ川**の下流域に当たる。**ケスタ**が発達し，盆地の外縁部には丘陵がみられる。

☑☑☑ 東ヨーロッパ平原 ▶ **ヨーロッパ東部に広がる大規模な構造平野**。極めて低平な平野で，最高地点は**ヴァルダイ丘陵**の標高350m。ヴォルガ川，ドニエプル川，ドン川などの大河が流れ，西はデンマーク，オランダ，北部ドイツ，ポーランドにかけての**北ヨーロッパ平原**に連なる。

☑☑☑ 北ドイツ平原 ▶ **北ヨーロッパ平原の一部で，ドイツ北部の平野**。標高は大部分が200m未満の低地で，氷食を受けた荒れ地（ハイデ）が広がっていた。

☑☑☑ レス（ヨーロッパ）▶ 氷食を受けて形成された細粒の砂が，風などで運搬され，**ドイツの中南部**，**ハンガリー**，**ルーマニア**などに堆積している。ミネラルや石灰を多く含み，**肥沃**なため**小麦**，ブドウなどの栽培に適している。ヨーロッパのレスは，**氷成レス**が大部分。（p.68参照）

☑☑☑ テムズ川 ▶ **南イングランドを流れる河川**で，河口付近には**ロンドン**が位置。河口部には，ラッパ状に沈水した**エスチュアリー**を形成。

☑☑☑ セーヌ川 ▶ **フランス東部から流出し，パリを貫流する河川**で，河口付近には**ルアーヴル**が位置。河口部には，ラッパ状に沈水した**エスチュアリー**を形成。

☑☑☑ エルベ川 ▶ **ポーランド・チェコ国境付近のスデーティ山脈から流出する河川**で，**ハンブルク**からクックスハーフェン付近で北海に注ぐ。河口部には，ラッパ状に沈水した**エスチュアリー**を形成。

☑☑☑ ライン川 ▶ **アルプス山脈から流出し，ドイツ・フランス国境からドイツを北流する河川**で，**オランダ**で分流した後に，**ロッテルダム付近で北海に注ぐ**。全長1,233kmで，河川延長の1/2以上はドイツを流れる。**ルール川**，**マイン川**，**ネッカー川**など多数の支流を持ち，**流域面積が広い**ため，河口には**三角州**を形成。河口からスイスのバーゼルまで，3,000ｔ級船舶の航行が可能。ドナウ川と並ぶヨーロッパ有数の**国際河川**。

☑☑☑ ドナウ川 ▶ **ドイツのシュヴァルツヴァルトから流出，主に東欧諸国を東流し，黒海に注ぐ国際河川**。ヨーロッパでは，ヴォルガ川に次ぐ河川延長。**ウィーン**（**オーストリア**），**ブラチスラバ**（**スロバキア**），**ブダペスト**（**ハンガリー**），**ベオグラード**（**セルビア**）などを貫流し，河口には世界自然遺産に登録されている「**ドナウデルタ**」が広がる。このほか，沿岸には，オーストリアの「**ヴァッハウ渓谷**（けいこく）」（文化遺産），ハンガリーの「**ブダペストのドナウ河岸とブダ地区およびアンドラーシ通り**」（文化遺産），ブルガリアの「**スレバルナ自然保護区**」（自然遺産）などの世界遺産がある。

（2）ヨーロッパ南部の地形

☑☑☑ ヨーロッパ南部の地形 ▶ **ピレネー・アルプス・カルパティアライン以南**は，大部分が**アルプス・ヒマラヤ造山帯**に位置する**新期造山帯**の険しい山脈が東西に走る。地中海には，**イベリア半島**，**イタリア半島**，**バルカン半島**が突き出し，全体としては山がちだが，丘陵や平野も複雑に入り組んでおり，**リアス海岸**，**カルスト地形**，**火山地形**などの多様な地形がみられる。

☑☑☑ 地中海（ヨーロッパ）▶ **ユーラシア大陸とアフリカ大陸に囲まれた海洋**。**ジブラルタル海峡**を介して大西洋に接続する。ヨーロッパ，アフリカ，アジアを往来できるため，古くから**海上貿易の要衝**となってきた。沿岸の気候は**Cs**（**地中海性気候**）で，陽光に恵まれ，冬季も温和であることから，多数の**観光保養地**が発達している。

☑☑☑ イベリア半島 ▶ **東は地中海，西は大西洋に面する半島**で，北は大西洋の一部の**ビスケー湾**に臨む。半島基部には**ピレネー山脈**が東西に走り，半島の大部分は**スペイン**と**ポルトガル**が占めるが，一部

アンドラ公国と**イギリス領ジブラルタル**が位置する。イベリア半島の1/3は，標高700m前後の**メセタ**と呼ばれる台地で，**タホ（テージョ）川**，**グアダルキビル川**，**エブロ川**などの河川が流出する。北部の大西洋岸は**Cfb（西岸海洋性気候）**だが，半島部大半は**Cs（地中海性気候）**が分布している。

☐☑☑ ビスケー湾 ▶ **フランス西部からスペイン北部にかけての湾**。大陸棚が広がるため，漁業やかき養殖などの水産業が発達している。

☑☑☑ リアスバハス海岸 ▶ **スペインのガリシア地方にある海岸**で，リアス海岸の語源となった。スペイン語のriaは「入り江」を指し，riasは複数形。

☑☑☑ イタリア半島 ▶ **アルプス山脈の南側から地中海に突き出た半島**で，大部分は**イタリア**が占めるが，**サンマリノ，バチカン市国**などの小国も位置する。東側はアドリア海，南側はイオニア海，西側はティレニア海に面し，中央部を**アペニン山脈**が南北に走る。半島基部には，**ポー川**の沖積平野である**パダノ・ヴェネタ平野**が広がる。

☑☑☑ パダノ・ヴェネタ平野 ▶ **イタリア北部に位置するポー川の沖積平野**で，肥沃な土壌と水に恵まれるため，古くから**農業地域**を形成。流域には中世から多数の都市が形成されている。

☑☑☑ シチリア島 ▶ **イタリア半島南西に位置する地中海最大の島**。イタリアの特別自治州で，州都は**パレルモ**。イタリア半島とは**メッシナ海峡**により隔てられる。山がちで平野は少なく，**火山**もみられる。

☑☑☑ エトナ山 ▶ **シチリア島に位置する活火山**。シチリア島周辺の島々の多くは，火山活動によって形成された火山島で，最も活動が活発な**ストロンボリ島**，volcano（火山）の語源となった**ヴルカーノ島**などがある。

☑☑☑ ヴェズヴィオ山 ▶ **イタリア・ナポリ湾岸に位置する火山**。西暦79年の大噴火では，**ポンペイ市（ポンペイの遺跡）**を大規模な**火砕流**で埋没させた。

☑☑☑ バルカン半島 ▶ **北西をアドリア海，南西をイオニア海，南をエーゲ海に囲まれた半島**。半島に位置する国々は，バルカン諸国と呼ばれ，**アルバニア，ブルガリア，ルーマニア，セルビア，ギリシャ**など多数の国々からなる。かつては，広範囲に**オスマン帝国**の支配を受けていた。

☐☑☑ アドリア海 ▶ **イタリア半島とバルカン半島に挟まれた地中海海域**の1つ。イタリアの**ヴェネツィア**，クロアチアの**ドゥブロヴニク**などの**観光保養地**や**景勝地**が多数分布する。バルカン半島からの難民は，アドリア海を経由してイタリアに向かうため，近年は**アルバニア難民**の南イタリアへの集中が社会問題となった。

☐☑☑ エーゲ海 ▶ **バルカン半島とアナトリア半島（小アジア半島）に囲まれた地中海海域**の一部。**多島海**として知られ，沿岸一体は**リアス海岸**などの沈水海岸が占め，2,000以上の島々が浮かぶ。

☑☑☑ カルスト地方 ▶ スロベニア語ではクラス（Kras）地方と呼ばれ，**スロベニア南西部からイタリア北東部にかけて広がる石灰岩台地**。カルスト地形の語源となった。多数の**鍾乳洞**が形成され，「**シュコツィアン洞窟群**」は，UNESCOの**世界自然遺産**に登録。

② ヨーロッパの気候

☑☑☑ ヨーロッパの気候 ▶ **アルプス以北**とアルプス以南の**地中海地方**で大きく異なる。

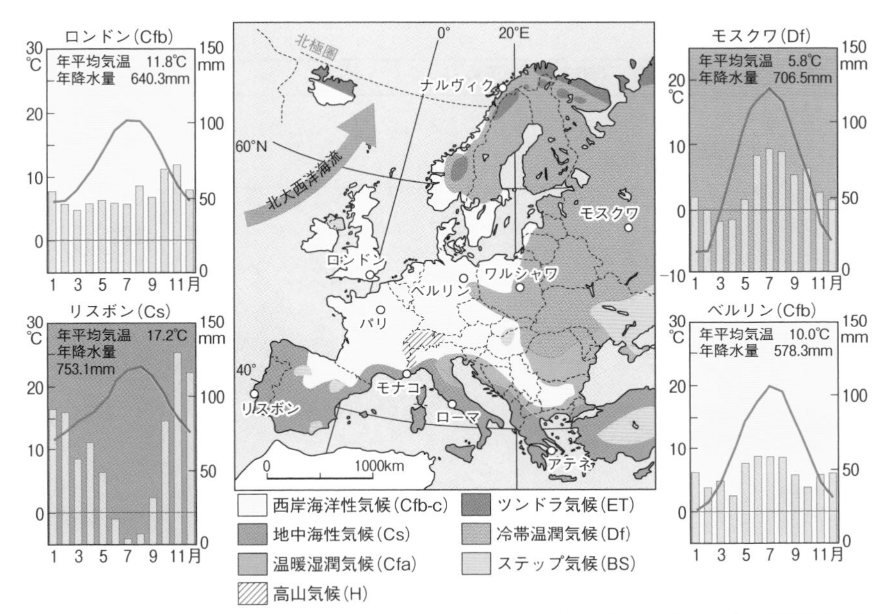

〔The European Culture Area（2002）ほか〕

図3-2-6-2 ヨーロッパの気候区分とヨーロッパの都市の雨温図（ロンドン，リスボン，モスクワ，ベルリン）

(1) アルプス以北の気候

☑☑☑ アルプス以北の気候 ▶ **ヨーロッパ西部**は，**偏西風**の影響を強く受けるため，**高緯度に位置する割に，冬季の気温が低下せず**，比較的寒さが和らぐ**Cfb**（**西岸海洋性気候**）が分布する。さらに，沿岸部は**暖流**の**北大西洋海流**の影響も加わるため，北極圏付近に位置する**ノルウェーの沿岸部まで，温帯**になる。Cfbが広がる地域では，広範囲に**落葉広葉樹**の**ブナ**が分布している。

ヨーロッパ東部は，偏西風の影響が弱まるため，**気温の年較差が大きく**，冬の寒さが厳しい**大陸性気候**となり，**Df**（**亜寒帯湿潤気候**）も分布する。Dfが広がる北部には，針葉樹林の**タイガ**が分布している。一般に，海洋性気候の西部に比べ，大陸性気候の東部は降水量も少なくなる。

☑☑☑ 北極圏 ▶ **北緯66度33分線**（**北極線**）**以北の地域**。北極圏では，夏季に太陽が沈まない**白夜**，冬季に太陽が昇らない**極夜**が訪れる。

☐☑☑ ハンメルフェスト ▶ **ノルウェー北部の港湾都市**。北緯70度以北の**北極圏**に位置するが，**暖流**の**北大西洋海流**の影響で，**世界最北の不凍港**といわれる。白夜，極夜を目的とする観光客も多い。

(2) 地中海地方の気候

☑☑☑ 地中海地方の気候 ▶ 地中海沿岸地域は，**Cs**（**地中海性気候**）が分布する。夏季には**亜熱帯高圧帯**の影響を受けるため**高温乾燥**，冬季には**偏西風**（**亜寒帯低圧帯，寒帯前線帯**）の影響を受けるため**温暖湿潤**となる。年降水量は多くなく，植生が豊富ではないが，**乾燥に耐えるオリーブやコルクガシなどの硬葉樹**が生育する。**陽光に恵まれる**ため，フランスの**コートダジュール**，**ラングドック・ルシヨン**，

モナコなどのような**海岸リゾート地**も多く発達している。

2 ヨーロッパの言語，宗教，生活文化

① ヨーロッパの言語

☑☑☑ **言語（ヨーロッパ）**▶ヨーロッパの言語の大部分は，**インド・ヨーロッパ語族**に属し，北西部の**ゲルマン語派**，地中海地方の**ラテン語派**，東部の**スラブ語派**が三大語派。

☑☑☑ **ゲルマン語派（ヨーロッパ）**▶**インド・ヨーロッパ語族**の語派で，北ゲルマン語群の**アイスランド語**，**ノルウェー語**，**デンマーク語**，**スウェーデン語**，西ゲルマン語群の**英語**，**オランダ語**，**ドイツ語**などがある。

☑☑☑ **ラテン語派（ヨーロッパ）**▶**インド・ヨーロッパ語族**の語派で，**ロマンス語派**ともいわれる。**イタリア語**，**スペイン語**，**ポルトガル語**，**フランス語**，**ルーマニア語**などがある。

図3-2-6-3 ヨーロッパの言語の分布

☑☑☑ **スラブ語派（ヨーロッパ）**▶**インド・ヨーロッパ語族**の語派で，東スラブ語群の**ロシア語**，**ウクライナ語**，**ベラルーシ語**，西スラブ語群の**チェコ語**，**スロバキア語**，**ポーランド語**，南スラブ語群の**ブルガリア語**，**マケドニア語**，**ボスニア語**，**クロアチア語**，**セルビア語**，**スロベニア語**などがある。

☐☐☑ **ギリシャ語派（ヨーロッパ）**▶**インド・ヨーロッパ語族**の語派で，**ギリシャ語**がある。

☑☑☑ **ウラル語族（ヨーロッパ）**▶**北欧や東欧の一部などで使用されている語族**。フィン・ウゴール語派の**フィンランド語**，**エストニア語**，**ハンガリー語（マジャール語）**，シベリアの北極海周辺で使用されるサモエード語派などがある。

☑☑☑ **ケルト語派（ヨーロッパ）**▶**インド・ヨーロッパ語族**の語派で，**アイルランド語**，ブルトン語（フランス，ブルターニュ地方）などがある。かつては，ヨーロッパで広く使用されてきた。

②ヨーロッパの宗教

宗教（ヨーロッパ）▶宗教はほとんど**キリスト教**で，南部では**カトリック（旧教）**，北部では**プロテスタント（新教）**，東部では**オーソドックス（正教会，東方正教）**が広く信仰される。

カトリック（ヨーロッパ）（旧教（ヨーロッパ））▶**ローマ教皇を最高指導者とするキリスト教最大の教派**。主に**スペイン，ポルトガル，フランス，イタリア**などの**ラテン系民族**によって信仰されているが，スラブ系の**ポーランド，スロベニア，クロアチア**，ゲルマン系の**オーストリア**，ケルト系の**アイルランド**，ウラル系の**ハンガリー**などでも信仰されている。

プロテスタント（ヨーロッパ）（新教（ヨーロッパ））▶**宗教改革によってカトリックから分離した教派**。主に**ノルウェー，スウェーデン，デンマーク，イギリス**などの**ゲルマン系民族**によって信仰されているが，ウラル系の**フィンランド**でも信仰されている。

オーソドックス（ヨーロッパ）（正教会（ヨーロッパ），東方正教（ヨーロッパ））▶ローマ帝国の東西分裂により，キリスト教も東西に分裂し，**東ローマ帝国の国教となり発展した教派**。**ロシア，ウクライナ，ベラルーシ，ブルガリア，セルビア**などの**スラブ系民族**によって信仰されているが，ラテン系の**ルーマニア**，ギリシャ系の**ギリシャ**でも信仰されている。

イスラーム（ヨーロッパ）▶ヨーロッパでも，**アルバニア，ボスニア・ヘルツェゴビナ，コソボ**などの**オスマントルコ帝国**の支配や影響を受けた地域では，イスラームが信仰されている。

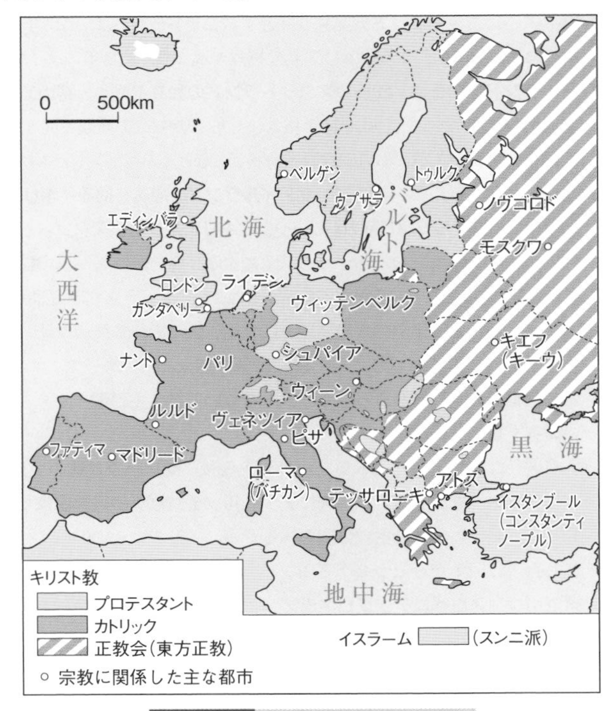

図3-2-6-4 ヨーロッパの宗教の分布

③ヨーロッパの民族問題

☑☑☑ カタルーニャ分離独立問題 ▶ **スペインからのカタルーニャ州の独立を目指す運動**。古くから独立運動は存在したが，2010年代にカタルーニャの自治憲章について違憲判決が出たことから，独立の気運が高まり，たびたびカタルーニャの独立を問う住民投票が行われた。**2017年の住民投票では，独立派が勝利**（投票率は約40%）し，州議会でも独立派が過半数を超えたが（カタルーニャ共和国として独立宣言），中央政府はこれを認めていない。**カタルーニャ州は，スペインのGDPの約1/5を占める**が，中央政府に支払う税金の額とカタルーニャ州に還元される額との不均衡に対する不満が大きい。

☑☑☑ カタルーニャ州（カタルーニャ地方）▶ **スペイン東部に位置する自治州**で，州都は**バルセロナ**。カタルーニャ語を使用する**カタルーニャ人**（母語としては約30%）が居住している。

☑☑☑ バスク分離独立問題 ▶ 1959年から始まった**スペイン・フランス間からのバスク独立を目指す運動**。当初は武装闘争が中心だったが，近年は自主徴税権も認められ，独立運動は沈静化している。

☑☑☑ バスク地方 ▶ **スペイン北東部からフランス南西部のピレネー山脈周辺の地域**で，**スペイン・バスク**（南バスク，中心地**ビルバオ**）と**フランス・バスク**（北バスク）からなる。バスク人は，孤立語である**バスク語**を話し，独自の文化を持っている（多くのバスク人は，スペイン語かフランス語とのバイリンガル）。

☑☑☑ スコットランド分離独立問題 ▶ **スコットランド**は，1707年に**イングランドと合併し，連合王国**となったが，1980年代から徐々に独立の機運が高まり，2014年には**イギリス（グレートブリテン及び北部アイルランド連合王国）からのスコットランドの独立を問う，初めての住民投票**が行われた（反対約55%，賛成約45%）。さらに，2016年に実施されたイギリスのEU離脱を問う国民投票でも，スコットランドではEU残留が上回る（投票結果はEU離脱派が勝利）などイングランドとスコットランドの意識の差が明瞭になった。

☑☑☑ 北アイルランド問題 ▶ **北アイルランドの帰属を巡るイギリスとアイルランドの領土問題**。1960年代の後半，**アイルランド系カトリック**と**イギリス系プロテスタント**との対立が激化し，一部では武装闘争もみられた。1998年にベルファスト合意（聖金曜日協定）に基づき，**和平合意**が行われ，「アイリッシュディメンション（アイルランド島民が，他国からの介入なしに，南北間の問題を解決できるという原則）」を認めた。

☑☑☑ バルカン半島の民族問題 ▶ 20世紀に入ると，バルカン半島を支配していた**オスマン帝国が弱体化**し，それまでくすぶっていた**民族紛争が拡大**し，「ヨーロッパの火薬庫」と呼ばれるようになった。第二次世界大戦が終わると，**ギリシャを除いて社会主義国**となり，大部分の国が**東側諸国**としてソ連との連携を重視した。

☑☑☑ ユーゴスラビア ▶ 第二次世界大戦後，**南スラブ諸国**の**セルビア，モンテネグロ，スロベニア，クロアチア，マケドニア，ボスニア・ヘルツェゴビナ**が**連邦国家**である**ユーゴスラビア**を形成した。ソ連とは一線を画す**社会主義体制**を採ったが，1991年から2001年まで続いたユーゴスラビア紛争により解体した（1992年からセルビアとモンテネグロのみでユーゴスラビア連邦共和国，のちに解体）。6つの構成国は，**スロベニア，クロアチア，ボスニア・ヘルツェゴビナ，セルビア，モンテネグロ，北マケドニアとして独立**し，さらにセルビアからは2008年に**コソボ**が独立した（セルビアは未承認）。

☑☑☑ ボスニア紛争 ▶ **ユーゴスラビアから独立した，ボスニア・ヘルツェゴビナで生じた内戦**で，1992年から1995年まで続いた。ユーゴスラビアからの独立に際し，**ボシュニャク人（ムスリム）**と**クロアチア人（カトリック）**が独立を推進したが，**セルビア人（セルビア正教）**が反対したことから，対立が深刻化し，軍事衝突に発展した。内戦中はそれぞれの民族が合従連衡（がっしょうれんこう）を繰り返したが，**アメリカ合衆国を中心とするNATO（北大西洋条約機構）によるセルビア人勢力への空爆**なども行われた結果，

1995年に和平に合意し，内戦は終結した。内戦後は，クロアチア人とボシュニャク人の**ボスニア・ヘルツェゴビナ連邦**，セルビア人の**スルプスカ共和国**がそれぞれ独立性を持つ国家として，**国家連合**（**ボスニア・ヘルツェゴビナ**）を形成した（図3-2-6-5参照）。

☑☑☑ **コソボ独立問題**▶コソボはかつては**セルビア**に属する**アルバニア人**の自治州であったが，1998年にコソボ解放軍による戦闘が激化して紛争に突入し，**2008年には独立を宣言**した。セルビアとロシアなどのセルビア友好国は独立を承認せず，セルビアの領土の一部（コソボ・メトヒア自治州）とみなしている。

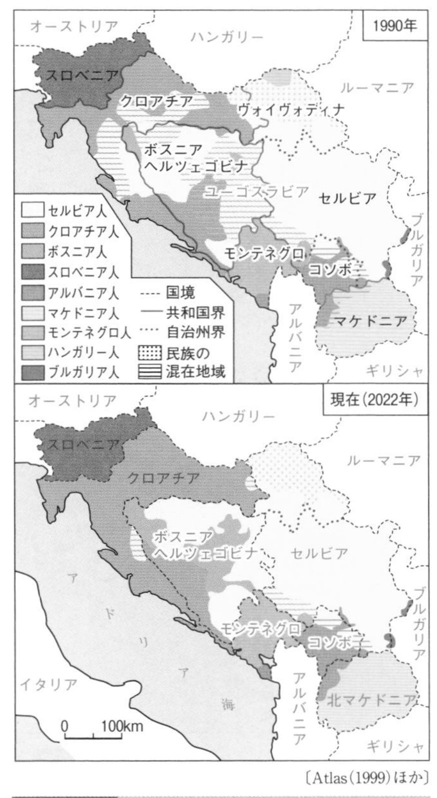

図3-2-6-5 ユーゴスラビア解体前後の民族分布の変化

3 ヨーロッパの多様な農業

① ヨーロッパの農業の発展

□□☑ 二圃式農業▶p.110参照

☑☑☑ 三圃式農業▶p.110参照

□☑☑ 輪栽式農業▶**18世紀から19世紀のヨーロッパで行われてきた有畜農業**で，代表的な例がイギリスで展開された**ノーフォーク式農法**。従来，三圃式農業で行われていた**休閑を廃止**し，**小麦→飼料カブ→大麦→クローバーの輪作体系**を採る。飼料カブの播種前に，**家畜厩肥の投下**とクローバーの根粒菌による空中窒素の固定作用によって土壌に**窒素分を補給**することで，次年度の小麦栽培を可能にする。三圃式農業に比べ，**小麦の作付け面積は1/3から1/4に減少**するが，**単収（単位面積当たりの収穫量）の増加**により，小麦収穫量は増加した。このような輪栽式農業から，現代の**混合農業，酪農，園芸農業**などに発展していった。

□□☑ ノーフォーク式農法 ▶ **イングランド東部のノーフォーク州で普及した輪栽式農法**で，小麦→カブ→大麦→クローバーの四圃輪栽式や小麦→大麦→カブ→大麦→クローバー→クローバーの六圃輪栽式が行われるとともに，資本投下や土壌改良が進められ，より商業的な農業生産が行われるようになった。

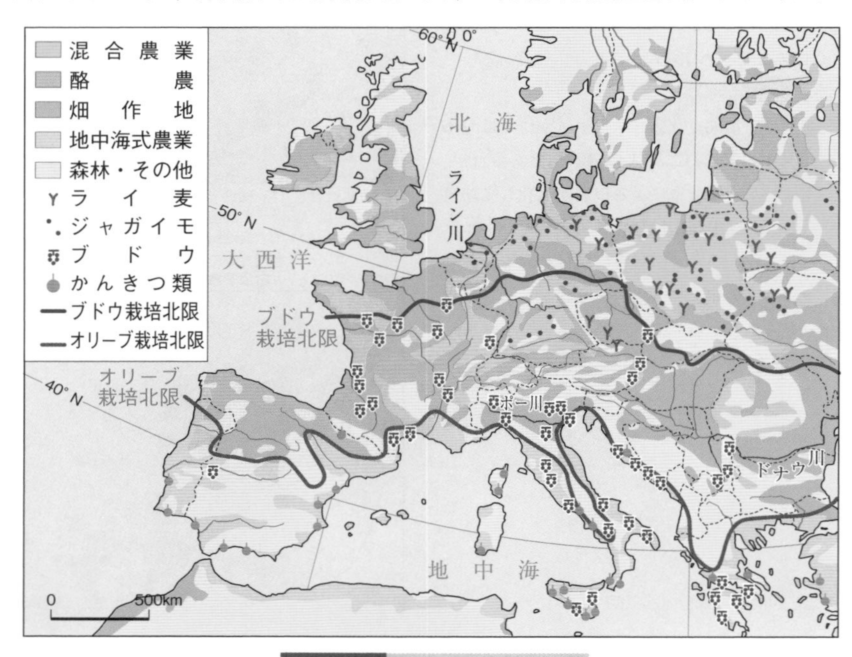

図3-2-6-6 ヨーロッパの農業地域

② アルプス以北の農業

☑☑☑ 混合農業（ヨーロッパ）▶ **主にアルプス以北のヨーロッパで行われている有畜農業**で，**フランス，ドイツ，イタリア北部，イギリス南東部**などで発達している。近年は，家畜飼育と穀物，飼料栽培などの専門分化が進んでいる。（p.111参照）。

☑☑☑ 酪農（ヨーロッパ）▶ **北海・バルト海周辺，大西洋沿岸地域，山岳地域**などで発達する。**オランダ**では，**ライン低地**や**ポルダー**における**乳牛の放牧**，**デンマーク**では**舎飼いによる乳牛飼育**が行われ，ともに最新の農業技術を用いた，重要な輸出産業になっている。（p.111参照）。

☑☑☑ 移牧 ▶ p.111参照

☑☑☑ 園芸農業（ヨーロッパ）▶ **オランダの海岸砂丘地帯**などで，砂質の土壌をいかした**チューリップなどの球根や花卉の栽培**が盛ん。**地中海沿岸**の都市郊外では，温暖な気候を利用しての**野菜**，**果実**，花卉の生産が行われている。（p.111参照）。

□☑☑ シャンパーニュ地方 ▶ **フランス・パリ東方の地方**で，セーヌ川支流の**マルヌ川**などが流れる。**ケスタ**の緩やかな南東向き斜面などを利用しての**ブドウ栽培**が盛んで，**ワイン（シャンパン）の生産地**。フランスでは**ブドウ栽培の北限**に位置。シャンパーニュ地方の中心地はランス。

□☑☑ ブルゴーニュ地方 ▶ **フランス・パリ南東部の地方**で，ローヌ川支流の**ソーヌ川**の上流域に位置する。古くから**ブドウ栽培**が行われ，**ワインの生産**も行われている。シャンパーニュ地方とともに，ブドウ栽培・ワイン製造の文化的景観の普遍的価値が認められ，**世界文化遺産**に登録。

③ 地中海地方の農業

☑☑☑ 地中海式農業（ヨーロッパ）▶ヨーロッパの地中海地方では，古くから**オリーブ，コルクガシ**などの**耐乾性樹木作物**，**小麦**を栽培し，家畜を飼育する**地中海式農業**が行われてきたが，近年はスペイン東部の**バレンシア地方（スペイン）でのオレンジ生産**，スペイン中南部での**イベリコ豚の飼育**などのように，農業生産の商業化・専門化が進んでいる（p.112参照）。

☑☑☑ バレンシア地方▶**スペイン東部の自治州**で，州都は**バレンシア**。公用語はスペイン語とバレンシア語。**ブドウ，米**などの栽培が盛んで，特に**バレンシアオレンジ**の生産が多い。中心地のバレンシアは，マドリード，バルセロナに次ぐ国内第３の都市。

☐☑☑ 原産地呼称制度▶**EUの原産地名称保護制度**。農産物や食品の原産地名を独占的・排他的に利用できる権利を保護する制度で，例えば発泡ワインでも，シャンパーニュ地方で生産されるものは「シャンパン」と呼ばれる。**この地理的表示によって，地域に伝わる伝統的生産品であることを示し，他の発泡ワインと差別化できるという制度**である。

④ EUの共通農業政策と課題

☑☑☑ 共通農業政策（CAP：Common Agricultural Policy）▶**EU加盟国の農業市場を統一し，食料供給の安定を図るための政策**。1960年代以降，**食料自給率の向上**と**農家の所得を安定**させるため，公的資金を投入して，主要農産物に**統一価格**を設定した。食料自給率の向上は実現したが，1970年代後半には**農産物の生産過剰問題**が生じた。2000年以降は政策を転換し，生産性のみを追求する生産第一主義にかわって，**農産物の質の向上**と**環境重視型の農業への転換**が図られるようになった。EUは農業を**環境保全型産業**として位置づけるとともに，**農村振興政策**も重要な柱に位置づけている（図3-2-6-8参照）。

☑☑☑ EUの農産物統一価格▶**需要と供給によって決まる市場価格ではなく，EU独自の統一支持価格**のこと。小麦，大麦，トウモロコシ，牛肉などに，**国際市場価格を上回る支持価格**を定める。

☑☑☑ 価格支持制度▶**作物別に支持価格を定め，市場価格が支持価格を下回った場合，EUが買い支えを行う制度**。

☑☑☑ 輸入課徴金▶**EU域外から農産物を輸入する際に，特別徴収する関税**。**域外からの輸入を抑制**し，**域内での農産物の流通を活発化**させるために，通常の関税に追加して徴収する付加税。

☑☑☑ 輸出補助金▶**EU域外へ農産物を輸出する際の助成金**。EU域内で生産された農産物が国際市場より高い場合に適用される。

☑☑☑ 直接所得保障（直接所得支払い）▶**統一価格（EUの支持価格）の引き下げによる農業者の所得減少を補うための直接支払い**。直接支払いを受給するためには，**農業者が環境・土壌保全等のコンプライアンス（法令遵守）の実践**を行わなければならない。

☑☑☑ グリーニング支払い▶**EUの共通農業政策の一つで，環境保全に役立つ基準を満たした農家のみに所得補助を行うこと**。

☑☑☑ 遺伝子組み換え作物（ヨーロッパ）（GMO（ヨーロッパ））▶**EUにおいて，GMO（遺伝子組み換え作物）の栽培が認められているのは，GMコーン（飼料用）のみ**だが，フランス，ドイツ，イタ

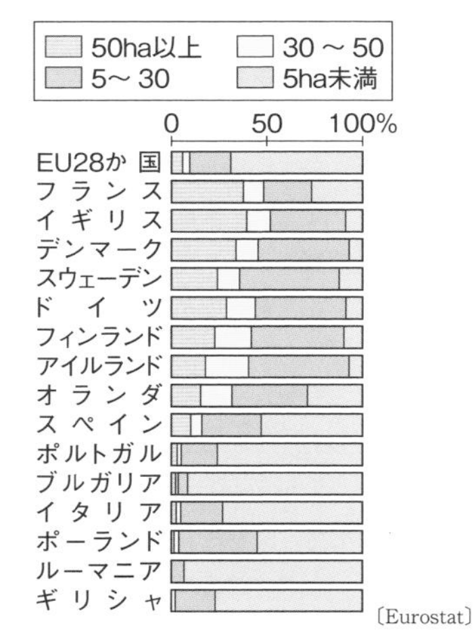

〔Eurostat〕

図3-2-6-7 ヨーロッパ諸国の農業経営規模（2010年）

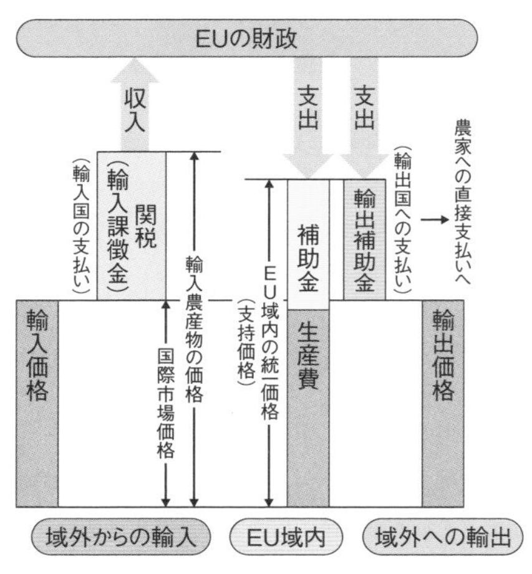

〔EU資料〕

図3-2-6-8 EUの共通農業政策

© Dennis Jarvis from Halifax, Canada

図3-2-6-9 フランスのブドウ栽培

©acediscovery

図3-2-6-10 オランダのチューリップ栽培

リアなどでは栽培が禁止されている。輸入農産物については，遺伝子組み換え農産物と遺伝子組み換え農産物から製造された食品（0.9%以上を含むすべてのもの）に対して**表示を義務**づけている。

☑☑☑ ルーラルツーリズム▶**農村を舞台に，地域資源を活用し，余暇活動を行うこと**で，**都市住民が農村の景観や暮らしを楽しむ**。イギリス，ドイツなどのヨーロッパ諸国で早くから推進されていて，**農村地域の活性化**と**環境保全**を目指すソフトツーリズムの一種。

4 ヨーロッパの鉱工業の発展と変化

① ヨーロッパの資源とエネルギー （図3-2-6-11，図3-2-6-12参照）

☑☑☑ ルール炭田▶**ドイツ北西部にある国内最大の炭田**。ライン川の支流である**ルール川**沿岸のノルトラインヴェストファーレン州に位置する。周辺の**エッセン**，**ドルトムント**などの鉄鋼業に利用されてきた。石炭産業は斜陽化し，2018年には最後の無煙炭鉱山が閉山した。

☐☑☑ ザール炭田 ▶ **ドイツ南西部，フランスとの国境付近にある炭田。**ザールラント州に位置し，古くからフランスの**ロレーヌ地方の鉄鉱石**と結びつき，**ザールブリュッケン**などで鉄鋼業が発達した。

☑☑☑ シロンスク炭田 ▶ **ポーランド南部，スデーティ山脈山麓に広がる国内最大の炭田。**

☐☑☑ キルナ鉄山 ▶ **イエリバレ鉄山**とともに，**スウェーデン有数の鉄鉱石産地。**

☐☑☑ ロレーヌ鉄山 ▶ **フランス北東部，ドイツとの国境付近に位置し，かつての同国最大の鉄鉱石産地**で，**メス，ナンシー**などの鉄鋼業に利用されてきた。1997年に閉山。

☑☑☑ ロレーヌ地方 ▶ **フランス北東部の地方で，鉄鉱石が産出したため，同国の鉄鋼業の中心**として栄えた。東の**アルザス地方**とともに，古くからドイツとの係争地でもあった。中心地はナンシー。

☑☑☑ 北海油田 ▶ **北海にある100以上の海底油田・ガス田。**石油危機以降，急速に開発が進められた。イギリス，ノルウェー，デンマーク，ドイツ，オランダの排他的経済水域に当たるが，大半の油田・ガス田は**ノルウェー**と**イギリス**の排他的経済水域境界付近に位置する。**フォティーズ油田**，ブレント油田，ブザード油田（以上イギリス），**エコフィスク油田**，ヨハン・スヴェルドルップ油田（以上ノルウェー）などが代表的な油田だが，イギリスの油田は枯渇傾向で，ノルウェーも近年では北のノルウェー海，バレンツ海での油田の開発を進めている。採掘された原油は，主にイギリス（アバディーン，ミドルズブラ）やノルウェーに**パイプライン**で送油される。

☐☑☑ エネルギー単一市場 ▶ **EU域内における電力やガスの規格を統一し，相互接続を推進して，域内のエネルギー供給網の地域間格差を是正することで，エネルギーを自由に売買できる市場。**EU域内での安定供給を目指し，エネルギー単一市場の形成など共通エネルギー政策を模索している。

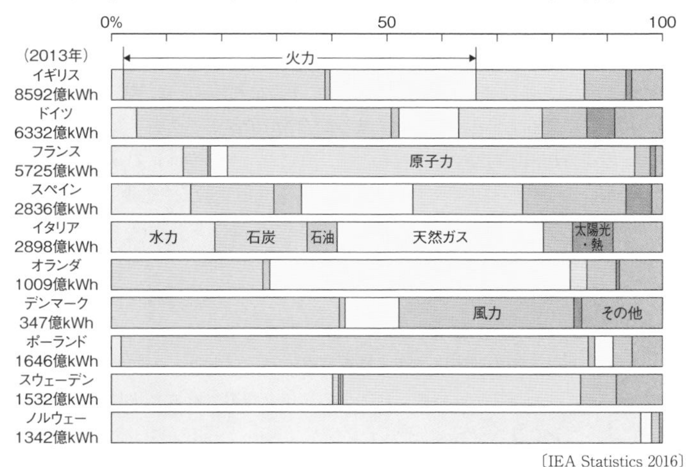

〔IEA Statistics 2016〕

図3-2-6-11 ヨーロッパの主な国の発電のエネルギー源別割合

② 工業地域の盛衰

（図3-2-6-12参照）

☐☑☑ 重工業三角地帯 ▶ **かつての重工業の中心であった北フランス，ルール，ロレーヌを結ぶ地域。**北フランス炭田，ルール炭田，ロレーヌ鉄山と結びついた**資源立地型の鉄鋼業**などが発達していた。

☑☑☑ ルール工業地帯 ▶ **ヨーロッパ最大並びにドイツ最大の重工業地域。ルール炭田**の石炭と**ライン**

川（支流のルール川，ドルトムント・エムス運河などを含む）**の水運**を利用して，**エッセン，ドルトムント**などの鉄鋼業を中心に発展し，**デュースブルク**，オーバーハウゼン，ギルゼンキルヘン，ボーフムなど多数の工業都市が立地している。また，広義にはルール川南部の**デュッセルドルフ，ケルン**などのライン・ルール大都市圏を含むこともある。**1960年代までは，ドイツの工業を牽引してきたが**，1970年代以降，炭坑の閉鎖，安価な輸入製品の流入，大気汚染などの環境問題などにより，資源を基盤にした工業地域は停滞し，**加工組立型工業への転換**や**環境保全型産業の誘致**などを進めている。

☑☑☑ エッセン ▶ **ドイツ・ルール地方の工業都市**。**ルール川**沿岸に位置し，かつては鉄鋼業の中心。鉄鋼財閥のクルップ社本拠地として，ルール工業地帯を牽引してきた。近年は，ルール工業地帯最盛期の産業遺産（世界文化遺産）として，「ツォルフェアアイン炭鉱業遺産群」に多くの観光客が訪れている。

□☑☑ ドルトムント ▶ **ドイツ・ルール地方に位置するかつての鉄鋼業の中心都市**の一つ。**ドルトムント・エムス運河**によって，ルール川とエムス川を通じて，北海に繋がる交通の要衝。現在は，すべての炭鉱が閉鎖され，ハイテク産業による再生を図っている。

□☑☑ デュースブルク ▶ **ライン川とルール川の合流点付近に位置するドイツの工業都市**で，**ライン川有数の河港***。ルール工業地帯の石炭産業と鉄鋼業の衰退で衰えたが，近年は中国の「一帯一路」構想による中国，モンゴル，ロシア，ベラルーシ，ポーランドを経由してデュースブルクに至る鉄道の建設により，注目を集めている。

＊海に面した「海港」に対する用語で，河岸に設置された港のこと。

□☑☑ デュッセルドルフ ▶ **ライン川河畔に位置するドイツの商工業都市**。ノルトライン＝ヴェストファーレン州の州都で，ライン・ルール大都市圏の中心の一つ。**多国籍企業の支社・支店が集積**し，国内ではフランクフルトに次ぐ**金融業**の中心地。

□☑☑ ケルン ▶ **ライン・ルール大都市圏に位置し，ドイツでは，ベルリン，ハンブルク，ミュンヘンに次ぐ大都市**。第二次世界大戦における空襲を免れた「**ケルン大聖堂**」は，UNESCOの世界遺産に登録。

☑☑☑ ロッテルダム ▶ **アムステルダムに次ぐオランダ第2の都市**。ライン川分流の**マース川河口**（三角州）に位置する**世界有数の貿易港**で，港湾地区は**ユーロポート**と呼ばれる。**「EUの玄関口」としての物流拠点**として発展。大型船舶が接岸できるように，海底を掘り込んで建設された**掘り込み式港湾**で，オイルメジャーの**石油化学コンビナート**が多数立地する。

□☑☑ 掘り込み式港湾 ▶ **海側から陸地を掘り込んで建設された港湾**。三角州や海岸砂丘などを掘り込み，水深を確保するとともに，海岸部をコンクリートで固めるなどして，**大型船舶を接岸**できるようにしたもの。**ロッテルダムのユーロポート**，**鹿島港**（茨城県鹿嶋市），**苫小牧**（とまこまい）**港**などが代表的な掘り込み式港湾。

☑☑☑ ルアーヴル ▶ **セーヌ川の河口に位置する港湾都市で，マルセイユに次ぐフランス第2の貿易港**。第二次世界大戦中，ノルマンディー上陸作戦における砲撃と空爆で廃墟と化したが，戦後は建築家オーギュスト・ペレによるコンクリート素材を使った再開発で復興し，市の中心部は世界遺産に登録された。

☑☑☑ ダンケルク ▶ **フランス最北端に位置する工業都市**で，**マルセイユ，ルアーヴルに次ぐ第3の港湾都市**。**鉄鋼，石油精製，石油化学，造船**などの重化学工業が発達し，特に臨海部には輸入鉄鉱を利用した大規模な製鉄所が建設されている。

☑☑☑ シリコングレン ▶ **イギリスのスコットランドにおける先端技術産業の集積地**。**エディンバラ**，ダンディー，**グラスゴー**を結ぶ地域を指す。「**シリコングレン**（渓谷）」は，アメリカ合衆国のシリコンヴァレーにちなむ。内外の**電子産業**が多数進出しているが，近年は電子産業だけでなく，ソフトウェア産業を中心とした**ICT（情報通信技術）産業**にも力を入れている。

☑☑☑ **トゥールーズ** ▸ **フランス南西部に位置する都市**で，都市圏の規模としてはパリ，リヨン，マルセイユに次ぐ。**エアバス社**の本社や主力工場が所在するため，**航空機工業**が発達し，ヨーロッパ最大の宇宙センターも立地している。市街地の中央部を**ガロンヌ川**が貫流し大西洋に注ぐが，17世紀に建設された**ミディ運河**で地中海とも結ばれる。

☐☑☑ **エアバス社** ▸ **フランス，ドイツを中心にイギリス，スペインが出資した航空宇宙機器開発製造会社**。ロッキード，ボーイングなどのアメリカ合衆国企業による旅客機市場の寡占に対抗して設立された。現在は，ボーイング社に次ぐ巨大航空機メーカーに成長している。主な製造拠点は，フランスの**トゥールーズ**，ドイツの**ハンブルク**で，主力工場が立地している。

☑☑☑ **サードイタリー（第三のイタリア）** ▸ **ボローニャ，ヴェネツィア，フィレンツェ，プラトなどイタリア北東部の地場産業が集積している地域**で，工業化が進む先進地域の**北イタリア（ファーストイタリー）**，経済発展が遅れた**南イタリア（セカンドイタリー）**に対する用語。**中小企業や職人間のネットワーク**により，デザイン性の高いファッション，皮革，家具製品などの**柔軟な生産が可能な産業集積地**として，1980年代頃から注目を集めた。地元意識の結束，ファミリー企業の創意工夫，自治体による産業支援，世界規模の見本市開催などにより，**国際競争力の高い中小企業が多数立地**し，**高付加価値**製品の**多品種少量生産**による地場産業エリアとして発展をしている。1980年代には国際競争を持つことで注目されたが，一部の産地では，繊維産業での新興国の台頭などにより，2000年以降は中国資本によるアパレル生産が台頭するなど，変化もみられる。

☑☑☑ **ブルーバナナ（青いバナナ）** ▸ **西ヨーロッパにおける経済の核心地域**で，ヨーロッパの工業の発展を支える軸であるとともに，「**ヨーロッパのメガロポリス**」とも呼ばれる人口集積地域。**バーミンガム，ロンドン**（以上イギリス），**アムステルダム，ロッテルダム**（以上オランダ），**ブリュッセル**（ベルギー），**ルール地方，フランクフルト，マインツ，マンハイム**（以上ドイツ），**ストラスブール**（フランス），**チューリッヒ**（スイス），**トリノ，ミラノ，ジェノヴァ**（以上イタリア）まで連なるバナナ型の地域を指し，「ブルー」はヨーロッパのシンボルカラーで，EUの旗にも採用されている。

☐☑☑ **シュツットガルト** ▸ **ドイツ南西部の中心地で，ライン川の支流であるネッカー川沿岸に位置する都市**。ダイムラーやポルシェの創業地として知られ，古くから**自動車産業**が発達するが，近年はハイテク企業も集積している。

☑☑☑ **ミュンヘン** ▸ **ドイツ南部のバイエルン地方の中心地で，ベルリン，ハンブルクに次ぐドイツ第3の都市**。アルプス山脈北縁の台地状の平野に位置し，**イーザル川**が流れる。ドイツ南部の経済的な中心をなし，BMWの本社があることから，メルセデスベンツ，ポルシェの**シュツットガルト**，フォルクスワーゲンの**ヴォルフスブルク**とともに**ドイツ自動車業界を牽引**してきた。近年は，情報通信機器などの**ハイテク企業も集積**し，「**ドイツのシリコンヴァレー**」と呼ばれている。

☐☐☑ **ヴォルフスブルク** ▸ **ドイツ北部，ニーダーザクセン州に位置する工業都市**で，**自動車産業**が発達。フォルクスワーゲン社の本社が位置し，**フォルクスワーゲンの企業城下町**として発展した。「アウトシュタット（自動車の街）」として，**観光業**も発達している。

☑☑☑ **ヨーロッパのサンベルト** ▸ **スペインのバルセロナ（カタルーニャ地方）からフランス南部を経てイタリア北部に至る地域**で，エレクトロニクス産業，航空機工業などの**先端技術産業が集積**している。

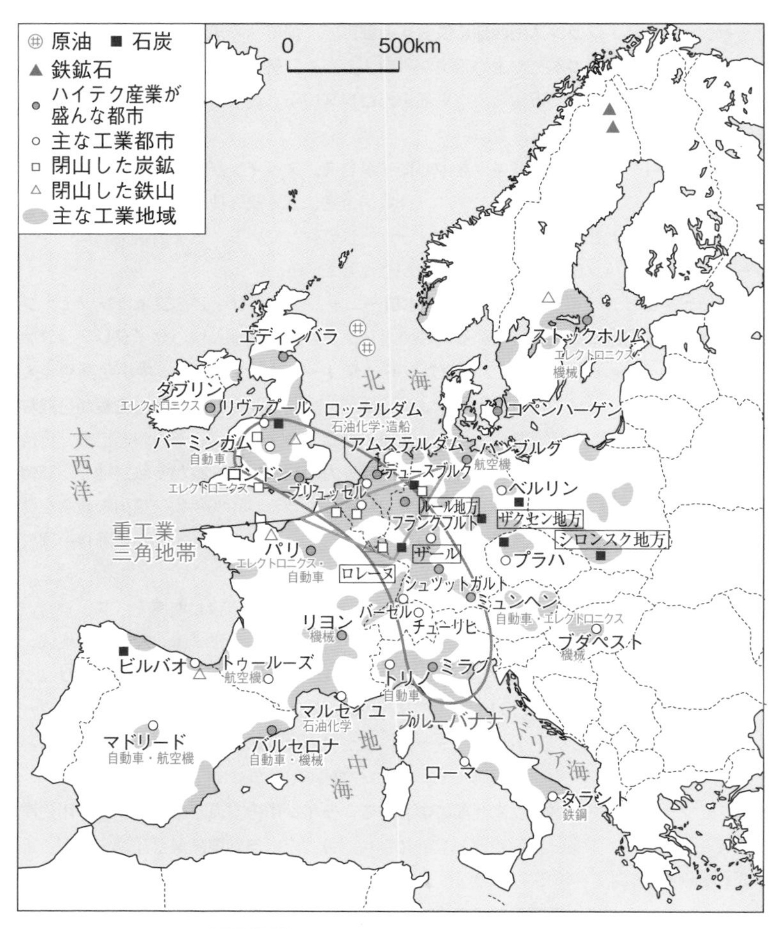

図3-2-6-12 ヨーロッパの主要工業地域

5 EUの拡大と統合の歴史

□☑☑ ベネルクス関税同盟 ▶ **1948年，ベルギー，オランダ，ルクセンブルクによって締結された域内関税撤廃を実現する関税同盟**で，小国が結束することによって大国に対抗する手法として注目された。EEC（ヨーロッパ経済共同体）のモデルとなったことでも知られる。

☑☑☑ ECSC（European Coal and Steel Community：ヨーロッパ石炭鉄鋼共同体）▶ **1952年，石炭と鉄鋼の共同市場を設立するため，フランス，ドイツ**（当時は西ドイツ），**イタリア，ベルギー，オランダ，ルクセンブルクによって結成された国際組織**。フランス外相シューマンによって提案されたシューマン宣言に基づき設立された。この提案はヨーロッパの経済成長を促し，長らく続いてきた**フランス・ドイツ間における資源の争奪に終止符**を打つことを目的とした。

☑☑☑ EEC（European Economic Community：ヨーロッパ経済共同体）▶**1957年，域内の経済統合を目的として，フランス，ドイツ**（当時は西ドイツ），**イタリア，ベルギー，オランダ，ルクセンブルクにより結成された国際組織。ローマ条約**により設立され，**域内関税の撤廃**と**域外共通関税の設定**などを行い，より広い分野での**経済統合**を目指した。

☐☑☑ ローマ条約▶**1957年に調印されたEECとEURATOMの基本条約**。その後，**欧州単一議定書**（Single European Act），**マーストリヒト条約，アムステルダム条約，ニース条約**，そして現行の**リスボン条約**へと改正された。

☑☑☑ EURATOM（European Atomic Community：ヨーロッパ原子力共同体）▶**域内の原子力エネルギー共同市場の創設と原子力の開発を促進するための国際組織**。1957年，ローマ条約によってEECとともに設立された。

☑☑☑ EC（ヨーロッパ共同体）▶**1967年，ECSC（ヨーロッパ石炭鉄鋼共同体），EEC（ヨーロッパ経済共同体），EURATOM（ヨーロッパ原子力共同体）が統合されて成立した国際組織。フランス，ドイツ（当時は西ドイツ），イタリア，ベルギー，オランダ，ルクセンブルクにより結成**され，最高決定機関の**ヨーロッパ理事会**はベルギーの首都**ブリュッセル**に，立法府にあたる**ヨーロッパ議会**はフランスの**ストラスブール**に，ローマ条約の解釈や適用について判断する**ヨーロッパ司法裁判所**は**ルクセンブルク**に置かれた。

1973年のイギリス加盟など，加盟国の増加によって12ヵ国（拡大EC）となった後，1992年に政治統合などの広範囲な統合を目指す**マーストリヒト条約**（ヨーロッパ連合条約・1993年発効）によって，**ヨーロッパ連合**（EU）となった。

☑☑☑ EU（ヨーロッパ連合）▶p.177参照

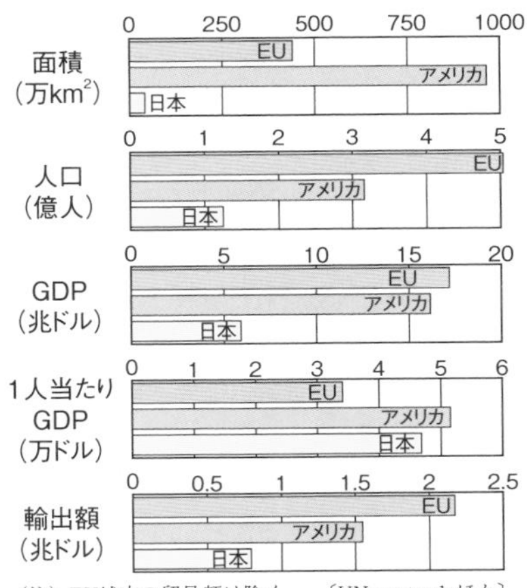

図3-2-6-13 EU，アメリカ合衆国，日本の比較

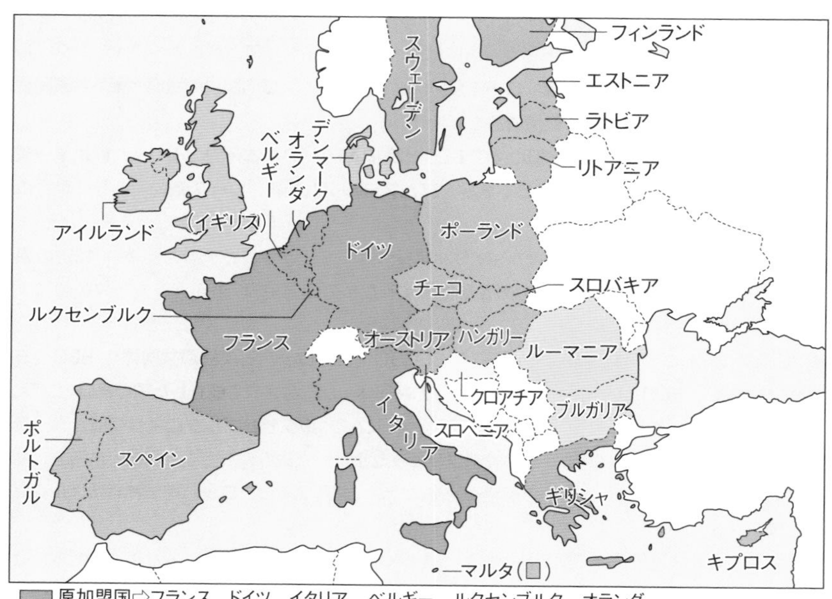

原加盟国⇨フランス，ドイツ，イタリア，ベルギー，ルクセンブルク，オランダ
1973年⇨イギリス，アイルランド，デンマーク
1981年⇨ギリシャ
1986年⇨スペイン，ポルトガル
1995年⇨オーストリア，スウェーデン，フィンランド
2004年⇨ポーランド，チェコ，スロバキア，ハンガリー，スロベニア，エストニア，ラトビア，リトアニア，マルタ，キプロス
2007年⇨ルーマニア，ブルガリア
2013年⇨クロアチア
※加盟国候補⇨北マケドニア，トルコ，アイスランド，モンテネグロ，セルビア
※2016年，イギリスはEUからの離脱を表明し，2020年に正式脱退。

図3-2-6-14 EU加盟国の変遷

☑☑☑ マーストリヒト条約 ▶ **1993年に発効されたヨーロッパ連合条約**。この条約によってECはEUに改組され，**人・モノ・資本・サービスの域内移動の自由化**や**通貨統合**を実現する**経済統合**だけでなく，**共通外交・安全保障政策，司法・内務協力**などの**政治統合**も本格的に目指すことになった。マーストリヒトは，条約が調印されたオランダの都市名。

☑☑☑ 市場統合 ▶ **通商にかかわる関税や貿易障壁，サービス貿易の規制，投資の規制，人の移動の制限などを撤廃し，域内における市場経済を統合すること**。1986年の単一欧州議定書により，経済において国境を取り去り，域内での経済活動が国内での経済活動と同様に自由化することで，市場統合は深化した。

☐☐☑ 単一欧州議定書 ▶ **EC域内市場を完成させ，欧州統合を加速することを目的とした条約**で，ローマ条約を改正するため，1986年に調印（1987年発効）された。

☑☑☑ 通貨統合 ▶ **EU加盟各国の通貨を廃し，共通通貨のユーロを導入すること**。1999年から銀行間取引などの非現金取引を対象に単一通貨ユーロが導入され，**2002年**よりユーロ参加国において，**ユーロ貨幣の流通が開始**された。通貨統合により，**欧州中央銀行（フランクフルト）**による**統一金融政策**が開始されたため，ユーロ参加国は独自の金融政策を行う権限を失った。

☑☑☑ 政治統合 ▶ **最終的には一つの国家を目指すこと**だが，EUでは**各国の多様性を認めつつ**，国家の枠組みを超えて，外交や安全保障などの面で，**共通の政策を模索**している。一方，国家主権がEUに委譲され，各国国民の政治的自己決定権を失うのではないかという懸念も生じ，フランスやオランダのEU憲法条約に対する国民投票の否決にみられるように，課題も多い。

☑☑☑ シェンゲン協定 ▶ **1993年，26の協定加盟国の間で国境管理を廃止した条約**。**22のEU加盟国**（アイルランド，キプロス，ブルガリア，ルーマニア，クロアチアを除く）と**非EU加盟4か国**（ノルウェー，アイスランド，スイス，リヒテンシュタイン）が協定加盟国である。なお，**国境管理の廃止とは，旅券（パスポート）検査などの出入国検査を廃止すること**で，EU市民，EU域外の外国人を問わず，**域内を自由に移動**できる。また，対外的には共通ビザ（査証）を発行する共通ビザ政策が採られている。

☑☑☑ ユーロ（EURO）▶ **EUの共通通貨**で，1999年に銀行決済などの金融市場で使用されるようになり，**2002年にEURO通貨（紙幣，硬貨）が市場に導入**された。EU27か国のうち，デンマーク，スウェーデンなどを除く**20か国**で公式に導入されている。EUROは，**フランクフルト（ドイツ）に本店がある欧州中央銀行が発行**し運用する通貨で，**ユーロ圏内の通商や経済協力には有利に働く**が，2009年の**ギリシャ経済危機**にみられるように，一国の経済破綻や財政悪化が他のユーロ圏内の国々に打撃を与える場合もあるため，2014年には欧州中央銀行にユーロ圏すべての銀行を監督する強い権限を与える**単一監督メカニズム**を導入した。

☑☑☑ EFTA（エフタ）（European Free Trade Association：ヨーロッパ自由貿易連合）▶ **1960年にイギリスを中心として設立された自由貿易連合**で，EECに対抗するため，イギリス，オーストリア，スウェーデン，スイス，デンマーク，ノルウェー，ポルトガルで結成。後に，フィンランド，アイスランド，リヒテンシュタインが加盟するが，イギリス，デンマーク，ポルトガル，オーストリア，スウェーデン，フィンランドは脱退し，**現在の加盟国は，アイスランド，ノルウェー，スイス，リヒテンシュタイン**。1994年，EU諸国とともに**EEA（ヨーロッパ経済地域）**を設立した。EFTAでは，**域内関税は撤廃するが，EUのような政治的統合という目標はない**。

☐☐☑ EEA（European Economic Area：ヨーロッパ経済地域）▶ **東西冷戦後の1994年，ヨーロッパ広域による単一市場を目指すため，EU諸国とEFTA加盟国との間で設立された自由貿易地域**。域内では，EU域内と同様に**4つの自由（人，モノ，サービス，資本の移動）**が保障されている。スイスは，EEAには加盟せず，EUとの間で個別の協定を締結している。

☑☑☑ 東欧革命 ▶ **1989年から起こった東ヨーロッパ諸国における民主化革命**で，**ポーランド，ハンガリーの民主化，ベルリンの壁崩壊，チェコスロバキアのビロード革命，ルーマニアのチャウシェスク政権の崩壊**など一連の動きを指す。東西冷戦下においてソ連の衛星国であった東欧諸国で，ソ連の国力低下を背景として共産党による一党独裁体制が崩壊し，**民主化**が進むとともに**市場経済への移行**が行われた。

☑☑☑ 欧州理事会（European Council）▶ **EU加盟27か国の首脳，欧州理事会議長，欧州委員会委員長から構成される最高意思決定会議**で，EUの政策指針を決定する（ただし，立法権は持たない）。本部が位置するベルギーの首都**ブリュッセル**で開催される。

☐☑☑ EU理事会（欧州連合理事会）（Council of the European Union）▶ **EUの政策決定機関**で，EUの閣僚から構成され，**立法権**を有する。

□☑☑ 欧州委員会（European Commission）▶**EUの政策執行機関**で，法案提出（唯一**法案提出権**を持つ），決定事項の実施，基本条約の指示など通常の行政運営を担う。

□☑☑ 欧州司法裁判所（European Court of Justice）▶**EUの基本条約や法令を司り，これらの解釈や域内における平等な適用を目的として設置された機関**で，**ルクセンブルク**に設置。主に国内法と基本条約などとの不整合を調整し，基本条約の尊重を確保する。

☑☑☑ 欧州議会（European Parliament）▶**EUの立法府**で，EU市民による直接選挙で選出される751人の議員からなる。議事堂は，フランスの**ストラスブール**とルクセンブルクに設置されている。

☑☑☑ 欧州中央銀行（European Central Bank）▶**ユーロ圏20か国の金融政策を担う中央銀行**で，本店は**フランクフルト**に所在。ユーロ圏の紙幣発行の排他的権限を有し，公開市場操作や民間企業への資金貸し付けなども行う。

□☑☑ 単一監督メカニズム▶**欧州銀行同盟において，重要な金融機関に対する監督権限**（銀行免許の付与，業務停止など）**を，加盟国政府から欧州中央銀行へ集約する制度**。ギリシャやアイルランドによる財政破綻の危機は，連鎖的にユーロ圏に波及し，大手銀行の破綻やユーロの信認問題に発展したことから，**金融システムの安定化**を図るため導入された。

□□☑ アムステルダム条約▶**EUの基本条約であるローマ条約やマーストリヒト条約に変更を加えた条約**で，1999年に発効された。**欧州議会の権限強化，共通外交・安全保障政策の深化，EU市民権の確立**など大幅に修正された。

□□☑ ニース条約▶**ローマ条約とマーストリヒト条約に修正を加えた条約**で，2003年に発効された。**EUの東方拡大**に向けて，複雑な統治メカニズムを効率的に修正することや共通通商政策にサービス貿易，知的財産など加えることを目的としたが，加盟国間の対立で不十分な結果に終わったという評価もある。

□☑☑ リスボン条約▶**2009年に発効されたEUの基本条約**で，**欧州憲法条約の発効が断念されたため，これを救済するための条約**。EUの政治的統合を進めるため，欧州憲法の制定が望まれたが，加盟国の主権の制限に対する危惧から否決され，代わってリスボン条約が発効された。この条約では，**欧州大統領**ともいえる欧州理事会の常任議長，外務大臣にあたる外務・安全保障政策上級代表が新設されるなど各種の機構改革が行われた。さらに**気候変動，テロ対策，警察・司法分野の段階的な統合，移民・難民政策の共通化**などの課題に対しても対応が強化されることになった。

□☑☑ 共通通商政策▶**EU域内の関税と数量制限などの非関税障壁の撤廃，対外共通関税を設定するなど，域内貿易に関する立法や域外との貿易協定に関しては，加盟国ではなくEUが制定，締結する政策**。

☑☑☑ EUの東方拡大▶**2004年以降の東欧など旧社会主義国のEU加盟**。冷戦後，かつてソ連を中心とする東側社会主義陣営であった**東欧**（**ポーランド，チェコ，スロバキア，ハンガリー，スロベニア，ブルガリア，ルーマニア，クロアチア**），**バルト三国**（**エストニア，ラトビア，リトアニア**）などが加盟し，加盟国が急増した。経済発展が遅れた東欧諸国などには，EUが加盟前支援などを行い加盟を実現させた。これにより欧州統合がいっそう進み，**共同市場が拡大**したが，一方で**新旧加盟国間の経済格差，EUの財政負担の増加，共通外交政策などにおける意見の対立**などの問題も抱えている（図3-2-6-15参照）。

□□☑ 欧州地域開発基金（ERDF：European Regional Development Fund）▶**EU域内の格差是正や地域の課題に取り組むプロジェクトなどに使用される基金**で，低開発地域における研究開発促進，

ICTの普及・改善，中小企業支援，低炭素社会への移行支援などが図られている。

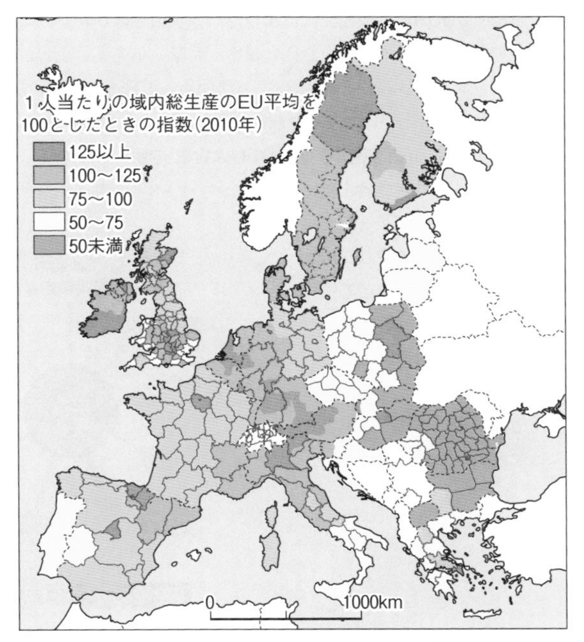

〔EUROSTAT(2010)〕

図3-2-6-15 EUの地域別1人当たりGDPからみた経済格差

☑☑☑ ユーロトンネル ▶ **英仏海峡トンネル**のことで，イギリス・フランス間の**ドーバー海峡**を結ぶ**鉄道用海底トンネル**。海底部分の総距離は，青函トンネルを抜いて世界一（37.9km）。

☑☑☑ ユーロスター ▶ **ユーロトンネル（英仏海峡トンネル）を通り，グレートブリテン島とヨーロッパ大陸を結ぶ国際高速鉄道**。ロンドン（イギリス）とリール，パリ（以上フランス），ブリュッセル（ベルギー）との間で運行されており，ロンドン・パリ間を最速2時間15分で結ぶ。

□☑☑ 16+1 ▶ **EU未加盟国を含む中欧・東欧16か国と中国が協力を促進するための枠組み**。中国はこれらの国を「**一帯一路**」に組み込もうとしているため，「一つのヨーロッパ」というEUの理念に対する不安定要素になっている。

□☑☑ ダブリン規約 ▶ **EU加盟国とノルウェー，アイスランドなどの非加盟国における難民申請の処理をどの国が行うかを定めた規則**。ダブリン規約では，**難民が最初に到達したシェンゲン協定加盟国で難民申請の審査を義務**づけており，難民審査中に他国へ移動した場合には，手続きをしている国に送り返される。したがって，**シェンゲン協定非加盟国との境界に位置する加盟国の負担が大きい**（多くの難民が難民申請をするため）。

□☑☑ 縮退(しゅくたい)都市（ヨーロッパ）▶ **基幹産業の衰退や人口流出・少子化にともなう人口減少によって，市街地が衰退している都市**。**空き家や未利用地の発生，インフラの過剰と維持**などが課題となる。ヨーロッパ，アメリカ合衆国，日本など先進国の都市に多くみられ，**産業構造の転換**や**基幹産業の変化**などによって生ずるが，特に旧社会主義国の東欧では，かつての国有企業で運営されていた鉱工業が衰退し，西欧への労働力移動が進んでいるため，多くみられる。

☑☑☑ ギリシャ財政危機▶**2009年，政権交代により財政赤字の隠蔽（いんぺい）が明るみになったことを発端とした財政危機**。ギリシャでは，公務員の高賃金，低い税率，手厚い年金支給などが継続的に行われた結果，**国の財政赤字が著しく拡大**し，さらにその赤字をEU諸国からの借金や国債の発行で補塡（ほてん）したため，国債価格やユーロが下落し，ギリシャだけでなく財政難に苦しむ**ポルトガル，イタリア，アイルランド，スペインなどにも波及**した。**IMF（国際通貨基金）やEUは金融支援**とともに厳しい緊縮財政，構造改革を求め，これをうけたギリシャは財政健全化に努めたため，2018年にすべての金融支援プログラムを終了させた。

☐☑☑ アイルランド財政危機▶**不動産バブル崩壊による不良債権を抱えた銀行救済などで生じた債務危機問題**。2009年のギリシャ財政危機から波及して生じたが，**IMFや欧州中央銀行の金融支援**をもとに，銀行部門の強化，大規模な財政改革・赤字是正，労働市場改革に取り組んだ結果，2013年末には財政再建を果たした。

図3-2-6-16 EUの主な事業

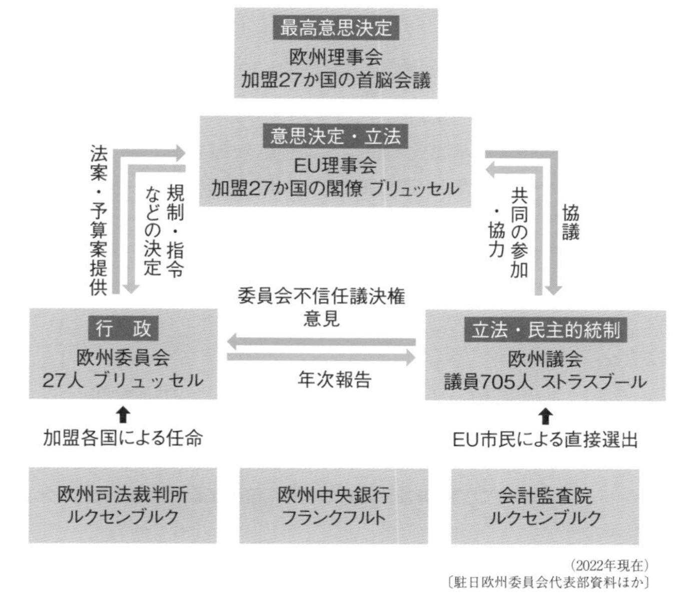

図3-2-6-17 EUの組織

6 ヨーロッパの各国地誌（旧ソ連を除く）

① 西ヨーロッパ

☑☑☑ イギリス ▶ 首都はロンドン。**グレートブリテン島とアイルランド島北部からなり，イングランド，スコットランド，ウェールズ，北アイルランドから構成される連合王国**（UK）。国土は平坦で，平野となだらかな丘陵が多いが，中央部には**古期造山帯**の**ペニン山脈**が南北に走る。ロンドン盆地には**ケスタ**，テムズ川河口には**エスチュアリー**が発達。気候は，**偏西風**と**北大西洋海流**の影響で，高緯度の割に冬季温暖な**西岸海洋性気候**（Cfb），**年間を通じて平均的な降水**がみられる。人口は約**6,800万人**で，イギリス人92.1%（イングランド人83.6%，スコットランド人8.6%，ウェールズ人4.9%，北アイルランド人2.9%），黒人2.0%，インド人1.8%，パキスタン人1.3%。**イギリス国教会**を主とするキリスト教を信仰する人が71.6%を占める。**産業革命の発祥地**で，早くから工業化が進展。近年はエレクトロニクスなどの**先端技術産業**が発達するほか，**金融業・サービス産業**が著しく成長。**北海では原油，天然ガス**が産出。**2020年には，EUを離脱**。1人当たりGNIは42,130ドル（2019年）。

☐☑☑ イングランド ▶ **グレートブリテン及び北アイルランド連合王国（UK）を構成する国**（country）。かつてのイングランド王国が，13世紀末ウェールズを併合，1707年にスコットランド王国と統合。1801年にアイルランド王国と政治連合を結び，グレートブリテン及びアイルランド（後に北アイルランド）連合王国となった。首都は**ロンドン**。

☐☑☑ スコットランド ▶ **グレートブリテン島の北部，島の1/3を占めUKを構成する国**。1707年にイングランド王国と統合したが，イギリスとは異なる独自の法制度や教育制度などを維持する。1999年に，スコットランド議会が再設置された。**2014年には，スコットランド独立を問う住民投票**が実施されたが，否決された。首都は**エディンバラ**。

☐☑☑ ウェールズ ▶ **グレートブリテン島の南西に位置しUKを構成する国**。13世紀末イングランドに併合された。連合王国の中でも，政治連合を結んでUKとなったスコットランド，北アイルランドとは異なり，イングランドの一部として扱われることが多かった。1997年にウェールズ議会が設置され，限定的ではあるが立法権を有するようになった。首都は**カーディフ**。

☐☑☑ 北アイルランド ▶ **アイルランド島の北東部に位置しUKを構成する国**。1801年アイルランド王国がグレートブリテン王国に併合されグレートブリテン及びアイルランド連合王国となるが，1922年に北アイルランドを除くアイルランドは独立。1998年に北アイルランド議会が設立。首都は**ベルファスト**。

☑☑☑ ロンドン ▶ **テムズ川河畔に位置するイギリスの首都**。**シティ・オブ・ロンドン**は，ニューヨークと並ぶ**国際金融センター**。**ロンドン大都市圏**（**グレーターロンドン**）は，欧州域内では最大の人口を有する。

☐☑☑ エディンバラ ▶ **フォース湾に面するスコットランドの首都**で，政治・文化の中心地。グラスゴーとともにスコットランドの経済を支えている。市街地は，世界遺産にも登録されており，観光客も多い。

☐☑☑ グラスゴー ▶ **スコットランド最大の都市で，スコットランドの経済の中心地**。**かつては造船業で栄えた**が，近年は電子機器など**先端技術産業**が発達し，グラスゴーからエディンバラにかけて「**シリコングレン**」と呼ばれている。

☑☑☑ マンチェスター ▶ **イングランド北西部，ランカシャー地方*に位置する都市で，産業革命の発祥地**と言われる。産業革命期には，**綿織物工業**の中心都市として発展したが，近年は商業など第三次産業が発達し，イングランド北部の経済・文化の中心地になっている。

＊かつて，マンチェスター，リヴァプールはランカシャー州に含まれていたが，現在は州が再分割され，マンチェスターはグレーター・マンチェスター州，リヴァプールはマージーサイド州に編入された。

□☑☑ リヴァプール▶**イングランド北西部，マージー川の河口付近に位置する港湾都市**。18世紀頃には，**大西洋三角貿易の拠点**となり，産業革命期にはマンチェスターと鉄道で結ばれたため，綿織物など工業製品の積出港として栄えた。近年は，**医薬品，電気機械，自動車**などの製造業が発達している。また，ザ・ビートルズの出身地としても知られる。

□□☑ マージー川▶**イングランド北西部を流れる河川**で，河口付近には**リヴァプール**が位置。

□☑☑ リーズ▶**イングランド北部，ヨークシャー地方に位置する都市**で，産業革命期には**羊毛（毛織物）工業**で栄えた。ペニン山脈の東に位置するリーズと西に位置するマンチェスターはライバル意識が強い。近年は，**ICT産業，金融・保険業**などが発達しており，イングランド北部の中心都市の一つである。

☑☑☑ バーミンガム▶**イングランド，ペニン山脈南側のミッドランド地方に位置し，イギリスではロンドンに次ぎマンチェスターと並ぶ大都市**。産業革命以降，**ミッドランド炭田の石炭と付近で産出する鉄鉱石**を利用して，イギリスの**鉄鋼業**の中心として発展。周辺はスモッグによる煤煙に覆われたため「**ブラックカントリー**（黒郷）」と呼ばれた。現在は，**自動車，航空機，化学薬品**などの製造業が発達している。

☑☑☑ ミッドランド地方▶**イングランド中部，ペニン山脈の南，ウェールズの東に当たる地域**。産業革命期から20世紀半ばまでは，**鉄鋼業**を中心として重工業が発達し，**バーミンガム，コヴェントリー**などの工業都市が栄えた。

☑☑☑ カーディフ▶**ウェールズの首都で，ウェールズの政治・経済・文化の中心地**。産業革命以降，付近で産出する石炭の積み出しと鉄鋼業で栄えた。

□□☑ ベルファスト▶**北アイルランドの首都で，北アイルランド最大の都市**。造船業や航空機工業が発達している。

☑☑☑ ミドルズブラ▶**イングランド北部，ティーズ川沿岸に位置することからティーズサイドとも呼ばれる都市**。**鉄鋼業**や北海油田からのパイプラインによって輸送される原油を利用した**石油化学工業**も発達している。

☑☑☑ アイルランド▶首都はダブリン。**イギリス領北アイルランドを除くアイルランド島**からなり，多数の**氷河湖**が分布。国土に占める**牧場・牧草地の割合が59.0%**と高い。人口は約490万人で，アイルランド系白人が84.5%，**キリスト教（カトリックが86.8%）を信仰する人が92.5%**を占める。公用語は，ケルト系の**アイルランド語**と**英語**で，実質は英語圏。**ICT産業，金融業**などが発達。1人当たりGNIは63,470ドル（2019年）。

□☑☑ ダブリン▶**アイルランド東部のリフィー川河口に位置する首都**。アイルランドの政治・経済・文化の中心地で，アイルランドの人口の40%以上がダブリン首都圏に居住している。近年は，**ICT，製薬，金融，観光**などの産業が成長しており，東欧やアジアからの移民も増加している。

☑☑☑ オランダ▶首都はアムステルダム。**北と西は北海，東はドイツ，南はベルギー**に接する。国土の大半は，**ライン川，マース川の三角州**（**デルタ**）と**ポルダー**（**干拓地**）で，国土の1/4は海面下の標高にある。気候は，高緯度の割に温和な**西岸海洋性気候**（**Cfb**）。人口は約**1,700万人**で，オランダ人が79.7%を占めるが，**移民・難民の受け入れには積極的**で，インドネシア系，トルコ系，スリナム系，モロッコ系などの移民が約14.9%。公用語は**オランダ語**で，宗教は**キリスト教50%**（カトリック30%,

プロテスタント20%），イスラーム5.8%，無宗教42%。農業は，**ポルダーでの酪農**と**海岸砂丘地帯での園芸農業**が中心。北海で**天然ガス**を産出するため，エネルギー自給率はほぼ100%。**石油精製，石油化学，医薬品，食品工業**などが発達。1人当たりGNIは53,010ドル（2019年）。

☑☑☑ アムステルダム ▶ **オランダの憲法上の首都**。13世紀にアムステル川にダムを建設し町が築かれたため，アムステル＋ダム（堤防）と呼ばれるようになった。都市の大半が低平な**三角州**と**ポルダー**で，平均標高が約2mと低い。EUの人流拠点の一つである**アムステルダム・スキポール国際空港**が位置する。

☑☑☑ ロッテルダム ▶ p.342参照

☐☑☑ ハーグ（デン・ハーグ）▶ **北海沿岸に位置するオランダの実質上の首都**。アムステルダム，ロッテルダムに次ぐオランダ第3の都市で，国会議事堂，王室の宮殿，中央官庁，各国大使館などが置かれるなど，**同国政治の中心地**。国連の**国際司法裁判所**も所在。

☑☑☑ ベルギー ▶ 首都はブリュッセル。**北西岸は北海に面し，北はオランダ，東はドイツ，南はフランス**と国境を接する。北部の**フランデレン地方（フランドル地方）**は，低平な平野が広がるが，南部の**ワロン地方**は**アルデンヌ高原**などの丘陵からなる。気候は，**偏西風**と**北大西洋海流**の影響で，緯度の割に温和な**西岸海洋性気候（Cfb）**。人口は約1,160万人で，**オランダ系フラマン人58%，フランス系ワロン人32%**に加え，**ドイツ系**や南欧，北アフリカ，トルコなどからの移民もみられる。公用語は**オランダ語，フランス語，ドイツ語**で，特に**オランダ語圏とフランス語圏の対立が深刻**であったため，1993年にオランダ語，フランス語，ドイツ語の3言語共同体とフランデレン，ワロン，ブリュッセルの3地域政府で構成される**連邦国家**に移行した。宗教は，**キリスト教カトリックが57%**を占める。豊富な石炭を利用して，早くから重工業化が進んだが，基幹産業の斜陽化から産業構造を転換させ，加工組立型工業など高付加価値製品の製造が発達している。1人当たりGNIは47,960ドル（2019年）。

☑☑☑ ブリュッセル ▶ **ベルギーの首都で，フランス語**（市民の約90%が使用）**とオランダ語の公式な二言語地域**であるため，すべての標識，看板，駅名等の二言語表示が義務づけられている。ヨーロッパのほぼ中央に位置することから，事実上の**EUの本部（EU理事会，EU委員会），NATO（北大西洋条約機構）の本部**など各種の国際機関の本部が置かれている。

☐☑☑ アントウェルペン ▶ **ベルギー北部フランデレン地方に位置し，ブリュッセルに次ぐ第2の都市**。北海に注ぐ**スヘルデ川**に面する港湾都市で，ヨーロッパではロッテルダムと並ぶ石油化学工業の集積地。

☐☐☑ ブルッヘ ▶ **ベルギー北部フランデレン地方の都市**で，オランダ語ではブルッヘ，フランス語ではブリュージュ。市内には多くの運河が張り巡らされており，運河にかかる多くの橋にちなみ命名された（bridgeの意味）。伝統的な**レース産業**や**観光業**（「ブルッヘ歴史地区」は，世界遺産）も発達している。

☐☐☑ ヘント ▶ **ベルギー北部フランデレン地方に位置し，ブリュッセル，アントウェルペンに次ぐ第3の都市**。オランダ語でヘント，フランス語でガンと呼ばれる。「花の都市」とも呼ばれ，花卉栽培や園芸農業が発達。

☑☑☑ ドイツ ▶ 首都はベルリン。**北は北海・バルト海に面し，西はオランダ，ベルギー，フランス，東はポーランド，チェコ，南はスイス，オーストラリア**と国境を接する。国土の北部は，構造平野の**北ドイツ平原**，中央部は丘陵，南部は**新期造山帯のアルプスの山岳地帯**。**偏西風**と**北大西洋海流**の影響で，国土の大半が**西岸海洋性気候（Cfb）**。人口は約**8,400万人**で，旧ソ連を除く**ヨーロッパでは最大**。少子高齢化による**自然減**が続くが，**移民・難民**は積極的に受け入れているため社会増。ドイツ人が88.2%を占めるが，**トルコ系**も3.4%。公用語は**ドイツ語**で，宗教は**キリスト教カトリック30.7%，プロテスタント29.9%**と拮抗。早くから豊富な石炭資源を用いて重工業化が進んだ。二度の大戦で国土は荒廃するが，現在でも**ヨーロッパ最大の工業国**。基幹産業は**自動車，化学，電気・電子製品，機械類**などで環境技術に長(た)ける。1人当たりGNIは48,550ドル（2019年）。

☑☑☑ ベルリン ▶ **ドイツ東部に位置する首都で，同国最大の都市**。冷戦中は**ベルリンの壁**（1961～1989）によって，**東（東ドイツ，ドイツ民主共和国）西（西ドイツ，ドイツ連邦共和国）に分断**されていたが，1990年のドイツ再統一により，再びドイツ連邦共和国の首都になった。立法，行政の中心地であるが，地方分権色が強いドイツでは，司法の中心地が**カールスルーエ**，金融の中心地が**フランクフルト**，工業などの産業の中心地は**ルール地方，バイエルン地方**などと**都市機能が分散**している。

☑☑☑ ハンブルク ▶ **ドイツ北部，エルベ川河口付近（支流のアルスター川沿岸）に位置する同国最大規模の港湾都市**。正式名称は，「自由ハンザ都市ハンブルク」で，ベルリンなどと同様に**特別市**（連邦州と同等）。市内には多数の運河が流れており，数多くの橋が設けられていることもあって，burg（bridge）の名が付く。**中世よりハンザ同盟の中心的存在**で，**エルベ川**沿岸の港湾商業都市として発展した。交通の要衝であるだけでなく，**航空機工業**などの製造業，金融業が発達し，多くの多国籍企業の拠点がある。「ハンバーグ」の語源としても有名。

☐☑☑ ブレーメン ▶ **ドイツ北部に位置するブレーメン州の州都**。中世にはハンザ同盟都市として繁栄した。**ヴェーザー川**沿岸に位置し，河口付近にある外港のブレーメルハーフェンとともに重要な港湾地区を形成している。製造業も盛んで，**自動車，造船，電子機器，食品加工業**などの重要拠点。

☑☑☑ エッセン ▶ p.342参照

☐☑☑ ドルトムント ▶ p.342参照

☐☑☑ デュースブルク ▶ p.342参照

☐☑☑ デュッセルドルフ ▶ p.342参照

☐☑☑ ケルン ▶ p.342参照

☑☑☑ ミュンヘン ▶ p.343参照

☐☐☑ ヴォルフスブルク ▶ p.343参照

☑☑☑ フランクフルト（フランクフルト・アム・マイン）▶ **ドイツ西部に位置し，ベルリン，ハンブルク，ミュンヘン，ケルンに次ぐ大都市**。正式名称は**フランクフルト・アム・マイン**（マイン川沿岸のフランクフルトの意で，オーデル川沿いのフランクフルト・アン・デア・オーダーとの混同を避ける）ライン川支流の**マイン川**沿岸に位置する。中世以来，商業，政治の中心地として栄えるが，現在は**国際金融の中心地**で，**欧州中央銀行**をはじめドイツ連邦銀行など同国の銀行の本店が集積するとともに，**多国籍企業の支社・支店が多数立地**している。また，**フランクフルト国際空港**は，世界最大級のハブ空港として発展している。

☐☑☑ マイン川 ▶ **ドイツ南部・バイエルン地方から西流し，マインツ付近でライン川と合流する河川**。**ライン・マイン・ドナウ運河**で，ドナウ川と接続。

☐☑☑ シュツットガルト ▶ p.343参照

☐☐☑ マグデブルク ▶ **ドイツ東部，エルベ川沿岸に位置する都市**で，ミッテルラント運河などが郊外でエルベ川と合流する。かつては，鉄鋼業で栄えたが現在は衰退し，水上交通の要衝という利点を生かし，**観光業**や**商業**が発達している。

☑☑☑ ミッテルラント運河 ▶ **ドイツ最長の運河といわれ，エムス川（ドルトムント・エムス運河），ヴェーザー川，エルベ川を結び，広くはライン川，エルベ川，オーデル川を結ぶ重要な運河**。

☑☑☑ ザクセン地方 ▶ **ドイツ東端の地方（州）**で，東はポーランド，南はチェコと接する。古くから

ザクセン炭田から産出する石炭産業などで栄えた。おもな都市は，**ドレスデン，ライプツィヒ，ケムニッツ**など。

□☑☑ ドレスデン▶**ドイツ東部，ザクセン地方の中心地。エルベ川**沿岸にあり，チェコとの国境付近に位置する。戦前・旧東ドイツ時代から各種工業が発達し，現在は**自動車，半導体**などの生産拠点の一つとなっている。

□☑☑ ライプツィヒ▶**ドイツ東部，ドレスデンと並ぶザクセン地方の都市**。古くは**囲郭都市**（いかく）で，現在は城壁跡に環状大通りが建設されている。**ザクセン地方の商業・文化の中心地**。

□☑☑ ザールブリュッケン▶**ドイツ南西部，ザール地方の中心地**。フランスの**アルザス・ロレーヌ地方**で産出する鉄鉱石と**ザール地方**で産出する石炭を巡って，フランス，ドイツが領有権を争った。かつては，石炭産業，鉄鋼業などで栄えたが，近年は産業構造の転換が進み，**商業，観光業**や**加工組立型工業**が発達している。

□☑☑ ザール地方▶**ドイツ西端，フランスと国境を接する地方（州名はザールラント）。ザール炭田**で産出する石炭産業で栄えた。フランスのアルザス・ロレーヌとともに**ドイツ・フランスの係争地**であった。

☑☑☑ フライブルク▶**ドイツ南部の都市**で，環境保護に先進的な取り組みをしており，「**環境首都**」と呼ばれる。主な**環境政策は，廃棄物・リサイクル政策，自然エネルギー政策，都市計画・景観政策**などで，特に交通政策では，**自動車の都心への乗り入れ規制**とともに，**パークアンドライドの整備**と**路面電車（LRT）の強化と郊外への延伸**を図り，自動車依存から公共交通機関の充実・強化を実施している。

□□☑ カールスルーエ▶**ドイツ南部，バーデン・ヴュルテンベルク州の都市**で，シュツットガルト，マンハイムなどとともに中心都市の一つ。**連邦憲法裁判所や連邦裁判所が所在する「司法首都」**。

☑☑☑ フランス▶首都はパリ。**国土面積は，ヨーロッパ最大**（旧ソ連地域を除く）。国土の北部と西部は，東ヨーロッパ平原から続く**構造平野**で低平だが，スイス，イタリアとの国境付近には，新期造山帯の**アルプス山脈**，スペインとの国境付近にも新期造山帯の**ピレネー山脈**が走る。北西部は大西洋，南部は地中海に面する。国土の大半が，**偏西風**と**北大西洋海流**の影響で温暖な**西岸海洋性気候（Cfb）**だが，地中海沿岸は夏季に高温，冬季に温暖湿潤になる**地中海性気候（Cs）**が分布する。人口は，約**6,750万人**で，大半が**ラテン系フランス人**だが，ブルターニュ地方にはケルト系**ブルトン人**，バスク地方には**バスク人**などの少数民族や北アフリカ，トルコなどからの移民もみられる。公用語は**フランス語**で，宗教は**キリスト教67%（カトリック64%，プロテスタント3%）**，イスラーム8%，仏教1.2%，ユダヤ教0.9%。**ヨーロッパ最大の農業国**で，EU域内に**小麦**などの穀物，乳製品などの畜産物を供給。**自動車工業，航空・宇宙産業**が発達し，**原子力発電**（総発電量の69.9%）に力を入れる。多くの観光資源を有し，地中海地方には**コートダジュール，ラングドックルシオン**などの**海岸リゾート地**も発達するため，**世界最大の海外旅行者受入数**を誇る。1人当たりGNIは42,290ドル（2019年）。

☑☑☑ パリ▶**フランス北部に位置する首都で，フランス最大の都市**。同国の政治・経済・文化の中心地。パリ市域の市街地は，かつての城壁跡に建設された**環状高速道路**の内側に広がる。**ケスタ**が発達する**パリ盆地**のほぼ中央にあり，市内を**セーヌ川**が貫流する。近郊も含め**多国籍企業の本社・支社が集積**し，先端技術産業など**ハイテク産業の研究・開発部門**も成長している。歴史的な街並みが保存されている**シテ島，シャンゼリゼ通り，マレ地区**，大学が集積する**カルチエ・ラタン**，高層ビルが林立する郊外の新都心**ラ・デファンス**（新凱旋門のグランダルシュ）など地域による特色がみられる。

☑☑☑ ルアーヴル▶p.342参照

☑☑☑ ダンケルク ▶ p.342参照

☑☑☑ トゥールーズ ▶ p.343参照

☐☑☑ リヨン ▶ **フランス南東部に位置する同国有数の大都市**（市域人口は約50万人だが，都市圏人口は200万人を超える）で，リヨン都市圏は，パリに次ぐ規模。**ローヌ川とソーヌ川の合流点**付近に位置し，古くは**絹織物工業**で栄えた。絹織物の伝統的技術は，ハイテク技術の利用によりカーボンファイバーなどの新素材の開発・利用に活かされている。基幹産業は，**繊維**，**化学**，**製薬**，**食品加工**などだが，旧市街地には，中世からルネッサンスにかけての歴史的街並みや建造物が遺され，「リヨン歴史地区」として，世界遺産に登録されていることもあって，**観光業**も成長している。

☑☑☑ マルセイユ ▶ **地中海のリヨン湾に面するフランス最大の港湾都市**。市域人口としては，パリに次ぐ大都市で，都市圏人口ではパリ，リヨンに次ぐ。**南フランスの経済の中心地**で，**鉄鋼**，**化学**，**造船**，**石油精製**などの重化学工業が発達している。

☑☑☑ フォス ▶ **地中海のフォス湾に面する港湾都市**で，**ローヌ川**河口付近に位置する。1960年代以降，地域開発が行われ，**コンテナ専用ターミナル**が設置された港湾地区や**石油化学コンビナート**，**鉄鋼コンビナート**などを有する工業地区の整備が行われた。

☑☑☑ ニース ▶ **地中海のコートダジュールに位置する観光・保養都市**。ニースの西方には同じく保養都市の**カンヌ**がある。歴史的にはイタリアの影響を長く受けてきたが，現在はフランス領。19世紀以降，貴族などの富裕層の保養地となり，年間を通じて温暖で陽光に恵まれるため，現在では国内外から多数の旅行者が訪れる**世界的な海岸リゾート地**に発展している。

☑☑☑ ストラスブール ▶ **フランス北東部，ドイツ国境に近いライン川左岸に位置する都市**。**フランス最大の河港**で，古くから交通の要衝となり，**アルザス地方の中心地**として栄えた。**フランスとドイツの係争地**で，ドイツ文化の影響を受けている。ゲルマン系とラテン系の境界付近に位置するところから，ベルギーのブリュッセルとともにEU統合の象徴でもあり，**欧州議会の本会議場**，**欧州評議会**，**欧州人権裁判所**などが置かれている。市内には新型路面電車のトラム（LRT）が運行しており，トラムを軸とする都心再開発が行われている。

☑☑☑ アルザス地方 ▶ **フランス北東部，ドイツ・スイスと国境を接し，ヴォージュ山脈の東**（西はロレーヌ地方）**から，ライン川沿いの低地にかけての地方**。中心地は**ストラスブール**。東西フランク王国のはざまに位置していたことに始まり，20世紀半ばまで，フランスとドイツの衝突の場となり，領土の変遷を繰り返した。住民は，**ドイツ系のアルザス語**を使用するアルザス人（多くはフランス語とのバイリンガル）。

☐☑☑ ボルドー ▶ **フランス南西部，ガロンヌ川**（ボルドーから下流はジロンド川）**河口付近に位置するアキテーヌ地方の中心地**。付近の土壌はブドウ栽培に適しており，世界的な**ワイン産地**として知られる。

☐☑☑ ガロンヌ川 ▶ **スペイン・ピレネー山脈から流出し，フランス南西部トゥールーズを流れる河川**。ボルドー付近でドルドーニュ川と合流し，**ジロンド川**と名前を変える。河口部は**エスチュアリー**が発達。

☐☑☑ ルクセンブルク ▶ 首都はルクセンブルク。**ベルギー，フランス，ドイツに囲まれた内陸国**で，ドイツ国境付近にはライン川の支流**モーゼル川**が流れる。気候は温和な**西岸海洋性気候**（**Cfb**）。人口約63万人で，ルクセンブルク人が56.3%だが，ポルトガル系，フランス系，イタリア人系，ベルギー系，イタリア系なども居住。公用語は，**ルクセンブルク語**，**フランス語**，**ドイツ語**で，宗教は**キリスト教カトリック90%**，プロテスタント3%，イスラーム2%。14世紀以降，周囲の列強によって帰属は点々とし，オランダと同君連合（オランダ国王を元首）を組んだが，1890年に解消し現在に至る。NATO，EUに加盟。良質な鉄鉱石を産したため，**鉄鋼業が発達してきた**が，産業構造の転換を図り，1970年代からは金融・保険業が成長し，**ヨーロッパ有数の国際金融センター**となる。近年は，ICTなどのハイテク産業も発達。１人当たりGNIは73,565ドルと世界有数（2019年）。

□□☑ モーゼル川▶**フランス・ヴォージュ山脈から流出し，フランスのロレーヌ地方**（メス，ナンシー）**を北流するライン川の支流**。ルクセンブルクで北東に転じ，ドイツのコブレンツ付近で**ライン川と合流**する。古くから**フランス・ロレーヌ地方**の工業地域の発展を促した。さらにドイツの流域では**ブドウ・ワイン生産**が盛んで，モーゼルワインとして輸出される。

☑☑☑ オーストリア▶首都はウィーン。**ヨーロッパのほぼ中央に位置する内陸国**。国土の大半を**アルプス山脈**が占めるが，北部から東部にかけては**ドナウ川流域の低地**が広がる。**西岸海洋性気候（Cfb）**が国土の大半を占めるが，西部の山岳地帯には**高山気候（H）**，東部は大陸性気候に近く，降水量が減少する。人口は約900万人で，オーストリア人が84.8%を占めるが，ドイツ人2.2%，トルコ人1.9%などもいる。公用語は**ドイツ語**，宗教は**キリスト教81.5%（カトリック**73.7%，プロテスタント4.7%，正教2.2%），イスラーム4.2%。機械，金属加工など**高付加価値製品の製造が基幹産業**。観光資源も多く，**観光収入も大きい**。１人当たりGNIは51,390ドル（2019年）。

□☑☑ ウィーン▶**オーストリア東部に位置する首都**。**ドナウ川**流域の盆地にあり，13世紀以降，ハプスブルク家によるオーストリア帝国の首都として栄えた。現在は，**中東欧の経済拠点**の一つとして，多くの多国籍企業が進出している。また，「**音楽の都**」としても知られ，**観光業**や**金融業**が発達している。

□□☑ グラーツ▶**オーストリア南東部に位置する，ウィーンに次ぐ第2の都市**。多くの大学が集積し，学術研究機関も多数設置されている。自動車産業が盛ん。

□□☑ ザルツブルク▶**オーストリア中北部，ドイツとの国境付近に位置する都市**で，モーツァルトの生誕地としても知られる。

□□☑ インスブルック▶**オーストリア西部，チロル地方の中心地**。ドイツやイタリアに至る交易上の中継地として栄えた。アルプスの風光明媚な観光地で，ウィンタースポーツも盛ん。地名語源は「イン川の橋」。

☑☑☑ スイス▶首都はベルン。**アルプス山中の内陸国**。国土の大半が**アルプスの山岳地帯**で，**モンテローザ**（4,634m），**マッターホルン**（4,478m），**ユングフラウ**（4,158m）などの高峰がそびえるが，北部と西部には平野もみられる。また，チューリヒ湖，ヌーシャテル湖，レマン湖などの**氷河湖**が多数分布する。気候は地形や標高の影響を受け，**西岸海洋性気候（Cfb），亜寒帯湿潤気候（Df），高山気候（H）**など多様である。降水量は，アルプス山脈の影響で，大陸内部に位置する割には多く，北部の平野部では年降水量1,000mm，アルプス南麓では2,000mm。人口は約870万人で，**ドイツ系65%，フランス系18%，イタリア系10%，ロマンシュ系1%**の**多民族国家**で，**連邦制**を採用。**公用語は，ドイツ語，フランス語，イタリア語，ロマンシュ語**の４言語で，**キリスト教79.3%（カトリック41.8%，プロテスタント35.3%**。正教1.8%），イスラーム4.3%，ユダヤ教0.2%。1815年のウィーン会議以降，**永世中立**を維持。EFTAには加盟するが，EUには非加盟。高度な技術を用いた**高付加価値産業**が中心で，**精密機械，化学，製薬**などが発達。**国際金融業**も発達し，**チューリヒ**は，ロンドン，ニューヨークと並ぶ重要な国際金融センター。観光収入も多い。１人当たりGNIは87,950ドルと世界屈指（2019年）。

□☑☑ ベルン▶**スイス中西部に位置する首都**で，チューリヒ，ジュネーブ，バーゼル，ローザンヌに次ぐ人口規模。アーレ川沿岸に築かれた都市で，旧市街地には中世の建築物や街並みが残る。

☑☑☑ チューリヒ▶**スイス北部にある同国最大の都市**で，**ドイツ語圏の中心**。氷河湖の**チューリヒ湖**

岸に位置する。世界的な**金融都市**で，スイス証券取引所があるとともに，スイスの銀行のほとんどが集積し，郊外を含めて世界中の銀行が立地している。

☑☑☑ ジュネーブ ▶ **スイス西部，ドイツとの自然国境をなすレマン湖**（氷河湖）**南岸に位置する都市**。**フランス語圏の中心**で，チューリヒに次ぐ第2の都市。金融業，観光業が発達するとともに，**UNHCR（国連高等難民弁務官事務所），UNCTAD（国連貿易開発会議），ILO（国際労働機関），WMO（世界気象機関），WHO（世界保健機関），WTO（世界貿易機関）**などの本部が所在する。

☐☑☑ バーゼル ▶ **スイス北西部，ライン川沿岸に位置する港湾都市**。**ライン川の最終遡航地点**に当たり，ドイツ，フランスとも鉄道の便がよいことなどを背景に，古くから商業が栄えた。また，内陸に位置するが**ライン川の水運・水利**に恵まれるため，**化学工業，製薬業**などが発達している。ドイツ語圏に属する。

☐☐☑ ローザンヌ ▶ **スイス西部，レマン湖北岸に位置する第4の都市**で，フランス語圏。連邦最高裁判所の所在地で，スイスの「**司法首都**」。

☐☐☑ リヒテンシュタイン ▶ 首都はファドーツ。**スイスとオーストリアに挟まれた内陸国**。気候は温和な**西岸海洋性気候（Cfb）**。元首はリヒテンシュタイン家による世襲。主に外交はスイスに委任。基幹産業は，**精密機械，医療用機器**の生産と**観光業**。1人当たりGNIは，世界最高レベルの189,586ドル（2019年）。

② 北ヨーロッパ

☑☑☑ アイスランド ▶ 首都はレイキャビク。**大西洋中央海嶺上の火山島**で，**ユーラシアプレート**と**北アメリカプレート**の**広がる境界**に当たり，**ギャオ**と呼ばれるプレートの裂け目がみられる。ギャオが広がるとマグマが噴出し，**割れ目噴火**が生じる。**火山，温泉，氷河**などは重要な観光資源。島のほぼ中央部を**北緯60度**が通過するが，**偏西風**と**北大西洋海流**の影響で，高緯度の割に温暖な**西岸海洋性気候（Cfc）**。暖流の影響が少ない北東部は**ツンドラ気候（ET）**。人口は，約34万人と少なく，**アイスランド人93.2%**，ポーランド人2.7%，ノルウェー人など。公用語は**アイスランド語**で，**キリスト教**が89.1%（**プロテスタント79.2%**）。高緯度に位置するため農業は不振だが，**タラ・ニシンなどの水産業**は盛ん。発電量のほぼすべてを**再生可能エネルギー（水力69.1%，地熱30.9%）**でまかなっており，**アルミニウム精錬業**も発達。観光収入も多い。1人当たりGNIは72,930ドル（2019年）。

☐☑☑ レイキャビク ▶ **アイスランド島南西部，レイキャネス半島基部に位置する世界最北端の首都**（北緯64度8分）。アイスランドの人口の約2/3がレイキャビク都市圏に居住している。**北大西洋海流**と**東グリーンランド海流の潮目**に近く，古くから**水産業**（タラ，鯨）に依存してきたが，近年は外国資本の誘致を進め，**ハイテク産業**や火山，温泉，氷河などの観光資源を活用した**観光業**に力を入れている。また，市内の暖房・給湯などはほとんど**地熱エネルギー**でまかなうなど，再生可能エネルギーへの転換が進んでいる。

☑☑☑ ノルウェー ▶ 首都はオスロ。**スカンディナヴィア半島の西岸**に位置し，国土の大半は**古期造山帯のスカンディナヴィア山脈の西斜面**。国土は**山がち**で，平野に恵まれず，沿岸部には多数の**フィヨルド**が発達している。北極海の**スバールバル諸島**もノルウェー領。高緯度に位置するが，**偏西風**と**北大西洋海流**の影響で，沿岸部は**西岸海洋性気候（Cfb,Cfc）**，内陸部には**亜寒帯湿潤気候（Df）**，**ツンドラ気候（ET）**がみられる。人口は約**540万人**で，**ノルウェー人83.0%**，ヨーロッパ系5.3%，アジア系4.1%，アフリカ系1.4%。北極海沿岸では少数民族の**サーミ人**が**トナカイの遊牧生活**。公用語は**ノルウェー語**で，**キリスト教プロテスタントが79.2%**。古くから**水産業**が発達。豊富な降水を利用した**水力発**

電が盛んで，総発電量の93.4%を占めることから，**アルミニウム精錬業**も発達する。1970年代からは**北海の原油・天然ガス**の生産が始まり，経済は原油・天然ガスへの依存度が高い。１人当たりGNIは81,620ドル（2019年）。

☑☑☑ オスロ▶**ノルウェー南部，オスロフィヨルドの湾奥に位置する首都で，国内最大都市。亜寒帯湿潤気候**（**Df**）で，高緯度にあるため，夏季は日照時間が長いが，冬季は極めて短い。古くから**海運業，造船業**が発達。

☐☑☑ ベルゲン▶**ノルウェー南西岸に位置する第2の都市**で，**ノルウェー最大の港湾都市**。スウェーデンからの鉄鉱石積出港としても栄えた。周囲がフィヨルドに囲まれているため，**サケの養殖**や**フィヨルド観光の拠点**となる。

☐☑☑ トロンヘイム▶**ノルウェー中部に位置する第3の都市**。トロンヘイム・フィヨルドにあり，ノルウェー最初の首都。

☐☑☑ ナルヴィク▶**ノルウェー北部のオーフォートフィヨルドに位置する港湾都市**。北極圏内にあるが，**暖流**の**北大西洋海流**の影響を受けるため**不凍港**。スウェーデンのキルナ鉄山の鉄鉱石積出港として開発され，キルナなどの鉄鉱石産地と鉄道で結ばれている。

☑☑☑ スウェーデン▶首都はストックホルム。**スカンディナヴィア半島東部**に位置し，西は**スカンディナヴィア山脈**を国境としてノルウェーと，東は**ボスニア湾**を挟んでフィンランドと，南は**カテガット海峡**を挟んでデンマークと対する。西のスカンディナヴィア山脈を除き，平坦な**バルト楯状地**で，**氷河湖**などの氷河地形がみられる。国土の大部分は**亜寒帯湿潤気候**（**Df**）だが，ストックホルムなどが位置する南部は，**偏西風**と**北大西洋海流**の影響で**西岸海洋性気候**（**Cfb**）。北部の山岳地帯には**ツンドラ気候**（**ET**）も。人口は約**1,000万人**で，北欧は最大の人口大国。**スウェーデン人が86.2%**を占めるが，フィンランド人や少数のサーミ人も居住。公用語は**スウェーデン語**で，宗教は**キリスト教プロテスタントが71.3%**。早くから高齢化が進行し，高齢者介護，子育て支援などの**社会保障制度**が充実。かつては豊富に産出する**鉄鉱石**を利用した**鉄鋼業**が基幹産業であったが，近年は高い技術力により，**自動車**などの加工組み立て型工業，**ICT産業**などが発達している。ロシアのウクライナ侵攻に呼応して，フィンランドとともに**NATOへの加盟申請**。１人当たりGNIは56,090ドル（2019年）。

☐☑☑ ボスニア湾▶**バルト海の北，スウェーデンとフィンランドに挟まれた内海**。水深が浅く，秋から翌年の初夏まで凍結する。**更新世の氷期には，大陸氷河**（**氷床**）に覆われており，氷河の重量で地殻が沈み込んで形成されたため，現在は**地殻が元の状態に戻ろうと隆起**を続けている。

☐☑☑ カテガット海峡▶**スカンディナヴィア半島**（**スウェーデン**）**とデンマークのユーラン半島北東部との間の海峡**。ユーラン半島北西部とスカンディナヴィア半島（ノルウェー）との間は**スカゲラック海峡**。ともに北海とバルト海，ボスニア湾を結ぶ交通の要衝。

☑☑☑ ストックホルム▶**スウェーデン南部，バルト海に面する首都で，国内最大都市**。北欧の経済の中心地でもあり，**運河**が張り巡らされているため，「**北欧のヴェネツィア**」とも呼ばれる。**ICT産業**が集積し，携帯電話などの移動体通信メーカーであるエリクソンの本社がある。

☐☑☑ イエーテボリ▶**スウェーデン南部，カテガット海峡付近に位置する同国第2の都市**。北欧最大の港湾施設を有し，**自動車，機械類，ICT産業**などが発達している。

☑☑☑ キルナ▶**スウェーデン北部に位置する鉱山都市**で，古くからイエリヴァレなどとともに良質の**鉄鉱石**を産出する。当初は露天掘り（ろてんぼ）が行われていたが，近年ではコンピュータ制御の坑道堀が行われている。採掘された鉄鉱石は，**鉄道でボスニア湾岸のルレオ**まで輸送され積み出されるが，冬季はボスニア湾が凍結するため，ノルウェーの**ナルヴィク**から積み出される。

☑☑☑ フィンランド▶首都はヘルシンキ。**スカンディナヴィア半島東部**，スカンディナヴィア三国のうち，最も東に位置。国土は平坦な**バルト楯状地**で，国土面積の約**70%を森林**，約**10%を氷河湖**が占める。また，国土の約1/4が北極圏内に位置し，国土の大部分が**亜寒帯湿潤気候（Df）**。人口は約**550万人**で，**ウラル系のフィンランド人が90.5%**，スウェーデン人4.9%。公用語は**フィンランド語**と**スウェーデン語**で，宗教は**キリスト教プロテスタントが78.3%**を占める。西欧諸国の中で，唯一ソ連と国境を接していたため，東西冷戦時代は緩衝国の役割。EUには加盟，NATOには非加盟であったが，ロシアのウクライナ侵攻に呼応して，フィンランドとともに**NATOへの加盟を申請**。かつての基幹産業は，**製紙・パルプ**や金属工業であったが，近年は**エレクトロニクス産業，ICT産業**などの先端技術産業が中心。１人当たりGNIは49,960ドル。

☑☑☑ ヘルシンキ▶**フィンランド南部，フィンランド湾に面する首都で，国内最大都市**。同国の政治・経済の中心で，大企業の本社が集積する。また，**ICT産業が発達**し，携帯電話などで知られる移動体通信業大手のノキアは，近隣の**エスポー**に本社を置く。

☑☑☑ デンマーク▶首都はコペンハーゲン。**ノルウェー，スウェーデン，フィンランド，アイスランドとともに北欧**に位置。**ユーラン半島**と**シェラン島**などの島々からなる。北大西洋の**フェロー諸島**や**グリーンランド**は自治領。高緯度に位置するが，**偏西風**と**北大西洋海流**の影響を受け，国土の大部分が**西岸海洋性気候（Cfb）**。人口は約**580万人**で，**デンマーク人91.9%**，その他少数のトルコ人，ドイツ人，イラク人，スウェーデン人など。公用語は**デンマーク語**で，宗教は**キリスト教プロテスタントが80.7%**。国土の約**60%が耕地**で，最先端の農業技術を導入した**酪農**が発達。**医薬品**や**機械類**などの製造業も発達。**総発電量の約80%（風力54.7%，バイオ燃料22.8%**，太陽光3.3%，水力0.1%）を**再生可能エネルギー**でまかなう。１人当たりGNIは64,000ドル（2019年）。

☑☑☑ コペンハーゲン▶**バルト海のシェラン島に位置するデンマークの首都**で，国内最大都市。対岸に位置するフィンランドのマルメとは橋（道路，鉄道）で繋がる。**海運業，製薬業，ビール工業**などが発達。

③ 南ヨーロッパ

☑☑☑ スペイン▶首都はマドリード。**イベリア半島の4/5を占める半島国**。**新期造山帯（アルプス・ヒマラヤ造山帯）**に属する北東部の**ピレネー山脈**，北部の**カンタブリカ山脈**，南の**シエラネヴァダ山脈**，シエラモレナ山脈などに囲まれ，中央部には**イベリア高原（メセタ）**が広がる。南端のジブラルタルはイギリス領だが，地中海対岸のアフリカには**スペイン領のセウタ，メリリャ**が位置する。気候は，西部と北部には**西岸海洋性気候（Cfb）**，大西洋岸や地中海沿岸には**地中海性気候（Cs）**がみられ，特に南部は夏季に高温となる。人口は約**4,700万人**で，**スペイン人44.9%，カタルーニャ人28.0%，ガリシア人8.2%，バスク人5.5%**などの**多民族国家**。公用語は**スペイン語**だが，カタルーニャ語，ガリシア語，バスク語などが地方公用語に定められている。宗教は**キリスト教カトリックが77%**と多数を占める。**カタルーニャ地方**（2017年，独立を問う住民投票が行われ，賛成が多数を占める），**バスク地方**では分離独立運動も継続。近年は，**ラテンアメリカや北アフリカからの外国人労働者**も流入。EUなどの自動車メーカーの進出により**自動車産業**が急成長し，ヨーロッパではドイツに次ぐ自動車生産国。１人当たりGNIは30,330ドル（2019年）。

☑☑☑ マドリード▶**イベリア半島中央部のメセタに位置する首都**で，国内最大都市。同国の**商業，金**

融業の中心地で，自動車，機械などの製造業も発達。

☑☑☑ バルセロナ ▶ **スペイン東部，カタルーニャ地方の中心地で，マドリードに次ぐ第2の都市**。**カタルーニャ語**が優勢（スペイン語とのバイリンガルが多い）。EUの中心に近いこともあり，安価な労働力や用地を求めて，EUなどの外国資本が多数進出し，特に**自動車工業**の発達がめざましい。また，建築家アントニ・ガウディが遺した建築物が多く，「**サグラダファミリア教会**」（世界遺産）などをはじめ，多数の観光資源があることから，世界中の観光客が訪れる。

☑☑☑ サグラダファミリア ▶ スペインの**バルセロナ**にある**カトリック教会の大聖堂**。カタルーニャ地方の建築家，アントニ・ガウディの未完作品。2005年には「**アントニ・ガウディの作品群**」の一つとして世界遺産に登録。完成を目指し，現在でも建築が続けられている（図3-2-6-18参照）。

© Yeagov

図3-2-6-18 サグラダファミリア教会

☐☑☑ ビルバオ ▶ **イベリア半島北端に位置する港湾都市で，バスク地方の中心地**。かつては付近で産出する**鉄鉱石**（**ビルバオ鉄山**）の輸出と**鉄鋼業**，造船業が基幹産業であったが，鉄鉱石の枯渇などによって衰退した。1990年代の後半から，環境改善，公共交通機関（LRT）や公園などのインフラ整備を進め，世界的建築家による美術館などの建設などにより，**芸術・観光都市**として再生に成功した。

☐☑☑ グラナダ ▶ **スペイン南部，アンダルシア地方に位置する都市**で，かつてはイスラーム勢力のイベリア半島における拠点であった。**イスラーム建築**による**アルハンブラ宮殿**がある（図3-2-6-19参照）。

図3-2-6-19 アルハンブラ宮殿

☐☐☑ コルドバ ▶ **スペイン南部，アンダルシア地方に位置する都市**で，かつてはイスラーム帝国の首都。**グアダルキビル川**沿岸にあり，建築物や街路などに**イスラーム文化**の名残がみられる。

☐☐☑ セビリア ▶ **スペイン南部，アンダルシア地方の中心地で，グアダルキビル川に面する港湾都市**。スペイン南部では最も人口が多く，**南部の政治，経済，文化の中心**として栄える。近年は，郊外に工業団地やビジネスパークが建設。フラメンコ，闘牛，セビリア大聖堂（コロンブスの墓の所在地）などの**観光**でも知られる。

☑☑☑ ポルトガル ▶ 首都はリスボン。**イベリア半島の西端に位置**する国で，**テージョ川**が国土の中央部を流れる。大西洋上の**アゾレス諸島，マデイラ諸島**もポルトガル領。国土の大半は，夏季に高温乾燥，冬季に温暖湿潤となる**地中海性気候**（**Cs**）。人口は約**1,000万人**で，**ポルトガル人91.9%**，ポルトガル人とアフリカ系との混血1.6%，ブラジル人1.4%など。公用語は**ポルトガル語**，宗教は**キリスト教カトリックが84.5%**。EU加盟により，スペインとともに**自動車産業**が発達。ヨーロッパ，アメリカ合衆国だけでなく，旧ポルトガル植民地（**ポルトガル語諸国共同体**）との関係も重視。1人当たりGNIは

23,150ドル（2019年）。

☐☑☑ リスボン ▶ **ポルトガル南西部，大西洋岸に面するテージョ川河口付近の首都**で，国内最大都市。リスボン都市圏には，ポルトガルの総人口の1/3近くが居住。同国の**政治，金融，商業，観光などの中心地**。

☐☐☑ アンドラ ▶ 首都はアンドララベリャ。**フランス，スペイン国境に近いピレネー山脈中に位置する内陸国**。人口は7.7万人で，**アンドラ人36.7%，スペイン人33.0%，ポルトガル人16.3%**，フランス人6.3%からなる多民族国家。公用語は**カタルーニャ語**で，宗教は**キリスト教カトリックが89.1%**。経済は**観光業**に大きく依存。1人当たりGNIは40,877ドル（2019年）。

☐☑☑ モナコ ▶ 首都はモナコ。**フランス，イタリア国境付近，コートジュールに面するミニステート**。モナコ市街区は宮殿・政庁の所在地，**モンテカルロ**はカジノ（公認賭博場）などがある行楽地区。人口は3.9万人で，公用語は**フランス語**。世界有数の**海岸保養地**で，主産業は**観光業**。1人当たりGNIは190,532ドル（2019年）で，リヒテンシュタインと並び世界最高レベル。

☑☑☑ イタリア ▶ 首都はローマ。**イタリア半島と地中海のシチリア島，サルデーニャ島などの島々**からなる。北部は**ポー川**の**沖積平野**（**パダノヴァネタ平野**），半島中央部には**新期造山帯**の**アペニン山脈**，半島南部（**ヴェズヴィオ山**）から地中海島嶼部（エトナ山）には**地中海火山帯**。北部のポー川流域は**温暖湿潤気候**（**Cfa**），中北部は**西岸海洋性気候**（**Cfb**），中南部は**地中海性気候**（**Cs**）。人口は約**6,000万人**で，**イタリア人が96%**。公用語は**イタリア語**で，宗教は**キリスト教カトリック83%**，イスラーム2.0%。**北イタリア**（**トリノ，ミラノ，ジェノヴァ**）が工業の核心地帯で，**北部先進地域と南部後発地域の経済格差が大きい**。**サードイタリー**（**第三のイタリア**）は，伝統産業で成長。工業だけでなく，**観光業**も重要な収入源。1人当たりGNIは34,830ドル（2019年）。

☑☑☑ シチリア島 ▶ **イタリア半島南西に位置する地中海最大の島**で，イタリア領。イタリア半島との間には**メッシナ海峡**。シチリア島周辺の島々は，火山活動によって形成されたものが多く，エオリア諸島の**ヴルカーノ島**は“volcano”の語源であり，**ストロンボリ島**も有名な火山島である。また，シチリア島には，ヨーロッパ有数の活火山である**エトナ山**がある。主要な産業は，オリーブとワインの生産，観光業。中心地は**パレルモ**。

☐☑☑ サルデーニャ島 ▶ **イタリア半島西方，地中海ではシチリア島に次ぐ大島**で，イタリア領。サーディン（sardine，イワシ）の語源。北側には**ボニファシオ海峡**を挟んで，フランス領の**コルス**（**コルシカ**）**島**が位置する。

☑☑☑ ローマ ▶ **イタリア中部，テヴェレ川沿岸に位置する首都で，国内最大都市**。同国の政治，経済，文化の中心地で，古くからローマ帝国の首都として栄えるなど，ヨーロッパの中心地の一つとして発展。**観光業，商業，サービス業**などの第三次産業が著しく発達し，特に観光では，コロッセオなどの**古代ローマの遺跡**，教会，宮殿をはじめ多数の美術館，博物館を擁し，ヨーロッパ有数の観光客を集めている。**FAO**（**国連食糧農業機関**），**WFP**（**国連世界食糧計画**）などの本部が所在。

☐☑☑ テヴェレ川 ▶ **アペニン山脈から流出し，ローマを流れ，ティレニア海に注ぐ河川**。河口部には，**カスプ状三角州**（**尖状三角州**）を形成。

☑☑☑ ミラノ ▶ **イタリア北部，ロンバルディア地方の中心地で，同国第2の都市**。**ポー川の沖積平野**に位置する。気候は，イタリア南部とは異なり，**温暖湿潤気候**（**Cfa**）。伝統的に繊維工業が発達し，現在もミラノコレクションが開催されるなど，多数の**高級アパレル産業**が立地している。そのほか，**自動車，化学，機械類，医薬品**などの製造業も発達している。第三次産業では，同国最大の**金融センター**があり，**出版業，音楽産業**なども多数集積している。また，**ミラノ大聖堂**（**ドゥオーモ，ゴシック様**

式)，サンタマリア・デッレ・グラツィエ教会（**レオナルド・ダ・ヴィンチの「最後の晩餐」**）など多数の観光資源に恵まれ，世界中から観光客が訪れる。

☑☑☑ トリノ ▶ **イタリア北部，ピエモンテ地方の中心地**。アルプス山脈を西方に控え，ポー川上流に位置する。国内最大の**自動車**メーカーであり民間企業である**フィアットの企業城下町**として発展。また，イタリアの航空・宇宙産業の中心地。

☐☑☑ ジェノヴァ ▶ **イタリア北部，リグリア海に面する港湾都市**。中世には海上貿易で栄え，現在でも**同国最大の貿易港**。コロンブスの出身地としても知られる。ミラノ，トリノと並ぶ工業都市で，**造船，鉄鋼，兵器製造，石油化学**などが発達。

☑☑☑ ヴェネツィア ▶ **イタリア北東部，ヴェネツィア湾のラグーン**（**潟湖**（せきこ））**に浮かぶヴァネツィア本島**（多数の運河により，さらに小さな島々に分かれる）**など多数の島々からなる都市**。「**水の都**」と呼ばれ，町全体が**世界遺産**に登録されている。自動車の使用が困難なため，運河を利用した水上タクシー，水上バスなどが主要な交通機関となる。**地下水の過剰な汲み上げによる地盤沈下**が問題視され，さらに**温暖化による水没**も懸念されている。近年は，**観光業**だけでなく，**サードイタリー**（**第三のイタリア**）の一角として，経済発展している。

☐☑☑ フィレンツェ ▶ **イタリア中北部，トスカーナ地方の中心地**。中世には毛織物業と金融業（メディチ家）で栄えた。また，15世紀における**イタリアルネッサンス**の中心であったため，ルネッサンス時代の建築，絵画，彫刻などの芸術品が遺され，多くの観光客を集める。また，近年は**サードイタリー**（**第三のイタリア**）として，ボローニャ，ヴェネツィアなどとともに，**伝統産業とハイテク産業の融合**が進められている。

☐☑☑ ナポリ ▶ **イタリア南部，ナポリ湾に面する港湾都市で，ローマ，ミラノに次ぐ大都市**。近郊には，**ポンペイの遺跡**で知られる成層火山の**ヴェズヴィオ山**が位置。13世紀以降はナポリ王国の首都として，南イタリアの政治，経済の中心であった。旧市街地は「**ナポリ歴史地区**」として世界遺産にも登録され，世界でも有数の**観光都市**となっている。

☑☑☑ タラント ▶ **イタリア南部，タラント湾に面する港湾都市**。**南北の地域格差是正策**（**バノーニプラン**）により**製鉄所**，石油精製・化学工場などが建設された。

☑☑☑ バノーニプラン ▶ **1955年から1964年にかけて行われたイタリアの南北格差是正計画**。イタリア南部開発のため，南北を結ぶ**アウトストラーダ・デル・ソーレ**（**太陽道路**）**の建設，通信インフラの整備，国営企業の投資促進**などを進め，一定の成果はみられた。

☐☐☑ サンマリノ ▶ 首都はサンマリノ。**イタリア半島中東部に位置する内陸国**。4世紀頃，ローマ皇帝の迫害を逃れたキリスト教徒が建国したと言われる。人口は約3.4万人で，**サンマリノ人84.8%**，イタリア人13.4%。公用語は**イタリア語**で，宗教は**キリスト教カトリックが88.7%**。**観光業**が経済の中心で，イタリアからの経済援助を受ける。1人当たりGNIは40,137ドル（2019年）。

☑☑☑ バチカン市国 ▶ 首都はバチカン。**イタリアのローマ市内に位置する世界最小の独立国**。国土は，テヴェレ川沿岸の**バチカンの丘**にあり，イタリアとの国境には城壁が設けられている。**ローマ教皇**により統治される国家で，**カトリックの総本山**。人口は約800人で，ほとんどが聖職者とスイス人衛兵。公用語は**ラテン語**（公式文書に使用）だが，**イタリア語**が主に使用されている。

☑☑☑ ギリシャ ▶ 首都はアテネ。**バルカン半島の南東部とクレタ島などエーゲ海に浮かぶ多くの島々**からなる国。国土の中央部には，**新期造山帯**（**アルプス・ヒマラヤ造山帯**）の**ピンドス山脈**が南北に走り，山がちな地形。国土の大半が温和な**地中海性気候**（**Cs**）で，降水量は比較的少ない。人口は約

1,000万人で，**ギリシャ人90.4%**，マケドニア人1.8%，アルバニア人1.5%，トルコ人1.4%など。公用語は**ギリシャ語**で，**ギリシャ文字**を使用。宗教は**キリスト教ギリシャ正教が90%**を占める。トルコとは**キプロス問題**，**シリアからの難民受け入れ問題**などを抱える。主要産業は，古代ギリシャ遺跡などを観光資源とする**観光業**や**海運業**。2009年からの**ギリシャ財政危機**は，経済に大きなダメージを与えた。1人当たりGNIは19,690ドル（2019年）。

☐☐☑ クレタ島 ▶ **ギリシャ南方に位置するギリシャ最大の島**。**古代ギリシャ文明**（ミノア文明）**発祥地**で，ローマ帝国の支配，オスマン帝国の支配などを経てギリシャ領となる。**クノッソス宮殿**（青銅器時代の遺跡）など観光資源に富む。

☐☑☑ アテネ ▶ **ギリシャ南部，アッティカ平野**（盆地）**に位置する首都で，同国最大都市**。ギリシャの政治，経済，文化の中心地。気候は**ステップ気候（BS）と地中海性気候（Cs）の境界付近に位置するBS**。主要な産業は，**サービス産業**と**観光業**で，特にアクロポリスにある**パルテノン神殿**のような**古代ギリシャ文明の遺跡**は，世界中から観光客を集めている。また，盆地構造をしているため，メキシコシティなどと同様に大気汚染物質が滞留し，**スモッグ**や**酸性雨**が深刻。

☐☑☑ マルタ ▶ 首都はバレッタ。**地中海のほぼ中央部に位置する島嶼国**。**地中海性気候（Cs）**で陽光に恵まれる。1964年に**イギリス**から独立，2004年に**EU加盟**。人口は約44万人で，**マルタ人97.0%**，イギリス人1.2%。公用語は**マルタ語**と**英語**で，**キリスト教カトリックが95%**を占める。主要な製造業は，伝統的な**造船・船舶修理**だが，近年は**半導体**の生産が盛ん。**観光業**も重要な外貨獲得源。1人当たりGNIは28,340ドル（2019年）。

④ 東ヨーロッパ

☑☑☑ ポーランド ▶ 首都はワルシャワ。**西はドイツ，東はベラルーシ，ウクライナ，南はチェコ，スロバキアと国境を接し，北はバルト海**に面する国。ドイツとの国境には**オーデル（オドラ）川，ナイセ川**，チェコとの国境には古期造山帯の**ステーティ山脈**。南部の山岳地帯を除き，**平野や丘陵など平坦な地形**が広がる。北西部は**西岸海洋性気候（Cfb）**だが，東部と南部の山岳地帯は**亜寒湿潤気候（Df）**。人口は約**3,800万人**で，**ポーランド人96.7%**，シュレジエン人0.5%，ドイツ人0.4%など。公用語は**ポーランド語**で，宗教は**キリスト教カトリックが88.6%**。**農地率が約50%**で，農業が盛んだが，**シロンスク地方**の**石炭**など鉱産資源が豊富で，**金属，自動車，電気機械**などの製造業も発達。EU加盟後は，西欧先進国からの企業進出も盛ん。1人当たりGNIは15,350ドル（2019年）。

☑☑☑ ワルシャワ ▶ **ポーランド中央部，ヴィスワ川沿岸に位置する首都**で，国内最大都市。ポーランドの政治，経済，文化の中心地。**鉄鋼，自動車，電気機器**などの工業が発達。旧市街地は，「**ワルシャワ歴史地区**」として世界遺産に登録。

☐☑☑ クラクフ ▶ **ポーランド南部，ヴィスワ川上流に位置する都市**で，ワルシャワ以前の首都。

☐☐☑ ポズナニ ▶ **ポーランド西部，オーデル川支流のヴァルタ川沿岸に位置する河港都市**で，ポーランド王国最初の首都。

☐☐☑ ヴロツワフ ▶ **ポーランド南西部，シロンスク地方の中心地**で，オーデル川（オドラ川）と支流が流れる。早くから**車両，電気機器，金属**などの工業が発達し，近年は**製薬業**も成長。

☐☐☑ ウッジ（ウッチ）▶ **ポーランド中央部，ワルシャワ，クラクフに次ぐ第3の都市**。かつては「ポーランドのマンチェスター」と呼ばれ，繊維工業が盛んであったが，市場経済導入後は工業から**観光，商業，サービス業**などへ産業構造の転換を図っている。

□☑☑ グダンスク（グダニスク）▶**ポーランド北部，バルト海（グダンスク湾）に面する同国最大の港湾都市**。古くから琥珀(こはく)産業で栄えた。

☑☑☑ チェコ▶首都はプラハ。**西は古期造山帯のエルツ山脈，ベーマーヴァルトでドイツと，北はスデーティ山脈でポーランドと国境を接する内陸国**。西部は**エルベ川**が流れる**ボヘミア盆地**，東部には**モラヴァ丘陵**が広がる。国土の大半は**西岸海洋性気候（Cfb）**で，冬季の気温はやや低い。人口は約**1,000万人**で，**チェコ人90.4%**，モラヴィア人3.7%，スロバキア人1.9%。公用語は**チェコ語**で，宗教人口（総人口の41%）としては**キリスト教カトリック**が26.8%と多い。1960年，社会主義国のチェコスロバキアが成立。1968年に「**プラハの春**」と呼ばれる民主化運動が進められるが，ソ連を中心とするワルシャワ条約機構軍により鎮圧。1993年，「**ビロード革命**」により，チェコとスロバキアが分離独立。**東欧では早くから工業化**が進み，**機械工業，軍需産業**などが発達。EU加盟後は，西欧先進国からの投資が進み，特に**自動車工業**が成長。１人当たりGNIは21,930ドル（2019年）。

☑☑☑ プラハ▶**チェコ西部，ボヘミア盆地に位置する首都**で，国内最大都市。同国の政治・経済の中心地。**エルベ川**支流の**ヴルタヴァ川**が流れ，歴史的な街並みや建造物が現存するため，世界中から観光客が訪れる。

□☑☑ プルゼニュ（プルゼニ）▶**チェコ西部，ボヘミア地方西部に位置し，プラハ，ブルノ，オストラヴァに次ぐ同国第4の都市**。伝統的な**ビール醸造業**に加え，近年はEUや日本などの外国企業が多数進出している。

□□☑ ブルノ▶**チェコ東部，モラヴィア地方の中心地で，プラハに次ぐ第2の都市**。

□□☑ オストラヴァ▶**チェコ東部，ポーランドとの国境付近に位置する都市**。**オーデル川（オドラ川）**の上流に位置し，かつては産出する石炭を利用して鉄鋼業などで栄えた。近年は，ブルノなどとともに外国資本の進出が増加している。

☑☑☑ スロバキア▶首都はブラチスラバ。**北はポーランド，東はウクライナ，南はハンガリー，西はチェコ，オーストリアと国境を接する内陸国**。国土の大半は山岳地帯で，東部は**新期造山帯**の**カルパティア山脈**の西端。西部は**西岸海洋性気候（Cfb）**，中央部は**温暖湿潤気候（Cfa）**，東部は**亜寒湿潤気候（Df）**。人口は約550万人で，**スロバキア人85.8%**，ハンガリー人9.7%，ロマ人1.7%，チェコ人0.8%。公用語は**スロバキア語**で，宗教はキリスト教が大部分を占め，**カトリック68.9%**，プロテスタント10.8%，東方正教4.1%。1993年にチェコスロバキアから分離独立。基幹産業は**自動車工業，電子機器工業**。１人当たりGNIは19,200ドル（2019年）。

☑☑☑ ブラチスラバ▶**スロバキア西端，オーストリアとの国境付近に位置する首都**で，国内最大都市。**ドナウ川**沿岸に位置し，オーストリア（特にウィーン）と近接するため，人的，経済的交流が進む。**自動車産業，ICT産業**が発達するとともに，**金融，観光**などの第三次産業の成長が著しい。

☑☑☑ ハンガリー▶首都はブダペスト。**ヨーロッパ中央部に位置する内陸国**。国土の大半を**ハンガリー平原**が占め，中央部を**ドナウ川**が南北に流れる。東部はドナウ川支流の**ティサ川**が流れ，温帯草原の**プスタ**が広がる。国土の大部分は**温暖湿潤気候（Cfa）**と**西岸海洋性気候（Cfb）**だが，冬季はやや寒冷。人口は約970万人で，**ウラル系ハンガリー人**（マジャール人）92.3%，ロマ人1.9%，ドイツ人0.6%。公用語はウラル語族の**ハンガリー語（マジャール語）**で，宗教は**キリスト教カトリック51.9%**，プロテスタント19.5%，正教会2.6%。**東欧では最も早く経済改革**が進み，**東欧の先進工業国**。基幹産業は**自動車，機械，化学，製薬**などで，１人当たりGNIは16,530ドル（2019年）。

☑☑☑ ブダペスト▶**ハンガリー北部，ドナウ川沿岸に位置する首都**で，国内最大都市。もともとは**ド**

ナウ川沿岸の双子都市（ツインシティ）で，丘陵部のブダと平野部のペストからなる。中央ヨーロッパの金融の中心であるとともに，**ICT産業，コンピュータ関連産業，自動車工業，製薬業**などが発達し，東欧諸国の中でも有数の工業都市である。ブダペストの「**ドナウ河岸とブダ城地区およびアンドラーシ通り**」は世界遺産に登録。

☑☑☑ ブルガリア ▶ 首都はソフィア。**バルカン半島東部に位置し，東は黒海に面する国**。中央部には**スターラ山脈**，南部には**ロドピ山脈**などの**新期造山帯**の高峻な山脈が走り，**ルーマニアとの国境にはドナウ川**も流れる。南部は**地中海性気候（Cs）**，スターラ山脈以北は**温暖湿潤気候（Cfa）**，**西岸海洋性気候（Cfb）**。人口は約700万人で，**ブルガリア人83.9%**，トルコ人9.4%，ロマ人4.7%。公用語は**ブルガリア語**で，宗教は**キリスト教ブルガリア正教が81%**。伝統産業としては，**バラの栽培（香水の原料）**が盛んで，近年は教育水準が高い割には賃金水準が低いため，西欧からの**ICT産業のアウトソーシング（外部委託）**が増加している。1人当たりGNIは6,370ドル（2019年）。

☐☑☑ ソフィア ▶ **ブルガリア西部に位置する首都**で，国内最大都市。バルカン半島のほぼ中央部に位置するため，古代より**アドリア海，中欧，黒海，エーゲ海などを結ぶ重要な交易地点**として栄えた。近年は，交通インフラの整備が進み，**観光業**が発展するとともに，同国最大の金融センターとしても成長している。

☑☑☑ ルーマニア ▶ 首都はブカレスト。**北部はウクライナ，モルドバ，西部はハンガリー，セルビア，南部はブルガリアと接し，東部は黒海に面する国**。**新期造山帯**の**カルパティア山脈，トランシルヴァニア山脈**が国土の大半を占めるが，南部のブルガリアとの国境付近には，**ドナウ川**流域の**ルーマニア平原**が広がる。北部の**亜寒帯湿潤気候（Df）**を除いては，**温暖湿潤気候（Cfa）**と**西岸海洋性気候（Cfb）**。人口は約1,900万人で，**ラテン系のルーマニア人89.5%**，ハンガリー人6.6%，ロマ人2.5%。公用語は**ルーマニア語**で，宗教は**キリスト教ルーマニア正教86.7%**，プロテスタント6.3%，カトリック4.7%。主要な産業は**自動車，機械**などの製造業と農業。石油を産出するが，近年は石油輸入国。1人当たりGNIは12,610ドル（2019年）。

☐☑☑ ブカレスト ▶ **ルーマニア南東部，ドナウ川支流沿岸の首都**で，国内最大都市。**ルーマニア平原（ワラキア平原）**に位置し，**金融業，観光業**に加え，金属加工，機械などの製造業も発達している。

☐☑☑ アルバニア ▶ 首都はティラナ。**バルカン半島西部に位置し，西はアドリア海，南はギリシャと国境を接する国**。国土の大半は**地中海性気候（Cs）**。人口は約290万人で，インド・ヨーロッパ系の**アルバニア人91.7%**，ギリシャ人2.3%など。公用語は**アルバニア語**で，宗教は**イスラーム68%**，キリスト教アルバニア正教22%，カトリック10%。**クロム**やニッケルなどの鉱産資源は豊富だが，工業化は遅れる。**イタリア**が最大の貿易相手国。1人当たりGNIは5,220ドルとヨーロッパでは最貧国の一つ（2019年）。

☐☐☑ ティラナ ▶ **アルバニア西部，アドリア海からやや内陸に入った地点に位置する首都**で，同国最大の都市。アルバニアの政治，経済の中心地。

☑☑☑ スロベニア ▶ 首都はリュブリャナ。**西はイタリア，北はオーストリア，東・南はクロアチアに接する国**。オーストリアとの国境付近は**アルプス山脈**。西部はわずかに**アドリア海**に面する。アドリア海沿岸の**カルスト地方**は，カルスト地形の語源で，大規模な石灰岩地形がみられる。アドリア海沿岸には**地中海性気候（Cs）**がみられるが，国土の大半は**温暖湿潤気候（Cfa），西岸海洋性気候（Cfb）**。人口は約210万人で，**スロベニア人83.1%**，セルビア人2.0%，クロアチア人1.8%，ボシュニャク人1.1%。公用語は**スロベニア語**で，宗教は**キリスト教61.1%（カトリック57.8%**，オーソドックス2.3%），イスラーム2.4%。第二次世界大戦後，**ユーゴスラヴィア連邦**を構成するが，1991年に独立。東欧では先進工業国で，1人当たりGNIは25,910ドル（2019年）。

□□☑ リュブリャナ▶**スロベニア中央部，北部のアルプス地方と南部のカルスト地方の間の狭い平野に位置する首都**で，国内最大都市。**石油化学，製薬，食品加工**などの製造業と金融，サービス，観光などの第三次産業が発達。

☑☑☑ クロアチア▶首都はザグレブ。**北はハンガリー，東はボスニア・ヘルツェゴビナ，セルビア，西はスロベニアと国境を接し，南はアドリア海に面する国**。国土の大半が**新期造山帯**の山地で，アドリア海沿岸には**ディナル・アルプス山脈**が走る。南部の**ドゥブロブニク**は，ボスニアを挟んだ飛び地。アドリア海沿岸を中心に**地中海性気候（Cs）**が分布するが，冬季にはディナル・アルプス山脈からアドリア海に向けて，寒冷乾燥風の**ボラ**が卓越。人口は約410万人で，**クロアチア人89.6%**，セルビア人4.5%など。公用語は**クロアチア語**で，宗教は**キリスト教カトリックが87.8%**。第二次世界大戦後，**ユーゴスラヴィア連邦**を構成するが，1991年独立。天然ガス，原油は産出するが，自給はできない。スロベニアとともに旧ユーゴスラヴィアでは，先進工業国。１人当たりGNIは14,990ドル（2019年）。

□□☑ ザグレブ▶**クロアチア北西部，ドナウ川主流のサヴァ川沿岸に位置する首都**で，国内最大都市。平野に恵まれ，アドリア海への交通の便がよいことから，**電気機器，化学，金属加工，製薬**などの産業が集積している。

☑☑☑ ボスニア・ヘルツェゴビナ▶首都はサラエボ。**国土の大部分がディナルアルプス山脈などの山地で，ほとんど内陸国*に近い国**。アドリア海付近は**地中海性気候（Cs）**だが，内陸部は**温暖湿潤気候（Cfa）**と**西岸海洋性気候（Cfb）**。人口は約330万人で，**ボシュニャク人（スラブ系ムスリム）48%，セルビア人37.1%，クロアチア人14.3%**。公用語は**ボスニア語，クロアチア語，セルビア語**で，宗教は**イスラーム40%，キリスト教セルビア正教31%，カトリック15%**，プロテスタント４%。

第二次世界大戦後，**ユーゴスラヴィア連邦**を構成。1992年，独立を巡って「**ボスニア内戦**」が勃発。1995年，和平合意により，ボシュニャク人，クロアチア人からなる**ボスニア・ヘルツェゴビナ連邦**とセルビア人の**スルプスカ共和国**からなる連邦国家へ移行。主要な産業は機械などの製造業，鉱業，木材加工業。１人当たりGNIは6,180ドル（2019年）。

＊アドリア海に面するネウムの海岸部はわずかに20kmで，大規模な港湾はない。

□☑☑ サラエボ▶**ボスニア・ヘルツェゴビナ中央部，ドナウ川水系のミリャツカ川沿岸に位置する首都**で，国内最大都市。**ディナルアルプス**山系に囲まれる。オスマン・トルコ帝国，オーストリア・ハンガリー帝国などの支配を受けたことから，**イスラーム，カトリック，オーソドックスの文化，建築物などが混在**し，重要な観光資源となる。1914年，第一次世界大戦のきっかけとなるオーストリア皇太子フランツ・フェルディナント暗殺事件の現場となった。

☑☑☑ セルビア▶首都はベオグラード。**バルカン半島のほぼ中央部に位置する内陸国**。国土の大半は**温暖湿潤気候（Cfa）**。人口は約700万人で，**セルビア人82.9%**，ハンガリー人3.9%，ボシュニャク人1.8%，ロマ人1.4%など。公用語は**セルビア語**で，宗教は**キリスト教セルビア正教が85.5%**を占める。1945年，スロベニア，クロアチア，ボスニア・ヘルツェゴビナ，マケドニア，モンテネグロとともに**ユーゴスラヴィア連邦（ユーゴスラヴィア社会主義連邦共和国）**を構成したが，その後はソ連と一線を画す自主中立路線をとった。1991年以降，構成国の独立によって連邦は解体。1990年には**コソボ**が独立（セルビアは非承認）。主要産業は，鉄鋼などの製造業，農業，観光業。１人当たりGNIは7,030ドル（2019年）。

□□☑ ベオグラード▶**セルビア中央部，ドナウ川とサヴァ川の合流点付近，パンノニア平原に位置する首都**で，国内最大都市。ヨーロッパ最古の都市の一つで，バルカン半島の戦略拠点として重要であったため，古代から現代まで，極めて多くの戦いの場となった。セルビアの政治，経済，文化の中心地。

□☑☑ モンテネグロ▶首都はポドゴリツァ。**バルカン半島西部，北はボスニア・ヘルツェゴビナ，東はセルビア，南はアルバニア，コソボと国境を接する国**。国土の大部分が山地で，平野に乏しい。アドリア海に面した海岸付近を中心に**地中海性気候**（**Cs**）。人口は約63万人で，**モンテネグロ人43.2%，セルビア人32.0%**，ボシュニャク人7.8%，アルバニア人5.0%などの多民族国家。公用語は**モンテネグロ語**で，宗教は**セルビア正教74.2%，イスラーム17.7%**，カトリック3.5%。第二次世界大戦後，**ユーゴスラヴィア連邦**を構成。2006年，セルビアから分離独立。主要産業は，観光業，農業，製造業。１人当たりGNIは9,070ドル（2019年）。

□□☑ ポドゴリツァ▶**モンテネグロ中央部，ゼタ平原に位置する首都**で，国内最大都市。旧称は，ナチスドイツによる占領下におけるパルチザン（ファシストへの抵抗勢力）の英雄であるヨシップ・ブロズ・チトーにちなむチトーグラート（1946-1992）。

☑☑☑ コソボ▶首都はプリシュティナ。**バルカン半島のほぼ中央に位置する内陸国**。東部の**コソボ地域**は標高1,000mを超す高原，西部の**メトヒア地域**は500m前後の盆地。気候は，東部が**温暖湿潤気候**（**Cfa**），**西岸海洋性気候**（**Cfb**）だが，西部は夏季に乾燥する**地中海性気候**（**Cs**）。人口は約180万人で，**アルバニア人91.0%**，セルビア人5.3%，ロマ人1.1%。公用語は**アルバニア語**と**セルビア語**で，宗教は**イスラーム91.0%**，セルビア正教5.5%，カトリック3.0%，プロテスタント0.5%。1990年，セルビア内のコソボ・メトヒア自治州が，「コソボ共和国」として独立宣言すると，セルビアとの間で紛争に発展。2008年，コソボの独立を欧米諸国など多数の国が承認したが，**ロシア，スペインなどは国内に民族問題を抱えることもあって非承認**。**国連には非加盟**。経済発展は遅れており，先進国や国際機関からの援助，海外労働者からの送金などに依存。EU，NATO，国連などの加盟を目指す。１人当たりGNIは4,690ドル（2019年）。

□☑☑ 北マケドニア▶首都はスコピエ。**バルカン半島のほぼ中央部に位置する内陸国**。国土の大半は山地と高原。**温暖湿潤気候**（**Cfa**）と**西岸海洋性気候**（**Cfb**）が分布するが，南部のギリシャとの国境付近は**地中海性気候**（**Cs**）。人口は約210万人で，**マケドニア人64.2%**，**アルバニア人25.2%**，トルコ人3.9%，ロマ人2.7%，セルビア人1.8%。公用語は**マケドニア語**で，宗教は**マケドニア正教64.8%，イスラーム33.3%**。第二次世界大戦後，**ユーゴスラヴィア連邦**を構成するが，1991年に独立。ギリシャが「マケドニア」という名称は，本来ギリシャの地方名に由来するとして，「マケドニア」の国名に反対したため，「北マケドニア共和国」に変更。１人当たりGNIは5,840ドル（2019年）。

□□☑ スコピエ▶**北マケドニア北部，エーゲ海に注ぐヴァルダル川沿岸に位置する首都**で，国内最大都市。北マケドニアの政治，経済の中心地で，金属加工，繊維，化学，印刷などの製造業が発達している。

第7節 ロシアとその周辺諸国（旧ソ連構成国）

1 ロシアとその周辺諸国の自然環境

☑☑☑ ロシアとその周辺諸国 ▶ 1922年に世界初の**社会主義国**として誕生した**ソビエト社会主義共和国連邦**（**ソ連**）を構成していた**ロシアを中心とした15共和国**。**アジア**と**ヨーロッパ**をまたぐ広大なロシア帝国の領土を引きつぎ，**ユーラシア大陸北部**，**ヨーロッパ東部**，**アジア中・北部**を占める。東西幅は，西は**西経20度**（ロシアの飛び地の**カリーニングラード**），東は**西経170度**（**ベーリング海峡**）までで170度分に及ぶ。

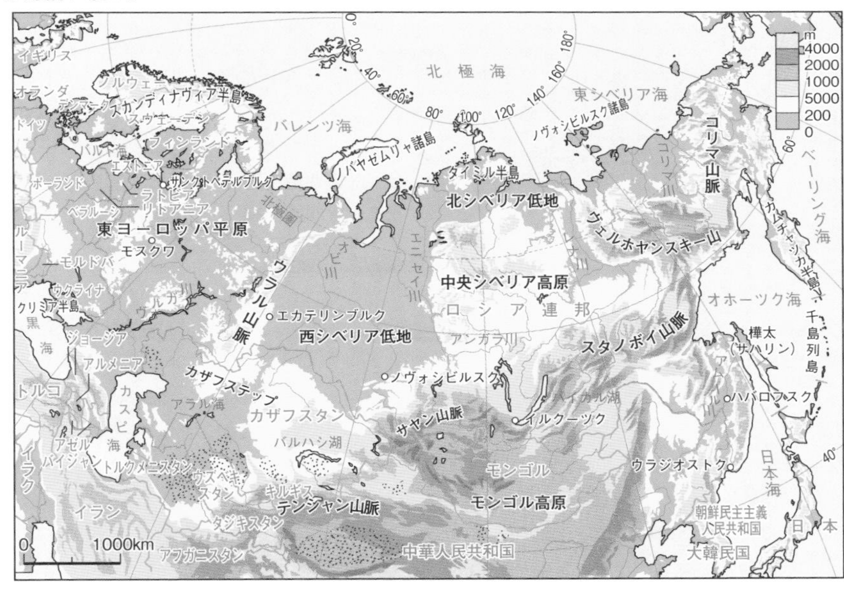

図3-2-7-1 ロシアの地勢図

☑☑☑ ヨーロッパロシア ▶ **ロシア連邦のウラル山脈以西の地域**。広大な**東ヨーロッパ平原**が広がる。

☑☑☑ シベリア ▶ **ロシア連邦のウラル山脈以東の地域**。中央部に安定陸塊の**卓状地**，東部に**環太平洋造山帯**の山地が分布。

☑☑☑ 極東ロシア ▶ サハ共和国とアムール州から東側の地域のことで**東シベリア**ともいう。ロシアの広域行政区画としては，極東連邦管区とよばれ，シベリア連邦管区と区別される。

☑☑☑ 中央アジア ▶ **ウラル山脈より南に位置するカザフスタン，ウズベキスタン，トルクメニスタン，キルギス，タジキスタンの5か国からなる地域**。

☑☑☑ ロシアとその周辺諸国の地形 ▶ ユーラシア大陸北部に東西に広がる**ロシア**では，**安定陸塊が大部分**を占める。**古期造山帯のウラル山脈**以西の**ヨーロッパロシア**は，**東ヨーロッパ平原**を中心とした低平な構造平野が広がる。ウラル山脈以東では東に進むほど高原や山間地帯が多くなる。シベリアの**西シベリア低地**や**中央シベリア高原**は**卓状地**に分類される。**極東ロシア**の**カムチャツカ半島**（環太平洋造山帯）やロシア南縁の**カフカス山脈**（アルプス・ヒマラヤ造山帯）などは**新期造山帯**で，地殻変動が活発

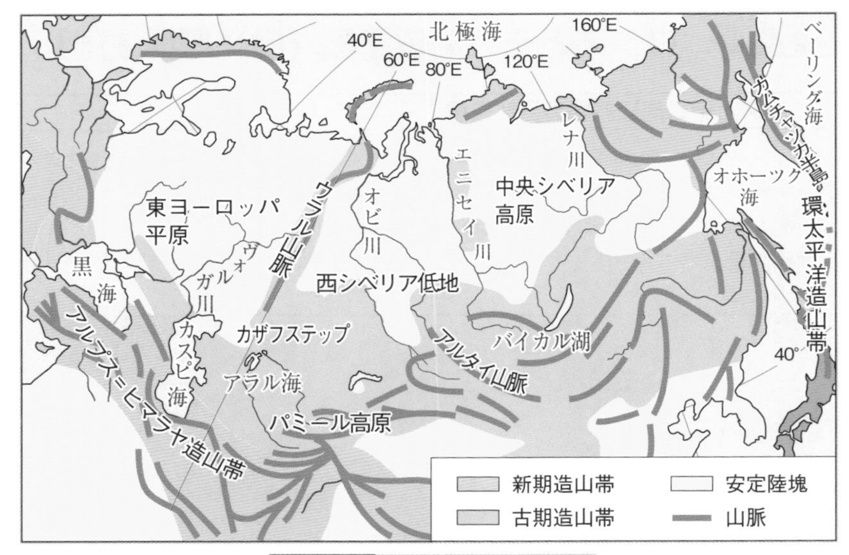

図3-2-7-2 ロシアと周辺諸国の地形

な**変動帯**となっている（図3-2-7-1，図3-2-7-2参照）。**中央アジア**は大部分が**安定陸塊**だが，南東部の**パミール高原**や**テンシャン山脈**は高峻となっている。

☑☑☑ ロシアとその周辺諸国の気候と植生▶**ロシア**では，ヨーロッパロシア，西シベリアには**亜寒帯湿潤気候**（**Df**），東シベリア（極東ロシア）には**亜寒帯冬季少雨気候**（**Dw**），北極海沿岸には**ツンドラ気候**（**ET**）が分布する。国土の大半が**大陸性気候**のため**気温の年較差が大きい**。特に**シベリア東部**は**シベリア高気圧**が発達して**冬は厳寒**となり，オイミャコン付近は北半球でも気温がもっとも低い**寒極**になっている。シベリア東部では，気温の年較差が50～60℃にもなり，冬は厳しい寒さとなるが，夏は日本とほぼ同じ気温になる。シベリアの大部分には**タイガ**と呼ばれる**針葉樹林**が広がり，低緯度地域には混合林もみられる。**北極海沿岸**には**ツンドラ**がみられ，北極海沿岸からシベリアにかけては**永久凍土**が広がる。**シベリアの大河川の多くは北極海に流入し**，**冬季には多くの河川が凍結**する。また，ロシアの南部から**中央アジア**にかけては**乾燥帯**に属し，**ステップ**や**砂漠**が広がる（図3-2-7-3参照）。

☑☑☑ ウラル山脈▶**東経60度線にほぼ沿って南北に走る古期造山帯の山脈**。**アジアとヨーロッパの境界**になっているほか，西を**ヨーロッパロシア**，東を**シベリア**，南を**中央アジア**に分ける。山脈の南部には，**鉄鉱石**を産出するマグニトゴルスク鉄山がある。

☑☑☑ ロシア卓状地▶**東ヨーロッパ地域からロシア西部にかけて分布する卓状地**。**構造平野**の**東ヨーロッパ平原**が広がる。

☑☑☑ 東ヨーロッパ平原▶**東ヨーロッパ地域からヨーロッパロシアにかけて分布する構造平野**。低平な地形が広がるため，河川は放射状に流れ，勾配は小さい。

☑☑☑ ヴォルガ川▶**ヴァルダイ丘陵から流出後，ロシア西部を流れ，カスピ海に流入するヨーロッパ最長で，最大の流域面積を持つ河川**。水源から河口までの高低差は220mしかないため**内陸水運が発達**し，ヴォルゴグラード付近で**ドン川**と，**ヴォルガ・ドン運河**で結ばれている。

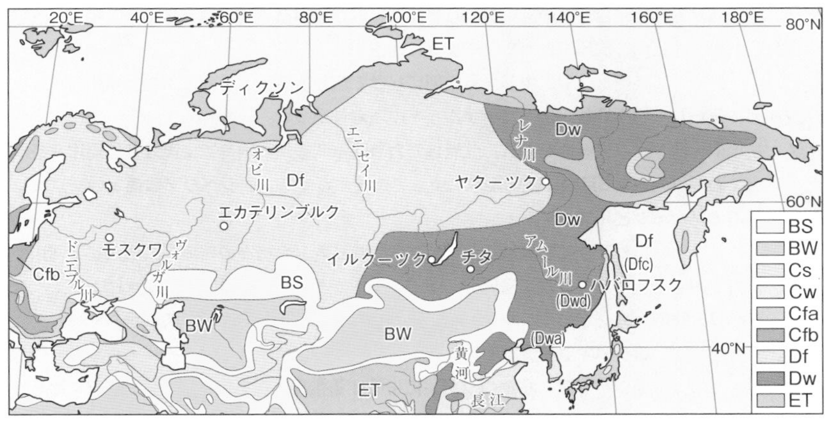

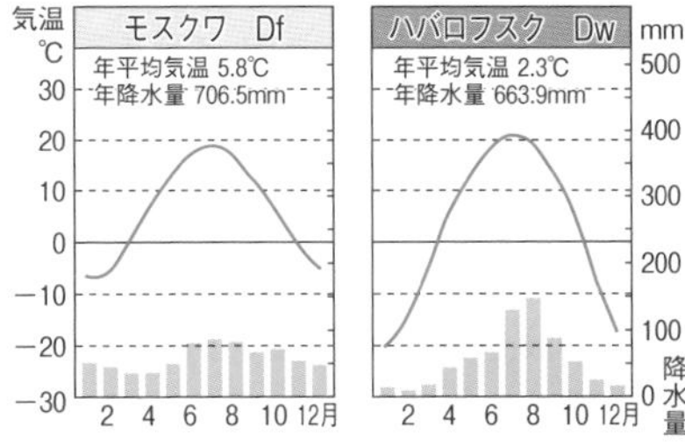

図3-2-7-3 ロシアと周辺諸国の気候

☑☑☑ カスピ海▶**アジアとヨーロッパの境界をなす世界最大の湖**。**ヴォルガ川**やウラル川などが流入する**塩湖**で，流出河川はない。**ロシア，カザフスタン，トルクメニスタン，アゼルバイジャン，イラン**が面し，**湖底は石油資源に恵まれる**ため，資源開発をめぐる対立もみられる。

□☑☑ ドニエプル川▶**ロシアからベラルーシ，ウクライナを流れ黒海に流入する河川**。ウクライナ北部の原子力発電所の事故が起こった**チョルノービリ（チェルノブイリ）**や，**ウクライナの首都キーウ（キエフ）**を流れる。

□☑☑ ドン川▶**ロシア西部を流れ，アゾフ海**（黒海の内海）**に流入する河川**。ヴォルガ川とは**ヴォルガ・ドン運河**で結ばれている。

☑☑☑ 黒海▶**ヨーロッパとアジアの間にある地中海の付属海**。北部中央に**クリム半島（クリミア半島）**がある。南西部は**ボスポラス海峡**からマルマラ海を経て，**地中海**へと通じる。

☑☑☑ クリム半島（クリミア半島）▶**ウクライナ南部の黒海に突出した半島**で，**黒海**と**アゾフ海**を分ける。南部の海岸沿いには観光・保養地が多く，ヤルタ会談で有名な**ヤルタ**がある。軍事的にも重要で，**セヴァストポリ**には軍港もある。2014年の**クリミア問題**以降，**ロシアが実効支配**している。

☑☑☑ カフカス山脈▶**黒海からカスピ海にかけてほぼ東西に走る新期造山帯**。北麓（ロシア連邦内）の**エルブルーズ山**（5,642m）は**ヨーロッパ最高峰**。高峻で**山岳氷河が発達**する。**北麓にはロシア連邦**が，**南麓にはカフカス諸国**が位置し，居住する民族構成が複雑で**内戦や紛争が多い**。

☑☑☑ シベリア卓状地▶**中央シベリア高原付近に分布する卓状地**。

☑☑☑ 西シベリア低地▶**ロシア中部，シベリア西部に広がる構造平野**。**ウラル山脈**と**中央シベリア高原**の間に位置し，**オビ川**の流域を占める。**チュメニ油田**がある。

☑☑☑ 中央シベリア高原▶**ロシア中部から東部にかけて広がる高原**。西端は**エニセイ川**，東端は**レナ川**。**タイガ**で覆われ，**石炭や鉄，金，ニッケル**などの埋蔵量が多い。

☑☑☑ オビ川▶**西シベリア低地を流れ，北流してカラ海**（北極海の内海）**に流入する河川**。**冬季に凍結**し，下流で融雪が生じる**6月頃に融雪増水**によって流量が多くなる。**シベリア鉄道**との交点には**シベリア最大都市のノヴォシビルスク**がある。

☑☑☑ エニセイ川▶**ロシア中部を流れ，北流してエニセイ湾**（北極海の内海）**に流入する河川**で，中流部で**アンガラ川**が合流する。**冬季に凍結**し，下流で融雪が生じる**6月頃に融雪増水**によって流量が多くなる。**シベリア鉄道**との交点にはアルミニウム工業が発達する**クラスノヤルスク**がある。

☐☑☑ アンガラ川▶**ロシア中部を流れるエニセイ川の支流**で，**バイカル湖**から流出する唯一の河川。

☑☑☑ バイカル湖▶**東シベリア（極東ロシア）に位置する世界で最も深い湖（水深1,741m）**。断層作用によって形成された**断層湖**で，透明度も世界最大級。

☑☑☑ レナ川▶**東シベリア（極東ロシア）を流れ，北流してラプテフ海**（北極海の内海）**に流入する河川**。**冬季に凍結**し，下流で融雪が生じる**6月頃に融雪増水**によって流量が多くなる。

☑☑☑ アムール川▶**ロシア東部と中国東北地方との国境およびその付近を流れ，オホーツク海に流入する河川**で，支流の**ウスリー川**とともに**ロシアと中国の自然的国境**となっている。中国名は，**黒竜江**（**ヘイロンチャン**）。

☑☑☑ 永久凍土▶**地下の温度が2年以上にわたって0度以下となる土壌**のことで，主に氷期に形成された。**永久凍土**が広がる地域では，建物やパイプラインなどからの熱が凍土を溶かして**地盤沈下**を起こし**家屋や道路などが破損**することを防ぐため，凍土に熱が伝わらないように**高床式の建物**がみられる。

☑☑☑ カムチャツカ半島▶**ロシア北東部の半島**で，東は**ベーリング海**，西は**オホーツク海**。半島の東には**海溝**が走り，**火山も多い**。最高峰は火山のクリュチェフスカヤ山（4,835m）。

☑☑☑ アラル海▶**中央アジアのカザフスタンとウズベキスタンの間にある塩湖**。**流入河川のシルダリア**（シル川），**アムダリア**（アム川）流域で**綿花栽培**のための取水が進んだことで，湖への流入量が減少し，**湖面面積の減少**が著しい。かつては世界第４位の湖面面積だった。

☐☑☑ アムダリア（アム川）▶**トルクメニスタンとウズベキスタンの国境付近を流れ，アラル海に流入する河川**。上流に**カラクーム運河**が建設され，流域や運河沿いでは**綿花栽培**のための取水が進んだ。

☐☑☑ シルダリア（シル川）▶**カザフスタン南部を流れるアラル海に流入する河川**。流域では**綿花栽培**のための取水が進んだ。

2 ロシアとその周辺諸国の歴史と民族

☑☑☑ ソビエト社会主義共和国連邦（ソ連）▶**1917年のロシア革命を経て，1922年に成立した世界初の社会主義国**。ロシアを中心に**15か国**からなる**連邦国家**。強大な軍事力を背景に，第二次世界大戦後の世界をアメリカ合衆国とともに二分する超大国だった。アメリカ合衆国をはじめとする**資本主義陣営と対立**して**東西冷戦**が続いた。共産党による**計画経済**が進められたが，次第に**経済の停滞**や**民族間の対立**が激しくなり，**1991年**，**バルト3国の独立を契機に解体**した。解体後は，ロシアを中心に旧ソ連構成国によって**CIS**（**独立国家共同体**）を結成した。ソ連構成国では，面積はロシア，カザフスタン，ウクライナの順に，人口はロシア，ウクライナ，ウズベキスタンの順に多い（図3-2-7-4参照）。

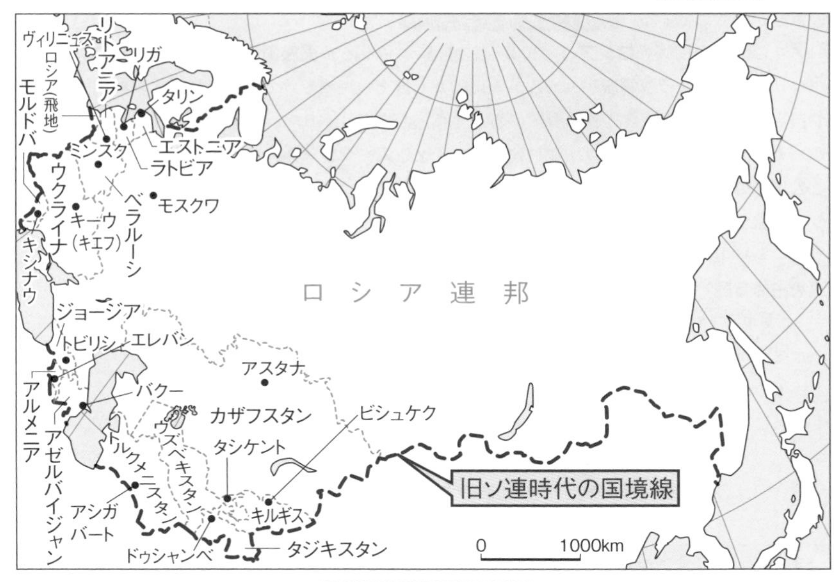

図3-2-7-4 旧ソ連諸国

☑☑☑ 東西冷戦 ▶ **第二次世界大戦後に資本主義陣営（西側陣営）と社会主義陣営（東側陣営）に分かれて対立した状況**のこと。**1991年のソ連の崩壊**によって，東西各陣営の支援によって支えられてきた脆弱な政治体制の国々の多くも崩壊し，民族紛争が頻発するようになった。

☑☑☑ 計画経済 ▶ **政府が生産計画を立案し，それに基づいて企業や農民に生産を指令する経済の仕組み**。製品も，政府の指令によって分配される。

□☑☑ ペレストロイカ ▶ **1980年代後半，ゴルバチョフによって進められた改革政策**で，「建て直し」，「再建」の意味。計画経済による経済が行き詰まり，西側諸国に大きく後れを取ったという危機意識のもと，**企業活動の自由化など市場経済への移行**を目指した。**グラスノスチ（情報公開）**と連動して社会主義の枠内で進めたが，ソ連の社会主義体制そのものへの批判や自由を求める動きが広がった。

☑☑☑ CIS（Commonwealth of Independent States：独立国家共同体）▶ **ロシアを中心に周辺国との間で形成されたゆるやかな経済的・軍事的国家連合体**。ソ連解体後，**バルト3国**を除く12か国が参加していたが，**ジョージア**，**ウクライナ**など脱退する国が相次ぎ，現在は9か国からなる。

☑☑☑ ロシアとその周辺諸国の民族 ▶ 広大な面積を持ち，15か国からなる**連邦国家**だった**ソ連**は，**ロシア**で多数派を占める**スラブ系**のほかに，**中央アジアやシベリア**，**極東ロシアのアジア系民族**など多様な民族からなる**多民族国家**だった。ソ連解体後も，ロシアをはじめ，国内に多くの民族を抱える国が多い。

ソ連構成国のうち，**ロシア**のほか，ヨーロッパロシアに位置する**ウクライナ**，**ベラルーシ**では，**インド・ヨーロッパ語族のスラブ語派**の言語が主に話されている。**バルト3国**では，**エストニア**では**ウラル語族**の言語が，**ラトビア**，**リトアニア**ではインド・ヨーロッパ語族の**バルト語派**の言語が主に話されている。**カフカス諸国**は民族構成が複雑で紛争も多いが，**ジョージアではカフカス諸語**，**アルメニアではインド・ヨーロッパ語族**，**アゼルバイジャンではアルタイ諸語**の言語がそれぞれ多数派となっている。

中央アジアでは，**アルタイ諸語**の言語が主に話されているが，**タジキスタンではインド・ヨーロッパ語族**の言語が話されている（図3-2-7-5，図3-2-7-6参照）。

☑☑☑ **ロシアの民族** ▶ **ロシア**は，100以上の民族からなる**多民族国家**で，総人口の**約8割を**インド・ヨーロッパ語族の**スラブ語派**が占める。人口50万人以上の民族だけでも15を数え，**少数民族による共和国や自治州，自治管区**などが作られている。北極海沿岸やシベリア，極東にはサハ人などの**アジア系住民**が，カフカス地域やヴォルガ川流域には**チェチェン人**や**タタール人**などの**ムスリム**が多く暮らしている。**公用語はロシア語**で，**キリル文字**が使用されるほか，多様な言語が話されている。宗教も多様で，**ロシア正教**が多数を占めるが，ムスリム，ユダヤ教徒，仏教徒もいる。

☑☑☑ **キリル文字** ▶ **ロシアをはじめウクライナ，ベラルーシ，ブルガリアなどスラブ系の正教会が多数派を占める国で主に用いられている文字**。ギリシャ文字から生まれた文字で，英語のアルファベット（ローマ文字）とは大きく異なる。ソ連解体以前は，ソ連構成国の中央アジアや，COMECONに加盟していたモンゴルなどでも用いられていたが，ソ連解体後は，ローマ文字や独自の文字への移行が進んでいる国もみられる。

☑☑☑ **ロシア正教** ▶ **ロシアで信仰されているオーソドックス（東方正教・正教会）**。ロシア正教会は組織名で，ギリシャ正教会，ウクライナ正教会，ブルガリア正教会などがあるが，教義は同じである。

☑☑☑ **ロシアの民族問題と領土問題** ▶ **ロシア**は，多数の共和国や自治管区などから構成され，いくつ

〔図説大百科　世界の地理14　ロシア・北ユーラシア　1998年ほか〕

図3-2-7-5 ロシアとその周辺諸国の言語分布

国　名	主な民族	主な宗教
ロシア	スラブ系	オーソドックス
ウクライナ	スラブ系	オーソドックス
ベラルーシ	スラブ系	オーソドックス
モルドバ	ラテン系	オーソドックス
エストニア	ウラル系	プロテスタント
ラトビア	バルト系	プロテスタント
リトアニア	バルト系	カトリック
ジョージア	カフカス系	オーソドックス

国　名	主な民族	主な宗教
アルメニア	インド・ヨーロッパ系	オーソドックス
アゼルバイジャン	トルコ系	イスラーム
カザフスタン	トルコ系	イスラーム
ウズベキスタン	トルコ系	イスラーム
トルクメニスタン	トルコ系	イスラーム
キルギス	トルコ系	イスラーム
タジキスタン	インド・ヨーロッパ系	イスラーム

図3-2-7-6 旧ソ連諸国の民族・宗教のまとめ

かの地域で**民族対立**がみられる。特に**カフカス地域は民族構成が複雑**で，2000年代までは**チェチェン共和国の独立派と連邦政府の間で紛争**が続いていた。隣国の**ウクライナ**との間では，**クリム半島（クリミア半島）をめぐる領土問題（クリミア問題）**を抱えているほか，2022年には**ウクライナ東部に軍事侵攻**するなど，**対立が深刻**である。

□☑☑ チェチェン共和国 ▶ **北カフカス地方北東部に位置するロシア連邦内の共和国**。北カフカス地方の先住民族のひとつである**チェチェン人**が多数派を占め，**イスラーム**を信仰している人が多い。1991年のソ連解体以降，**分離独立**をめぐる動きが活発で，2度にわたる紛争が生じた。首都グロズヌイ。

☑☑☑ クリミア問題 ▶ **ロシアとウクライナの間に生じているクリム半島（クリミア半島）をめぐる領土問題**。2014年，ウクライナ東部からクリム半島にかけて，**親ロシア派住民とウクライナ西部の親西欧派住民が衝突**し，ロシア軍が介入したことから紛争に発展した。ロシアが**クリム半島の併合**を宣言したが，国際社会はこれを非難して併合を承認せず，ロシアはG8から除外され，経済制裁も行われるなど，対立が続いている。

3 ロシアとその周辺諸国の産業

① ロシアとその周辺諸国の農業

☑☑☑ ソ連時代の農業 ▶ ソ連時代は，**計画経済**のもとで，生産も販売も価格も政府が決める国営農業で，**コルホーズ（集団農場）**や**ソフホーズ（国営農場）**が中心の**集団制農業**が行われてきた。当時は，世界有数の**穀物輸入国**だった。

☑☑☑ ソ連解体後の農業 ▶ 1991年のソ連解体後，**市場経済が導入**されると，生産は一時停滞したが，**自営農**や**ダーチャ**での**市民菜園**による副業的農家が増加し，集団農場の再編によって**農業企業が設立**されるなど変化した。2000年代に入って，**ロシア**や**ウクライナ**など**肥沃なチェルノーゼム**が分布する国では，欧米の**アグリビジネスの進出**などもあり，大規模な農業組織が増加し，**小麦の輸出国**となっている。

□☑☑ コルホーズ（集団農場） ▶ **ソ連時代の集団制農業を行う集団農場**。生産手段を共有する協同組合的組織だったが，徐々にソフホーズ化が進んだ。

□☑☑ ソフホーズ（国営農場） ▶ **ソ連時代の集団制農業を行う国営農場**。個人の土地所有を認めず，政府の生産計画にもとづいて行われてきた。

☑☑☑ **ダーチャ** ▶ ソ連時代から続く**都市郊外にある菜園付きの別荘**（**セカンドハウス**）。大都市の約半数の世帯は郊外に農園を借り，週末に日帰りや泊まりがけで出かけることが多い。ソ連解体後の食料難の時期には，食料生産で大きな役割を担ったといわれる。日本でいう滞在型農園のようなもの。

☑☑☑ **ロシアとその周辺諸国の農業地域** ▶ **気候帯と対応**する形で，**各種農業がみられる**。大部分が寒冷で，降水量も少ないため，**冷害**や**干害**が頻発し，**農業生産は不安定**なところが多い。

ヨーロッパロシアの南部から東にかけての地域と**ウクライナ**，**カザフスタン北部**には**肥沃なチェルノーゼム**が分布し，**小麦などの企業的穀物農業**が行われている。食用油用の**ひまわり**の栽培も行われている。

緯度が上がるにつれて冷涼となるため，**ライ麦**や**大麦・エン麦**と栽培できる穀物が変化し，農業も**混合農業**や**酪農**となる。寒冷な地域ではテンサイやジャガイモの生産が中心で，**北極海沿岸**では**トナカイの遊牧**が行われる。**バルト3国**では**酪農**が中心で，**カフカス諸国**では温暖な気候のもとでの**オレンジ**などの柑橘類や**ブドウ**，**茶**などの生産が，**中央アジアの乾燥地域**では**オアシス農業**や**牧畜**，**灌漑による綿花栽培**がみられる（図3-2-7-7参照）。

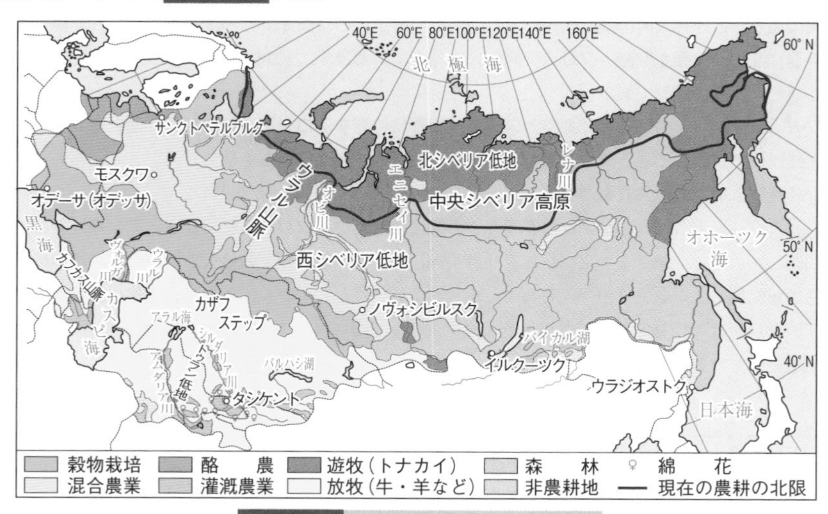

図3-2-7-7 ロシアと周辺諸国の農業地域

②ロシアとその周辺諸国の鉱工業

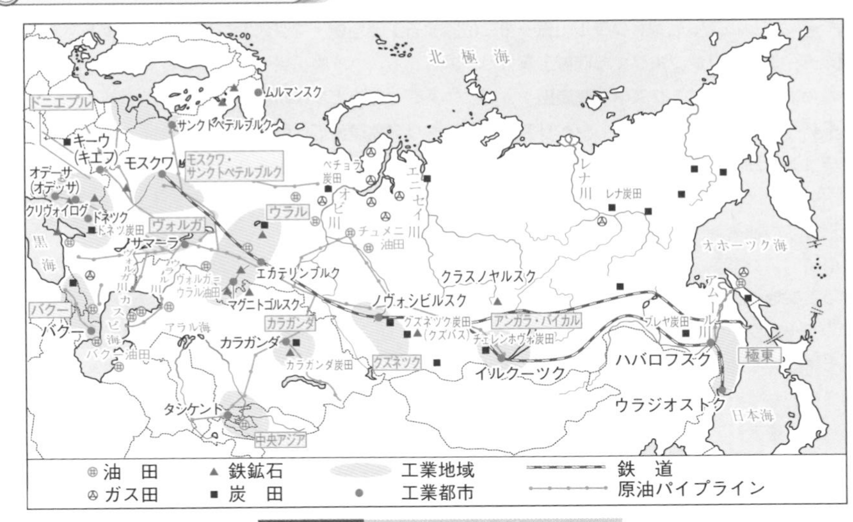

図3-2-7-8 ロシアと周辺諸国の工業地域

☑☑☑ **ソ連時代の鉱工業**▶広大な国土を有するソ連では，さまざまな**鉱産資源に恵まれ**，**炭田や鉄山と工場が結びついたコンビナート方式**のもとで**重化学工業**が行われてきた。**軍需中心の重化学工業化**が進められたため，国民の生活に必要な食料や衣類，家電などの供給は十分ではなかった。

☑☑☑ **ソ連解体後の鉱工業**▶1991年の**ソ連解体後**，**新しい経済体制への適応が進まず**，設備の老朽化や非効率な生産からの脱却が遅れ，**大幅に落ち込んだ**。資本不足と技術の遅れによって，**資源部門を除いて外国資本への依存度が大きい**。2000年代に入って，**中国**や**インド**などの**新興国の経済成長**による**資源価格の高騰**を受けて**経済成長**したが，資源立地型の工業地域は，資源供給地としての性格を強めつつある。

☑☑☑ **コンビナート**▶**石炭や鉄鉱石などの資源と関連ある工業を結び付けて，計画的に配置された工業地帯**。鉄道やパイプラインによって工場まで資源を輸送した。

☑☑☑ **モスクワとサンクトペテルブルクの工業**▶**モスクワ**と**サンクトペテルブルク**では，**大都市を背景とした市場指向型の総合工業**が発達している。帝政ロシア時代から工業が発達し，近年は**外資進出**による**自動車工業**や**先端技術産業**の立地もみられる。

☐☑☑ **ドニエプル工業地域**▶**ウクライナの工業地域で，旧ソ連最大の重工業地域**だった。**ドネツ炭田**と**クリヴォイログ鉄山**，**ドニエプル川の水力**を背景に，**ドネツク**（ドニエツク）や**ドニプロ**（ドニエプロペトロフスク）に**鉄鋼業**や機械工業がみられる。そのほか，穀倉地帯を背景とした**農業機械工業**が**ハルキウ**（ハリコフ）や**キーウ**（キエフ）にみられる。

☐☑☑ **ヴォルガ工業地域**▶**ロシア西部**の**ヴォルガ川流域に位置する工業地域**。**ヴォルガ川の水力発電**や**ヴォルガ・ウラル油田**を背景に，**サマーラ**に**石油化学工業**が，**ニージニーノブゴロド**に**自動車工業**がみられる。**ヴォルガ・ウラル油田**からは，**ドルジバパイプライン**によって**東ヨーロッパ地域へ原油が送ら**れている。

□☑☑ ヴォルガ・ウラル油田 ▶ **ヨーロッパロシアのヴォルガ川流域からウラル山脈にかけて広がる油田**。ロシア革命後に開発され，かつては「第2バクー油田」といわれた。

□☑☑ ウラル工業地域 ▶ **ウラル山脈一帯に位置する工業地域**。**マグニトゴルスク**での鉄山立地型の**鉄鋼業**や，**エカテリンブルク**での**機械工業**などがみられる。ウラル山脈で産出する石炭は当初褐炭であったため，西シベリアの**クズネツク炭田**やカザフスタンの**カラガンダ炭田から供給**されていた。

□☑☑ クズネツク工業地域 ▶ **シベリア西部のシベリア鉄道付近に位置する工業地域**。**クズネツク炭田**や**チュメニ油田**を背景に，**ノヴォシビルスク**や**ノヴォクズネツク**，**オムスク**で重工業が発達した。

□☑☑ チュメニ油田 ▶ **ロシア中部**，**西シベリア低地のオビ川中流域一帯に広がる油田**のこと。原油，天然ガスの埋蔵量は多い。

□☑☑ アンガラ・バイカル工業地域 ▶ **ロシア中部**，**中央シベリア高原南部のシベリア鉄道付近に位置する工業地域**。各種鉱産資源や**林産資源**に恵まれ，エニセイ川と支流のアンガラ川の水力発電を背景に，**イルクーツク**や**クラスノヤルスク**，**ブラーツク**などで**パルプ**や**アルミニウム工業**などが発達した。

☑☑☑ 極東地域の産業 ▶ **石炭**，**石油**，**天然ガス**などの埋蔵が豊富で，**林産資源**にも恵まれているが，開発は遅れていた。中心都市は**ハバロフスク**で，**シベリア鉄道の終点となるウラジオストク**は重要な港湾都市。**東アジアからの投資**によって開発が進められている**油田**や**ガス田**もある。中国との結びつきは強く，**中国へパイプラインによって天然ガスが輸出**されている。

□☑☑ カザフスタンの産業 ▶ **カラガンダ炭田**を背景に，**石炭**が豊富で，金属工業が発達した。

☑☑☑ ウズベキスタンの産業 ▶ **綿花栽培が盛ん**なことを背景に，**首都タシケント**を中心に**綿工業**が発達した。

☑☑☑ アゼルバイジャンの産業 ▶ **バクー油田**をはじめとする**石油**を背景に，**石油関連産業**が盛ん。**ロシアを経由しないBTCパイプライン**（**原油**）や**BTEパイプライン**（**天然ガス**）が建設され，**ヨーロッパへ輸出**されている。

☑☑☑ BTCパイプライン ▶ **アゼルバイジャン**の**バクー**（Baku）から，**ジョージア**の**トビリシ**（Tbilisi）を経由して，**トルコ**の**ジェイハン**（Ceyhan）にいたる**原油パイプライン**のこと。西側諸国がヨーロッパへの石油供給の安定化を図るため，**ロシアを経由しないパイプラインの建設**を進めた。

□☑☑ BTEパイプライン ▶ **アゼルバイジャン**の**バクー**（Baku）から，**ジョージア**の**トビリシ**（Tbilisi）を経由して，**トルコ**の**エルズルム**（Erzurum）にいたる**天然ガスパイプライン**のこと。サウス・コーカサスパイプラインともいう。原油パイプラインの**BTCパイプライン**と並行して建設され，内陸のエルズルムから沿岸部へのパイプライン建設が計画されている。

4 ロシアの経済・社会

☑☑☑ ロシアにおけるソ連解体直後の経済・社会 ▶ 1991年の**ソ連解体後**，**市場経済に移行**したが，物価の上昇や生活物資の不足，失業者の増加などによって**経済は混乱**し，急激な**インフレ**も招いた。また，一部の企業家が国有資産を私有化するなどして**貧富の差が拡大**した。こうした社会の混乱を背景に，1990年代後半から**ロシアの人口は減少**した。

☑☑☑ ロシアにおける2000年代の経済・社会 ▶ 2000年代に入って**資源価格の高騰**を背景に，**原油・天然ガスなどの資源開発**が進められ，経済は大きく発展した。現在では**BRICS**のひとつとなり，ソ連から引きついだ軍事力と合わせて国際社会における重要な地位を回復している。

☑☑☑ **ロシア国内の経済格差**▶**市場経済への移行**とその後の経済発展によって，富裕層が生み出される一方，年金生活者の生活が困難になるなど，**貧富の差が拡大**している。**都市と農村の格差**に加えて，**ヨーロッパロシアとシベリア・極東ロシアとの格差も拡大**しつつある。

☑☑☑ **極東ロシアの開発**▶**シベリア・極東ロシア**では，ソ連時代からインフラ整備が遅れているため，**ハバロフスク**に新型の**経済特区**を，**ウラジオストク**に**自由港**を設けるなど，物流網の拠点作りなどの整備が進められている。**外国からの投資**や**企業誘致**も進めており，**日本企業も参加**している（ウクライナとの軍事衝突を受けて撤退する企業もある）。

年	事項
1917	ロシア革命，ロマノフ王朝の滅亡
1922	ソビエト社会主義共和国連邦（ソ連）成立
1928	第１次５か年計画始まる
1940	バルト３国を併合
1945	第二次世界大戦終結 この後，米ソの対立深まる（冷戦）
1986	チェルノブイリ原発事故 ペレストロイカ政策始まる
1989	米ソ首脳会談ー冷戦終結宣言
1991	バルト３国の独立を契機にソ連解体，独立国家共同体（CIS）誕生
1994	チェチェン共和国の独立派にロシア軍の武力行使始まる
1998	通貨切り下げなどによる金融危機が起こる
1999	経済が好転し，高度成長始まる
2006	サンクトペテルブルクでサミット開催
2014	ソチオリンピック開催 ウクライナに侵攻，クリム（クリミア）半島の併合を宣言

図3-2-7-9 ロシアの歩み

〔Demographic Yearbook 2015ほか〕

図3-2-7-10 ロシアの人口とGDPの推移

石油 36.9億トン：ロシア 13.5%，サウジアラビア，アメリカ，中国，クウェート，その他
天然ガス 13.5万ペタジュール：アメリカ，ロシア 19.5%，カタール，イラン，カナダ
鉄鋼 14.8億トン：中国，オーストラリア，ブラジル，インド，ロシア4.1%
ダイヤモンド 1.3億カラット：ロシア 29.0%，ボツワナ，コンゴ民主，オーストラリア，カナダ
ニッケル鉱 266万トン：インドネシア，フィリピン，ロシア 9.1%，オーストラリア，カナダ
0% 20 40 60 80 100

（2013年）〔Energy Statistics Yearbook（2013）ほか〕

図3-2-7-11 世界に占めるロシアの地下資源産出の割合

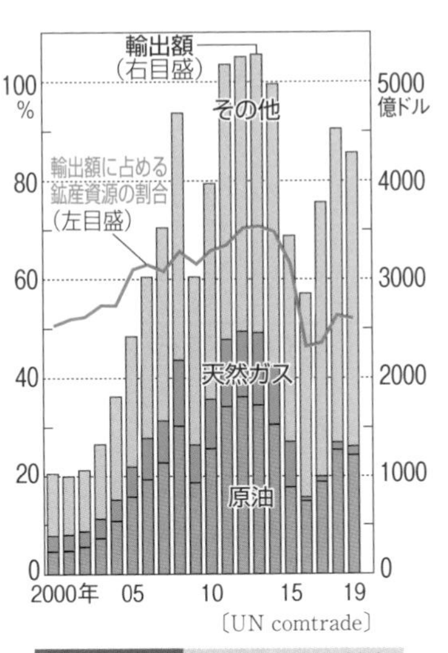

〔UN comtrade〕

図3-2-7-12 ロシアにおける鉱産資源の輸出額の推移

5 ロシアの主要都市

☑☑☑ モスクワ ▶ **ロシア西部，東ヨーロッパ平原に位置するロシアの首都**。モスクワ公国の首都だったが，ロシア帝国時代に**サンクトペテルブルク**に遷都され，ロシア革命後の1918年に再び首都となった。人口1,000万人を超える**ヨーロッパ最大都市**。**放射同心円状の街路網**を持つ。中央連邦管区の本部。

古くから工業が発達し，各種工業のほか，近年は**ハイテク産業も集積**している。工業地域を再開発したモスクワシティといわれる副都心はビジネスセンターとなっている。かつてのロシア皇帝の居城で，現在は政府の諸機関がおかれている宮殿の**クレムリン**や，**聖ワシリイ聖堂**などがある**赤の広場**など，多くの世界遺産がある。

☑☑☑ サンクトペテルブルク ▶ **ロシア西部，フィンランド湾に面するロシア第2の都市**。ロシア帝国時代の18世紀初めに建設され，**1918年まで首都**だった。ヨーロッパに近いことなどから，近年は**外国企業が進出**し，**自動車工業**などが発達している。北西連邦管区の本部。ロシアで最も美しい都市といわれ，首都だった時期に建設された**エルミタージュ美術館**など多くの世界遺産がある。

□☑☑ ノヴォシビルスク ▶ **ロシア中部，西シベリアにあるロシア第3の都市**で，**シベリア最大都市**。シベリア鉄道の建設によって始まり，**シベリア鉄道とオビ川の交点**に位置する。シベリアの工業・交通の中心地。シベリア開発研究の中心地となった学術都市のアカデムゴロドクがある。シベリア連邦管区の本部。

□☑☑ エカテリンブルク ▶ **ウラル山脈東麓に位置するロシア第4の都市**。**シベリア鉄道の起点**で，ウラル地域の中心的役割を果たしている。ウラル連邦管区の本部。

□☑☑ ニージニーノブゴロド ▶ **ロシア西部，ヴォルガ川に面するロシア第5の都市**。**自動車工業**が発達している。沿ヴォルガ連邦管区の本部。

□☑☑ ハバロフスク ▶ **ロシア東部，極東ロシアに位置する都市**。中国との国境になっている**アムール川とウスリー川の合流点**に位置する。極東ロシアの文化の中心地。極東連邦管区の本部。

☑☑☑ ウラジオストク ▶ **ロシア東部，極東ロシアのプリモルスキー地区南東部に位置する港湾都市**。**シベリア鉄道の終点**で，漁業も盛ん。現在ではアジアからの観光客も多い。太平洋に面した**不凍港**で，**軍港**としても重要であるため，旧ソ連時代は外国人の居住や市外居住者の立ち入りが禁止された閉鎖都市だった。

6 ロシア以外の旧ソ連構成国

① バルト3国

☑☑☑ バルト3国 ▶ **バルト海沿岸のエストニア，ラトビア，リトアニアの3か国の総称**。それぞれ独自の歴史を持つが，18世紀に帝政ロシアの支配下に入り，ロシア革命後の1918年に独立した。1940年に**ソ連に併合**され，ソ連の構成国になった。1991年に再び独立し，現在は**EUに加盟**している。

☑☑☑ エストニア ▶ 首都はタリン。**西はバルト海，北はフィンランド湾に面し，東はロシア，南はラトビアに接するバルト3国のひとつ**。**ウラル語族**の**エストニア語**が公用語で，**プロテスタント**を信仰する人が多い。**EU，NATO**に加盟し，ユーロを導入している。

ICT産業が発達し，さまざまな手続きがインターネットで完結する**電子政府を整備**していることで有名。

☑☑☑ ラトビア▶首都はリガ。**西はリガ湾に面し，北はエストニア，東はロシア，南はリトアニアに接するバルト3国のひとつ**。**インド・ヨーロッパ語族**の**バルト系**の**ラトビア語**が公用語で，**プロテスタント**を信仰する人が多い。**EU，NATO**に加盟し，ユーロを導入している。

バルト3国のなかでも**ロシア系住民**が多く（人口の27％），対立がしばしば表面化している。

☑☑☑ リトアニア▶首都はビリニュス。**西はバルト海に面し，北はラトビア，東はベラルーシ，南西はポーランドに接するバルト3国のひとつ**。**インド・ヨーロッパ語族**の**バルト系**の**リトアニア語**が公用語で，**カトリック**を信仰する人が多い。**EU，NATO**に加盟し，ユーロを導入している。

②ヨーロッパに位置する国

☑☑☑ ベラルーシ▶首都はミンスク。**東はロシア，南はウクライナ**と**接する国**で，国名は「白ロシア」を意味する。**インド・ヨーロッパ語族**の**スラブ系**の**ベラルーシ語**と**ロシア語**が公用語で，**オーソドックス**（正教会）を信仰する人が多い。ミンスクには，**CIS**の調整機関がある。

親ロシア派で，独裁による長期政権を理由に，**欧米諸国から制裁**を受けている。

☑☑☑ ウクライナ▶首都はキーウ（キエフ）。**東はロシア，西は東欧に接し，南は黒海に面する国**。**インド・ヨーロッパ語族**の**スラブ系**の**ウクライナ語**が公用語で，**オーソドックス**（正教会）を信仰する人が多い。**旧ソ連構成国でロシアに次いで人口が多い**。**ステップ気候**（BS）が広がり，平坦な国土には**肥沃なチェルノーゼム**が分布し，**小麦**の生産が多い。北部には，1986年に**原子力発電所の事故**が起こった**チョルノービリ（チェルノブイリ）**がある。**東部はロシア人**の割合が高く，ロシアとの関係を維持したい**親ロシア派の住民が多い**のに対し，**西部はウクライナ人**が大半を占め，ヨーロッパ諸国との関係を強めたい**親西欧派の住民が多い**。2014年には**クリミア問題**が起こり，2022年には，**ロシア軍がウクライナ東部に軍事侵攻**し，戦争が起こった。

☑☑☑ モルドバ▶首都はキシニョフ。**ウクライナとルーマニアに囲まれ，南を黒海に面する国**。**インド・ヨーロッパ語族**の**ラテン系**の**ルーマニア語**が公用語で，オーソドックス（正教会）を信仰する人が多い。ヨーロッパでは最貧国のひとつ。**ロシア人**が主に居住する**東部のドニエストル地域**が，1990年に**沿ドニエストル共和国**の独立を宣言し，モルドバ政府と**武力衝突に発展**。ロシア軍がドニエストル側につき戦闘が激化した。国際的には承認されていないが事実上の独立状態が続いている。

☑☑☑ カフカス諸国▶**カフカス山脈南麓の地域に位置する国々**で，**ジョージア，アルメニア，アゼルバイジャン**からなり，北はロシア，南はトルコとイランに囲まれる。**アジア**に分類され，ザカフカスともいう。**民族構成が複雑**で，**キリスト教徒とイスラム教徒の対立**のほか，ロシア連邦と西欧諸国との関係をめぐる対立もみられる。

☑☑☑ ジョージア▶首都はトビリシ。**カフカス南西部に位置し，西は黒海に面する国**。公用語は**カフカス諸語**に属する**ジョージア語**で，**オーソドックス**（正教会）を信仰する人が多い。国名をロシア語読みの「グルジア」から英語読みの「ジョージア」に変更し（1990年），EU，NATOへの加盟を目指している。温暖湿潤気候のもとで，**オレンジ**などの柑橘類，**ブドウ**，ワイン，**茶**などが特産品になっている。

2008年，国内の**南オセチア**と**アブハジア**が**分離独立を求めてジョージア軍と軍事衝突**し，それに**ロシアが介入**した。ロシアと数か国が両地域の独立を承認したことで，ジョージアはロシアとの国交を断交し，**CISを脱退**した。

☑☑☑ アルメニア▶首都はエレバン。**カフカス南部に位置する内陸国**。**インド・ヨーロッパ語族**に属する**アルメニア語**が公用語で，**オーソドックス**（正教会）を信仰する人が多い。**世界で初めてキリスト教を国教とした国**として知られる（301年）。ロシアとの結びつきが強い。隣国の**アゼルバイジャン**の**ナゴルノ・カラバフ自治州**には**アルメニア系住民**が多く，アルメニアへの編入を求めており，**アゼルバイジャンと軍事衝突**が続いている。また，19世紀末から20世紀初めにオスマン帝国領内で多数のアルメニア人が迫害・虐殺された経緯からトルコとの外交関係はない。多くのアルメニア人が世界中に離散し，アルメニア本国に居住するアルメニア人よりも国外に居住するアルメニア人の方が多く，ユダヤ人と並ぶ**ディアスポラ**（離散）として知られる。

☑☑☑ アゼルバイジャン ▸ 首都はバクー。**カフカス南東部に位置する国**で，東は**カスピ海**に面する。**アルタイ諸語**の**チュルク（トルコ）語族**に属する**アゼルバイジャン語**が公用語で，**イスラーム（シーア派）**を信仰する人が多い。**バクー油田**をはじめ**原油や天然ガス**に恵まれ，原油の輸出が多く，ロシアを経由しない**BTCパイプライン**などを通じて輸出している。国内の**ナゴルノ・カラバフ自治州**は**アルメニア系住民**が多く，**アルメニアと軍事衝突**が続いている。アルメニアに分断される形で**ナビチュヴァン自治共和国**が**飛び地**となっている。

③ 中央アジアに位置する国

☑☑☑ 中央アジア諸国 ▸ **ユーラシア大陸中央部に位置する国々**で，大部分が**乾燥地域**に位置する。古くから**シルクロード**として知られる**東西交易路**が東アジアと地中海地域を結び，交易を基盤とする**オアシス都市**が栄えた。イラン系の言語が用いられるタジキスタンを除き，**アルタイ諸語**の**チュルク（トルコ）語族**に属する言語を話し，**イスラームを信仰する人が多い**。

☑☑☑ カザフスタン ▸ 首都はアスタナ（2022年にヌルスルタンから，元の名称に戻された)。**中央アジアに位置し，北はロシア，東は中国と接する国**。**アルタイ諸語**の**チュルク（トルコ）語族**に属する**カザフ語（国語）**のほか，**ロシア語も公用語**となっている。イスラームを信仰する人が多い。**旧ソ連構成国ではロシアに次いで面積が大きい**。**北部はステップ気候**（BS），**南部は砂漠気候**に属し，北部の**カザフステップ**では**肥沃なチェルノーゼムが分布**し，**小麦**の生産が多い。南西部には**バイコヌール宇宙基地**がある。近年は**カスピ海沿岸の原油**や**天然ガス**，**レアメタル**，**ウラン**の生産が多く，原油は主要輸出品となっている。

☑☑☑ トルクメニスタン ▸ 首都はアシガバット。**中央アジア**に位置し，**北はウズベキスタンと接する国**。**アルタイ諸語**の**チュルク（トルコ）語族**に属する**トルクメン語**で，イスラームを信仰する人が多い。

国土の大部分が**カラクーム砂漠**で，**ウズベキスタン**との国境に沿って**アムダリア（アム川）**が流れ，**カラクーム運河**沿いでの**灌漑**による**綿花栽培**が盛ん。**天然ガス**の産出も多く，輸出も多い。

☑☑☑ ウズベキスタン ▸ 首都はタシケント。**中央アジアに位置し，北はカザフスタン，南はトルクメニスタンと接する国**。**アルタイ諸語**の**チュルク**（トルコ）**語族**に属する**ウズベク語**で，イスラームを信仰する人が多い。**旧ソ連構成国ではロシア，ウクライナに次いで人口が多い**。

乾燥地域が広がり，**灌漑**による**綿花栽培**が盛んで綿花の生産が多いが，過剰取水によって**アラル海の水位低下**をもたらした。

☑☑☑ タジキスタン ▸ 首都はドゥシャンベ。**中央アジアの南部に位置し，東は中国，南はアフガニスタンと接する国**。**インド・ヨーロッパ語族**の**インド・イラン語派**の言語に属する**タジク語**で，イスラームを信仰する人が多い。国土の大部分が**パミール高原**とそれに連なる山脈や高原に位置する山岳国で，旧ソ連構成国でも**最貧国**に分類される。

☑☑☑ **キルギス**▶首都はビシュケク。**中央アジアの南東部に位置し，東は中国と接する国**。**アルタイ諸語**の**チュルク（トルコ）語族**に属する**キルギス語**のほか，**ロシア語も公用語**となっている。イスラームを信仰する人が多い。国土の大部分が**テンシャン山脈**と**パミール高原**の一部が占める山岳国で，旧ソ連構成国でも最貧国に分類される。

第8節 アングロアメリカ

1 アングロアメリカの自然環境

☑☑☑ アングロアメリカ ▶ **アメリカ合衆国**と**カナダ**からなる**地域**。この呼称は，アメリカとカナダが，**ゲルマン系**の**アングロサクソン人**（イギリスの基礎を築いた民族でイギリス系とほぼ同意）を中心に建国されたことに由来する。

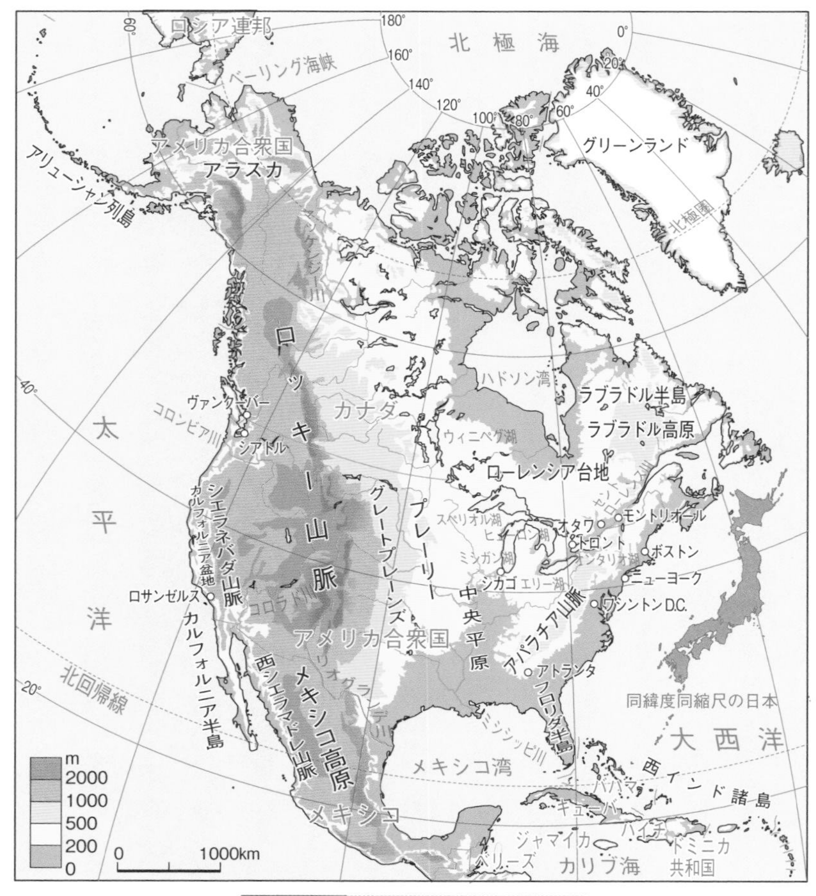

図3-2-8-1 アングロアメリカの地勢図

☑☑☑ アングロアメリカの地形 ▶ 大陸の西側には**シエラネバダ山脈**や**ロッキー山脈**をはじめとする**新期造山帯**の**環太平洋造山帯に属する山脈**が，東側には**古期造山帯**に属する**アパラチア山脈**が，それぞれ南北に列状に走っている。アメリカ合衆国太平洋側の**カリフォルニア州**南部から西部付近は，**プレートのずれる境界**にあたる**サンアンドレアス断層**が走り**地震も多い**。**ロッキー山脈**と**アパラチア山脈**に囲まれた地域にはメキシコ湾からカナダにかけて**構造平野**の**アメリカ中央平原**が広がり，中央部を**ミシシッピ川**がメキシコ湾に向かって流れる。ロッキー山脈の東側には**グレートプレーンズ**といわれる大平原が広がっている。また，中央平原からグレートプレーンズにかけては，**プレーリーといわれる大草原**が広がっている。大陸北部には，**ハドソン湾**を中心に**五大湖から北極海付近**にかけて**安定陸塊**の**カナダ楯状地**が広がっている。北部は，更新世には**大陸氷河に覆われていた**ため，**世界最大の氷河湖である五大湖**などの**氷河地形**がみられる（図3-2-8-1，図3-2-8-2参照）。

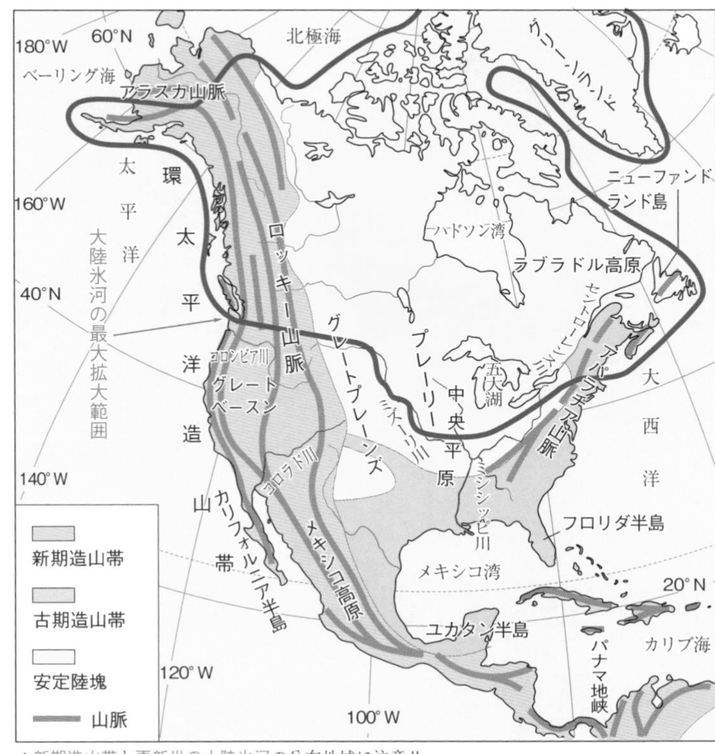

＊新期造山帯と更新世の大陸氷河の分布地域に注意!!

図3-2-8-2 アングロアメリカの地形

☑☑☑ **アングロアメリカの気候**▶**西経100度付近**を境に，**東部の湿潤地域**と**西部の乾燥地域**に大別される。大西洋沿岸から**西へ向かうにつれて年降水量は減少**し，中央平原の植生も森林から草原へと変化する。**西部の乾燥地域**では，山脈の影響で降水量が少ない山岳地帯の盆地や高原には**砂漠気候**（BW）もみられる。**太平洋岸**では，北に向かって**地中海性気候**（Cs）から**西岸海洋性気候**（Cfb），**亜寒帯湿潤気候**（Df）と変化する。

南北では，**北緯40度**を境に，北は**亜寒帯湿潤気候**（Df）となり，アラスカやカナダ北部には**広大な針葉樹林**（**タイガ**）が広がっている。この地域は，冬が長く，寒波や**ブリザード**に襲われることも多い。また，**北極海沿岸**は**ツンドラ気候**（ET）となっている。北緯40度より南は，温和な**温暖湿潤気候**（Cfa）が広がり，**フロリダ半島南部は熱帯**（A）に属する。フロリダ半島からメキシコ湾岸にかけては，夏に

ハリケーンがたびたび襲来する。また，内陸部では，春先に**トルネード**（竜巻）が発生して，大きな被害をもたらすことがある（図3-2-8-3，図3-2-8-4参照）。

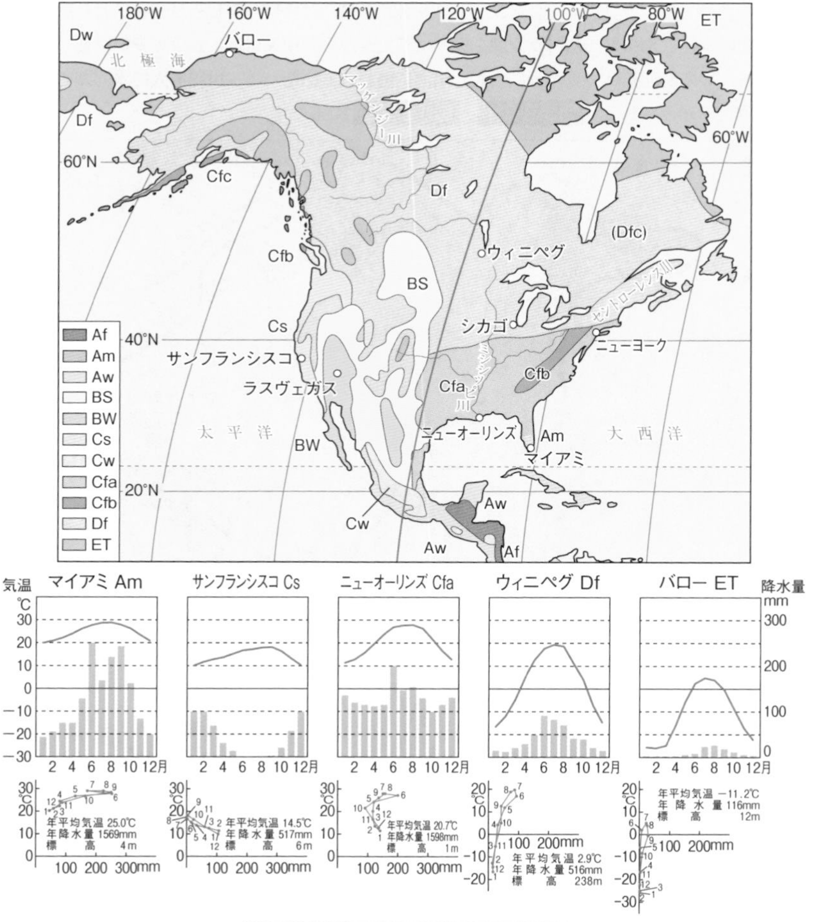

図3-2-8-3 アングロアメリカの気候

□☑☑ アラスカ山脈 ▶ **アラスカ半島の南部を東西に走る環太平洋造山帯の山脈**。**山岳氷河**が発達し，**ロッキー山脈に連なる**。**北アメリカ最高峰のデナリ（マッキンリー山，6.190m）**がある。

□☑☑ カスケード山脈 ▶ **北アメリカ大陸西部の太平洋岸をロッキー山脈に並行して南北に走る環太平洋造山帯の山脈**。南は海岸山脈や**シエラネバダ山脈**に続く。

☑☑☑ ロッキー山脈 ▶ **北アメリカ大陸西部をほぼ北西から南東に連なる環太平洋造山帯の大山脈**。カナダからシエラマドレ山脈に続く。カナダではカナディアン・ロッキーともいう。山脈内には，**イエローストーン国立公園**など**多くの国立自然公園**があり，カナダとアメリカ合衆国の国境付近には氷河がみられる。最高峰はエルバート山（4.398m）。

☑☑☑ シエラネバダ山脈▶**北アメリカ大陸西部，カリフォルニア州東部を南北に走る環太平洋造山帯の山脈**。ヨセミテ国立公園など，多くの国立自然公園がある。最高峰の**ホイットニー山**（4,418m）は，**アメリカ合衆国本土の最高峰**でもある。

□☑☑ 海岸山脈▶**北アメリカ大陸西部，太平洋岸を南北に走る環太平洋造山帯の山脈。シエラネバダ山脈**との間に，**カリフォルニア盆地（セントラルヴァレー）**がある。

☑☑☑ カリフォルニア盆地（セントラルヴァレー）▶**アメリカ合衆国西部，シエラネバダ山脈と海岸山脈に挟まれたカリフォルニア州にある盆地。サクラメント川**と**サンワキン川**が流れ，流域一帯では**シエラネバダ山脈**の融雪水を利用した**灌漑農業**による**大規模な樹木作物や米，野菜の栽培**が行われている。

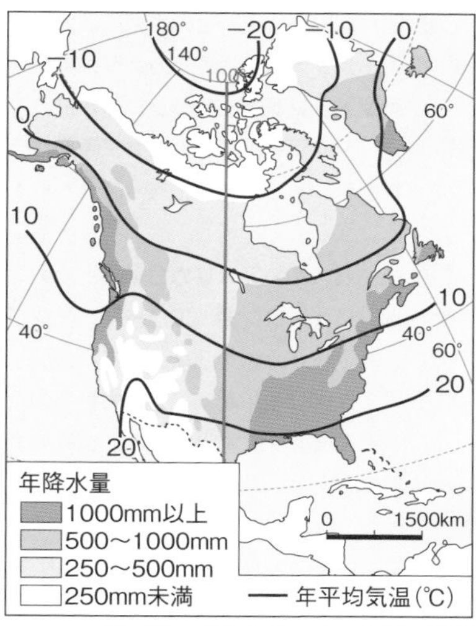

〔An Atlas of North American Affairs 1979〕
図3-2-8-4 アングロアメリカと周辺の気温と降水量

☑☑☑ サンアンドレアス断層▶**北アメリカ大陸西部，プレートのずれる境界にあたるトランスフォーム断層**。断層周辺では**大きな地震が頻発**し，周辺の**サンフランシスコ**や**ロサンゼルス**などで地震による被害が生じている。

☑☑☑ コロラド高原▶**アメリカ合衆国西部，ロッキー山脈西部の環太平洋造山帯の高原**。**アリゾナ州**を中心に広がり，**グランドキャニオン**のある**コロラド川**などが刻む深い峡谷が多い。

☑☑☑ グレートベースン▶**アメリカ合衆国西部，ロッキー山脈とシエラネバダ山脈の間に位置する内陸の盆地**。**ネヴァダ州**を中心に，周辺のカルフォルニア州，オレゴン州，ユタ州，コロラド州にまで広がる盆地で，気温の年較差が大きく，降水量も少ない。南部にある**カリフォルニア州**の**デスヴァレー**は，**世界最高気温を記録**した**アメリカ合衆国本土の最低地点**でもある。

☑☑☑ アパラチア山脈▶**アメリカ合衆国東部を南北に走る古期造山帯の山脈**。北はカナダの**ケベック州**，南は**アラバマ州**まで続き，カナダの**ニューファンドランド島**や**ノヴァスコシア半島**も古期造山帯に属する。東は大西洋にかけて，**ピードモント台地**を挟んで**大西洋岸平野**が広がり，ピードモント台地と大西洋岸平野の間には，**滝線都市**が発達した。**石炭・石油などの資源の埋蔵が豊富**で，**アパラチア炭田**の**石炭**は**ピッツバーグ**の**鉄鋼業**などに利用された。

☑☑☑ アメリカ中央平原▶**北アメリカ大陸中央部，メキシコ湾岸からカナダにかけて広がる構造平野**。中央部を**ミシシッピ川**が，メキシコ湾に向かって南北に流れる。

☑☑☑ グレートプレーンズ▶**北アメリカ大陸中部，ロッキー山脈東麓に広がる台地状の大平原**。標高は600〜1,800mで東に向かって緩やかに低くなっている。

☑☑☑ プレーリー▶**北アメリカ大陸中央部，メキシコ湾岸からカナダにかけて広がる大草原。肥沃な土壌（プレーリー土）に恵まれ**，開拓以前はコヨーテ，バイソン，プレーリードッグなどの野生動物が生息する草原であったが，開拓によって穀物を中心とした生産性の高い農業地域になっている。

☑☑☑ カナダ楯状地▶**北アメリカ大陸北部，ハドソン湾を取り囲むように広がる安定陸塊。ハドソン湾**から**五大湖**にかけての**ローレンシア台地**を含み，カナダの国土面積の半分を占める。**先カンブリア代**

の岩盤が露出し，更新世の氷期には大陸氷河に覆われていたため多くの氷河湖がある。

☑☑☑ ラブラドル半島▶カナダ東部の半島で，起伏が小さく，内陸にはラブラドル高原があり，ニューファンドランド州とケベック州が位置する。

☑☑☑ ラブラドル高原▶カナダ東部，ラブラドル高原内陸部の高原。カナダ楯状地の一部で，氷河湖が点在する。キャロルレーク，ノブレークなどの鉄山が含まれるラブラドル鉄鉱床があり，鉄鉱石を産出する。

☑☑☑ 五大湖▶アメリカ合衆国とカナダの国境部分に並ぶ氷河湖の総称。西からスペリオル湖，ミシガン湖，ヒューロン湖，エリー湖，オンタリオ湖が並ぶ５つの湖のこと。セントローレンス川へと流れる。エリー湖とオンタリオ湖の間は高低差が大きく，ナイアガラの滝がある。

☑☑☑ スペリオル湖▶アメリカ合衆国とカナダの国境に位置する五大湖のうち最大の湖。カスピ海に次ぐ世界で2番目に大きな湖で，世界最大の淡水湖でもある（カスピ海は塩湖）。湖の西にはメサビなどの鉄山があり，鉄鉱石の積み出し港のダルース（アメリカ合衆国）や春小麦の積み出し港であるサンダーベイ（カナダ）が位置する。

☑☑☑ ナイアガラの滝▶アメリカ合衆国とカナダにまたがる，エリー湖とオンタリオ湖の間にある滝。世界三大瀑布（ばくふ）の一つ。

☐☑☑ ハドソン湾▶カナダ北部にある湾。ハドソン湾の周辺は安定陸塊（カナダ楯状地）が広がっている。湾の西には春小麦の積み出し港チャーチルがある。

☑☑☑ チェサピーク湾▶アメリカ大西洋岸にあるおぼれ谷の細長い湾で，湾奥にはボルティモアがある。カキをはじめ沿岸養殖業が盛ん。

☑☑☑ メキシコ湾▶北アメリカ大陸南東部のアメリカ合衆国からメキシコにかけて広がる大きな湾。石油の産出が多く，沿岸部は油田地帯となっている。海岸部には海岸平野がみられる。

☑☑☑ フロリダ半島▶アメリカ合衆国南東部の半島で，大西洋とメキシコ湾を分ける。温暖な気候で，海岸部には海岸平野が広がり，東海岸にはマイアミなどの観光保養地が多い。マイアミは，熱帯モンスーン気候（Am）に属する。

☐☑☑ ピードモント台地▶アメリカ合衆国南部，アパラチア山脈の東に位置する台地。海岸平野に接する滝線付近には，滝線都市が立地し，交易や綿工業などが発達している。

☑☑☑ アメリカ大西洋岸平野▶アメリカ合衆国南東岸に位置する世界最大規模の海岸平野。大西洋岸平野からフロリダ半島，メキシコ湾にかけては低平な海岸平野が続き，温暖な気候のもとで輸送園芸が行われている。

☑☑☑ ミシシッピ川▶アメリカ合衆国中央部を南に流れ，メキシコ湾に注ぐ北アメリカ大陸最大の河川。流域面積，流長ともに最大で，河口部には鳥趾状三角州が形成されている。オハイオ川，ミズーリ川などが主な支流で，内陸水運が発達し，河口部に位置するニューオリンズは農産物の積み出し港として発達した。

☐☑☑ オハイオ川▶アメリカ合衆国中部を流れるミシシッピ川の支流。州境となっていることが多く，支流には世界最初の総合開発が行われたテネシー川がある。

☑☑☑ テネシー川▶アメリカ合衆国中部を流れるオハイオ川の支流。1933年のニューディール政策でTVA（テネシー川流域開発公社）による総合開発が行われた。約30の多目的ダムが建設され，テネシー川の治水のほか，アルミニウム工業や原子力産業が流域に立地した。

☑☑☑ ミズーリ川▶アメリカ合衆国西部・中西部を流れるミシシッピ川最大の支流。上流には総合開

発によってフォートペックダムが建設され，春小麦地帯の南北ダコタ州の**小麦栽培の拡大**に寄与した。

□☑☑ マッケンジー川▶**カナダ西部を流れ，マッケンジー湾に注ぐ北アメリカ大陸第2の流域面積を持つ河川**。流域は**森林資源**，**鉱産資源**に恵まれ，**内陸水運**が発達している。

☑☑☑ コロンビア川▶**カナダ**の**ブリティッシュコロンビア州に水源を持ち，アメリカ合衆国のワシントン州を流れ，太平洋へと流れ出る河川**。北アメリカ大陸で太平洋に流れ出る河川のなかでは流域面積は最大で，**総合開発**によってグランドクーリーダムなど大型ダムが建設され，地域の**小麦栽培の拡大**や**アルミニウム工業**，**シアトル**付近での**航空機産業**の発展などに寄与した。

□☑☑ サクラメント川▶**アメリカ合衆国西部，カリフォルニア州のカリフォルニア盆地**（**セントラルヴァレー**）**を南流する河川**。河口付近で**サンワキン川**と合流してサンフランシスコ湾に注ぐ。流域では**野菜や果実の栽培**が盛んである。

□□☑ サンワキン川▶**アメリカ合衆国西部，カリフォルニア州のカリフォルニア盆地**（**セントラルヴァレー**）**を北流する河川**。河口付近でサクラメント川と合流する。

☑☑☑ コロラド川▶**アメリカ合衆国西部からメキシコ北西部を流れる河川**。中流部では**グランドキャニオン**などの大峡谷を刻み，下流部では**乾燥地域**を流れる。グランドキャニオンに建設されたフーバーダムは**ラスベガス**に，パーカーダムは**ロサンゼルス**に**電力や水を供給**し，下流部ではインペリアルダムからの灌漑用水を利用し，インピリアルヴァレーでは**綿花栽培**も行われている。

☑☑☑ リオグランデ川▶**アメリカ合衆国とメキシコの国境を流れる河川**。1980年代には，メキシコ側に，アメリカ合衆国の都市と向かい合う形で労働集約的な工業を行う**マキラドーラ**といわれる**保税輸出加工区**が設置された。

□☑☑ ハドソン川▶**アメリカ合衆国北東部，ニューヨーク州東部を流れ，アメリカ合衆国最大都市のニューヨークに流れ出る河川**。中流に位置するオールバニとエリー湖との間には**ニューヨークステートバージ運河**が建設され，河口に位置するニューヨークは交易で栄えた。

☑☑☑ セントローレンス川▶**アメリカ合衆国とカナダの東部国境付近を流れる河川**。**セントローレンス海路**（**水路**）が建設されたことで，**大西洋から五大湖への内陸水運**が発達した。

□□☑ フレーザー川▶**カナダ南西部，ブリティッシュコロンビア州南部を流れる河川**。**サケ**の漁業が盛んで，河口にはカナダ太平洋岸の最大都市**ヴァンクーヴァー**が位置する。

☑☑☑ ブリザード▶**地吹雪をともなう寒冷な強風による猛吹雪**。

☑☑☑ ハリケーン▶**カリブ海からメキシコ湾岸を中心に北アメリカ大陸の南部を襲う熱帯低気圧**。2005年にアメリカ合衆国を襲った大型ハリケーン「**カトリーナ**」は，南部の諸州に甚大な被害をもたらした。その年は，「カトリーナ」に続いて，「リタ」，「ウィルマ」と，観測史上上位10位（最低中心気圧）に入る強烈なハリケーンが次々とアメリカ合衆国を襲い，ハリケーンの発生回数も史上最多を記録した。

☑☑☑ トルネード（竜巻）▶**アメリカ合衆国の内陸部で，主に春先に発生する竜巻**。主に積乱雲の下で発達する上昇気流で，**猛烈な風**をともなう。巨大なものは建物を破壊し，人的被害をもたらす。

2 アメリカ合衆国の歴史と民族

☑☑☑ アメリカ合衆国の建国と領土の変遷▶**アングロアメリカ**では，**アメリカインディアン**といわれる**先住民**の**ネイティブアメリカン**から土地を奪うことで，17世紀にヨーロッパ系移民による植民が本格化した。**アメリカ合衆国**では，**イギリス人**による入植が始まり，**1776年**に**東部13州が独立**した。

独立後，**アパラチア山脈**を越えて内陸へ向かい，**開拓前線**（**フロンティア**）は西へと進んだ（**西漸運動**）。19世紀初頭までに**イギリスからミシシッピ川以東**を，**フランスからミシシッピ川以西〜ロッキー山脈**にかけての地域を獲得し，中西部から南部へと領土を拡大した。19世紀後半から半ばにかけて，割譲や買収，併合により**スペインからフロリダ半島**や**メキシコから西部**などを獲得し，領土を拡大した。一方で，**ネイティブアメリカン**（インディアン）は西部の不毛な地に設けられた**居留地**に次第に追いやられた。

その後，**アラスカをロシアから買収**し，1898年には**ハワイを併合**することで，現在の領土に至った（図3-2-8-5参照）。

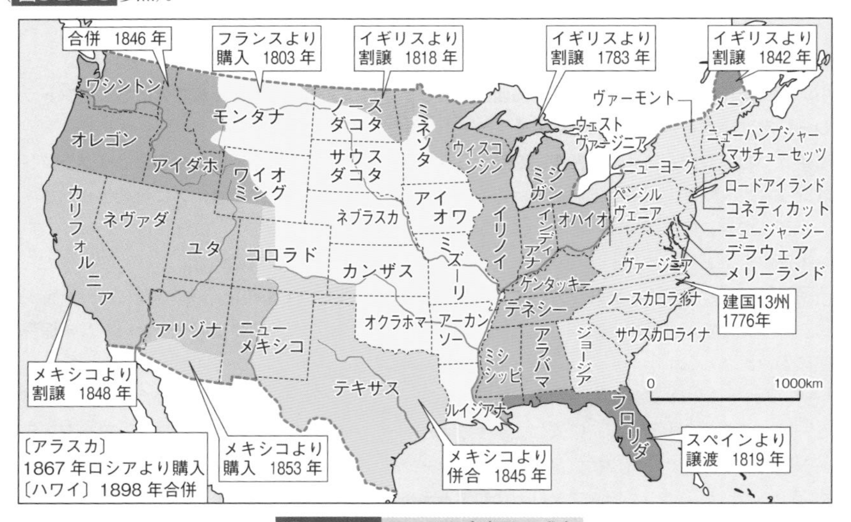

図3-2-8-5 アメリカ合衆国の成立

☑☑☑ **開拓前線（フロンティア）** ▶ **アメリカ合衆国の開拓地と未開拓の境界線**。フロンティアは「辺境」の意味だが，アメリカ合衆国では，ヨーロッパ系白人が定住した**東部での人口増加**や**カリフォルニア州での金鉱発見**によって，**西部開拓**が進んだ。太平洋岸に到達した1890年頃に消滅した。

□☑☑ **西漸運動** ▶ **19世紀に行われたアメリカ合衆国での西部開拓運動**で，西部の未開拓地への定住地の拡大や人口移動を指す。

☑☑☑ **ホームステッド法** ▶ **開拓民が5年間定住して開墾にあたった場合に，連邦政府から160エーカー（約65ha）の公有地を無償で得られる制度**。1862年にエイブラハム・リンカーンの署名により発効した。

☑☑☑ **アメリカ合衆国の人種・民族** ▶ **アメリカ合衆国**では，時代ごとに移民の出身地が変化し，住民構成が複雑な**多民族社会**となっている。独立時には，**イギリス**からの移民が中心で，その流れをくむ**WASP**といわれる人々が政治，経済，文化の指導層になっていた。国土の拡大や経済の発展にともない，19世紀に**アイルランド**や**ドイツ**，**イタリア**など**ヨーロッパ**から多くの移民が流入した。移民以外にも，**南北戦争**まで**奴隷制**が残っていた**南部諸州**では**アフリカ系**の人々がプランテーションで農業に従事させられていた。近年は，**メキシコ**や**プエルトリコ**などからのスペイン語系住民の**ヒスパニック**や**アジア系**が増加している（図3-2-8-6参照）。

☑☑☑ 多民族社会▶**世界各地から移民が流入することで形成された多様な民族からなる社会**。

☑☑☑ WASP（White・Anglo-Saxon・Protestant）▶**白人で，アングロサクソン（イギリス）系，プロテスタントの人々**。独立時には，アメリカ合衆国の**政治，経済，文化の指導層**だった。歴代のアメリカ合衆国大統領のうち，ケネディやオバマを除くと，ほとんどがWASPであるといわれる。古い価値観を固持する白人への蔑称として使われる場合もある。

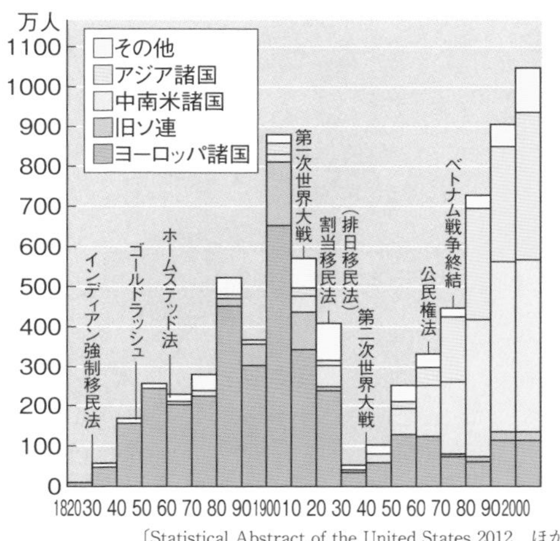

〔Statistical Abstract of the United States 2012，ほか〕
図3-2-8-6 アメリカ合衆国の出身地別移民数の変化

☑☑☑ アメリカ合衆国のマイノリティ▶**アメリカ合衆国で多数派を占めるヨーロッパ系住民以外の少数派の人種・民族**。**ヒスパニック**や**アフリカ系アメリカ人（黒人）**，**アジア系**，**アメリカインディアン**などが該当する。

☑☑☑ アメリカ合衆国の人種・民族分布の地域性▶移民の流入や人口移動の歴史から，アメリカ合衆国の各州では**人種・民族構成に地域差**が見られる。**多数派のヨーロッパ系住民は各地に居住**しているが，古くから入植が進んだ北東部の**ニューイングランド地方**や，新しい移民の流入が少ない**プレーリー付近の農業州**で割合が高い。また，**アフリカ系住民**の比率は奴隷制が長く残っていた**南部諸州**のほか，北部の一部の大都市で高い。**アジア系住民**はロサンゼルスなどの**太平洋岸の諸都市**に多いが，ニューヨークなどの大都市でも増加している。**ヒスパニック**は，**メキシコとの国境近くの州**で増加している。**マイノリティ**は，雇用機会の多い**大都市に居住**することが多く，大都市の市街地では，特定の人種・民族が集中して暮らす**住み分け（セグリゲーション）**も進んでいる（図3-2-8-7参照）。

☑☑☑ ネイティブアメリカン▶**北アメリカ大陸の先住民**。アメリカ合衆国の独立以前にアメリカ本土に居住していた**アメリカインディアン**のほかに，**アラスカ先住民**や**ハワイの先住民**も含まれる。アメリカインディアンは，西部開拓によって西へと追いやられた。

□☑☑ インディアン居留地▶**アメリカインディアンの居住地として指定された地区**。主に**ミシシッピ川以西**に設置され，山岳地域など**不毛な土地**であることが多い。先住民によって保有，統治され，アメリカ合衆国内に300あまりある。

☑☑☑ アメリカ合衆国のセグリゲーション（アメリカ合衆国の人種・民族の住み分け）▶アメリカ合衆国の大都市における**人種・民族ごとの社会集団による住み分け**。人種・民族ごとの住み分け以外にも，**所得**による住み分けも見られる。

☑☑☑ アフリカ系アメリカ人（黒人）▶**アメリカ合衆国に居住するアフリカ出身の人々や，その子孫**。**南北戦争**以前に**南部の綿花プランテーションのための奴隷**として連れてこられたため，**南部に多い**。

20世紀までは，アメリカ合衆国の人種・民族構成で最も多い**マイノリティ**だった。アメリカ合衆国の人種・民族構成の**約1割強**を占める。

□☑☑ 南北戦争▶**1860年代にアメリカ合衆国が南北に分かれて戦った戦争**。**黒人奴隷制度の存続**が

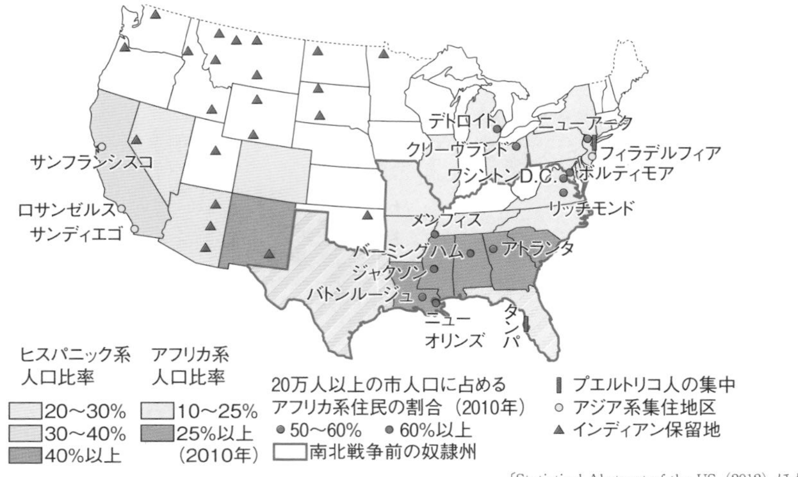

〔Statistical Abstract of the US（2012）ほか〕

図3-2-8-7 アメリカの民族構成の地域差

主な争点で，商工業を中心に発展し，奴隷制に反対する**北部**と，黒人奴隷を労働力とする**綿花プランテーション**が中心の**南部**が戦った。北部が勝利し，リンカーン大統領による**奴隷解放宣言**（1863年）や南北戦争後の憲法修正によって**奴隷制度は廃止**された。しかし，南部諸州では黒人差別が続き，アフリカ系アメリカ人には実質的な選挙権などの基本的人権が制限された。

☐☑☑ 公民権運動 ▶ **1950年代半ばから1960年代半ばにかけて展開された，アフリカ系アメリカ人による人種差別の撤廃や基本的人権を要求する社会運動**。キング牧師らによって非暴力主義のもと展開され，1964年の**公民権法**の成立によって，黒人差別は撤廃された。

☑☑☑ ヒスパニック ▶ **メキシコやプエルトリコなど中南アメリカで生まれた，スペイン語を母語とする人々や，その子孫**。人種的・文化的には多様な人々が含まれる。21世紀に入ってアフリカ系アメリカ人を上回り，アメリカ合衆国の人種・民族構成の**約2割**を占める最も多い**マイノリティ**となっている。メキシコ国境沿いの南西部には**メキシコ系**，フロリダには**キューバ系**，ニューヨークには**プエルトリコ系**が多い。スペイン系アメリカ人もヒスパニックとよばれる。

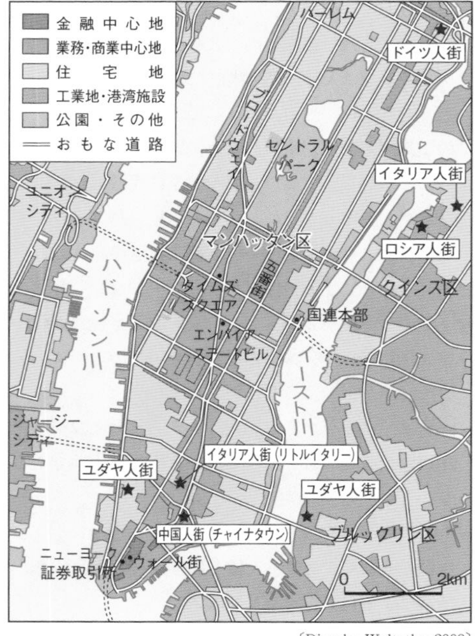

〔Diercke Weltatlas 2008〕

図3-2-8-8 ニューヨークの都市機能と移民街

□☑☑ ツインシティ（アメリカ合衆国・メキシコ）（双子都市（アメリカ合衆国・メキシコ））▶**アメリカ合衆国とメキシコとの国境を挟んで発達する2つの都市**で，サンディエゴとティファナ，エルパンとシウダーファレス，ラレドとヌエボ・ラレドなどが典型的なツインシティ。メキシコ側には**安価な労働力**を背景に**工場**が立地する都市が発達し，輸出入や出入国の拠点として成長してきた。メキシコからアメリカ合衆国への**不法入国者**も多く，厳重な取り締まりが行われている。

☑☑☑ 人種・民族のサラダボウル▶社会を一つの皿に見立てて，**異なる民族や文化集団がそれぞれの固有な文化を保持しながら，互いに尊重し合って共存し，全体として調和している状態**。アメリカ合衆国の社会の**民族の多様性**を，プラスのイメージでたとえていう際に用いられることが多い。

☑☑☑ LGBT▶**Lesbian**（女性同性愛者），**Gay**（男性同性愛者），**Bisexual**（両性愛者），**Transgender**（性別越境者），**の頭文字を取って組み合わせた，性的少数者（セクシャル・マイノリティ）を表す言葉**。最近は，Q（Queer・Questioning：普通とは異なる・まだ決まっていない）が加わって，LGBTQということもある。

3 アメリカ合衆国の農業

☑☑☑ アメリカ合衆国の農業▶**アメリカ合衆国**は，「**世界の食料庫**」といわれる**世界有数の農業国**で，生産・輸出とも世界的に多い。広大な農地を効率的に管理するための**経営の大規模化**や**機械の導入**，**バイオテクノロジー**による**新種子の開発**，**遺伝子組み換え作物の増加**など，**農業の工業化**が進んでいる。近年では，**ICTの発達**による**スマート農業**も広く普及している。

こうした農業の工業化は**アグリビジネス**（**農業関連企業**）のもとで進められている。**アグリビジネス**は国内だけでなく，**世界各国の農産物の生産・流通を支配**しており，そのひとつである**穀物メジャー**は，**世界の穀物市場に大きな影響**をあたえている。

☑☑☑ アグリビジネス▶**農産物**の**生産・加工・貯蔵・運搬・販売など，農業に関連する経済活動に関わる産業**（**企業**）。**種苗や飼料**，**農薬・肥料**などを供給する企業，**農産物や食品の流通**を担う企業，**農産物を買い上げる**企業などが該当し，企業による影響力が強くなるため，農家が価格の面で不利益を被りがちになるなども問題点もある。

☑☑☑ 穀物メジャー▶**穀物のグローバルな流通を支配する多国籍穀物商社**。多くの穀物メジャーは，生産は行わず，**農家から穀物を買い付け**，産地の**集荷用穀物エレベーター**から港湾部の**輸出用穀物エレベーター**までを所有するなど，**農家から消費者までの穀物流通**に大きな影響を及ぼしている。

☑☑☑ 遺伝子組み換え作物（GMO：Genetically Modified Organism）▶**特定の遺伝子を組み込み，改良された作物**。おもに**害虫対策**のために行われる。**アグリビジネス**がおもな**開発の担い手**で，穀物や飼料作物を中心に多くの遺伝子組み換え作物が市場に出回っている。**安全性や健康への影響**を指摘する声もあり，**アメリカ合衆国**，**カナダ**，**ブラジル**，**アルゼンチン**などで**積極的に導入**される一方，**日本**，**EUは導入に慎重**である。

☑☑☑ アメリカ合衆国の農業地域▶自然条件・社会条件に適した作物が，**適地適作**のもとで**大規模に栽培**されている。**年降水量500mmの等降水量線**とほぼ一致する**西経100度**を境に，**湿潤な東部の農耕地域**と，**乾燥する西部の牧畜地域**に大別される。

東部では，**冷涼で氷食を受けた五大湖沿岸**を中心に**酪農**が行われ，大西洋沿岸の**メガロポリス周辺**では**近郊農業**が盛んである。**アイオワ州からオハイオ州**にかけては**コーンベルト**（**トウモロコシ地帯**）といわれ，トウモロコシや大豆の生産と肉牛や豚の飼育を組み合わせた**混合農業**が営まれてきた。

西経100度付近は**小麦栽培**が盛んで，**冷涼な北部の南北ダコタ州**では**春小麦**を，**温暖な南部**のカンザス州やネブラスカ州では**冬小麦を単作**する**企業的穀物農業**が行われている。**乾燥する西部**では**放牧**が広く行われているほか，**センターピボット**を用いた**灌漑農業**もみられる（図3-2-8-9参照）。

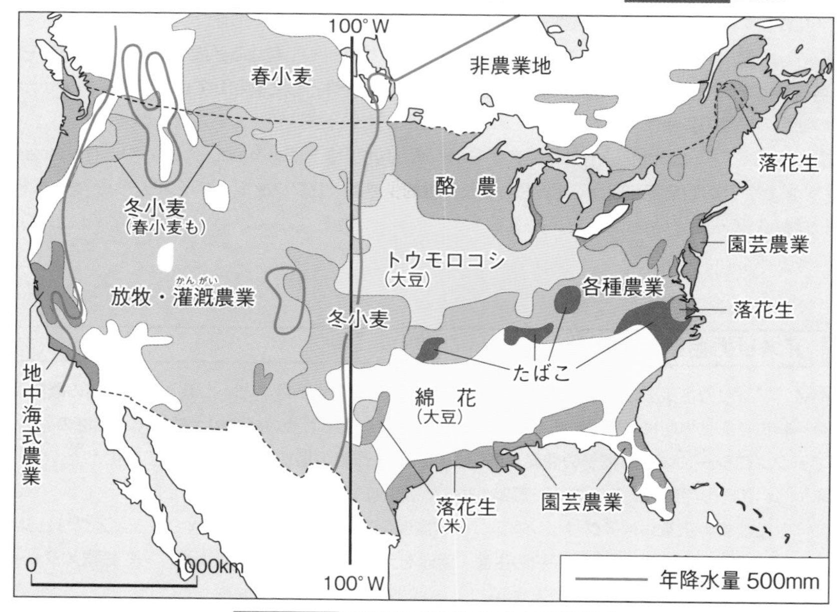

図3-2-8-9 アメリカ合衆国の農業地域区分

- ☑☑☑ 適地適作 ▸ **その土地の自然条件・社会条件に最適な作物を選んで農業経営を行うこと**。1年に1度，作物を栽培する**単作**が多い。
- ☑☑☑ デイリーベルト（酪農地帯）▸ **ニューイングランドから五大湖沿岸にかけての酪農が主に行われている地域**。**冷涼な気候**と**氷食を受けたやせ地**，**大市場（メガロポリス）に近い**ことから発達した。大市場から離れるにつれて**生乳**，**チーズ**，**バター**と生産される乳製品が重量の重いものに変化する傾向がある。**ウィスコンシン州**などが代表例。
- ☑☑☑ コーンベルト（トウモロコシ地帯）▸ **五大湖の南側のアイオワ州からイリノイ州，インディアナ州，オハイオ州にかけての商業的混合農業が行われている地域**。飼料用の**トウモロコシ**や**大豆**を生産し，**肉牛**や**豚**などの**肥育**を行う。**トウモロコシ**が**バイオエタノール**に利用されるようになって需要が急増し，トウモロコシの単作もみられる（図3-2-8-11，図3-2-8-15参照）。
- ☑☑☑ 春小麦地帯 ▸ **ミネソタ州からサウスダコタ州，ノースダコタ州，カナダへと広がるプレーリー北西部で行われている春小麦の企業的穀物農業地域**。**ミネアポリス**が集散地となっている（図3-2-8-10参照）。
- ☑☑☑ 冬小麦地帯 ▸ **カンザス州からオクラホマ州などプレーリー中央部で行われている冬小麦の企業的穀物農業地域**。オマハや**カンザスシティ**が集散地となっている（図3-2-8-10参照）。
- ☑☑☑ コットンベルト（綿花地帯）▸ **アメリカ合衆国南部のジョージア州からアラバマ州，ミシシッ**

ピ州，ルイジアナ州にかけての綿花が単作によって栽培されている地域。栽培地の北限は**無霜期間200日の線**で，**黒人奴隷**による**プランテーション**から発展した。第二次世界大戦後は，**連作障害**による**地力低下**や**土壌侵食**，**虫害**によって**生産が停滞**し，綿花栽培の中心は，**灌漑農業が行われるテキサス州やカリフォルニア州など西へ**と移動した。近年では**多角化**が進み，混合農業や園芸農業が行われているところもある（図3-2-8-13参照）。

☑☑☑ 企業的牧畜地域（アメリカ合衆国）▶**西経100度以西のグレートプレーンズからグレートベースンにかけての大規模経営による肉牛の牧畜が行われている地域**。自然牧草を利用した**放牧**が行われてきたが，近年は**大規模なフィードロット（肥育場）**や，**センターピボット**による**灌漑**で**小麦やトウモロコシなどの穀物栽培**もみられる。

☑☑☑ フィードロット▶牧場内に放牧地や牧草地とは別に小さな区画を設け，**穀物を中心とする高カロリーの飼料をあたえて，肉牛を肥育する施設**。牧草を飼料とする放牧に比べて，**短期間で肥育**することができ，脂がのった肉質になる。

☑☑☑ センターピボット▶**グレートプレーンズなど，年降水量500mm前後の半乾燥地域でみられる，地下水で灌漑する施設**。**360度回転する散水アーム**（半径約800m）で灌漑し，耕地は**円形**となる。

☐☑☑ オガララ帯水層▶**アメリカ合衆国中部，グレートプレーンズの地下に分布する世界最大級の地下水層**。地下水の大部分は**氷期に蓄えられた**もので，**センターピボット**に利用されることで，**地下水位面の低下や枯渇**が問題となっている。

☑☑☑ 園芸農業地域（アメリカ合衆国）▶**東部大西洋岸のメガロポリス周辺の近郊で，大都市生活者向けに野菜や花卉などを集約的に生産する園芸農業が行われている地域**。**温暖な気候を利用**して**メキシコ湾岸**から**フロリダ半島**では，**輸送園芸**も見られる。

☑☑☑ 地中海式農業地域（アメリカ合衆国）▶**カリフォルニア州のセントラルヴァレーを中心に，灌漑によって果実や野菜，米などを栽培している地域**。**サクラメント川**や**サンワキン川**の融雪水を用いて大規模な灌漑が行われている。果実の収穫には**メキシコ人労働者**が多く従事している。

☑☑☑ スマート農業▶**ICT（情報通信技術）やAI（人工知能）を活用して行う農業**。土中の**センサー**や**観測衛星**から得られた保水量のデータや降水量の予測をもとに，作物栽培に必要な散水量や時間を管理する，**ドローン**を使って肥料や農薬散布を行う，最適な収穫時期を判断するなど，農業の**労働生産性や利益を高める**ほか，地下水や農薬，肥料の過剰利用による**農地の劣化を緩和**し，**農業の持続可能性に貢献**することが期待されている。

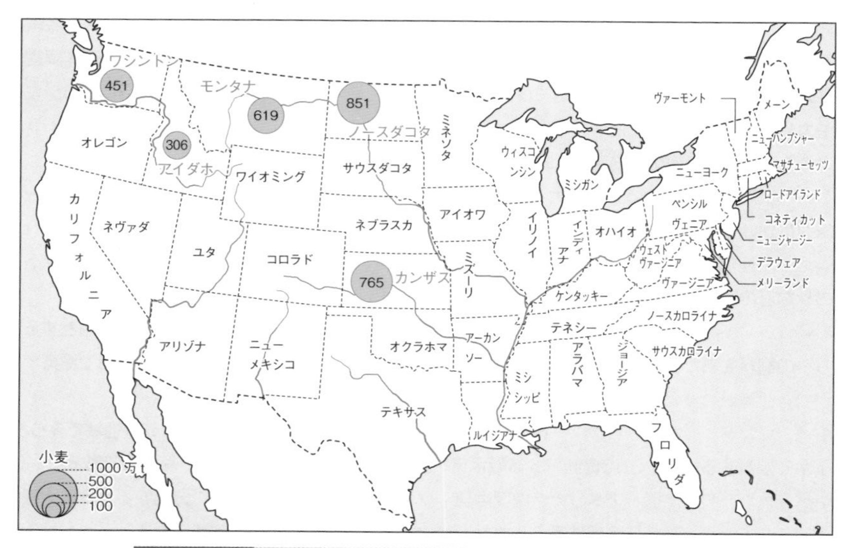

図3-2-8-10 アメリカ合衆国の小麦の州別生産上位5州（2020年）

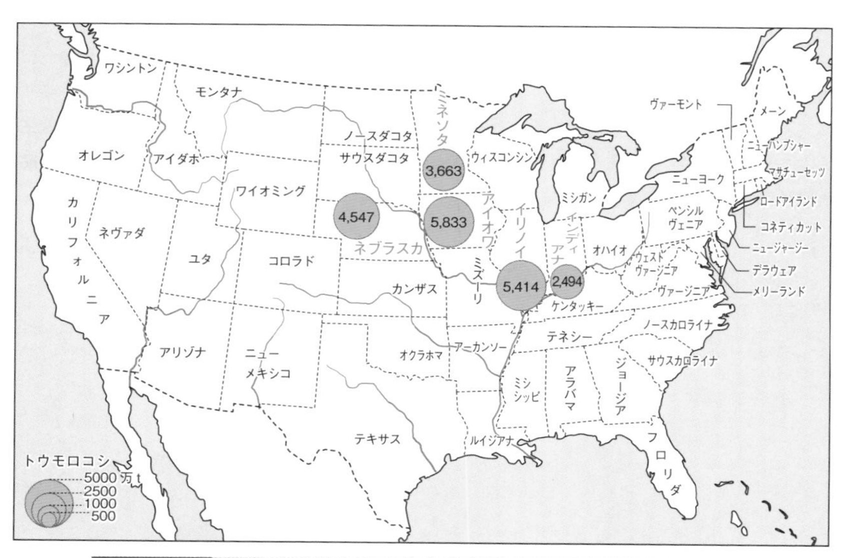

図3-2-8-11 アメリカ合衆国のトウモロコシの州別生産上位5州（2020年）

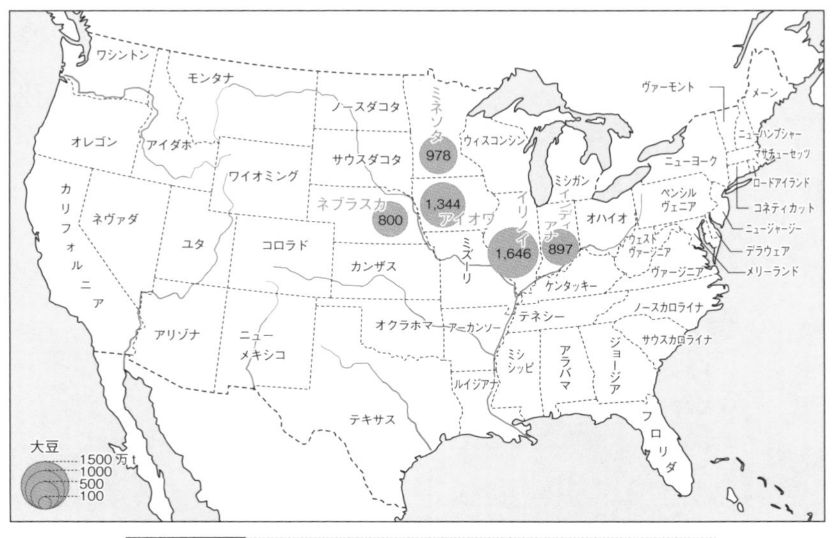

図3-2-8-12 アメリカ合衆国の大豆の州別生産上位5州（2020年）

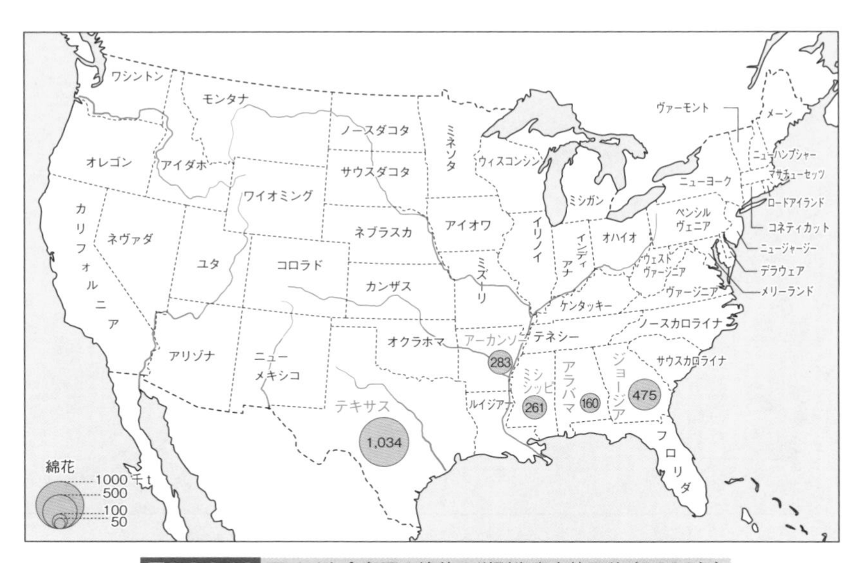

図3-2-8-13 アメリカ合衆国の綿花の州別生産上位5州（2020年）

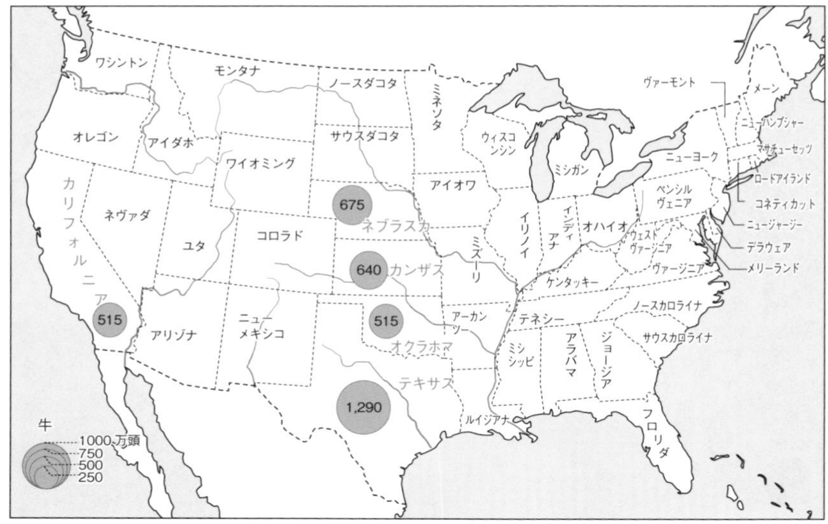

※肉牛，乳用牛など，すべてを含めた牛の飼育総数。

図3-2-8-14 アメリカ合衆国の牛の州別生産上位5州（2020年）

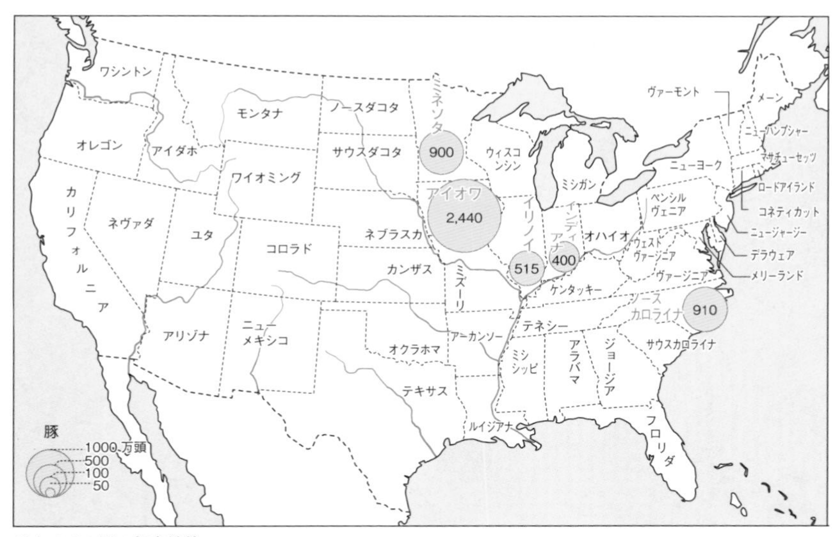

※すべての豚の飼育総数。

図3-2-8-15 アメリカ合衆国の豚の州別生産上位5州（2020年）

4 アングロアメリカの鉱工業

① アングロアメリカの鉱業

☑☑☑ アングロアメリカの鉱業 ▶ アングロアメリカは，アメリカ合衆国，カナダともに**さまざまな鉱産資源に恵まれ，豊富に産出**する。五大湖沿岸には**石炭**や**鉄鉱石**のほか非鉄金属資源が，メキシコ湾岸やカリフォルニア，ロッキー山脈には**原油**や**天然ガス**などの資源が分布する。2000年代に入って，**シェール**（**頁岩**）からの石油分やガス分を採取する技術が向上し，**シェール革命**といわれる石油や天然ガスの生産の増産が起こっている。豊富な鉱産資源を背景に，**石油メジャー**（**国際石油資本**）とよばれる巨大企業が君臨し，世界各地の資源開発に関与し，世界のエネルギー資源の供給や価格に強い影響を及ぼしている（図3-2-8-16 参照）。

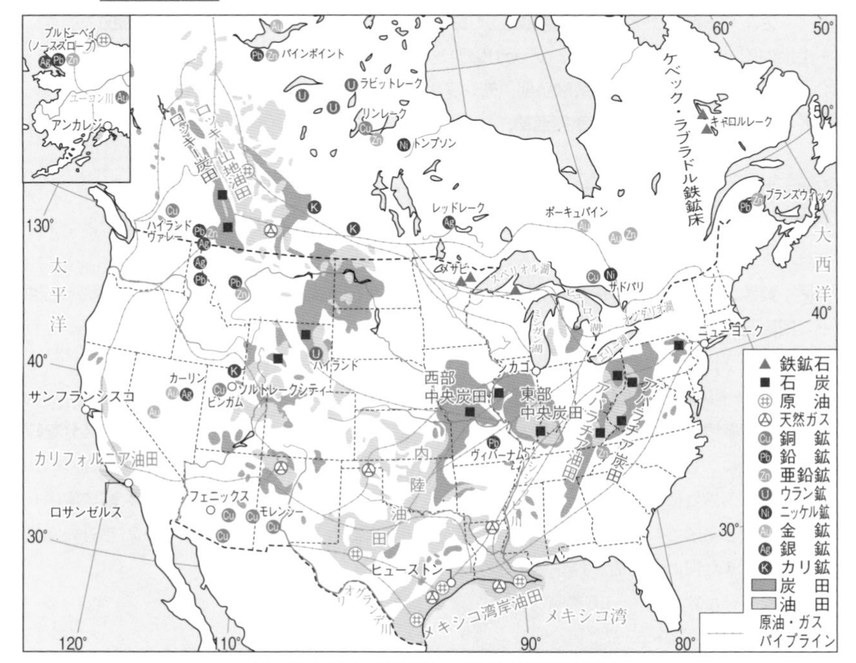

図3-2-8-16 アメリカ合衆国の資源分布

☑☑☑ メサビ鉄山 ▶ **アメリカ合衆国中北部，ミネソタ州北東部にある同国第一の鉄山**。良質の鉄鉱石が**露天掘り**によって採掘されていたが，**タコナイト鉱**という質の低い鉄鉱石の採掘が増加している。鉄鉱石はスペリオル湖岸の**ダルース**などに運ばれる。

☑☑☑ ラブラドル鉄鉱床 ▶ **カナダ北東部，ラブラドル高原北部にある鉄山**の総称。シェファビルなど露天掘りの鉄鉱山が多い。

☑☑☑ アパラチア炭田 ▶ **アメリカ合衆国東部，アパラチア山脈の西麓に沿って広がる同国第一の炭田**の総称。ペンシルヴェニア州からアラバマ州にかけてまたがる。**ピッツバーグ**の**鉄鋼業**の立地に貢献した。

☑☑☑ カリフォルニア油田 ▶ **アメリカ合衆国西部，カリフォルニア州にある油田**の総称。**ロサンゼルス**などでの**石油関連産業**の立地に貢献している。

☑☑☑ メキシコ湾岸油田 ▶ **アメリカ合衆国南部，メキシコ湾岸にある油田**の総称。テキサス州からフロリダ州にかけてまたがる。**ヒューストン**などでの**石油関連産業**の立地に貢献している。

☐☑☑ アパラチア油田 ▶ **アメリカ合衆国東部，アパラチア山脈に沿って広がる油田**の総称。ニューヨーク州からテネシー州にかけて広がり，アメリカ合衆国の石油産業発祥の地でもある。現在は枯渇が著しい。

☐☑☑ アメリカ内陸油田 ▶ **アメリカ合衆国中南部，プレーリー付近に広がる油田**の総称。カンザス州からテキサス州にかけてまたがる。

☑☑☑ ノーススロープ油田 ▶ **アメリカ合衆国，アラスカ州北部の油田**。**プルドーベイ油田**ともいう。原油を太平洋岸の**バルディーズ**まで**パイプライン**によって輸送している。

☑☑☑ アルバータ油田 ▶ **カナダ南西部，アルバータ州のロッキー山脈の北部にある油田**の総称。**ロッキー山地油田**ともいう。**エドモントン**や**カルガリー**の**石油関連産業**の立地に貢献している。

☐☑☑ ビュート ▶ **アメリカ合衆国西部，モンタナ州南西部にある銅鉱山**。採掘量は減少している。

☐☑☑ ビンガム ▶ **アメリカ合衆国西部，ユタ州北部にある銅鉱山**。銅のほか鉛，亜鉛，金，銀も産出する。

☐☑☑ モレンシー ▶ **アメリカ合衆国西部，アリゾナ州にある銅鉱山**。

☐☑☑ サドバリ ▶ **カナダ中南部，オンタリオ州南東部にあるニッケル鉱山**。ニッケルのほか銅，プラチナ，バナジウムなどの金属も産出する。

☐☑☑ 資源メジャー ▶ **資源の採掘や精製，製品化などを行う国際的な巨大企業**。石油を扱う**石油メジャー**（**国際石油資本**）のほか，鉄鉱石や銅，ボーキサイトなどの金属，石炭，ダイヤモンドなど特定の鉱産資源を扱う企業がある。

☑☑☑ シェール革命 ▶ **シェール**（**頁岩**）からの**石油や天然ガスの生産**が行われることで起こった**世界のエネルギー事情の大転換**。**シェール**といわれる岩石（**頁岩**）に含まれている**石油分，ガス分を採取する技術の向上**によって可能となった。採掘によって**地盤や地下水など環境への影響**が懸念されている。アメリカ合衆国以外にも中国やロシアにあるが，現在の生産のほとんどは**北アメリカ大陸に集中**している。アメリカ合衆国での生産が増加したことで，**原油や天然ガスの価格が下落**し，化石燃料の輸出に経済を依存してきた国は経済的な打撃を受けた。

☑☑☑ シェールオイル ▶ p.137参照

☑☑☑ シェールガス ▶ p.137参照

② アングロアメリカの工業

☑☑☑ アメリカ合衆国の工業 ▶ アメリカ合衆国の**産業革命**は，北東部の**ボストン**を中心とする**ニューイングランド地方**で始まった。その後，鉄鉱石や石炭などの**豊富な資源**を背景に，**五大湖沿岸**で**鉄鋼業**や**造船業**などの**重工業**が発展したが，第二次世界大戦後は，国際競争力を失って衰退し，工場の閉鎖や失業者が増加した。こうした地域は**フロストベルト**（**スノーベルト，ラストベルト**）といわれ，**産業の空洞化**が深刻化した。20世紀後半以降，南部の**サンベルト**（**北緯37度以南の地域**）で巨額の軍事予算や科学技術への投資を背景に，**航空宇宙産業**や**エレクトロニクス**，**バイオテクノロジー**，**ICT技術**などの**先端技術産業**が発達し，現在では北東部を上回る規模に成長している（図3-2-8-17参照）。

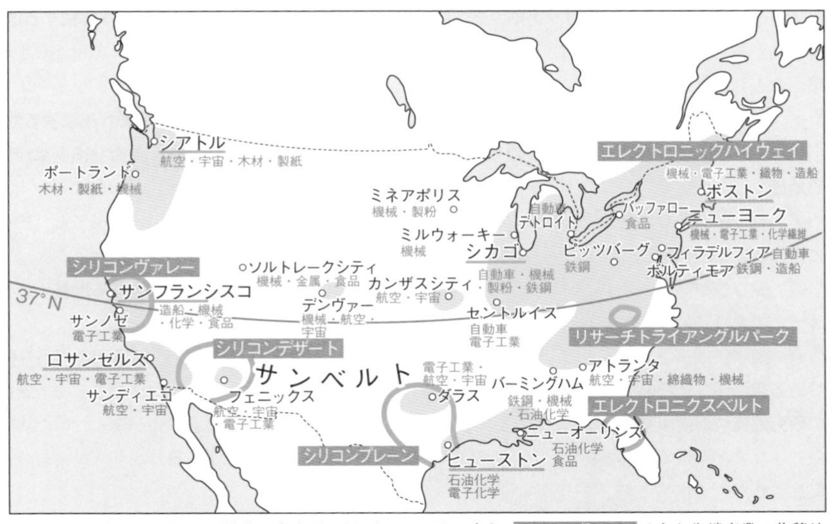

※シリコンヴァレーは37°N以北にも広がるが，サンベルトに含む。シリコンヴァレーは主な先端産業の集積地。

図3-2-8-17 アメリカ合衆国の工業

☑☑☑ フロストベルト（スノーベルト，ラストベルト）▸ **アメリカ合衆国北東部のメガロポリスから五大湖沿岸地域にかけての鉄鋼や自動車などの金属・機械工業が集中する地域**。1970年代以降，**賃金の高騰**や**資源の劣化・枯渇**，**設備の老朽化**などによって衰退した。発展の目覚ましい**サンベルト**に対して，こうした名称で呼ばれるようになった。近年は，加工組立工業や先端技術産業などへ産業構造の転換を図り，再活性化を進めている。

☑☑☑ サンベルト ▸ **アメリカ合衆国の北緯37度以南のカリフォルニア州からフロリダ州にかけての各種先端産業が立地する地域**。20世紀後半以降，**温暖な気候**や**石油**や**天然ガス**の産出のほか，**安価な工業用地**，**低賃金労働力**が得られ，国の膨大な国防支出による**立地政策**や州政府による**誘致政策**などによって，**航空宇宙産業**，**エレクトロニクス**，**バイオテクノロジー**，**ICT産業**など**先端技術産業**が成長した。

☑☑☑ シリコンヴァレー ▸ **カリフォルニア州中部，サンフランシスコの南東部，サンタクララ谷に位置する先端技術産業が集積する地域**。**半導体企業**や**ソフトウェア企業**が，**研究・開発部門**を中心に集まっていることに由来する。**スタンフォード大学**を中心とした**産学連携**で知られ，多くの**ベンチャー企業**が誕生している。巨大ICT企業で有名なGoogleやApple，Meta（旧Facebook）の本社が立地する。世界中から優秀な人材が集まり，地価や生活費が非常に高い。

☑☑☑ シリコンプレーン ▸ **テキサス州中部，ダラスやフォートワースを中心に先端技術産業が集積する地域**。プレーンは平原のこと。

☑☑☑ エレクトロニクスハイウェイ ▸ **マサチューセッツ州東部，ボストンを中心に先端技術産業が集積する地域**。**ボストン**郊外を取り囲むように走る高速道路（ルート128）沿いに，**マサチューセッツ工科大学**などがあり，エレクトロニクス関連の研究・開発部門が集積した。

☐☑☑ シリコンフォレスト ▸ **ワシントン州西部，シアトルを中心に先端技術産業が集積する地域**。巨大ICT企業で有名なAmazonやMicrosoftの本社が立地する。

□☑☑ シリコンデザート▶**アリゾナ州中部，州都フェニックスを中心に先端技術産業が集積する地域**。1990年代から，安価で広大な都市，低賃金労働力，安い税金などを背景にカリフォルニア州から半導体産業が流入してきたことで急速に発展した。

□☑☑ シリコンマウンテン▶**コロラド州中部，州都デンヴァーを中心に先端技術産業が集積する地域**。

□☑☑ エレクトロニクスベルト▶**フロリダ州中部，タンパ，オーランドを中心に先端技術産業が集積する地域**。

□☑☑ リサーチトライアングルパーク▶**ノースカロライナ州中央部，州都ローリー，ダラム，チャペルヒルの3都市を中心に先端技術産業が集積する地域**。

□☑☑ シリコンアレー▶**ニューヨークのマンハッタンを中心に先端技術産業が集積する地域**。デジタルメディアをはじめとする**コンテンツ産業**も見られる。

☑☑☑ 産学官連携▶**企業など経済活動に直接関わる「産」と大学など教育や学術研究を担う「学」，国や地方自治体など制度面の整備に関係する「官」が協力すること**。これらが協力することで，**新規技術の研究開発や新規事業の創出などが円滑に進むことが期待**される。産業の空洞化が進んでいた1980年代のアメリカ合衆国で推進された。大学の研究成果を産業に移転することが容易になり，産業の活性化が促進された。

☑☑☑ 巨大ICT企業▶**アメリカ合衆国で誕生したインターネット関連のオンラインサービスを提供している巨大企業**。先進国の国家予算に匹敵する規模の株式時価総額を誇る。世界のさまざまなサービスのプラットフォーム（基盤）を提供し，インターネットを活用した多様な分野へと進出している。巨大ICT企業の5社は，頭文字を取って**GAFAM**（ガーファム）（Google，Apple，Facebook（現Meta），Amazon，Microsoft）といわれることもある。**大量の情報**を扱っているため，**ユーザーの個人情報を収集**することが可能で，**個人のプライバシーの保護**の問題などが懸念されている。

5 アメリカ合衆国の経済

☑☑☑ アメリカ合衆国の経済▶アメリカ合衆国は**世界の政治，経済に中心的な役割**を果たしてきた。東西冷戦終了後の1990年代以降は，**世界の唯一の超大国**として**軍事面，経済面で世界をリード**している。

金融・経済面ではきわめて強い影響力を持ち，アメリカ合衆国の**通貨ドル**は世界の**基軸通貨**として，貿易や投資などの国際取引で最も広く流通する通貨となっている。**ニューヨーク証券取引所**をはじめ，証券や為替などを取り扱うアメリカ合衆国の**金融市場**の動向は世界経済を大きく左右する。

アメリカ合衆国は，**経常収支**（貿易収支など）と**財政収支**の巨大な「**双子の赤字**」を持つ赤字大国であり，貯蓄率が低いアメリカの家計部門も，国全体では支出が収入を上回って赤字となっている。これらの巨大な赤字を金融界が補っている。また，2000年代に入って，**EU**での地域統合や，中国やインドなど**新興国の台頭**によって，**多極化**が進み，自国優先の政治・経済政策がみられるようにもなっている。

□☑☑ 基軸通貨▶**輸出入の支払や金融取引などに使われる，国際的に通用する通貨**。歴史的にはイギリスの**ポンド**が長くその地位にあったが，第二次世界大戦後にアメリカ合衆国の**ドル**に取って代わられた。

□☑☑ ウォール街▶**ニューヨークのマンハッタン島南部に位置する金融市場や銀行，証券会社，投資会社などが集積する金融街**。

☑☑☑ ニューヨーク証券取引所▶**ウォール街に位置する証券取引所**。**世界最大の取引高**を誇る。

☑☑☑ 双子の赤字 ▶ **アメリカ合衆国の経常収支と財政収支がともに赤字となっている状態**。経常収支（貿易収支と所得収支の計）は，大部分が**貿易収支による赤字**であり，2000年代に入って大きくなった。財政収支も2001年の**同時多発テロ**以降，イラクへの軍事行動などにより赤字となり，2008年の**世界金融危機**により大幅な赤字となった。

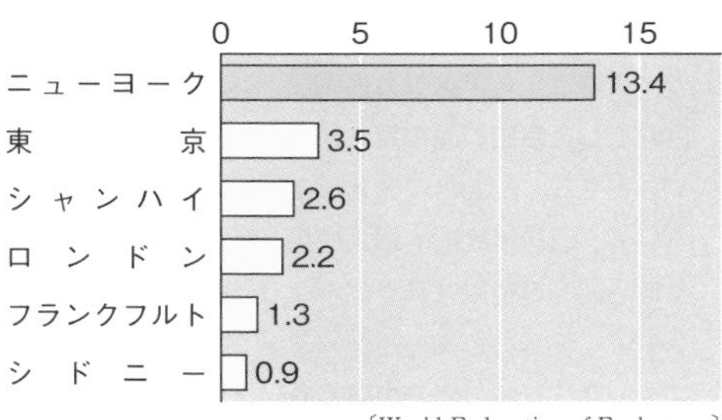

〔World Federation of Exchanges〕

図3-2-8-18 世界の証券取引所の取引高（2012）

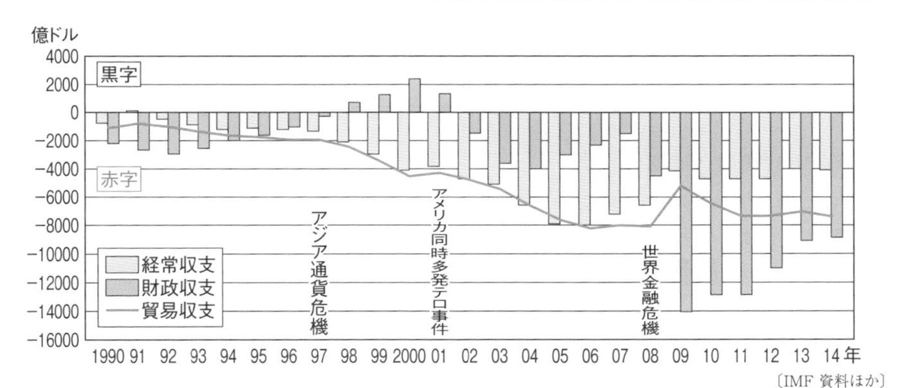

〔IMF 資料ほか〕

図3-2-8-19 アメリカ合衆国の国際収支の推移

	貿易収支（億ドル）	
黒字上位国	中国	4253
	ドイツ	2484
	ロシア	1653
	アイルランド	1334
	サウジアラビア	1213
赤字上位国	アメリカ合衆国	−8643
	イギリス	−1673
	インド	−1577
	フランス	−526
	フィリピン	−493

サービス収支（億ドル）	
アメリカ合衆国	2875
イギリス	1322
インド	842
スペイン	715
トルコ	355
中国	−2611
アイルランド	−840
サウジアラビア	−544
ロシア	−367
ブラジル	−351

〔IMF資料〕

図3-2-8-20 貿易・サービス収支の黒字上位国と赤字上位国（2019年）

☑☑☑ リーマン・ショック（世界金融危機）▶ **2008年に起こったアメリカ合衆国を端緒とする世界的な金融危機**。2007年，アメリカ合衆国で低所得者向け住宅ローン（**サブプライムローン**）の回収が不能となった問題を引き金として，翌2008年に大手投資銀行（**リーマン・ブラザーズ**）が**経営破綻**したことで世界的な金融危機を招いた。リーマン・ブラザーズの経営破綻による混乱は世界中に広がり，各国は危機脱却のために財政出動を余儀なくされた。

☑☑☑ USMCA（United States-Mexico-Canada Agreement：アメリカ合衆国・メキシコ・カナダ協定）▶**アメリカ合衆国，メキシコ，カナダの3か国による，貿易と投資の障壁をなくすことを目的とした自由貿易協定**。2018年に**NAFTA**（北アメリカ自由貿易協定）にかわる新たな貿易協定として合意され，2020年に発効した。NAFTAよりも**原産地規則**が強化された。

□☑☑ 原産地規則▶**輸入産品（商品）が無関税になるために必要な要件**。域内での製造，加工の割合や域内産品が使用された割合などが定められ，協定国内の産業の維持が図られる。

□☑☑ アメリカ第一主義（アメリカファースト）▶**孤立主義を強調するアメリカ合衆国の外交政策のスタンス**。自国の**経済の建て直し**を優先し，国際社会への関与を控えていこうとするもので，トランプ政権時には，**パリ協定やTPPからの離脱**を宣言したり，外国からの製品に対して**関税を強化**したり，中東への**軍事介入の見直し**などを行った。

6 アメリカ合衆国の主な州・都市

① アメリカ合衆国の地域区分

☑☑☑ アメリカ合衆国の地域区分▶**50州とワシントンD.C.というコロンビア特別区**で構成される**連邦国家**で，**北東部，中西部，南部，西部の4地域**（Region）に大きく区分され，さらに**9地区**（Division）に小区分される（図3-2-8-21 参照）。

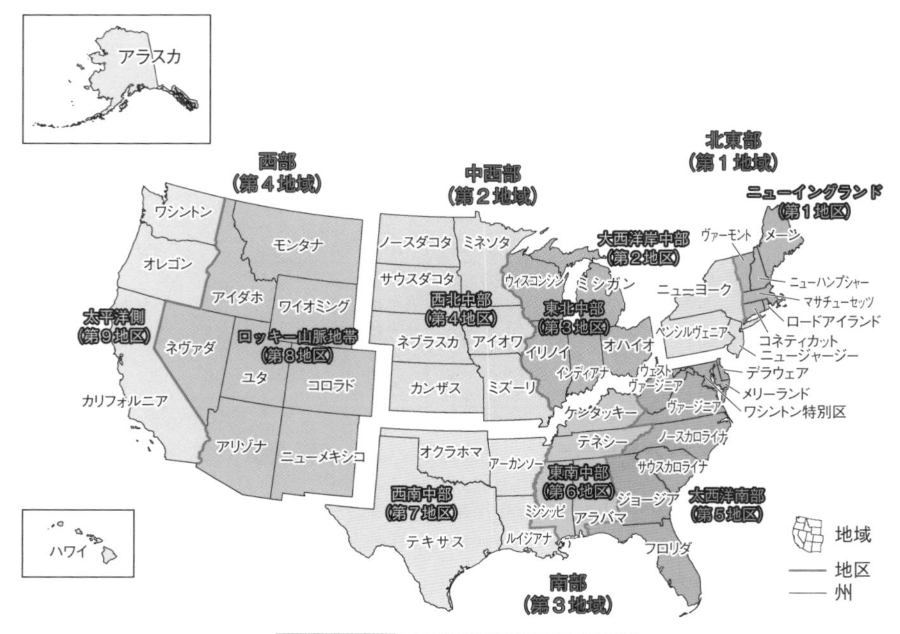

図3-2-8-21 アメリカ合衆国の地域区分

② 北東部（第1地域）

アメリカ合衆国北東部（第1地域）▶**ニューイングランド**（第1地区）と**大西洋岸中部**（第2地区）**の2地区からなる地域**。**ボストン**から**ワシントンDC**にかけて**メガロポリス**が形成され，アメリカ合衆国の政治・経済・文化の中枢的な役割を果たしている。

(1) ニューイングランド（第1地区）

ニューイングランド（第1地区）▶**アメリカ合衆国北東部に位置する6州からなる地区**。メーン州，ニューハンプシャー州，ヴァーモント州，**マサチューセッツ州**，ロードアイランド州，コネティカット州からなる。**アメリカ合衆国のなかでも最も古い地域**で，**白人の割合が高い**。ボストンはこの地方における最大都市となっている。

メーン州▶**アメリカ合衆国北東部に位置する州**。州都はオーガスタ。白人が約90%を占める。

ニューハンプシャー州▶**アメリカ合衆国北東部に位置する州**。州都はコンコード。

ヴァーモント州▶**アメリカ合衆国北東部に位置する州**。州都はモントピリア。

マサチューセッツ州▶**アメリカ合衆国北東部に位置する州**。州都は**ボストン**。19世紀にはボストン周辺で**繊維工業**などが発達し，**産業革命**が起こった。現在ではサービス業へと転換し，**ハイテク産業**や**金融業**が発達している。また，1620年にメイフラワー号に乗ってやってきた清教徒（ピューリタン。ピルグリム・ファーザーズともいう）がたどり着いた**プリマス**が位置する。

ボストン▶**マサチューセッツ州の州都で北東部最大都市**。ボストン大都市圏には，**ハーバード大学**や**マサチューセッツ工科大学**などがある**ケンブリッジ**などが含まれる。エレクトロニクス関連の研究・開発部門が集積している（**エレクトロニクスハイウェー**）。

ロードアイランド州▶**アメリカ合衆国北東部に位置する州**。州都はプロヴィデンス。

コネティカット州▶**アメリカ合衆国北東部に位置する州**。州都はハートフォード。

(2) 大西洋岸中部（第2地区）

大西洋岸中部（第2地区）▶**アメリカ合衆国北東部に位置する3州からなる地区**。**ニューヨーク州**，ニュージャージー州，**ペンシルヴェニア州**からなる。**メガロポリス**を形成する**ニューヨーク**や**フィラデルフィア**が含まれ，沿岸部はアメリカ合衆国の人口稠密地域となっている。

ニューヨーク州▶**アメリカ合衆国大西洋岸中部に位置する州**。州都はオールバニ。人口は2,020万人で，50州中**4番目に多い**。西部は**エリー**湖と**オンタリオ**湖に面し，**ナイアガラの滝**がある。南東端には，アメリカ合衆国最大都市の**ニューヨーク**があり，州南部は大都市圏となっている。

オールバニ▶**ニューヨーク州の州都**。**ハドソン川**の中流に位置し，運河の開通によって河港都市として発展した。

ニューヨーク▶**ニューヨーク州南東端に位置するアメリカ合衆国最大都市**。人口約880万人（市域人口）で，大都市圏人口（Metropolitan Statistical Areas：MSA）では約2,010万人を超える。**金融，文化，エンターテインメント，メディアなどの世界的な中心地**となっているほか，**国連の本部**もあり，国際外交の重要な場所にもなっている。オランダ領時代はニューアムステルダムといい，イギリス統治下でニューヨークと改称された。**マンハッタン区**，クイーンズ区，ブルックリン区，ブロンクス区，スタテンアイランド区の5区からなる。

☑☑☑ マンハッタン島▶**ハドソン川河口部の中州に位置する島**。マンハッタン区の大部分を占める。南部には**ニューヨーク証券取引所**のほか金融機関，保険会社，証券会社，投資会社などが集積し，**世界経済の中心的な役割**を果たしている。5番街やタイムズスクエアなどの繁華街のほか，ミュージカルで有名なブロードウェイ，セントラルパークなどがあり，**観光客**も多い。セントラルパークには，氷河期に大陸氷河によって運ばれた迷子石がある。移民も多く，イタリア系や中国系，韓国系，インド系，ドミニカ系，プエルトリコ系など**民族集団が集住**しコミュニティが形成されている。北部の**ハーレム**にはアフリカ系アメリカ人が多い。

☐☐☑ ニュージャージー州▶**アメリカ合衆国大西洋岸中部に位置する州**。州都はトレントン。北東はニューヨーク，南西はフィラデルフィアと隣接しているため，両都市の衛星都市が発達している。

☐☑☑ ペンシルヴェニア州▶**アメリカ合衆国大西洋岸中部に位置する州**。州都はハリスバーグ。人口は1,300万人で，50州中**5番目に多い**。**アパラチア山脈**が中央部を斜めに走っている。南東部には**メガロポリス**を形成する**フィラデルフィア**がある。南西部のアパラチア山脈西麓に位置する**ピッツバーグ**は鉄鋼業が発達した。ハリスバーグ近くの**スリーマイル島原子力発電所**では，1979年に炉心溶融による事故が起こった。

☐☐☑ ハリスバーグ▶**ペンシルヴェニア州の州都**。アメリカ合衆国の州都としては最も古く，西部開拓や南北戦争，産業革命では重要な役割を果たした。

☑☑☑ フィラデルフィア▶**ペンシルヴェニア州の南東部に位置する同州最大都市**。**メガロポリス**の一部を形成する。**独立宣言**が採決され，アメリカ合衆国誕生の地とされる。ワシントンDCを建設中の間，アメリカ合衆国の首都だった。

☑☑☑ ピッツバーグ▶**ペンシルヴェニア州西部の鉄鋼業を中心とする工業都市**。**アパラチア炭田**の**石炭**を背景に原料立地型の**鉄鋼業**が発達した。鉄鋼業の発展にともなう**大気汚染**などが深刻だった。1970年代の石油危機や安価な鉄鋼の流入によって衰退したが，近年は**ハイテク産業**などへの転換や**都市再開発**が進んでいる。

③ 中西部（第2地域）

☑☑☑ アメリカ合衆国中西部（第2地域）▶**東北中部**（第3地区）**と西北中部**（第4地区）**の2地区からなる地域**。東北中部の**五大湖沿岸では重工業**が発達し，西北中部の**プレーリーでは小麦などの企業的穀物農業**がみられる。

（1）東北中部（第3地区）

☑☑☑ アメリカ合衆国東北中部（第3地区）▶**アメリカ合衆国中西部に位置する5州からなる地区**。**ミシガン州**，**ウィスコンシン州**，**オハイオ州**，**インディアナ州**，**イリノイ州**からなる。北部はかつて大陸氷河に覆われ，**五大湖**は**氷河湖**である。冷涼で氷食を受けたやせ地では，メガロポリスとの近接性から**酪農地帯**（**デイリーベルト**）となっている。**イリノイ州**などの南部ではトウモロコシ栽培と肉牛や豚の肥育を組み合わせた**混合農業**（**トウモロコシ地帯**）が行われている。五大湖沿岸では，**デトロイト**での自動車工業をはじめ，重工業が発達しているが，近年衰退が著しく，**フロストベルト**（スノーベルト，ラストベルト）といわれる。

☐☑☑ ミシガン州▶**アメリカ合衆国東北中部に位置する州**。州都はランシング。五大湖のうち4つの湖に囲まれ2つの半島から構成される。州内最大都市は，南東部の**デトロイト**。

☑☑☑ デトロイト▶**ミシガン州の南東部に位置する同州最大都市**。都市名は，フランス語で「水道」を意味する「ル・デトロワ」に由来する。20世紀に入って**自動車産業**が発達し，**モーターシティ**といわれる。1970年代に日本などからの自動車輸入が増加して産業が深刻な打撃を受け2013年には財政破綻するなど，人口が減少している。

□☑☑ ウィスコンシン州▶**アメリカ合衆国東北中部の最北に位置する州**。州都はマディソン。州内最大都市は，東部の**ミルウォーキー**。**酪農**が盛んで「酪農の州」ともいわれる。

□□☑ ミルウォーキー▶**ウィスコンシン州東部に位置する同州最大都市**。ドイツ系住民が多く，**ビール醸造業**が有名。

□☑☑ オハイオ州▶**アメリカ合衆国東北中部に位置する州**。州都はコロンバスで州内最大都市でもある。北東部には**鉄鋼業**が盛んな**クリーブランド**や**タイヤ工業**が盛んな**アクロン**が位置する。**金属工業**の工業出荷額は全米1位。

□☑☑ クリーヴランド▶**オハイオ州北東部に位置する州内第2の都市**。**鉄鋼業**をはじめ重工業が発達しているが，衰退が著しい。近年は再開発が進みつつある。

□□☑ アクロン▶**オハイオ州北東部に位置するタイヤ工業で有名な工業都市**。「世界のゴムの都」といわれた。自動車産業の衰退にともない人口は減少している。近年はポリマー産業が集積している。

□□☑ インディアナ州▶**アメリカ合衆国東北中部に位置する州**。州都はインディアナポリスで州内最大都市でもある。

☑☑☑ イリノイ州▶**アメリカ合衆国東北中部に位置する州**。州都はスプリングフィールド。州内最大都市は，北東部の**シカゴ**。人口は1,280万人で，50州中**6番目に多い**。**コーンベルト**に位置し，**トウモロコシ**，**大豆**の生産が多い。

☑☑☑ シカゴ▶**イリノイ州北東部に位置するアメリカ合衆国第3の都市**。農業地域を背景にトウモロコシ，大豆，小麦などの**農産物の集散地**で，世界的な**穀物取引所**がある。幹線鉄道が集まり，外洋船の港湾も整備され，交通の要衝となっている。

(2) 西北中部（第4地区）

☑☑☑ アメリカ合衆国西北中部（第4地区）▶**アメリカ合衆国中西部に位置する7州からなる地区**。ミネソタ州，**ノースダコタ州**，サウスダコタ州，**アイオワ州**，ネブラスカ州，ミズーリ州，**カンザス州**からなる。**プレーリー**では**小麦**などの**企業的穀物農業**が盛ん。

□□☑ ミネソタ州▶**アメリカ合衆国西北中部に位置する州**。州都はセントポール。州内最大都市は**ミネアポリス**。農林業が発達しているほか，東部には**メサビ鉄山**やヴァーミリオン鉄山があり鉄鉱石の産出も多い。

□☑☑ ミネアポリス▶**ミネソタ州東部に位置する州内最大都市**。ミシシッピ川を挟んだ州都のセントポールと**双子都市**を形成している。

□□☑ ダルース▶**ミネソタ州東部のスペリオル湖に面する港湾都市**。**鉄鉱石**をはじめ石炭や農産物の積み出し港となっている。

☑☑☑ ノースダコタ州▶**アメリカ合衆国西北中部に位置する州**。州都はビスマーク。州内最大都市は東端のファーゴ。西部はロッキー山脈東麓の**グレートプレーンズ**が広がる。東部を中心に小麦などの企業的穀物農業が盛んで**春小麦地帯**の代表的な州として知られる。近年は，**シェールオイル**，**シェールガス**の産出も多い。

□☑☑ サウスダコタ州▶**アメリカ合衆国西北中部に位置する州。**州都はピーア。州内最大都市は東端のスーフォールズ。西部はロッキー山脈東麓の**グレートプレーンズ**が広がる。東部を中心に小麦などの企業的穀物農業が盛んで**春小麦地帯**の代表的な州として知られる。西部には4人の大統領の影像で有名なラシュモア山がある。

☑☑☑ アイオワ州▶**アメリカ合衆国西北中部に位置する州。**州都はデモインで州内最大都市でもある。東部に隣接する**イリノイ州**とともに**コーンベルト**に位置し，**トウモロコシ**，**大豆**の生産，**豚**の飼育も多く，「世界の食料の首都」ともいわれる。**エタノール**の生産も多い。

アメリカ合衆国大統領選挙の前哨戦となる大統領候補指名党員選挙を，全国に先駆け行うことで知られる。

□☑☑ ネブラスカ州▶**アメリカ合衆国西北中部に位置する州。**州都はリンカーン。州内最大都市は東端のオマハ。大部分をグレートプレーンズが占める。農業が盛んで**冬小麦地帯**の代表的な州として知られる。

□☑☑ ミズーリ州▶**アメリカ合衆国西北中部に位置する州。**州都はジェファーソンシティ。州内最大都市は西部のカンザスシティ（都市圏人口では東端のセントルイス）。

□☑☑ セントルイス▶**ミズーリ州東端に位置する河港都市。ミズーリ川**と**ミシシッピ川**が合流点に位置し，水上交通の要衝となっている。

☑☑☑ カンザス州▶**アメリカ合衆国西北中部に位置する州。**州都はトピカ。州内最大都市は南部のウィチタ。大部分を**グレートプレーンズ**が占める。**冬小麦地帯**の代表的な州であり，牧畜業も盛んである。

④ 南部（第3地域）

☑☑☑ アメリカ合衆国南部（第3地域）▶**大西洋側南部**（第5地区），**東南中部**（第6地区），**西南中部**（第7地区）**の3地区からなる地域。**一般的に南部は，**南北戦争**の際に南のアメリカ連合国を形成した州を指すが，アメリカ合衆国統計局の分類では，南北戦争時の境界に位置していた州も含まれる。

（1）大西洋側南部（第5地区）

☑☑☑ アメリカ合衆国大西洋側南部（第5地区）▶**アメリカ合衆国南部に位置する8州とコロンビア特別区からなる地区。**デラウェア州，メリーランド州，**コロンビア特別区**，ウェストヴァージニア州，**ヴァージニア州**，**ノースカロライナ州**，サウスカロライナ州，**ジョージア州**，**フロリダ州**からなる。

北部では**メガロポリス**を形成する**ボルティモア**と**ワシントンD.C.**が，南部では**綿花**やタバコの**プランテーション**が行われていた地域や温暖な**フロリダ州**が含まれる。

□□☑ デラウェア州▶**アメリカ合衆国大西洋側南部の北部に位置する州。**州都はドーヴァー。州内最大都市はウィルミントン。独立13州のうち，最も早くアメリカ合衆国憲法を批准したことで知られる。

□□☑ メリーランド州▶**アメリカ合衆国大西洋側南部の北部に位置する州。**州都はアナポリス。州内最大都市はボルティモア。人口の多くは**ボルティモア**と**ワシントンD.C.**の大都市圏に居住する。

☑☑☑ ボルティモア▶**メリーランド州に位置する同州最大都市。メガロポリス**を形成する大都市の1つ。**チェサピーク湾**に近く，タバコの輸出港として始まり，首都ワシントンD.C.の外港となっている。郊外には，臨海立地型の鉄鋼都市**スパローズポイント**がある。

□☑☑ スパローズポイント▶**ボルティモア郊外に位置する臨海立地型の鉄鋼・造船が盛んな地域。**20世紀半ばの全盛期には，世界最大の製鉄所が立地していた。現在は港湾地区の再開発が行われ，流通センターが整備されている。

☑☑☑ ワシントン特別区 ▶ **アメリカ合衆国大西洋側南部の北部に位置する首都。**正式名称は**コロンビア特別区**で，ワシントンD.C.は通称（DCはDistrict of Columbiaの略称）。連邦政府の直轄地。

ポトマック川の河畔に位置する**計画都市**で，**放射直行路型の街路網**が整備されている。大統領が居住し執務を行う**ホワイトハウス**や，連邦議会議事堂などの政治中枢機能のほか，各国大使館，**IMF**（国際通貨基金）や**IBRD**（世界銀行）など国際機関も立地する。

□□☑ ウェストヴァージニア州 ▶ **アメリカ合衆国大西洋側南部の北部に位置する州。**州都はチャールストンで，州内最大都市でもある。もともとはヴァージニア州の一部だったが，南北戦争時に奴隷制度に反対した人々が分離して独立した州となった。

□□☑ ヴァージニア州 ▶ **アメリカ合衆国大西洋側南部の北部に位置する州。**州都はリッチモンド。州内最大都市はヴァージニアビーチ。リッチモンドは，**南北戦争**の際に南側のアメリカ連合国の首都が置かれた。

□☑☑ ノースカロライナ州 ▶ **アメリカ合衆国大西洋側南部の中部に位置する州。**州都はローリー。州内最大都市はシャーロット。タバコのプランテーションで栄えたが，現在はダラム，ローリー，チャペルヒルの**リサーチトライアングルパーク**を中心に，金融業やハイテク産業の研究・開発部門などが集積している。**豚**の飼育頭数も多い。

□□☑ サウスカロライナ州 ▶ **アメリカ合衆国大西洋側南部の中部に位置する州。**州都はコロンビア。州内最大都市はチャールストン。

☑☑☑ ジョージア州 ▶ **アメリカ合衆国大西洋側南部の南部に位置する州。**州都は**アトランタ**で，州内最大都市でもある。**独立13州のうち，最も南に位置**する。州名はイギリス国王ジョージ２世に由来する。独立以前から**綿花プランテーション**が盛んで，**アフリカ系アメリカ人**の割合が高い（30.5%）。**滝線都市**などで繊維工業が発達し，**繊維工業**の工業出荷額は全米１位。

☑☑☑ アトランタ ▶ **ジョージア州北西部に位置する州都で最大都市。**人口の約６割をアフリカ系アメリカ人が占める。**公民権運動**の中心地の１つ。1996年には夏季オリンピックが行われた。

☑☑☑ フロリダ州 ▶ **アメリカ合衆国大西洋側南部の南部に位置する州。**州都はタラハッシーで，州内最大都市はジャクソンビル。人口は2,150万人で，50州中３番目に多い。1819年**スペイン**から譲渡された。

フロリダ海峡を挟んでキューバと近く，**キューバ系のヒスパニック**も多い。**温暖な気候**のもとで**老後を過ごす白人富裕層の流入**も多く，**老年人口割合は全米で最も高い。**ビーチやディズニーワールド，ユニバーサル・オーランド・リゾートなどがあり有数の**観光地**となっているほか，オレンジなどの柑橘類や野菜などの**輸送園芸**も盛ん。フロリダ半島中部のタンパやオーランド周辺では，先端産業（**エレクトロニクスベルト**）や**航空宇宙産業**が集積している。

□□☑ タラハッシー ▶ **フロリダ州北部に位置する州都。**フロリダ州立大，フロリダ大などが位置する**学術都市**で，**観光産業**も発達している。

□☑☑ マイアミ ▶ **フロリダ州南端に位置するフロリダ州第2の都市。**都市圏ではフロリダ州最大の人口規模を誇る。**熱帯モンスーン気候**（**Am**）。港湾都市で，東に位置する**マイアミビーチ**は世界的な**観光地**となっている。

□☑☑ ケネディ宇宙センター ▶ **フロリダ州中部に位置するNASA（アメリカ航空宇宙局）の有人宇宙飛行の打ち上げ施設。**ケープカナヴェラル空軍基地と隣接している。人類初の月面着陸などを行った**アポロ計画**のロケットの多くは，ケネディ宇宙センターから打ち上げられた。

(2) 東南中部(第6地区)

☑☑☑ アメリカ合衆国東南中部(第6地区)▶**アメリカ合衆国南部に位置する4州からなる地区**。ケンタッキー州,**テネシー州**,**アラバマ州**,**ミシシッピ州**からなる。**テネシー州**では1930年代に**TVA**による**世界最初の地域開発**が行われ,南部の**アラバマ州**,**ミシシッピ州**では,**綿花プランテーション**が盛んに行われていた。

□□☑ ケンタッキー州▶**アメリカ合衆国東南中部の北部に位置する州**。州都はフランクフォートで,州内最大都市はルイビル。東部には**アパラチア山脈**があり,北部は**オハイオ川**が州境となっている。カントリー音楽やバーボンウイスキー,競馬などで有名で,アメリカ大統領リンカンの生誕地としても知られる。日本の自動車メーカーも進出している。

□☑☑ テネシー州▶**アメリカ合衆国東南中部の中部に位置する州**。州都はナシュヴィルで,州内最大都市でもある。**世界恐慌**(1929年)を克服するための**ニューディール政策**の一環として,**TVA**(**テネシー川流域開発公社**)による公共事業がテネシー川流域で行われた。ソウル音楽やカントリー音楽,ブルース,ロックンロール,ロカビリーなどの**ポピュラー音楽**に重要な役割を果たした州で,州歌の1つテネシー・ワルツは有名。

☑☑☑ TVA(Tennessee Valley Authority:テネシー川流域開発公社)▶**1933年,世界恐慌(1929年)の対策として行われたニューディール政策の一環として設立された,総合開発を行う政府機関**。テネシー川流域で約30の**多目的ダム**を建設し,**失業者の雇用対策**と,テネシー川の**治水や産業振興**を行った。それによって,アルミニウム工業や原子力産業が発展した。

□☑☑ ニューディール政策▶**1933年,世界恐慌の対策として行われた経済政策**。**フランクリン・ルーズヴェルト大統領**によって行われ,世界最初の総合開発を行った**TVA**の設立のほか,雇用創出策や農業政策などが行われた。

□□☑ ノックスビル▶**テネシー州東部に位置する都市**。**TVAの本部**が置かれた。

□□☑ オークリッジ▶**テネシー州東部に位置する計画都市**。1942年,マンハッタン計画による原子爆弾開発のための用地として選出され,**TVA**による電力を利用した**原子力産業**が立地している。

□☑☑ アラバマ州▶**アメリカ合衆国東南中部の南部に位置する州**。州都はモントゴメリで,州内最大都市はハンツヴィル(都市圏では**バーミングハム**が最大)。**綿花プランテーション**が盛んだったが,**連作障害**による**地力低下**や病害虫の蔓延によって綿花生産は減少し,アフリカ系アメリカ人は北部へと流出した。

□□☑ バーミングハム▶**アラバマ州中部に位置する鉄鋼都市**。**石炭**と**鉄鉱石**が産出し,20世紀初めから原料立地型の**鉄鋼業**が発展した。現在では鉄鋼業は衰退し,金融業などが発達している。

□☑☑ ミシシッピ州▶**アメリカ合衆国東南中部の南部に位置する州**。州都はジャクソンで,州内最大都市でもある。**綿花プランテーション**が盛んだったが,**連作障害**による**地力低下**や病害虫の蔓延によって綿花生産は減少し,アフリカ系アメリカ人は北部へと流出した。**ミシシッピ川**のデルタ地帯から沿岸部にかけては**ハリケーン**の常襲地域で,2005年にハリケーンの**カトリーナ**が上陸した際には,甚大な被害が生じた。

(3) 西南中部(第7地区)

☑☑☑ アメリカ合衆国西南中部(第7地区)▶**アメリカ合衆国南部に位置する4州からなる地区**。アーカンソー州,オクラホマ州,**ルイジアナ州**,**テキサス州**からなる。**テキサス州**は,国内有数の州で,人口，経済規模ともに大きく，先端産業の発達が著しい**サンベルト**の主要な州となっている。

☐☐☑ **アーカンソー州**▶**アメリカ合衆国西南中部の北部に位置する州**。州都はリトルロックで，州内最大都市でもある。ミシシッピ川支流の**アーカンソー川**が東西に流れ，流域には肥沃な沖積土が広がる。**綿花プランテーション**が盛んだったが，大豆やトウモロコシのほか，**米**への転換が進んだ。**米の生産は，全米1位**。南西部には，温泉都市のホットスプリングスがあり，観光地となっている。

☐☐☑ **オクラホマ州**▶**アメリカ合衆国西南中部の北部に位置する州**。州都はオクラホマシティで，州内最大都市でもある。**インディアン居留地**も多く，**先住民の割合は8.4%**を占める。**冬小麦地帯**に位置し，**小麦**の生産が多い。**原油**や**天然ガス**の産出も多く，近年は**シェールガス**の産出が増加している。

☐☐☑ **タルサ**▶**オクラホマ州北東部に位置する都市**。20世紀初頭に油田が発見され，石油精製工業や化学工業が発達している。航空機の世界最大の整備場が立地し，関連産業もみられる。

☐☑☑ **ルイジアナ州**▶**アメリカ合衆国西南中部の南部に位置する州**。州都は**バトンルージュ**で，州内最大都市は**ニューオリンズ**。**元フランス領**で，州名はフランス王ルイ14世に由来する。フランス領時代に西アフリカから奴隷として連れてこられた**アフリカ系アメリカ人の子孫が多い**（31.4%）。アフリカ系アメリカ人やフランス，スペイン，先住民の文化の影響で，独特の文化がみられる。メキシコ湾岸では**石油**と**天然ガス**の産出が多い。**ミシシッピ川**のデルタ地帯から沿岸部にかけては**ハリケーン**の常襲地域で，2005年にハリケーンの**カトリーナ**や**リタ**が上陸した際には，甚大な被害が生じた。

☐☐☑ **バトンルージュ**▶**ルイジアナ州南部，ミシシッピ川下流部に位置する州都**。州内第2位の都市。ミシシッピ川からの外洋船の終点となる河港がある。**石油化学工業**が盛ん。

☑☑☑ **ニューオリンズ**▶**ルイジアナ州南部，ミシシッピ川河口部に位置する州内最大都市**。ミシシッピ川流域の**穀物や綿花などの農産物を輸出**する**港湾都市**として発展した。**観光都市**でもあり，フランス，スペインの植民地時代の街並みを残す**フレンチ・クォーター**が有名。**ジャズ**の発祥地とされる音楽の街でもある。2005年にニューオリンズを襲ったハリケーンの**カトリーナ**によって，陸上面積の約8割が水没した。

☑☑☑ **テキサス州**▶**アメリカ合衆国西南中部の南部に位置する州**。州都は**オースティン**で，州内最大都市は**ヒューストン**。人口は2,910万人で，カリフォルニア州に次いで2番目に多く，面積はアラスカ州に次いで2番目に大きい。メキシコからテキサス共和国として独立した後，アメリカ合衆国に併合。**ヒスパニック**の割合が高い（**39.3%**）。**グレートプレーンズ**が広がり，**肉牛**などの牧畜が盛んなほか，近年は**綿花**の生産が多い（肉牛の飼育頭数，綿花生産ともに全米1位）。**メキシコ湾岸**から内陸部にかけて**石油**や**天然ガス**に恵まれ**石油関連産業**が発達し，**シェール**の産出も多い。**再生可能エネルギー**の開発も盛んで，風力やバイオマスの利用も多い。**サンベルト**の主要な州で，石油化学工業のほか，**ダラス・フォートワース**での**ICT産業**（**シリコンプレーン**）や**ヒューストン**での**宇宙関連産業**など各種先端産業が発達している。

☐☐☑ **オースティン**▶**テキサス州中央部に位置する州都**。テキサス州第4の都市。ICT産業が集積するほか，テキサス大学もあり，テキサス州のなかではリベラルな雰囲気で知られる。

☑☑☑ **ダラス**▶**テキサス州北部に位置する都市**。テキサス州第3の都市。近隣の**フォートワース**とともに大都市圏を形成し，一帯は**ICT産業**や**エレクトロニクス産業**が集積する**シリコンプレーン**といわれる。

☑☑☑ **ヒューストン**▶**テキサス州南部に位置する州内最大都市で，アメリカ合衆国第4の都市**。20世紀初めに油田が発見されたことで**石油関連産業**が発達し，1960年代に**NASA**（**アメリカ航空宇宙局**）の**ジョンソン宇宙センター**が設置されると**航空宇宙産業**が発展した。医療研究機関が集積するテキサス医療センターもある。

□□☑ サンアントニオ▶**テキサス州南部に位置する都市**。テキサス州第２の都市。テキサス州がメキシコから独立する際に重要な戦闘となったアラモの戦いで有名なアラモ砦がある。

⑤西部（第4地域）

☑☑☑ アメリカ合衆国西部（第4地域）▶**ロッキー山脈地帯**（第８地区），**太平洋側**（第９地区），**の2地区からなる地域**。領土を西へと拡大したアメリカ合衆国の「西部」は，初期はアパラチア山脈以西だったが，その後，ミシシッピ川以西，ロッキー山脈以西へと徐々に変化した。

(1) ロッキー山脈地帯（第8地区）

☑☑☑ アメリカ合衆国ロッキー山脈地帯（第8地区）▶**アメリカ合衆国西部の山岳地域に位置する7州からなる地区**。モンタナ州，ワイオミング州，アイダホ州，**コロラド州**，**ユタ州**，**ネヴァダ州**，ニューメキシコ州，**アリゾナ州**からなる。山岳州ともいわれ，人口密度は低い傾向にある。

□□☑ モンタナ州▶**ロッキー山脈地帯北部に位置する州**。州都はヘレナで，州内最大都市はビリングス。西部に**ロッキー山脈**が走り，北部と東部に**グレートプレーンズ**が広がる。**イエローストーン国立公園**の一部が含まれる。**小麦**の生産が多く，全米３位。

☑☑☑ イエローストーン国立公園▶**ロッキー山脈北部に位置する世界初の国立公園**。モンタナ州，アイダホ州，ワイオミング州にまたがる。北アメリカ大陸最大の火山地帯で，**間欠泉**や**温泉**などの観光スポットのほか，アメリカバイソン（バッファロー）やアメリカアカシカ（エルク），グリズリーなどの野生動物が生息し，手つかずの生態系が残っている。世界で最初に**世界遺産**に登録された地域の１つ。

□□☑ ワイオミング州▶**ロッキー山脈地帯北部に位置する州**。州都はシャイアンで，州内最大都市でもある。50州中最も人口が少ない。イエローストーン国立公園の大部分が含まれる。

□□☑ アイダホ州▶**ロッキー山脈地帯北部に位置する州**。州都はボイジーで，州内最大都市でもある。**ジャガイモ**の栽培が盛ん。**イエローストーン国立公園**の一部が含まれる。

□☑☑ コロラド州▶**ロッキー山脈地帯中部に位置する州**。州都は**デンヴァー**で，州内最大都市でもある。**ロッキー山脈**が州の南北に走り，州全体の標高は最も高い。州人口の６割以上がデンヴァーの都市圏に居住する。かつては鉱業と牧畜業で栄えたが，デンヴァーを中心に**ハイテク産業**の集積もみられる。

☑☑☑ デンヴァー▶**コロラド州中北部に位置する州都で州内最大都市**。ゴールドラッシュによる鉱山都市から始まり，交通の要衝として発展した。20世紀後半以降，ハイテク産業が集積し，**シリコンマウンテン**といわれる。標高が1,609mで「標高１マイルの街（Mile High City）」といわれる。

□☑☑ ユタ州▶**ロッキー山脈地帯中部に位置する州**。州都は**ソルトレークシティ**で，州内最大都市でもある。山岳地域が多く，州人口の８割以上がソルトレークシティの都市圏に居住する。**モルモン教徒**（末日聖徒イエスキリスト教会）によって入植が進んだため，モルモン教徒の割合が高い。**銅**をはじめとする鉱業のほか，山岳地域を中心に観光業が盛ん。スキーリゾートで有名なパークシティでは，自主製作映画を対象とするサンダンス映画祭が行われる。

□☑☑ ソルトレークシティ▶**ユタ州の北部に位置する州都で州内最大都市**。**モルモン教徒**（末日聖徒イエスキリスト教会）が築いた**宗教都市**であり，同教の本部が置かれている。2002年には冬季オリンピックが行われた。

□☑☑ ネヴァダ州▶**ロッキー山脈地帯中部に位置する州**。州都はカーソンシティで，州内最大都市は

ラスヴェガス。州の大半をグレートベースンが占め，乾燥気候が広がる。鉱業のほか，**カジノ**などの**娯楽産業**が主産業となっている。州境を流れる**コロラド川**には**フーヴァーダム**が建設され，電力がラスヴェガス都市圏に供給されている。ラスヴェガスの北東部には**ネヴァダ原子力実験場**もある。

□☑☑ ラスヴェガス ▸ **ネヴァダ州南部に位置する州内最大都市**。**モハーヴェ砂漠**に位置し，**砂漠気候**（BW）に分類される。**カジノ**などのギャンブルをはじめ，スポーツイベントやショーなどの**娯楽産業**が主産業の**一大観光地**となっている。

□☑☑ モハーヴェ砂漠 ▸ **アメリカ南西部のカリフォルニア州，ユタ州，ネヴァダ州，アリゾナ州にまたがる砂漠**。アメリカ合衆国本土の最低地点（－85m）である**デスヴァレー**（死の谷）も含まれる。

□□☑ フーヴァーダム ▸ **コロラド川のネヴァダ州とアリゾナ州の州境に建設された多目的ダム**。**ラスヴェガス**に電力や水を供給するほか，流域の乾燥地域での**灌漑農業**を可能にした。ダム湖の**ミード湖**はアメリカ合衆国最大の人造湖。

□☑☑ ニューメキシコ州 ▸ **ロッキー山脈地帯南部に位置する州**。州都はサンタフェで，州内最大都市はアルバカーキ。メキシコ国境に位置し，**ヒスパニックの割合が高い**（47.7%）。**石油**と**天然ガス**の産出が多い。軍事関連の実験場や試験場が多く立地し，最初の原子爆弾が設計・製造されたロスアラモス国立研究所もある。

□☑☑ アリゾナ州 ▸ **ロッキー山脈地帯南部に位置する州**。州都は**フェニックス**で，州内最大都市でもある。メキシコ国境に位置し，**ヒスパニックの割合が高い**（30.7%）。コロラド川が北部から西部にかけて流れ，北部の**コロラド高原**には**グランドキャニオン国立公園**がある。コロラド川は，アリゾナ州西部で**ネヴァダ州**，**カリフォルニア州**との**州境**になっている，乾燥地域が広がり，**銅**の生産をはじめとする鉱業が盛んだったが，**ハイテク産業**が立地するようになった1990年代以降，人口が急増した。

□☑☑ フェニックス ▸ **アリゾナ州の州都で州内最大都市**。温暖な気候と乾いた気候のもとで，保養・避寒地として知られる。**コロラド川**の開発によって**綿花**などの生産が拡大したほか，1990年代からハイテク産業が集積し，**シリコンデザート**といわれる。

☑☑☑ グランドキャニオン ▸ **アリゾナ州北部のコロラド高原にある渓谷**（けいこく）。**コロラド川**の侵食作用によって形成され，20億年から2億5千万年前の地層が露出し，多くの化石が発見されている。壮大な景観は**観光地**となっている。20世紀初めに**国立公園**に指定され，**世界自然遺産**でもある。

(2) 太平洋側（第9地区）

☑☑☑ アメリカ合衆国太平洋側（第9地区）▸ **アメリカ合衆国西部の太平洋側とアラスカ州，ハワイ州を含む5州からなる地区**。**ワシントン州**，オレゴン州，**カリフォルニア州**，**アラスカ州**，**ハワイ州**からなる。

□☑☑ ワシントン州 ▸ **アメリカ合衆国西部の太平洋側北部に位置する州**。州都はオリンピアで，州内最大都市は**シアトル**。北部の海岸を中心に**フィヨルド**などの**氷河地形**が発達している。太平洋に面し，大都市も発達するため，**アジア系**の割合が高い（9.5%）。**コロンビア盆地**で小麦栽培が盛んなほか，シアトルでは**航空機産業**，**ハイテク産業**が集積している。

☑☑☑ シアトル ▸ **ワシントン州西部に位置する州内最大都市**。**ボーイング社**の組立工場が立地し，**航空機産業**が発達するほか，MicrosoftやAmazonの本社が近郊にあり，ポートランド（オレゴン州）にかけて**ハイテク産業**が集積している（**シリコンフォレスト**）。StarbucksやTULLY'Sなどシアトル系コーヒーといわれるグローバル企業の発祥の地でもある。

☑☑☑ コロンビア盆地 ▶ **ワシントン州東部一帯に広がる盆地**。**ロッキー山脈**と**カスケード山脈**に挟まれ，**コロンビア川**や支流のスネーク川による灌漑によって**小麦**の生産が盛ん。

☐☐☑ オレゴン州 ▶ **アメリカ合衆国西部の太平洋側北部に位置する州**。州都はセーラムで，州内最大都市はポートランド。

☑☑☑ カリフォルニア州 ▶ **アメリカ合衆国西部の太平洋側中南部に位置する州**。州都は**サクラメント**で，州内最大都市は**ロサンゼルス**。人口は3,954万人で，**50州中最も多く**，面積はアラスカ州，テキサス州に次いで3番目に大きい。メキシコと接し**ヒスパニック**の割合が高く（39.4％），太平洋岸に位置し**アジア系**の割合も高い（15.4％）。アメリカ合衆国本土の最高地点であるホイットニー山（**シエラネヴァダ山脈**：4,418m）と最低地点であるデスヴァレー（**モハーヴェ砂漠**：－85m）がある。気候環境も多様だが，**地中海性気候**と**乾燥帯**が多い。**セントラルヴァレー**（**カリフォルニア盆地**）を中心に農業も盛んで，**農業産出額は全米1位**。**シリコンヴァレー**などでの**先端産業**のほか**航空機産業**も発達し，**経済規模は全米1位**。

☐☐☑ サクラメント ▶ **カリフォルニア州北部に位置する州都**。**セントラルヴァレー**を流れるサクラメント川に面し，農産物の集散地となっている。**ゴールドラッシュ**の際に人口が急増し，鉄道の終着点として発展した。

☑☑☑ ロサンゼルス ▶ **カリフォルニア州南西部に位置する同州最大都市で，アメリカ合衆国第2の都市**。人種・民族構成は多様で，**ヒスパニック**のほか，**アジア系**の割合が高く，日系，韓国系，中国系などがアジア人街を形成している。**航空機産業**のほか，カリフォルニア油田を背景に**石油化学工業**や，**ハリウッド**を中心に**映画産業**も集積している。

☑☑☑ サンノゼ ▶ **カリフォルニア州西部に位置する同州3位の都市**。サンタクララ谷に位置し，**シリコンヴァレー**の中心都市。**スタンフォード大学**をはじめとする大学が多く，**産学官連携**のもとで**ハイテク産業**が集積している。**巨大ICT企業**の本拠地も立地し，生活費も高い。

☑☑☑ サンフランシスコ ▶ **カリフォルニア州西部に位置する同州4位の都市**。**サンアンドレアス**断層が近くを走り，**地震**が多い。**地中海性気候**（Cs）に属する。19世紀中ごろに起こった**ゴールドラッシュ**によって多くの人が押し寄せた。金融業のほかICT産業が発達している。ゴールデンゲートブリッジや坂を走るケーブルカーなどの街並みは**観光地**となっている。

☐☐☑ サンディエゴ ▶ **カリフォルニア州南部に位置する同州人口2位の都市**。アメリカ合衆国有数の海軍基地があるほか，バイオテクノロジーやソフトウェア産業が立地している。

☐☑☑ デスヴァレー ▶ **モハーヴェ砂漠の北に位置する盆地**。最低地点は－85mで，アメリカ合衆国本土の最低地点。**世界最高気温（56.7℃）**を記録したことがある。国立公園にもなっている。

☑☑☑ アラスカ州 ▶ **北アメリカ大陸北西部に位置するアメリカ合衆国の飛び地に位置する州**。**アメリカ合衆国西部の太平洋側**に属する。**面積は50州中最大**。州都はジュノーで，州内最大都市は**アンカレジ**。19世紀後半，**ロシア**から購入した。**先住民**の割合が高い（15.2％）。海岸部には**フィヨルド**などの氷河地形が発達している。南部を東西に走るアラスカ山脈には，北アメリカ大陸最高峰の**デナリ**（マッキンリー）がある。北部の**ノーススロープ**（プルドーベイ）**油田**をはじめ，フェアバンクスでの**金**など，鉱産資源に恵まれ，石油・天然ガスが経済を支えている。**サケ・マス**などの漁業も盛ん。

☑☑☑ アンカレジ ▶ **アラスカ州南部に位置する州内最大都市**。**空港都市**で，東西冷戦中は日本とヨーロッパを結ぶ**航空機の経由地**として頻繁に利用された。冷戦終結後，旅客輸送は減少したが，貨物輸送では重要な中継地となっている。

☑☑☑ ハワイ州 ▶ **太平洋に位置するハワイ諸島にある州**。**アメリカ合衆国西部の太平洋側**に属する。50州中，**最後に加盟**した州。**ハワイ**島，**マウイ**島，**オアフ**島などの島からなり，州都はオアフ島にある**ホノルル**で，州内最大都市でもある。**アジアからの移民**が最も多く（**37.2%**），**日系移民**も多い。古くから**コーヒー**などの**プランテーション**が行われてきたが，現在は**観光業**が盛ん。軍事基地も多い。

☑☑☑ ハワイ島 ▶ **ハワイ諸島にある最大の島**。人口はオアフ島に次いで多い。**ホットスポット**に位置し，**マウナケア山**，**マウナロア火山**，**キラウエア火山**などの**楯状火山**が分布する。マウナケア山の山頂付近には各国の研究機関の天文台が設置されている。

☐☑☑ マウイ島 ▶ **ハワイ諸島にあるハワイ島に次いで2番目に大きな島**。リゾートホテルやゴルフ場などが開発され，**観光地**となっている。

☐☐☑ オアフ島 ▶ **ハワイ諸島にあるハワイ島，マウイ島に次いで3番目に大きな島**。州都で最大都市でもある**ホノルル**があり，州人口の約8割が住んでいる。リゾートホテルやショッピングモールなどが開発され，**世界有数の観光地**となっている。南部には真珠湾攻撃（1941年）で有名なパールハーバーがある。

☑☑☑ ホノルル ▶ **ハワイ島にあるハワイ州の州都で州内最大都市**。**観光・保養都市**で，ワイキキビーチなどのビーチやダイヤモンドヘッド，イオラニ宮殿などがあり，世界各国から**観光客**が訪れる。

7 カナダ

① カナダの歴史・社会・産業・経済

☑☑☑ カナダ ▶ **北アメリカ大陸北部に位置する国で，国土面積はロシアに次いで2番目に広い**。首都は**オタワ**，国内最大都市は**トロント**。1931年ウエストミンスター憲章により，イギリスから実質的に独立。10州3準州からなる**連邦国家**。**イギリス連邦**に加盟。高緯度に位置するため，人口は比較的温暖な南部に集中している。

☑☑☑ カナダの歴史 ▶ **先住民**のカナディアンインディアンや**イヌイット**が居住していた。16世紀に入ってヨーロッパ人の進出が始まり，17世紀の初めに**フランス**が**ケベック**に交易所を設けた。その後**イギリス**との間で支配権をめぐる戦争を経て，**イギリスの支配権が確立**し，1931年，イギリスから独立した。

☑☑☑ カナダの社会 ▶ 支配権が確立したイギリス系住民は，カナダ東部や南部のオンタリオ州から太平洋岸に多い。それに対して，フランス系住民はイギリス系住民による支配と差別に反発してきた。**フランス系住民が多いケベック州**ではフランス語のみが公用語となっている。連邦政府は**英語とフランス語を公用語**とし，双方の住民の平等化を図ってきた。現在では，太平洋岸を中心に**アジア系住民**の割合が高まったり，**先住民**の**イヌイット**に自治を認める**ヌナブト準州**が設立されるなど，**多文化主義**政策を導入している。

☑☑☑ ケベック分離運動 ▶ **フランス系住民の多いケベック州で，カナダからの分離独立を求める運動**のこと。セントローレンス川から入植をしたフランス人はケベック州一帯に居住していたが，イギリスとの戦争（フレンチ・インディアン戦争）によって**イギリスの統治権が確立**したことを受け，**イギリス系住民による支配と差別に反発**し，分離独立を求める運動がたびたび生じた。そのため，1969年に**英語とフランス語が公用語**とされ，1971年に**多文化主義政策**を採ることで，解消を図った。1995年，独立を問う住民投票が行われ，独立賛成49%，反対51%の僅差で独立は否定された。今日でも，**ケベック州で**

はフランス語のみが公用語となっている。

☑☑☑ カナダの産業・経済 ▶ **アメリカ合衆国との政治・経済的関係が強い**。1994年の**NAFTA**結成以降（現在は**USMCA**に移行），アメリカ合衆国との貿易は拡大し，**輸出先の約8割を占める**などアメリカ合衆国への依存度が高い。広大な国土のもと鉱産資源に恵まれ，**原油**や**鉄鉱石**などの産出が多く，ロッキー山脈の東側では牧畜や**春小麦の大規模な農業**が行われている。南部の**オンタリオ州**を中心にアメリカ合衆国の資本が進出し，**自動車産業**などの工業が発達している。

② カナダのおもな州・都市

☑☑☑ オンタリオ州 ▶ **カナダ中南部の州**。州都は**トロント**で，州内最大都市でもある。南部を中心に工業化が進み，**人口規模，経済規模ともにカナダでもっとも大きい**。**アメリカ合衆国の資本**が進出し，**鉄鋼業**や**自動車産業**などが発達している。

☑☑☑ トロント ▶ **オンタリオ州の州都で国内最大都市**。カナダ経済の中心的な役割を果たし，国内企業や多国籍企業が集積している。

□☑☑ ウィンザー ▶ **オンタリオ州南西部に位置する都市**。アメリカ合衆国のミシガン州**デトロイト**に接し，**自動車産業**が発達している。

□☑☑ ハミルトン ▶ **オンタリオ州西部に位置する都市**。**鉄鋼業**が発達している。

☑☑☑ オタワ ▶ **オンタリオ州東部に位置するカナダの首都**。**カナダ第4の都市**。ケベック州との州境を流れるオタワ川に面し，ケベック州のガティノーとともにオタワ首都圏を形成している。

☑☑☑ ケベック州 ▶ **カナダ東部に位置する州**。州都は**ケベック**で，州内最大都市は**モントリオール**。人口はオンタリオ州に次いで**2番目に多い**。フランス人の入植によって始まり，州の公用語は**フランス語**となっている。**ラブラドル高原**での**鉄鉱石**生産をはじめとする鉱業のほか，**林業**が発達している。

□☑☑ ケベック ▶ **ケベック州の州都**。**セントローレンス川**の河口部に位置する。

☑☑☑ モントリオール ▶ **ケベック州南部に位置する州内最大都市**。**フランス系住民**の多い**ケベック州**の中心都市で，人口はトロントに次ぐ。

□☑☑ ニューファンドランド・ラブラドル州 ▶ **カナダ北東部に位置する州**。**ラブラドル半島**東部と**ニューファンドランド島**からなる。州都はセントジョンズで，州内最大都市でもある。メキシコ湾流とラブラドル海流が**潮目**を形成し，**バンク**も発達しているため，**漁業**が盛ん。ニューファンドランド島の南には，フランス領のミクロン島，サンピエール島がある。

□☑☑ ニューファンドランド島 ▶ **ニューファンドランド・ラブラドル州に嘱する大西洋岸の島**。**漁業**が盛んで，沖合には**グランドバンク**やサンピエールバンクがある。

□□☑ ノヴァスコシア州 ▶ **カナダ東部のノヴァスコシア半島に位置する州**。州都はハリファクス。メキシコ湾流とラブラドル海流が**潮目**を形成し，**バンク**も発達しているため，**漁業**が盛ん。

□☑☑ マニトバ州 ▶ **カナダ中南部に位置する州**。州都は**ウィニペグ**で，人口最大都市でもある。**プレーリー3州**の1つで，**春小麦**の企業的穀物農業が行われている。

☑☑☑ ウィニペグ ▶ **マニトバ州南部に位置する州都**。カナダナショナル鉄道とカナダパシフィック鉄道が交差し，**春小麦の集散地**となっている。

□☑☑ アルバータ州 ▶ **カナダ西南部に位置する州**。州都は**エドモントン**で，州内最大都市は**カルガリー**。**プレーリー3州**の1つで，**春小麦**の**企業的穀物農業**が行われている。西部にロッキー山脈が走り，**原油**や**天然ガス**のほか，**オイルサンド**の産出も多い。

□☑☑ エドモントン ▶ **アルバータ州の州都で，カルガリーに次ぐ州内第2の都市**。付近で石油や天然ガス，オイルサンドが産出し，**石油関連産業**が発達している。

□☑☑ カルガリー ▶ **アルバータ州南部に位置する州内最大都市**。付近で石油や天然ガス，オイルサンドが産出し，**石油関連産業**が発達している。冬季オリンピックも開催された（1988年）。

□☑☑ ブリティッシュコロンビア州 ▶ **カナダ太平洋岸に位置する州**。首都は**ヴィクトリア**で，州内最大都市は**ヴァンクーヴァー**。太平洋岸に位置するため，**アジア系**の割合が高い。沿岸には**フィヨルド**などの氷河地形が発達している。**フレーザー川**での**サケ・マス**などの漁業のほか，**林業**が盛ん。

□□☑ ヴィクトリア ▶ **ブリティッシュコロンビア州の州都**。**ヴァンクーヴァー島**の南端部に位置する。

☑☑☑ ヴァンクーヴァー ▶ **ブリティッシュコロンビア州南西部に位置する州内最大都市**。カナダ**第3の都市**。**フレーザー**川の河口に位置し，ジョージア海峡を挟んでヴァンクーヴァー島と向かい合っている。**アジア系**，特に**中国系**の割合が高い。

□□☑ ノースウエスト準州 ▶ **カナダ北部に位置する準州**。準州都はイエローナイフで，州内最大都市でもある。カナダ最長の河川の**マッケンジー川**が流れる。**ゴールドラッシュ**によって**ユーコン準州**が分離され，**イヌイット**の自治準州の**ヌナブト準州**が分離された。

□□☑ ユーコン準州 ▶ **カナダ北西部に位置する準州**。準州都はホワイトホースで，州内最大都市でもある。ユーコン川に面するドーソンでゴールドラッシュが起こったことで，人口が増加し，ノースウエスト準州から1989年に分離された。

☑☑☑ ヌナブト準州 ▶ **カナダ北部に位置するイヌイットの自治準州**。1999年，ノースウエスト準州の一部を分割して設立された。準州都は**バッフィン島**にある**イカルイト**。ヌナブトはイヌイットの言語で「我々の土地」の意味。

第9節 ラテンアメリカ

1 ラテンアメリカの自然環境

☑☑☑ ラテンアメリカ ▶ **ラテン系**の**スペイン人，ポルトガル人が入植**したことに由来し，**中央アメリカ**（**メキシコ，カリブ諸国**）と**南アメリカ**から構成される。

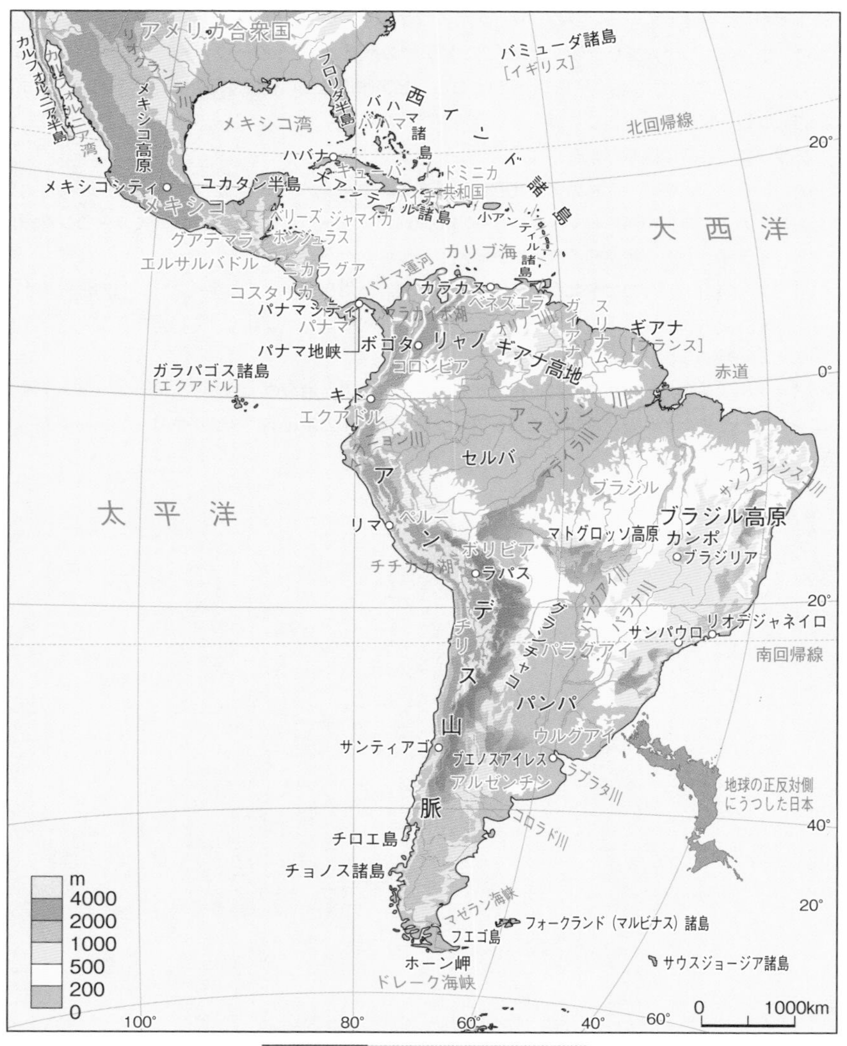

図3-2-9-1 ラテンアメリカの地勢図

☑☑☑ **ラテンアメリカの地形**▶**メキシコ**から**南アメリカ大陸の太平洋側**にかけては，**新期造山帯**の**環太平洋造山帯**に属する**山脈**や**高原**で，南アメリカ大陸の西縁を南北に走る**アンデス山脈**は世界最長の山脈。また，**西インド諸島**も**新期造山帯**（**環太平洋造山帯**）に属する。**地震活動**の活発な**変動帯**で，2010年の**ハイチ地震**では，死者数が30万人におよんだ。アンデス山脈をおもな水源とする**アマゾン川**は，**世界最大の流域面積**を持つ河川で，北には**ギアナ高地**，南には**ブラジル高原**（**ブラジル楯状地**）の**安定陸塊**が広がる。（図3-2-9-1，図3-2-9-2 参照）

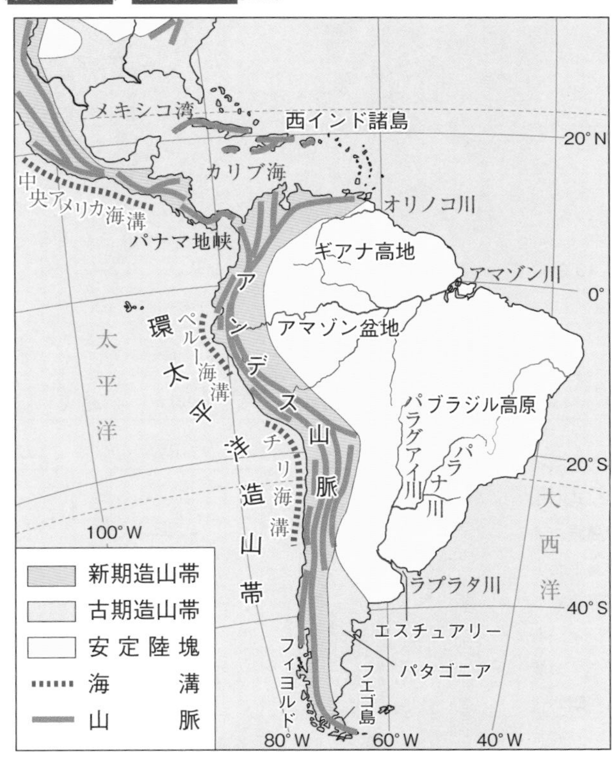

図3-2-9-2 ラテンアメリカの地形

☑☑☑ **ラテンアメリカの気候**▶エクアドルからアマゾン河口付近を**赤道**が通過。赤道付近には**熱帯雨林気候**（**Af**），オリノコ川流域とブラジル高原には**サバナ気候**（**Aw**）が広がり，**熱帯気候の割合は全大陸中最大**。赤道に近い**アマゾン川**の流域は，**セルバ**とよばれる**熱帯雨林**で覆われている。**熱帯長草草原**は，**オリノコ川**流域に**リャノ**が，**ブラジル高原**に**カンポ・セラード**が広がる。ラプラタ川の河口付近には**パンパ**とよばれる温帯草原，さらに南部には**乾燥したパタゴニア**が広がる。アンデス山脈西側の海岸部は**寒流のペルー海流**の影響を受け，**ペルー沿岸部からチリ北部**にかけては**海岸砂漠**となっている（図3-2-9-3 参照）。

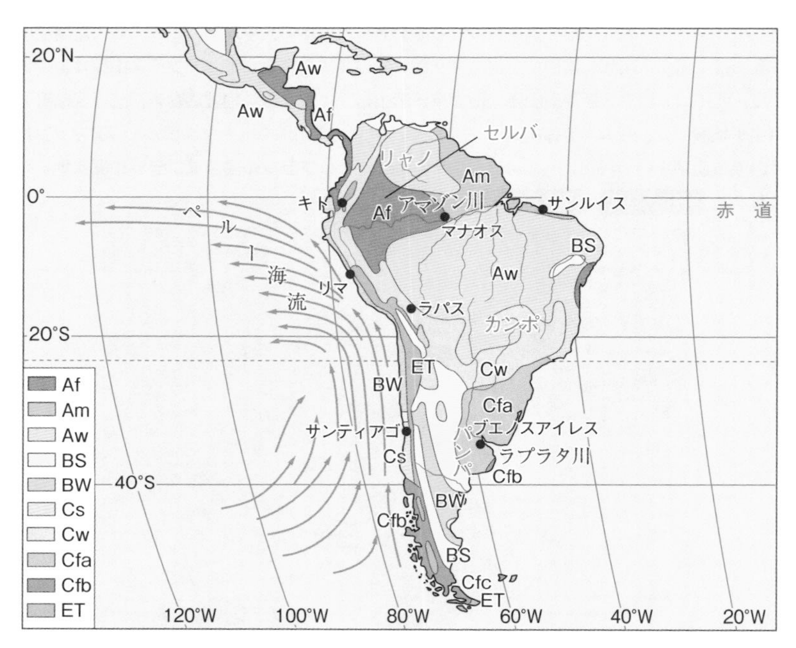

☑☑☑ **メキシコ高原**▶**標高1,500～2,000mの新期造山帯の高原**。メキシコ盆地には，ラテンアメリカ有数の都市でもある**メキシコシティ**がある。メキシコシティの原型は，**アステカ文明**時代にテスココ湖という湖を干拓して陸地にしたテノチティトランという都市である。

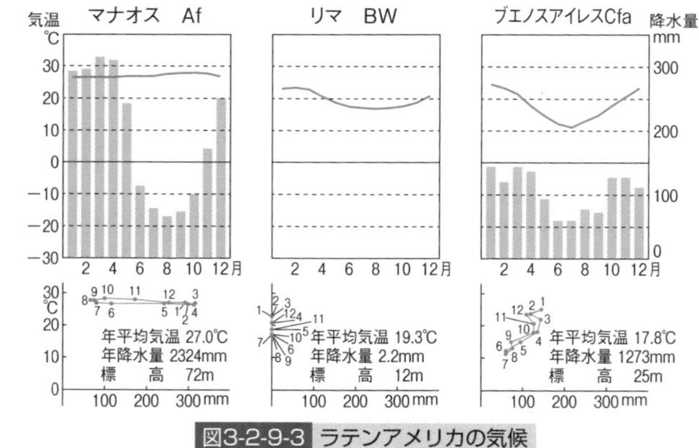

図3-2-9-3 ラテンアメリカの気候

☑☑☑ **メキシコ湾**▶**アメリカ合衆国南部からメキシコ東岸，キューバに囲まれた海域**で，北側と西側には**大陸棚**が広がり，**世界的な油田地帯**となっている。

☑☑☑ **西インド諸島**▶**中央アメリカの東の海上にある大アンティル諸島，小アンティル諸島，バハマ諸島からなる島々**。1492年に上陸したコロンブスがインドの一部だと思ったため，この名がついている。

□☑☑ **大アンティル諸島**▶**西インド諸島のキューバ島やジャマイカ島，イスパニョーラ島，プエルトリコ島などからなる新期造山帯の島々**。**イスパニョーラ島**は西に**ハイチ**，東に**ドミニカ共和国**がある。**サトウキビ**や**コーヒー**，バナナの栽培が盛んで，**ボーキサイト**の埋蔵も多い。地震が多く，防災態勢も未整備だったため，2010年の**ハイチ地震**では死者数が30万人におよんだ。

□☑☑ 小アンティル諸島 ▶ **西インド諸島南東部の島々**。リーワード諸島からトリニダード・トバゴの島々まで島嶼国が連なる。カリブ海の真珠といわれる。

☑☑☑ カリブ海 ▶ **西インド諸島**と**中央アメリカ**，**南アメリカ大陸に囲まれた海域**。浅海には**サンゴ礁**が発達し，訪れる観光客も多い。

□☑☑ パナマ地峡 ▶ **パナマ共和国**に位置し，**南北両アメリカ大陸を結ぶ地峡**（64.5km）で，**パナマ運河**が建設されている。パナマ運河は，地表の中央部は標高が高いため**閘門**（こうもん）**式運河**で，2016年に拡張工事が行われた。

☑☑☑ アンデス山脈 ▶ **南アメリカ大陸西縁に形成された新期造山帯の山脈**で，**環太平洋造山帯**に属する。約7,000kmに及ぶ世界最長の山脈で，**ペルー**から**ボリビア**にかけては**アルティプラノ**（**ボリビア高原**）や，湖沼国境にもなっている**チチカカ湖**がある。かつては**インカ帝国**をはじめとする**アンデス文明**が栄えた地でもあり，多くの**高山都市**がある。

□☑☑ アルティプラノ ▶ **ペルー南東部からチリ北部にかけて広がるアンデス山脈の高原地帯**。**ボリビア高原**ともいう。**チチカカ湖**からポーポー湖に至り，**ウユニ塩原**などがある。

□☑☑ チチカカ湖 ▶ **ペルー南東部からボリビア北西部にかけて広がる湖**。ペルーとボリビアの**湖沼国境**となっている。

☑☑☑ ウユニ塩原 ▶ **ボリビア南西部のアルティプラノに位置する広大な塩砂漠**。アンデス山脈が隆起した際に海水も一緒に運ばれ，塩原となった。塩の採掘・生産が行われている。塩の層の下にある湖水に大量の**リチウム**が含まれており，ボリビアの埋蔵量は世界最大と推定されている。リチウムは，電池の原料で，今後需要の大幅な増加が見込まれており，世界的な関心が高い。

☑☑☑ アマゾン川 ▶ **南アメリカ大陸の赤道付近を流れる世界最大の流域面積**（705万km²）**をもつ河川**。**アンデス山脈**に水源を持ち，流長はナイル川に次いで世界２位（6,516km）。平坦な**構造平野**の**アマゾン盆地**を流れるため，外洋船は中流部の**マナオス**まで入り，河川船舶はペルーの**イキトス**まで航行可能。流域には，**熱帯雨林**の**セルバ**が広がる。

☑☑☑ セルバ ▶ **アマゾン盆地に広がる熱帯雨林**。**多層構造**をつくる**密林**で，森林資源の蓄積量は多いが，近年は道路，鉄道，牧場などによって**伐採**や**開墾**が進み，**森林破壊**が進んでいる。

☑☑☑ ギアナ高地 ▶ **南アメリカ大陸北部のベネズエラ，ガイアナ，ブラジルなどにまたがる標高が高い高原地帯**。**安定陸塊**の**ギアナ楯状地**に位置する。垂直に切り立った**テーブルマウンテン**や，そこから流れ落ちる**エンジェルフォール**（アンヘル滝）は有名。

☑☑☑ ブラジル高原 ▶ **ブラジル南東部の高原**で，**安定陸塊**の**ブラジル楯状地**に位置する。**サバナ気候**（**Aw**）が広がり，南部を**カンポ**，北東部を**セラード**という。南部には**コーヒー**の栽培に適した**テラローシャ**が分布している。**鉄鉱石**の産出も多く，**露天掘り**が行われる**イタビラ**など多くの鉱山がある。

☑☑☑ セラード ▶ **ブラジル高原北部に広がる低木の疎林が混じる熱帯長草草原**。ブラジル高原南部に分布する草たけの高い熱帯草原は**カンポ**といわれる。両者を合わせて**カンポ・セラード**ということが多い。この地域では，**日本のODA**（政府開発援助）を受けて大規模な開発により，**大豆**の大規模栽培地域が形成された。

☑☑☑ パンパ ▶ **ラプラタ川の河口付近に広がる平坦な温帯草原**。東側は年降水量550mm以上の**湿潤パンパ**で，**肥沃土**（**パンパ土**）に恵まれ，農耕や牧畜が盛んで人口も多い。西側は年降水量550mm未満の**乾燥パンパ**で，主に放牧が行われている。

☑☑☑ パタゴニア ▶ **アルゼンチンとチリの南部に広がる半乾燥の台地**。**アンデス山脈**の**偏西風風下**にあたるため，**砂漠気候**（**BW**），**ステップ気候**（**BS**）などの乾燥気候が分布し，牧羊がみられる。

☑☑☑ ペルー海流（フンボルト海流）▸ **南アメリカ大陸の西岸を北上する寒流**。**湧昇流**（ゆうしょうりゅう）が生じるため蒸発する水蒸気量が少なく，**大気が安定**して，沿岸部に**ペルー海岸砂漠**や**アタカマ砂漠**などの**海岸砂漠**を形成する。**湧昇流**の発生により，栄養塩類も豊富なため，プランクトンも多く，海域一帯は**アンチョビーの好漁場**となっている。**貿易風が弱まる**とペルー海流も弱まり，**エルニーニョ現象**が起こる。

☑☑☑ ガラパゴス諸島 ▸ **エクアドルの沖合の赤道直下に位置する島々**。**ペルー海流**の影響で年平均気温は23℃と低い。**ホットスポット**の島々で，独自の進化を遂げた**固有の生物**が多く，ダーウィンが訪れた際，進化論を生み出すもととなった。

☐☑☑ マゼラン海峡 ▸ **南アメリカ大陸最南端とその南のフエゴ島などとの間にある海峡**。世界一周で有名な**マゼラン**が通過したことに由来する。強風が吹き，霧も多く，暗礁も多いため，世界的な航海上の難所のひとつ。

☐☑☑ フォークランド諸島（マルビナス諸島）▸ **アルゼンチンの東500kmの大西洋上に浮かぶ島々**。**イギリス**と**アルゼンチン**との間で**領有権をめぐる対立**が生じ，1980年代には，**フォークランド紛争**が起こった。

2 ラテンアメリカの歴史と民族

☑☑☑ ラテンアメリカの社会 ▸ ラテンアメリカでは，**中央アメリカ**の**マヤ文明**や**アステカ文明**，**アンデス高地**の**インカ文明**など，**先住民**による高度な文明が発達していた。15世紀末に**コロンブスが西インド諸島に到達**して以降，ヨーロッパ系白人の進出が始まり，16世紀にはアステカ文明，インカ文明は**スペイン人によって征服**された。16世紀以降，この地域に移住したのは，**スペイン**や**ポルトガル**からの**ラテン系白人**が中心であった。そのため，**ポルトガル語**を公用語とする**ブラジル**のほか，**スペイン語**を公用語とする国が多く，**カトリックを信仰する人が多い**。16世紀以降，アフリカから農業労働力として**黒人奴隷**が連れてこられた。ラテンアメリカでは，人種間で**混血**を繰り返しながら融合が進み，**サンバ**や**サルサ**，**レゲエ**などのさまざまな要素が混じり合った文化が生まれた。**ブラジル**や**ペルー**には19世紀末に**日本**から多くの**移民**が渡ったが，1990年代になると**日系人の日本への出稼ぎ**もみられるようになった。

☑☑☑ 人種のるつぼ ▸ **人種間での混血が進む状態**。るつぼ（坩堝）は合金を作る際のつぼのこと。**先住民のインディオ**，スペインやポルトガルを中心とした**ヨーロッパ系白人**，サトウキビプランテーションの労働力として連れてこられた**アフリカ系黒人**，さらに**アジア系**など様々な移民が流入することで，ラテンアメリカでは人種構成はいっそう多様となった。

☑☑☑ ラテンアメリカの旧宗主国と公用語 ▸ **ブラジル**は**ポルトガル**，そのほかの多くの国は**スペイン**の植民地だったため，**ラテンアメリカ**と総称されるが，カリブ海の**ジャマイカ**や小アンティル諸島，南アメリカ北部の**ガイアナ**は**イギリス**，南アメリカ北部の**スリナム**は**オランダ**，**ハイチ**は**フランス**の植民地だったことから「**カリブ諸国と南アメリカ**」という表現をすることも多い。

☑☑☑ ラテンアメリカの人種・民族構成 ▸ **先住民人口の分布**，**ヨーロッパ系白人の流入**，**アフリカ系黒人奴隷の導入**などの歴史を反映して，国・地域ごとに異なる。インカ帝国が存在した**ペルー**，**ボリビア**では**インディオ**の割合が，**メキシコ**や**エクアドル**，**チリ**などでは**メスチソ**の割合が高い。黒人奴隷が多く導入された**カリブ海地域**では**ムラート**の割合が高く，先住民人口も少なく黒人奴隷の導入も行われなかった**アルゼンチン**や**ウルグアイ**では**ヨーロッパ系**の割合が高い（図3-2-9-4参照）。

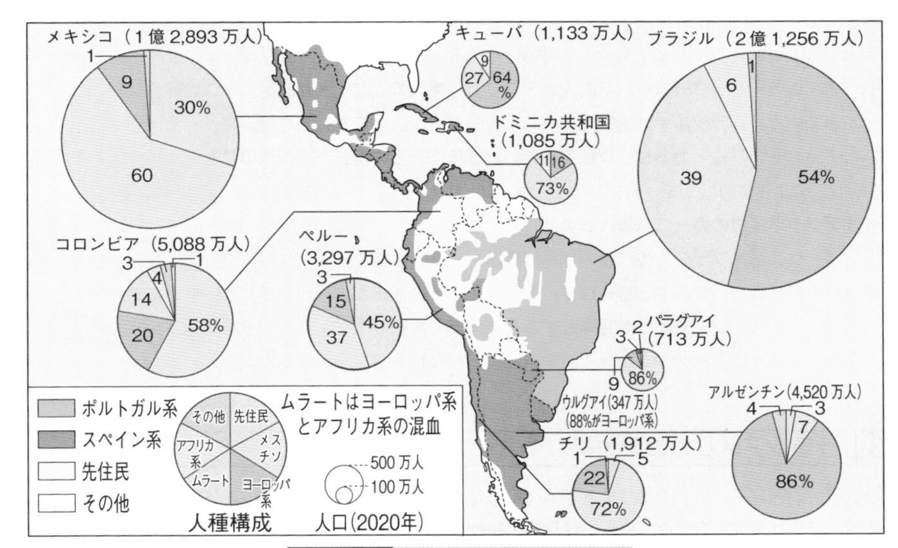

図3-2-9-4 ラテンアメリカ諸国の人々

☑☑☑ インディオ（インディヘナ）▶**ラテンアメリカの先住民**で，約1万年前にユーラシア大陸から渡ってきたと考えられている。**アンデス高地**と**メキシコ**，**中央アメリカ**に集中して居住し，**インカ，アステカ，マヤなどの文明**を築いた。白人との混血は，**メスチソ（メスチーソ，メスティソ）**といわれる。スペインに征服されると，ヨーロッパ人の持ち込んだ感染症によって免疫を持たない先住民族の人口は激減した。**インディオ**は，スペイン・ポルトガル語で「インド人」を意味し，差別的なニュアンスを含むとの指摘があることから，現在では**インディヘナ**（「在来・土着の人」の意）や，ナディーボ（「ネイティブ」の意）などと呼ばれることも多くなっている。

☑☑☑ アステカ文明▶**先住民によるメキシコ高原を中心に栄えた文明**で，1521年，**スペイン人**のコルテスに征服された。

□☑☑ マヤ文明▶**先住民によるユカタン半島をはじめとする中央アメリカに栄えた文明**。いくつかの都市国家からなり，16〜17世紀にかけて**スペイン人**によって征服された。

☑☑☑ インカ文明▶**先住民によるペルー，ボリビア，エクアドルにかけて栄えた文明**。首都はボリビアの**クスコ**で，観光地として人気のある**マチュピチュ**とともに世界遺産となっている。文字を持たない無文字文化として有名。1533年，スペイン人のピサロに征服された。文明を築いたケチュア人の言語は，スペイン語とともに**アンデス諸国では公用語**となっている。

□☑☑ マチュピチュ▶**ペルー南部にあるインカ帝国の都市遺跡**。海抜2,400mに位置する。広大な石造りの建造物が残り「空中都市」ともいわれ，**観光地**として人気がある。1983年世界遺産に登録された。

□□☑ トルデシリャス条約▶**スペインとポルトガルによる海洋の探検が活発化した大航海時代以降，両国がそれぞれの権益を確保するために，1494年に締結した条約**。大西洋上のヴェルテ岬諸島（現在のカーボベルデ）から西方に約2,000kmの地点を通る南北の線を境界として，**西側をスペイン領，東側をポルトガル領**とするもの。

☑☑☑ メスチソ（メスチーソ，メスティソ）▶**ヨーロッパ系白人とインディオとの混血**。**メキシコ**や

ベネズエラ，**コロンビア**，**パラグアイ**，**チリ**などで多い。今日では人種構成は複雑で区分も曖昧となり，黒人を含む混血者全般を表すものとして用いられることも多い。

☑☑☑ ムラート ▶ **ヨーロッパ系白人とアフリカ系黒人の混血**。ただし，近年この呼称は使われなくなってきている。**ブラジル**では約39%と白人（約54%）に次いで割合が高い。

☑☑☑ カーニバル ▶ **カトリック社会で行われる年に一度の祝祭，謝肉祭のこと**。イースターの40日前（毎年２～３月初旬）まで４日間にわたって街中で**サンバ**などの熱狂的な歌と踊りが繰り広げられる。**リオデジャネイロ**の**カーニバル**は有名。

☑☑☑ サンバ ▶ **ブラジルの代表的な民族舞踏**。４分の２拍子のダンス音楽で，黒人奴隷が持ち込んだ**アフリカ**の宗教的民俗音楽と**ヨーロッパ**の音楽などさまざまな要素が混ざり合っている。

☑☑☑ レゲエ ▶ **ジャマイカを発祥とするポピュラー音楽**の１ジャンル。単純なベースと裏拍でリズムを取ったギターによる演奏が特徴で，ゆったりとした穏やかな曲調のものが多い。

3 ラテンアメリカの農牧業

☑☑☑ ラテンアメリカの農牧業 ▶ 19世紀前半に相次いで独立したラテンアメリカ諸国は，ヨーロッパへの農畜産物や鉱産資源などの**一次産品の供給地**として発展し，輸出用の**商品作物**は，スペインやポルトガルから持ち込まれた**大土地所有制**のもとで栽培された。**アルゼンチン**では**パンパ**で**小麦**や**トウモロコシ**，**肉類**が生産され，**ブラジル**では**コーヒー**が，**カリブ海諸国**や**エクアドル**では**プランテーション**で**バナナ**や**サトウキビ**が生産された。一方で，**アマゾン**では自給的な**焼畑農業**が行われ，**アンデス高地**では**ジャガイモ**や**トウモロコシ**を**標高に応じて栽培する伝統的な農業**がみられる。20世紀後半以降，**アグリビジネス**が進出し，企業的な農業に転換した地域もある。**ブラジル**では**大豆**や**トウモロコシ**の大規模生産が拡大し，**肉牛の飼育頭数も大幅に増加**した。1990年代以降，世界的な食料価格の高騰などを背景に，**ブラジル**や**アルゼンチン**では**大豆**の大規模栽培が発展し，生産・輸出で大きな役割を果たすようになっている。国際市場向けの新しい農業や水産業も盛んになっており，**モノカルチャー経済からの脱却**と新たな雇用の創出が期待されている。**ブラジル**では，**コーヒーやサトウキビの比重が低下**し，**大豆や鶏肉などの比重が急増**するなど**多角化**が進んでいる。ほかにも，**メキシコ**の**野菜栽培**，**コロンビア**の**切り花**，**チリ**の**野菜**や**サーモン**などは21世紀に入って輸出額が急増している（図3-2-9-5参照）。

☑☑☑ 大土地所有制（ラティフンディオ）▶ **少数の大地主のもとで，多くの小作人や農業労働者を使って広大な農牧場の経営を行う農業方式**。植民地時代から続き，現在でも南ヨーロッパやラテンアメリカでみられる。大農園を所有する農園主は都市に住み，農園の運営は管理人にまかされ，実際に農業に従事するのは住み込み労働者とその家族であることが多い。**農園への十分な投資が行われず**，**農業労働者への賃金も低い**まま**単一耕作**を行ってきた。**農村部の貧富の格差**が生まれる原因にもなっているため，ラテンアメリカでは20世紀の中・後期には，**農地改革**が行われたが，十分な成果を上げることができなかった。

☑☑☑ ファゼンダ ▶ **ブラジルの大土地所有制にもとづく大農園**のこと。

☑☑☑ エスタンシア ▶ **アルゼンチンやウルグアイを中心とするパンパでの大土地所有制にもとづく大農園**のこと。

☐☑☑ アシエンダ ▶ **メキシコやパラグアイ，ペルーなどの国々で行われている大土地所有制にもとづく大農園**のこと。

☑☑☑ **セラードの開発**▶**ブラジル高原**の**セラード**では，**大規模な大豆栽培**が行われている。1970年代に日本の**JICA**（国際協力事業団，現在の国際協力機構）が**輸入大豆の確保**を目的として大豆栽培拡大プロジェクトを開始した。その後，アメリカ合衆国の**穀物メジャー**の進出もあり，**企業的な農業**によるセラード開発が進み，**遺伝子組み換え品種**の栽培も拡大した。現在では**大豆の輸出額はアメリカ合衆国を超える**までになっている。特に食生活の変化によって豚の飼料用や食用油の原料として大豆の需要が

図3-2-9-5 ラテンアメリカの熱帯商品作物

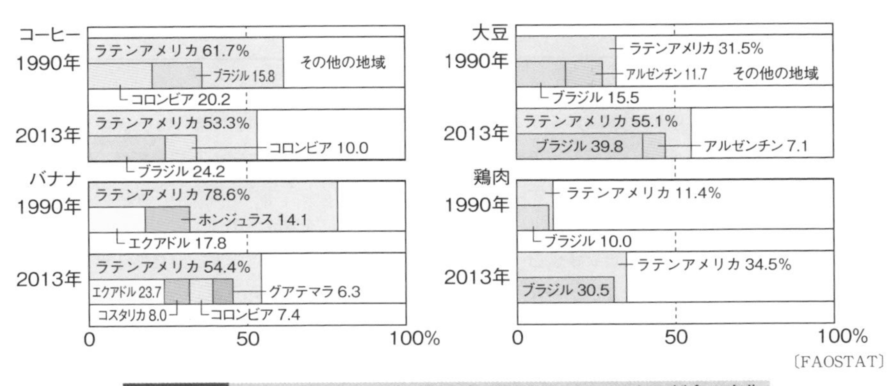

図3-2-9-6 世界の農畜産物の輸出額に占めるラテンアメリカの割合の変化

高まり，**中国向けの輸出**が増えている。一方で開発によって，セラードの**生物多様性の喪失**や，大量の農薬・化学肥料の投入による**土壌汚染**，先住者である**小規模農民に対する権利の侵害**なども問題となっている。

☑☑☑ テラローシャ ▶ **ブラジル高原南部に分布する玄武岩・輝緑岩を母岩とするコーヒー栽培に適した暗紫色の肥沃な土壌。**

☑☑☑ パンパでの農業 ▶ 温帯長草草原の**パンパ**では，東部から西部に向かうにつれて降水量が減少し，**年降水量550mm**の線を境に**東部の湿潤パンパ**と**西部の乾燥パンパ**に分かれる。湿潤パンパでは**トウモロコシ栽培と牧牛**，年降水量550mm前後となる**境界線付近**では**小麦栽培**，乾燥パンパでは**牧羊**がさかんである（図3-2-9-7参照）。

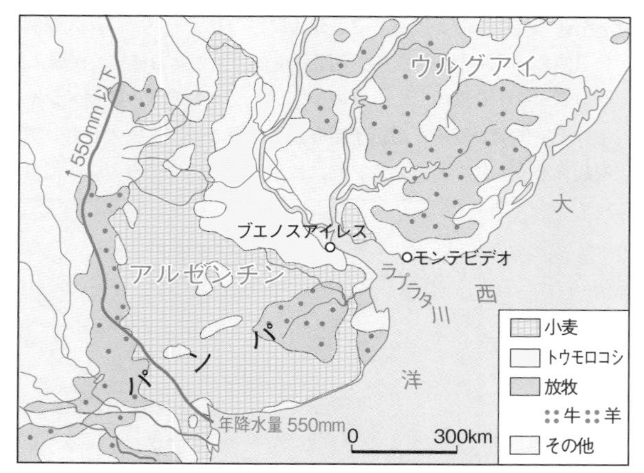

〔Alexander Kombiatlas 2014ほか〕

図3-2-9-7 パンパの農牧業

☑☑☑ アンデスの土地利用の垂直分布 ▶ **ペルー**では，アンデス高地から山麓にいたるまで，標高差が5,000mにおよぶ。**冷涼な高地**では**ジャガイモ栽培や牧畜**が，**湿潤な低地**では**トウモロコシ栽培**などが重要な生業となっている（図3-2-9-8参照）。

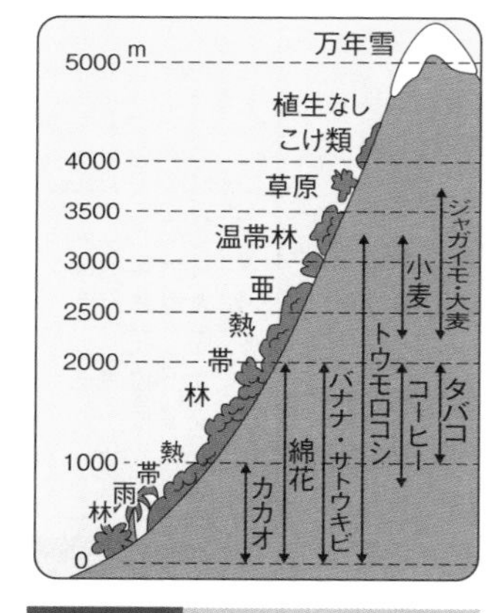

図3-2-9-8 アンデスの作物と植生

4 ラテンアメリカの鉱工業

☑☑☑ ラテンアメリカの鉱産資源 ▶ ラテンアメリカは鉱産資源に恵まれ，ブラジル，**メキシコ**，**ベネズエラ**，**エクアドル**の**原油**，**ブラジル**の**鉄鉱石**や**ボーキサイト**，**コロンビア**の**石炭**，**チリ**の**銅**，**メキシコ**や**ペルー**の**銀**，**ボリビア**のスズや**リチウム**など世界的な生産がみられる。こうした鉱山の開発は，ヨーロッパやアメリカ合衆国の企業の進出によって行われてきた。安定陸塊が国土の大部分を占める**ブラジル**は，**イタビラ鉄山**など良質な**鉄鉱石**には恵まれるが，石油資源には乏しかったため，**水力発電**や**サトウキビ**を原料とした**バイオエタノール**などの開発が進められた。1990年代になると，リオデジャネイロの沖合で**海底油田の開発**が進められ，2006年には**原油の完全自給**を達成した（図3-2-9-9参照）。

☐☑☑ マラカイボ湖油田 ▶ **ベネズエラ北西部の油田**。原油は沖合のオランダ領キュラソーへと運ばれて精製される。ベネズエラは，**OPECの原加盟国**で，埋蔵量も多い。

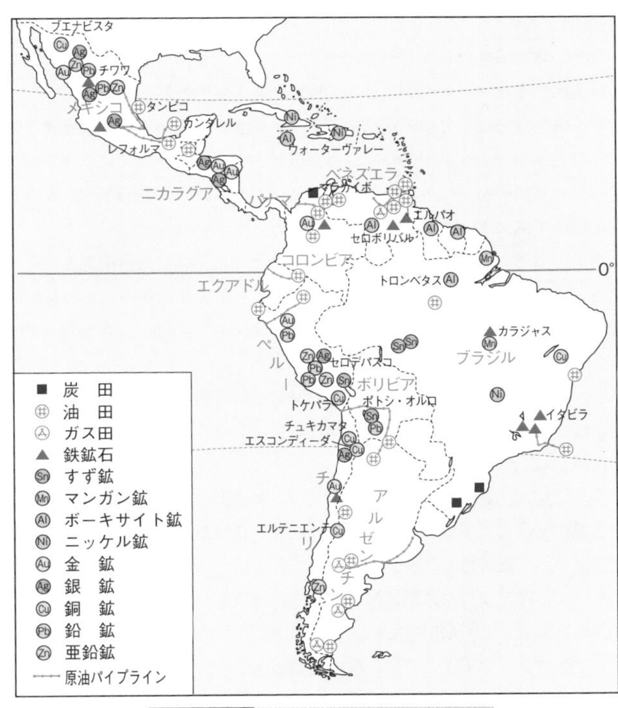

図3-2-9-9 ラテンアメリカの地下資源

☑☑☑ イタビラ鉄山 ▶ **ブラジル南東部，ミナスジェライス州の鉄鉱山**。産出した鉄鉱石は周辺の鉄鋼業が発達する**イパチンガ**に供給されるほか，大西洋岸の**ヴィトリア**から世界各国へと輸出される。

☑☑☑ カラジャス鉄山 ▶ **ブラジル中北部，パラ州の鉄鉱山**。良質の**鉄鉱石**を産出し，世界有数の埋蔵量を持つ。カラジャス鉄道で大西洋岸のサンルイスまで運ばれ輸出されるが，鉄山開発や鉄道建設の際に，**熱帯林の破壊**が生じた。

□☑☑ チュキカマタ銅山 ▶ **チリ北部の露天掘りの銅鉱山**。アメリカ合衆国の資本によって開発されたが，現在は国有化されている。世界最大の銅鉱山ラエスコンディーダも位置する**チリ**は**世界有数の銅鉱産出国**で，輸出も多い。

□☑☑ イタイプダム ▶ **ラプラタ川の支流，パラナ川中流部にブラジル，パラグアイが共同で建設した世界最大級の水力発電ダム**。**ブラジル**は大都市が集中する南部を中心に，豊富な水資源を利用した水力発電が盛んで，**総発電量の約7割を水力**が占める。パラグアイからブラジルへの電力輸出も盛ん。

□☑☑ ボリビアのリチウム生産 ▶ パソコンやスマートフォン，電気自動車に使われる**リチウムイオン電池の原料**となる**リチウム**は今後需要の増加が見込まれており，ボリビア高地に広がる**ウユニ塩原**の塩の層の下にある湖水に大量に含まれる。ウユニ塩原の埋蔵量は世界最大で，世界のリチウム埋蔵量の50%を占めるといわれるが，**観光地**でもあるため，**鉱物開発と景観保全の両立が課題**となっている。

☑☑☑ ラテンアメリカの工業化と財政危機 ▶ 20世紀半ば以降，ラテンアメリカでは，**モノカルチャー経済からの脱却を図る**ために，政府主導で工業製品の輸入を制限しつつ，国内市場向けの製品をつくる

輸入代替型の工業化を進めた。工業化のために外国の資本が導入されたことで，財政赤字が拡大し，1980年代以降，深刻な**累積債務**に悩まされる国が多かった。累積債務問題の解決のために，各国は**国営企業の民営化**や**経済の自由化**を進めたが，一方で**経済格差の拡大**を招いた。

□☑☑ 累積債務（るいせきさいむ）▶**外国から借りている正味の資本（＝借金）が返済できない水準まで蓄積されてしまった状態**。1970年代後半の一次産品の価格上昇や産油国からの資金を背景に，ラテンアメリカの国々では，工業化やインフラ整備のために外国資本や借金に依存したが，**1980年代**になると，**世界的な景気停滞**や**一次産品の価格下落**によって返済が困難となった。

☑☑☑ メキシコの工業化▶**メキシコ**では，1960年代後半から**アメリカ合衆国**との国境沿いに**マキラドーラ**を設置したり，1994年に**NAFTA**に加盟するなどして，アメリカ合衆国との経済的関係を深め，**輸出指向型の工業化**が進められた。2020年に発効した**USMCA**（**米国・メキシコ・カナダ協定**）では，**NAFTA**に比べて自由貿易が一部制限された。

☑☑☑ マキラドーラ▶**アメリカ合衆国との国境沿いなどに設置されたメキシコの保税輸出加工区**。**低賃金労働力**を背景に，**税制の優遇**を受けて輸出向けの生産を行う地区で，**自動車部品**や**電子製品**を製造する加工工場が集積した。

☑☑☑ ブラジルの工業化▶豊富な鉱産資源を背景に，**南東部**を中心に鉄鋼業や自動車産業，航空機産業などの**重化学工業**が発達している。1960〜70年代には「**ブラジルの奇跡**」といわれる**高度経済成長**を遂げた。高性能なプロペラ旅客機が製造され，現在でも中型飛行機を中心とした**航空機産業**が盛んとなっている。1980年代には**インフレ**や**累積債務**の影響で，経済危機に直面した。1990年代以降は**経済の自由化**を進め，1995年に結成された**MERCOSUR**向けに輸出が増加するなど経済発展をとげ，**BRICS**のひとつとなった。**マナオス**（マナウス）には**自由貿易地区**が設置され，製造業が発展した。

☑☑☑ 自由貿易地区▶**輸出入にかかる税金が免除される特別地区**。**アマゾン開発の拠点**として1967年に発足した**マナオス自由貿易地区**は，多くの外国企業を引きつけ，オートバイや家電製品の生産が盛んである。

□☑☑ フレックス燃料車▶**ガソリンとバイオエタノールの混合が可能な自動車**。石油危機を機に，ガソリンの代替燃料として生産が本格化した**バイオエタノール**は，主に**サトウキビ**からつくられている。

☑☑☑ MERCOSUR（メルコスル，南米南部共同市場）▶**ブラジルとアルゼンチンを中心に1995年に発足した経済同盟**。対外共通関税，域内での財・サービス・労働力の自由市場を目指している。**ブラジル**，**アルゼンチン**，**パラグアイ**，**ウルグアイ**，ベネズエラ（資格停止中），ボリビアの6カ国が加盟している。

□☑☑ CAN（Andean Community:アンデス共同体）▶**アンデス諸国5か国（ボリビア，コロンビア，エクアドル，ペルー，チリ）で1969年に発足した経済同盟**。その後，チリが脱退した。域内関税の撤廃を進め，**アンデス自由貿易圏**が完成した。

□☑☑ SICA（中米統合機構）▶**中央アメリカ諸国の経済統合を目的とする1991年に発足した政府間組織**。グアテマラ，エルサルバドル，コスタリカ，ニカラグア，ホンジュラス，パナマ，ベリーズ，ドミニカ共和国の8か国が正規加盟国。

□☑☑ PROSUR（プロスール）（ラテンアメリカの前進と発展のためのフォーラム）▶**2019年に結成された，南米諸国連合（UNASUR）に代わる新たな枠組みとして結成された南米諸国の枠組み**。南米諸国連合は，社会的・経済的不平等の根絶，政治的対話の強化などを目的に発足したが，加盟国の脱退が相次いだため，新しい枠組みが作られた。

5 ブラジルの経済発展・開発とそれにともなう問題

☑☑☑ ブラジルの経済格差 ▶ ブラジルでは，工業化の進んだ**南東部**と，農業中心で大土地所有制が残る**北東部**や**北部**との間で，大きな**経済格差**が存在する。こうした地域の格差とともに，富裕層と貧困層の格差も社会問題となっており，経済発展著しい新興国のなかでも**貧富の差が激しい**。

南東部に位置する大都市の**サンパウロ**や**リオデジャネイロ**では，農村から貧しい人々が流入して，**ファベーラ**といわれる**スラムの拡大**や**都市環境の悪化**などさまざまな都市問題が深刻化している。

☑☑☑ サンパウロ ▶ **ブラジル南東部に位置するブラジル最大都市**。**コーヒー豆**の集散地として栄え，サントスを外港として持つ。各種工業が発達し，証券取引所が立地するなど**経済の中心**でもある。

☑☑☑ リオデジャネイロ ▶ **ブラジル南東部に位置する旧首都でサンパウロ**と並ぶ大都市。大西洋に臨む有名な観光地で，2016年に**オリンピック**も開催された。南部にある海岸の**コパカバーナ**は，世界的に有名なリゾート地。

☑☑☑ ファベーラ ▶ **ブラジルの大都市にみられるスラム**。農村から流入した人々が十分な仕事や住居を得られず，山の斜面や低湿地などを**不法占拠して形成**している。

☑☑☑ ブラジルの熱帯林の開発と先住民・環境問題 ▶ 第二次世界大戦後，**経済格差を是正**するため，**アマゾン地域の開拓**が進められた。1960年には首都を**リオデジャネイロ**から中西部の**ブラジリア**へと移し，**内陸開発の拠点**とした。1970年代には，「土地なき人を，人なき土地へ」をスローガンに，アマゾンの原生林の本格的な開発を始め，**アマゾン横断道路**を建設して，道路沿いに入植地を作り，貧しい人々を移住させた。その結果，道路沿いで**熱帯林の破壊**や**土壌侵食**が進んだほか，**先住民のインディオの伝統的な生活が破壊**されたり，**鉱山開発で砂金の選鉱に使われた有機水銀が健康被害**をもたらすなどの問題が生じたりした。

☑☑☑ アマゾン横断道路（トランスアマゾニアンハイウェー）▶ **アマゾン開発の一環で，アマゾンへの入植を進めるために建設された道路**。大西洋岸の都市からペルー国境まで約5000kmに及ぶ。道路沿いは入植者による**熱帯林の破壊**が進み，それが魚の骨のように広がっていることから，「フィッシュボー

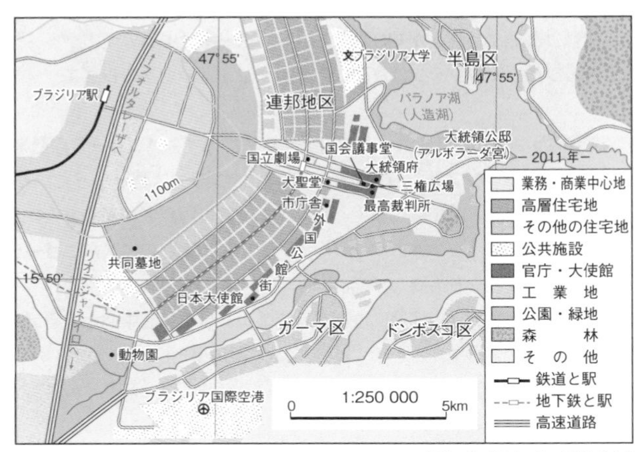

〔Diercke Weltatlas 2004,ほか〕

図3-2-9-10 ブラジリアの鳥瞰図

ン」ともいわれる。

☑☑☑ ブラジリア ▶ **ブラジル中西部に位置する首都**。1960年に**内陸開発の拠点**として建設された**計画都市**で，**政治都市**の代表例。平面形態はジェット機を模している（図3-2-9-10参照）。

6 ラテンアメリカの各国地誌

① 中央アメリカのおもな国

☑☑☑ メキシコ ▶ 首都はメキシコシティ。**中央アメリカに位置する連邦共和国**。西は太平洋，東はメキシコ湾とカリブ海に面する。正式名称はメキシコ合衆国。首都付近を中心に**アステカ文明**が栄えていた。**旧スペイン領**。人口は約**1億3,000万人**で，**スペイン語話者が世界で最も多い国**。**メスチソ**が**約6割**を占め，**カトリック**を信仰する人が多い。アメリカ合衆国と国境を接し，1994年アメリカ合衆国，カナダとともに**NAFTA（現在はUSMCA）**を結成し，**アメリカ合衆国との経済的な関係が深く**，輸出の８割は，工業製品を中心にアメリカ合衆国向けとなっている。**原油**のほか，**銀**の産出も多い。

☑☑☑ メキシコシティ ▶ **メキシコ高原に位置するメキシコの首都**（標高2,309m）。都市圏の人口を含めると2,150万人（2016年）に及ぶ**世界有数の大都市**。かつては**アステカ文明**の都テノチティトランだった。アステカ人がテスココ湖という湖を干拓して建設したため，盆地となっている。**高地で化石燃料の不完全燃焼**も起こりやすいうえ，**盆地で大気汚染物質が滞留**しやすいため，**大気汚染が深刻**である。辺縁部にはスラムも形成されている。

☑☑☑ キューバ ▶ 首都はハバナ。**大アンティル諸島に位置する社会主義国**。**ムラート**の割合が高い。旧スペイン領で**サトウキビ**やたばこの栽培が盛ん。1959年に**キューバ革命**によって**社会主義国**となり，アメリカ合衆国と国交断絶，経済封鎖を受けた。同じ社会主義国で関係が強かったソ連の崩壊後は，経済停滞に陥り，アメリカ合衆国を目指す多くの難民が発生した。2010年代に入って部分的に市場経済を導入したり，2015年には**アメリカ合衆国との国交を回復**したりするなど，変化もみられる。

☑☑☑ ジャマイカ ▶ 首都はキングストン。**大アンティル諸島のキューバの南に位置する国**。**イギリス領**だったため，公用語は**英語**で，**黒人が約9割**を占める。**ボーキサイト**の産出が多く，コーヒーの最高級豆として取引される**ブルーマウンテン**は有名。音楽の１ジャンルである**レゲエ**（世界無形遺産）発祥の国。

☑☑☑ ハイチ ▶ 首都はポルトープランス。**大アンティル諸島のイスパニョーラ島西半部に位置する国**。首都はポルトープランス。**フランス領**だったため，公用語は**フランス語**となっている。**黒人が95%**を占める。**世界最初の黒人共和国**。2010年に発生した**ハイチ地震**では死者数が30万人におよんだ。

☐☑☑ ドミニカ共和国 ▶ 首都はサントドミンゴ。**大アンティル諸島のイスパニョーラ島東半部に位置する国**。旧スペイン領で，**ムラートの割合が高い**。

☑☑☑ プエルトリコ ▶ **大アンティル諸島に位置するプエルトリコ島を中心とするアメリカ合衆国の自治連邦区**。**旧スペイン領**で，スペイン語を話す**ヒスパニック**が居住するが，住民はアメリカ合衆国の市民権を持つため，**アメリカ合衆国本土に移住する人が多い**。野球を中心に多くのスポーツ選手をアメリカ合衆国に輩出している。

☐☑☑ バハマ ▶ 首都はナッソー。**フロリダ半島の南東に位置する大アンティル諸島のサンゴ礁島からなる島嶼国**。サンサルバドル島にコロンブスが上陸したとされる。スペイン領の後，イギリス領となり，イギリスから独立した。**観光**と**金融業**が主産業で，**タックス・ヘイブン**（租税回避地）として有名。

☑☑☑ タックスヘイブン（tax haven）▶ **租税回避地のことで，税金が免除または著しく軽減される国や地域**。国内の基幹産業が乏しい国が，外国企業の進出による雇用確保や手数料収入の増加，富裕層の移住などを目的として，法人税などを減免している。**イギリス領ヴァージン諸島，ケイマン諸島，バハマ，パナマ，リベリア**などが知られている。

☐☑☑ コスタリカ ▶ 首都はサンホセ。**中央アメリカ南部に位置する国**。**旧スペイン領**。白人の割合が約8割と高い。主に**熱帯雨林気候**（**Af**）が広がり，豊かな自然に恵まれる。主産業は，コーヒーとバナナのプランテーションだったが，近年は**エコツーリズム**をはじめとする**観光業**が発達している。環境保護に積極的で，**国土の約1/4が国立公園や自然保護区**に指定されている。憲法で軍隊を廃止していることで知られる。医療用機器，医薬品の製造業，ソフトウェア開発，コールセンターなどのサービス業が発達し，2021年には**OECD**に加盟。

☑☑☑ パナマ ▶ 首都はパナマシティ。**中央アメリカのパナマ地峡部に位置する国**。環太平洋造山帯に属する山がちな地形で，熱帯雨林が発達している。中央部には**閘門**（こうもん）**式運河**の**パナマ運河**があり，運河に水を集める流域は，森林保護区として保全が図られている。**便宜置籍**（べんぎちせき）**船国**としても知られ，**商船の登録数は世界1位**。**タックス・ヘイブン**としても有名。

② 南アメリカの各国地誌

☑☑☑ ベネズエラ ▶ 首都はカラカス。**南アメリカ大陸北部に位置する国**。北西部にはマラカイボ湖や**新期造山帯**の高原があり，中央部には**オリノコ川**が流れ，熱帯草原の**リャノ**が広がる。南東部には**安定陸塊**の**ギアナ高地**がある。旧スペイン領。公用語には**スペイン語**のほか31の**先住民の言語**が採用されている。**メスチソが約6割**を占める。ラテンアメリカ唯一の**OPEC加盟国**で，**マラカイボ湖**付近を中心に原油の産出が多い（埋蔵量は世界1位）。2012年MERCOSURに加盟（現在は加盟資格停止中）。

☑☑☑ ガイアナ ▶ 首都はジョージタウン。**南アメリカ大陸北東部に位置する国**。**イギリス領**だったため公用語は**英語**で，**インド系住民も多い**。国土の大半は**熱帯モンスーン気候**（**Am**）で**ボーキサイト**の産出が多い。

☑☑☑ スリナム ▶ 首都はパラマリボ。**南アメリカ大陸北東部に位置する国**。**オランダ領**だったため公用語は**オランダ語**である。住民はインド系やインドネシア系が多い。国土の大半は**熱帯モンスーン気候**（**Am**）で**ボーキサイト**の産出が多い。

☑☑☑ コロンビア ▶ 首都はボゴタ。**南アメリカ大陸北西部に位置する国**で，パナマと接し，**太平洋**と**カリブ海**の両方に面している。**アンデス山脈**が国土を走り，**ボゴタ**は**高山都市**で標高2,547m。東部には**リャノ**が広がる。旧スペイン領で，公用語は**スペイン語**。**メスチソが半数を占める**。**コーヒー**のプランテーションが盛んで，南アメリカでは**ブラジルに次ぐ生産国**。ほかにバナナ，サトウキビ，**切り花**などの生産が多い。輸出は**原油**や**石炭**（埋蔵量は南アメリカ1位）が多く，世界第3位のコーヒー豆の輸出国となっている。

☑☑☑ エクアドル ▶ 首都はキト。**南アメリカ大陸北西部，赤道直下に位置する国**（国名はスペイン語で「赤道」の意）。中央部を**アンデス山脈**が南北に走る。**キト**は赤道直下に位置する**高山都市**（標高2,794m）で，温和な気候（常春気候・月平均気温が年中13℃）となる。外港の**グアヤキル**（253万人）の方が，首都キト（178万人）よりも人口が多い。旧スペイン領で，公用語は**スペイン語**。**メスチソが8割**を占める。**バナナ**やコーヒー豆，カカオ豆の生産が多く，**バナナの輸出額は世界1位**。**原油**の産出が多く，同国の輸出品目では１位となっている。1973年にOPECに加盟したが，その後脱退。2007年に復帰し，2020年に再び脱退。

☑☑☑ ペルー ▶ 首都はリマ。**南アメリカ大陸西部に位置する国**で，西部を**アンデス山脈**が南北に走る。西部の沿岸部は，沖合を流れる**ペルー海流**の影響で大気が安定し，**海岸砂漠**となっている。東部のアマゾン低地には**セルバ**が広がる。**首都リマ**（**BW**）は，典型的な**プライメートシティ**。旧スペイン領で，公用語は**スペイン語**のほか，先住民の**ケチュア語とアイマラ語**。**先住民のインディオが多く，全体の45%**を占める。アンデス山脈に位置するクスコは，**インカ文明**の首都で，**マチュピチュ**とともに世界遺産となっている。カタクチイワシの仲間である**アンチョビー**の漁獲が盛んな世界的な漁業国だが，**エルニーニョ現象**の影響を受けて漁獲量の変動が大きい。銅鉱や鉛，亜鉛，スズなどの産出が多い。アンデス山脈では**リャマ**，**アルパカ**の牧畜も行われ，**高度に応じて栽培作物が異なる**。

☑☑☑ ボリビア ▶ 首都はラパス。**南アメリカ大陸中西部に位置し，山脈や高原が広がる内陸国**。**ラパス**は，**世界で最も標高が高い首都**（3,630m）。旧スペイン領で，**スペイン語**のほか，**先住民の36言語が公用語**となっている。**先住民**の**インディオ**が多く，**全体の55%を占める**。正式名称はボリビア多民族国。**天然ガス**のほか，亜鉛や銀，スズなどの産出が多く，主要な輸出品となっている。**リチウムの埋蔵量も多い**。

☑☑☑ チリ ▶ 首都はサンティアゴ。**南アメリカ大陸南西部にアンデス山脈に沿って位置する南北4,300kmの非等温線国家**。北部は**乾燥気候**（**BW，BS**），中部から南部にかけては**温帯気候**（**Cs，Cfb**）がみられ，南部の海岸には**フィヨルド**も発達している。最南部には**ツンドラ気候**（**ET**）がみられる。**サンティアゴ**は**地中海性気候**（**Cs**）。農業と鉱業が産業の中心で，中部のサンティアゴ付近ではブドウの生産が盛んで**ワイン**の生産も多い。**銅鉱の産出量は世界1位**で，**リチウム**の産出も世界有数。近年は，フィヨルドを利用しての**サケの養殖**も盛んで魚介類の輸出も多い。

☑☑☑ ブラジル ▶ 首都はブラジリア。**南アメリカ大陸東部に位置する面積・人口ともに南アメリカ大陸最大の国**（851.6万km²・2.1億人）。北部には**世界最大の流域面積を持つアマゾン川**が流れ，**熱帯雨林**の**セルバ**が広がる。中南部の**ブラジル高原**には**熱帯草原**の**カンポ・セラード**が広がる。

ポルトガルから独立し，南米大陸では唯一**ポルトガル語を公用語**としている。白人の割合が約５割を占めるが，**サトウキビ**の**プランテーション**のために黒人奴隷が連れてこられたため，**ムラート**（約４割）も多い。**アフリカ系黒人**は，サトウキビプランテーションが行われている**北東部**（**ノルデステ地方**）に多く，この地域は所得水準が低い。南東部に人口が多く，**最大都市のサンパウロ**と**旧首都のリオデジャネイロ**が二大都市。**首都ブラジリア**は，**内陸開発の拠点**として建設された**計画都市**。古くから**コーヒー**の栽培が行われ，南アメリカ１位の生産国だが，近年は**多角化**が進み，**サトウキビ**や**大豆**の生産，**肉牛の飼育頭数が増加**している。工業化も進み，経済発展著しい**BRICS**の一つ。**MERCOSUR加盟**。

☑☑☑ アルゼンチン ▶ 首都はブエノスアイレス。**南アメリカ南東部に位置する国**。**アンデス山脈**でチリと接する。**ラプラタ川**流域には**温帯草原**の**パンパ**（**Cfa，BS**）が広がるほか，北部には森林の**グランチャコ**（**Aw**），南部には**パタゴニア**（**BW，BS**）がある。**ブエノスアイレス**（**Cfa**）は，ラプラタ川の河口に位置する。旧スペイン領で，公用語は**スペイン語**。**白人が大半を占める**。イギリスとの間で**フォークランド諸島**（アルゼンチン名マルビナス諸島）を巡る対立を抱えている。農牧業が主産業で，**パンパ**では**小麦**のほか**肉牛**の飼育が行われるが，近年は**大豆**の生産が増加している。**パタゴニア**では羊の放牧もみられる。**MERCOSUR加盟**。

☑☑☑ パラグアイ ▶ 首都はアスンシオン。**南アメリカ中央部に位置する内陸国**。旧スペイン領で，公用語は**スペイン語**のほか，**先住民**のグアラニー語。**メスチソが8割以上**を占める。農牧業が主産業で，大豆や牛肉の輸出が多い。**電力も主要輸出品**。**MERCOSUR加盟**。

☑☑☑ ウルグアイ ▶ 首都はモンテビデオ。南アメリカ南東部に位置する国。旧スペイン領で，公用語は**スペイン語**。**白人が大半を占める**。農牧業が主産業で，牛肉や大豆の輸出が多い。**MERCOSUR加盟**。モンテビデオは**温暖湿潤気候**（Cfa）。

第10節 オセアニア

1 オセアニアの自然環境

☑☑☑ オセアニア▶**オーストラリア大陸**と**太平洋の島々からなる地域**。島々が点在する地域は，**ミクロネシア**，**メラネシア**，**ポリネシア**に区分される。オセアニアは海洋（Ocean）にちなみ，**大洋州**ともいう。**オーストラリア大陸**は，約2億年前からほかの大陸と隔離されていたため，独特の生態系を持ち，コアラやカンガルーなどの**有袋類**やカモノハシ（哺乳類だが卵を産む）のようなユニークな特徴を持つ**固有種**が多いことで知られる。

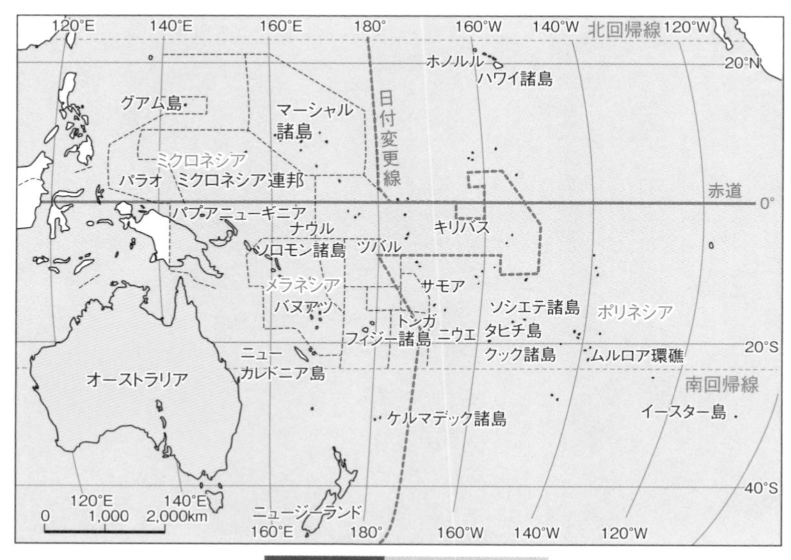

図3-2-10-1 オセアニアの国々

☑☑☑ オーストラリアの地形▶**オーストラリア大陸**は，西部に**安定陸塊**の**オーストラリア楯状地**が広がり，東部には**古期造山帯**の**グレートディヴァイディング山脈**や**タスマニア島**などが分布する。中央部には，世界最大級の一枚岩，**ウルル**（**エアーズロック**）があり，**先住民アボリジニの聖地**でもあることから世界複合遺産となっている。北東部には世界最大のサンゴ礁地形である**グレートバリアリーフ**（**大堡礁**）が発達する。また，南回帰線直下の東部には，**被圧地下水**による粗放的牧羊が行われる**グレートアーテジアン盆地**（**大鑽井盆地**），南東部には小麦の企業的穀物農業や混合農業などが行われる**マリー・ダーリング盆地**がある（図3-2-10-2参照）。

☑☑☑ ニュージーランドの地形▶**ニュージーランド**は**環太平洋造山帯**に属する**新期造山帯**で，**北島**には**火山**が分布し，**地熱発電**も行われている。**南島**には火山はないが**地震**が多く，2011年に起こった**クライストチャーチ**での地震は甚大な被害をもたらした。南島の南西部には，**フィヨルド**が発達している（図3-2-10-2参照）。

☑☑☑ 太平洋の島々の地形▶**ミクロネシア**（小さい島々），**メラネシア**（黒い島々），**ポリネシア**（多くの島々・ニュージーランドも含まれる）に分類される。多くは**火山**島で，**サンゴ礁**が発達している。またハワイ**島**には，地球深部からマントル物質が噴出する**ホットスポット**が位置し，粘性の低い玄武岩質の溶岩によって形成された，なだらかで裾野の広い火山（**キラウエア山**など）が分布する。

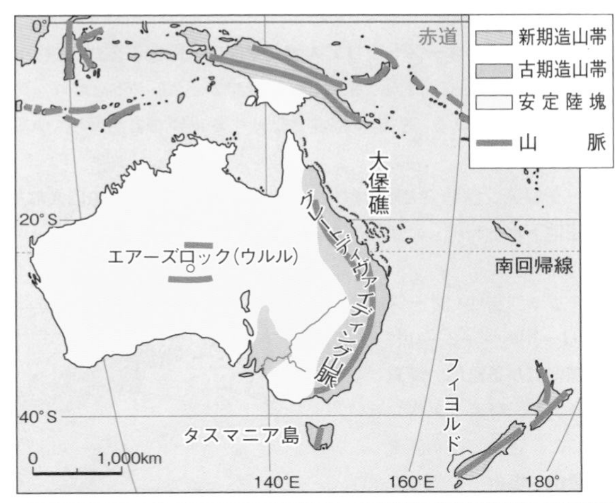

図3-2-10-2 オーストラリアとニュージーランドの位置と地形

☑☑☑ **オーストラリアの気候** ▶ ほぼ中央に**南回帰線**が通るオーストラリア大陸は，内陸部を中心に**乾燥帯が約6割**を占め，**グレートヴィクトリア砂漠**や**グレートサンディー砂漠**などが広がっている。湿潤な地域は，沿岸部に限られ，北部には**サバナ気候**（**Aw**），東部沿岸部には**温暖湿潤気候**（**Cfa**）や**西岸海洋性気候**（**Cfb**），南部や南西部には**地中海性気候**（**Cs**）がみられる（図3-2-10-3参照）。

代表的な都市の気候は，**ダーウィン**の**サバナ気候**（**Aw**），東部の**ブリズベン**，**シドニー**の**温暖湿潤気候**（**Cfa**），南東部の**キャンベラ**，**メルボルン**の**西岸海洋性気候**（**Cfb**），南部・南西部の**アデレード**，**パース**の**地中海性気候**（**Cs**）である。

☑☑☑ **ニュージーランドの気候** ▶ 年間を通して**偏西風**の影響を受け，全域が**西岸海洋性気候**（**Cfb**）だが，**偏西風の山脈風上となる南島西部**では**多雨**となり，**風下の東部**では少雨となる（図3-2-10-3参照）。

☐☑☑ **太平洋の島々の気候** ▶ **低緯度に位置**し，**海洋**の影響を受けるため，多くが**熱帯**に属する。

☑☑☑ **オーストラリア楯状地** ▶ **オーストラリア大陸西部に広がる安定陸塊**。北西部のハマーズリー山地（**ピルバラ地区**）では，**露天掘り**による**鉄鉱石**の産出が行われている。

☑☑☑ **グレートディヴァイディング山脈** ▶ **オーストラリア大陸東部を南北に走る古期造山帯の山脈**。モウラやニューカースルなど良質の**石炭**を産出する炭田が多い。**オーストラリアアルプス山脈**や**タスマニア島**も**古期造山帯**。

☐☑☑ **タスマニア島** ▶ **オーストラリア南東部のバス海峡を挟んでオーストラリア大陸に面する古期造山帯の島**。オーストラリア大陸では絶滅したタスマニアデビルなどの希少種も生息する。

☑☑☑ **ウルル（エアーズロック）** ▶ **オーストラリア大陸中央部に位置する世界最大級の一枚岩**で，**残丘**の代表例。**先住民アボリジニの聖地**で文化的にも重要であり，**世界複合遺産**となっている。観光客向けの登山は禁止された。

☑☑☑ グレートヴィクトリア砂漠▶**オーストラリア大陸の南部に広がるオーストラリア最大の砂漠**。オーストラリア西部の乾燥地のなかでも，最も乾燥が激しい。

□☑☑ グレートサンディー砂漠▶**オーストラリア大陸の北部に広がる砂漠**。年降水量は200㎜以上あるが，緯度が低いため蒸発量は多い。

☑☑☑ グレートバリアリーフ▶**オーストラリア大陸北東岸の大陸棚に広がる世界最大のサンゴ礁地形**で，**大堡礁**(だいほしょう)ともいう。長さ2,600km，最大水深は49m。沿岸から20〜260㎞離れ，間にはさまれた**礁湖**(しょうこ)（**ラグーン**）は波が穏やかな海となる。**生物多様性**を維持する重要な自然環境で，1981年に世界自然遺産に登録された。

☑☑☑ グレートアーテジアン盆地（**大鑽井盆地**(だいさんせい)）▶**オーストラリア東部の広大な盆地**で，**掘り抜き井戸**（**鑽井**(さんせい)）による**被圧地下水**を利用した粗放的な**牧羊**，**牧牛**が行われている。地下水は**塩分濃度が高い**ため，農耕には利用できない。

☑☑☑ マリー・ダーリング盆地▶**オーストラリア南東部のマリー川**（マーレー川）**とダーリング川の流域に広がる盆地**。**灌漑による小麦栽培**や混合農業，野菜や果樹の栽培などが行われている。近年，過剰灌漑によって，**土壌の塩類化**（**塩害**）も生じている。

☑☑☑ サザンアルプス山脈▶**ニュージーランド南島の西部を南北に走る新期造山帯の山脈**。高山には氷河も発達し，南西端には**フィヨルド**もみられる。**変動帯**に位置し，**地震**も多い。

□☑☑ タラナキ山▶**ニュージーランド北**

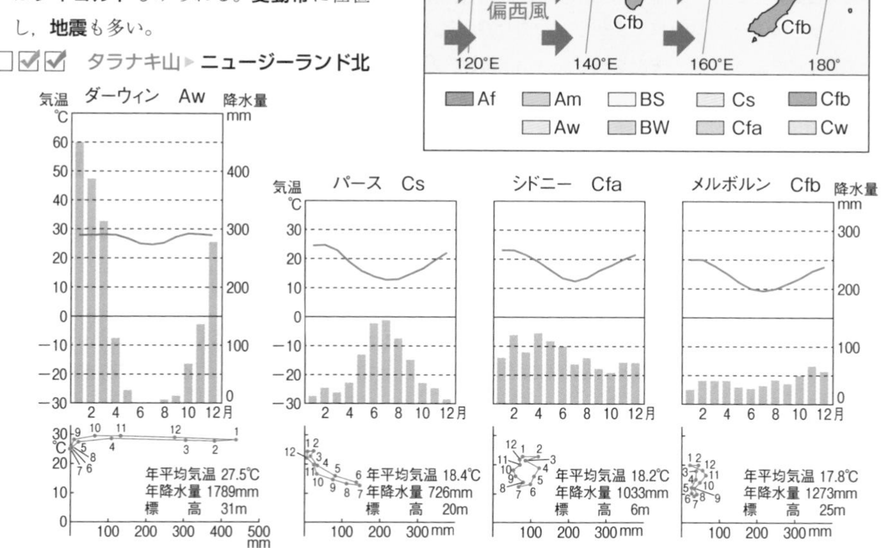

図3-2-10-3 オーストラリア・ニュージーランドの気候

島の西部に位置する火山。富士山に似た**成層火山**で，**エグモント山**ともいう。

☑☑☑ ミクロネシア▶太平洋の島々のうち，**ほぼ赤道以北**で**経度180度よりも西側**の地域。**マリアナ諸島**やマーシャル諸島，カロリン諸島などが含まれる。「**小さな島々**」の意。

☑☑☑ メラネシア▶太平洋の島々のうち，**ほぼ赤道以南**で**経度180度よりも西側**の地域。**ニューギニア島**，**ニューカレドニア島**（フランス領），**フィジー諸島**などが含まれる。「**黒い島々**」の意。

☑☑☑ ポリネシア▶太平洋の島々のうち，**ほぼ経度180度よりも東側**の地域。**ホットスポット**で知られる**ハワイ諸島**，**ラパヌイ（イースター）島**，クック諸島，ソシエテ諸島，**ニュージーランド**などが含まれる。「**多くの島々**」の意。

2 オセアニアの歴史と民族

☑☑☑ オーストラリアの歴史▶オーストラリアには，**先住民**の**アボリジニ**が暮らしていたが，イギリスは**流刑植民地**としてシドニーから入植をはじめた。**イギリス系白人**が多く入植するようになると，アボリジニは内陸へと追いやられていき，白人との衝突や免疫のない病気によって減少した。

また，20世紀の初頭から白人を優遇する**白豪主義政策**のもとで，白人以外の移住が制限されてきた。**1970年代**になって**白豪主義政策は撤廃**され，ヨーロッパ以外の地域，特に**アジアからの移民が多く流入**し，政府は社会の文化的な多様性を認め合う**多文化主義政策**をとるようになった（図3-2-10-4参照）。

☐☑☑ 流刑植民地▶**囚人を送り込むための植民地**。囚人が増えたイギリスでは，植民地だったアメリカ合衆国を流刑植民地としていたが，アメリカ合衆国独立後は，南アフリカ共和国を流刑地とし，その後オーストラリアが選ばれた。

☑☑☑ アボリジニ（アボリジナル，アボリジニー，アボリジニーズ）▶**オーストラリア大陸の先住民**で，**オーストラロイド**に分類される。伝統的に農耕はせず，**狩猟・採集**を行ってきた。狩猟の際の**ブーメラン**は有名。ヨーロッパ人の入植時には30～100万人と推定されていたアボリジニの人口は，白人との衝突や免疫のない病気によって減少し，1920年頃までには6万人にまで落ち込んだが，その後**徐々に回復**し，現在では**約80万人**が先住民として登録されている。現在では多くは**都市に居住**しているが，

年	事　項
1642	タスマン，オーストラリア南東のタスマニア島到達
1788	イギリスの植民開始
1868	流刑植民地の廃止
1901	オーストラリアの成立 白豪主義の開始
1911	オーストラリアの首都をキャンベラに決定
1931	オーストラリアが英連邦の一員に
1956	オリンピックをメルボルンで開催
1975	人種差別禁止法成立（白豪主義の廃止）
1986	オーストラリア法成立 （オーストラリアの主権と独立を確認）
2000	オリンピックをシドニーで開催

図3-2-10-4 オーストラリアの歩み

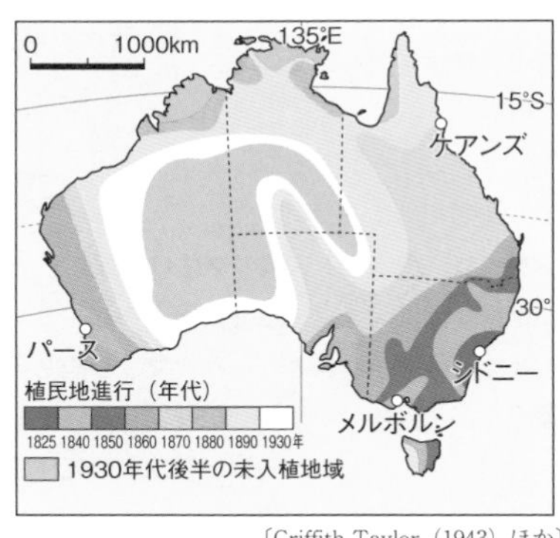

〔Griffith Taylor（1943）ほか〕

図3-2-10-5 オーストラリアのヨーロッパ人による植民と土地開発の進展

アボリジナルランド（アボリジニーの土地所有権が認められているところ）で伝統的な生活の維持を努めている人びともいる。1967年に**市民権**，1993年には**先住権**が認められ，イギリス系白人の入植によって収奪された**土地の返還**などが政府によって進められている。

☑☑☑ 白豪主義政策 ▶ **白人だけの国家を目指したオーストラリアの政策**。19世紀後半に**ゴールドラッシュ**が起こり，**中国系移民が急増**したことを機に，白人労働者の権利を守るために**有色人種の移民を厳しく制限**した。**白豪主義政策（連邦移民制限法）**が採られた1909年から1960年代中ごろまで，白人以外の移民は極めて少なかった。第二次世界大戦後，羊毛や穀物などのアジアへの輸出が拡大すると**労働力不足**となり，英語を母語とするイギリスやアイルランドからの移民は急減していたため，イタリアやギリシャなどヨーロッパからの白人労働者を受け入れたが，それでも労働力不足は解消しなかった。**1970年代**に入ると，**イギリスのEC加盟**や，**アジア諸国との経済的な関係が強まる**ことを背景に**白豪主義は撤廃**され，**多文化主義政策へと変化**した。近年は，中国やインドなどアジアからの移民のほか，難民の流入が増加している（図3-2-10-6 参照）。

☑☑☑ ゴールドラッシュ ▶ **金鉱の発見によって多数の人びとが集中し，産業や都市が発達する現象**。19世紀半ばに各地で起こった。

☑☑☑ オーストラリアの多文化主義政策 ▶ オーストラリアでは，**白豪主義政策撤廃**後，さまざまな国からの移民が増加したため，文化的な多様性を認め合う**多文化主義政策へと転換**した。

現在ではテレビ・ラジオでの**多言語放送**の実施や，小中学校で**アボリジニの言語や外国語の授業**も活発に行われ，移民に対する**定住支援**も始まっている。

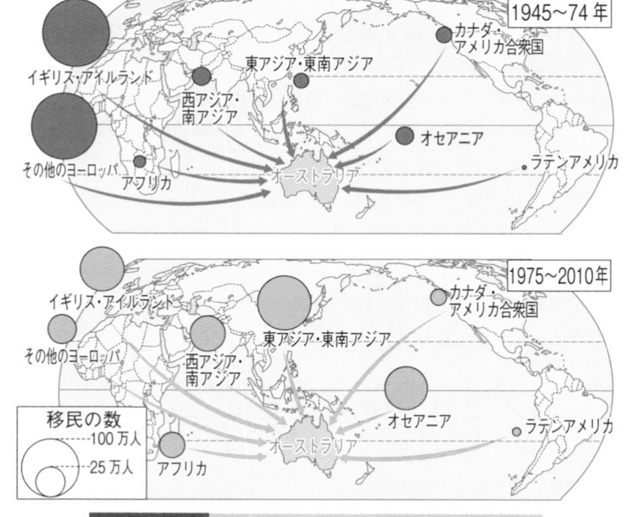

図3-2-10-6 オーストラリアに移住する人の出身地

☑☑☑ ニュージーランドの社会 ▶ **ニュージーランド**には，**ポリネシア系**の**マオリ**が暮らしていたが，植民地化が本格化するとマオリの人口は激減した。20世紀半ば以降，**マオリ復興運動**が起こり，マオリの文化的・社会的権利の回復や，民族的地位の向上を認める動きが活発となった。**マオリ語も英語と並んで公用語**となるほか，**国会でのマオリの議席数の確保**など，先住民の権利や伝統文化を守る取組が進められている。

☑☑☑ マオリ ▶ **ニュージーランドの先住民**で，**ポリネシア系**に分類される。ニュージーランドの人口（480万人）のうち約**15%**を占める。英語のほか**マオリ語も公用語**となっている。

ラグビーの試合の前に，ニュージーランドの代表チームが踊る**ハカ**は，マオリの伝統的な踊りである。

☑☑☑ ハカ ▶ **ニュージーランドの先住民マオリの伝統的な踊り**。儀式や戦闘に臨む際に披露され，部族の強さと結束力を表現している。

3 オセアニアの産業

☑☑☑ オーストラリアの農牧業 ▶ **大規模な農牧業**が行われ，**小麦**や**肉類**など**農畜産物の輸出も多い。**
オーストラリアの農業の経営規模は一般的に大きいが，**降水量**によって大きく左右される。降水量の多い**東部沿岸部に人口が集中**しているため，南東部の大都市周辺で**集約的な園芸農業や酪農が発達**し，降水量の減少する**内陸部へ向かうにつれて**，粗放的な農業となり，**経営規模も大きくなる**傾向にある。**牧羊**は，年降水量250～750㎜の地域で主に行われ，**掘り抜き井戸**による**被圧地下水**を利用することで有名な**グレートアーテジアン盆地**（**大鑽井盆地**（だいさんせい））では**粗放的な牧羊**がみられる。**牧牛**は，北東部を中心に**放牧による大規模な牧畜**が行われているが，肉牛を肥育する**フィードロット**は，降水量の多い東部に多い（図3-2-10-7参照）。

小麦の生産は**マリー・ダーリング盆地**や南西部が中心で，北東部の沿岸では**サトウキビ**の**プランテーション**が，南西部のパース周辺では**地中海式農業**がみられる。

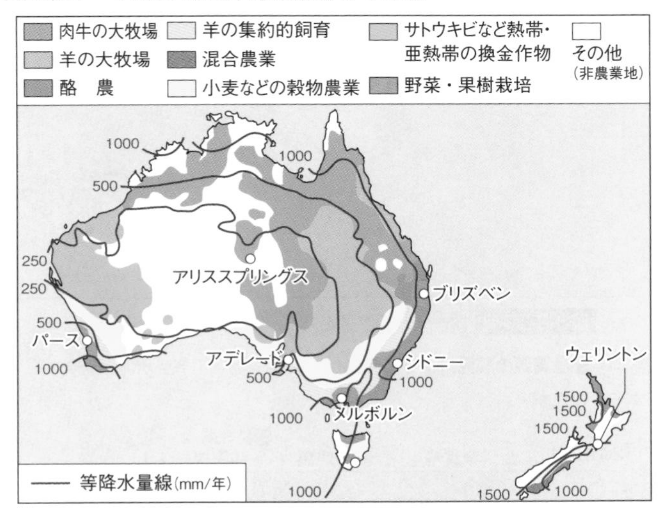

図3-2-10-7 オーストラリア・ニュージーランドの農業地域

☐☑☑ メリノ種 ▶ **グレートアーテジアン盆地（大鑽井盆地）などで主に飼育されているスペイン原産の毛用の羊。**白くて細い良質な羊毛が得られる。

☑☑☑ スノーウィーマウンテンズ計画 ▶ **オーストラリア南東部に位置するスノーウィー山地で行われた水力開発事業。ダム**や**貯水池**，**導水トンネル**が建設され，**マリー川**（マーレー川）に給水されて**灌漑による小麦栽培**や発電に利用されている。

☑☑☑ ニュージーランドの農牧業 ▶ **ニュージーランド**は農業国で，**チーズやバターなどの乳製品**や**肉類**，**羊毛**などの**一次産品**がおもな輸出品となっている。**北島**では**酪農**が盛んで，**南島**では，降水量の多い西部で林業が，降水量がやや少ない東部で**羊の放牧**や**小麦**の生産がみられる。また，**キウイ**やアボカドなど，付加価値の高い**果樹の輸出も多い**。

☑☑☑ オーストラリアの鉱工業 ▶ 国土の広い**オーストラリア**は**鉱産資源に恵まれ**，**石炭**，**原油**，**ウラン**などのエネルギー資源のほか，**鉄鉱石**，**ボーキサイト**やニッケル，マンガンなどの**レアメタル**など世界有数の産出を誇る。鉱産資源のほとんどは**露天掘り**で採掘されている。**国内市場が小さい**ため**製造業があまり発達せず**，鉱産資源の多くはそのまま輸出されているが，近年は，ボーキサイト鉱山付近でのアルミナの精錬や**アルミニウムの生産が増加**している。また，**液化天然ガス**（**LNG**）の生産量が増加し，日本や中国，韓国などへの輸出が増加している。1960年代以降，日本企業の参加による資源開発が多かったが，2000年代に入ると，**中国企業からの投資や合弁などのプロジェクトが増加し**，中国の景気動向がオーストラリア経済に大きな影響を及ぼすようになっている（図3-2-10-8参照）。

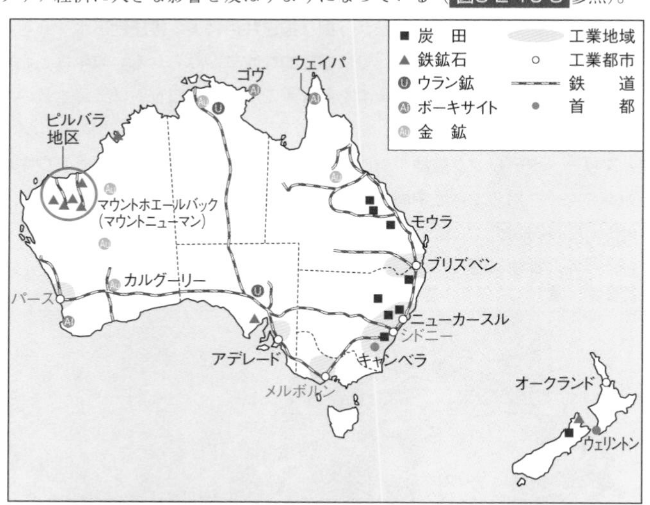

図3-2-10-8 オーストラリアとニュージーランドの資源分布

☐☑☑ 鉱山集落 ▶ **鉱産資源の開発によって発生した集落**。オーストラリアの場合，居住に適さない乾燥地域に成立するものが多い。

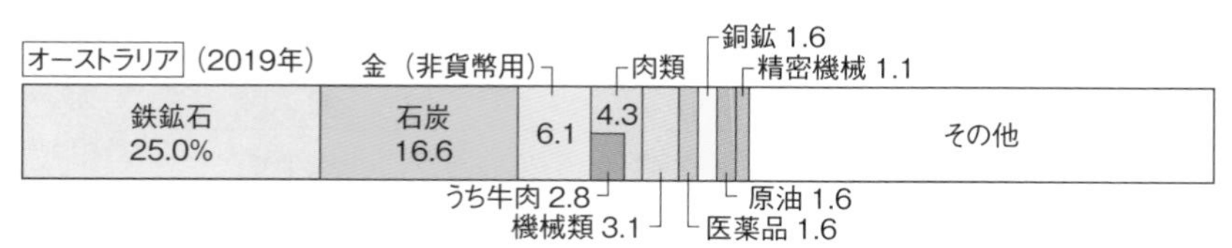

※原資料での輸出の液化天然ガスは特殊取扱品に含まれるが，国際貿易センター（ITC）資料では輸出額は35171百万ドル。

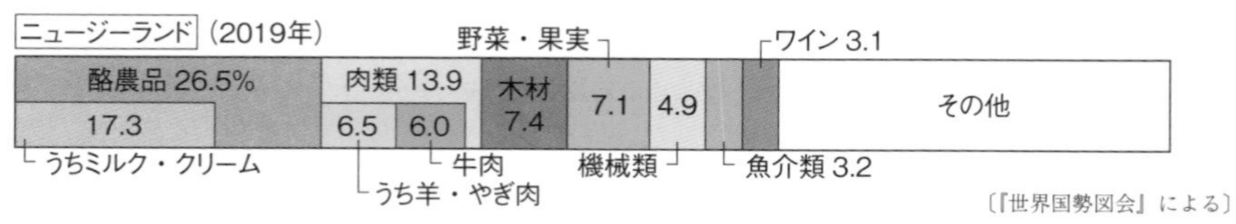

〔『世界国勢図会』による〕

図3-2-10-9 オーストラリアとニュージーランドの輸出品の内訳（2019年）

☑☑☑ ニュージーランドの再生可能エネルギー ▶ **ニュージーランド**は**再生可能エネルギー**の活用が進む国で，**南島**では古くから**水力発電**が多く，火山島の**北島**では**地熱発電**や**風力発電**が増えている。**林業**も盛んなため廃材を利用した**木質系バイオマス**の利用も進んでいる。

☑☑☑ ワイラケイ ▶ **ニュージーランド北島の中央部に位置する地熱発電所**。イタリアのラルデレロに次いで世界２番目に建設された。**北島には火山が多く**，周辺にはほかにも地熱発電所が点在する。

4 オセアニアと世界との結びつき

☑☑☑ オーストラリアとアジア太平洋地域の結びつき ▶ **ヨーロッパとほぼ対蹠点**にあたるオーストラリアは，第二次世界大戦までは**イギリスとの結びつきが強かった**が，**イギリスのEC加盟（1973年）**の頃から**アジア太平洋地域との経済協力関係を強化**するようになった。

オーストラリアの働きかけによって，1989年に**APEC（アジア太平洋経済協力）が成立**したほか，日本やニュージーランド，シンガポール，タイなどアジア太平洋地域の国々との**FTA，EPAを積極的に締結**するなど積極的に関係を深めている。また，2018年には日本，シンガポール，カナダなど環太平洋地域の11か国による**TPP11協定も発効**した（図3-2-10-10，図3-2-10-11参照）。

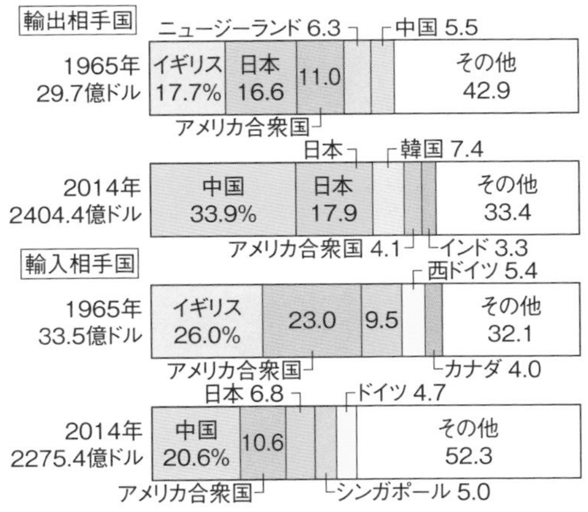

図3-2-10-10 オーストラリアの貿易相手の変化

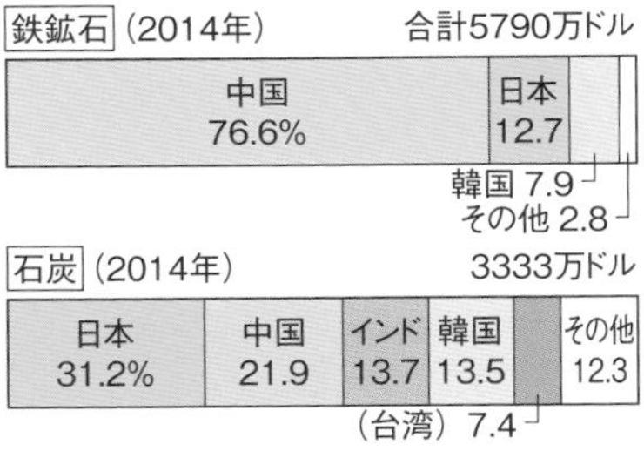

鉄鉱石（2014年） 合計5790万ドル
中国 76.6%
日本 12.7
韓国 7.9
その他 2.8

石炭（2014年） 3333万ドル
日本 31.2%
中国 21.9
インド 13.7
韓国 13.5
（台湾）7.4
その他 12.3

〔Composition of Trade Australia 2013-2014ほか〕

図3-2-10-11 オーストラリアの鉱産資源の輸出先

☑☑☑ APEC（Asia Pacific Economic Cooperation：アジア太平洋経済協力）▶ **1989年，オーストラリアの提唱によって設立された環太平洋地域の経済協力組織**。環太平洋地域の貿易や**投資の自由化・円滑化を促進**するほか，経済・技術協力や安全保障などを行う。**日本**のほか，**中国**や**アメリカ合衆国**，**ロシア**などが参加し，経済規模で世界全体のGDPの６割，世界全体の貿易量の約５割，世界人口の約４割を占めるが，条約などはなく，公式組織体としての会議でもなく，その**結びつきは緩やか**である。

☑☑☑ ワーキングホリデー ▶ **二国間の協定に基づき，若者が外国での旅を通して，異なった文化を学び，相互理解や交友関係を深めることを目的とした制度**。滞在資金を補うため，現地での就労も認められている。日本は，1980年に**オーストラリアと初めて合意**し，2022年までに28カ国・地域との間で合意している。

5 オーストラリア・ニュージーランドの都市

☑☑☑ オーストラリアの都市▶約６割が乾燥帯を占めるオーストラリアは，乾燥地域の内陸部では人口が極端に少なく，人口のほとんどが温暖な気候と適度な降水量に恵まれる沿岸部に集中している。**東岸と南東岸の都市**に人口は偏り，**都市人口率は9割に達する**。なかでも，**シドニー**と**メルボルン**は州政府や企業の本社の多くが立地する**二大都市**であり，**人口400万人を超える大都市圏を形成**している。そのほか，100万人を超える都市は，東部の**ブリズベン**，南部の**アデレード**，南西部の**パース**で，３都市とも，州都となっている。**首都キャンベラ**は，二大都市が首都の誘致で対立したため，両都市の中間に**計画的に建設された政治都市**で，政治・行政の中心的役割を果たしている。

☑☑☑ シドニー▶**オーストラリア最大都市で，ニューサウスウェールズ州の州都**。オーストラリアの経済，文化の中心で，最大の貿易港でもある。イギリス人が最初に入植をした都市でもある。郊外人口を含めると400万人を超える。**温暖湿潤気候（Cfa）**。

☑☑☑ メルボルン▶**オーストラリア第2の都市で，ヴィクトリア州の州都**。シドニーとほぼ同規模で，独立時にシドニーと首都を争った。**西岸海洋性気候（Cfb）**。

☑☑☑ キャンベラ▶**オーストラリアの首都**。独立時にシドニーとメルボルンの二大都市が首都を争った際に，その間に新しく建設された**計画都市**。**放射環状路型の街路網**を持ち，政治的機能に特化した**政治都市**の代表例（図3-2-10-12参照）。

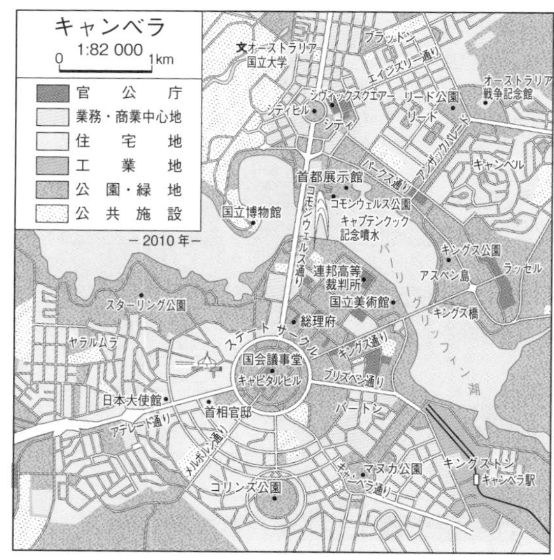

〔Haack Weltatlas 2007,ほか〕

図3-2-10-12 キャンベラの鳥瞰図

☑☑☑ ブリズベン▶**オーストラリア東部に位置するクインズランド州の州都**。**温暖湿潤気候（Cfa）**の都市。**クインズランド州**の沿岸部には**グレートバリアリーフ**がある。

☐☑☑ ケアンズ▶**クインズランド州北東岸の港湾都市**。国立公園や**グレートバリアリーフ**の観光の拠点となっている。

☐☑☑ アデレード▶**オーストラリア南部に位置するサウスオーストラリア州の州都**。**地中海性気候（Cs）**の都市。

☑☑☑ パース▶**オーストラリア南西部に位置するウエスタンオーストラリア州の州都**。**地中海性気候**（Cs）の都市。シドニーを起点とする**大陸横断鉄道の終点**としても知られ，外港のフリマントルが鉱産資源の輸出拠点にもなっている。

☐☑☑ ダーウィン▶**オーストラリア北部のノーザンテリトリーの州都**。**サバナ気候（Aw）**の都市。アデレードからの大陸縦断鉄道の終点。

☑☑☑ ニュージーランドの都市▶**最大都市**は**北島**の**オークランド**で，**首都ウェリントン**は北島と南島を分ける**クック海峡**に面する。**南島最大都市**は**クライストチャーチ**である。

□☑☑ オークランド ▶ **ニュージーランド北島に位置するニュージーランド最大都市**。かつては首都だったが，1965年にウェリントンに遷都した。

☑☑☑ ウェリントン ▶ **ニュージーランドの首都**。**西岸海洋性気候**（**Cfb**）。北島と南島の間の**クック海峡**に面する。1965年にオークランドから首都が移転した。

□☑☑ クライストチャーチ ▶ **ニュージーランド南島の最大都市**。農業地域を背景に発達した。2011年に起こった**クライストチャーチ地震**（カンタベリー地震）は甚大な被害をもたらした。

6 オーストラリア・ニュージーランド以外の地域

① メラネシアのおもな国・地域

☑☑☑ パプアニューギニア ▶ 首都はポートモレスビー。**世界で2番目に大きいニューギニア島の東半分を中心とする国**。**インドネシア**とは**東経141度**で分かれる。ニューギニア島は**環太平洋造山帯**に属し，ニューギニア島中央部は4,000m以上の高山地帯となっている。

人口は895万人でニュージーランドよりも多い。焼畑によるイモ類の生産も多い。鉱産資源に恵まれ，輸出は**白金**や**銅鉱**が上位となっている。

☑☑☑ フィジー ▶ **南太平洋中央部に位置する大小300あまりからなる島国**。**イギリスから独立**した。首都スバ。植民地時代に**サトウキビプランテーションの労働力**として**インド系住民が流入**し，独立後は経済的な実権を握っているため，**メラネシア系住民との間で対立**が続いている。

☑☑☑ フランス領ニューカレドニア ▶ **南太平洋西部，オーストラリア東方に位置するフランスの海外領土**。**ニッケル**の産出が多いことで有名。先住民による独立運動が続いている。2018年独立を問う住民投票が行われたが，否決された。

② ポリネシアのおもな国・地域

☑☑☑ ツバル ▶ 首都はフナフティ。**南西太平洋に位置する9つの環礁からなる島国**。最高地点でも標高5.6mしかなく，**地球温暖化**による**海面上昇**に伴う**国土水没**が懸念され，国際社会に対策を訴えている。

□☑☑ トンガ ▶ 首都はヌクアロファ。**南太平洋に位置する島国**。サンゴ礁島と火山島からなる。主産業は農業で，日本や韓国へのカボチャの輸出が有名。国家財政は国際援助と出稼ぎ労働者からの送金に頼っている。

□☑☑ フランス領ポリネシア ▶ **南太平洋東部に位置するフランスの海外領土**。**観光業**が盛んな**タヒチ島**や，**核実験場**がある**ムルロア環礁**などからなる。

☑☑☑ ラパヌイ島（イースター島）▶ **南太平洋東部に位置する島**。**チリ**の領土。石像彫刻の**モアイ像**があることで有名。世界遺産にも登録されている。

☑☑☑ ハワイ諸島 ▶ **北太平洋中央部に位置する島々**で，**アメリカ合衆国・ハワイ州**に属する。**ハワイ島**は**ホットスポット**に位置し，マウナケア山やマウナロア山など**楯状火山**がある。プレートの動きに合わせて，南東から北西方向に線状に島が連なっている。ポリネシア系住民のほか，**日系**，中国系などアジア系住民も多い。サトウキビやコーヒー豆の栽培のほか，**観光業**が盛ん。

③ ミクロネシアのおもな国・地域

□☑☑ キリバス ▶ **太平洋中央部の日付変更線と交わる海域に散在する島国**。30あまりの環礁のサンゴ礁島からなる。首都タラワのあるギルバート諸島は**ミクロネシア**に位置するが，東部のフェニックス諸島，ライン諸島は**ポリネシア**に位置する。3つのタイムゾーン（+12・+13・+14）を持ち，「世界で最も早く朝がくる」といわれる。**地球温暖化**による**海面上昇**によって**国土水没**が懸念されている。

□☑☑ ナウル ▶ **太平洋中央部に位置するサンゴ礁島からなる島国**。バチカン，モナコに次いで世界で3番目に面積が小さい。**リン鉱石**（海鳥の糞が化石化してできたもの）の採掘が行われてきたが枯渇し，近年は**観光業**に力を入れている。

☑☑☑ マリアナ諸島 ▶ **ミクロネシア北東部に位置するアメリカ合衆国の島々**。南の**グアム島**（マリアナ諸島最大の島）と，**サイパン島**などを含む北マリアナ諸島に分けられる。**観光業**が中心産業。東の海域には**マリアナ海溝**が，南の海域には世界最低地点の**チャレンジャー海淵**がある。

MEMO

さくいん

英数字

あ

い

お

か

き

く

け

こ

さ

し

ち

つ

て

な

に

ぬ

ね

の

は

ひ

ふ

へ

ほ

ま

み

む

め

ら

り

る

れ

ろ

瀬川　聡（せがわ　すなお）

西南学院高等学校教諭を経て，現在，河合塾地理科講師。東京書籍・文部科学省検定教科書『地理総合』『地理探究』編集協力者。

大学入学共通テスト対策から東大対策の授業まで幅広く担当。毎週，全国の校舎を飛び回るも，疲れは一切見せず，どの校舎でも熱意あふれる授業を展開。

また，全国に配信されている「河合塾マナビス」での映像授業にも出講し，夏期講習，冬期講習は毎年必ず満員御礼となるなど，絶大な人気と実績を誇る「地理」受験指導の第一人者。河合塾の授業以外にも模試作成，テキスト執筆に加え，全国の高校地理教員研修（河合塾，教育委員会，私学協会，地理部会），各種講演会など活動は多岐にわたる。

著書は，『改訂版 大学入学共通テスト 地理Bの点数が面白いほどとれる本』，『瀬川聡の大学入学共通テスト地理B［系統地理編］超重要問題の解き方』『瀬川聡の大学入学共通テスト地理B［地誌編］超重要問題の解き方』『大人の教養　面白いほどわかる地理』（以上，KADOKAWA），『大学入学共通テスト地理Bが１冊でしっかりわかる本［系統地理編／地誌編］』（かんき出版），『大学入学共通テスト瀬川聡地理B講義の実況中継［系統地理編／地誌編］』（語学春秋社），『地理用語完全解説G』（共著，河合出版）など多数。

地理のおもしろさを全国に伝えるため，YouTubeチャンネル「瀬川聡と伊藤彰芳のジオラジ」配信中。

伊藤　彰芳（いとう　あきよし）
河合塾講師。東大（ドイツ文学）を卒業して，ドイツから戻ってきたら，なぜか地理の講師になっていた。東京書籍・文部科学省検定教科書『地理総合』『地理探究』編集協力者。
東大論述から共通テストまで幅広く授業を担当し，模試やテキストなど教材の作成にも携わり，授業で「提供」される情報量の多さには定評がある。生徒に「考えさせる授業」を展開することで，授業を聞いているだけで地理はもちろん，国語や英語もできるようになる（らしい）。地理の教材だけでなく，2025年度から共通テストで必修化される『情報』にも関わる。
もちろん猫好き（2匹の保護猫と同居中）。趣味は料理，読書，山登り。台所で料理をしない日が3日続くと落ち着かない。気になる統計をみると，ついつい元ネタを探してしまう。統計の数字をみると，ついついExcelで数字をいじったり，グラフを作ったりしてしまう。よく，つかみどころのない性格といわれる。
著書に，『改訂第4版 地理B 統計・データの読み方が面白いほどわかる本』（KADOKAWA），『最新版 東大のクールな地理』（青春出版社），『納得できる 地理論述』（共著，河合出版）などがある。
地理のおもしろさを全国に伝えるため，YouTubeチャンネル「瀬川聡と伊藤彰芳のジオラジ」配信中。

瀬川＆伊藤のSuper Geography COLLECTION 01

大学入試　カラー図解　地理用語集

2023年5月2日　初版発行

著者／瀬川 聡・伊藤 彰芳

発行者／山下 直久

発行／株式会社KADOKAWA
〒102-8177　東京都千代田区富士見2-13-3
電話　0570-002-301（ナビダイヤル）

印刷所／株式会社加藤文明社印刷所
製本所／株式会社加藤文明社印刷所

●お問い合わせ
https://www.kadokawa.co.jp/（「お問い合わせ」へお進みください）
※内容によっては、お答えできない場合があります。
※サポートは日本国内のみとさせていただきます。
※Japanese text only

定価はカバーに表示してあります。

ISBN 978-4-04-605420-3　C7025